Gemeinnützige Familienstiftung

Europäische Hochschulschriften
Publications Universitaires Européennes
European University Studies

Reihe II
Rechtswissenschaft

Série II Series II
Droit
Law

Bd./Vol. 4441

PETER LANG
Frankfurt am Main · Berlin · Bern · Bruxelles · New York · Oxford · Wien

Christian Kirchhain

Gemeinnützige Familienstiftung

Die Grenzen der steuerlichen Gemeinnützigkeit einer rechtsfähigen Stiftung bürgerlichen Rechts bei privatnütziger Versorgung der Stifterfamilie – Zur Auslegung des § 58 Nr. 5 AO

PETER LANG
Europäischer Verlag der Wissenschaften

Bibliografische Information Der Deutschen Bibliothek
Die Deutsche Bibliothek verzeichnet diese Publikation in der Deutschen Nationalbibliografie; detaillierte bibliografische Daten sind im Internet über <http://dnb.ddb.de> abrufbar.

Zugl.: Osnabrück, Univ., Diss., 2006

D 700
ISSN 0531-7312
ISBN 3-631-55830-9

www.peterlang.de

Meinen Eltern

in tiefer Dankbarkeit

Vorbemerkung

Die vorliegende Arbeit ist im Sommersemester 2006 vom Fachbereich Rechtswissenschaften der Universität Osnabrück als Dissertation angenommen worden. Sie gibt den Stand von Gesetzgebung, Rechtsprechung, Verwaltungspraxis und Literatur sowie sämtlicher im Internet abgerufener Quellen bis zum 31. Mai 2006 (einschließlich) wieder.

Die Entscheidung, ein stiftungssteuerrechtliches Thema zum Gegenstand der Dissertation zu machen, entsprang aus intensiver Identifikation mit der Idee des Stiftens und dem Wunsch, wissenschaftliches Arbeiten mit ideeller Leidenschaft zu verbinden.

Mein besonderer Dank gilt meinem Doktorvater, Herrn Professor Dr. Mössner, für die Freiheit bei der Themenwahl und die umfassende Betreuung der Arbeit. Weiterhin danke ich Herrn Professor Dr. Hüttemann für die schnelle Erstellung des Zweitgutachtens und die weiterführenden Anregungen. Bedanken darf ich mich auch bei allen Praktikern, die mir in persönlichen Gesprächen wertvolle Einblicke in die Stiftungspraxis gewährt haben. Hierbei gilt mein besonderer Dank Herrn Rechtsanwalt Dr. Richter M.A. LL.M. (Sozietät Pöllath + Partners, Berlin), Herrn Rechtsanwalt Dr. Scherer (Sozietät Shearman & Sterling LL.P., Mannheim) und Herrn Rechtsanwalt Dr. Schiffer (Sozietät Schiffer & Partner, Bonn).

Danken möchte ich auch meiner Freundin, Rechtsanwältin Simone Gast, die mich während der Promotion mit sehr viel Geduld und Verständnis sowie juristischem Rat unterstützt hat.

Gewidmet sei diese Arbeit meinen Eltern, die mir zeit meines Lebens jede denkbare materielle wie immaterielle Unterstützung zu Ausbildungszwecken gegeben haben.

Bonn, im Juni 2006

Christian Kirchhain
mail@christian-kirchhain.de

Inhaltsübersicht

Zweiter Abschnitt

Gemeinnützigkeitsrechtliche Prinzipien und Terminologie

Dritter Abschnitt

Die Auslegung des § 58 Nr. 5 AO

Vierter Abschnitt

Vorschläge für eine Änderung des § 58 Nr. 5 AO

Fünfter Abschnitt

Stiftungsleistungen i.S. des § 58 Nr. 5 AO und das Gebot der Satzungsmäßigkeit

Sechster Abschnitt

Einzelsteuerliche Aspekte im Zusammenhang mit Stiftungsleistungen i.S. des § 58 Nr. 5 AO

Dritter Teil

Zusammenfassung

Inhaltsverzeichnis

Zweiter Abschnitt

Gemeinnützigkeitsrechtliche Prinzipien und Terminologie

Dritter Abschnitt

Die Auslegung des § 58 Nr. 5 AO

Vierter Abschnitt

Vorschläge für eine Änderung des § 58 Nr. 5 AO

Fünfter Abschnitt

Stiftungsleistungen i.S. des § 58 Nr. 5 AO und das Gebot der Satzungsmäßigkeit

Sechster Abschnitt

Einzelsteuerliche Aspekte im Zusammenhang mit Stiftungsleistungen i.S. des § 58 Nr. 5 AO

Dritter Teil

Zusammenfassung

Abkürzungsverzeichnis

a.a.O.	am angegebenen Ort
Abs.	Absatz, Absätze
AE	Alternativentwurf
a.E.	am Ende
AEAO	Anwendungserlass(e) zur Abgabenordnung 1977
a.F.	alte Fassung
AK	Alternativkommentar
Anm.	Anmerkung, Anmerkungen
AO	Abgabenordnung 1977
AÖF	Amtsblatt der österreichischen Finanzverwaltung
AöR	Archiv des öffentlichen Rechts
Art.	Artikel
AStG	Gesetz über die Besteuerung bei Auslandsbeziehungen (Außensteuergesetz)
Aufl.	Auflage
Az.	Aktenzeichen

BAO	Bundesabgabenordnung (Österreich)
BayStG	Bayerisches Stiftungsgesetz
BB	Betriebs-Berater
BBV	Berater-Brief Vermögen
Bd.	Band
BdBSt	Bundesgesetz über die direkte Bundessteuer (Schweiz)
BDI	Bundesverband der Deutschen Industrie
BE	Kanton Bern
BeckBilKomm	Beck´scher Bilanz-Kommentar
Begr.	Begründer
BewG	Bewertungsgesetz
BFH	Bundesfinanzhof
BFHE	Sammlung der Entscheidungen des Bundesfinanzhofs
BFH/NV	Sammlung amtlich nicht veröffentlichter Entscheidungen des Bundesfinanzhofs (bis einschließlich 1997) Sammlung der Entscheidungen des Bundesfinanzhofs (ab 1998)
BGB	Bürgerliches Gesetzbuch

BGBl. I	Bundesgesetzblatt Teil I
BGBl. (A)	Bundesgesetzblatt (Österreich)
BGH	Bundesgerichtshof
BGHZ	Entscheidungen des Bundesgerichtshofs in Zivilsachen
BGS	Bereinigte Gesetzessammlung
BMF	Bundesministerium der Finanzen
BMF (A)	Bundesministerium der Finanzen (Österreich)
BR-Drucks.	Drucksachen des Bundesrates
BremStiftG	Bremisches Stiftungsgesetz
BS	Kanton Basel-Stadt
BSG	Bernische Systematische Gesetzessammlung
BSHG	Bundessozialhilfegesetz
BStBl. (I, II, III)	Bundessteuerblatt (Teil I, Teil II, Teil III)
BT-Drucks.	Drucksachen des Deutschen Bundestages
BVerfG	Bundesverfassungsgericht
BVerfGE	Entscheidungen des Bundesverfassungsgerichts
BVerwG	Bundesverwaltungsgericht
BVerwGE	Entscheidungen des Bundesverwaltungsgerichts
bzw.	beziehungsweise

ca.	circa
CDU	Christlich Demokratische Union Deutschlands
CSU	Christlich-Soziale Union in Bayern

DB	Der Betrieb
DB	Durchführungsbestimmungen
DBG	Bundesgesetz über die direkte Bundessteuer (Schweiz)
ders.	derselbe
d.h.	das heißt
dies.	dieselben
Diss.	Dissertation
DM	Deutsche Mark
DS	Deutsche Stiftungen (Mitteilungen des Bundesverbandes Deutscher Stiftungen)
DStJG	Deutsche Steuerjuristische Gesellschaft e.V.
DStR	Deutsches Steuerrecht

DStZ .... Deutsche Steuer-Zeitung
DV .... Durchführungsverordnung

E .... Entwurf
EEAO .... Einführungserlaß zur Abgabenordnung 1977
EFG .... Entscheidungen der Finanzgerichte
EheG .... Ehegesetz
ErbBstg .... Erbfolgebesteuerung
ErbStB .... Der Erbschaft-Steuer-Berater
ErbStG .... Erbschaftsteuer- und Schenkungsteuergesetz
ErbStH .... Erbschaftsteuer-Hinweise
ErbStR .... Erbschaftsteuer-Richtlinien
ErgLfg. .... Ergänzungslieferung
EStDV .... Einkommensteuer-Durchführungsverordnung
EStG .... Einkommensteuergesetz
EStGB .... Einkommensteuergesetzbuch
EStR .... Einkommensteuer-Richtlinien
ESTV (CH) .... Eidgenössische Steuerverwaltung (Schweiz)
etc. .... et cetera
EWiR .... Entscheidungen zum Wirtschaftsrecht

F. .... Fach
f. .... folgender
FamRZ .... Zeitschrift für das gesamte Familienrecht
F.A.S. .... Frankfurter Allgemeine Sonntagszeitung
F.A.Z. .... Frankfurter Allgemeine Zeitung
FDP .... Freie Demokratische Partei (bis 5. Mai 2001 F.D.P.)
ff. .... folgende
FG .... Finanzgericht
FidKomAuflG .... Gesetz über das Erlöschen der Familienfideikommisse und sonstiger gebundener Vermögen
FinMin. .... Finanzministerium
Fn. .... Fußnote
FR .... Finanz-Rundschau Ertragsteuerrecht
FTD .... Financial Times Deutschland
FuR .... Familie und Recht

GE	Etat de Genève (Kanton Genf)
GemV	Gemeinnützigkeitsverordnung
GewStG	Gewerbesteuergesetz
GG	Grundgesetz für die Bundesrepublik Deutschland
GmbHR	GmbH-Rundschau
GräbG	Gesetz über die Erhaltung der Gräber der Opfer von Krieg und Gewaltherrschaft (Gräbergesetz)
GrS	Großer Senat
GrStG	Grundsteuergesetz
GStB	Gestaltende Steuerberatung

H	Hinweis
Habil.-Schr.	Habilitationsschrift
HeilvfV	Verordnung zur Durchführung des § 33 des Beamtenversorgungsgesetzes (Heilverfahrensverordnung)
HessStiftG	Hessisches Stiftungsgesetz
HFR	Höchstrichterliche Finanzrechtsprechung
HGB	Handelsgesetzbuch
HmbStiftG	Hamburgisches Stiftungsgesetz
Hrsg.	Herausgeber

i.d.F.	in der Fassung
IDW	Institut der Wirtschaftsprüfer in Deutschland e.V.
i.e.	id est
i.e.S.	im engeren Sinne
IFSt	Institut Finanzen und Steuern e.V.
i.H.	in Höhe
i.S.	im Sinne
i.V.m.	in Verbindung mit
i.w.S.	im weiteren Sinne

JbFSt	Jahrbuch der Fachanwälte für Steuerrecht
JW	Juristische Wochenschrift
JZ	Juristenzeitung

KFR	Kommentierte Finanz-Rechtsprechung
KÖSDI	Kölner Steuerdialog
KRABl.	Amtsblatt des Kontrollrats in Deutschland
KRG	Gesetz des Kontrollrats in Deutschland (Kontrollratsgesetz)
KStG	Körperschaftsteuergesetz
KStR	Körperschaftsteuer-Richtlinien

LF	Loi fiscal (Steuergesetz)
Lfd. Lfg.	Laufende Lieferung
LG	Landgericht
LI	Loi d´impôt (Steuergesetz)
LIMP	Loi sur l´imposition des personnes morales
LPartG	Gesetz über die Eingetragene Lebenspartnerschaft (Lebenspartnerschaftsgesetz)
LS.	Loseblattsammlung
Ls.	Leitsatz, Leitsätze
LSt	Lohnsteuer
LStiftG RhPf	Landesstiftungsgesetz Rheinland-Pfalz

MinBl. BMF	Ministerialblatt des Bundesministeriums der Finanzen
MittRhNotK	Mitteilungen der Rheinischen Notarkammer
MünchAnwHbErbR	Münchener Anwaltshandbuch Erbrecht
MünchKomm	Münchener Kommentar
MünchVHb	Münchener Vertragshandbuch
m.w.N.	mit weiteren Nachweisen

n.F.	neue Fassung
NJW	Neue Juristische Wochenschrift
NOZ	Neue Osnabrücker Zeitung
Nr.	Nummer, Nummern
NStiftG	Niedersächsisches Stiftungsgesetz
n.v.	nicht veröffentlicht
NVwZ	Neue Zeitschrift für Verwaltungsrecht
NWB	Neue Wirtschafts-Briefe
NZG	Neue Zeitschrift für Gesellschaftsrecht

ÖStZB	Die finanzrechtlichen Erkenntnisse des VwGH und des VfGH (Beilage zur Österreichischen Steuer-Zeitung)
OFD	Oberfinanzdirektion
OLG	Oberlandesgericht
o.V.	ohne Verfasser
OVG	Oberverwaltungsgericht
p.a.	pro anno
ParteiG	Gesetz über die politischen Parteien (Parteiengesetz)
PersStdG	Personenstandsgesetz
R	Richtlinie, Richtlinien
RAO	Reichsabgabenordnung
RdF	Reichsminister der Finanzen
RFH	Reichsfinanzhof
RFHE	Sammlung der Entscheidungen und Gutachten des Reichsfinanzhofs
RGBl. (I)	Reichsgesetzblatt (Teil I)
RMinBl.	Reichsministerialblatt
Rn.	Randnummer, Randnummern
Rs.	Rechtssatz
RSG	Recueil systématique genevois
RStBl.	Reichssteuerblatt
RSV	Recueil systématique de la législation vaudoise
RS/VS	Recueil systématique des lois valaisannes
Rz.	Randziffer, Randziffern
S.	Seite, Seiten
SaarlStiftG	Saarländisches Stiftungsgesetz
SächsStiftG	Gesetz über die Bildung und Tätigkeit von Stiftungen (Sächsisches Stiftungsgesetz)
scil.	scilicet
SG	Systematische Gesetzessammlung des Kantons Basel-Stadt
SGB XII	Sozialgesetzbuch Zwölftes Buch – Sozialhilfe
sj	steuer-journal
SPD	Sozialdemokratische Partei Deutschlands

SpStr.	Spiegelstrich
SR	Systematische Sammlung des Bundesrechts
SRL	Systematische Rechtssammlung des Kantons Luzern
SRSZ	Systematische Gesetzessammlung des Kantons Schwyz
StAnpG	Steueranpassungsgesetz
StB	Der Steuerberater
Stbg	Die Steuerberatung
StbJb	Steuerberater-Jahrbuch
StEK	Steuer-Erlasse in Karteiform (Verwaltungsanweisungen im Steuerrecht)
StG	Steuergesetz
StHG	Bundesgesetz über die Harmonisierung der direkten Steuern der Kantone und Gemeinden (Schweiz)
StiftG Bbg	Stiftungsgesetz für das Land Brandenburg
StiftG Bln	Berliner Stiftungsgesetz
StiftG BW	Stiftungsgesetz für das Land Baden-Württemberg
StiftG LSA	Gesetz über die Bildung und Tätigkeit von Stiftungen (Stiftungsgesetz Sachsen-Anhalt)
StiftG MV	Stiftungsgesetz für das Land Mecklenburg-Vorpommern
StiftG NRW	Stiftungsgesetz für das Land Nordrhein-Westfalen
StiftG SchlH	Gesetz über rechtsfähige Stiftungen des bürgerlichen Rechts (Stiftungsgesetz Schleswig-Holstein)
StiftR	Stiftungsrichtlinien (Österreich)
StiftSpons	Stiftung & Sponsoring
StraBEG	Gesetz über die strafbefreiende Erklärung (Strafbefreiungserklärungsgesetz)
StrRehaG	Gesetz über die Rehabilitierung und Entschädigung von Opfern rechtsstaatswidriger Strafverfolgungsmaßnahmen im Beitrittsgebiet (Strafrechtliches Rehabilitierungsgesetz)
StuB	Steuern und Bilanzen
StuW	Steuer und Wirtschaft
StW	Steuerwarte
SZ	Kanton Schwyz

Techn. Hochsch.	Technische Hochschule
Techn. Univ.	Technische Universität
ThürStiftG	Gesetz über die Bildung und Tätigkeit von Stiftungen (Thüringisches Stiftungsgesetz)

TPG .... Gesetz über die Spende, Entnahme und Übertragung von Organen (Transplantationsgesetz)
Tz. .... Textziffer, Textziffern

u.a. .... unter anderem, unter anderen
Univ. .... Universität
UStG .... Umsatzsteuergesetz

Var. .... Variante
VD .... Canton de Vaud (Kanton Waadt)
VereinsFG .... Vereinsförderungsgesetz
VereinsR .... Vereinsrichtlinien (Österreich)
VerschÄndG .... Gesetz zur Änderung von Vorschriften des Verschollenheitsrechts
VG .... Verwaltungsgericht
vgl. .... vergleiche
Vorbem. .... Vorbemerkungen
VS .... Etat du Valais (Kanton Wallis)
V&S .... Vermögen und Steuern
VStG .... Vermögensteuergesetz
VwGH .... Verwaltungsgerichtshof (Österreich)
VZ .... Veranlagungszeitraum

WEG .... Wohnungseigentumsgesetz
WiGBl. .... Gesetzblatt der Verwaltung des Vereinigten Wirtschaftsgebietes
WPg .... Die Wirtschaftsprüfung
WPK-Mitt. .... Wirtschaftsprüferkammer-Mitteilungen
WRV .... Verfassung des Deutschen Reichs (Weimarer Reichsverfassung)

Z .... Ziffer, Ziffern
z.B. .... zum Beispiel
ZErb .... Zeitschrift für die Steuer- und Erbrechtspraxis
ZEV .... Zeitschrift für Erbrecht und Vermögensnachfolge
zfbf .... Schmalenbachs Zeitschrift für betriebswirtschaftliche Forschung

ZG .... Kanton Zug
ZH .... Kanton Zürich
ZHR .... Zeitschrift für das gesamte Handelsrecht und Konkursrecht
ZIP .... Zeitschrift für Wirtschaftsrecht
ZPO .... Zivilprozessordnung
ZRP .... Zeitschrift für Rechtspolitik
ZSt .... Zeitschrift zum Stiftungswesen
zugl. .... zugleich

Rechtsvorschriften, Drucksachen und Verwaltungsanweisungen

A. Rechtsvorschriften

I. Historische Gesetze

Gesetz		*Datum*	*Fundstelle*
ErbStG 1919	Erbschaftsteuergesetz 1919	10. 9. 1919	RGBl. 1919, 1543 - 1566
ErbStG 1925	Erbschaftsteuergesetz 1925	22. 8. 1925	RGBl. I 1925, 320 - 330
EStG 1920	Einkommensteuergesetz 1920	29. 3. 1920	RGBl. 1920, 359 - 378
EStG 1925	Einkommensteuergesetz 1925	10. 8. 1925	RGBl. I 1925, 189 - 208
EStG 1934	Einkommensteuergesetz 1934	16. 10. 1934	RGBl. I 1934, 1005 - 1030
FidKomAuflG	Gesetz über das Erlöschen der Familienfideikommisse und sonstiger gebundener Vermögen	6. 7. 1938	RGBl. I 1938, 825 - 832
KRG Nr. 12	Gesetz des Kontrollrats in Deutschland (Kontrollratsgesetz) Nr. 12	11. 2. 1946	KRABl. 1946 Nr. 4 vom 28. 2. 1946, S. 60
KStG 1920	Körperschaftsteuergesetz 1920	30. 3. 1920	RGBl. 1920, 393 - 402
KStG 1925	Körperschaftsteuergesetz 1925	10. 8. 1925	RGBl. I 1925, 208 - 214
KStG 1934	Körperschaftsteuergesetz 1934	16. 10. 1934	RGBl. I 1934, 1031 - 1034
RAO 1919	Reichsabgabenordnung 1919	13. 12. 1919	RGBl. 1919, 1993 - 2100
RAO 1931	Reichsabgabenordnung 1931	22. 5. 1931	RGBl. I 1931, 161 - 222
StAnpG	Steueranpassungsgesetz	16. 10. 1934	RGBl. I 1934, 925 - 941
VStG 1925	Gesetz über Vermögen- und Erbschaftsteuer 1925	10. 8. 1925	RGBl. I 1925, 233 - 240
VStG 1931	Vermögensteuergesetz 1931	22. 5. 1931	RGBl. I 1931, 237 - 240

II. Historische Rechtsverordnungen

Verordnung		*Datum*	*Zitierte Fundstelle*
GemV 1941	Verordnung zur Durchführung der §§ 17 bis 19 des Steueranpassungsgesetzes	16. 12. 1941	RMinBl. 1941, 299 - 308
GemV 1953	Verordnung zur Durchführung der §§ 17 bis 19 des Steueranpassungsgesetzes (Gemeinnützigkeitsverordnung)	24. 12. 1953	BGBl. I 1953, 1592 - 1596
VO zur Aenderung der LSt DB	Verordnung zur Aenderung der Lohnsteuer-Durchführungsbestimmungen vom 16. 10. 1948 [...]	16. 10. 1948	WiGBl. 1948 Nr. 26 vom 2. 12. 1948, S. 130 (Nr. 4)

III. Ausländische Parlamentsgesetze

Gesetz		*Datum*	*Fundstelle*
BAO	Bundesabgabenordnung	28. 6. 1961	BGBl. (A) 1961, 194
BE StG	Steuergesetz (Kanton Bern)	21. 5. 2000	BSG 661.11
BS StG	Gesetz über die direkten Steuern (Steuergesetz) (Kanton Basel-Stadt)	12. 4. 2000	SG 640.100
DBG	Bundesgesetz über die direkte Bundessteuer	14. 12. 1990	SR 642.11
GE LIPM	Loi sur l'imposition des personnes morales (Etat de Genève)	23. 9. 1994	RSG D 3 15
StHG	Bundesgesetz über die Harmonisierung der direkten Steuern der Kantone und Gemeinden	14. 12. 1990	SR 642.14
SZ StG	Steuergesetz (Kanton Schwyz)	9. 2. 2000	SRSZ 172.200
VD LI	Loi d'impôt (Canton de Vaud)	4. 7. 2000	RSV 9.4
VS LF	Loi fiscal (Etat du Valais)	10. 3. 1976	RS/VS 642.1
ZG StG	Steuergesetz (Kanton Zug)	25. 5. 2000	BGS 632.1
ZH StG	Steuergesetz (Kanton Zürich)	8. 6. 1997	LS. 631.1

B. Drucksachen

I. Deutscher Bundestag

BT-Drucks.	*Datum*	*Urheber*	*Titel*
3/530	7. 8. 1958	Bundesregierung	Entwurf eines Gesetzes zur Vereinheitlichung und Änderung familienrechtlicher Vorschriften (Familienrechtsänderungsgesetz)
6/1982	19. 3. 1971	Bundesregierung	Entwurf einer Abgabenordnung (AO 1974)
7/79	25. 1. 1973	SPD, F.D.P.	Entwurf einer Abgabenordnung (AO 1974)
7/4292	7. 11. 1975	Finanzausschuss	Bericht und Antrag des Finanzausschusses (7. Ausschuß) zu dem von den Fraktionen der SPD, FDP eingebrachten Entwurf einer Abgabenordnung – Drucksache 7/79
8/3165	11. 9. 1979	Bundesregierung	Bericht der Bundesregierung über die steuerliche Belastung von Zuwendungen, die Stiftungen an ihre Destinatäre gewähren
10/697	29. 11. 1983	Innenausschuss	Bericht des Innenausschusses (4. Ausschuß) zu dem von den Fraktionen der CDU/CSU und F.D.P. eingebrachten Entwurf eines Gesetzes über die Neuordnung der Parteienfinanzierung (Parteienfinanzierungsgesetz – PartFG) – Drucksachen 10/183, 10/684 –
10/1636	19. 6. 1984	Bundesregierung	Entwurf eines Steuerbereinigungsgesetzes 1985
10/3295	7. 5. 1985	Bundesrat	Entwurf eines Gesetzes zur Änderung der Abgabenordnung
11/4176	13. 3. 1989	Bundesregierung	Entwurf eines Gesetzes zur Verbesserung und Vereinfachung der Vereinsbesteuerung (Vereinsförderungsgesetz)

Deutscher Bundestag (Fortsetzung)

BT-Drucks.	*Datum*	*Urheber*	*Titel*
11/4176	13. 3. 1989	Bundesregierung	Entwurf eines Gesetzes zur Verbesserung und Vereinfachung der Vereinsbesteuerung (Vereinsförderungsgesetz)
11/7584	18. 7. 1990	Bundesregierung	Entwurf eines Gesetzes zur steuerlichen Förderung von Kunst und Kultur sowie von Stiftungen (Kultur- und Stiftungsförderungsgesetz)
11/7833	11. 9. 1990	CDU/CSU, FDP	Entwurf eines Gesetzes zur steuerlichen Förderung von Kunst, Kultur und Stiftungen sowie zur Änderung steuerrechtlicher Vorschriften (Kultur- und Stiftungsförderungsgesetz)
13/9320	1. 12. 1997	Bündnis 90/Die Grünen	Entwurf eines Gesetzes zur Förderung des Stiftungswesens (StiftFördG)
14/2340	13. 12. 1999	SPD, Bündnis 90/Die Grünen	Entwurf eines Gesetzes zur weiteren steuerlichen Förderung von Stiftungen
14/3010	22. 3. 2000	Kulturausschuss	Beschlußempfehlung und Bericht des Ausschusses für Kultur und Medien (23. Ausschuss) zu BT-Drucks. 14/2340 – Entwurf eines Gesetzes zur weiteren steuerlichen Förderung von Stiftungen
14/8277	20. 2. 2002	SPD, Bündnis 90/Die Grünen	Entwurf eines Gesetzes zur Modernisierung des Stiftungsrechts
14/8765	11. 4. 2002	Bundesregierung	Entwurf eines Gesetzes zur Modernisierung des Stiftungsrechts
14/8894	24. 4. 2002	Rechtsausschuss	Beschlussempfehlung und Bericht des Rechtsausschusses (6. Ausschusses) [zu BT-Drucks. 14/8277 und 14/8765]
14/8900	3. 6. 2002	Enquete-Kommission „Zukunft des Bürgerschaftlichen Engagements“	Bürgerschaftliches Engagement : auf dem Weg in eine zukunftsfähige Bürgergesellschaft

II. Bundesrat

BR-Drucks.	*Datum*	*Urheber*	*Titel*
507/84	7. 11. 1984	Rheinland-Pfalz	Entwurf eines Gesetzes zur Änderung der Abgabenordnung
507/84 (Beschluss)	8. 2. 1985	Bundesrat	Entwurf eines Gesetzes zur Änderung der Abgabenordnung
258/90	20. 4. 1990	Bundesregierung	Entwurf eines Gesetzes zur steuerlichen Förderung von Kunst und Kultur sowie von Stiftungen (Kultur- und Stiftungsförderungsgesetz – KultStiftFG)
629/99	12. 11. 1999	Baden-Württemberg	Entwurf eines Gesetzes zur Verbesserung des Stiftungsrechts und Stiftungssteuerrechts

C. Verwaltungsanweisungen

I. Reichsminister der Finanzen

Datum	*Aktenzeichen/Bezeichnung*	*Zitierte Fundstelle*
14. 5. 1926	DB VStG 1925	RGBl. I 1926, 227 - 238
17. 5. 1926	DV KStG 1925	RGBl. I 1926, 244 - 248 = RStBl. 1926, 195 - 198
22. 5. 1931	DB VStG 1931	RGBl. I 1931, S. 252 - 263
2. 2. 1935	DB VStG 1935	RGBl. I 1935, 100 - 104
14. 11. 1943	S 1291 – 647 III R	RStBl. 1944, 18, Nr. 20

II. Der Direktor der Verwaltung für Finanzen des Vereinigten Wirtschaftsgebietes

Datum	*Aktenzeichen*	*Zitierte Fundstelle*
15. 9. 1949	n.v.	MinBl. BMF 1949/1950 Nr. 1 vom 21. 12. 1949, 3 - 4

III. Bundesministerium der Finanzen

Datum	*Aktenzeichen*	*Zitierte Fundstelle*
1. 10. 1976	IV A 7 – S 0015 – 30/76	BStBl. I 1976, 576 - 629
23. 11. 1983	IV B 1 – S 2253 90/83	BStBl. I 1983, 508 - 513
16. 12. 1986	IV B 4 – S 0177 – 11/86	StEK AO 1977 § 58 Nr. 5
24. 9. 1987	IV A 5 – S 0062 – 38/87	BStBl. I 1987, 664 - 718
7. 12. 1990	IV B 4 – S 0170 – 229/90 IV A 5 – S 0062 – 9/90	BStBl. I 1990, 818 - 826
8. 1. 1996	IV B 7 – S 0170 – 118/95	BStBl. I 1996, 74 - 77
15. 7. 1998	IV A 4 – S 0062 – 13/98	BStBl. I 1998, 630 - 857
24. 7. 1998	IV B 3 – S 2253 – 59/98	BStBl. I 1998, 914 - 921
19. 10. 1998	IV C 6 – S 0171 – 10/98	BStBl. I 1998, 1423 - 1424
6. 11. 1998	IV C 6 – S 0177 – 6/98	BStBl. I 1998, 1446
15. 5. 2000	IV C 6 – S 0170 – 35/00	BStBl. I 2000, 814 - 815
26. 8. 2002	IV C 3 – S 2255 – 420/02	BStBl. I 2002, 893 - 904
10. 9. 2002	IV C 4 – S 0171 – 93/02	BStBl. I 2002, 867 - 890
16. 9. 2004	IV C 3 – S 2255 – 354/04	BStBl. I 2004, 922 - 932
17. 11. 2004	IV C 4 – S 0171 – 120/04	BStBl. I 2004, 1059
13. 12. 2004	KStR 2004	BStBl. I 2004 SoNr. 2/2004
24. 3. 2005	IV C 4 – S 0171 – 32/05	BStBl. I 2005, 608
20. 9. 2005	IV C 4 – S 0181 – 9/05	BStBl. I 2005, 902 - 903

IV. Landesfinanzministerien

Bundesland	*Datum*	*Aktenzeichen*	*Zitierte Fundstelle*
Baden-Württemberg	28. 4. 1954	S 1291 – 1085/53	BStBl. II 1954, 50 - 54
Bayern	12. 11. 2003	34 – S 3812 – 044 – 37 478/03	StEK ErbStG 1974 § 13 Nr. 30
Hessen	10. 2. 2000	S 0177 A-1-II A 11	KSt-K HE § 5 KStG H 133 *Außer Kraft seit 17. 3. 2003*
Niedersachsen	6. 12. 1983	S 3800 – 74 – 34	BB 1984, 259 - 260
	3. 2. 2000	S 0177 – 15 – 31	StEK AO 1977 § 58 Nr. 15

V. Oberfinanzdirektionen

OFD	*Datum*	*Aktenzeichen*	*Zitierte Fundstelle*
Düsseldorf	10. 9. 1976	S 2726 – St 131	StEK GemV Nr. 44
	26. 6. 1980	S 2729, S 0177 A – St 13 H	StEK AO 1977 § 58 Nr. 2
	11. 8. 2005	S 2729 A – St 132	StEK AO 1977 § 51 Rn. 32
Frankfurt a.M.	18. 4. 2000	S 0177 A-5-St II 12	KSt-K HE § 5 KStG H 133 *Außer Kraft seit 17. 3. 2003*
Hannover	15. 3. 2000	S 0177 – 12 – StO 214/ S 2729 – 326 – StH 233	StEK AO 1977 § 58 Nr. 15
Koblenz	1. 6. 2004	S 0174 A – St 33	StEK AO 1977 § 55 Nr. 32
Köln	29. 6. 1976	S 1291 – 30 – St 131	StEK GemV Nr. 44
	26. 6. 1980	S 0177 – 2 – St 132	StEK AO 1977 § 58 Nr. 2
	11. 8. 2005	S 0170 – 7 – St 133	StEK AO 1977 § 51 Nr. 32

Oberfinanzdirektionen (Fortsetzung)

OFD	*Datum*	*Aktenzeichen*	*Zitierte Fundstelle*
Magdeburg	15. 4. 2004	S 0174 – 16 – St 217	StEK AO 1977 § 55 Nr. 32
	18. 5. 2004	S 1900 – 22 – St 217, S 0171 – 155 – St 217	StEK AO 1977 § 55 Nr. 33
München	7. 1. 2004	S 3812 – 27 – St 353	StEK ErbStG 1974 § 13 Nr. 30
Münster	14. 6. 1976	S 2726 – 29 – St 13 – 31	StEK GemV Nr. 44
	13. 6. 1980	S 2729 – 66 – St 13 – 31	StEK AO 1977 § 58 Nr. 2
	11. 8. 2005	S 0170 – 5 – St 13 – 33	StEK AO 1977 § 51 Rn. 32
Nürnberg	7. 1. 2004	S 3812 – 70/St 33 A	StEK ErbStG 1974 § 13 Nr. 30

VI. Ausländische Finanzbehörden

Behörde	*Datum*	*Aktenzeichen*	*Zitierte Fundstelle*
BMF (A)	20. 12. 2001	Z 06 5004/12 – IV/6/01	AÖF 2002, 193 - 239
	20. 12. 2001	Z 06 5004/10 – IV/6/01	AÖF 2002, 299 - 424
ESTV (CH)	8. 7. 1994	Kreisschreiben Nr. 12	http://www.estv.admin.ch/data/ dvs/druck/kreis/d/w95-012d.pdf

Rechtsprechungsverzeichnis

A. Bundesverfassungsgericht

Datum	*Aktenzeichen*	*Zitierte Fundstelle*
23. 10. 1951	2 BvG 1/51	BVerfGE 1, 14 - 66
7. 5. 1953	1 BvL 104/52	BVerfGE 2, 266 - 286
17. 6. 1953	1 BvR 668/52	BVerfGE 2, 336 - 340
17. 12. 1953	1 BvR 147/52	BVerfGE 3, 58 - 162
18. 12. 1953	1 BvL 106/53	BVerfGE 3, 225 - 248
26. 2. 1954	1 BvR 371/52	BVerfGE 3, 288 - 352
20. 7. 1954	1 BvR 459/52 [u.a.]	BVerfGE 4, 7 - 27
17. 1. 1957	1 BvL 4/54	BVerfGE 6, 55 - 84
11. 6. 1958	1 BvL 149/52	BVerfGE 8, 28 - 38
16. 6. 1959	2 BvL 10/59	BVerfGE 9, 334 - 338
12. 12. 1967	2 BvL 14/62 [u.a.] und 2 BvR 15/67	BVerfGE 22, 387 - 426
22. 7. 1970	1 BvR 285/66, 445/67, 192/69	BVerfGE 29, 104 - 120
11. 10. 1977	2 BvR 209/76	BVerfGE 46, 73 - 96
16. 10. 1979	1 BvL 51/79	BVerfGE 52, 277 - 283
7. 10. 1980	1 BvL 50, 89/79, 1 BvR 240/79	BVerfGE 55, 72 - 95
29. 4. 1981	1 BvL 11/78	BVerfGE 57, 107 - 117
8. 3. 1983	2 BvL 27/81	BVerfGE 63, 312 - 332
17. 5. 1983	2 BvL 8/82	BVerfGE 64, 158 - 175
10. 1. 1984	1 BvL 5/83	BVerfGE 66, 84 - 100
30. 9. 1987	2 BvR 933/82	BVerfGE 76, 256 - 328
9. 11. 1988	1 BvR 243/86	BVerfGE 79, 106 - 126
11. 2. 1992	1 BvL 29/87	BVerfGE 85, 238 - 247
10. 4. 1997	2 BvL 77/92	BVerfGE 96, 1 - 10
10. 11. 1999	2 BvR 2861/93	BVerfGE 101, 151 - 158

B. Finanzgerichte

I. Reichsfinanzhof

Datum	*Aktenzeichen*	*RFHE*	*Zitierte Fundstelle*
16. 12. 1921	I a A 73/21	8, 60 - 67	RFHE 8, 60 - 67
18. 1. 1922	I a A 108/21	8, 129 - 134	RFHE (RStBl. 1922, 301 [Ls.])
8. 3. 1922	VI A 49/21	n.v.	JW 1922, 1066 - 1067
8. 1. 1929	I A a 801/28	n.v.	RStBl. 1929, 143
19. 4. 1929	V e A 823/29	n.v.	RStBl. 1929, 515 (Ls.)
26. 7. 1929	I A a 440/29	n.v.	RStBl. 1929, 519
4. 11. 1930	I e A 402/30	n.v.	RStBl. 1930, 819
16. 12. 1930	I e A 206/30	n.v.	RStBl. 1931, 141
27. 4. 1932	III A 929/31	n.v.	RStBl. 1932, 970 - 972
8. 7. 1932	V e A 991/31	31, 224 - 226	RFHE (RStBl. 1932, 1147 [Ls.])
14. 12. 1932	III A 170/32	n.v.	RStBl. 1933, 76 - 77
12. 1. 1933	III A 399/32	32, 255 - 257	RStBl. 1933, 193 - 195
1. 2. 1933	VI A 2056/32	n.v.	RStBl. 1933, 583 - 584
2. 6. 1933	V e A 566/32	33, 224 - 226	RStBl. 1933, 796 - 797
18. 10. 1933	VI A 203/33	n.v.	RStBl. 1933, 1287
8. 11. 1933	I A 38/32	n.v.	RStBl. 1934, 152 - 154
20. 9. 1934	III e A 19/33	n.v.	RStBl. 1934, 1440 - 1441
20. 12. 1934	III e A 7/34	n.v.	RStBl. 1935, 602 - 603
11. 4. 1935	III e A 1/34	37, 343 - 346	RStBl. 1935, 904 - 905
24. 9. 1937	VI a A 28/37	42, 133 - 136	RStBl. 1937, 1104
26. 4. 1938	VI a 34/37	44, 6 - 9	RStBl. 1938, 573 - 574
28. 4. 1938	III e 21/38	44, 44 - 45	RStBl. 1938, 571
31. 5. 1938	VI a 62/37	n.v.	RStBl. 1938, 597 - 598
20. 1. 1940	VI a 96/39	48, 103 - 105	RStBl. 1940, 190
26. 6. 1941	III e 43/40	n.v.	RStBl. 1941, 766 - 767
7. 3. 1942	VI a 92/41	n.v.	RStBl. 1942, 349 - 350
8. 7. 1943	III 25/43	n.v.	RStBl. 1943, 681 - 682

II. Bundesfinanzhof

Datum	*Aktenzeichen*	*BFHE*	*Zitierte Fundstelle*
13. 8. 1954	III 87/54 U	59, 190 - 192	BStBl. III 1954, 282 - 283
4. 5. 1955	IV 579/53 U	61, 270 - 272	BStBl. III 1955, 302
12. 7. 1955	I 232/54 U	61, 272 - 275	BStBl. III 1955, 302 - 303
27. 1. 1956	III 150/54	n.v.	BB 1956, 267
13. 4. 1956	III 242/55 U	62, 462 - 465	BStBl. III 1956, 171 - 172
31. 7. 1963	I 319/60	n.v.	HFR 1963, 407 - 408
27. 9. 1963	VI 123/62 U	77, 592 - 594	BStBl. III 1963, 536 - 537
29. 1. 1964	I 192/62	n.v.	HFR 1964, 248 - 250
5. 3. 1964	IV 417/62	n.v.	HFR 1964, 416 - 417
1. 7. 1964	II 180/62	n.v.	HFR 1965, 164 - 166
16. 9. 1965	IV 67/61 S	83, 568 - 573	BStBl. III 1965, 706 - 708
3. 8. 1966	IV 190/62	86, 807 - 810	BStBl. III 1966, 679 - 680
30. 11. 1967	IV 1/65	91, 81 - 84	BStBl. II 1968, 263 - 264
20. 2. 1970	VI R 11/68	98, 357 - 360	BStBl. II 1970, 314 - 315
22. 10. 1971	III R 81/70	104, 88 - 93	BStBl. II 1972, 197 - 199
13. 5. 1976	IV R 83/75	119, 63 - 70	BStBl. II 1976, 592 - 595
14. 12. 1976	VIII R 146/73	121, 53 - 57	BStBl. II 1977, 115 - 117
13. 12. 1978	I R 2/77	127, 356 - 360	BStBl. II 1979, 495 - 496
13. 12. 1978	I R 39/78	127, 330 - 341	BStBl. II 1979, 482 - 488
20. 12. 1978	I R 21/76	127, 360 - 364	BStBl. II 1979, 496 - 498
22. 5. 1979	VII B 10/79	128, 24 - 26	BStBl. II 1979, 562 - 564
13. 5. 1980	VIII R 63/79	131, 212 - 216	BStBl. II 1981, 295 - 297
4. 11. 1980	VIII R 55/77	132, 414 - 418	BStBl. II 1981, 396 - 398
28. 7. 1981	VIII R 124/76	134, 130 - 133	BStBl. II 1982, 378 - 379
29. 11. 1982	GrS 1/81	137, 433 - 445	BStBl. II 1983, 272 - 277
26. 4. 1983	VIII R 205/80	138, 242 - 244	BStBl. II 1983, 502 - 504
28. 7. 1983	IV R 174/80	139, 367 - 376	BStBl. II 1984, 97 - 101
29. 11. 1983	VIII R 215/79	140, 199 - 203	BStBl. II 1984, 366 - 368
29. 8. 1984	I R 203/81	142, 51 - 62	BStBl. II 1984, 844 - 850
29. 8. 1984	I R 215/81	142, 243 - 247	BStBl. II 1985, 106 - 108
31. 10. 1984	I R 21/81	142, 386 - 389	BStBl. II 1985, 162 - 164
13. 2. 1985	II R 227/81	143, 145 - 147	BStBl. II 1985, 333 - 334

Bundesfinanzhof (Fortsetzung)

Datum	*Aktenzeichen*	*BFHE*	*Zitierte Fundstelle*
24. 9. 1985	IX R 2/80	145, 507 - 513	BStBl. II 1986, 284 - 287
24. 9. 1985	IX R 62/83	144, 446 - 449	BStBl. II 1986, 12 - 13
9. 7. 1986	I R 14/82	n.v.	BFH/NV 1987, 632 - 633
25. 8. 1987	IX R 98/82	151, 506 - 512	BStBl. II 1988, 344 - 347
21. 4. 1988	IV R 47/85	153, 545 - 555	BStBl. II 1989, 722 - 727
23. 11. 1988	I R 11/88	155, 461 - 466	BStBl. II 1989, 391 - 393
4. 4. 1989	X R 14/85	157, 88 - 93	BStBl. II 1989, 779 - 782
26. 4. 1989	I R 209/85	157, 132 - 138	BStBl. II 1989, 670 - 673
28. 6. 1989	I R 86/85	157, 416 - 422	BStBl. II 1990, 550 - 553
31. 10. 1989	IX R 216/84	159, 319 - 323	BStBl. II 1992, 506 - 508
5. 7. 1990	GrS 2/89	161, 332 - 353	BStBl. II 1990, 837 - 847
5. 7. 1990	GrS 4 - 6/89	161, 317 - 332	BStBl. II 1990, 847 - 854
22. 8. 1990	I R 69/89	162, 263 - 267	BStBl. II 1991, 38 - 39
9. 4. 1991	IX R 78/88	163, 517 - 524	BStBl. II 1991, 809 - 813
15. 7. 1991	GrS 1/90	165, 225 - 240	BStBl. II 1992, 78 - 85
24. 9. 1991	VIII R 349/83	166, 124 - 132	BStBl. II 1992, 330 - 334
23. 10. 1991	I R 19/91	165, 484 - 489	BStBl. II 1992, 62 - 65
18. 12. 1991	XI R 2/88	n.v.	BFH/NV 1992, 382 - 383
23. 1. 1992	XI R 6/87	167, 86 - 89	BStBl. II 1992, 526 - 528
28. 1. 1992	VIII R 207/85	167, 90 - 95	BStBl. II 1992, 605 - 607
5. 2. 1992	I R 63/91	168, 35 - 39	BStBl. II 1992, 748 - 750
26. 2. 1992	I R 47/89	n.v.	BFH/NV 1992, 695 - 696
27. 2. 1992	X R 136/88	167, 375 - 380	BStBl. II 1992, 609 - 612
27. 2. 1992	X R 139/88	167, 381 - 388	BStBl. II 1992, 612 - 616
25. 3. 1992	X R 100/91	168, 243 - 247	BStBl. II 1992, 803 - 805
7. 4. 1992	VIII R 59/89	167, 515 - 522	BStBl. II 1992, 809 - 812
3. 6. 1992	X R 14/89	169, 25 - 31	BStBl. II 1992, 23 - 26
3. 6. 1992	X R 147/88	169, 127 - 132	BStBl. II 1992, 98 - 100
21. 7. 1992	IX R 72/90	169, 317 - 322	BStBl. II 1992, 486 - 488
25. 11. 1992	X R 34/89	170, 76 - 82	BStBl. II 1996, 663 - 666
25. 11. 1992	X R 91/89	170, 82 - 88	BStBl. II 1996, 666 - 669
25. 11. 1992	X R 148/90	n.v.	BFH/NV 1993, 586 - 590
26. 11. 1992	X R 187/87	170, 98 - 106	BStBl. II 1993, 298 - 301
24. 3. 1993	I R 27/92	171, 198 - 202	BStBl. II 1993, 637 - 638

Bundesfinanzhof (Fortsetzung)

Datum	*Aktenzeichen*	*BFHE*	*Zitierte Fundstelle*
22. 9. 1993	X R 107/91	172, 362 - 366	BStBl. II 1993, 874 - 876
28. 9. 1993	IX R 156/88	172, 439 - 444	BStBl. II 1994, 319 - 321
12. 10. 1993	X B 122/93	n.v.	BFH/NV 1994, 712
16. 12. 1993	X R 67/92	173, 152 - 158	BStBl. II 1996, 669 - 672
26. 1. 1994	X R 54/92	173, 360 - 365	BStBl. II 1994, 633 - 635
9. 2. 1994	IX R 53/91	n.v.	BFH/NV 1995, 189 - 190
1. 3. 1994	VIII R 35/92	175, 231 - 242	BStBl. II 1995, 241 - 246
15. 3. 1994	X R 93/90	n.v.	BFH/NV 1994, 848 - 850
13. 7. 1994	I R 5/93	175, 484 - 489	BStBl. II 1995, 134 - 137
14. 12. 1994	X R 1-2/90	177, 36 - 44	BStBl. II 1996, 680 - 684
2. 3. 1995	IV R 62/93	177, 113 - 116	BStBl. II 1995, 413 - 415
16. 5. 1995	VIII R 18/93	178, 52 - 59	BStBl. II 1995, 714 - 717
28. 9. 1995	IV R 7/94	180, 255 - 258	BStBl. II 1996, 440 - 441
20. 12. 1995	I B 111/94	n.v.	BFH/NV 1996, 383
14. 2. 1996	X R 106/91	180, 87 - 92	BStBl. II 1996, 687 - 690
17. 4. 1996	X R 160/94	180, 566 - 568	BStBl. II 1997, 32 - 33
23. 5. 1996	IV R 87/93	180, 396 - 405	BStBl. II 1996, 523 - 527
24. 7. 1996	I R 35/94	181, 57 - 64	BStBl. II 1996, 583 - 586
27. 8. 1996	IX R 86/93	181, 175 - 181	BStBl. II 1997, 47 - 50
23. 10. 1996	X R 75/94	181, 472 - 476	BStBl. II 1997, 239 - 241
27. 11. 1996	X R 85/94	182, 110 - 116	BStBl. II 1997, 284 - 287
23. 1. 1997	IV R 45/96	182, 539 - 541	BStBl. II 1997, 458 - 460
13. 3. 1997	III R 300/94	n.v.	BFH/NV 1997, 659 - 661
13. 8. 1997	I R 19/96	183, 371 - 376	BStBl. II 1997, 794 - 796
29. 10. 1997	I R 13/97	184, 226 - 231	BStBl. II 1998, 9 - 12
26. 11. 1997	X R 114/94	184, 554 - 561	BStBl. II 1998, 190 - 193
10. 12. 1997	II R 25/94	185, 58 - 63	BStBl. II 1998, 114 - 116
16. 12. 1997	IX R 11/94	185, 208 - 214	BStBl. II 1998, 718 - 721
21. 1. 1998	II R 16/95	185, 54 - 58	BStBl. II 1998, 758 - 759
15. 7. 1998	I R 156/94	186, 546 - 551	BStBl. II 2002, 162 - 164
23. 9. 1998	I B 82/98	186, 433 - 443	BStBl. II 2000, 320 - 325
10. 11. 1998	I R 95/97	n.v.	BFH/NV 1999, 739 - 741
23. 2. 1999	XI B 130/98	n.v.	BFH/NV 1999, 1089 - 1091
24. 2. 1999	X R 3/95	n.v.	BFH/NV 2000, 414 - 416
11. 3. 1999	V R 57, 58/96	188, 124 - 128	BStBl. II 1999, 331 - 333
16. 3. 1999	X R 87/95	n.v.	BFH/NV 2000, 12 - 15

Bundesfinanzhof (Fortsetzung)

Datum	*Aktenzeichen*	*BFHE*	*Zitierte Fundstelle*
15. 6. 1999	X B 16/99	n.v.	BFH NV 2000, 29
21. 7. 1999	I R 2/98	n.v.	BFH/NV 2000, 297 - 299
3. 9. 1999	I B 75/98	n.v.	BFH/NV 2000, 301 - 303
20. 10. 1999	X R 132/95	190, 178 - 185	BStBl. II 2000, 82 - 85
20. 10. 1999	X R 86/96	190, 365 - 372	BStBl. II 2000, 602 - 605
10. 11. 1999	X R 46/97	189, 497 - 517	BStBl. II 2000, 188 - 197
16. 3. 2001	IV B 96/00	n.v.	BFH/NV 2001, 1113 - 1114
27. 3. 2001	X R 106/98	n.v.	BFH/NV 2001, 1242 - 1243
16. 5. 2001	X R 53/99	n.v.	BFH/NV 2001, 1388 - 1390
29. 5. 2001	VIII R 11/00	n.v.	BFH/NV 2001, 1393 - 1395
11. 6. 2001	I B 30/01	n.v.	BFH/NV 2001, 1223 - 1226
8. 8. 2001	I B 40/01	n.v.	BFH/NV 2001, 1536 - 1539
27. 9. 2001	V R 17/99	197, 314 - 318	BStBl. II 2002, 169 - 171
31. 7. 2002	X R 39/01	n.v.	BFH/NV 2002, 1575 - 1576
18. 12. 2002	I R 15/02	201, 395 - 398	BStBl. II 2003, 384 - 385
18. 12. 2002	I R 60/01	n.v.	BFH/NV 2003, 1025 - 1027
12. 5. 2003	GrS 1/00	202, 464 - 476	BStBl. II 2004, 95 - 100
17. 9. 2003	I R 85/02	204, 72 - 76	BStBl. II 2005, 149 - 151
26. 11. 2003	X R 11/01	204, 192 - 200	BStBl. II 2004, 820 - 824
17. 12. 2003	X R 31/00	n.v.	BFH/NV 2004, 1083 - 1085
17. 12. 2003	X R 2/01	n.v.	BFH/NV 2004, 1086 - 1087
31. 3. 2004	X R 3/01	n.v.	BFH/NV 2004, 1386 - 1387
31. 3. 2004	X R 11/03	n.v.	BFH/NV 2004, 1389 - 1391
16. 6. 2004	X R 50/01	207, 114 - 120	BStBl. II 2005, 130 - 133
14. 7. 2004	I R 94/02	206, 350 - 358	BStBl. II 2005, 721 - 725
5. 10. 2004	VIII R 69/02	n.v.	BFH/NV 2005, 524 - 525
28. 10. 2004	I B 95/04	n.v.	BFH/NV 2005, 160 - 162
19. 1. 2005	X R 23/04	209, 91 - 95	BStBl. II 2005, 434 - 436
27. 4. 2005	I R 90/04	209, 489 - 496	BStBl. II 2006, 198 - 201
24. 8. 2005	VIII B 4/02	n.v.	BFH/NV 2006, 273 - 274

III. Finanzgerichte

Gericht	*Datum*	*Aktenzeichen*	*Zitierte Fundstelle*
FG Baden-Württemberg	14. 2. 1973	I b (I) 236/71	EFG 1973, 204 - 205
	30. 9. 2004	10 K 116/01	EFG 2005, 32 - 34
FG Berlin	13. 7. 1976	IV 146/75	EFG 1976, 629 - 630
	25. 6. 1984	VIII 182/83	EFG 1985, 146
	18. 12. 2001	7 K 7499/00	EFG 2002, 519 - 521
FG Düsseldorf	18. 3. 1991	6 K 117/86	EFG 1991, 750 - 751
	3. 11. 1999	7 K 2787/95 E	EFG 2000, 117
	15. 2. 2000	14 K 7410/96 E	EFG 2000, 676 - 678
	11. 5. 2005	7 K 1265/04 E	EFG 2005, 1760 - 1762
FG Hamburg	6. 4. 1994	I 132/91	EFG 1994, 965 - 966
	7. 8. 1995	VII 131/92	EFG 1996, 94 - 96
	16. 12. 2004	VI 252/02	EFG 2005, 691 - 693
	4. 3. 2005	VII 312/02	n.v.
FG Köln	20. 12. 1984	VIII 120/79 E [u.a.]	EFG 1985, 494 - 495
	2. 10. 1985	I K 32/83	EFG 1986, 144 - 146
	22. 2. 2000	14 K 6887/96	EFG 2001, 679 - 680
	15. 7. 2004	13 K 2530/03	EFG 2005, 222 - 224
	24. 2. 2005	10 K 7583/99	EFG 2005, 1053 - 1054
FG München	26. 1. 1984	VI 48/81 E	EFG 1984, 399 - 400
	12. 1. 1995	7 K 1178/93	EFG 1995, 650 - 652
	24. 2. 2000	7 K 965/98	EFG 2000, 774 - 775
	13. 4. 2000	15 K 3507/94	EFG 2000, 855 - 857
FG Münster	25. 3. 1980	VI 1398/76 E	EFG 1980, 441 - 443
	12. 8. 1999	1 K 8160/98 E	EFG 1999, 1219
	26. 3. 2001	4 K 6429/99 E	EFG 2001, 1034 - 1035
	18. 8. 2004	1 K 5137/00 E	EFG 2005, 188 - 191
Niedersächsisches FG	20. 12. 1965	IV 74/65	EFG 1966, 275
	16. 5. 1980	I 125/79	EFG 1980, 482 - 483
	22. 12. 2004	3 K 277/03	EFG 2005, 639 - 641

IV. Österreichischer Verwaltungsgerichtshof

	Datum	Aktenzeichen	Zitierte Fundstelle
ÖVwGH	26. 1. 1994	92/13/0059	ÖStZB 1994, 588 - 589

C. Zivilgerichte

Gericht	Datum	Aktenzeichen	Zitierte Fundstelle
BGH	16. 1. 1957	IV ZR 221/56	NJW 1957, 708
	8. 4. 1981	IVb ZR 587/80	NJW 1981, 1559 - 1560
	22. 1. 1987	III ZR 26/85	BGHZ 99, 344 - 358
	7. 12. 1988	IVb ZR 15/88	NJW 1989, 523 - 524
	16. 9. 1993	V ZR 246/92	BGHZ 123, 264 - 267
	27. 4. 1994	IV ZR 132/93	BGHZ 125, 395 - 399
	14. 6. 1995	IV ZR 212/94	NJW 1995, 2287 - 2288
	17. 1. 1996	IV ZR 184/94	NJW 1996, 987 - 988
	5. 11. 2002	X ZR 140/01	NJW 2003, 1384 - 1388
	10. 12. 2003	IV ZR 249/02	BGHZ 157, 178 - 187
	19. 10. 2004	X ZR 2/03	NJW 2005, 670 - 671
OLG Dresden	2. 5. 2002	7 U 2905/01	NJW 2002, 3181 - 3183
OLG Karlsruhe	9. 12. 2003	1 U 88/03	ZEV 2004, 470 - 472
LG Baden-Baden	31. 7. 1998	2 O 70/98	ZEV 1999, 152 - 153

D. Verwaltungsgerichte

Gericht	Datum	Aktenzeichen	Zitierte Fundstelle
BVerwG	12. 2. 1998	3 C 55.96	BVerwGE 106, 177 - 186
OVG Münster	8. 12. 1995	25 A 2431/94	NVwZ 1996, 913 - 918
VG Düsseldorf	25. 3. 1994	1 K 4629/93	NVwZ 1994, 811 - 815

Literaturverzeichnis

Achatz, Markus/ Schneider, Wolfgang

Die Voraussetzungen der Gemeinnützigkeit nach den Vorschriften der BAO – System und aktuelle Entwicklungen aus der Sicht der Finanzverwaltung, in: *Achatz, Markus* [Hrsg.], Die Besteuerung der Non-Profit-Organisationen – KöSt und USt bei gemeinnützigen Vereinen und Körperschaften öffentlichen Rechts, 2. Aufl., Wien 2004, S. 49 - 60

Alternativkommentar

Kommentar zum Bürgerlichen Gesetzbuch, Band 1: Allgemeiner Teil, Neuwied [u.a.] 1997
Zitiert: AK/*Bearbeiter*

Andrick, Bernd

Die Entwicklung zum modernisierten Stiftungsrecht, in: ZSt 2003, 3 - 13

Das modernisierte Stiftungsprivatrecht – eine Zwischenbilanz, in: ZSt 2005, 155 - 159

Andrick, Bernd/ Suerbaum, Joachim

Das Gesetz zur Modernisierung des Stiftungsrechts, in: NJW 2002, 2905 - 2910

Arbeitsgemeinschaft der Spitzenverbände der freien Wohlfahrtspflege und Arbeitsgemeinschaft Deutscher Wohltätigkeits-, Erziehungs- und Kultusstiftungen

Vorschlag für eine Neufassung der Gemeinnützigkeitsverordnung, in: StuW 1952, 617 - 625

Erläuterungen zu dem Vorschlag für eine Neufassung der Gemeinnützigkeitsverordnung, in: StuW 1952, 625 - 636

Arbeitsgemeinschaft Deutscher Stiftungen – Bundesverband –/ Verband Deutscher Wohltätigkeitsstiftungen e.V.

Bericht über die 43. Jahrestagung am 4. und 5. Juni 1987 in Aschaffenburg
Zitiert: Jahrestagung 1987

Bericht über die 44. Jahrestagung am 9. und 10. Juni 1988 in Lübeck
Zitiert: Jahrestagung 1988

Arndt, Hans-Wolfgang/ Immel, Cornelia

Zur Gemeinnützigkeit des organisierten Sports, in: BB 1987, 1153 - 1157

Asche, Florian

Pflichtteils- und Pflichtteilsergänzungsansprüche gegenüber Stiftungen, in: StiftSpons 3/2001, 23 - 26

Augsten, Ursula

Die Neuregelung des Spendenrechts zum 1. 1. 2000, in: DStR 2000, 621 - 624

Backert, Wolfram/ Carstensen, Carsten
Nochmals: Der Modellentwurf eines Landesstiftungsgesetzes – Kritische Anmerkungen zu *Hüttemann/ Rawert*, ZIP 2002, 2019, in: ZIP 2003, 284 - 288

Bamberger, Heinz Georg/ Roth, Herbert [Hrsg.]
Kommentar zum Bürgerlichen Gesetzbuch
- Band 1: [...], §§ 1 - 610, 1. Aufl., München 2003
- Band 3: §§ 1297 - 2385 [u.a.], 1. Aufl., München 2002
Zitiert: Bamberger/Roth/*Bearbeiter*

Baumeister, Ludger/ Baumeister, Heinz H.
Die gemeinnützige Familienstiftung, in: Zur Praxis der Familienstiftungen, Materialien aus dem Stiftungszentrum (Heft 5), Essen 1974, S. 11 - 25

Bechler, Ekkehard
Rahmenbedingungen und Entwicklungsmöglichkeiten der privaten Kulturförderung und -finanzierung in der Bundesrepublik Deutschland, in: *Kulturkreis der deutschen Wirtschaft im BDI e.V.* [Hrsg.], Die Krise überwinden – Kulturförderung in gemeinsamer Verantwortung (II), Grünbuch des Aktionskreises Kultur, Bonn 1996, S. 43 - 69

Becker, Enno/ Riewald, Alfred/ Koch, Carl
Reichsabgabenordnung mit Nebengesetzen, Kommentar, Band I: §§ 1 - 159 Reichsabgabenordung, Steueranpassungsgesetz und Steuersäumnisgesetz, 9. Aufl., Köln [u.a.] 1963
Zitiert: Becker/Riewald/Koch/*Bearbeiter*

Beck´scher Bilanz-Kommentar
Beck´scher Bilanz-Kommentar, Handels- und Steuerbilanz – §§ 238 bis 339, 342 bis 342e HGB mit EGHGB und IAS/IFRS-Abweichungen –, 6. Aufl., München 2006
Zitiert: BeckBilKomm/*Bearbeiter*

Beermann, Albert [Begr.]/ Gosch, Dietmar [Hrsg.]
Abgabenordnung, Finanzgerichtsordnung – mit Nebengesetzen, EuGH-Verfahrensrecht, Kommentar, Bonn [u.a.], Stand: März 2006 (56. ErgLfg.)
Zitiert: Beermann/Gosch/*Bearbeiter*

Berlin, Tilo
„Vermögen brauchen Wurzeln“, in: F.A.Z. Nr. 200/35 vom 28. 8. 2004, S. 17 und 19

Berndt, Hans
Stiftung und Unternehmen: Rechtsvorschriften, Besteuerung, Zweckmäßigkeit, 7. Aufl., Herne [u.a.] 2003
Zitiert: Stiftung

Nichtanerkennung der Gemeinnützigkeit wegen durch Stiftungsgeschäft übergegangener Verpflichtungen?, in: StiftSpons 5/1999, 16 - 18

Die Stiftung als Rechtsform zur Sicherung der Unternehmensnachfolge, in: NWB F. 18, 4003 - 4010

Bertelsmann Stiftung, Maecenata Institut für Dritter-Sektor-Forschung
Prüfsteine für ein zukunftsfähiges Stiftungsrecht (vom 11. 6. 1999), in: *Strachwitz, Rupert Graf* [Hrsg.], Reform des Stiftungs- und Gemeinnützigkeitsrechts – Ein Projektbericht an die Bertelsmann Stiftung, Arbeitshefte des Maecenata Instituts für Philanthropie und Zivilgesellschaft, Heft 13, Berlin 2004, S. 101 - 106

BGB-RGRK
Das Bürgerliche Gesetzbuch mit besonderer Berücksichtigung der Rechtsprechung des Reichsgerichts und des Bundesgerichtshofes, Kommentar
- Band I, §§ 1 - 240, 12. Aufl., Berlin [u.a.] 1982
- Band II, 2. Teil, §§ 414 - 610 [...] , 12. Aufl., Berlin [u.a.] 1978
- Band IV, 3. Teil, §§ 1589 - 1740g, 12. Aufl., Berlin [u.a.] 1999
Zitiert: BGB-RGRK/*Bearbeiter*

Biedermann, Franz
Die Gemeinnützigkeitsverordnung, Stuttgart 1955

Binz, Mark K.
Die Familienstiftung – Renaissance einer Rechtsform für Familienunternehmen, in: StbJb 1987/1988, 145 - 166

Binz, Mark K./ Sorg, Martin H.
Die Stiftung, Heidelberger Musterverträge (Heft 72), 4. Aufl., Heidelberg 2003
Zitiert: Die Stiftung

Die Doppelstiftung im Steuerrecht, in: ZEV 2005, 520 - 523

Blümich, Walter [Begr.]/ Ebling, Klaus [Hrsg.]
EStG KStG GewStG: Einkommensteuergesetz Körperschaftsteuergesetz Gewerbesteuergesetz, Kommentar, München, Stand: März 2006 (89. ErgLfg.)
Zitiert: Blümich/*Bearbeiter*

Blydt-Hansen, Kristoffer
Die Rechtsstellung der Destinatäre der rechtsfähigen Stiftung Bürgerlichen Rechts, Frankfurt a.M. [u.a.] 1998; zugl.: Kiel, Univ., Diss., 1998

Boettcher, Carl
Die neue Gemeinnützigkeitsverordnung, in: *Franz, Albert K./ Liermann, Hans/ zur Nedden, Hans Helmut/ von Pölnitz, Götz Freiherr von* [Hrsg.], Deutsches Stiftungswesen 1948 - 1966 – Wissenschaft und Praxis, Tübingen 1968, S. 77 - 99

Boettcher, Carl/ Leibrecht, Dieter
Gemeinnützigkeitsverordnung mit Ergänzungsbestimmungen, Kommentar, 2. Aufl., München [u.a.] 1971
Zitiert: Boettcher/Leibrecht/*Bearbeiter*

Boochs, Wolfgang
Steuerhandbuch für Vereine, Verbände und Stiftungen, Grundlagen der Besteuerung und Bilanzierung, 3. Aufl., Neuwied [u.a.] 2001
Zitiert: Steuerhandbuch

Boochs, Wolfgang (Fortsetzung)
Stiftungssteuerrecht, in: *Weitz, Barbara/ Deutsche Stiftungsagentur GmbH/ Pues GmbH* [Hrsg.], Rechtshandbuch für Stiftungen: Praxisnachschlagewerk für alle Stiftungsarten, Hamburg, Stand: September 2005
Zitiert: Stiftungssteuerrecht

Boochs, Wolfgang/ Gantefûhrer, Felix
Dotierung und Verwendung der Mittel oder des Stiftungskapitals einer gemeinnützigen Stiftung am Beispiel einer Künstlerstiftung, in: DB 1997, 1840 - 1844

Bopp, Ulrich
Jenseits von Staatsfürsorge und Gewinnabsicht – Zur Bedeutung privater Stiftungen für die Bürgergesellschaft, in: ZSt 2004, 115 - 119

Brandt, J.
Anmerkung zum Urteil des BFH X R 107/91 vom 22. 9. 1993, in: KFR F. 3 EStG § 10b, 1/94, S. 168

Breinl, Gert
Das Handbuch der Vereine – Der Verein in steuerlicher, wirtschaftlich/organisatorischer und rechtlicher Sicht, Wien 1983

Brestel, Heinz
Stifter: Gestern und heute, in: F.A.Z. vom 22. 12. 2001, Nr. 298/51, S. 22

Brickwedde, Fritz
Bundesverband: Stiftungen sollten von Steueramnestie profitieren (Interview), in: NOZ vom 20. 2. 2003, Nr. 43/36, S. 1 f.

Brömmling, Ulrich F.
Standpunkte: Gut und doch nicht gut, in: F.A.Z. vom 14. 5. 2002, Nr. 110/20, S. 16

Jeden Tag zwei neue Stiftungen, in: F.A.Z. vom 20. 1. 2003, Nr. 16/4, S. 13

Standpunkte: 100 Prozent Stiftung statt 25 Prozent Steuern, in: F.A.Z. vom 18. 11. 2003, Nr. 268/47, S. 20

Brunner, Peter
Kein Spendenabzug nach § 10b EStG beim Erben – Anmerkungen zum BFH-Urteil vom 22. 9. 1993, X R 107/91, in: DStR 1994, 782 - 783

Buchna, Johannes
Gemeinnützigkeit im Steuerrecht: Die steuerlichen Begünstigungen für Vereine, Stiftungen und andere Körperschaften – steuerliche Spendenbehandlung, 8. Aufl., Achim 2003
Zitiert: Gemeinnützigkeit

Unterhaltsleistungen an den Stifter und/oder seine nächsten Angehörigen, in: StiftSpons 4/2003, 18 - 20

Bundesministerium der Finanzen [Hrsg.]
Reform der Reichsabgabenordnung: Bericht des Arbeitskreises für die Reform der Reichsabgabenordnung und ihrer Nebengesetze über seine Tätigkeit, Schriftenreihe des BMF (Heft 13), Bonn 1970
Zitiert: RAO-Reform

Gutachten der Unabhängigen Sachverständigenkommission zur Prüfung des Gemeinnützigkeits- und Spendenrechts, vom 24. 3. 1988, Schriftenreihe des BMF (Heft 40), Bonn 1988
Zitiert: Gutachten Gemeinnützigkeits- und Spendenrecht

Bundesverband Deutscher Stiftungen e.V. [Hrsg.]
Zahlen, Daten, Fakten zum deutschen Stiftungswesen, Darmstadt 2000
Zitiert: Stiftungswesen

Ein modernes Stiftungsprivatrecht zur Förderung und zum Schutz des Stiftungsgedankens – 1. Tagung des „Gesprächskreises Stiftungsprivatrecht" in Jena: Dokumentation der 1. Tagung des Gesprächskreises „Stiftungsprivatrecht" in Jena vom 17. bis 18. April 2000 und der vorangegangenen Tagungen des Gesprächskreises „Stiftungsrecht", Berlin 2001
Zitiert: Stiftungsprivatrecht

100 Prozent Stiftung statt 25 Prozent Steuern, Pressemitteilung vom 10. 3. 2003, http://www.stiftungshandbuch.de/stiftungen/ (unter Presse, Pressemitteilungen, 2003)
Zitiert: 100 Prozent Stiftung

Stiftungen für reformiertes Gemeinnützigkeitsrecht, Pressemitteilung vom 14. 5. 2003, http://www.stiftungshandbuch.de/stiftungen/ (unter Presse, Pressemitteilungen, 2003)
Zitiert: Gemeinnützigkeitsrecht

Vom Steuerstaat zum Stiftungsengagement, 59. Jahrestagung des Bundesverbandes Deutscher Stiftungen 14. bis 16. Mai 2003 Berlin, Berlin 2003
Zitiert: Jahrestagung 2003

Aktionsbündnis Gemeinnützigkeit (zusammen mit *Deutscher Spendenrat e.V.*, *Deutscher Fundraising Verband e.V.* und *VENRO Verband Entwicklungspolitik deutscher Nichtregierungsorganisationen e.V.*), 10-Punkte-Programm, vom 11. 11. 2004, http://www.venro.org/presse/archiv/10-Punkte-Programm.pdf
Zitiert: 10-Punkte-Programm

Rekord bei Stiftungsgründungen: Im Jahr 2004 wurden so viele Stiftungen errichtet wie nie zuvor, Pressemitteilung vom 10. 2. 2005, http://www.stiftungshandbuch.de/stiftungen/ (unter Presse, Pressemitteilungen, 2005)
Zitiert: Rekord bei Stiftungsgründungen

Offene Fragen zur Weiterentwicklung des Stiftungs- und Stiftungssteuerrechts (Stand: März 2005), http://www.stiftungshandbuch.de/stiftungen/ (unter Verband, Über uns, Positionen)
Zitiert: Offene Fragen

Verbesserung der Rahmenbedingungen für Stiftungen (Stand: November 2005), http://www.stiftungshandbuch.de/stiftungen/ (unter Verband, Über uns, Positionen)
Zitiert: Verbesserung der Rahmenbedingungen

Bundesverband Deutscher Stiftungen e.V. [Hrsg.] (Fortsetzung)
Rekordjahr der Stiftungen, Pressemitteilung vom 23. 2. 2006, http://www.stiftungshandbuch.de/stiftungen/ (unter Presse, Pressemitteilungen, 2006)
Zitiert: Stiftungen 2005

Bündnis für Gemeinnützigkeit – Dossier zur Pressekonferenz der Projektgruppe „Reform des Gemeinnützigkeits- und Spendenrechts" am 11. April 2006 (zusammen mit neun anderen Dachorganisationen des gemeinnützigen Sektors), http://www.stiftungshandbuch.de/stiftungen/ (unter Presse, Pressemitteilungen, 2006)
Zitiert: Bündnis für Gemeinnützigkeit

Bund-Länder-Arbeitsgruppe Stiftungsrecht
Abschlussbericht der Bund-Länder-Arbeitsgruppe zur Reform des Stiftungszivilrechts im Bundesministerium der Justiz, vom 19. 10. 2001, http://www.bmj.bund.de/media/archive/288.pdf

Burgard, Ulrich
Das neue Stiftungsprivatrecht, in: NZG 2002, 697 - 702

Carlé, Dieter/ Strahl, Martin
Stiftungen bei der Erbfolgegestaltung, in: KÖSDI 2002, 13471 - 13483

Carstensen, Carsten
Vermögensverwaltung, Vermögenserhaltung und Rechnungslegung gemeinnütziger Stiftungen, Frankfurt a.M. [u.a.] 1994, zugl.: Hannover, Univ., Diss., 1994

Die ungeschmälerte Erhaltung des Stiftungsvermögens, in: WPg 1996, 781 - 793

CDU/ CSU/ SPD
Gemeinsam für Deutschland – mit Mut und Menschlichkeit: Koalitionsvertrag zwischen CDU, CSU und SPD vom 11. 11. 2005
Zitiert: Koalitionsvertrag

Christoph, Dieter
Neue Wege zur Stiftung? – Ein Gespräch mit Dieter Christoph, Horst Ohlmann und Matthias Wilkes zur umstrittenen Verbindung von Stiftung und Kapitalanlage, in: DS 2/2002, 77 - 83

Crezelius, Georg/ Rawert, Peter
Stiftungsrecht – quo vadis?: Anmerkungen zu den Reformvorschlägen von Bündnis 90/Die Grünen und F.D.P., in: ZIP 1999, 337 - 347

Das Gesetz zur weiteren steuerlichen Förderung von Stiftungen – Anmerkungen zum ersten Schritt einer Reform des Stiftungsrechts –, in: ZEV 2000, 421 - 428

Däubler, Wolfgang
Zur aktuellen Bedeutung des Fideikommißverbots, in: JZ 1969, 499 - 502

Daragan, Hanspeter
Stiftung unter Nießbrauchsvorbehalt und Pflichtteilsrecht, in: StiftSpons 4/2002, 18 - 20

Dehesselles, Thomas
Stiftung, Unternehmen und Beschäftigungsförderung, in: DB 2005, 72 - 76

Deischl, Andreas Ferdinand
Familie und Stiftung, München, Univ., Diss., 2000

Derlien, Ulrich/ Freundl, Fabian
Die „angemessene Weise" der Unterhaltung des Stifters und seiner nächsten Angehörigen, in: StiftSpons 6/2003, 17 - 19

Deutsches Institut für Altersvorsorge [Hrsg.]
Erben in Deutschland – 2. Die quantitativen Grundlagen, http://www.dia-vorsorge.de/downloads/diequantitativengrundlagen.pdf

Dötsch, Ewald/ Eversberg, Horst/ Jost, Werner F./ Pung, Alexandra/ Witt, Georg [Hrsg.]
Die Körperschaftsteuer: Kommentar zum Körperschaftsteuergesetz, zum Umwandlungssteuergesetz und zu den einkommensteuerrechtlichen Vorschriften der Anteilseignerbesteuerung, Stuttgart, Stand: April 2006 (56. ErgLfg.)
Zitiert: Dötsch/Eversberg/Jost/Pung/Witt/*Bearbeiter*

Dötsch, Ewald/ Franzen, Ingo/ Sädtler, Wolfgang/ Sell, Hartmut/ Zenthöfer, Wolfgang
Körperschaftsteuer (Finanz und Steuern, Band 5), 14. Aufl., Stuttgart 2004
Zitiert: Dötsch/Franzen/Sädtler/Sell/Zenthöfer/*Bearbeiter*

Ebersbach, Harry
Handbuch des deutschen Stiftungsrechts, Göttingen 1972

Erle, Bernd/ Sauter, Thomas [Hrsg.]
Körperschaftsteuergesetz – Die Besteuerung der Kapitalgesellschaft und ihrer Anteilseigner, Heidelberg 2003
Zitiert: Erle/Sauter/*Bearbeiter*

Erman, Walter [Begr.]
Bürgerliches Gesetzbuch, Handkommentar, 10. Aufl., Münster [u.a.] 2000
Zitiert: Erman/*Bearbeiter* (10. Aufl.)

Bürgerliches Gesetzbuch, Handkommentar mit EGBGB, ErbbauVO, HausratsVO, LPartG, ProdHaftG, UKlaG, VAHRG und WEG, 11. Aufl., Münster [u.a.] 2004
Zitiert: Erman/*Bearbeiter*

Ernst & Young [Hrsg.]
Körperschaftsteuergesetz, Kommentar, Bonn [u.a.], Stand: Mai 2006 (50. ErgLfg.)
Zitiert: Ernst & Young/*Bearbeiter*

Esch, Günter/ Baumann, Wolfgang/ Schulze zur Wiesche, Dieter
Handbuch der Vermögensnachfolge: Bürgerlich-rechtliche und steuerliche Gestaltung der Vermögensnachfolge von Todes wegen und unter Lebenden, 6. Aufl., Berlin 2001

Eversberg, Horst
Neuere Entwicklungen im Gemeinnützigkeitsrecht, in: *IDW* [Hrsg.], Stiftungen: Rechnungslegung, Kapitalerhaltung, Prüfung und Besteuerung, Vorträge und Diskussionen *IDW*-Symposion „Stiftungen" am 21./22. November 1996, Düsseldorf 1997, S. 263 - 278
Zitiert: Neuere Entwicklungen

Gesetz zur weiteren steuerlichen Förderung von Stiftungen – ein Kurzüberblick, in: StiftSpons 4/2000, 3 - 4

Fasselt, Theo
Nachfolge in Familienunternehmen, Stuttgart 1992

Feick, Ernst Martin
Gestaltungen zur erfolgreichen Fortführung einer gemeinnützigen Stiftung nach dem Tod des Stifters, in: StiftSpons 1/2002, 24 - 27

Fischer, Peter
Die letztwillig verfügte Rente – Zum Urteil des BFH vom 27. 2. 1992 X R 139/88, in: FR 1992, 765 - 770

Flick, Hans
Unternehmern geht es wie Jungbauern, in: F.A.Z. vom 2. 3. 2002, Nr. 52/10, S. 23

Flick, Hans/ von Oertzen, Christian
Die Familienstiftung – eine seltene Nachfolgevariante, in: F.A.Z. vom 18. 2. 2003, Nr. 41/8, S. 22

Einrichtung einer Stiftung erfordert viel Sorgfalt, in: F.A.Z. vom 15. 4. 2003, Nr. 89/16, S. 26

Flume, Werner
Allgemeiner Teil des Bürgerlichen Rechts, Erster Band, Zweiter Teil: Die juristische Person, Berlin [u.a.] 1983

Franke, Günter/ Herrmann, Markus
Vererbung von Unternehmensanteilen oder Übertragung auf eine Stiftung: Ein Vergleich der Vermögenswirkungen, in: zfbf 1994, 582 - 609

Franz, Christoph
Grundlagen der Besteuerung gemeinnütziger Körperschaften bei wirtschaftlicher Betätigung, Berlin 1991; zugl.: Darmstadt, Techn. Hochsch., Diss., 1989

Freundl, Fabian
Die Stiftung – das Gestaltungsinstrument der Unternehmensnachfolge, in: DStR 2004, 1509 - 1514

Fritsche, Stefan
Zivilrechtlich begründete Verbindlichkeiten der Stiftung, in: ZSt 2003, 113 - 121

Frotscher, Gerrit/ Maas, Ernst [Hrsg.]
KStG UmwStG Körperschaftsteuergesetz Umwandlungssteuergesetz, Freiburg, Stand: März 2006 (82. ErgLfg.)
Zitiert: Frotscher/Maas/*Bearbeiter*

Funnemann, Carl-Bernhard
Errichtung einer gemeinnützigen Stiftung – Steuerpflicht und deren Vermeidung, in: sj 9/2005, 14 - 15

Gernhuber, Joachim/ Coester-Waltjen, Dagmar
Lehrbuch des Familienrechts, 4. Aufl., München 1994

Geserich, Stephan
Angemessenheit der Aufwendungen gemeinnütziger Körperschaften für Verwaltung und Spendenwerbung, in: DStR 2001, 604 - 607

Giersberg, Georg
Das Außergewöhnliche möglich machen, in: F.A.Z. vom 7. 12. 2002, Nr. 285/49, S. 13

Gmach, Gertlieb
Neuere Rechtsprechung zum Recht der steuerbegünstigten Zwecke, in: FR 1995, 85 - 100

Neuere Rechtsprechung zum Recht der steuerbegünstigten Zwecke (Teil I), in: FR 1997, 793 - 807

Göppinger, Horst/ Wax, Peter [Hrsg.]
Unterhaltsrecht, 8. Aufl., Bielefeld 2003
Zitiert: Göppinger/Wax/*Bearbeiter*

Goerdeler, Reinhard
Gemeinnützigkeit unter steuerlichem Aspekt, insbesondere im Blick auf Stiftungsgründungen, in: *Verein zur Förderung wirtschafts- und gesellschaftspolitischer Bildung* und *Wirtschaftspolitische Gesellschaft von 1947* [Hrsg.], Offene Welt – Zeitschrift für Wirtschaft, Politik und Gesellschaft Nr. 94, Sonderdruck: Stiftungspolitik, Köln [u.a.] 1967, S. 41 - 47

Götz, Hellmut
Die gemeinnützige Stiftung im Zivil- und Steuerrecht, in: NWB F. 2, 8603 - 8618

Gröger, Alfred/ Schöll, Werner
Abgabenordnung – Praktikerkommentar, München, Stand: Juni 1986 (14. ErgLfg.)
Zitiert: Gröger/Schöll/*Bearbeiter*

Großfeld, Bernhard
„Unsterblichkeit" und Jurisprudenz – Eine rechtsmethodische Betrachtung, in: *Merz, Hans/ Schluep, Walter R.* [Hrsg.], Recht und Wirtschaft heute, Festgabe zum 65. Geburtstag von Max Kummer, Bern 1980, S. 3 - 14

Günther, Frauke
Unterhaltsansprüche der Eltern und ihre Berechnung – zugleich ein Beitrag zum Familienunterhalt, in: FuR 1995, 1 - 9

Haas, Ingeborg
Die Stiftung als Instrument der Unternehmensnachfolge besser nutzen, in: GStB 2005, 394 - 399

Die Stiftung – ein interessantes Modell zur Unternehmensnachfolge, in: BBV 12/2005, 29 - 34

Hahn, Ottokar/ Schindler, Ambros
Die Besteuerung der Stiftungen, Mit besonderer Berücksichtigung der wirtschaftlichen Stiftungen, 2. Aufl., Baden-Baden 1977

Hartmann, Maren
Die gemeinnützige Stiftung und Die mildtätige Stiftung, in: *Strachwitz, Rupert Graf/ Mercker, Florian* [Hrsg.], Stiftungen in Theorie, Recht und Praxis – Handbuch für ein modernes Stiftungswesen, Berlin 2005, Kapitel 5.2 und 5.3, S. 381 - 399 und S. 400 - 408

Hartmann, Maren/ Richter, Andreas
Die Besteuerung von nicht steuerbegünstigten Stiftungen, insbesondere von Familienstiftungen, in: *Strachwitz, Rupert Graf/ Mercker, Florian* [Hrsg.], Stiftungen in Theorie, Recht und Praxis – Handbuch für ein modernes Stiftungswesen, Berlin 2005, Kapitel 5.6, S. 416 - 432

Hartmann, Winfried
Pflichtteilsergänzung wegen Schenkung an gemeinnützige Stiftung – Bemerkungen zum Urteil des BGH v. 10. 12. 2003 aus erbschaft- und schenkungsteuerlicher Sicht, in: ZErb 2004, 179 - 187

Heinrich
Gemeinnützigkeitsverordnung, in: DStZ 1954 Ausgabe C (DStZ/C 1954 Sonderdruck Lfd. Lfg. Nr. 85), 1 - 24

Heinrichshofen, Stefan
Beraterhinweis – Anmerkung zur Verfügung der OFD Magdeburg vom 18. 5. 2004, Az.: S 1900 – 22 – St 217, S 0171 – 155 – St 217, in: ErbStB 2004, 247

Hennerkes, Brun-Hagen/ Binz, Mark K./ Sorg, Martin H.
Die Stiftung als Rechtsform für Familienunternehmen: Die unternehmensverbundene Stiftung unter besonderer Berücksichtigung der Stiftung & Co. KG, in: DB 1986, 2217 - 2221 und 2269 - 2274

Hennerkes, Brun-Hagen/ Schiffer, K. Jan
Stiftungsrecht, Gutes tun und Vermögen sichern – privat und im Unternehmen, 3. Aufl., Frankfurt a.M. 2001
Zitiert: Stiftungsrecht

Regelung der Unternehmensnachfolge durch Stiftungskonstruktionen? – Einige grundsätzliche Anmerkungen, in: BB 1992, 1940 - 1945

Hennerkes, Brun-Hagen/ Schiffer, K. Jan/ Fuchs, Marcus
Die unterschiedliche Behandlung der unternehmensverbundenen Familienstiftung in der Praxis der Stiftungsbehörden, in: BB 1995, 209 - 213

Herbert, Ulrich
Der wirtschaftliche Geschäftsbetrieb des gemeinnützigen Vereins, Köln 1988; zugl.: Bochum, Univ., Diss., 1988
Zitiert: Wirtschaftlicher Geschäftsbetrieb

Die Mittel- und Vermögensbindung gemeinnütziger Körperschaften, in: BB 1991, 178 - 190

Herrmann, Carl/ Heuer, Gerhard [Begr.]/ Raupach, Arndt [Hrsg. u.a.]
Einkommensteuer- und Körperschaftsteuergesetz, Kommentar, Köln, Stand: November 2005 (220. ErgLfg.)
Zitiert: Herrmann/Heuer/Raupach/*Bearbeiter*

Herrnkind, Ulrich
Die steuerliche Behandlung von Freizeitvereinen aufgrund des Gutachtens der Gemeinnützigkeitskommission – Teil II –, in: DStZ 1988, 581 - 588

Herstatt, Claudia
Generös überleben: So viele Stifter waren nie – aber mit welchem Recht, in: Die Zeit vom 31. 1. 2002, Nr. 6, S. 39

Heuer, Carl-Heinz/ Habighorst, Oliver
Besteuerung steuerbegünstigter Stiftungen, in: *Bertelsmann Stiftung* [Hrsg.], Handbuch Stiftungen: Ziele – Projekte – Management – Rechtliche Gestaltung, 2. Aufl., Wiesbaden 2003, S. 919 - 953

Höhmann, A.
Anmerkung zum Urteil des BFH X R 75/94 vom 23. 10. 1996, in: KFR F. 3 EStG § 10b, 1/97, S. 98

Hof, Hagen/ Hartmann, Maren/ Richter, Andreas
Stiftungen: Errichtung – Gestaltung – Geschäftstätigkeit, München 2004

Hübschmann, Walter/ Hepp, Ernst/ Spitaler, Armin [Begr.]
- Kommentar zur Reichsabgabenordnung, Finanzgerichtsordnung und den Nebengesetzen, Köln, Stand: März 1977 (85. ErgLfg.)
- Abgabenordnung Finanzgerichtsordnung, Kommentar, Köln, Stand: November 2005 (187. ErgLfg.)

Zitiert: Hübschmann/Hepp/Spitaler/*Bearbeiter*

Hüttemann, Rainer
Wirtschaftliche Betätigung und steuerliche Gemeinnützigkeit, Köln 1991; zugl.: Bonn, Univ., Diss., 1990
Zitiert: Wirtschaftliche Betätigung

Der Grundsatz der Vermögenserhaltung im Stiftungsrecht, in: *Jakobs*, *Horst Heinrich* u.a. [Hrsg.], Festgabe für Werner Flume zum 90. Geburtstag, Berlin [u.a.] 1998, S. 59 - 98
Zitiert: Festgabe Flume

Zeitnahe Mittelverwendung und Erhaltung des Stiftungsvermögens nach zivilem Stiftungs- und steuerlichem Gemeinnützigkeitsrecht, in: Deutsches Stiftungswesen 1988 - 1998, Wissenschaft und Praxis, Tübingen 2000, S. 191 - 213
Zitiert: Deutsches Stiftungswesen 1988 - 1998

Verfassungsrechtliche Grenzen der rechtsformbezogenen Privilegierung von Stiftungen im Spenden- und Gemeinnützigkeitsrecht, in: *Kötz*, *Hein*/ *Rawert*, *Peter*/ *Schmidt*, *Karsten*/ *Walz*, *W. Rainer* [Hrsg.], Non Profit Law Yearbook 2001, Köln [u.a.] 2002, S. 145 - 168
Zitiert: Non Profit Law Yearbook 2001

Die Neuregelung des Spendenrechts, in: NJW 2000, 638 - 640

Das Gesetz zur weiteren steuerlichen Förderung von Stiftungen, in: DB 2000, 1584 - 1592

Der neue Anwendungserlass zum Gemeinnützigkeitsrecht (§§ 51 bis 68 AO), in: FR 2002, 1337 - 1347

Das Gesetz zur Modernisierung des Stiftungsrechts, in: ZHR 167 (2003), 35 - 65

Grundprinzipien des steuerlichen Gemeinnützigkeitsrechts, in: DStJG 26 (2003), 49 - 75

Hüttemann, Rainer/ Rawert, Peter
Der Modellentwurf eines Landesstiftungsgesetzes, in: ZIP 2002, 2019 - 2028

Hus, Christoph
Wenn Gönner knausern müssen, in: Die Zeit vom 2. 5. 2002, Nr. 19/57, S. 29

Isensee, Josef/ Knobbe-Keuk, Brigitte
Reform des Gemeinnützigkeits- und Spendenrechts – Alternativentwurf und Begründung, Sondervotum zum Mehrheitsgutachten der Unabhängigen Sachverständigenkommission zur Prüfung des Gemeinnützigkeits- und Spendenrechts, in: *Bundesministerium der Finanzen* [Hrsg.], Gutachten der Unabhängigen Sachverständigenkommission zur Prüfung des Gemeinnützigkeits- und Spendenrechts, vom 24. 3. 1988, Schriftenreihe des BMF (Heft 40), Bonn 1988, S. 331 - 551

Jachmann, Monika
Reformbedarf im Gemeinnützigkeitsrecht, in: ZSt 2003, 35 - 46

Aktuelles zur steuerlichen Gemeinnützigkeit, in: ZSt 2004, 92 - 100

Jansen, Harald
Ersetzen Steuerbegünstigungen für gemeinnützige Stiftungen Ausschüttungsvorschriften?, in: ZSt 2004, 227 - 233

Jansen, Harald/ Gröning, Robert
Nützt die steuerliche Förderung gemeinnütziger Stiftungen der Allgemeinheit, ohne die Erben zu benachteiligen?, in: StuW 2003, 140 - 153

Jansen, Rudolf/ Wrede, Friedrich
Renten, Raten, Dauernde Lasten: Systematik, Rechtsprechung und Praxis bei der Einkommensteuer, 12. Aufl., Herne [u.a.] 1998
Zitiert: Jansen/Wrede/*Bearbeiter*

Jost, Werner F.
Spendenrecht 2000, in: DB 2000, 1248 - 1251

Kaase, Werner
Gemeinnützigkeit einer Stiftung bei Belastung des Stiftungsvermögens mit einer Leibrente zugunsten des Stifters, in: DB 1956, 1139

Kapp, Reinhard [Begr.]/ Ebeling, Jürgen
Erbschaftsteuer- und Schenkungsteuergesetz, Kommentar, 12. Aufl., Köln 2000, Stand: Mai 2006 (49. ErgLfg.)

Kaube, Jürgen
Bekämpfung des Stifterunwesens, in: F.A.Z. vom 11. 11. 2002, Nr. 262/46, S. 38

Keller, Michael/ Gadjeva, Mariela
Stiftungen im Zusammenhang mit der Nachfolgeregelung von Unternehmen, in: StiftSpons 5/2003, 20 - 22

Kerssenbrock, Otto-Ferdinand Graf
Unternehmenserhaltung: Eine zivil- und steuerrechtliche Untersuchung zu Möglichkeiten und Grenzen der Unternehmenserhaltung bei Fehlen von Unternehmensnachfolgern mit Schwerpunkt im Familienstiftungs- und GmbH-Recht, Hamburg, Univ., Diss., 1981

Kießling, Heinz
Steuerbegünstigte Zwecke: Die steuerlichen Erleichterungen für Vereine, Stiftungen und andere Körperschaften – steuerliche Spendenbehandlung, 1. Aufl., Achim 1978

Kilian, Michael
Der erbrechtliche Pflichtteilsanspruch aus der Sicht des Eigentums- und Erbrechtsgrundrechtes Art. 14 Abs. 1 GG, in: ZSt 2004, 204 - 208

Kipp, Theodor
Kommentar zum Erbschaftsteuergesetz in der Fassung vom 22. August 1925 nebst den Durchführungs- und den Ausführungsbestimmungen, Berlin 1927

Kirchhain, Christian
Stiftungsbezüge als Einkünfte aus Kapitalvermögen? – „Völlige Verkennung des Rechtsinstituts der Stiftung"?, in: ZSt 2004, 22 - 27

Kirchhof, Paul
Einkommensteuergesetzbuch – Ein Vorschlag zur Reform der Einkommen- und Körperschaftsteuer, Heidelberg 2003
Zitiert: EStGB

Stifterengagement im Steuerstaat – Steuerliche Anerkennung privater Freiheitskultur, in: *Bundesverband Deutscher Stiftungen e.V.* [Hrsg.], Vom Steuerstaat zum Stifterengagement, 59. Jahrestagung des Bundesverbandes Deutscher Stiftungen 14. bis 16. Mai 2003 Berlin, S. 12 - 22
Zitiert: Stifterengagement

Der Grundrechtsschutz des Steuerpflichtigen – Zur Rechtsprechung des Bundesverfassungsgerichts im vergangenen Jahrzehnt, in: AöR 128 (2003), 1 - 51

Gemeinnützigkeit – Erfüllung staatsähnlicher Aufgaben durch selbstlose Einkommensverwendung – Eröffnung der Jahrestagung und Rechtfertigung des Themas, in: DStJG 26 (2003), 1 - 8

Kirchhof, Paul [Hrsg.]
EStG KompaktKommentar Einkommensteuergesetz, 6. Aufl., Heidelberg 2006
Zitiert: Kirchhof/*Bearbeiter*

Kirchhof, Paul/ Söhn, Hartmut/ Mellinghoff, Rudolf [Hrsg.]
Einkommensteuergesetz, Kommentar, Heidelberg, Stand: April 2006 (164. ErgLfg.)
Zitiert: Kirchhof/Söhn/Mellinghoff/*Bearbeiter*

Kirmse, Doreen
Die Stiftung als Alternative in der Nachfolgeplanung eines Unternehmers, in: StiftSpons 1/2002, 27 - 29

Kirnberger, Christian/ Werz, Ralf Stefan
Die Doppelstiftung als Instrument der Unternehmensnachfolge – Eine Alternative zur gemeinnützigen Familienstiftung, in: ErbStB 5/2004, 145 - 147

Klein, Franz [Begr.]
Abgabenordnung – einschließlich Steuerstrafrecht –, 8. Aufl., München 2003
Zitiert: Klein/*Bearbeiter*

Knobbe-Keuk, Brigitte
Geleitwort zu *Hüttemann*, Wirtschaftliche Betätigung und steuerliche Gemeinnützigkeit, Köln 1991; zugl.: Bonn, Univ., Diss., 1990, S. VII - VIII

Koch, Karl/ Scholtz, Rolf-Detlev [Hrsg.]
Abgabenordnung (AO), 5. Aufl., Köln [u.a.] 1996
Zitiert: Koch/Scholtz/*Bearbeiter*

Kögel, Rainer
Stifter sollen Anspruch auf Anerkennung erhalten, in: F.A.Z. vom 28. 11. 2001, Nr. 277/48, S. 29

Einsatzmöglichkeiten von Familienstiftungen, in: StiftSpons 2/2002, 19 - 20

Kohler, Gerhard/ Quantschnigg, Peter/ Wiesner, Werner [Hrsg.]
Die Besteuerung der Vereine, Handbuch für die Praxis, 9. Aufl., Wien 2002
Zitiert: Kohler/Quantschnigg/Wiesner/*Bearbeiter*

Korn, Klaus
Nießbrauchgestaltungen auf dem Prüfstand (Teil I), in: DStR 1999, 1461 - 1476

Kronke, Herbert
Stiftungstypus und Unternehmensträgerstiftung: Eine rechtsvergleichende Untersuchung, Tübingen 1988

Kühn, Rolf [Begr.]/ Hofmann, Ruth
Abgabenordnung, Finanzgerichtsordnung, Nebengesetze, 17. Aufl., Stuttgart 1995
Zitiert: *Kühn/Hofmann* (17. Aufl.)

Kühn, Rolf [Begr.]/ von Wedelstädt, Alexander [Hrsg.]
Abgabenordnung und Finanzgerichtsordnung, Kommentar, 18. Aufl., Stuttgart 2004
Zitiert: Kühn/von Wedelstädt/*Bearbeiter*

Kümpel, Andreas
Aktuelle Rechtspraxis und -entwicklung, in: *Weitz, Barbara/ Deutsche Stiftungsagentur GmbH/ Pues GmbH* [Hrsg.], Rechtshandbuch für Stiftungen: Praxisnachschlagewerk für alle Stiftungsarten, Hamburg, Stand: September 2005, Kapitel 3/3.1
Zitiert: Aktuelle Rechtspraxis

Die Änderungen des Spendenrechts ab dem 1. 1. 2000, in: FR 2000, 91 - 93

Die Grundlagen der Mittelverwendungsrechnung, in: StiftSpons 2/2003, 22 - 24

Kulturkreis der deutschen Wirtschaft im BDI e.V. [Hrsg.]
10 Empfehlungen zur Verbesserung des Gemeinnützigkeits- und Spendenrechts, in: Die Krise überwinden – Kulturförderung in gemeinsamer Verantwortung (II), Grünbuch des Aktionskreises Kultur, Bonn 1996, S. 19 f.

Kußmaul, Heinz/ Meyering, Stephan
Die Besteuerung der Stiftung: Die gemeinnützige Stiftung, in: StB 2004, 91 - 100

Lademann, Fritz [Hrsg.]
- Kommentar zum Einkommensteuergesetz, Stuttgart [u.a.], Stand: Oktober 2005 (149. ErgLfg.)
- Kommentar zum Körperschaftsteuergesetz, Stuttgart [u.a.], Stand: Februar 2005 (32. ErgLfg.)

Zitiert: Lademann/*Bearbeiter*

Lang, Joachim
Geschenke, Spenden und Schmiergelder im Steuerrecht, in: JbFSt 1983/1984, 195 - 226

Gemeinnützigkeitsabhängige Steuervergünstigungen: Ein Grundsatzthema zum Abbau von Steuersubventionen, in: StuW 1987, 221 - 252

Lange, Heinrich/ Kuchinke, Kurt
Erbrecht – Ein Lehrbuch 5. Aufl., München 2001

Larenz, Karl/ Canaris, Claus-Wilhelm
Methodenlehre der Rechtswissenschaft, 3. Aufl., Berlin [u.a.] 1995

Lehleiter, Robert
Die Familienstiftung als Instrument zur Sicherung der Unternehmenskontinuität bei Familienunternehmen, Frankfurt a.M. [u.a.] 1996; zugl.: Dresden, Techn. Univ., Diss., 1995

Leisner, Walter Georg
Die mildtätige Familienstiftung, in: DB 2005, 2434 - 2436

Lex, Peter
Wettlauf im Stiftungsrecht – Rast im Steuerrecht? Standortanalyse 2002 für Stiftungen, Ergebnisniederschrift über die Sitzung des Arbeitskreises Deutscher Stiftungen „Steuern, Recht und Wirtschaft“, in: *Bundesverband Deutscher Stiftungen e.V.* [Hrsg.], Stiftungen in der Wissensgesellschaft, Bericht über die 58. Jahrestagung des Bundesverbandes Deutscher Stiftungen 15. - 17. Mai 2002 Hamburg, S. 25 - 37
Zitiert: Wettlauf im Stiftungsrecht

Rücklagenpolitik in der Praxis steuerbegünstigter Körperschaften, in: Admassierung und Bildung freier Rücklagen nach neuem Gemeinnützigkeitsrecht (§ 58 Nr. 7 AO), insbesondere bei Stiftungen, DB 1987, Beilage Nr. 10/87, 4 - 6

Lex, Peter (Fortsetzung)

Steuerliche Änderungen für Stiftungen und Spender durch das Gesetz zur weiteren steuerlichen Förderung von Stiftungen – Kritische Bemerkungen zu einer gutgemeinten Reform –, in: DStR 2000, 1939 - 1944

Das neue Stiftungsrecht: Reform, Modernisierung oder Kosmetik?, in: ZEV 2002, 405 - 408

Das Gesetz zur Modernisierung des Stiftungsrechts, in: StiftSpons 4/2002, 15 - 18

Editorial: Renaissance der Familien- und Unternehmensstiftung?, in: ZSt 2003, 178

Große Steuerreform, Steuerbegünstigung und Spendenabzug, in: StiftSpons 1/2004, 16 - 18

Möglichkeiten steuerrechtlicher Fortschritte für Stiftungen – Teil I: §§ 51 - 57 der Abgabenordnung, in: StiftSpons 1/2005, 19 - 20

Möglichkeiten steuerrechtlicher Fortschritte für Stiftungen – Teil II: §§ 58 - 68 der Abgabenordnung, in: StiftSpons 2/2005, 14 - 16

Möglichkeiten steuerrechtlicher Fortschritte für Stiftungen – Teil III: § 10b EStG, §§ 5 Abs. 1 Nr. 9, 9 Abs. 1 Nr. 2, Abs. 3 KStG, § 3 Nr. 6 GewStG, § 4 Nr. 18, Nr. 27a, § 12 Nr. 8 UStG, in: StiftSpons 3/2005, 16 - 18

Ley, Ursula

Neuregelungen des Spenden- und des Gemeinnützigkeitsrechts, in: KÖSDI 2000, 12658 - 12673

Lieder, Jan

Pflichtteilsergänzungsanspruch wegen Zuwendungen an gemeinnützige Stiftung – Anmerkung zum Urteil des BGH vom 10. 12. 2003 – IV ZR 249/02, in: ZSt 2004, 74 - 79

Liermann, Hans

Handbuch des Stiftungsrechts, I. Band: Geschichte des Stiftungsrechts, Tübingen 1963
Zitiert: Stiftungsrecht

Die Stiftung als Rechtspersönlichkeit: Aufgaben, Möglichkeiten und Grenzen des Stiftungswesens, in: *Franz, Albert K./ Liermann, Hans/ zur Nedden, Hans Helmut/ von Pölnitz, Götz Freiherr* [Hrsg.], Deutsches Stiftungswesen 1948 - 1966, Wissenschaft und Praxis, Tübingen 1968
Zitiert: Rechtspersönlichkeit

Lippross, Otto-Gerd [Hrsg.]

Basiskommentar Steuerrecht, Band I, Köln, Stand: April 2006 (33. ErgLfg.)
Zitiert: Lippross/*Bearbeiter*

Littmann, Eberhard [Begr.]/ Bitz, Horst/ Pust, Hartmut [Hrsg.]

Das Einkommensteuerrecht, Stuttgart, Stand: Mai 2006 (70. ErgLfg.)
Zitiert: Littmann/Bitz/Pust/*Bearbeiter*

Lohmann, Inge
Stiftung als möglicher Ausweg für die Sicherung privaten Vermögens, in: V&S 6/2006, 22 - 23

Looman, Volker
Rosinenpickerei führt bei Erbschaften zu Verdruß und Zank, in: F.A.Z. vom 3. 8. 2002, Nr. 178/31, S. 18

Maecenata Institut für Philanthropie und Zivilgesellschaft
Organisationen der Zivilgesellschaft und ihre Besteuerung – Vorschlag für eine grundlegende Reform des Gemeinnützigkeits- und Spendenrechts, Opusculum Nr. 19 (September 2005), http://www.maecenata.de/dokumente/1500 publikationen/Opuscula/ 2005_Opusculum19.pdf

Maier, Jochen
Die Besteuerung der Stiftung nach der Reform – Eine Standortbestimmung nach dem Gesetz zur weiteren steuerlichen Förderung von Stiftungen vom 14. 7. 2000 unter Einbeziehung steuerplanerischer Aspekte, in: BB 2001, 494 - 504

Mainczyk, Andreas
Die Stiftung als Gestaltungsmöglichkeit im Rahmen der Unternehmensnachfolge, in: Stbg 2002, 76 - 85

Martin, Jörg
Das Instrument der Stiftung – Thema mit Zukunft, in: WPK-Mitt. 2001, 25 - 27

Gemeinnützige Stiftungen – Alternative im Nachfolgebereich, in: V&S 5/2005, 36 - 37

„Stiftung" bleibt auch 2006 ein spannendes Beratungsthema, in: V&S 1/2006, 38 - 39

Martin, Jörg/ Pues, Lothar
Aktuelles und Trends – Aktuelle Entwicklungen aus dem Stiftungsbereich – Die Drittelregelung in der aktuellen Diskussion, in: *Weitz, Barbara/ Deutsche Stiftungsagentur GmbH/ Pues GmbH* [Hrsg.], Rechtshandbuch für Stiftungen: Praxisnachschlagewerk für alle Stiftungsarten, Hamburg, Stand: September 2005, Kapitel 2/2.1
Zitiert: Aktuelles und Trends

Die Drittelregelung in der aktuellen Diskussion, in: V&S 8/2004, 18 - 19

Matschke, Wolfgang
Gemeinnützige Stiftung und Pflichtteilsergänzungsanspruch, in: *Westermann, Harm Peter/ Mock, Klaus* [Hrsg.], Festschrift für Gerold Bezzenberger zum 70. Geburtstag am 13. März 2000, Berlin [u.a.] 2000, S. 521 - 528
Zitiert: Festschrift Bezzenberger

Pflichtteilsergänzungsanspruch und Gemeinnützige Stiftung, in: ZSt 2004, 263 - 264

Mattheus, Daniela
Eckpfeiler einer stiftungsrechtlichen Publizität, in: DStR 2003, 254 - 259

Mecking, Christoph
Neue Wege zur Stiftung? – Ein Gespräch mit Dieter Christoph, Horst Ohlmann und Matthias Wilkes zur umstrittenen Verbindung von Stiftung und Kapitalanlage, in: DS 2/2002, 77 - 83

Orientierung für Stifter und Behörden – Das neue Gesetz zur Modernisierung des Stiftungsrechts, in: DS 2/2002, 84 - 85

Steueramnestie durch Stiftungsdotation, in: ZSt 2003, 95 - 96

Das Aktionsbündnis Gemeinnützigkeit und sein 10-Punkte-Programm, in: ZSt 2004, 318 - 319

Medicus, Dieter
Pflichtteilsergänzung wegen Zuwendungen an Stiftungen?, in: *Heldrich, Andreas/ Schlechtriem, Peter/ Schmidt, Eike* [Hrsg.], Recht im Spannungsfeld von Theorie und Praxis, Festschrift für Helmut Heinrichs zum 70. Geburtstag, München 1998, S. 381 - 396
Zitiert: Festschrift Heinrichs

Anmerkung zum Urteil des BGH X ZR 140/01 vom 5. 11. 2002, in: EWiR § 528 BGB 1/03, 253 - 254

Megow, Heinrich/ Michel, Theodor
Erbschaftsteuer- und Schenkungsteuergesetz, Kommentar, 6. Aufl., München 1974

Meincke, Jens Peter
Erbschaftsteuer- und Schenkungsteuergesetz, Kommentar, 14. Aufl., München 2004

Mercker, Florian/ von Rotenhan, Götz
Für einen Paradigmenwechsel – Vorschläge zur grundlegenden Reform des Gemeinnützigkeitsrechts, in: StiftSpons 1/2006, 18 - 19

Meyer-Arndt, Lüder
Schenkungsteuer bei Umwandlung einer Familienstiftung?, in: BB 1984, 1542 - 1545

Meyer zu Hörste, Gerhard
Die Familienstiftung als Technik der Vermögensverewigung, Göttingen, Univ., Diss., 1976

Meyn, Christian/ Richter, Andreas
Die Stiftung – Umfassende Erläuterungen, Beispiele und Musterformulare für die Rechtspraxis, Freiburg [u.a.] 2004
Zitiert: Meyn/Richter/*Bearbeiter*

Milatz, Jürgen E./ Kemcke, Tom/ Schütz, Robert
Stiftungen im Zivil- und Steuerrecht – Ein Praxisleitfaden, Heidelberg 2004

Mock, Sabine
Reformbedarf im Gemeinnützigkeits- und Spendenrecht vor dem Hintergrund der Besteuerung gemeinwohlorientierter Organisationen und bürgerschaftlichen Engagements in Großbritannien und Frankreich, Berlin 2005, zugl.: Hamburg, Univ., Diss., 2004

Moench, Dietmar/ Kien-Hümbert, Petra/ Weinmann, Norbert
Erbschaft- und Schenkungsteuer, Kommentar, Neuwied [u.a.], Stand: Dezember 2005 (41. ErgLfg.)
Zitiert: Moench/Kien-Hümbert/Weinmann/*Bearbeiter*

Mössner, Jörg Manfred/ Seeger, Siegbert [Hrsg.]
Körperschaftsteuergesetz, Kommentar, Herne [u.a.], Stand: März 2006 (39. ErgLfg.)
Zitiert: Mössner/Seeger/*Bearbeiter*

Morlok, Martin
Spenden – Rechenschaft – Sanktionen: Aktuelle Rechtsfragen der Parteienfinanzierung, in: NJW 2000, 761 - 769

Motive IV
Motive zu dem Entwurfe eines Bürgerlichen Gesetzbuches für das Deutsche Reich, Band IV, Familienrecht, Berlin [u.a.] 1888

Müller, Friedrich/ Christensen, Ralph
Juristische Methodik, Band I: Grundlagen, Öffentliches Recht, 9. Aufl., Berlin 2004

Müller, Thorsten
Neue Hinweise der Finanzverwaltung zur Gemeinnützigkeit: Erläuterung der wichtigsten Neuregelung des AEAO, in: ErbStB 2003, 63 - 67

Müller, Thorsten/ Schubert, Jörg
Die Stifterfamilie und die Sicherstellung ihrer Versorgung im Rahmen einer gemeinnützigen Stiftung – Gestaltungsmöglichkeiten aus zivil- und steuerrechtlicher Sicht, in: DStR 2000, 1289 - 1297

Münchener Anwaltshandbuch Erbrecht
Münchener Anwaltshandbuch Erbrecht, *Scherer, Stephan* [Hrsg.], München 2002
Zitiert: MünchAnwHbErbR/*Bearbeiter*

Münchener Kommentar
Münchener Kommentar zum Bürgerlichen Gesetzbuch
- Band 1: Allgemeiner Teil (§§ 1 - 240 [u.a.]), 4. Aufl., München 2001
- Band 1a: Allgemeiner Teil (Auszug – §§ 80, 81 [u.a.]), 4. Aufl., München 2003
- Band 3: Schuldrecht Besonderer Teil I (§§ 433 - 610 [u.a.]), 4. Aufl., München 2004
- Band 8: Familienrecht II (§§ 1589 - 1921 [u.a.]), 4. Aufl., München 2002
- Band 9: Erbrecht (§§ 1922 - 2385 [u.a.]), 4. Aufl., München 2004
Zitiert: MünchKomm/*Bearbeiter*

Münchener Vertragshandbuch
Münchener Vertragshandbuch, *Heidenhain, Martin/ Meister, Burkhardt W.* [Hrsg.]
- Band 1: Gesellschaftsrecht, 6. Aufl., München 2005
Zitiert: MünchVHb Bd. 1/*Bearbeiter*
- Band 1: Gesellschaftsrecht, 5. Aufl., München 2000
Zitiert: MünchVHb Bd. 1 (5. Aufl.)/*Bearbeiter*

Muscheler, Karlheinz
Anmerkung zum Urteil des OLG Dresden vom 2. 5. 2002, Az.: 7 U 2905/01, in: ZEV 2002, 417 - 418

Stiftung und Gemeinwohlgefährdung, in: NJW 2003, 3161 - 3166

Bundesrechtliche Vorgaben und Grenzen für eine Reform der Landesstiftungsrechte, in: ZSt 2004, 3 - 10

Nachträgliche Änderung der Stiftungssatzung, in: ZErb 2005, 4 - 10

Myßen, Michael
Änderungen durch das Gesetz zur weiteren steuerlichen Förderung von Stiftungen, in: NWB F. 2, 7429 - 7436

Neuhoff, Klaus
Offene Fragen der Rücklagenbildung, in: Admassierung und Bildung freier Rücklagen nach neuem Gemeinnützigkeitsrecht (§ 58 Nr. 7 AO), insbesondere bei Stiftungen, DB 1987, Beilage Nr. 10/87, 1 - 4

Um der juridical correctness willen: Spende, keine Schenkung!, in: ZSt 2004, 90 - 91

Niemann, Ursula
Unentgeltliche Zuwendungen betrieblichen Vermögens an gemeinnützige Körperschaften, in: IFSt-Schrift Nr. 338, Bonn 1995

Nissel, Reinhard
Das neue Stiftungsrecht – Stiftungen bürgerlichen Rechts, Baden-Baden 2002

Oenings, Christoph/ Kemcke, Tom
Bedürftigkeitsprüfung im Rahmen des § 58 Nr. 5 AO? – Kritische Anmerkung zur Verfügung der OFD Magdeburg vom 18. Mai 2004, in: ZSt 2005, 117 - 118

Ohlmann, Horst
Neue Wege zur Stiftung? – Ein Gespräch mit Dieter Christoph, Horst Ohlmann und Matthias Wilkes zur umstrittenen Verbindung von Stiftung und Kapitalanlage, in: DS 2/2002, 77 - 83

Orth, Manfred

Steuerliche Gestaltungsaspekte bei unternehmensverbundenen Stiftungen, in: *IDW* [Hrsg.], Stiftungen: Rechnungslegung, Kapitalerhaltung, Prüfung und Besteuerung, Vorträge und Diskussionen *IDW*-Symposion „Stiftungen" am 21./22. November 1996, Düsseldorf 1997, S. 223 - 261
Zitiert: Gestaltungsaspekte

Die Vermögensausstattung in- und ausländischer Stiftungen aus steuerrechtlicher Sicht, in: Stiftungen in Deutschland und Europa, Düsseldorf 1998, S. 319 - 345
Zitiert: Vermögensausstattung

Zur Rechnungslegung von Stiftungen – Überlegungen aus Anlaß des IDW-Diskussionsentwurfs –, in: DB 1997, 1341 - 1351

Finanzierung und Mittelverwendung gemeinnütziger Organisationen, in: DStJG 26 (2003), 177 - 228

Otte, Gerhard

Anmerkung zum Urteil des BGH IV ZR 249/02 vom 10. 12. 2003, in: JZ 2004, 973 - 975

o.V.

Anmerkung zum Urteil des FG Hamburg I 132/91 vom 6. 4. 1994, in: EFG 1994, Beilage 12/1994, S. 46

o.V.

Anmerkung zum Urteil des BFH II R 16/95 vom 21. 1. 1998, in: ErbBstg 5-6/1998, 5

Pahlke, Armin/ Koenig, Ulrich [Hrsg.]

Abgabenordnung – §§ 1 bis 368, Kommentar, München 2004
Zitiert: Pahlke/Koenig/*Bearbeiter*

Palandt, Otto [Begr.]

Bürgerliches Gesetzbuch, 65. Aufl., München 2006
Zitiert: Palandt/*Bearbeiter*

Peiker, Peter

Modellentwurf für ein Landesstiftungsgesetz, in: ZSt 2003, 47 - 55

Modellentwurf für ein Landesstiftungsgesetz am Beispiel Hessen, in: ZSt 2003, 79 - 88

Pluskat, Sorika

Auf dem Weg zur Modernisierung des deutschen Stiftungsprivatrechts: der aktuelle Regierungsentwurf als Resultat jahrelanger Reformdiskussion, in: DStR 2002, 915 - 923

Prinz, Ulrich

Vereine, Stiftungen, Trusts und verwandte Rechtsformen als Instrumente des Wirtschaftsverkehrs – Die Stiftung als Familienstiftung, in: JbFSt 1993/1994, 426 - 446

Probst, Rudolf G.
DBG – das Gesetz über die direkte Bundessteuer, Band 2: Juristische Personen, Basel 1995

Pues, Lothar
Steuerliche Erleichterungen zur Förderung von Stiftungen, in: ErbBstg 2002, 202 - 206

Pues, Lothar/ Scheerbarth, Walter
Gemeinnützige Stiftungen im Zivil- und Steuerrecht, 2. Aufl., München 2004

Pump, Hermann/ Leibner, Wolfgang [Hrsg.]
Abgabenordnung, Kommentar, Band 1: Steuerschuldrecht und allgemeine Verfahrensvorschriften – §§ 1 - 154 AO, Kriftel/Ts., Stand: August 2003 (43. ErgLfg.)
Zitiert: Pump/Leibner/*Bearbeiter*

Rawert, Peter
Stiftung und Unternehmen, in: *Kötz, Hein/ Rawert, Peter/ Schmidt, Karsten/ Walz, W. Rainer* [Hrsg.], Non Profit Law Yearbook 2003, Köln [u.a.] 2004, S. 1 - 16
Zitiert: Non Profit Law Yearbook 2003

Anmerkung zum Urteil des LG Baden-Baden vom 31. 7. 1998, Az.: 2 O 70/98, in: ZEV 1999, 153 - 154

Unternehmensperpetuierung: Zivil- und steuerrechtliche Gestaltungsmöglichkeiten, Bindungsinstrumentarium Stiftung, in: JbFSt 2000/2001, 552 - 561

Was aber bleibet, stiften die Stifter, in: F.A.Z. vom 23. 4. 2002, Nr. 94/17, S. 51

Charitable Correctness – Das OLG Dresden zu Spenden und Pflichtteilsergänzung, in: NJW 2002, 3151 - 3153

Rawert, Peter/ Katschinski, Ralf
Stiftungserrichtung und Pflichtteilsergänzung, in: ZEV 1996, 161 - 166

Reuber, Hans-Georg
Die Besteuerung der Vereine, 2. Aufl., Stuttgart, Stand: Januar 2006 (69. ErgLfg.)

Reuter, Dieter
Stiftung und Staat, in: *Hopt, Klaus J./ Reuter, Dieter* [Hrsg.], Stiftungsrecht in Europa, Stiftungsrecht und Stiftungsrechtsreform in Deutschland, den Mitgliedsstaaten der Europäischen Union, der Schweiz, Liechtenstein und den USA, Köln 2003, S. 139 - 158

Richter, Andreas
Zweifelhafte Folgen einer guten Tat für die Stiftung Frauenkirche, in: StiftSpons 3/2003, 26 - 28

Die Reform des Stiftungsrechts auf Landesebene, in: ZEV 2003, 314 - 315

Die Reform der Stiftungsgesetze der Länder, in: ZSt 2004, 19 - 21

Richter, Andreas (Fortsetzung)
Die Unternehmensstiftung – ein Instrument der Unternehmensnachfolge?, in: BBV 1/2004, 17 - 22

Das Verhältnis von Zuwendungen an Stiftungen und Pflichtteilsergänzungsansprüchen, in: StiftSpons 3/2004, 21 - 22

Das Verhältnis von Zuwendungen an Stiftungen und Pflichtteilsergänzungsansprüchen, in: ZErb 2005, 134 - 139

Aktuelle Änderungen in den Landesstiftungsgesetzen, in: ZEV 2005, 517 - 520

Richter, Andreas/ Sturm, Sebastian
Stiftungsrechtsreform und Novellierung der Landesstiftungsgesetze, in: NZG 2005, 655 - 659

Das neue Stiftungsrecht in Bund und Ländern, in: StiftSpons 4/2005, Beilage „Die roten Seiten"

Die Unternehmensstiftung nach der Stiftungsrechtsreform, in: ZErb 2006, 75 - 83

Richter, Heinz
Unverstandenes und Unverständliches zur fortentwickelten Rentenbesteuerung, in: DStR 1993, 1439 - 1440

Richter, Heinz [Hrsg.]
Handbuch der Rentenbesteuerung: Renten, Raten, Wiederkehrende Bezüge, Nießbrauch, Nutzungsrechte, Heidelberg, Stand: November 2005 (53. ErgLfg.)
Zitiert: Rentenbesteuerung

Riewald, Alfred
Die Gemeinnützigkeit im Steuerrecht, in: BB 1954, 385 - 388

Ritz, Christoph
Bundesabgabenordnung, Kommentar, 3. Aufl., Wien 2005

Röder, Harald
Vom fordernden „Steuerstaat" zum fördernden Stifterengagement, in: V&S 9/2004, 34 - 38

Stiftungsengagement ist Demokratieverständnis: Die Zäsur des Steuerrechts kann Deutschland aus der Krise führen, in: V&S 6/2005, 10 - 15

Röthel, Anne
Pflichtteil und Stiftungen: Generationengerechtigkeit versus Gemeinwohl?, in: ZEV 2006, 8 - 12

Rosenau, Heinz
Sonderfälle der Gestaltungsmöglichkeiten bei der Schenkung- bezw. Erbschaftsteuer, in: DB 1968, 1965 - 1969

Saenger, Ingo
Privatautonomie und Stifterfreiheit, in: *Bundesverband Deutscher Stiftungen e.V.* [Hrsg.], Ein modernes Stiftungsprivatrecht zur Förderung und zum Schutz des Stiftungsgedankens – 1. Tagung des „Gesprächskreises Stiftungsprivatrecht“ in Jena: Dokumentation der 1. Tagung des Gesprächskreises „Stiftungsprivatrecht“ in Jena vom 17. bis 18. April 2000 und der vorangegangenen Tagungen des Gesprächskreises „Stiftungsrecht“, Berlin 2001, S. 17 - 49

Saenger, Ingo/ Arndt, Ingo
Reform des Stiftungsrechts: Auswirkungen auf unternehmensverbundene und privatnützige Stiftungen, in: ZRP 2000, 13 - 19

Schad, Hans-Joachim/ Eversberg, Horst
Bildung freier Rücklagen nach § 58 Nr. 7 AO, in: DB 1986, 2149 - 2155

Schauhoff, Stephan
Gemeinnützige Stiftung und Versorgung des Stifters und seiner Nachkommen, in: DB 1996, 1693 - 1696

Neue Entwicklungen im Stiftungs- und Stiftungssteuerrecht, in: ZEV 1999, 121 - 125

Übertragung von Immobilienvermögen auf eine gemeinnützige Stiftung – unter Übernahme von Verbindlichkeiten oder Nießbrauchsvorbehalt zugunsten des Stifters oder Dritter, in: StiftSpons 4/2001, 18 - 20

Gemeinnützigkeitsrecht: Zum zulässigen Aufwand beim Spendensammeln, in: DStR 2002, 1694 - 1698

Schauhoff, Stephan [Hrsg.]
Handbuch der Gemeinnützigkeit: Verein – Stiftung – GmbH, Recht, Steuern, Personal, 2. Aufl., München 2005
Zitiert: Schauhoff/*Bearbeiter*

Scherer, Stephan
Die gemeinnützige GmbH ist eine Alternative zur Stiftung, in: F.A.Z. Nr. 121/22 vom 26. 5. 2004, S. 25

Schick, Stefan
Schutz des Stifters versus Schutz der Stiftung: Haftet die Stiftung bei Verarmung ihres Stifters?, in: StiftSpons 2/2002, 17 - 18

Schiffer, K. Jan
Die Stiftung in der anwaltlichen Praxis, Bonn 2003
Zitiert: Anwaltliche Praxis

Das neue Stiftungsrecht – Zu dem Ergebnis der Bund-Länder-Arbeitsgruppe und einem neuen Buch, in: StiftSpons 6/2001, 17 - 20

Stiftungen als Familienbank – Eine Antwort des Mittelstandes auf Basel II?, in: StuB 2002, 205

Aktuelles Beratungs-Know-how Gemeinnützigkeits- und Stiftungsrecht, in: DStR 2002, 1206 - 1209

Schiffer, K. Jan (Fortsetzung)
Das Stiftungszivilrecht bleibt liberal, in: BB 2002, Heft 42 vom 16. 10. 2002, S. I

Aktuelles Beratungs-Know-how Gemeinnützigkeits- und Stiftungsrecht, in: DStR 2003, 14 - 18

Aktuelles Beratungs-Know-how Gemeinnützigkeits- und Stiftungsrecht, in: DStR 2003, 1015 - 1019

Fortsetzung der Diskussion zur unternehmensverbundenen Stiftung trotz des neuen Stiftungszivilrechts? – Ein Ruf aus der Praxis, in: ZSt 2003, 252 - 254

Die Dresdner Frauenkirche, die Stiftung und der Pflichtteil, in: NJW 2004, 1565 - 1567

Zur Entwicklung des Stiftungszivilrechts in den Jahren 2000 bis 2003, in: NJW 2004, 2497 - 2500

Stiftung und Mittelstand aus Sicht eines steuerlichen Beraters, in: sj 17-18/2004, 47 - 50

Aktuelles Beratungs-Know-how Gemeinnützigkeits- und Stiftungsrecht, in: DStR 2005, 508 - 513

Schiffer, K. Jan/ Kotz, Thomas
Die Stiftung in der Erb- und Nachfolgeregelung, in: ZErb 2004, 115 - 122

Schiffer, K. Jan/ Swoboda, Christoph
Stiftungen und Gemeinnützigkeit: Neue Impulse durch das neue Steuerrecht, in: StuB 2001, 317 - 322

Schiffer, K. Jan/ von Schubert, Michael
Stiftung und Unternehmensnachfolge: Verständnis und Missverständnisse – Anmerkungen und Ergänzungen zu Schwarz, BB 2001, 2381 ff., in: BB 2002, 265 - 268

Die Stiftung in der Nachlassgestaltung – Hinweise zur steuerlichen Beratungspraxis, in: sj 3/2006, 30 - 34

Schindler, Ambros
Familienstiftungen: Recht, Steuer, Betriebswirtschaft, Bielefeld 1975
Zitiert: Familienstiftungen

Auswirkungen des Gesetzes zur weiteren steuerlichen Förderung von Stiftungen, in: BB 2000, 2077 - 2080

Schindler, Ambros/ Lewitzki, Julia
Prüfsteine für die Novellierung der Landesstiftungsgesetze, in: StiftSpons 1/2004, 23 - 24

Schmidt, Karsten
Gesellschaftsrecht, 4. Aufl., Köln [u.a.] 2002
Zitiert: Gesellschaftsrecht

Brave New World: Deutschland und seine Unternehmenserben auf dem Weg in ein Stiftungs-Dorado?, in: ZHR 166 (2002), 145 - 149

Schmidt, Ludwig
Anmerkung zum Urteil des BFH X R 139/88 vom 27. 2. 1992, in: FR 1992, 548

Anmerkung zum Urteil des BFH X R 187/87 vom 26. 11. 1992, in: FR 1993, 201 - 202

Anmerkung zum Urteil des BFH X R 107/91 vom 22. 9. 1993, in: FR 1994, 17

Schmidt, Ludwig [Hrsg.]
Einkommensteuergesetz, 25. Aufl., München 2006
Zitiert: Schmidt/*Bearbeiter*

Schmidt, Marika/ Fritz, Thomas
Die gemeinnützige nichtrechtsfähige Stiftung – Gestaltungsmöglichkeiten, in: StiftSpons 5/2003, 16 - 19

Schmidt, Oliver/ Schick, Stefan
Steuerrechtliche Aspekte bei der Stiftung von Todes wegen, in: ZSt 2004, 239 - 243

Schmidt-Troschke, Gerhard
Anwendung des steuerlichen Abzugsverbotes auf testamentarisch verfügte Renten oder dauernde Lasten, in: BB 1987, 587 - 591

Schneider, Annette
Unternehmensstiftungen – Formen, Rechnungslegung, steuerliche Gestaltungsmöglichkeiten, Berlin 2004, zugl.: Berlin, Freie Universität, Diss., 2002

Schnitger, Arne
Stiftung: Formen, Motive zur Errichtung, Gründungsprozeß, in: StB 2001, 52 - 57

Die Gestaltungsform der Doppelstiftung und ihre Probleme, in: ZEV 2001, 104 - 106

Schön, Wolfgang
Nießbrauch am Gesellschaftsanteil in Gesellschafts- und Steuerrecht, in: StbJb 1996/1997, S. 45 - 78

Scholtz, Rolf-Detlev
Steuerbegünstigte Zwecke (Teil I), in: FR 1976, 181 - 189

Schröder, Florian
Deutschland geht stiften, in: FTD vom 15. 3. 2002, S. 12

Schulte, Martin/ Risch, Ben Michael
Quo vadis, Landesstiftungsrecht? Gedanken zur Reform der Stiftungsgesetze der Länder, in: ZSt 2004, 11 - 18

Schulz, Andreas
Aktuelle BFH-Rechtsprechung und Verwaltungsauffassung zum Gemeinnützigkeits- und Vereinsrecht, in: DStR 1999, 354 - 358

Schulze zur Wiesche, Dieter
Erbauseinandersetzung als entgeltlicher oder unentgeltlicher Vorgang?, in: DB 1978, 2381 - 2383

Schwab, Dieter
Familienrecht, 13. Aufl., München 2005
Zitiert: Familienrecht

Der Unterhaltsanspruch der Kinder gegen die Eltern auf Ausbildungsfinanzierung und sein Verhältnis zur öffentlichen Ausbildungsförderung, in: FamRZ 1971, 1 - 11

Schwarz, Bernhard [Hrsg.]
Kommentar zur Abgabenordnung, Freiburg, Stand: April 2006 (118. ErgLfg.)
Zitiert: Schwarz/*Bearbeiter*

Schwarz, Günter Christian
Die Stiftung als Instrument für die mittelständische Unternehmensnachfolge, in: BB 2001, 2381 - 2390

Zur Neuregelung des Stiftungsprivatrechts, in: DStR 2002, 1767 - 1773 (Teil II)

Zur Zulässigkeit landesrechtlicher Vorschriften über die Familien- und Unternehmensstiftung, in: ZEV 2003, 306 - 313

Flexibilität und Vermögensbindung bei der Unternehmensstiftung, in: ZSt 2004, 64 - 72

Schwertmann, Philipp
Das Projekt „Reform des Stiftungs- und Gemeinnützigkeitsrechts" – Inhalte und Resultate, in: *Strachwitz, Rupert Graf* [Hrsg.], Reform des Stiftungs- und Gemeinnützigkeitsrechts – Ein Projektbericht an die Bertelsmann Stiftung, Arbeitshefte des Maecenata Instituts für Philanthropie und Zivilgesellschaft, Heft 13, Berlin 2004, S. 22 - 83

Schwintek, Sebastian
Zur Reform der Landesstiftungsgesetze, in: StiftSpons 1/2004, 19 - 22

Seifart, Jörg/ Pues, Lothar
Die Stiftung als Instrument für Familienunternehmen und KMU, in: V&S 5/2006, 22 - 23

Seifart, Werner/ von Campenhausen, Axel [Hrsg.]
Handbuch des Stiftungsrechts, 2. Aufl., München 1999
Zitiert: Seifart/von Campenhausen/*Bearbeiter*

Seithel, Rolf
Zur Abzugsfähigkeit letztwilliger Zuwendung als Spenden nach § 10b EStG, in: FR 1967, 378 - 381

Die Folgerechtsprechung des BFH über Renten und dauernde Lasten im Anschluß an die Entscheidungen des Großen Senats des BFH – Kritische Anmerkungen, in: BB 1993, 473 - 482

Seweloh
Anmerkung zum Urteil des RFH III A 399/32 vom 12. 1. 1933, RStBl. 1933, 193 - 195, in: StuW II 1933, 361 - 363

Söffing, Andreas/ Thoma, Katrin
Ausgewählte Beratungsaspekte im Gemeinnützigkeits- und Stiftungsrecht, in: BB 2003, 1091 - 1093

Aktuelle Beratungsaspekte im Gemeinnützigkeits- und Stiftungsrecht – Entwicklungen aus Verwaltung und Rechtsprechung, in: ErbStB 2004, 280 - 285

Gemeinnützigkeits- und Stiftungsrecht – Aktuelle Beratungsaspekte, in: ErbStB 2005, 184 - 188

Einbindung einer gemeinnützigen Stiftung in die Nachfolgeplanung – Ein Instrument zur Versorgung der Stifterfamilie, in: ErbStB 2005, 212 - 215

Die unternehmensverbundene Stiftung – Gestaltungstipps zur Vermeidung eines wirtschaftlichen Geschäftsbetriebs, in: ErbStB 2005, 315 - 319

Soergel, Hans Theodor [Begr.]
Bürgerliches Gesetzbuch mit Einführungsgesetz und Nebengesetzen
- Band 1, Allgemeiner Teil 1 (§§ 1 - 103), 13. Aufl., Stuttgart [u.a.] 2000
- Band 4/1, Schuldrecht III/1 (§§ 516 - 651 [...]), 12. Aufl., Stuttgart [u.a.] 1997
- Band 8, Familienrecht II (§§ 1589 - 1921 [u.a.]), 12. Aufl., Stuttgart [u.a.] 1987
- Band 23, Erbrecht 3 (§§ 2274 - 2385), 13. Aufl., Stuttgart [u.a.] 2002
Zitiert: Soergel/*Bearbeiter*

Sontheimer, Jürgen
Das neue Stiftungsrecht, 2. Aufl., Freiburg [u.a.] 2003

Sorg, Martin H.
Die Familienstiftung: Wesen, Probleme, Gestaltungsvorschläge für die Praxis, Baden-Baden 1984

Spiegelberger, Sebastian
Die Renaissance der vorweggenommenen Erbfolge, in: DStR 2004, 1105 - 1113

Die Familienstiftung – ein neuer Star, in: ErbStB 2005, 43 - 47

Staudinger, Julius [Begr.]
J. von Staudingers Kommentar zum Bürgerlichen Gesetzbuch mit Einführungsgesetzen und Nebengesetzen
- Erstes Buch Allgemeiner Teil, §§ 21 - 103, 13. Aufl., Berlin 1995
- Buch 2 Recht der Schuldverhältnisse, §§ 516 - 534, Neubearbeitung, Berlin 2005
- Buch 4 Familienrecht, §§ 1589 - 1600e, Neubearbeitung, Berlin 2004
- Viertes Buch Familienrecht, §§ 1601 - 1615o, Neubearbeitung, Berlin 2000
- Fünftes Buch Erbrecht, §§ 2265 - 2338a, 13. Aufl., Berlin 1998
Zitiert: Staudinger/*Bearbeiter*

Stein, Klaus/ Schindhelm, Malte
Stiftung als Instrument zur Regelung der Unternehmensnachfolge? – Prüfung der Vor- und Nachteile von Stiftung und Trust, in: ErbStB 2003, 151 - 155

Stölzle, Hans
Erbschaftsteuergesetz 1925 mit sämtlichen Aus- und Durchführungsvorschriften, Leipzig 1926

Strachwitz, Rupert Graf

Reform des Gemeinnützigkeitsrechts – Ein Problemaufriss als Diskussionspapier (vom 7. 2. 2004), in: *Strachwitz, Rupert Graf* [Hrsg.], Reform des Stiftungs- und Gemeinnützigkeitsrechts – Ein Projektbericht an die Bertelsmann Stiftung, Arbeitshefte des Maecenata Instituts für Philanthropie und Zivilgesellschaft, Heft 13, Berlin 2004, S. 138 - 150
Zitiert: Reform des Gemeinnützigkeitsrechts

Reförmchen des Stiftungsrechts, in: F.A.Z. vom 3. 8. 2002, Nr. 178/31, S. 6

Strachwitz, Rupert Graf/ Zimmer, Annette/ Then, Volker

Reform des Stiftungs- und Gemeinnützigkeitsrechts (vom 9. 12. 1999), in: *Strachwitz, Rupert Graf* [Hrsg.], Reform des Stiftungs- und Gemeinnützigkeitsrechts – Ein Projektbericht an die Bertelsmann Stiftung, Arbeitshefte des Maecenata Instituts für Philanthropie und Zivilgesellschaft, Heft 13, Berlin 2004, S. 107 - 126

Streck, Michael [Hrsg.]

Körperschaftsteuergesetz mit Nebengesetzen, 6. Aufl., München 2003
Zitiert: Streck/*Bearbeiter*

Strickrodt, Georg

Stiftungsrecht: Geltende Vorschriften und rechtspolitische Vorschläge, Baden-Baden 1962

Thiel, Jochen

Die Neuordnung des Spendenrechts, in: DB 2000, 392 - 396

Die zeitnahe Mittelverwendung – Aufgabe und Bürde gemeinnütziger Körperschaften, in: DB 1992, 1900 - 1907

Thiel, Jochen/ Eversberg, Horst

Das Vereinsförderungsgesetz und seine Auswirkungen auf das Gemeinnützigkeits- und Spendenrecht (Teil I), in: DB 1990, 290 - 295

Das Vereinsförderungsgesetz und seine Auswirkungen auf das Gemeinnützigkeits- und Spendenrecht (Teil III), in: DB 1990, 395 - 401

Thielemann, Michael

Tipp – Stiftungsinvestitionen steuerbegünstigt einsetzen: Per Stiftung kann die drohende Erbschaftsteuer vermieden werden, in: V&S 6/2005, 25

Tipke, Klaus/ Kruse, Heinrich Wilhelm [Begr.]

Abgabenordnung Finanzgerichtsordnung: Kommentar zur AO und FGO (ohne Steuerstrafrecht), Köln, Stand: November 2005 (108. ErgLfg.)
Zitiert: Tipke/Kruse/*Bearbeiter*

Tipke, Klaus [Begr.]/ Lang, Joachim [Hrsg.]

Steuerrecht, 18. Aufl., Köln 2005
Zitiert: Tipke/Lang/*Bearbeiter*

Troll, Max
Besteuerung von Verein, Stiftung und Körperschaft des öffentlichen Rechts, Kommentar, 3. Aufl., München 1983
Zitiert: Besteuerung

Zur erbschaftsteuerlichen Vorschrift in dem neuen Kultur- und Stiftungsförderungsgesetz, in: DB 1991, 672 - 675

Wann werden sportliche, kulturelle und gesellige Veranstaltungen eines gemeinnützigen Vereins steuerpflichtig?, in: DB 1979, 418 - 421

Troll, Max [Begr.]/ Gebel, Dieter/ Jülicher, Marc
Erbschaftsteuer- und Schenkungsteuergesetz, Kommentar, München, Stand: März 2006 (32. ErgLfg.)
Zitiert: Troll/Gebel/Jülicher/*Bearbeiter*

Troll, Max [Begr.]/ Wallenhorst, Rolf/ Halaczinsky, Raymond
Die Besteuerung gemeinnütziger Vereine und Stiftungen, 5. Aufl., München 2004
Zitiert: Troll/Wallenhorst/Halaczinsky/*Bearbeiter*

Trzaskalik, Christoph
Die steuerliche Förderung des Sports, in: StuW 1986, 219 - 231

Turner, Nikolaus
Die Stiftung – eine Möglichkeit zukunftsorientierter Vermögensbindung, in: DB 1995, 413 - 418

Verstl, Jörg
Das Rechtsinstitut „Stiftung“ – Allheilmittel für die Unternehmensnachfolgeregelung?, in: DStR 1997, 674 - 680

Vogel, Günter/ Schulze, Helmut
Gemeinnützigkeits-Rendite versus Immo- und Schifffonds-Performance, in: V&S 12/2003, 14 - 15

von Holt, Thomas/ Koch, Christian
Stiftungssatzung, München 2004

von Oertzen, Christian
Die Stiftung von Todes wegen – Gestaltungsgefahren und Gestaltungsmöglichkeiten, in: StiftSpons 1/1999, Beilage „Die roten Seiten“

von Wallis, Hugo/ Steinhardt, Rolf
Steuerbegünstigung gemeinnütziger Zwecke, 4. Aufl., Herne [u.a.] 1974
Zitiert: GemV 1953

Steuerbegünstigte Zwecke nach der Abgabenordnung 1977, 5. Aufl., Herne [u.a.] 1977
Zitiert: AO

Wachter, Thomas

Stiftungen – Zivil- und Steuerrecht in der Praxis, Köln 2001
Zitiert: Stiftungen

Aufbruch zu einer neuen Stiftungskultur?, in: GmbHR 2002, R 177 - R 178

Satzungsmäßige Vermögensbindung bei steuerbegünstigten Stiftungen, in: ZErb 2004, 357 - 362

Gemeinnützigkeit von Stiftungen mit Sitz im EU-Ausland – Anmerkungen zum Beschluss des BFH v. 14. 7. 2004 – I R 94/02 […], in: FR 2004, 1220 - 1226

Walz, Rainer

Vorwort, in: Bucerius Law School, Institut für Stiftungsrecht und das Recht der Non-Profit-Organisationen (Hrsg.), BLS Non Profit Law News 4/2005, S. 1

Wassermeyer, Franz

Ausgewählte Fragen des Gemeinnützigkeitsrechts, in: Protokoll der 41. Tagung der Arbeitsgemeinschaft Deutscher Stiftungen und des Verbandes Deutscher Wohltätigkeits-Stiftungen e.V. vom 9. und 10. Mai 1985 in Augsburg, S. 18 - 30
Zitiert: Ausgewählte Fragen

Verdeckte Gewinnausschüttungen auch durch Nicht-Kapitalgesellschaften?, in: FR 1990, 1 - 9

Weber-Grellet, Heinrich

Steuern im modernen Verfassungsstaat – Funktionen, Prinzipien und Strukturen des Steuerstaats und des Steuerrechts, Köln 2001, zugl.: Münster, Univ., Habil.-Schr., 2001
Zitiert: Steuern im Verfassungsstaat

Anmerkung zum Urteil des BFH X R 75/94 vom 23. 10. 1996, in: FR 1997, 179

Weinkauf, Walter

Unsterblich machen, in: F.A.Z. vom 10. 4. 2002, Nr. 83/15, S. B6

Werner, Olaf

Perpetuierung einer GmbH durch Stiftungsträgerschaft, in: GmbHR 2003, 331 - 340

Westphal, Michael R.

Die rechtsfähige Stiftung, in: StW 2000, 241 - 243

Wilke, Svenja

Anstiftung zum Stiften, in: F.A.S. vom 28. 4. 2002, Nr. 17, S. 43

Wilkes, Matthias

Neue Wege zur Stiftung? – Ein Gespräch mit Dieter Christoph, Horst Ohlmann und Matthias Wilkes zur umstrittenen Verbindung von Stiftung und Kapitalanlage, in: DS 2/2002, 77 - 83

Wilms, Heinrich [Hrsg.]

Erbschaft- und Schenkungsteuergesetz, Kommentar, Bonn [u.a.], Stand: März 2006 (24. ErgLfg.)
Zitiert: Wilms/*Bearbeiter*

Wismeth, Siegfried
Die steuerliche Abzugsfähigkeit von wiederkehrenden Leistungen, die auf einem Vermächtnis beruhen, in: DStR 1991, 1340 - 1343

Wochner, Georg
Stiftungen und stiftungsähnliche Körperschaften als Instrumente dauerhafter Vermögensbindung, in: MittRhNotK 1994, 89 - 112

Rechtsfähige Stiftungen – Grundlagen und aktuelle Reformbestrebungen, in: BB 1999, 1441 - 1449

Wolsztynski, Christian/ Hüsgen, Thomas
Kritische Anmerkungen zur Reform des Spenden- und des Stiftungssteuerrechts, in: BB 2000, 1809 - 1817

Zeranski, Dirk
Der Rückforderungsanspruch des verarmten Schenkers: Überleitbarkeit, Abtretbarkeit, Verpfändbarkeit, Pfändbarkeit und Vererblichkeit des Rechts aus § 528 Absatz 1 Satz 1 BGB, Berlin 1998, zugl.: München, Univ., Diss., 1996/97

Zweifel, Martin [Hrsg.]
Bundesgesetz über die direkte Bundessteuer, Band 1: Art. 1 - 82, Basel [u.a.] 2000
Zitiert: Zweifel/*Bearbeiter*

Erster Teil

Einleitung

A. Stiftungsrechtlicher Rahmen und gesellschaftlich-wirtschaftlicher Hintergrund

Das deutsche Stiftungsrecht ist zurzeit in ständiger, beispielloser Bewegung. Zunächst erhöhte der Bundesgesetzgeber durch das Gesetz zur weiteren steuerlichen Förderung von Stiftungen vom 14. Juli 2000[1] den Umfang des ertragsteuerlichen Abzugs von Spenden an steuerbegünstigte Stiftungen und erweiterte deren Möglichkeit zur Rücklagenbildung.[2] Durch das Gesetz zur Modernisierung des Stiftungsrechts vom 15. Juli 2002[3] nahm der Gesetzgeber erstmals eine Änderung der seit Inkrafttreten des Bürgerlichen Gesetzbuchs unangetasteten §§ 80 ff. BGB vor. Insbesondere sind nunmehr das „Recht des Stifters auf Stiftung" und die Voraussetzungen der Anerkennung einer Stiftung als rechtsfähig bundeseinheitlich in § 80 Abs. 2 BGB verankert. Die erforderlichen Anpassungen der Landesstiftungsgesetze sind in vielen Bundesländern bereits vollzogen, in den anderen Bundesländern noch in Vorbereitung.[4] Hinter diesen jüngsten Gesetzesänderungen steht der Wille, die rechtlichen Rahmenbedingungen

---

1 BGBl. I 2000, 1034 - 1036 = BStBl. I 2000, 1192 - 1194.

2 § 58 Nr. 11 und 12 AO; § 10b EStG. Siehe außerdem § 29 Abs. 1 Nr. 4 ErbStG.

3 BGBl. I 2002, 2634 f. Zum Gesetzgebungsverfahren siehe *Nissel*, Rn. 8 - 71.

4 Zum Stand der Landesgesetzgebung siehe http://www.stiftungshandbuch.de/stiftungen/ (unter Stifter & Stiftungen, Recht & Steuern, Landesstiftungsgesetze). Siehe dazu auch *Andrick*, ZSt 2005, 155, 157 ff.; *Backert/Carstensen*, ZIP 2003, 284 ff.; *Hüttemann/Rawert*, ZIP 2002, 2019 ff.; *Muscheler*, ZSt 2004, 3 ff.; *Peiker*, ZSt 2003, 47 ff.; *ders.*, ZSt 2003, 79 ff.; *A. Richter*, ZEV 2003, 314 f.; *ders.*, ZSt 2004, 19 ff.; *ders.*, ZEV 2005, 517 ff.; *A. Richter/Sturm*, NZG 2005, 655 ff.; *dies.*, StiftSpons 4/2005, Beilage „Die roten Seiten", S. 4 ff.; *dies.*, ZErb 2006, 75 80 ff.; *Schindler/Lewitzki*, StiftSpons 1/2004, 23, 23 f.; *Schulte/Risch*, ZSt 2004, 11 ff.; *Schwintek*, StiftSpons 1/2004, 19 ff.; speziell zu Familienstiftungen *Schwarz*, ZEV 2003, 306, 307 - 310.

zur Förderung des Stiftungswesens zu verbessern[5] und die Stiftungsfreudigkeit breiter Teile der Bevölkerung zu steigern.[6]

An diese Zielsetzung will, wie insbesondere vom Bundesverband Deutscher Stiftungen gefordert,[7] auch die neue Bundesregierung unter Führung von Bundeskanzlerin Merkel anknüpfen. So enthält der Koalitionsvertrag der Großen Koalition vom 11. November 2005 die Absichtserklärung, das Stiftungsrecht weiterzuentwickeln und das Gemeinnützigkeits- und Spendenrecht zu reformieren, damit bürgerschaftliches Engagement für das Gemeinwohl gefördert wird.[8]

Die vorstehend genannten Gesetzgebungsvorhaben, die Berichterstattung in der Presse[9] und die Diskussion in der Fachliteratur über die „Reform" des Stiftungszivil-[10] und -steuerrechts[11] lösten in der Öffentlichkeit ein

---

5 BT-Drucks. 14/8277, S. 1 und 5; BT-Drucks. 14/8765, S. 1 und 7.

6 BT-Drucks. 14/2340, S. 5.

7 *Bundesverband Deutscher Stiftungen*, Verbesserung der Rahmenbedingungen; *ders.*, Bündnis für Gemeinnützigkeit, S. 3.

8 *CDU/CSU/SPD*, Koalitionsvertrag, S. 70 in Tz. 3464 - 3467, S. 110 in Tz. 5369 - 5375 und S. 113 in Tz. 5528 - 5530.

9 Z.B. *Brestel*, F.A.Z. 22. 12. 2001, S. 22; *Brömmling*, F.A.Z. 14. 5. 2002, S. 16; *ders.*, F.A.Z. 20. 1. 2003, S. 13; *Flick/von Oertzen*, F.A.Z. 18. 2. 2003, S. 22; *dies.*, F.A.Z. 15. 4. 2003, S. 26; *Giersberg*, F.A.Z. 7. 12. 2002, S. 13; *Herstatt*, Die Zeit 31. 1. 2002, S. 39; *Hus*, Die Zeit 2. 5. 2002, S. 29; *Kaube*, F.A.Z. 11. 11. 2002, S. 38; *Kögel*, F.A.Z. 28. 11. 2001, S. 29; *Rawert*, F.A.Z. 23. 4. 2002, S. 51; *Schröder*, FTD 15. 3. 2002, S. 12; *Strachwitz*, F.A.Z. 3. 8. 2002, S. 6; *Weinkauf*, F.A.Z. 10. 4. 2002, S. B6; *Wilke*, F.A.S. 28. 4. 2002, S. 43.

10 Kritik richtet sich insbesondere gegen den Verzicht auf die Einführung eines bundeseinheitlichen Stiftungsregisters mit Publizitätswirkung und von Vorschriften zur Rechnungslegung sowie gegen den Gemeinwohlvorbehalt des § 80 Abs. 2, 2. Var. BGB: z.B. *Brömmling*, F.A.Z. 14. 5. 2002, S. 16; *ders.*, F.A.Z. 20. 1. 2003, S. 13; *Burgard*, NZG 2002, 697, 701; *Carlé/Strahl*, KÖSDI 2002, 13471, 13472; *Hüttemann*, ZHR 167 (2003), 35, 37, 39 f., 43 f. und 65; *Lex*, ZEV 2002, 405, 408; *Martin*, WPK-Mitt. 1/2001, 25 ff.; *Mattheus*, DStR 2003, 254, 255; *Mecking*, DS 2/2002, 84, 84; MünchKomm/*Reuter* Bd. 1a §§ 80, 81 BGB Rn. 14 und 16; *Muscheler*, NJW 2003, 3161, 3164 f.; *Pluskat*, DStR 2002, 915, 923; *Rawert*, F.A.Z. 23. 4. 2002, S. 51; *K. Schmidt*, ZHR 166 (2002), 145 ff.; *Wachter*, GmbHR 2002, R 177, R 178. Vgl. *Andrick*, ZSt 2003, 3, 12 f.; *Andrick/Suerbaum*, NJW 2002, 2905, 2909 f.; *Lex*, StiftSpons 4/2002, 15, 18; *Schiffer*, DStR 2002, 1206, 1208; *ders.*, BB 2002, Heft 42 (16. 10. 2002), I. Siehe auch *Schwintek*, StiftSpons 1/2004, 19, 20 f.

gesteigertes Interesse am Stiftungswesen und einen massiven Anstieg bei Stiftungserrichtungen aus.[12] Ungeachtet einer zwischenzeitlich eingetretenen „gewissen Ernüchterung“[13] hat „der Stiftungsboom [..] wieder an Fahrt gewonnen“[14]. Die „Renaissance der privaten Stiftungskultur in Deutschland“[15] genießt nach wie vor hohe Aufmerksamkeit, die sich überwiegend auf den Gemeinnützigkeitsbereich konzentriert.[16] Der Stiftungsfreudigkeit hat es auch keinen Abbruch getan, dass der Gesetzgeber die jüngste Steueramnestie nicht auf die Übertragung von Fluchtkapital auf eine steuerlich gemeinnützige Stiftung erstreckt hat.[17]

---

11 Z.B. *Crezelius/Rawert*, ZEV 2000, 421 ff.; *Eversberg*, StiftSpons 4/2000, 3 f.; *Hüttemann*, DB 2000, 1584 ff.; *Jost*, DB 2000, 1248 ff.; *Lex*, DStR 2000, 1939 ff.; *Ley*, KÖSDI 2000, 12658, 12663 ff.; *Maier*, BB 2001, 494 ff.; *Myßen*, NWB F. 2, 7429 ff.; *Schindler*, BB 2000, 2077 ff.; *Thiel/Eversberg*, DB 1990, 290 ff. und 395 ff. Zur Neuregelung der spendenrechtlichen Vorschriften der EStDV zum 1. 1. 2000 siehe z.B. *Augsten*, DStR 2000, 621 ff.; *Hüttemann*, NJW 2000, 638 ff.; *Kümpel*, FR 2000, 91 ff.; *Ley*, KÖSDI 2000, 12658 ff.; *Thiel*, DB 2000, 392 ff.; *Wolsztynski/Hüsgen*, BB 2000, 1809 ff.

12 So wurden im Jahr 2000 681, in 2001 829, in 2002 789, in 2003 784, in 2004 852 und in 2005 880 rechtsfähige Stiftungen bürgerlichen Rechts errichtet – damit in den letzten sechs Jahren mit insgesamt 4.815 mehr als in den Jahren 1990 bis 1999 (3.651) und weitaus mehr als in den Jahren 1960 bis 1989 (2.911). Die Zahl aller namentlich bekannten rechtsfähigen Stiftungen bürgerlichen Rechts liegt bei 13.490 (Stand: 31. 12. 2005). Siehe *Bundesverband Deutscher Stiftungen*, Stiftungen 2005.

13 *Scherer*, F.A.Z. 26. 5. 2004, S. 25.

14 *Fleisch*, in: *Bundesverband Deutscher Stiftungen*, Rekord bei Stiftungsgründungen.

15 *Mecking*, ZSt 2004, 318, 319.

16 Etwa 94,3 Prozent der deutschen Stiftungen sind als steuerlich gemeinnützig anerkannt. Siehe *Bundesverband Deutscher Stiftungen*, Stiftungswesen, S. 25; *ders.*, 100 Prozent Stiftung; *ders.*, Gemeinnützigkeitsrecht.

17 Siehe § 1 Abs. 1 Satz 1 StraBEG i.d.F. des Art. 1 des Gesetzes zur Förderung der Steuerehrlichkeit vom 23. 12. 2003, BGBl. I 2003, 2928, 2928 = BStBl. I 2004, 22, 22.

Vgl. die entsprechenden Vorschläge von Vertretern des Stiftungswesens: *Brickwedde*, NOZ 20. 2. 2003, S. 1 f.; *Bundesverband Deutscher Stiftungen*, 100 Prozent Stiftung; *Mecking*, ZSt 2003, 95, 95. Zustimmend *Kirchhof*, Stifterengagement, S. 21. Dieser Vorschlag traf während der 59. Jahrestagung des Bundesverbands Deutscher Stiftungen vom 14. bis 16. 5. 2003 in Berlin auf Ablehnung bei der Parlamentarischen Staatssekretärin beim BMF *Hendricks* und der Vizepräsidentin des Deutschen Bundestages *Vollmer*, siehe *Bundesverband Deutscher Stiftungen*, Jahrestagung 2003, S. 27. Dazu kritisch *Bopp*, ZSt 2004, 115, 119; *Brömmling*, F.A.Z. 18. 11. 2003, S. 20.

Basierend auf zunehmendem Wohlstand[18] und dem bei vielen Bürgern vorhandenen Altruismus leistet das Stiftungswesen einen zunehmend wichtigen Beitrag zur Gestaltung einer modernen Bürgergesellschaft[19] und – von hoher aktueller Bedeutung – zur Entlastung der öffentlichen Haushalte.[20] Dies geschieht durch Förderung sozialer, kultureller, wissenschaftlicher, ökologischer und anderer gemeinwohlbezogener Projekte, die so vielfältig sind wie die von Berufstätigkeit, persönlichen Interessen oder Schicksalsschlägen gezeichneten Biographien der Stifter. Durch die Errichtung einer steuerlich gemeinnützigen Stiftung erhoffen sich die Stifter oftmals persönliche Anerkennung und werbewirksame öffentliche Assoziation ihrer Unternehmen mit Mäzenatentum.[21] Im Vordergrund steht jedoch der Wunsch nach einer „Sinnstiftung" für ihr Vermögen, dem Wunsch, einen bleibenden, über den Tod hinausgehenden Beitrag für die Gesellschaft zu leisten.[22]

In der öffentlichen Diskussion nur selten erwähnt, hat die Rechtsform Stiftung auch eine über die steuerliche Gemeinnützigkeit hinausgehende Bedeutung. Ihre Erscheinungsform der (unternehmensverbundenen) Familienstiftung dient häufig – wenn auch kein „Steuersparmodell"[23] oder

---

18 Das Geld-, Immobilien- und Gebrauchsnettovermögen aller privaten Haushalte in Deutschland betrug im Jahr 2001 schätzungsweise 7,5 Billionen Euro. Davon werden nach Prognosen bis zum Jahr 2010 ca. 27 Prozent – das entspricht etwa 2 Billionen Euro – von acht auf fünfzehn Millionen Haushalte vererbt. Siehe *Deutsches Institut für Altersvorsorge*, S. 4 f.

19 *Bopp*, ZSt 2004, 115, 118.

20 *Lex*, StiftSpons 1/2005, 19, 19; *Röder*, V&S 6/2005, 10, 13; *Schiffer/Kotz*, ZErb 2004, 115, 115; *Walz*, BLS Non Profit Law News 4/2005, S. 1; *Wilkes*, DS 2/2002, 77, 80.

21 *Thiel/Eversberg*, DB 1990, 290, 292 in Fn. 24. Ähnlich *Schiffer*, DStR 2003, 1015, 1017; *ders.*, sj 17-18/2004, 47, 49; *Schiffer/Kotz*, ZErb 2004, 115, 120; Soergel/*Neuhoff* vor § 80 BGB Rn. 23c in Fn. 127.

22 *Berlin*, F.A.Z. 28. 8. 2004, S. 17 und 19; *Großfeld*, S. 8 und 14; *Keller/Gadjeva*, StiftSpons 5/2003, 20, 20; *Turner*, DB 1995, 413, 418; *Weinkauf*, F.A.Z. 10. 4. 2002, S. B6. Siehe auch *Röder*, V&S 6/2005, 10, 12 f.

23 Hingegen hatte die Errichtung einer Familienstiftung vor Einführung der Ersatzerbschaftsteuer (§ 1 Abs. 1 Nr. 4 ErbStG) oftmals die Vermeidung von Erbschaftsteuer zum Ziel. Vorteilhaft ist die Ersatzerbschaftsteuer, die vom Bundesverfassungsgericht für grundsätzlich verfassungsmäßig erklärt worden ist (BVerfGE 63, 312, 325), nunmehr allein hinsichtlich der Planbarkeit der steuerlichen Belastung.

„Allheilmittel“[24] – als Instrument bei der Gestaltung der betrieblichen und privaten Vermögensnachfolge.[25] Die Errichtung einer Stiftung empfiehlt sich – gerade auch als Alternative zur Testamentsvollstreckung, die lediglich in den zeitlichen Grenzen des § 2210 BGB zulässig ist –, wenn der Erblasser ausgesuchte Vermögenswerte vor Zersplitterung durch ungewollte Eingriffe seiner Erben schützen und als Versorgungsquelle erhalten will.[26] Bei geschickter Gestaltung minimiert die Errichtung einer Familienstiftung auch etwaige Pflichtteils- und Zugewinnausgleichsansprüche.[27] Oftmals findet ein Unternehmer in den Reihen der sich mit seinem Unternehmen wenig identifizierenden Familienangehörigen keinen willigen und fähigen Nachfolger. In diesen Fällen entspricht die Errichtung einer Stiftung dem Wunsch eines Unternehmers nach Kontinuität in der

---

24 Von Nachteil sind – insbesondere für Unternehmensträgerstiftungen – die nur eingeschränkte Möglichkeit der Kapitalbeschaffung und das Spannungsverhältnis zwischen erforderlicher unternehmerischer Flexibilität und dem Grundsatz der Vermögensbindung. Siehe dazu *Haas*, BBV 12/2005, 29, 29; *Rawert*, Non Profit Law Yearbook 2003, S. 2; *A. Richter*, BBV 1/2004, 17, 17; *Schwarz*, ZSt 2004, 64 ff. Siehe dazu auch die tabellarische Darstellung möglicher Nachteile einzelner Stiftungskonstruktionen bei *Stein/Schindhelm*, ErbStB 2003, 151 ff.

25 *Binz*, StbJb 1987/1988, 145, 166; *Flick/von Oertzen*, F.A.Z. 18. 2. 2003, S. 22; *Haas*, GStB 2005, 394, 394; *dies.*, BBV 12/2005, 29, 29; *Hennerkes/Binz/Sorg*, DB 1986, 2217, 2220; *Hennerkes/Schiffer*, BB 1992, 1940, 1945; *Kirmse*, StiftSpons 1/2002, 27, 29; *Mainczyk*, Stbg 2002, 76, 76; *Martin*, V&S 5/2005, 36 f.; *Milatz/Kemcke/Schütz*, S. 22 ff.; MünchAnwHbErbR/*Scherer* § 3 Rn. 51; *Schiffer*, StiftSpons 6/2001, 17, 20; *ders.*, BB 2002, Heft 42 (16. 10. 2002), I; *ders.*, DStR 2002, 1206, 1208; *ders.*, sj 17-18/2004, 47 ff.; *Schiffer/von Schubert*, BB 2002, 265, 265 f.; *dies.*, sj 3/2006, 30, 30; *Schnitger*, StB 2001, 52, 57; *Schwarz*, BB 2001, 2381, 2389 f.; *Seifart/Pues*, V&S 5/2006, 22, 22; Seifart/von Campenhausen/*Pöllath* § 13 Rn. 4 f.; *Spiegelberger*, ErbStB 2005, 43, 44; Staudinger/*Rawert* Vorbem. zu §§ 80 ff. BGB Rn. 7; *Stein/Schindhelm*, ErbStB 2003, 151, 155; *Turner*, DB 1995, 413, 418; *Verstl*, DStR 1997, 674, 680.

Als bekannte Beispiele seien Aldi, Baur, Bertelsmann, Eckes, Flick, Grundig, Klöckner, Krupp, Lidl, SAP, Thyssen, Vorwerk, Würth und Zeiss genannt.

26 *Berndt*, NWB F. 18, 4003, 4007; *Esch/Baumann/Schulze zur Wiesche*, S. 374 in Rn. 1479; *Fasselt*, Rn. 228; *Flick/von Oertzen*, F.A.Z. 18. 2. 2003, S. 22; *Looman*, F.A.Z. 3. 8. 2002, S. 178; MünchAnwHbErbR/*Scherer* § 3 Rn. 51; *Schiffer*, DStR 2002, 1206, 1208; *Schiffer/von Schubert*, BB 2002, 265, 266; *Seifart/Pues*, V&S 5/2006, 22, 22. Siehe auch *Schiffer*, DStR 2002, 1206, 1208; *ders.*, StuB 2002, 205; *ders.*, sj 17-18/2004, 47, 48: in Reaktion auf die Neuregelung der Kreditvergabe (Basel II) Stiftung als Trägerin einer „Familienbank“ zur Verbesserung der insbesondere bei mittelständischen Familienunternehmen häufig niedrigen Eigenkapitalquote.

27 MünchAnwHbErbR/*Scherer* § 3 Rn. 51; *Spiegelberger*, ErbStB 2005, 43, 46. Siehe auch *Keller/Gadjeva*, StiftSpons 5/2003, 20, 21.

Unternehmensführung und nach Erhaltung hoher und traditioneller Vermögenswerte innerhalb der Familie bei gleichzeitiger wirtschaftlicher Absicherung der kommenden Generationen.[28] Diese Idee geht bis ins 15. Jahrhundert zurück, als wohlhabende Patrizier erste nach heutiger Begriffsvorstellung selbständige Stiftungen zwecks Versorgung der Familie errichteten.[29]

B. Die Thematik der Arbeit

I. Der Gegenstand der Untersuchung

Untersuchungsgegenstand der vorliegenden Arbeit ist in der plakativen Diktion ihres Obertitels die „gemeinnützige Familienstiftung"[30] – ein Begriffspaar, das die auf den ersten Blick widersprüchlich anmutende Kombination zweier Stiftungsformen und der dahinter stehenden Motive eines Stifters ausdrückt: den Wunsch nach Förderung ausgesuchter steuerbegünstigter Zwecke bei gleichzeitiger Sicherstellung der laufenden privatnützigen Versorgung der Familie.[31] Im Rahmen der vorliegenden Arbeit wird untersucht, in welchem Umfang eine rechtsfähige Stiftung bürger-

---

28 *Berndt*, NWB F. 18, 4003, 4007; *Fasselt*, Rn. 228; *Flick*, F.A.Z. 2. 3. 2002, S. 23; *Flick/von Oertzen*, F.A.Z. 18. 2. 2003, S. 22; *Haas*, GStB 2005, 394, 394; *dies.*, BBV 12/2005, 29, 29; *Keller/Gadjeva*, StiftSpons 5/2003, 20, 21; *Kirmse*, StiftSpons 1/2002, 27, 28; *Kögel*, StiftSpons 2/2002, 19, 19; *Lex*, ZSt 2003, 178; *Rawert*, Non Profit Law Yearbook 2003, S. 2; *Schiffer*, sj 17-18/2004, 47, 48; *Schnitger*, StB 2001, 52, 55; *Schwarz*, BB 2001, 2381, 2382 - 2389; *Seifart/Pues*, V&S 5/2006, 22, 22; *Spiegelberger*, ErbStB 2005, 43, 46; *Stein/Schindhelm*, ErbStB 2003, 151, 151 f.; *Werner*, GmbHR 2003, 331, 339.

29 *Liermann*, Stiftungsrecht, S. 241.

30 Z.B. auch *Carlé/Strahl*, KÖSDI 2002, 13471, 13481; *Hartmann/Richter*, S. 430; *Leisner*, DB 2005, 2434, 2434; *A. Richter/Sturm*, ZErb 2006, 75, 78; *Schiffer*, Anwaltliche Praxis, § 8 Überschrift vor Rn. 124 und Rn. 128; *Schiffer/von Schubert*, sj 3/2006, 30, 33.

31 Vgl. *Hartmann/Richter*, S. 430; *Milatz/Kemcke/Schütz*, S. 25 und 74 – „Gemeinnützige Stiftung mit Familienbegünstigung"; *Lohmann*, V&S 6/2006, 22, 23: „Gemeinnützige Unterhaltsstiftung"; Meyn/Richter/*Richter*, Überschrift vor Rn. 89: „Gemeinnützige Stiftung mit teilweiser Familienbegünstigung"; *Neuhoff*, in: *Bundesverband Deutscher Stiftungen*, Stiftungsprivatrecht, S. 149: „Teil-Familienstiftung"; *Wachter*, Stiftungen, Teil D Rn. 32: „Steuerbegünstigte Stiftung mit Versorgung des Stifters".

lichen Rechts mit steuerbegünstigter Zwecksetzung die laufende privatnützige Versorgung des Stifters und seiner Familie sicherstellen kann, ohne die Anerkennung als steuerlich gemeinnützig zu verlieren.

Der hier verwendete Begriff der *Versorgung* umfasst zunächst die laufenden Zuwendungen der Stiftung – verstanden i.S. des § 12 Nr. 2 EStG als sämtliche in Geld oder Geldeswert bestehende Leistungen, denen keine oder zumindest keine adäquate Gegenleistung gegenübersteht.[32] Zur Versorgung gehört weiterhin die Nutzung von Teilen des Stiftungsvermögens, insbesondere von Immobilien- und Geldvermögen. Von besonderem Interesse sind diejenigen Gestaltungen, durch die der Stifter[33] die Versorgung der Stifterfamilie nicht als Stiftungszweck bestimmt, sondern in eine andere zivilrechtliche Form kleidet, beispielsweise in einem Vermächtnis oder einer Auflage anordnet.

Die Bezeichnung der Versorgung als *privatnützig* drückt den Willen des Stifters aus, dass die einzelnen Versorgungsleistungen von vornherein nicht der Allgemeinheit, sondern lediglich einem beschränkten Personenkreis – eben ihm selbst und seinen Familienangehörigen – zugute kommen.

In zeitlicher Hinsicht konzentriert sich die Arbeit auf die *laufende* Versorgung der Stifterfamilie, *i.e.* die Unterstützung während der Betriebsphase einer Stiftung. Nicht thematisiert werden Stiftungsbezüge im Zusammenhang mit Liquidation oder Reorganisationsmaßnahmen.

Im Zentrum der Arbeit steht die Vorschrift des § 58 Nr. 5 AO. Danach wird die Steuervergünstigung nicht dadurch ausgeschlossen, dass eine Stiftung einen Teil, jedoch höchstens ein Drittel ihres Einkommens dazu verwendet, um in angemessener Weise den Stifter und seine nächsten Angehörigen zu unterhalten, ihre Gräber zu pflegen und ihr Andenken zu ehren.

---

32 BVerfG, BVerfGE 29, 104, 117; BFH, BStBl. II 1984, 97, 100; BFH, BStBl. II 1992, 612, 614; Herrmann/Heuer/Raupach/*Nolde* § 12 EStG Rn. 79; Kirchhof/Söhn/Mellinghoff/*Arndt* § 12 EStG Rn. C 10.

33 Eine Stiftung kann von mehreren Personen errichtet werden. Aus Gründen der Lesbarkeit beschränken sich die folgenden Ausführungen bis auf kenntlich gemachte Ausnahmen auf die Errichtung durch einen Stifter.

Ungeachtet dessen, dass der Begriff „Stiftung“ in § 58 Nr. 5 AO nach Ansicht der Finanzverwaltung auch nichtrechtsfähige Stiftungen erfasst,[34] beschränkt sich die vorliegende Arbeit auf die privatnützige Versorgung durch eine rechtsfähige Stiftung bürgerlichen Rechts. Eine Einbeziehung nichtrechtsfähiger Stiftungen würde wegen der erforderlichen Darstellung und Analyse der zivilrechtlichen Besonderheiten dieser Stiftungsform den Rahmen dieser Arbeit sprengen. Aus dem gleichen Grund wird die Frage ausgeklammert, ob § 58 Nr. 5 AO auch auf ausländische Stiftungen, insbesondere auf Stiftungen aus dem Gemeinschaftsgebiet, anwendbar ist.

II. Die Bedeutung in der Stiftungspraxis

Die Idee, die privatnützige Versorgung der Stifterfamilie im Rahmen einer Stiftungskonstruktion sicherzustellen, wird in der Praxis schon lange umgesetzt. Der Wunsch des Stifters, die Versorgung seiner Familie und die Förderung des Gemeinwohls zu kombinieren, liegt insbesondere den sogenannten Doppelstiftungsmodellen zugrunde.[35] Dabei fungieren (mindestens) eine Familienstiftung und eine steuerbegünstigte Stiftung als Gesellschafterinnen einer Kapitalgesellschaft.[36]

Die Sicherstellung der privatnützigen Versorgung gerade durch eine steuerlich gemeinnützige Stiftung kann zunächst auf außersteuerlichen Motiven des Stifters beruhen. So kann der Stifter eine größere Identifikation seiner Familienangehörigen mit der Stiftung und deren

---

34 BMF, AEAO Tz. 23 Satz 4 zu § 58 Nr. 2 bis 12 AO, BStBl. I 2002, 867, 880. Ebenso *Hüttemann*, Non Profit Law Yearbook 2001, S. 148 f.; *ders.*, FR 2002, 1337, 1344.

35 Z.B. *Binz*, StbJb 1987/1988, 145, 158 f.; *Binz/Sorg*, ZEV 2005, 520, 520 und 523; *Lehleiter*, S. 167 - 179; *Lex*, ZSt 2003, 178; *Mainczyk*, Stbg 2002, 76, 83 f.; *Milatz/Kemcke/Schütz*, S. 25 f.; *Schnitger*, ZEV 2001, 104, 105 f.; *Söffing/Thoma*, ErbStB 2005, 212, 214 f.; *Stein/Schindhelm*, ErbStB 2003, 151, 153. Siehe auch *Kirnberger/Werz*, ErbStB 2004, 145 ff: Doppelstiftung als Alternative zur gemeinnützigen Familienstiftung.

36 *Anmerkung*: Dabei räumt der Stifter der Familienstiftung – um den Einfluss der Stifterfamilie auf die Geschäftstätigkeit zu sichern – einen möglichst hohen Anteil der Stimmrechte ein und stattet die steuerbegünstigte Stiftung – um die steuerlichen Vergünstigungen umfassend auszunutzen – mit einer möglichst hohen Vermögensbeteiligung aus.

Zwecksetzung erreichen, in ihnen Sinn und Begeisterung für kulturelle, wissenschaftliche oder karitative Aufgaben erwecken, sie in die Verwaltung familientraditioneller Vermögenswerte einbinden und so den Zusammenhalt der Familie stärken.[37]

Die privatnützige Versorgung des Stifters und seiner Familienangehörigen durch eine gemeinnützige Stiftung ist nicht zuletzt eine unter steuerlichen Aspekten interessante Gestaltung, gerade auch als Alternative zur Errichtung einer Familienstiftung.[38] Viele Einzelsteuergesetze sehen für die Errichtung, Betriebsphase und Beendigung gemeinnütziger Körperschaftsteuersubjekte verschiedene Steuervergünstigungen vor – auf Ebene der Stiftung die Befreiung von der subjektiven Steuerpflicht,[39] auf die Ermittlung der Bemessungsgrundlage bezogene (objektive) Steuerbefreiungen[40] und sonstige materiell- wie verfahrensrechtliche Steuervergünstigungen.[41] So ist eine gemeinnützige Stiftung im Gegensatz zu einer Familienstiftung beispielsweise gemäß § 5 Abs. 1 Nr. 9 Satz 1 KStG und § 3 Nr. 6 Satz 1 GewStG grundsätzlich[42] von der Körperschaftsteuer-

---

37 *Baumeister/Baumeister*, S. 13, 20 und 22; *Seifart/Pues*, V&S 5/2006, 22, 23. Ähnlich *Feick*, StiftSpons 1/2002, 24 ff., 27 (zusammenfassend).

38 *Kußmaul/Meyering*, StB 2004, 91, 100; MünchAnwHbErbR/*Scherer* § 3 Rn. 52; *Pues*, ErbBstg 2000, 202, 206; Pump/Leibner/*Müller* § 58 AO Rn. 40; *Schauhoff*, DB 1996, 1693, 1693; *Schwarz*, BB 2001, 2381, 2388; *Stein/Schindhelm*, ErbStB 2003, 151, 153; *Wochner*, MittRhNotK 1994, 89, 112.

39 § 3 Nr. 6 Satz 1 GewStG, § 5 Abs. 1 Nr. 9 Satz 1 KStG. Ausnahme gemäß § 3 Nr. 6 Satz 2 GewStG, § 5 Abs. 1 Nr. 9 Satz 2 KStG: partielle subjektive Körperschaftsteuer- und Gewerbesteuerpflicht bei Unterhalten eines wirtschaftlichen Geschäftsbetriebs i.S. des § 14 AO. Gegenausnahme gemäß § 3 Nr. 6 Satz 2 GewStG, § 5 Abs. 1 Nr. 9 Satz 3 KStG bei land- und forstwirtschaftlichem Betrieb. Siehe auch § 3 Nr. 20 Buchstabe b und c GewStG.

40 § 13 Abs. 1 Nr. 16 Buchstabe b Satz 1 und Nr. 17 ErbStG; § 3 Abs. 1 Satz 1 Nr. 3 Buchstabe b GrStG. Siehe auch § 4 Nr. 6 GrStG; § 4 Nr. 16, 18, 22 und 25 UStG.

41 § 44a Abs. 4 Satz 1 Nr. 1 und Abs. 7 Satz 1 Nr. 1 EStG: Abstandnahme vom Steuerabzug (zum zeitlichen Anwendungsbereich siehe § 52 Abs. 53 Satz 2 und Abs. 55f EStG); § 4a Abs. 1 Satz 1 UStG: auf Antrag Steuervergütung zum Ausgleich der Umsatzsteuer, die auf der an eine Stiftung bewirkte Lieferung eines Gegenstandes, seiner Einfuhr oder seinem innergemeinschaftlichen Erwerb lastet; § 12 Abs. 2 Nr. 8 Buchstabe a Satz 1 UStG (Ausnahme in Satz 2): ermäßigter Steuersatz i.H.v. sieben Prozent.

42 Siehe die Ausnahmen und Gegenausnahmen in § 3 Nr. 6 Satz 2 GewStG, § 5 Abs. 1 Nr. 9 Satz 2 und 3 KStG.

und Gewerbesteuerpflicht befreit. Zudem unterliegt das Vermögen einer gemeinnützigen Stiftung anders als das Vermögen einer Familienstiftung i.S. des § 1 Abs. 1 Nr. 4 ErbStG nicht der alle dreißig Jahre anfallenden Ersatzerbschaftsteuer.[43] Dies gilt auch dann, wenn eine gemeinnützige Stiftung im Rahmen des § 58 Nr. 5 AO Versorgungsleistungen an den Stifter und seine nächsten Angehörigen erbringt.[44]

Steuervergünstigungen ergeben sich auch für Dritte, die Vermögenswerte auf ein gemeinnütziges Körperschaftsteuersubjekt[45] und speziell auf eine gemeinnützige inländische Stiftung des Privatrechts[46] übertragen. Hervorzuheben sind die Befreiung von der Erbschaftsteuer (Schenkungsteuer)[47] und das Wahlrecht zur Buchwertfortführung bei Entnahme bislang betrieblich genutzter Vermögensgegenstände.[48] Sämtliche Steuervergünstigungen sind nicht nur in finanzieller Hinsicht lukrativ. Der Steuerverzicht durch den Staat eröffnet dem Bürger zugleich die ideelle Freiheit, durch

---

Siehe dazu allgemein BFH, BStBl. II 2005, 149, 150 f.: wegen der in § 84 BGB angeordneten Rückwirkung beginnt die subjektive Körperschaftsteuerpflicht einer von Todes wegen errichteten rechtsfähigen Stiftung des bürgerlichen Rechts im Zeitpunkt unmittelbar vor dem Tod des Stifters. Auf die Steuerbefreiung nach § 5 Abs. 1 Nr. 9 KStG wirkt sich die Rückwirkung hingegen nicht aus.

43 §§ 1 Abs. 1 Nr. 4, 2 Abs. 1 Nr. 2, 9 Abs. 1 Nr. 4, 10 Abs. 1 Satz 6 und Abs. 7, 15 Abs. 2 Satz 3, 20 Abs. 1 Satz 1 ErbStG.

44 BFH, BStBl. II 1998, 114, 115: Stiftungsleistungen i.S. des § 58 Nr. 5 AO begründen kein wesentliches Familieninteresse i.S. des § 1 Abs. 1 Nr. 4 ErbStG (*obiter dictum*). Ausdrücklich auch *Schiffer*, DStR 2005, 508, 510. Vgl. Troll/Gebel/Jülicher/*Jülicher* § 1 ErbStG Rn. 51 unter Hinweis auf R 2 Abs. 2 Satz 2 und 3 ErbStR.

45 § 13 Abs. 1 Nr. 16 Buchstabe b Satz 1 und Nr. 17 ErbStG: objektive Befreiung von der Erbschaftsteuer (Schenkungsteuer); § 6 Abs. 1 Nr. 4 Satz 4 EStG: Buchwertfortführung bei zuvor betrieblich genutzen Wirtschaftsgütern; § 10b Abs. 1 Satz 1 und 2 EStG sowie § 9 Abs. 1 Nr. 2 Satz 1 und 2 KStG: Abzug von Spenden.

46 § 29 Abs. 1 Nr. 4 Satz 1 ErbStG (Ausnahme in Satz 2): Rückabwicklung der Erbschaftsteuer (Schenkungsteuer) bei Zuwendung innerhalb von 24 Monaten seit Ersterwerb; § 6 Abs. 1 Nr. 4 Satz 5 EStG: Erweiterung der Buchwertfortführung im Vergleich zu Satz 4; § 10b Abs. 1 Satz 3 und Abs. 1a Satz 1 EStG sowie § 9 Abs. 1 Nr. 2 Satz 3 KStG: Erweiterung des Spendenabzugs. Vgl. § 3 Nr. 2 Satz 1 GrEStG.

47 § 13 Abs. 1 Nr. 16 Buchstabe b Satz 1 ErbStG.

48 § 6 Abs. 1 Nr. 4 Satz 4 und 5 EStG. Siehe dazu die beispielhafte Berechnung der Steuerersparnis von *Freundl*, DStR 2004, 1509, 1511.

gemeinwohlorientiertes Stiften und Spenden über die Förderung von Gemeinschaftsaufgaben selbst zu bestimmen.[49]

Nicht zuletzt wegen der vorstehend genannten Steuervergünstigungen entwickelt die Beratungspraxis zunehmend private wie betriebliche Vermögensnachfolgekonstruktionen unter Errichtung einer steuerlich gemeinnützigen Stiftung.[50] Als Beispiel genannt sei die Einsetzung einer gemeinnützigen Stiftung als Vorerbin vor noch geschäftlich unerfahrenen Kindern und Enkeln des Stifters als Nacherben[51] – eine Gestaltung, die bei der bayerischen Finanzverwaltung allerdings auf Vorbehalt stößt.[52] Rein betriebswirtschaftlich gesehen empfiehlt sich die Weitergabe von Vermögen durch Zwischenschaltung einer gemeinnützigen Stiftung im Vergleich zur direkten Vererbung in der Tendenz um so eher, je niedriger die prognostizierte Eigenkapitalrendite und damit der zu verteilende Gewinn und je höher die potenzielle Belastung mit Erbschaftsteuer (Schenkungsteuer) ist.[53] Hat sich der Stifter hingegen für die Errichtung einer Familienstiftung entschieden, kann er zur Vermeidung der Ersatzerbschaftsteuer in der Stiftungsverfassung anordnen, dass die Familien-

---

49 *Kirchhof*, Stifterengagement, S. 16. Siehe auch *Kilian*, ZSt 2004, 204, 205: „Die gemeinnützige Stiftung als eine Art personalisierter, zweckgebundener Steuerleistung im Gegensatz zur Gegenleistungslosigkeit der allgemeinen Steuer als dem tragenden rechtlichen Kennzeichen einer modernen Steuer überhaupt."

50 *Martin*, V&S 1/2006, 38, 39; *Müller*, ErbStB 2003, 63, 64; MünchAnwHbErbR/*Scherer* § 3 Rn. 52 f.; *Söffing/Thoma*, ErbStB 2005, 212, 212; *dies.*, ErbStB 2005, 315, 315; *Stein/Schindhelm*, ErbStB 2003, 151, 152. Siehe auch *Lex*, ZSt 2003, 178.

51 *Söffing/Thoma*, BB 2003, 1091, 1092; *dies.*, ErbStB 2004, 280, 281. Siehe auch *Schiffer/von Schubert*, sj 3/2006, 30, 31 f.

52 FinMin. Bayern, StEK ErbStG 1974 § 13 Nr. 30; OFD München, a.a.O.; OFD Nürnberg, a.a.O. – keine Steuerbefreiung nach § 13 Abs. 1 Nr. 16 Buchstabe b Satz 1 ErbStG, wenn der Eintritt des Nacherbfalls durch ein vorhersehbares, in der Person des Nacherben begründetes Ereignis, etwa Erreichung eines bestimmten Lebensalters oder Abschluss einer Ausbildung, ausgelöst werden soll. Ähnlich Moench/Kien-Hümbert/Weinmann/*Kien-Hümbert* § 13 ErbStG Rn. 92. Kritisch *Söffing/Thoma*, ErbStB 2004, 280, 281 f.

53 *Franke/Herrmann*, zfbf 1994, 582, 591 ff., zusammenfassend 607 f. Siehe auch *Jansen*, ZSt 2004, 227, 232 f.; *Jansen/Gröning*, StuW 2003, 140, 148 - 153; *Lehleiter*, S. 166; *Schneider*, S. 170 ff., zusammenfassend S. 199 - 202, zur Gestaltungsmöglichkeit bei Einsatz einer inländischen Unternehmensstiftung; *Vogel/Schulze*, V&S 2003, 14, 15: Renditeentwicklung bei Immobilienfonds, Schiffsbeteiligung und gemeinnütziger unselbständiger Stiftung.

stiftung vor Entstehen der Steuer[54] in eine Stiftung mit steuerbegünstigter Zwecksetzung „umgewandelt“ wird. Dieser Vorgang setzt sich nach umstrittener Auffassung der Finanzverwaltung aus der Aufhebung der Familienstiftung und der sich daran anschließenden Neuerrichtung der gemeinnützigen Stiftung zusammen,[55] wobei die Neuerrichtung zwar erbschaftsteuer*bar*, wegen objektiver Steuerbefreiung[56] jedoch nicht erbschaftsteuer*pflichtig* ist.

Wegen der vorstehend genannten Steuervergünstigungen wird die Errichtung einer gemeinnützigen Stiftung auch als zukunftsfähiges Instrument zur Gestaltung der privaten Altersvorsorge diskutiert. So könne ein Stifter die Steuerersparnisse, die er infolge der Übertragung von Vermögen auf eine steuerlich gemeinnützige Stiftung erzielt, langfristig anlegen und so seine Altersvorsorge sichern.[57] Darüber hinaus werben einige Finanzdienstleister für ihre Kapitalanlageprodukte bei (potenziellen) Stiftern damit, dass das in eine steuerlich gemeinnützige Stiftung investierte Kapital über die laufende privatnützige Versorgung zumindest teilweise an die Stifterfamilie zurückfließe.[58]

III. Fragestellungen und Zielsetzung

Die vorliegende Arbeit widmet sich der Frage, in welchem Umfang eine rechtsfähige Stiftung bürgerlichen Rechts mit steuerbegünstigter Zwecksetzung die laufende privatnützige Versorgung des Stifters und seiner Familie sicherstellen kann, ohne die Anerkennung als steuerlich gemeinnützig zu verlieren.

---

54 Siehe §§ 1 Abs. 1 Nr. 4, 9 Abs. 1 Nr. 4 ErbStG.

55 R 2 Abs. 4 Satz 1, 4 und 5 ErbStR zu § 1 ErbStG; FinMin. Niedersachsen, BB 1984, 259, 260. Anderer Ansicht z.B. *Kapp/Ebeling*, § 7 ErbStG Rn. 155; *Meyer-Arndt*, BB 1984, 1542, 1544.

56 § 13 Abs. 1 Nr. 16 Buchstabe b Satz 1 ErbStG. Siehe dazu auch R 2 Abs. 5 ErbStR zu § 1 ErbStG.

57 *Röder*, V&S 9/2004, 34 ff.

58 Siehe dazu *Christoph*, DS 2/2002, 77, 79 f.; *Martin/Pues*, Aktuelles und Trends, S. 2 ff.; *dies.*, V&S 8/2004, 18, 18; *Wilkes*, DS 2/2002, 77, 82.

Im Anschluss an die Darstellung der zivil- und gemeinnützigkeitsrechtlichen Grundlagen im *Ersten* und *Zweiten Abschnitt* des folgenden Zweiten Teils werden im *Dritten Abschnitt* die Grenzen herausgearbeitet, die das geltende Gemeinnützigkeitsrecht der privatnützigen Versorgung der Stifterfamilie setzt. Im Zentrum der Ausführungen steht die bereits zitierte[59] Vorschrift des § 58 Nr. 5 AO. Auf Grundlage der Darstellung von Entstehung und systematischer Einordnung des § 58 Nr. 5 AO sollen die in dieser Vorschrift verankerten tatbestandsmäßigen Grenzen konkretisiert werden.

Von besonderer Bedeutung ist die Frage, ob man durch geschickte Gestaltung erreichen kann, dass Stiftungsleistungen an Mitglieder der Stifterfamilie gar keine Einkommensverwendung i.S. des § 58 Nr. 5 AO darstellen, folglich von vornherein nicht den in dieser Vorschrift verankerten Grenzen unterliegen, mithin sowohl dem Grunde als auch der Höhe nach unbeschränkt unschädlich sind. Die gemeinnützigkeitsrechtliche Zulässigkeit einer solchen Gestaltung hängt maßgeblich vom systematischen Verhältnis des § 58 Nr. 5 AO zu den in den §§ 55 f. AO verankerten Geboten der Selbstlosigkeit und Ausschließlichkeit ab.

Weitere Schwerpunkte der Arbeit bilden die Bestimmung des Kreises der „nächsten Angehörigen" und die Konkretisierung der „angemessenen Weise". Die Auslegung des Tatbestandsmerkmals der „nächsten Angehörigen" bezweckt insbesondere die Beantwortung der Frage, bis zu welchem Verwandtschaftsgrad Abkömmlinge des Stifters an der privatnützigen Versorgung teilhaben dürfen. Die Auslegung des in der Praxis besonders streitanfälligen Tatbestandsmerkmals „in angemessener Weise" soll zunächst klären, ob es allein auf die Angemessenheit des gewährten Unterhalts ankommt oder ob zusätzlich andere Aspekte zu berücksichtigen sind. In diesem Zusammenhang stellt sich die Frage, ob die Gewährung von Unterhalt an das Vorliegen von Bedürftigkeit beim Leistungsempfänger geknüpft ist und, wenn ja, welche Voraussetzungen für die Annahme von Bedürftigkeit erfüllt sein müssen. Weiterhin soll der Frage nachgegangen werden, ob zur Bestimmung der „angemessenen Weise" auf den Lebensstandard des Stifters zur Zeit der Stiftungserrichtung, auf den Lebensstandard des jeweiligen Zuwendungsempfängers im Zeitpunkt einer

---

59 Siehe oben S. 7 (unter Erster Teil, B. I.).

Stiftungsleistung oder auf ein für jedermann geltendes, standardisiertes Rechenwerk wie etwa eine Unterhaltstabelle abzustellen ist.

Im *Vierten Abschnitt* werden auf Grundlage der bis dahin erzielten Ergebnisse zwei Vorschläge für eine Änderung des § 58 Nr. 5 AO unterbreitet, die sich an die Konzeption des Ausschließlichkeitsgebots im österreichischen und schweizerischen Recht anlehnen. Der *Fünfte Abschnitt* behandelt die Fragen, ob und in welcher Form die Vornahme von Stiftungsleistungen i.S. des § 58 Nr. 5 AO in der Stiftungsverfassung verankert sein muss. Der *Sechste Abschnitt* thematisiert zum einen die steuerliche Behandlung von Stiftungsleistungen i.S. des § 58 Nr. 5 AO auf Ebene von Stiftung und Leistungsempfänger, zum anderen das in § 29 Abs. 1 Nr. 4 Satz 2, 1. Var. ErbStG enthaltene Rückabwicklungsverbot bei Leistungen i.S. des § 58 Nr. 5 AO.

Die privatnützige Versorgung der Stifterfamilie durch eine gemeinnützige Stiftung des Privatrechts ist bislang noch nicht Gegenstand einer steuerrechtlichen Dissertation gewesen. Die eingehende und kritische Auseinandersetzung mit dieser Thematik rechtfertigt sich mit Blick auf die bislang bestehende, zum Teil erhebliche Rechtsunsicherheit bei der Auslegung des § 58 Nr. 5 AO, die ein wesentlicher Grund dafür ist, dass diese Vorschrift in der Praxis nur äußerst selten angewendet wird.[60] Zwar wird die hier behandelte Thematik in einigen Passagen im Anwendungserlass des Bundesministeriums der Finanzen zur Abgabenordnung angesprochen. Allerdings zeigen die Veröffentlichungen der letzten Monate und Jahre, dass erheblicher Klärungsbedarf besteht.[61] Das Interesse der Stiftungspraxis an einer Klärung der strittigen Fragen versteht sich insbesondere vor dem Hintergrund der zum Teil gravierenden Folgen bei Verstoß gegen die Vorschriften des Gemeinnützigkeitsrechts.[62] Bei fehlender Anerkennung als steuerlich gemeinnützig kommt die Stiftung weder in den Genuss der bereits genannten spezialgesetzlichen Steuervergünstigungen noch der sonstigen an die steuerliche Gemeinnützigkeit gekoppelten materiellen wie immateriellen Vorteile.[63] Die vorliegende Arbeit widmet sich der Über-

---

60 Soergel/*Neuhoff* vor § 80 BGB Rn. 96.

61 *Martin/Pues*, Aktuelles und Trends, S. 4.

62 *Berndt*, Stiftung, Rn. 1170 und 1316; *Martin/Pues*, Aktuelles und Trends, S. 5.

63 Siehe dazu *Strachwitz*, Reform des Gemeinnützigkeitsrechts, S. 142 (unter 3.7.) und S. 150 (unter 5.6.): z.B. die Beschäftigung von Zivildienstleistenden, die Einbeziehung

prüfung der Zulänglichkeit des geltenden Rechts und seiner bisherigen Auslegung, eingebettet in eine umfassende Darstellung der historischen Bezüge und des aktuellen Meinungsstands in Verwaltungspraxis, Rechtsprechung und Literatur.

in öffentliche Förderprogramme, die Berechtigung zur Ausstellung von Spendenbescheinigungen, die Kontraktfähigkeit als Durchführender staatlicher Aufgaben bzw. beliehener Unternehmer und nicht zuletzt die gesellschaftliche Anerkennung.

Zweiter Teil

Erster Abschnitt

Zivilrechtliche Grundlagen

Dieser Abschnitt dient zunächst der Erläuterung der grundlegenden Begriffe und Prinzipien des Stiftungszivilrechts, deren Kenntnis für das Verständnis der anschließenden gemeinnützigkeitsrechtlichen Untersuchung unerlässlich ist. Daran schließt sich eine kurze Darstellung der zivilrechtlichen Instrumentarien, die dem Stifter zur Gestaltung seiner Versorgung und der seiner Familienangehörigen zur Verfügung stehen, an. Dabei werden lediglich diejenigen Grenzen berücksichtigt, die sich bereits aus dem Stiftungszivilrecht ergeben. Die Beschränkungen des Gemeinnützigkeitsrechts werden ungeachtet dessen, dass sie Bestandteil des Stifterwillens und mithin bereits nach Stiftungszivilrecht verbindlich sind, erst im Zweiten Abschnitt thematisiert.

A. Stiftungszivilrechtliche Prinzipien und Terminologie

I. Die Stiftung als rechtlich verselbständigte Vermögensmasse

Die rechtsfähige Stiftung bürgerlichen Rechts ist die durch das sogenannte Stiftungsgeschäft errichtete juristische Person, deren Entstehungsvoraussetzungen und weitere Existenz die §§ 80 ff. BGB regeln. Sie ist das Ergebnis des freiwilligen Akts der Entäußerung von Vermögenswerten und deren dauerhafter Widmung für vom Stifter bestimmte Zwecke.[64] Die Stiftung ist als rechtlich verselbständigte Vermögensmasse kein körperschaftlich organisierter Personenverband.[65] Ihre Existenz und ihr Zweck hängen grundsätzlich allein vom Willen des Stifters, so wie er in der

---

64 Staudinger/*Rawert* Vorbem. zu §§ 80 ff. BGB Rn. 3.

65 MünchKomm/*Reuter* vor § 80 BGB Rn. 14; Soergel/*Neuhoff* vor § 80 BGB Rn. 8.

Stiftungsverfassung zum Ausdruck gekommen ist, ab. Satzungsmäßige Ausnahmen sind lediglich unter Einhaltung strenger Voraussetzungen zulässig.[66] Wegen der nichtkörperschaftlichen Verfassung der Stiftung sind die Maßnahmen ihrer Organe im Rahmen der Geschäftsführung niemals autonome Handlungen, sondern stets Vollzug des Stifterwillens in Konkretisierung der Stiftungsverfassung.[67]

Für die Errichtung einer rechtsfähigen Stiftung bürgerlichen Rechts unerlässliche Komponente ist das *Stiftungsgeschäft* unter Lebenden (§ 81 Abs. 1 BGB) oder von Todes wegen (§ 83 BGB).[68] Die Errichtung einer rechtsfähigen Stiftung ist jedoch – anders als bei einer nichtrechtsfähigen Stiftung – nicht durch Schenkungsversprechen von Todes wegen i.S. des § 2301 BGB möglich.[69] Das Stiftungsgeschäft enthält den eigentlichen Stiftungsakt, *i.e.* die rechtsverbindliche Erklärung des Stifters, ein Vermögen auf Dauer zur Erfüllung eines von ihm vorgegebenen Zwecks zu widmen (§ 81 Abs. 1 Satz 2 BGB). In der Regel besteht es aus mehreren einseitigen nichtempfangsbedürftigen Willenserklärungen mit dem in § 81 Abs. 1 BGB geforderten Mindestinhalt. In der Praxis empfehlen Berater die Errichtung einer Stiftung im sogenannten „Zweitaktverfahren", wonach der Stifter bereits zu Lebzeiten eine Stiftung errichtet und ihr zunächst nur einen Teil seines Vermögens („Anstiftung") und den Rest von Todes wegen überträgt.[70] Dieses Verfahren empfiehlt sich gerade für die Errichtung einer steuerlich gemeinnützigen Stiftung, weil der Stifter bereits zu seinen Lebzeiten die Stiftungsverfassung an den Vorgaben des Gemeinnützigkeitsrechts ausrichten und die Anerkennung seiner Stiftung als steuerlich gemeinnützig sicherstellen kann.[71]

---

66 Staudinger/*Rawert* Vorbem. zu §§ 80 ff. BGB Rn. 4.

67 Staudinger/*Rawert* § 85 BGB Rn. 8.

68 Seifart/von Campenhausen/*Hof* § 7 Rn. 1 f.

69 Siehe Seifart/von Campenhausen/*Hof* § 7 Rn. 92 und § 36 Rn. 92.

70 Siehe z.B. *Carlé/Strahl*, KÖSDI 2002, 13471, 13474; *Flick/von Oertzen*, F.A.Z. 15. 4. 2003, S. 26; *Martin*, V&S 5/2005, 36, 37; *Schindler/Lewitzki*, StiftSpons 1/2004, 23, 24: etwa 90 Prozent aller Stiftungen; *Wachter*, ZErb 2004, 357, 362; *Werner*, GmbHR 2003, 331, 339.

71 *Funnemann*, sj 9/2005, 14, 15.

II. Stifterwille und Stiftungszweck

Der *Stiftungszweck*, in der Regel ein Bündel verschiedener Zwecksetzungen,[72] stellt das wichtigste Element, plastisch die „Seele“[73] der Konstitution einer Stiftung dar.[74] Er ist der gemäß § 83 Abs. 1 Satz 3 Nr. 3 BGB in Stiftungsgeschäft und Stiftungssatzung verankerte, in der Rechtsform der Stiftung institutionalisierte und während der Existenz der Stiftung dauernd konstitutive Wille des Stifters,[75] der aber nicht zwingend mit den bereits skizzierten Motiven des Stifters für die Stiftungserrichtung[76] identisch ist. Der Stiftungszweck ist das Ergebnis der Ausübung der durch Art. 2 Abs. 1 GG und Art. 14 Abs. 1 Satz 1 GG verankerten Stifterfreiheit.[77]

Der Stiftungszweck muss inhaltlich so verfasst sein, dass er über die bloße Erhaltung und Vermehrung des Stiftungsvermögens hinausgeht (Verbot der Selbstzweckstiftung).[78] Der Stiftungszweck muss auf eine gewisse Dauer

---

72 Seifart/von Campenhausen/*Hof* § 8 Rn. 7.

73 *Liermann*, Rechtspersönlichkeit, S. 154. Ähnlich Seifart/von Campenhausen/*Hof* § 8 Rn. 1: „Herzstück“.

74 *Ebersbach*, I - 1.1, S. 16. Siehe auch BT-Drucks. 14/8765, S. 10.

75 BVerfG, BVerfGE 46, 73, 85; *Ebersbach*, I - 1.1, S. 16; Soergel/*Neuhoff* vor § 80 BGB Rn. 10; Staudinger/*Rawert* Vorbem. zu §§ 80 ff. BGB Rn. 6.

76 Siehe oben S. 4 - 6 und 8 - 12 (unter Erster Teil, A. und B. II.).

77 *Saenger*, S. 19 und 39 f. m.w.N. Vgl. Seifart/von Campenhausen/*Hof* § 4 Rn. 14: wegen des ideellen Gehalts der Errichtung einer Stiftung, insbesondere einer mit steuerbegünstigter Zwecksetzung, nur Art. 2 Abs. 1 GG einschlägig; Staudinger/*Rawert* Vorbem. zu §§ 80 ff. BGB Rn. 44 f.: differenzierend nach Vermögensdisposition und Organisationsakt.

78 Die reine Vermögensperpetuierung ist bereits *per definitionem* kein Stiftungszeck i.S. des § 81 Abs. 1 Satz 3 Nr. 3 BGB, so dass bei ausschließlich auf Vermögensverwaltung gerichteter Zielsetzung mangels Stiftungszwecks bereits keine Stiftung im Rechtssinn vorliegt. Solche „Selbstzweckstiftungen“ sind zumindest nicht anerkennungsfähig. Siehe dazu MünchKomm/*Reuter* vor § 80 BGB Rn. 17; *Rawert*, Non Profit Law Yearbook 2003, S. 6 ff. und 15: Verbot auch der verdeckten Selbstzweckstiftung; Seifart/von Campenhausen/*Hof* § 8 Rn. 55; Soergel/*Neuhoff* vor § 80 BGB Rn. 8 und 70; Staudinger/*Rawert* Vorbem. zu §§ 80 ff. BGB Rn. 9 m.w.N.

angelegt sein – *i.e.* zwar nicht auf unbestimmte Zeit („auf Ewigkeit")[79], wohl aber auf mehr als nur eine kurzfristige Verfolgung.[80] Das Postulat der Dauerhaftigkeit des Stiftungszwecks geht nach teilweise vertretener Ansicht im Schrifttum über den zeitlichen Aspekt hinaus und beinhaltet auch die Beständigkeit des Stiftungszwecks gegenüber dem sich im Laufe der Betriebsphase wandelnden Willen Dritter, insbesondere des Stifters selbst.[81] Der stiftungsgeschäftlich niedergelegte Stifterwille konstituiert auch die zeitliche Dimension der Verwirklichung des Stiftungszwecks und damit einhergehend Struktur und Verwaltung des Stiftungsvermögens sowie die Verwendung der laufenden Stiftungserträge.

Gemäß §§ 80 Abs. 2, 87 Abs. 1 BGB und dem daraus abgeleiteten Prinzip der „gemeinwohlkonformen Allzweckstiftung"[82] sind sämtliche das Gemeinwohl nicht gefährdende Zwecke zulässig. Die Stiftung ist *per definitionem* also nicht auf die Verfolgung öffentlicher oder gar steuerbegünstigter Zwecke i.S. der §§ 52 bis 54 AO reduziert, kann vielmehr als private Stiftung ausschließlich einen nach privatnützigen Aspekten begrenzten Kreis von Begünstigten unterstützen. So bezieht sich die Erscheinungsform der *Familienstiftung* nach den Definitionen einiger Landesstiftungsgesetze ausschließlich[83] oder zumindest überwiegend[84] auf die Interessen einer oder mehrerer Familien.[85]

---

79 So aber *Keller/Gadjeva*, StiftSpons 5/2003, 20, 20; *Schauhoff*, DB 1996, 1693, 1694; *Schiffer/von Schubert*, sj 3/2006, 30, 30; Seifart/von Campenhausen/*Pöllath* § 43 Rn. 57.

80 MünchKomm/*Reuter* vor § 80 BGB Rn. 16; Staudinger/*Rawert* Vorbem. zu §§ 80 ff. BGB Rn. 8.

81 BT-Drucks. 14/8765, S. 15; BT-Drucks. 14/8894, S. 10; *Ebersbach*, I - 1.1, S. 16; Erman/*Werner* vor § 80 BGB Rn. 8; *Nissel*, Rn. 100; Seifart/von Campenhausen/*von Campenhausen* § 1 Rn. 9; Seifart/von Campenhausen/*Hof* § 8 Rn. 104; Soergel/*Neuhoff* vor § 80 BGB Rn. 13. Anderer Ansicht MünchKomm/*Reuter* vor § 80 BGB Rn. 16; ihm zustimmend *Hüttemann*, Festgabe Flume, S. 88 in Fn. 114.

82 Seifart/von Campenhausen/*Hof* § 8 Rn. 56; Staudinger/*Rawert* Vorbem. zu §§ 80 ff. BGB Rn. 13.

83 § 13 Abs. 3 StiftG BW; § 2 Abs. 5 StiftG NRW *a.F.* (zitiert bei Seifart/von Campenhausen Anhang III. A. 10., S. 861). Vgl. Art. 1 Abs. 3 Satz 1, 1. Var. BayStG: Familienstiftung als nichtöffentliche Stiftung, wenn sie *ausschließlich* private Zwecke verfolgt; § 10 Abs. 2 NStiftG.

III. Die Rechtsstellung des Stifters und der Destinatäre

Die Rechtsstellung des Stifters und der Destinatäre hinsichtlich der materiellen Stiftungsleistungen und der Mitwirkung bei der Stiftungsverwaltung ergibt sich aus der *Stiftungsverfassung* i.S. des § 85 BGB.[86] Die Stiftungsverfassung besteht im Wesentlichen aus dem *Stiftungsgeschäft* und der *Stiftungssatzung*, die nach herkömmlichem Verständnis Bestandteil des Stiftungsgeschäfts ist.[87]

Die Destinatäre sind mangels verbandsmäßiger Struktur der Stiftung weder Mitglieder noch *per se* Organe der Stiftung,[88] sondern lediglich Nutznießer des Stiftungsvermögens.[89] Familienmitglieder, denen der Stifter in Einklang mit §§ 26, 30 und 86 Satz 1 BGB einen Posten im geschäftsführenden Stiftungsvorstand oder Mitbestimmungs-, Kontroll- und Auskunftsrechte einräumt,[90] sind ebenso wie der Stifter selbst stets an den im Stiftungsgeschäft verankerten Stifterwillen gebunden.[91] Entgegen dem in Teilen der Literatur erweckten Eindruck[92] darf der Stifter der Stiftung

---

84 § 10 Abs. 1 Satz 1 StiftG Bln; § 2 Abs. 2 StiftG Bbg; § 17 Satz 1 BremStiftG; § 2 Abs. 1 HmbStiftG; § 21 Abs. 1 HessStiftG; § 27 Abs. 1 StiftG MV; § 3 Abs. 2 LStiftG RhPf; § 19 Satz 1 StiftG SchlH. Vgl. § 6 Abs. 3 StiftG NRW.

85 Siehe dazu auch § 15 Abs. 2 AStG (Definition der ausländischen Familienstiftung für Zwecke der Zurechnungsbesteuerung gemäß § 15 Abs. 1 Satz 1 AStG); § 1 Abs. 1 Nr. 4 ErbStG (Ersatzerbschaftsteuer).

86 BGH, NJW 1957, 708; BGH, BGHZ 99, 344, 351 f.

87 MünchKomm/*Reuter* § 85 BGB Rn. 1; Soergel/*Neuhoff* § 85 BGB Rn. 6.
Im Übrigen ergibt sich die Rechtsstellung der Destinatäre aus den zwingenden und dispositiven Vorschriften des Bundes- und Landesrechts, also insbesondere den §§ 80 ff. BGB und den Landesstiftungsgesetzen. Siehe dazu im Einzelnen Soergel/*Neuhoff* § 85 BGB Rn. 11 f.; Staudinger/*Rawert* Vorbem. zu §§ 80 ff. BGB Rn. 10 - 21 und § 85 BGB Rn. 7.

88 MünchKomm/*Reuter* § 85 BGB Rn. 16.

89 BGH, BGHZ 99, 344, 350; Staudinger/*Rawert* Vorbem. zu §§ 80 ff. BGB Rn. 4.

90 MünchKomm/*Reuter* § 85 BGB Rn. 16; Seifart/von Campenhausen/*Hof* § 8 Rn. 135; Seifart/von Campenhausen/*Pöllath* § 14 Rn. 13; Soergel/*Neuhoff* § 85 BGB Rn. 12; Staudinger/*Rawert* § 85 BGB Rn. 8 und 11.

91 BGH, BGHZ 99, 344, 353.

92 BGB-RGRK/*Steffen* § 85 BGB Rn. 6; Erman/*Werner* § 85 BGB Rn. 7; Erman/*H.P. Westermann* (10. Aufl.) § 85 BGB Rn. 3; Soergel/*Neuhoff* vor § 80 BGB Rn. 18 und § 85 BGB Rn. 16.

keine „quasi-körperschaftliche“ Struktur geben.[93] Die Ausübung von Entscheidungsspielräumen findet ihre Grenze darin, dass eine autonome, vom ursprünglichen Willen des Stifters losgelöste Willensbildung der Stiftung „von unten“ unzulässig ist.[94]

IV. Die Struktur und Verwaltung des Stiftungsvermögens

Das Stiftungsvermögen – weiteres konstitutives Merkmal der Stiftung[95] und Inhalt der Stiftungsverfassung (§ 81 Abs. 1 Satz 3 Nr. 4 BGB) – umfasst im weitesten Sinne sämtliche der Stiftung dinglich zustehende Vermögenswerte.[96] Bei der weiteren begrifflichen Einordnung ist zum einen nach der Herkunft eines Vermögensgegenstandes und zum anderen danach zu unterscheiden, ob der Vermögenswert nach dem ausdrücklichen oder mutmaßlichen Willen des Stifters *ge*- oder *ver*braucht werden soll.

Das *Grundstockvermögen* ist derjenige Teil des Stiftungsvermögens, der nach dem Stifterwillen zur dauerhaften Erfüllung der Stiftungszwecke einzusetzen ist.[97] Das Grundstockvermögen bilden zunächst die vom Stifter im ursprünglichen Stiftungsakt gewidmeten Vermögenswerte (*Erstausstattung*). Es erweitert sich um diejenigen Vermögenswerte, die der Stifter selbst oder Dritte während der Betriebsphase auf die Stiftung mit der Bestimmung übertragen, diese ausschließlich zur dauerhaften Erfüllung der im Stiftungsgeschäft festgelegten Stiftungszwecke zu verwenden (*Zustiftungen*).[98] Den weiteren Ausführungen liegt ein enges Verständnis

---

93 Staudinger/*Rawert* Vorbem. zu §§ 80 ff. BGB Rn. 26 und § 85 BGB Rn. 8 f. – jeweils m.w.N.

94 Soergel/*Neuhoff* vor § 80 BGB Rn. 17; Staudinger/*Rawert* § 85 BGB Rn. 11.

95 Staudinger/*Rawert* Vorbem. zu §§ 80 ff. BGB Rn. 15.

96 Staudinger/*Rawert* Vorbem. zu §§ 80 ff. BGB Rn. 16.

97 Soergel/*Neuhoff* vor § 80 BGB Rn. 10; Staudinger/*Rawert* Vorbem. zu §§ 80 ff. BGB Rn. 15.

98 Wendet der Zustiftende Vermögenswerte hingegen ausdrücklich unter einer vom bestehenden Stiftungszweck abweichenden Zweckbestimmung zu, bilden die zugestifteten Vermögenswerte ein Sondervermögen in der Rechtsform einer unselbständigen Stiftung, siehe Staudinger/*Rawert* Vorbem. zu §§ 80 ff. BGB Rn. 16. Ist ihr Träger eine rechtsfähige Stiftung des bürgerlichen Rechts, muss diese das Sondervermögen als „anderes Vermögen“ separat verwalten. Siehe dazu § 7 Abs. 2

des Zustiftungsbegriffs zugrunde, wonach sich eine Zustiftung allein auf stiftungs*fremde* Vermögenswerte bezieht und nicht auch die Erhöhung des Grundstockvermögens aus laufenden Stiftungserträgen umfasst.[99]

Der Stifter kann den einzelnen Gegenständen des Grundstockvermögens in Ausübung seiner grundrechtlich geschützten Stifterfreiheit und losgelöst vom übergeordneten konkreten Stiftungszweck unterschiedliche Funktionen zukommen lassen. So erfüllt ein *Zweckverwirklichungsmittel*, typischerweise ein Betrieb oder eine Immobilie, nach dem Willen des Stifters den Stiftungszweck unmittelbar selbst – beispielsweise ein für die Errichtung eines Krankenhauses vorgesehenes Grundstück, das den Stiftungszweck Krankenpflege unmittelbar erfüllt.[100] Die weitaus meisten Stiftungen verfügen nicht nur über Zweckverwirklichungsmittel, sondern auch – Kapitalfondsträgerstiftungen sogar ausschließlich – über *Dotationsquellen.*[101] Der Stifter weist diesen Vermögenswerten die Funktion zu, laufende Erträge zu erwirtschaften, mit denen die kontinuierliche Verfolgung des Stiftungszwecks finanziert wird.[102] Dotationsquellen sind insbesondere festverzinsliche Wertpapiere, Beteiligungen an Kapital- und Personengesellschaften sowie immaterielle Vermögensgegenstände. Dotationsquellen können aber auch Immobilien und Betriebe sein, wenn diese nach dem Willen des Stifters nicht bereits als Zweckverwirklichungsmittel unmittelbar selbst den Stiftungszweck erfüllen sollen.

Satz 2 StiftG BW; Art. 11 Abs. 1 Satz 2 BayStG; § 7 Abs. 2 BremStiftG; § 4 Abs. 2 Satz 1 HmbStiftG; § 6 Abs. 2 HessStiftG; § 9 Abs. 2 StiftG MV; § 6 Abs. 1 Satz 3 NStiftG; § 7 Abs. 2 Satz 2 LStiftG RhPf; § 6 Abs. 1 Satz 3 SaarlStiftG; § 14 Abs. 2 Satz 2 SächsStiftG; § 14 Abs. 2 Satz 2 StiftG LSA; § 4 Abs. 2 Satz 2 StiftG SchlH; § 14 Abs. 2 Satz 2 ThürStiftG.

99 Seifart/von Campenhausen/*Hof* § 10 Rn. 9. Anderer Ansicht *Carstensen*, WPg 1996, 781, 787.

100 Staudinger/*Rawert* Vorbem. zu §§ 80 ff. BGB Rn. 86. Siehe dazu die Legaldefinition des Begriffs des Zwecksbetriebs in § 65 AO und die weiteren Bestimmungen in §§ 66 bis 68 AO.

101 Anstaltsträgerstiftungen, deren Grundstockvermögen ausschließlich aus Zweckverwirklichungsmitteln besteht, sind in der Praxis die Ausnahme. Siehe dazu Staudinger/*Rawert* Vorbem. zu §§ 80 ff. BGB Rn. 21 f.

102 Staudinger/*Rawert* Vorbem. zu §§ 80 ff. BGB Rn. 87.

Vor der jüngsten Änderung der §§ 80 ff. BGB war die Genehmigungsfähigkeit von Stiftungen mit unternehmerischem Vermögen Gegenstand unzähliger Diskussionen.[103] Mit Inkrafttreten des Gesetzes zur Modernisierung des Stiftungsrechts hat der Stifter nunmehr einen Rechtsanspruch auf Anerkennung einer Stiftung mit unternehmensbezogenen Dotationsquellen, wenn und soweit sich der Stiftungszweck nicht in der bloßen Unternehmensperpetuierung erschöpft (Verbot der sogenannten „Selbstzweckstiftung“)[104] und der Gemeinwohlvorbehalt des § 80 Abs. 2, 3. Var. BGB erfüllt ist.[105]

---

103 Die einzelnen Ansichten bezogen sich auf unterschiedliche Einzelaspekte und divergierten oft nur geringfügig. Im Zentrum stand die Frage, ob wegen des nur schwachen Schutzes des Rechtsverkehrs in Sachen Kapitalaufbringung und -erhaltung, Rechnungslegungspublizität, Mitbestimmung und insolvenzrechtlichen Organpflichten die unmittelbar für wirtschaftliche Vereine geltende Vorschrift des § 22 BGB analog anzuwenden ist. Für eine Beschränkung der zulässigen Kapitalanlagen auf Dotationsquellen ohne jeglichen oder mit stark eingeschränktem unternehmerischem Charakter: MünchKomm/*Reuter* vor § 80 BGB Rn. 45 ff.; *Rawert,* JbFSt 2000/2001, 553, 555 f.; Soergel/*Neuhoff* vor § 80 BGB Rn. 68 ff.; Staudinger/*Rawert* Vorbem. zu §§ 80 ff. BGB Rn. 88 und 94 f. Für eine umfassende Zulässigkeit die seit jeher herrschende Meinung, z.B. *Ebersbach*, I - 11.311, S. 163; *Hennerkes/Binz/Sorg*, DB 1986, 2269, 2269; *Kronke*, S. 61 und 223 - 227; Palandt/*Heinrichs* § 80 BGB Rn. 9; *Schiffer*, DStR 2002, 1206, 1209; *Schiffer/von Schubert*, BB 2002, 265, 268; Seifart/von Campenhausen/*Hof* § 8 Rn. 55, 57 und 71; Seifart/von Campenhausen/*Pöllath* § 13 Rn. 50 - 65, 85 - 97 und 139 - 160. Siehe auch *Bund-Länder-Arbeitsgruppe Stiftungsrecht*, S. 47.

104 Siehe oben S. 19, insbesondere in Fn. 78 (unter Zweiter Teil, Erster Abschnitt, A. II.).

105 *Bund-Länder-Arbeitsgruppe Stiftungsrecht*, S. 51; *Burgard*, NZG 2002, 697, 700; *Dehesselles*, DB 2005, 72, 73; Erman/*Werner* vor § 80 BGB Rn. 4; *Hüttemann*, ZHR 167 (2003), 35, 62; MünchVHb Bd. 1/*Hof* VIII.3 Anm. 1, S. 1261, mit Verweis auf MünchVHb Bd. 1 (5. Aufl.)/*Hof* VII.3a Anm. 1, S. 1077; *Nissel*, Rn. 191 f.; *A. Richter/Sturm*, ZErb 2006, 75, 80; *Schiffer*, DStR 2002, 1206, 1208; *ders.*, BB 2002, Heft 42 (16. 10. 2002), I; *ders.*, ZSt 2003, 252, 253 f.; *Schindler/Lewitzki*, StiftSpons 1/2004, 23, 23; *Schwarz*, DStR 2002, 1767, 1768; *Wachter*, GmbHR 2002, R 177, R 178.

Zustimmend, aber zum Teil sehr kritisch MünchKomm/*Reuter* Bd. 1a §§ 80, 81 BGB Rn. 17 und 19; *Rawert*, Non Profit Law Yearbook, S. 5 f. (insbesondere in Fn. 21) und 15; *K. Schmidt*, ZHR 166 (2002), 145, 148 f.

Vgl. § 6 Abs. 2 Buchstabe c und Abs. 3 Buchstabe b StiftG Bbg *a.F.* (zitiert bei Seifart/von Campenhausen Anhang III. A. 4., S. 837); § 7 Abs. 2 Buchstabe c und Abs. 3 Buchstabe a StiftG MV (zitiert bei Seifart/von Campenhausen Anhang III. A. 8., S. 853); § 4 Abs. 1 Buchstabe c und Abs. 2 Buchstabe b StiftG NRW *a.F.* (zitiert bei Seifart/von Campenhausen Anhang III. A. 10., S. 861) – diese restriktiven

Zu den laufenden Einnahmen der Stiftung gehören zunächst die aus den Dotationsquellen erwirtschafteten *Erträge*, sonstige Erträge wie Publikationserlöse und öffentliche Zuschüsse. Zu den laufenden Einnahmen rechnen weiterhin die *Spenden i.e.S.*, die in Abgrenzung zu den *Spenden i.w.S.* zum grundsätzlich zeitnahen Verbrauch bestimmt sind und folglich nicht die Erstausstattung und die Zustiftungen erfassen.[106]

Die in den Landesstiftungsgesetzen enthaltenen Admassierungsverbote und Bestimmungen zur Erhaltung des Stiftungsvermögens stehen überwiegend unter dem Vorbehalt abweichender Bestimmungen im Stiftungsgeschäft.[107] Der Stifter kann daher in Ausübung seiner grundrechtlich geschützten Stifterfreiheit über die Stiftungszwecke hinaus die zeitliche Dimension ihrer Verwirklichung im Grundsatz nach freiem Belieben bestimmen. Eine Einschränkung ergibt sich lediglich durch das Verbot der „Selbstzweckstiftung",[108] das eine vollständige oder nahezu vollständige Thesaurierung laufender Erträge untersagt. Im Übrigen kann der Stifter entweder – zugunsten einer gegenwartsnahen Verwirklichung des Stiftungszwecks – den fortlaufenden Verbrauch des Stiftungsvermögens („Verbrauchsstiftung") mit dem Ergebnis nominal und/oder real sinkender Erträge oder umgekehrt – zugunsten nachhaltiger Stiftungstätigkeit – die umfassende Thesaurierung von Erträgen anordnen. Die Stiftungsorgane sind bei der Verwaltung des Vermögens und bei der Verwendung der laufenden Erträge an den expliziten oder mutmaßlichen, durch Auslegung zu ermittelnden Willen des Stifters gebunden.[109]

Bestimmungen waren bzw. sind aufgrund der Sperrwirkung der Art. 72 Abs. 1, 74 Abs. 1 Nr. 1 GG nicht mehr anwendbar.

106 Seifart/von Campenhausen/*Hof* § 10 Rn. 7 und 9.

107 § 7 Abs. 2 Satz 1 StiftG BW; Art. 11 Abs. 1 Satz 1, 13 BayStG; § 3 StiftG Bln; § 7 Abs. 1 und 3 BremStiftG; § 4 Abs. 2 Satz 3 und Abs. 3 Satz 1 HmbStiftG; § 6 Abs. 1 und 3 HessStiftG; §§ 9 Abs. 1, 10 Abs. 1 Satz 1, Abs. 2 und 3 StiftG MV; § 6 Abs. 1 Satz 1 und 2 sowie Abs. 2 NStiftG; § 4 Abs. 2 und 3 StiftG NRW; § 7 Abs. 2 Satz 1 und Abs. 3 LStiftG RhPf; § 6 Abs. 1 Satz 1 und 2 sowie Abs. 2 SaarlStiftG; § 14 Abs. 2 Satz 1 SächsStiftG; § 14 Abs. 2 Satz 1 StiftG LSA; § 4 Abs. 2 Satz 1 und Abs. 3 StiftG SchlH; § 14 Abs. 2 Satz 1 ThürStiftG.

108 Siehe oben S. 19, insbesondere in Fn. 78 (unter Zweiter Teil, Erster Abschnitt, A. II.).

109 Siehe zu diesem Komplex *Hüttemann*, Festgabe Flume, S. 84 - 91; *Schwintek*, StiftSpons 1/2004, 19, 19 f.

B. Gestaltungsmöglichkeiten zur Versorgung der Stifterfamilie

I. Die Versorgung der Stifterfamilie als Stiftungszweck

Der Stifter kann die materielle wie immaterielle Unterstützung seiner selbst und seiner Familie im Stiftungsgeschäft als Stiftungszweck bestimmen.[110] Dabei kann der Stifter den Umfang der Versorgung hinsichtlich einzelner Lebensbereiche – Berufsausbildung, Studium, berufliche Existenzgründung, Eheschließung, Familiengründung sowie Versorgung im Alter und bei wirtschaftlichen Notlagen – konkretisieren.[111]

Die materielle Begünstigung der Stifterfamilie erfolgt in der Regel durch Zuwendung von Geldbeträgen in Form von Renten, dauernden Lasten oder sonstigen wiederkehrenden Bezügen, die aus den laufenden Stiftungserträgen finanziert werden. Denkbar ist auch die Zuwendung von (verbilligten) Sachleistungen wie zinsgünstige Kreditvergabe oder die Überlassung einzelner Vermögenswerte, insbesondere von Immobilien und Kunstgegenständen, zur privaten Nutzung.[112] Dazu hat der Stifter die – in der Praxis allerdings nur selten genutzte[113] – Möglichkeit, den Destinatären in der Stiftungsverfassung unter dem Vorbehalt der Finanzierung stehende[114] und notfalls gerichtlich einklagbare Leistungsansprüche gegen die Stiftung einzuräumen.[115]

---

110 Siehe *Binz/Sorg*, Die Stiftung, III. 2., S. 11 (§ 2 Abs. 2 Mustersatzung).

111 Siehe *Binz/Sorg*, Die Stiftung, III. 2., S. 11 (§ 2 Abs. 2 Satz 1 Halbsatz 2 Mustersatzung); MünchVHb Bd. 1/*Hof* VIII.3, S. 1256 (§ 2 Abs. 1 Mustersatzung).

112 *Berndt*, Stiftung, Rn. 25 und 1023; Soergel/*Neuhoff* § 85 BGB Rn. 12.

113 Seifart/von Campenhausen/*Hof* § 8 Rn. 141; Soergel/*Neuhoff* § 85 BGB Rn. 13; Staudinger/*Rawert* § 85 BGB Rn. 13. Siehe dazu die entsprechenden Formulierungen in den Mustersatzungen von *Boochs*, Steuerhandbuch, S. 363; *Milatz/Kemcke/Schütz*, S. 148 (§ 2 Nr. 7 – gemeinnützige Stiftung) und S. 159 (§ 2 Nr. 2 – Familienstiftung); MünchVHb Bd. 1/*Hof* VIII.3, S. 1256 (§ 2 Abs. 2). Vgl. *Berndt*, Stiftung, Rn. 25.

114 MünchKomm/*Reuter* § 85 BGB Rn. 20; Seifart/von Campenhausen/*Hof* § 8 Rn. 140 und 147 m.w.N.

115 BGH, BGH NJW 1957, 708; BGH, BGHZ 99, 344, 352; *Blydt-Hansen*, S. 96 - 102 und 111 f.; *Ebersbach*, I - 7.5, S. 112; *Fritsche*, ZSt 2003, 113, 114; *Rawert/Katschinski*, ZEV 1996, 161, 164; Seifart/von Campenhausen/*Hof* § 8 Rn. 137 und 140; Soergel/*Neuhoff* § 85 BGB Rn. 12 f. und 17; Staudinger/*Rawert* § 85 BGB Rn. 12 und

Auch wenn die Erscheinungsform der Familienstiftung durch Erwähnung in einigen Landesstiftungsgesetzen[116] und im Steuerrecht[117] als solche anerkannt ist,[118] war die Genehmigungsfähigkeit sogenannter Unterhaltsstiftungen, deren alleiniger Zweck oder „Hauptzweck" in der voraussetzungs*losen* Versorgung der Stifterfamilie bestand, bislang nicht unumstritten. Nach vereinzelt vertretenen Auffassungen in der Literatur mussten Leistungen an die Stifterfamilie grundsätzlich an die Erfüllung gemeinwohlorientierter Voraussetzungen geknüpft sein – etwa Stipendien oder Nothilfe –, während voraussetzungslose Unterhaltszahlungen lediglich ausnahmsweise als „Nebenzweck" zulässig sein sollten.[119]

Nach Inkrafttreten des Gesetzes zur Modernisierung des Stiftungsrechts[120] ergeben sich die stiftungszivilrechtlichen Grenzen des zulässigen Umfangs der Versorgung der Stifterfamilie allein aus dem Wesen der Rechtsform Stiftung[121] und dem Gemeinwohlvorbehalt des § 80 Abs. 2, 3. Var. BGB. Dabei ist der Gemeinwohlvorbehalt anhand der Vorgaben des einfachen Gesetzesrechts im Allgemeinen[122] und der Wertungen des Erbrechts im Besonderen[123] zu konkretisieren. Aus diesem Grund stellt sich wie bisher die Frage, ob ein dauerhaft familiär gebundenes Sondervermögen den

---

16. Anderer Ansicht MünchKomm/*Reuter* § 85 BGB Rn. 18 f.: Begründung von Leistungsansprüchen nicht möglich.

116 § 13 Abs. 3 StiftG BW; § 10 Abs. 1 Satz 1 StiftG Bln; § 2 Abs. 2 StiftG Bbg; § 17 Satz 1 BremStiftG; § 2 Abs. 1 HmbStiftG; § 21 Abs. 1 HessStiftG; § 27 Abs. 1 StiftG MV; § 3 Abs. 2 LStiftG RhPf; § 19 Satz 1 StiftG SchlH.

117 § 15 Abs. 2 AStG; § 1 Abs. 1 Nr. 4 ErbStG.

118 Siehe insbesondere BVerfG, BVerfGE 63, 312, 325 f. (Ersatzerbschaftsteuer).

119 *Däubler*, JZ 1969, 499, 501; MünchKomm/*Reuter* vor § 80 BGB Rn. 36 und 40 sowie Bd. 1a §§ 80, 81 BGB Rn. 18; *Reuter*, S. 146; Soergel/*Neuhoff* vor § 80 BGB Rn. 57 - 59; Staudinger/*Rawert* Vorbem. zu §§ 80 ff. BGB Rn. 132 - 134. Ähnlich *K. Schmidt*, Gesellschaftsrecht, § 7 II. 1. b) bb), S. 175. Siehe auch BT-Drucks. 13/9320, S. 3 (§ 81 Abs. 2 BGB-E) und S. 10 (Begründung).

120 Siehe dazu oben S. 1 (unter Erster Teil, A.).

121 *Hüttemann*, ZHR 167 (2003), 35, 58.

122 BT-Drucks. 14/8277, S. 6; BT-Drucks. 14/8765, S. 9; BT-Drucks. 14/8894, S. 10 – jeweils unter Hinweis auf BVerwG, BVerwGE 106, 177, 180 („Franz-Schönhuber-Stiftung"). Siehe dazu auch OVG Münster, NVwZ 1996, 913, 913 f.; VG Düsseldorf, NVwZ 1994, 811, 812 - 814 (unter (2) a) aa)).

123 *Hüttemann*, ZHR 167 (2003), 35, 63.

zeitlichen Schranken zulässiger Nachlassbindungen[124] widerspricht.[125] Diese Frage hat die *Bund-Länder-Arbeitsgruppe Stiftungsrecht*, auf deren Ergebnisse sich der Gesetzgeber ausdrücklich stützt,[126] im Sinne der bislang herrschenden Meinung[127] dahingehend beantwortet, dass das Verbot von Familienfideikommissen[128] und die zeitliche Begrenzung der Nachlassbindung schon nach bisherigem Recht der *uneingeschränkten* Zulässigkeit von Familienstiftungen nicht entgegenstünden.[129] Die Anerkennung einer Unterhaltsstiftung unterliegt damit lediglich der allgemeinen Einschränkung, dass das Stiftungsvermögen nicht ausschließlich zugunsten des Stifters gewidmet sein darf (Verbot der „Stiftung für den Stifter“).[130] Im Übrigen ist die ausschließlich voraussetzungslose Versorgung der Stifterfamilie zulässiger Stiftungszweck.[131]

---

124 Siehe §§ 2044 Abs. 2, 2109, 2162 f., 2210 BGB.

125 So *Däubler*, JZ 1969, 499, 502; MünchKomm/*Reuter* Bd. 1a §§ 80, 81 BGB Rn. 18; *Reuter*, S. 146. Anderer Ansicht z.B. *Kronke*, S. 61; MünchVHb Bd. 1/*Hof* VIII.3 Anm. 1, S. 1261, mit Verweis auf MünchVHb Bd. 1 (5. Aufl.)/*Hof* VII.3a, Anm. 1, S. 1077; *Nissel*, Rn. 166; *Saenger*, S. 34 f. und 43 f.; *Wochner*, BB 1999, 1441, 1442. Siehe auch BT-Drucks. 13/9320, S. 10 (Begründung zu § 81 Abs. 2 BGB-E).

126 BT-Drucks. 14/8277, S. 5; BT-Drucks. 14/8765, S. 9.

127 Z.B. AK/*Ott* vor § 80 BGB Rn. 8; Bamberger/Roth/*Schwarz* vor § 80 BGB Rn. 15; *Berndt*, Stiftung, Rn. 76; *Ebersbach*, I - 11.1, S. 152; Erman/*H.P. Westermann* (10. Aufl.) vor § 80 BGB Rn. 6; *Flume*, § 4 V 1, S. 133 in Fn. 145; *Hennerkes/Schiffer/Fuchs*, BB 1995, 209, 211; *Kerssenbrock*, S. 49 f.; *Kronke*, S. 61; *Meyer zu Hörste*, S. 33 f.; *Müller/Schubert*, DStR 2000, 1289, 1291; MünchVHb Bd. 1/*Hof* VIII.3 Anm. 1, S. 1261, mit Verweis auf MünchVHb Bd. 1 (5. Aufl.)/*Hof* VII.3a Anm. 1, S. 1077; Palandt/*Heinrichs* § 80 BGB Rn. 8; *Pluskat*, DStR 2002, 915, 921; *Saenger*, S. 32 - 35 und 43 f.; *Schindler*, Familienstiftungen, S. 51; Seifart/von Campenhausen/*Hof* § 8 Rn. 57, 66 und 68 ff.; Seifart/von Campenhausen/*Pöllath* § 14 Rn. 29; *Sorg*, S. 64.

128 Art. 155 Abs. 2 Satz 2 WRV; §§ 1 Abs. 1 Satz 1, 7 und 35 Abs. 2 FidKomAuflG.

Familienfideikommisse waren unveräußerliche und unpfändbare Sondervermögen, die mit der Auflage an den jeweiligen Inhaber verbunden waren, das gebundene Vermögen zu erhalten und im Wege der Erbfolge an nachkommende Familienmitglieder weiterzugeben. Diese waren aufzulösen, konnten aber in Stiftungen umgewandelt werden.

Vgl. *Däubler*, JZ 1969, 499, 501; MünchKomm/*Reuter* vor § 80 BGB Rn. 37 - 40 und Bd. 1a §§ 80, 81 BGB Rn. 18: Bejahung einer „teleologischen Expansionskraft“ der Fideikommissauflösung. Anderer Ansicht *Kronke*, S. 61; *Pluskat*, DStR 2002, 915, 921; *Saenger*, S. 33 f.; *Saenger/Arndt*, ZRP 2000, 13, 16.

129 *Bund-Länder-Arbeitsgruppe Stiftungsrecht*, S. 46 f.

130 *Burgard*, NZG 2002, 697, 700; MünchKomm/*Reuter* vor § 80 BGB Rn. 17; Soergel/*Neuhoff* vor § 80 BGB Rn. 8; Staudinger/*Rawert* Vorbem. zu §§ 80 ff. BGB

II. Einräumung von Nutzungsrechten an Gegenständen des Stiftungsvermögens

Der Stifter kann bereits vor der Erstausstattung einzelne oder mehrere Vermögensgegenstände mit beschränkt dinglichen Nutzungsrechten zu seinen Gunsten oder zugunsten ausgesuchter Familienmitglieder belasten. Daneben kann der Stifter einzelnen Angehörigen durch Abschluss eines Miet-, Pacht- oder Landpachtvertrags obligatorische Nutzungsrechte einräumen. Alternativ kann er die Stiftung zur Einräumung eines dinglichen oder obligatorischen Nutzungsrechts verpflichten – sei es im Stiftungsgeschäft auf Grundlage des Stiftungszwecks, sei es durch Anordnung in einem Vermächtnis oder einer Auflage. Darüber hinaus kann der Stifter einem Angehörigen, wie bereits erwähnt,[132] einen entsprechenden schuldrechtlichen Leistungsanspruch einräumen. Umstritten ist allerdings, ob nach Stiftungszivilrecht die Belastung des Stiftungsvermögens mit einem dinglichen oder obligatorischen Nutzungsrecht in der Stiftungsverfassung verankert sein muss.[133]

In der Stiftungspraxis finden sich häufig Nießbrauchskonstruktionen. So kann der Stifter bei Übertragung eines Vermögensgegenstandes auf die Stiftung einen Vorbehaltsnießbrauch zu seinen Gunsten oder zugunsten

---

Rn. 9 m.w.N. Anderer Ansicht *Kronke*, S. 140; Seifart/von Campenhausen/*Hof* § 8 Rn. 54, der eine solche Gestaltung aber als nicht sinnvoll bezeichnet.

131 Siehe *Bund-Länder-Arbeitsgruppe Stiftungsrecht*, S. 5 (unter Nr. 7) und 47. Im Ergebnis ebenso *Andrick*, ZSt 2003, 3, 13; *Binz/Sorg*, Die Stiftung, II. 1., S. 3; *Burgard*, NZG 2002, 697, 700; Erman/*Werner* vor § 80 BGB Rn. 4; *Nissel*, Rn. 104 und 170; *A. Richter/Sturm*, ZErb 2006, 75, 80; *Saenger*, S. 34 f. und 43 f.; *Saenger/Arndt*, ZRP 2000, 13, 18 f.; *Schiffer*, BB 2002, Heft 42 (16. 10. 2002), I; *Schwarz*, DStR 2002, 1767, 1768; *ders.*, ZEV 2003, 306, 307; *Spiegelberger*, ErbStB 2005, 43, 45 f.; *Wachter*, GmbHR 2002, R 177, R 178. Zustimmend, aber kritisch MünchKomm/*Reuter* Bd. 1a §§ 80, 81 BGB Rn. 17.

Vgl. § 6 Abs. 2 Buchstabe d und Abs. 3 Buchstabe b StiftG Bbg *a.F.* (zitiert bei Seifart/von Campenhausen Anhang III. A. 4., S. 837); § 7 Abs. 3 Buchstabe a StiftG MV (zitiert bei Seifart/von Campenhausen Anhang III. A. 8., S. 853); § 4 Abs. 2 Buchstabe b StiftG NRW *a.F.* (zitiert bei Seifart/von Campenhausen Anhang III. A. 10., S. 861) – diese restriktiven Bestimmungen sind bzw. waren aufgrund der Sperrwirkung der Art. 72 Abs. 1, 74 Abs. 1 Nr. 1 GG nicht mehr anwendbar.

132 Siehe oben S. 26 (unter Zweiter Teil, Erster Abschnitt, B. I.).

133 So *Berndt*, Stiftung, Rn. 210. Vgl. *Fritsche*, ZSt 2003, 113, 115: die Aufnahme in die Stiftungssatzung lediglich empfehlend.

eines Angehörigen bestellen. Durch ein Nießbrauchsvermächtnis kann der Stifter einem Angehörigen einen Anspruch gegen die als Erbin beschwerte Stiftung auf Bestellung eines Vermächtnisnießbrauchs einräumen. Bei Immobilien finden sich häufig auch andere Gestaltungen, beispielsweise die Einräumung eines Wohnungsrechts (§ 1093 BGB), eines Dauerwohnrechts (§§ 31 ff. WEG) oder einer (Wohnungs-)Reallast.

Die Belastung von Gegenständen des Stiftungsvermögens mit dinglichen und obligatorischen Nutzungsrechten ist stiftungszivilrechtlich (nur) dann zulässig, wenn erstens die Erträge aus den *nichtbelasteten* Gegenständen zur Erfüllung der Stiftungszwecke ausreichen und zweitens sichergestellt ist, dass die zunächst *belasteten* Gegenstände nach Wegfall der Belastung dauerhaft zugunsten der Stiftungszwecke verwendet werden. Aus diesem Grund ist beispielsweise die Bestellung eines Nießbrauchs an einzelnen Sachen (§ 1030 BGB) oder Rechten (§ 1068 BGB) zulässig, nicht hingegen die Bestellung eines (Total-)Nießbrauchs am gesamten Vermögen der Stiftung (§ 1085 BGB) oder an einer Erbschaft (§ 1089 BGB), wenn der Nachlass das gesamte Stiftungsvermögen ausmacht. So ist etwa der sogenannte Unternehmensnießbrauch[134] stiftungszivilrechtlich (nur) dann zulässig, wenn das belastete unternehmerische Vermögen – ein Einzelunternehmen oder der Mitunternehmeranteil – nicht das gesamte Vermögen der Stiftung ausmacht oder wenn sich der Nießbrauch auf einen Teil der Gesamtnutzungen beschränkt („Quotennießbrauch“).[135]

Im weiteren Verlauf der Arbeit wird der Frage nachgegangen, ob und in welchem Umfang das Gemeinnützigkeitsrecht die Dotation einer Stiftung mit Vermögensgegenständen, die mit privatnützigen dinglichen oder obligatorischen Nutzungsrechten zugunsten der Stifterfamilie belastet sind, inkriminiert.

---

134 Zur zivilrechtlichen Zulässigkeit je nach Ausgestaltung – Vollrechtsübertragung auf Zeit mit Treuhandbindung („Treuhandlösung“), Nießbrauch an der Beteiligung als solcher („echter Anteilsnießbrauch“), Nießbrauch am „Gewinnstammrecht“ und Nießbrauch am Gewinnbezugsrecht („Ertragsnießbrauch“) – siehe *Schön*, StbJb 1996/1997, S. 46 f. und 57 f. – jeweils m.w.N. Offengelassen durch BFH, BStBl. II 1976, 592, 593; BFH, BStBl. II 1991, 809, 812 m.w.N.

135 Palandt/*Bassenge* § 1030 BGB Rn. 5.

III. Vermächtnisse und Auflagen zugunsten von Mitgliedern der Stifterfamilie

Der Stifter kann in einem Stiftungsgeschäft von Todes wegen seine bereits bestehende oder noch zu errichtende rechtsfähige[136] Stiftung als Erbin oder Vermächtnisnehmerin einsetzen und sie mit einem Vermächtnis (§ 1939 BGB), einem Untervermächtnis (§ 2186 BGB) oder einer Auflage (§ 1940 BGB) zugunsten einzelner Familienmitglieder beschweren.[137] In einem Stiftungsgeschäft unter Lebenden sind in analoger Anwendung des § 525 BGB Auflagen als Nebenbestimmungen grundsätzlich zulässig.[138] Gegenstand solcher Bestimmungen sind in der Praxis häufig die Bestellung dinglicher Rechte, insbesondere eines (Vermächtnis-)Nießbrauchs, und die Zahlung von wiederkehrenden Bezügen zwecks Sicherstellung der Altersvorsorge.[139] Allerdings darf die Erfüllung von Vermächtnissen, Auflagen und Nebenbestimmungen die Erfüllung des Stiftungszwecks nicht erheblich beeinträchtigen oder gar verhindern.[140] Um die Anerkennungsvoraussetzung des § 80 Abs. 2, 2. Var. BGB zu erfüllen, müssen der Stiftung nach Erfüllung sämtlicher Vermächtnisse, Auflagen und Nebenbestimmungen ausreichende finanzielle Mittel für die dauernde und nachhaltige Verfolgung des Stiftungszwecks zur Verfügung stehen.

Im weiteren Verlauf der Arbeit wird untersucht, in welchem Umfang ein Stifter eine Stiftung mit steuerbegünstigter Zwecksetzung mit privatnützigen Vermächtnissen und Auflagen zugunsten von Familienangehörigen beschweren darf, ohne die Anerkennung der Stiftung als steuerlich gemeinnützig zu gefährden. Insbesondere wird der Frage nachgegangen, ob die Einräumung privatnütziger dinglicher und obligatorischer Nutzungsrechte durch die Stiftung einerseits und die

---

136 Diese ist als juristische Person gemäß §§ 1923 Abs. 1, 2101 Abs. 2 Halbsatz 1 BGB erbfähig. Bei einer unselbständigen Stiftung beziehen sich die nachfolgenden Ausführungen auf deren Rechtsträger.

137 Zur Frage, ob die Beschwerung der Stiftung in der Stiftungsverfassung verankert sein muss, siehe oben S. 29 (unter Zweiter Teil, Erster Abschnitt, B. II.).

138 *Berndt*, Stiftung, Rn. 204; *Ebersbach*, I - 4.11, S. 46; *Fritsche*, ZSt 2003, 113, 115; Seifart/von Campenhausen/*Hof* § 7 Rn. 14; *Strickrodt*, I 2 b), S. 20.

139 *Berndt*, Stiftung, Rn. 204.

140 *Berndt*, Stiftung, Rn. 203; *Ebersbach*, I - 4.11, S. 46; Seifart/von Campenhausen/*Hof* § 7 Rn. 14; *Strickrodt*, I 2 b), S. 21.

Zuwendung von Stiftungserträgen zur Erfüllung eines privatnützigen Vermächtnisses oder einer privatnützigen Auflage andererseits gemeinnützigkeitsrechtlich gleich behandelt werden müssen.

IV. Stiftungsleistungen nach Pflichtteils- und ehelichem Güterrecht

Setzt der Stifter durch Verfügung von Todes wegen eine bereits bestehende oder noch zu errichtende Stiftung als Erbin ein, können seine pflichtteilsberechtigten Familienangehörigen – sein Ehegatte, seine Abkömmlinge oder subsidiär seine Eltern[141] und sein gleichgeschlechtlicher eingetragener Lebenspartner[142] – die in den §§ 2303 ff. BGB verankerten Pflichtteilsansprüche geltend machen. Dies gilt nach ganz herrschender Meinung auch dann, wenn die genannten Personen Destinatäre der Stiftung sind.[143]

Wendet der Stifter einer Stiftung bereits zu Lebzeiten Vermögen zu, haben die pflichtteilsberechtigten Familienangehörigen nach ganz herrschender Meinung einen Anspruch auf Pflichtteilsergänzung aus § 2325 Abs. 1 BGB oder aus § 2329 Abs. 1 BGB. Diese beiden Vorschriften gelten mit Blick auf das Erfordernis einer „Schenkung" bei Zustiftungen[144] und Spenden i.e.S.[145] unmittelbar, bei der Erstausstattung[146] zumindest in analoger Anwendung.[147] Dabei beginnt die zehnjährige Frist des § 2325 Abs. 3

---

141 § 2303 Abs. 1 Satz 1 und Abs. 2 Satz 1 BGB.

142 §§ 10 Abs. 6 Satz 1, 1 Abs. 1 Satz 1 LPartG.

143 Z.B. *Schiffer*, DStR 2003, 14, 15; *ders.*, NJW 2004, 1565, 1565 m.w.N. in Fn. 5; Seifart/von Campenhausen/*Hof* § 7 Rn. 75 in Fn. 111.

144 Siehe oben S. 22 f. (unter Zweiter Teil, Erster Abschnitt, A. IV.).

145 Siehe oben S. 25 (unter Zweiter Teil, Erster Abschnitt, A. IV.).

146 Siehe oben S. 22 (unter Zweiter Teil, Erster Abschnitt, A. IV.).

147 OLG Karlsruhe, ZEV 2004, 470, 471 f.; LG Baden-Baden, ZEV 1999, 152, 152 f.; Erman/*Schlüter* § 2325 BGB Rn. 1; *Medicus*, Festschrift Heinrichs, S. 387 ff. und 395 f. (zusammenfassend); MünchKomm/*Lange* § 2325 BGB Rn. 26; Palandt/*Edenhofer* § 2325 BGB Rn. 16; *Rawert*, ZEV 1999, 153, 153 m.w.N.; *Rawert/Katschinski*, ZEV 1996, 161, 162 - 164 und 166; *A. Richter*, ZErb 2005, 134, 137; *Röthel*, ZEV 2006, 8, 9; *Schiffer*, DStR 2003, 14, 15; Soergel/*Dieckmann* § 2325 BGB Rn. 33; Staudinger/*Olshausen* § 2325 BGB 39 m.w.N. Siehe dazu auch *Matschke*, Festschrift Bezzenberger, S. 527 f.; *ders.*, ZSt 2004, 263, 264: Vorschlag *de lege ferenda*, den

Halbsatz 1 BGB, innerhalb derer sämtliche Zuwendungen des Stifters an die Stiftung zu berücksichtigen sind,[148] grundsätzlich mit der Vermögensübertragung, bei einem Vorbehaltsnießbrauch jedoch erst mit dessen Erlöschen.[149]

Empfängt ein pflichtteilsberechtigter Destinatär Stiftungsleistungen *nach* dem Erbfall, muss er sich diese unter keinen Umständen gemäß § 2327 Abs. 1 BGB analog[150] auf seine Pflichtteilsansprüche anrechnen lassen.[151] Eine Anrechnung erfolgt nach unbestrittener Ansicht nur bei Stiftungsleistungen, die er *vor* dem Erbfall auf Grundlage eines Rechtsanspruchs bezieht.[152] Umstritten ist die Rechtslage in den Fällen, in denen ein pflicht-

---

Anwendungsbereich des § 2330 BGB um Zuwendungen an eine gemeinwohlorientierte Stiftung zu erweitern.

Anderer Ansicht OLG Dresden, NJW 2002, 3181, 3181 f.: zweckgebundene Spende keine Schenkung (unter Auflage), sondern Zuwendung eines treuhänderisch gebundenen Durchgangsvermögens. Hiergegen sehr kritisch *Muscheler*, ZEV 2002, 417, 417 f.; *Rawert*, NJW 2002, 3151, 3152 f.; *A. Richter*, StiftSpons 3/2003, 26, 27 f.; *ders.*, StiftSpons 3/2004, 21, 21 f.; *ders.*, ZErb 2005, 134, 135 f.; *Röthel*, ZEV 2006, 8, 10: keine Spende i.e.S., sondern eine Zustiftung annehmend; *Schiffer*, DStR 2003, 14, 15 f.; *ders.*, NJW 2004, 1565, 1565 f. Der Kritik im Ergebnis zustimmend *Lieder*, ZSt 2004, 74, 76 ff.; Palandt/*Edenhofer* § 2325 BGB Rn. 16. Inzwischen Aufhebung und Zurückverweisung durch BGH, BGHZ, 157, 178, 187 (unter III.). Zustimmend *Otte*, JZ 2004, 973, 974; *Schiffer*, NJW 2004, 2497, 2499; *ders.*, sj 17-18/2004, 47, 47. Vgl. *Neuhoff*, ZSt 2004, 90, 91: Spende keine Schenkung, sondern *causa donandi sui generis*. Zur Pflichtteilsergänzung wegen Zuwendungen an eine gemeinnützige Stiftung aus erbschaftsteuer- und schenkungsteuerrechtlicher Perspektive siehe *W. Hartmann*, ZErb 2004, 179 ff.

148 Siehe dazu *Matschke*, ZSt 2004, 263, 264: Vorschlag *de lege ferenda*, die Frist des § 2325 Abs. 3 BGB bei Zuwendungen an eine gemeinwohlorientierte Stiftung auf fünf oder drei Jahre zu verkürzen.

149 BGH, BGHZ 125, 395, 398 (unter I. 2. b)); *Rawert/Katschinski*, ZEV 1999, 161, 164; *von Oertzen*, StiftSpons 1/1999, Beilage „Die roten Seiten", S. 4.

150 Die lediglich analoge Anwendbarkeit des § 2327 BGB ergibt sich, wenn man mit der ganz herrschenden Meinung die Rechtsgrundlage einer Stiftungsleistung im Stiftungszweck selbst und damit nicht in einer Schenkung sieht. Nachweise siehe oben S. 26 f. in Fn. 115 (unter Zweiter Teil, Erster Abschnitt, B. I.).

151 *Deischl*, S. 188; *Rawert/Katschinski*, ZEV 1996, 161, 165.

152 *Deischl*, S. 189; *Rawert/Katschinski*, ZEV 1996, 161, 166.

teilsberechtigter Destinatär *vor* dem Erbfall eine Stiftungsleistung empfängt, auf die er *keinen* Rechtsanspruch hat.[153]

Die Beratungspraxis empfiehlt potenziellen Stiftern seit jeher aus Gründen der Rechtssicherheit, zur Vermeidung erheblicher Kostenrisiken und zur Sicherstellung einer effizienten Stiftungstätigkeit den Abschluss eines Erb- und Pflichtteilsverzichtsvertrags (§ 2346 BGB) gegen Zahlung einer Abfindung unter optimierter Ausnutzung der erbschaftsteuer- und schenkungsteuerlichen Freibeträge.[154] Darüber hinaus wird verheirateten Stiftern geraten, die Errichtung einer Stiftung mit einem Ehevertrag (§ 1408 Abs. 1 BGB) zu verbinden, in dem die güterrechtlichen Ansprüche des Ehegatten so ausgestaltet werden, dass die Vermögensausstattung der Stiftung so gering wie möglich belastet wird.[155] Unter diesem Aspekt erweist sich der gesetzliche Güterstand der Zugewinngemeinschaft dann als günstig, wenn der Ehegatte des Stifters auf sein Pflichtteilsrecht verzichtet und sich die Pflichtteilsansprüche der Abkömmlinge nach einer geringeren Bemessungsgrundlage als bei Gütertrennung bestimmen.[156] Im Übrigen mindern unentgeltliche Zuwendungen an eine Stiftung nicht den Zugewinn und folglich nicht den Ausgleichsanspruch aus § 1378 Abs. 1 BGB, es sei denn, eine Zuwendung erfolgte mindestens zehn Jahre vor Beendigung der Zugewinngemeinschaft oder der andere Ehegatte ist mit der Zuwendung einverstanden gewesen.[157]

Im weiteren Verlauf der Arbeit wird der Frage nachgegangen, welche Grenzen das Gemeinnützigkeitsrecht der Vornahme von pflichtteils- und

---

153 Für eine analoge Anwendung des § 2327 BGB *Deischl*, S. 191. Anderer Ansicht *Rawert/Katschinski*, ZEV 1996, 161, 165.

154 *Asche*, StiftSpons 3/2001, 23, 25 f.; *Berndt*, Stiftung, Rn. 192; *Daragan*, StiftSpons 4/2002, 18, 19; *Goerdeler*, S. 43; *Kirmse*, StiftSpons 1/2002, 27, 28; MünchVHb Bd. 1/*Hof* VIII.3 Anm. 17, S. 1267; *Schiffer*, DStR 2003, 14, 16; *ders.*, NJW 2004, 1565, 1567; *ders.*, sj 17-18/2004, 47, 47; *Schiffer/Kotz*, ZErb 2004, 115, 115; *Schiffer/von Schubert*, sj 3/2006, 30, 32; Seifart/von Campenhausen/*Hof* § 7 Rn. 75 (auch in Fn. 111); *Söffing/Thoma*, ErbStB 2004, 280, 284; *von Oertzen*, StiftSpons 1/1999, Beilage „Die roten Seiten", S. 3.

155 *Von Oertzen*, StiftSpons 1/1999, Beilage „Die roten Seiten", S. 4.

156 Vgl. § 2303 Abs. 1 Satz 2 i.V.m. § 1931 *Abs. 1* bzw. *Abs. 2* BGB *versus* § 2303 Abs. 1 Satz 2 i.V.m. § 1931 *Abs. 4* BGB. Siehe dazu auch das Fallbeispiel bei *von Oertzen*, StiftSpons 1/1999, Beilage „Die roten Seiten", S. 3 f.

157 § 1375 Abs. 2 Nr. 1 und Abs. 3 BGB.

güterrechtlich bedingten Leistungen zieht, insbesondere ob und bis zu welcher Höhe eine steuerlich gemeinnützige Stiftung ihre laufenden Erträge für die Erfüllung von Abfindungsansprüchen aus einem Erb- und Pflichtteilsverzichtsvertrag verwenden darf.

Zweiter Abschnitt

Gemeinnützigkeitsrechtliche Prinzipien und Terminologie

A. Überblick über die behandelten Vorschriften mit Begriffsbestimmungen

I. Die Voraussetzungen der steuerlichen Gemeinnützigkeit

Die einzelnen Steuergesetze knüpfen die anfangs der Arbeit[158] erwähnten Steuervergünstigungen in der Regel an die Erfüllung der Voraussetzung, dass die Stiftung nach dem Stiftungsgeschäft und der tatsächlichen Geschäftsführung ausschließlich und unmittelbar gemeinnützigen,[159] mildtätigen oder kirchlichen Zwecken dient.[160]

Einige dieser spezialgesetzlichen Vergünstigungsvorschriften stellen die Verbindung zum Gemeinnützigkeitsrecht dadurch her, dass sie im Anschluss an die Aufzählung der Vergünstigungsvoraussetzungen einen in Klammern versehenen Verweis auf die §§ 51 bis 68 AO enthalten. § 51 Satz 1 AO greift die spezialgesetzlichen Vergünstigungsvoraussetzungen auf und verweist auf die ihm folgenden Vorschriften, die die einzelnen Voraussetzungen konkretisieren.[161] Dabei gelten die §§ 52 ff. AO gemäß

---

158 Siehe oben S. 9 f., insbesondere Fn. 39 - 48 (unter Erster Teil, B. II.).

159 Vgl. § 10b Abs. 1 Satz 3 EStG und § 29 Abs. 1 Nr. 4 Satz 1 ErbStG: die Verfolgung von gemeinnützigen Zwecken i.S. des § 52 Abs. 2 Nr. 4 AO ist nicht steuerlich begünstigt.

160 Einige spezialgesetzliche Steuervergünstigungen, insbesondere § 10b Abs. 1 Satz 1 und 2 EStG sowie § 9 Abs. 1 Nr. 2 Satz 1 und 2 KStG, laufen nach der Rechtsprechung des Bundesfinanzhofs in ihren Voraussetzungen nicht synchron mit §§ 51 ff. AO. Siehe BFH, BStBl. II 1992, 748, 749 (zu § 9 Satz 1 Nr. 3 Buchstabe a KStG i.d.F. vor dem Sechsten Gesetz zur Änderung des Parteiengesetzes und anderer Gesetze vom 28. 1. 1994, BGBl. I 1994, 142 - 148 = BStBl. I 1994, 207 - 208). Anderer Ansicht in erster Instanz FG Düsseldorf, EFG 1991, 750, 751.

161 BT-Drucks. 6/1982, S. 116 (Begründung zu § 52 AO); BT-Drucks. 7/79, S. 93 mit Verweis auf BT-Drucks. 6/1982, S. 117 (Begründung zu § 56 AO).

§ 51 Satz 2 AO für alle Körperschaften i.S. des Körperschaftsteuergesetzes, also auch für rechtsfähige Stiftungen bürgerlichen Rechts, die unter § 1 Abs. 1 Nr. 4 KStG fallen.

In Anlehnung an die Klammerdefinition des § 51 Satz 1 AO werden die gemeinnützigen Zwecke i.S. des § 52 AO, die mildtätigen Zwecke i.S. des § 53 AO und die kirchlichen Zwecke i.S. des § 54 AO im Folgenden als *steuerbegünstigte Zwecke* begrifflich zusammengefasst.[162] Eine Stiftung, die einen – egal welchen – steuerbegünstigten Zweck erfüllt und sämtliche Voraussetzungen der §§ 51 bis 68 AO erfüllt, wird im Folgenden als *steuerlich gemeinnützig (gemeinnützig i.w.S.)* bezeichnet. *Gemeinnützig i.e.S.* ist eine Stiftung (nur) dann, wenn sie einen gemeinnützigen Zweck, also einen Zweck verfolgt, der die Voraussetzungen des § 52 Abs. 1 Satz 1 AO erfüllt.

§ 51 Satz 1 AO knüpft die steuerliche Gemeinnützigkeit an die Erfüllung der Voraussetzung, dass ein Körperschaftsteuersubjekt (mindestens) einen steuerbegünstigten Zweck verfolgt. Mit steuerbegünstigtem Zweck ist bei Körperschaften der Verbandszweck, bei Stiftungen der Stiftungszweck gemeint. Der Stiftungszweck konstituiert sich in der Diktion des § 60 Abs. 1 AO aus den „Satzungszwecken" und der „Art ihrer Verwirklichung". Mit *Satzungszwecken* meint § 60 Abs. 1 AO das im Stiftungsgeschäft abstrakt umschriebene Ziel der Stiftung. Dieses *Stiftungsziel* ist zunächst als Endpunkt gedacht und beinhaltet darüber hinausgehend einen Prozess i.S. einer Bewegung in Richtung dieses Endpunktes. Mit *Art ihrer Verwirklichung* meint § 60 Abs. 1 AO die im Stiftungsgeschäft umschriebene, auf die Erreichung des Stiftungsziels gerichtete *Stiftungstätigkeit*. Der Stiftungstätigkeit muss *in realiter* gemäß den §§ 59 Halbsatz 2, 63 Abs. 1 AO die *tatsächliche Geschäftsführung* entsprechen.

Die gedankliche Trennung zwischen Stiftungsziel und Stiftungstätigkeit soll am Beispiel des § 52 Abs. 1 Satz 1 AO erläutert werden. Danach verfolgt eine Körperschaft gemeinnützige Zwecke, wenn ihre Tätigkeit darauf gerichtet ist, die Allgemeinheit auf materiellem, geistigem oder sittlichem Gebiet selbstlos zu fördern. Stiftungsziel ist hier – unter

---

162 Siehe dazu *Bundesverband Deutscher Stiftungen*, Bündnis für Gemeinnützigkeit, S. 4 (unter 1.): Vorschlag *de lege ferenda*, die Unterteilung in mildtätige, kirchliche und andere gemeinnützige Zwecke aufzuheben.

Vernachlässigung des Begriffs „selbstlos" – die „Förderung der Allgemeinheit auf materiellem, geistigem oder sittlichem Gebiet". Stiftungstätigkeit ist die „darauf" – *i.e.* auf das Stiftungsziel „Förderung der Allgemeinheit" – gerichtete Tätigkeit. Die gedankliche Trennung zwischen Stiftungsziel und Stiftungstätigkeit liegt auch dem § 54 AO zugrunde, der in Absatz 1 als Stiftungsziel die Förderung von bestimmten Religionsgemeinschaften nennt und in Absatz 2 auf dieses Ziel gerichtete Stiftungstätigkeiten, etwa die Errichtung von Gotteshäusern, beispielhaft aufzählt.

Stiftungsziel und Stiftungstätigkeit bilden eine sich im Stiftungszweck verbindende Einheit. Die gedankliche Trennung dient als Grundlage für die Konkretisierung der Gebote der Selbstlosigkeit und Ausschließlichkeit im weiteren Verlauf der Arbeit. Die Zuordnung der einzelnen Ausprägungen des Selbstlosigkeits- und Ausschließlichkeitsgebots zu Stiftungsziel und Stiftungstätigkeit ist, wie sich zeigen wird, von entscheidender Bedeutung für die Ermittlung des gemeinnützigkeitsunschädlichen Umfangs der privatnützigen Versorgung der Stifterfamilie.

II. Ausschließlichkeit und Selbstlosigkeit

Die Anerkennung einer Stiftung als steuerlich gemeinnützig setzt unter anderem voraus, dass die Förderung der Allgemeinheit, die Unterstützung hilfsbedürftiger Personen und die Förderung bestimmter Religionsgemeinschaften *selbstlos* geschieht und *ausschließlich* erfolgt.[163]

1. Das Gebot der Ausschließlichkeit (§ 56 AO)

Ausschließlichkeit liegt gemäß § 56 AO vor, wenn eine Stiftung nur ihre steuerbegünstigten satzungsmäßigen Zwecke verfolgt.

---

[163] §§ 52 Abs. 1 Satz 1, 53 Einleitungssatz und 54 Abs. 1 AO.

2. Das Gebot der Selbstlosigkeit (§ 55 AO)

Selbstlos geschieht eine Förderung oder Unterstützung gemäß § 55 Abs. 1 AO, wenn „dadurch nicht in erster Linie eigenwirtschaftliche Zwecke [...] verfolgt werden“ und die in den Nummern 1 bis 5 aufgeführten Voraussetzungen erfüllt sind.

Für die Ermittlung des gemeinnützigkeitsunschädlichen Umfangs der privatnützigen Versorgung der Stifterfamilie von besonderer Bedeutung sind die Vorschriften des § 55 Abs. 1 Nr. 1 Satz 1 und 2 sowie Nr. 3 AO:

- Nach § 55 Abs. 1 Nr. 1 *Satz 1* AO dürfen Mittel der Stiftung nur für die satzungsmäßigen Zwecke verwendet werden. Dieses Verwendungsgebot gilt unabhängig davon, ob die Mittel vor, während oder nach der Anerkennung der Stiftung als steuerlich gemeinnützig gebildet wurden.[164]

- Gemäß § 55 Abs. 1 Nr. 1 *Satz 2* AO dürfen die Mitglieder oder Gesellschafter keine Gewinnanteile und in ihrer Eigenschaft als Mitglieder auch keine sonstigen Zuwendungen aus Mitteln der Körperschaft enthalten. Diese Vorschrift ist vom Wortlaut („Mitglieder“, „Gesellschafter“) auf körperschaftlich verfasste Rechtssubjekte zugeschnitten. Aus diesem Grund ordnet § 55 Abs. 3 Halbsatz 1 AO die sinngemäße Anwendung auf Zuwendungen von Stiftungen[165] an die Stifter und ihre Erben an. Gemeinnützigkeitsschädlich sind demnach Zuwendungen, deren auslösendes Moment die Stiftungserrichtung bzw. die (potenzielle) Stellung als Erbe des Stifters ist. Lediglich Annehmlichkeiten, soweit sie nach allgemeiner Verkehrsauffassung dem Grunde nach üblich und der Höhe nach angemessen sind, begründen mangels begrifflichen Vorliegens von „Zuwendungen“ keinen Verstoß gegen § 55 Abs. 1 Nr. 1 Satz 2 AO.[166]

---

164 *Herbert*, BB 1991, 178, 178; Schwarz/*Uterhark* § 55 AO Rn. 9.

165 Zum nichtverbandsmäßigen Substrat von Stiftungen siehe oben S. 17 f. (unter Zweiter Teil, Erster Abschnitt, A. I.).

166 BMF, AEAO Tz. 10 Satz 2 zu § 55 Abs. 1 Nr. 1 AO, BStBl. I 2002, 867, 874.

- Nach § 55 Abs. 1 *Nr. 3* AO darf eine Stiftung keine Person durch Ausgaben, die ihrem Zweck fremd sind, oder durch unverhältnismäßig hohe Vergütungen begünstigen.

Zwei weitere für die vorliegende Arbeit wichtige Grundsätze enthalten die Vorschriften in § 55 Abs. 1 Nr. 4 Satz 1 und Nr. 5 Satz 1 AO:

- Der in § 55 Abs. 1 *Nr. 4 Satz 1* AO verankerte *Grundsatz der Vermögensbindung* besagt, dass das Vermögen einer Körperschaft bei Auflösung oder Aufhebung oder bei Wegfall ihres bisherigen Zwecks, soweit es die eingezahlten Kapitalanteile der Mitglieder und den gemeinen Wert der von den Mitgliedern geleisteten Sacheinlagen übersteigt, nur für steuerbegünstigte Zwecke verwendet werden darf. Mit dieser Vorschrift korrespondiert § 55 Abs. 1 Nr. 2 AO, wonach die Mitglieder bei ihrem Ausscheiden oder bei Auflösung oder Aufhebung der Körperschaft nicht mehr als ihre eingezahlten Kapitalanteile und den gemeinen Wert ihrer geleisteten Sacheinlagen zurückerhalten dürfen. Die beiden genannten Vorschriften, die vom Wortlaut auf körperschaftlich verfasste Rechtssubjekte zugeschnitten sind, gelten bei Stiftungen über § 55 Abs. 3 Halbsatz 1 AO für die Stifter und ihre Erben sinngemäß. Dabei kommt es nach § 55 Abs. 3 Halbsatz 2 AO bei Wirtschaftsgütern, die vor der Übertragung auf eine Stiftung betrieblich genutzt wurden, nicht auf den gemeinen Wert, sondern auf den Buchwert der Entnahme an.

- Der in § 55 Abs. 1 Nr. 5 Satz 1 AO enthaltene *Grundsatz der zeitnahen Mittelverwendung* bildet seit jeher die zentrale Voraussetzung für die steuerliche Gemeinnützigkeit.[167] Danach muss eine Stiftung ihre Mittel grundsätzlich zeitnah für ihre steuerbegünstigten satzungsmäßigen Zwecke verwenden. Eine zeitnahe Mittelverwendung ist gemäß § 55 Abs. 1 Nr. 5 *Satz 3* AO gegeben, wenn die Mittel spätestens in dem auf

---

167 Vor der gesetzlichen Verankerung in § 55 Abs. 1 Nr. 5 AO durch das Gesetz zur weiteren steuerlichen Förderung von Stiftungen vom 14. 7. 2000 (siehe oben S. 1 [unter Erster Teil, A.] leitete man diesen Grundsatz aus mehreren Einzelvorschriften, unter anderem aus einem Umkehrschluss zu § 58 Nr. 6 AO, ab und knüpfte ihn normativ an § 55 Abs. 1 Nr. 1 Satz 1 AO. Siehe dazu *Hüttemann*, Wirtschaftliche Betätigung, S. 23 - 25.

den Zufluss folgenden[168] Kalender- oder Wirtschaftsjahr für die steuerbegünstigten satzungsmäßigen Zwecke verwendet werden.

3. Das systematische Verhältnis zwischen § 56 AO und § 55 Abs. 1 AO

Das Verhältnis zwischen dem Ausschließlichkeitsgrundsatz einerseits und dem Selbstlosigkeitsgrundsatz andererseits lässt sich nicht auf Anhieb erschließen und ist seit jeher Gegenstand kontroverser Diskussionen.

Rechtsprechung[169], Finanzverwaltung[170] und die herrschende Meinung im Schrifttum[171] folgern in einem ersten Schritt aus der Formulierung „*eigen*wirtschaftliche" in § 55 Abs. 1 Halbsatz 1 AO, dass die Selbstlosigkeit regele, in welchem Umfang sowohl die hinter einem Körperschaftsteuersubjekt stehenden Personen – bei einer Stiftung die Stifter und ihre Erben – als auch ein Körperschaftsteuersubjekt selbst jeweils eigene wirtschaftliche Zwecke verfolgen dürfen. In einem zweiten Schritt nehmen sie einen Widerspruch innerhalb des Gesetzes an, weil ein Körperschaftsteuersubjekt einerseits gemäß § 56 AO „nur" steuerbegünstigte Zwecke, andererseits gemäß § 55 Abs. 1 Halbsatz 1 AO eigenwirtschaftliche Zwecke lediglich „nicht in erster Linie" verfolgen dürfe.[172] Auf diese Feststellung folgte ein

---

168 Siehe dazu *Bundesverband Deutscher Stiftungen*, Bündnis für Gemeinnützigkeit, S. 4 (unter 1.): Vorschlag *de lege ferenda*, den Zeitraum für die zeitnahe Mittelverwendung auf das *übernächste* Kalender- oder Wirtschaftsjahr nach dem Zufluss zu verlängern.

169 BFH, BStBl. II 1979, 482, 487; BFH, BStBl. II 1989, 670, 672; BFH, BStBl. II 1990, 550, 551; BFH, BStBl. II 1992, 62, 64; BFH, BStBl. II 2006, 198, 200; FG Köln, EFG 2005, 222, 222 und 223.

170 BMF, AEAO Tz. 1 Satz 1 zu § 55 Abs. 1 Nr. 1 AO, BStBl. I 2002, 867, 872.

171 Z.B. Klein/*Gersch* § 55 AO Rn. 2 f.; Koch/Scholtz/*Scholtz* § 55 AO Rn. 3; Tipke/Kruse/*Tipke* § 55 AO Rn. 6.

172 Z.B. BFH, BStBl. II 1979, 482, 487; BFH, BStBl. II 1989, 670, 672; BFH, BStBl. II 1992, 62, 64; BFH, BStBl. II 2002, 162, 163; BMF, AEAO Tz. 1 Satz 2 zu § 55 Abs. 1 Nr. 1 AO, BStBl. I 2002, 867, 872; BMF, Gutachten Gemeinnützigkeits- und Spendenrecht, S. 83 f.; Klein/*Gersch* § 55 AO Rn. 2; Koch/Scholtz/*Scholtz* § 55 AO Rn. 3; Tipke/Kruse/*Tipke* § 55 AO Rn. 2 und § 56 AO Rn. 2.

Anderer Ansicht *Hüttemann*, Wirtschaftliche Betätigung, S. 63 f.: § 55 Abs. 1 Halbsatz 1 AO betreffe ausschließlich die Interessen der hinter einem Körperschaftsteuersubjekt stehenden Personen; ihm folgend Hübschmann/Hepp/Spitaler/*Fischer* § 55 AO Rn. 16.

„Wirrwarr“[173] an Vorschlägen, den angenommenen Widerspruch aufzulösen – von der Begründung eines Spezialitätsverhältnisses mit § 55 Abs. 1 Halbsatz 1 AO als *lex specialis* gegenüber § 56 AO[174] bis zu den unterschiedlichsten restriktiven Auslegungen des § 55 Abs. 1 Halbsatz 1 AO.[175]

Der vorliegenden Arbeit liegt die Auffassung von *Hüttemann* zugrunde, derzufolge sich die Grundsätze der Selbstlosigkeit und Ausschließlichkeit insofern nicht widersprechen, als einige Einzelvorschriften innerhalb des § 55 Abs. 1 AO Ausfluss des Ausschließlichkeitsgebots sind, daher eine Doppelfunktion haben und gleichrangig neben § 56 AO stehen.[176]

III. Die steuerlich unschädlichen Betätigungen (§ 58 AO)

Unter der Überschrift „Steuerlich unschädliche Betätigungen“ führt § 58 AO zwölf Tatbestände an, bei deren Erfüllung „die Steuervergünstigung nicht ausgeschlossen“ wird. Einer dieser Tatbestände ist die für die vorliegende Arbeit zentrale Vorschrift des § 58 Nr. 5 AO. Im weiteren Verlauf der Arbeit werden auch die Tatbestände des § 58 Nr. 6, 7, 11 und 12 AO von Bedeutung sein:

Die im Ersten Abschnitt dargestellte Gestaltungsfreiheit des Stifters hinsichtlich der zeitlichen Dimension der Verwirklichung des Stiftungszwecks und damit einhergehend der Admassierung von Erträgen[177] findet im Gemeinnützigkeitsrecht eine wichtige Einschränkung. So unterliegen die laufenden Stiftungserträge gemäß § 55 Abs. 1 Nr. 5 Satz 1 AO

---

173 *Knobbe-Keuk*, S. VIII. Siehe auch BMF, Gutachten Gemeinnützigkeits- und Spendenrecht, S. 83 f.

174 Z.B. *Herbert*, Wirtschaftlicher Geschäftsbetrieb, S. 120 und 124; *Herrnkind*, DStZ 1988, 581, 581; Tipke/Kruse/*Tipke* § 56 AO Rn. 2. Unausgesprochen auch *Arndt*/*Immel*, BB 1987, 1153, 1156 in Fn. 44; *Kühn*/*Hofmann* (17. Aufl.) § 56 AO Anm. 1; Pump/Leibner/*Kühr* § 56 AO Rn. 12. *De lege ferenda* auch *Bechler*, S. 64.

175 *Franz*, S. 86 in Fn. 74; *Lang*, StuW 1987, 221, 235 und 238.

176 *Hüttemann*, Wirtschaftliche Betätigung, S. 64, 72 f. und 80 f. Siehe auch BMF, Gutachten Gemeinnützigkeits- und Spendenrecht, S. 154.

177 Siehe oben S. 20 und 25 (unter Zweiter Teil, Erster Abschnitt, A. II. und IV.).

grundsätzlich dem Gebot der zeitnahen Mittelverwendung zugunsten steuerbegünstigter Zwecke. Eine Thesaurierung von Erträgen zwecks Vermögensaufbau und -erhaltung ist – der Höhe nach eingeschränkt – lediglich im Rahmen der projektgebundenen Rücklage i.S. des § 58 Nr. 7 *Buchstabe b* AO und der sogenannten „freien“ Rücklage i.S. des § 58 Nr. 7 *Buchstabe a* AO möglich. Eine weitergehende Rücklagenbildung ist gemeinnützigkeitsschädlich und folglich unter Beachtung des Stifterwillens[178] auch stiftungszivilrechtlich ausgeschlossen. Die Zuführung von Vermögen aus den Mitteln der Stiftung ist nur in den Grenzen des § 58 Nr. 11 und 12 AO zulässig.

B. Die steuerliche Gemeinnützigkeit als Bestandteil des Stifterwillens

Die Anerkennung der Stiftung als steuerlich gemeinnützig ist wesentlicher Bestandteil des Stifterwillens. Dies hat stiftungszivilrechtlich zur Folge, dass sowohl Stiftungsorgane als auch Stiftungsbehörden bei der Auslegung der Stiftungsverfassung an die Vorgaben des Gemeinnützigkeitsrechts gebunden sind. Im Rahmen der tatsächlichen Geschäftsführung und der laufenden Stiftungsaufsicht dürfen keine Maßnahmen ergriffen werden, die gegen die Vorschriften des Gemeinnützigkeitsrechts verstoßen.[179]

Das Gemeinnützigkeitsrecht verlangt eine Dokumentation des auf steuerliche Gemeinnützigkeit gerichteten Stifterwillens. So muss sich gemäß § 59 Halbsatz 1 AO aus der Stiftungsverfassung ergeben, welchen Zweck die Stiftung erfüllt, dass dieser Zweck steuerbegünstigt ist und ausschließlich und unmittelbar verfolgt wird.

---

178 Siehe dazu oben S. 18 (unter Zweiter Teil, Erster Abschnitt, A. I.).

179 *Hüttemann*, Festgabe Flume, S. 91; *ders.*, Deutsches Stiftungswesen 1988 - 1998, S. 210. Anderer Ansicht *Carstensen*, S. 157.

C. Die Versorgung der Stifterfamilie als Stiftungszweck

Wie im Ersten Abschnitt erläutert,[180] ist die voraussetzungslose Versorgung der Stifterfamilie auf der Rechtsgrundlage eines Stiftungszwecks stiftungszivilrechtlich grundsätzlich – mit Ausnahme der „Stiftung für den Stifter“ – zulässig. Dies wirft die Frage auf, ob und in welchem Umfang dies auch aus der Sicht des Gemeinnützigkeitsrechts gilt. Dabei wirken sich die Grenzen des Gemeinnützigkeitsrechts aus dem Grund, dass die steuerliche Gemeinnützigkeit Bestandteil des Stifterwillens ist,[181] auch auf die Beurteilung nach Stiftungszivilrecht aus.

I. Gemeinnützigkeit i.e.S. (§ 52 AO)

Die Einordnung eines Stiftungszwecks als gemeinnützig i.e.S. setzt gemäß § 52 Abs. 1 Satz 1 AO voraus, dass die Förderung auf materiellem, geistigem oder sittlichem Gebiet der „Allgemeinheit“ zugute kommt. Die Bestimmung des Begriffs „Allgemeinheit“ erfolgt anhand der negativen Formulierung in § 52 Abs. 1 Satz 2 AO, wonach der Kreis der geförderten Personen nicht „fest abgeschlossen“ oder infolge seiner Abgrenzung „dauernd nur klein“ sein darf.[182] Rechtssicherheit besteht zumindest insoweit, als § 52 Abs. 1 Satz 2 Halbsatz 1 AO als Beispiel für einen fest abgeschlossenen Personenkreis die Zugehörigkeit zu einer Familie statuiert. Damit ist die Unterstützung des Stifters und seiner Familienangehörigen nur dann gemeinnützig i.e.S., wenn diese Personen einen Ausschnitt der Allgemeinheit darstellen.[183] Dies ist (lediglich) dann anzunehmen, wenn die Eigenschaft als Stifter oder die familienrechtliche Beziehung eines Destinatärs zum Stifter weder nach dem Stiftungszweck

---

180 Siehe oben S. 27 f. (unter Zweiter Teil, Erster Abschnitt, B. I.).

181 Siehe oben S. 44 (unter Zweiter Teil, Zweiter Abschnitt, B.).

182 Siehe dazu BMF, AEAO Tz. 1 Satz 2 zu § 52 AO, BStBl. I 2002, 867, 867.

183 Vgl. *Leisner*, DB 2005, 2434, 2435 (unter III.): „Dennoch wird in den Grenzen von § 58 Nr. 5 AO die Gemeinnützigkeit einer Familienstiftung – in verfassungskonformer Auslegung des § 52 Abs. 1 AO – bei Einhaltung der hier gezogenen Grenzen anerkannt, da eine Förderung der Allgemeinheit auch dann als gegeben erachtet wird, wenn die Förderung auch eines verhältnismäßig kleinen Personenkreises bezweckt wird.“

noch im Rahmen der tatsächlichen Geschäftsführung ein Kriterium für die Vergabe einer konkreten Stiftungsleistung ist.[184]

II. Mildtätigkeit (§ 53 AO)

Nach dem Anwendungserlass zur Abgabenordnung kann eine Stiftung, zu deren Satzungszwecken die Unterstützung hilfsbedürftiger Verwandte des Stifters gehört, nicht „unter Hinweis auf § 58 Nr. 5 AO“ als steuerbegünstigt behandelt werden.[185] Diese Auffassung ist insofern nicht zu beanstanden, als die *rein privatnützige* Unterstützung der Stifterfamilie, wie vorstehend erläutert,[186] keinen gemeinnützigen Zweck i.S. des § 52 Abs. 1 Satz 1 AO darstellt und auch auf Grundlage des § 58 Nr. 5 AO – also außerhalb der §§ 52 bis 54 AO – von vornherein keinen steuerbegünstigten Zweck begründen kann.[187] Allerdings stellt sich die Frage, ob und inwieweit die Versorgung hilfsbedürftiger Mitglieder der Stifterfamilie als mildtätiger Stiftungszweck i.S. des § 53 AO anerkannt werden kann. Nach § 53 AO verfolgt eine Stiftung mildtätige Zwecke, wenn ihre Tätigkeit darauf gerichtet ist, Personen, die körperlich, geistig oder seelisch (Nr. 1) oder wirtschaftlich (Nr. 2) bedürftig sind, selbstlos zu unterstützen.

Zu dieser Frage haben die vormals drei nordrhein-westfälischen Oberfinanzdirektionen in einer Rundverfügung aus dem Jahr 1980 die Auffassung vertreten, § 53 AO sei von vornherein nicht einschlägig, weil die Voraussetzungen, unter denen die Versorgung der Stifterfamilie gemeinnützigkeitsunschädlich ist, abschließend in § 58 Nr. 5 AO geregelt seien.[188] Die drei Oberfinanzdirektionen scheinen unausgesprochen von einer Gesetzeskonkurrenz zwischen § 53 AO und § 58 Nr. 5 AO auszugehen. Diese Auffassung trifft vom Ergebnis betrachtet insofern auf

---

[184] Siehe dazu im Einzelnen Seifart/von Campenhausen/*Pöllath* § 43 Rn. 30 f.

[185] BMF, AEAO Tz. 3 Satz 5 zu § 53 AO und Tz. 8 Satz 2 zu § 58 Nr. 5 AO, BStBl. I 2002, 867, 872 und 878.

[186] Siehe oben S. 45 f. (unter Zweiter Teil, Zweiter Abschnitt, C. I.).

[187] Vgl. *Leisner*, DB 2005, 2434, 2434 f. (unter III.).

[188] OFD Düsseldorf, StEK AO 1977 § 58 Nr. 2; OFD Köln, a.a.O.; OFD Münster, a.a.O. Zustimmend Hübschmann/Hepp/Spitaler/*Fischer* § 53 AO Rn. 14 in Fn. 7.

Bedenken, als sich die Unterstützung der Stifterfamilie auf Grundlage des § 58 Nr. 5 AO auf *finanzielle* Zuwendungen aus dem Stiftungseinkommen beschränkt, während § 53 Nr. 1 AO in den Fällen körperlicher, geistiger oder seelischer Bedürftigkeit die *persönliche* Hilfe in den Vordergrund stellt.[189] Im Übrigen ist bei Annahme eines Spezialitätsverhältnisses fraglich, ob und inwieweit § 58 Nr. 5 AO zugleich eine abschließende Regelung enthält. So könnte § 58 Nr. 5 AO lediglich insofern abschließend sein, als es die Versorgung des Stifters und seiner nächsten Angehörigen betrifft. Bei einem solchen Verständnis ist es denkbar, dass § 53 AO als *lex generalis* gerade dann *anwendbar* ist, wenn der persönliche Anwendungsbereich des § 58 Nr. 5 AO nicht eröffnet ist. Eine so verstandene Spezialität des § 58 Nr. 5 AO stünde der Einordnung der Unterstützung der Stifterfamilie als mildtätig i.S. des § 53 AO dann nicht entgegen, wenn sich die Hilfe auf Personen beschränkt, die nicht Stifter und nächste Angehörige sind.

Im Folgenden wird die gesetzestechnische Ausgestaltung des § 58 Nr. 5 AO und seine Beziehung zu § 53 AO vernachlässigt. Vielmehr soll der hier behandelte Problemkreis allein anhand der Voraussetzungen des § 53 AO untersucht werden.

Anders als die Gemeinnützigkeit i.e.S., die die Förderung der Allgemeinheit postuliert, ist bei der Mildtätigkeit alleiniger Anknüpfungspunkt die körperliche, geistige, seelische (§ 53 Nr. 1 AO) oder wirtschaftliche (§ 53 Nr. 2 AO) Bedürftigkeit in der Person eines einzelnen Menschen. Daher ist die Qualifizierung eines Stiftungszwecks als mildtätig nicht bereits deshalb ausgeschlossen, weil sich die vorgesehene Unterstützung auf einen fest begrenzten Personenkreis – wie eben den Stifter und seine (nächsten) Familienangehörigen – beschränkt.[190] Damit spitzt sich die Beurteilung auf die Frage zu, unter welchen Voraussetzungen von einer *selbstlosen*

---

189 Troll/Wallenhorst/Halaczinsky/*Wallenhorst* Teil D Rn. 7.

190 So die herrschende Meinung seit RFH, RStBl. 1940, 190 (zu § 18 StAnpG). Siehe z.B. Hübschmann/Hepp/Spitaler/*Fischer* § 53 AO Rn. 15 m.w.N.; *Hüttemann*, FR 2002, 1337, 1338; Klein/*Gersch* § 53 AO Rn. 1; Koch/Scholtz/*Scholtz* § 53 AO Rn. 4/1; *Leisner*, DB 2005, 2434, 2435 (unter IV. 1.) und 2436 (unter IV. 3. b)); Schauhoff/*Schauhoff* § 5 Rn. 81; *Schiffer/von Schubert*, sj 3/2006, 30, 33; *Sorg*, S. 115; Tipke/Kruse/*Tipke* § 53 AO Rn. 1. Siehe auch RFH, RStBl. 1929, 515; Becker/Riewald/Koch/*Riewald* § 18 StAnpG Anm. 1. (2).

Unterstützung – die Selbstlosigkeit ist integraler Bestandteil der Mildtätigkeit[191] – ausgegangen werden kann.

Die Finanzverwaltung begründet ihre ablehnende Haltung ausweislich des AO-Anwendungserlasses damit, dass entgegen dem Gebot der Selbstlosigkeit nicht die Förderung der mildtätigen Zwecke, sondern die der „Verwandtschaft" im Vordergrund stehe. Zulässig sei die Unterstützung von bedürftigen „Angehörigen" des Stifters im Rahmen der tatsächlichen Geschäftsführung lediglich insoweit, als die „Verwandtschaft" zum Stifter kein satzungsmäßig verankertes Kriterium bei der Auswahl der Leistungsempfänger ist.[192]

Gegen die Auffassung der Finanzverwaltung lässt sich zunächst anführen, dass sie in ihrer undifferenzierten Diktion von „Verwandten", „Verwandtschaft" und „Angehörigen" sämtliche familienrechtliche Statusverhältnisse gleich behandelt.[193] Hingegen inkriminiert § 55 Abs. 1 Nr. 1 Satz 2 i.V.m. Abs. 3 AO lediglich die Begünstigung des Stifters und seiner Erben, nicht aber auch die Begünstigung anderer Personen, die mit dem Stifter in einer familienrechtlichen Beziehung stehen. *Leisner* weist zu Recht darauf hin, dass Erben zwar häufig, aber eben nicht zwingend Verwandte (§ 1589 BGB) oder sonstige Familienangehörige sind.[194] Aus diesem Grund ist auch die bereits erwähnte Auffassung der drei nordrhein-westfälischen Oberfinanzdirektionen, derzufolge Mildtätigkeit stets – also auch bei Unterstützung anderer Personen als des Stifters und seiner nächsten Angehörigen – ausgeschlossen sei, abzulehnen.

Vielmehr ist mit Blick auf das Selbstlosigkeitserfordernis des § 55 Abs. 1 Halbsatz 1 AO („nicht in erster Linie eigenwirtschaftliche Zwecke") danach zu differenzieren, ob die Unterstützung bedürftiger Mitglieder der

---

191 Siehe § 53 Einleitungssatz AO: „selbstlos zu unterstützen".

192 Erstmals BMF, AEAO Tz. 3 zu § 53 AO, BStBl. I 2002, 867, 872. Bereits früher FinMin. Hessen, KSt-Kartei HE § 5 KStG H 133; FinMin. Niedersachsen, StEK AO 1977 § 58 Nr. 15; OFD Frankfurt a.M., KSt-Kartei HE § 5 KStG H 133; OFD Hannover, StEK AO 1977 § 58 Nr. 15. Siehe auch Seifart/von Campenhausen/*Pöllath* § 43 Rn. 36 und 57.

193 Kritisch auch *Leisner*, DB 2005, 2434, 2435; *Schiffer*, DStR 2003, 14, 18; *ders.*, sj 17-18/2004, 47, 49; *Schiffer/Kotz*, ZErb 2004, 115, 120.

194 *Leisner*, DB 2005, 2434, 2435.

Stifterfamilie darauf gerichtet ist, gesetzliche Unterhaltsverpflichtungen des Stifters abzuwenden.[195] Die normative Anknüpfung an § 55 Abs. 1 Halbsatz 1 AO steht im Ergebnis nicht im Widerspruch zum Urteil des Reichsfinanzhofs vom 31. Mai 1938.[196] Der Reichsfinanzhof verneinte die Mildtätigkeit einer Stiftung, die Unterstützungsleistungen an die studierenden Kinder aus den beiden Stifterfamilien vorgenommen hatte. Der Reichsfinanzhof begründete seine Entscheidung damit, dass die Stifter ihren Kindern gegenüber kraft Gesetzes unterhaltsverpflichtet waren. Die Ausführungen des Reichsfinanzhofs bezogen sich ausschließlich auf das Tatbestandsmerkmal „bedürftig“ i.S. des § 18 Abs. 1 StAnpG.[197] Das Gericht konnte die Mildtätigkeit der Stiftung bereits deswegen verneinen, weil die Kinder wegen ihrer gesetzlichen Unterhaltsansprüche gegen die Eltern nicht bedürftig waren. Daher brauchte der Reichsfinanzhof auf das – damals noch ungeschriebene[198] – Selbstlosigkeitserfordernis gar nicht erst einzugehen.

Die normative Anknüpfung an § 55 Abs. 1 Halbsatz 1 AO erscheint aus zwei Gründen vorzugswürdig. Erstens beschränkt sich Mildtätigkeit nicht auf die Fälle wirtschaftlicher Bedürftigkeit (§ 53 Nr. 2 AO), sondern umfasst darüber hinaus die Unterstützung bei körperlicher, geistiger oder seelischer Bedürftigkeit (§ 53 Nr. 1 AO). In letzteren Fällen steht die *persönliche* Hilfe im Vordergrund, so dass es auf die *wirtschaftliche*

---

195 Ebenso *Troll*, Besteuerung, S. 485 (unter 2.4.); Troll/Wallenhorst/Halaczinsky/*Wallenhorst* Teil D Rn. 7. Vgl. Hübschmann/Hepp/Spitaler/*Fischer* § 53 AO Rn. 14: bei Unterstützung der Angehörigen der eigenen Familie liege Selbstlosigkeit nicht vor.

196 So aber möglicherweise das Verständnis von Seifart/von Campenhausen/*Pöllath* § 43 Rn. 36 in Fn. 99: „dagegen prüft RFH [...] Bedürftigkeit der Begünstigten“.

197 RFH, RStBl. 1938, 597, 598 (zu § 18 StAnpG): „Wenn die Satzung für die Zuwendung aus Stiftungsmitteln *Bedürftigkeit* oder *Notlage* [*scil.:* so auch der Wortlaut des § 18 StAnpG] der bedachten Personen voraussetzt, so genügt das zur Anerkennung der bedachten Personen noch nicht. Es kommt vielmehr darauf an, wie die Stiftungsverwaltung bei der Verteilung der Stiftungsmittel tatsächlich die *Voraussetzungen der Bedürftigkeit oder Notlage* festlegt. [...] die Kinder vermögender Eltern können unmöglich nur deshalb *als bedürftig im Sinn des Gesetzes* angesehen werden, weil sie selbst kein eigenes Einkommen oder Vermögen besitzen.“ Sämtliche Hervorhebungen durch den Verfasser.

198 Selbstlosigkeit war bereits vor der gesetzlichen Verankerung des Begriffs „selbstlos“ ungeschriebene Voraussetzung für die Annahme von Mildtätigkeit. Siehe dazu z.B. RFH, RStBl. 1940, 190; RFH, RStBl. 1942, 349, 350; Becker/Riewald/Koch/*Riewald* § 18 StAnpG Anm. 2. c) (1).

Bedürftigkeit und damit auf das Bestehen von Unterhaltsansprüchen gegenüber dem Stifter gar nicht ankommt.[199] Zweitens betreffen das Erfordernis wirtschaftlicher Bedürftigkeit (§ 53 Nr. 2 AO) und die Frage nach etwaig bestehenden Unterhaltsansprüchen *jeden* potenziell Bedürftigen, also nicht nur den Stifter und seine Angehörigen. Das Spezifikum der Zugehörigkeit zur Stifterfamilie löst sich nach hier vertretener Auffassung besser durch Anwendung des § 55 Abs. 1 Halb satz 1 AO, wonach die Stiftung nicht in erster Linie eigenwirtschaftliche Ziele verfolgen darf.

Besteht zwischen dem Stifter und einem (potenziellen) Zuwendungsempfänger kein familienrechtliches Statusverhältnis, das eine gesetzliche Unterhaltsverpflichtung des Stifters begründen kann, steht das Selbstlosigkeitserfordernis der Beurteilung der Unterstützung dieser Person bei wirtschaftlicher Bedürftigkeit als mildtätig nicht entgegen.[200] Die persönliche Unterstützung des Stifters oder eines Angehörigen in den Fällen körperlicher, geistiger oder seelischer Bedürftigkeit ist ohnehin vom Bestehen von Unterhaltsansprüchen losgelöst.

199 BMF, AEAO Tz. 4 Satz 1 zu § 53 AO, BStBl. I 2002, 867, 872. Siehe aber Troll/Wallenhorst/Halaczinsky/*Wallenhorst* Teil D Rn. 7: eine Person, die körperlich auf die Hilfe anderer angewiesen ist, aber in wirtschaftlich guten Verhältnissen lebt, kann mit persönlicher Unterstützung, nicht aber mit finanziellen Mitteln geholfen werden.

200 *M. Hartmann*, S. 401; *Hof/Hartmann/Richter*, S. 303 f.; *Hüttemann*, FR 2002, 1337, 1338; *Milatz/Kemcke/Schütz*, S. 74; Meyn/Richter/*Richter*, S. 156; *Schiffer*, Anwaltliche Praxis, S. 18; *Troll*, Besteuerung, S. 487 (unter 2.4.1.); Troll/Wallenhorst/Halaczinsky/*Wallenhorst* Teil D Rn. 6: „eigentlich möglich". Möglicherweise auch Koch/Scholtz/*Scholtz* § 53 AO Rn. 4/1: Selbstlosigkeit liege bei einem Verein [*scil.:* lediglich dann] nicht vor, wenn die Tätigkeit auf die Unterstützung von Vereinsmitgliedern und deren Kindern gerichtet ist.

Dritter Abschnitt

Die Auslegung des § 58 Nr. 5 AO

A. Grundlagen und Leitsätze für die Auslegung des § 58 Nr. 5 AO

I. Die Entstehung des § 58 Nr. 5 AO

Die folgende Skizzierung der Entstehungsgeschichte des § 58 Nr. 5 AO dient zum einen der Vorbereitung auf die historische Auslegung der einzelnen Tatbestandsmerkmale des § 58 Nr. 5 AO, zum anderen dem besseren Verständnis der im weiteren Verlauf der Arbeit besprochenen Rechtsprechung des Reichsfinanzhofs zu den Vorgängervorschriften des § 58 Nr. 5 AO. Dabei beschränkt sich die folgende Darstellung auf den Ablauf des Gesetzgebungsverfahrens und lässt die gesetzgeberischen Absichten bewusst offen. Die Motive des Gesetzgebers werden erst vor dem Hintergrund der höchstrichterlichen Rechtsprechung verständlich und werden daher erst im weiteren Verlauf der Arbeit angesprochen.

1. Die Rechtslage vor dem 1. 1. 1942

Die steuerliche Gemeinnützigkeit ist nicht immer einheitlich geregelt gewesen. Vor Einführung des Steueranpassungsgesetzes ergaben sich die Voraussetzungen für die Anerkennung eines Körperschaftsteuersubjekts als steuerlich gemeinnützig aus den Durchführungsbestimmungen zu den einzelnen Reichssteuergesetzen.[201] Diese enthielten im Wesentlichen übereinstimmende Bestimmungen der steuerbegünstigten Zwecke. Schon nach damals geltendem Recht war die Anerkennung eines Körperschaftsteuersubjekts als steuerlich gemeinnützig ausgeschlossen, wenn es nicht ausschließlich steuerbegünstigte Zwecke verfolgte.[202] Die Durchführungs-

---

201 Z.B. §§ 58 bis 64 DB VStG 1925; §§ 15 bis 17 DV KStG 1925; §§ 46 bis 55 DB VStG 1931; §§ 1 bis 4 DB VStG 1935.

202 Z.B. § 63 Abs. 1 Satz 2 DB VStG 1925; § 51 Abs. 1 Satz 2 DB VStG 1931.

bestimmungen zu den einzelnen Steuergesetzen verneinten – im Wortlaut dem heutigen § 52 Abs. 1 Satz 2 AO entsprechend – die Förderung der Allgemeinheit, wenn der Kreis der begünstigten Personen durch die Zugehörigkeit zu einer Familie oder einem Familienverband abgeschlossen war.[203] Eine dem heutigen § 58 Nr. 5 AO entsprechende Bestimmung enthielten sie hingegen nicht.

Mit dem Steueranpassungsgesetz vom 16. Oktober 1934 wurden die Voraussetzungen der steuerlichen Gemeinnützigkeit erstmals für sämtliche Einzelsteuergesetze einheitlich geregelt (§§ 17 bis 19 StAnpG) und in den Durchführungsbestimmungen zu den Einzelsteuergesetzen lediglich konkretisiert.[204] Dabei knüpfte § 17 Abs. 1 StAnpG die Gemeinnützigkeit eines verfolgten Zwecks an die ausschließliche und unmittelbare Förderung der Allgemeinheit, wobei § 17 Abs. 4 StAnpG dem heutigen § 52 Abs. 1 Satz 2 AO entsprach. Eine dem heutigen § 58 Nr. 5 AO vergleichbare Regelung enthielt aber auch das Steueranpassungsgesetz nicht.

2. § 5 Nr. 3 GemV 1941 und § 5 Nr. 2 GemV 1948

Die erste dem heutigen § 58 Nr. 5 AO entsprechende Vorschrift fand sich in der Gemeinnützigkeitsverordnung vom 16. Dezember 1941, die am 1. Januar 1942 in Kraft trat.[205] Unter der Überschrift „Unschädliche Nebenzwecke" sah § 5 Nr. 3 GemV 1941 vor:

> „Die Steuerbegünstigung wird, wenn ihre Voraussetzungen im übrigen gegeben sind, nicht deshalb versagt, weil eine Stiftung einen Teil, und zwar höchstens ein Viertel, ihres Einkommens dazu verwendet, um die Gräber des Stifters und seines Ehegatten zu pflegen."

§ 5 Nr. 3 GemV 1941 beschränkte die gemeinnützigkeitsunschädliche Unterstützung in sachlicher Hinsicht auf die Grabpflege und in persönlicher

---

203 Z.B. § 60 Abs. 2 DB VStG 1925; § 48 Abs. 2 DB VStG 1931.

204 Z.B. §§ 1 bis 4 DB VStG 1935.

205 § 22 Abs. 1 GemV 1941.

Hinsicht auf den Stifter und seinen Ehegatten. Allerdings sah ein Erlass des Reichsfinanzministers vom 14. November 1943[206] für Stiftungen, die durch eine Gebietskörperschaft – das Reich, ein Land, eine Gemeinde oder einen Gemeindeverband – verwaltet wurden, zwei über den Wortlaut des § 5 Nr. 3 GemV 1941 hinausgehende Milderungen vor. Zunächst durfte eine solche Stiftung gemeinnützigkeitsunschädlich auch die Gräber der Eltern, vorverstorbener Kinder und von Hausangestellten des Stifters pflegen. Außerdem erlaubte der Erlass im Fall des Todes des Stifters die Weiterbeschäftigung und Versorgung seiner Hausangestellten.

Im Zuge der Änderung steuerlicher Vorschriften durch den Alliierten Kontrollrat in Deutschland fand sich die Vorschrift des § 5 Nr. 3 GemV 1941 im Wortlaut unverändert in § 5 Nr. 2 GemV 1948 wieder.[207] In einem Rundschreiben an die obersten Finanzbehörden der Länder vom 15. September 1949 richtete der Direktor der Verwaltung für Finanzen des Vereinigten Wirtschaftsgebietes mehrere Empfehlungen zur Anwendung der Gemeinnützigkeitsverordnung in seiner neuen Fassung. Der erste, mit der Überschrift „Allgemeines" versehene Punkt enthielt eine Härteklausel, wonach bei der Prüfung der steuerlichen Gemeinnützigkeit „im allgemeinen großzügig" und unter größtmöglicher Vermeidung von Härten zu verfahren sei. Außerdem sollte der Verwaltungsaufwand in einem angemessenen Verhältnis zum voraussichtlich erzielbaren Erfolg stehen.[208]

3. § 5 Nr. 3 GemV 1953

Die unmittelbare Vorgängervorschrift des § 58 Nr. 5 AO fand sich in der Gemeinnützigkeitsverordnung vom 24. Dezember 1953, die am darauffolgenden Tag in Kraft trat[209] und die Gemeinnützigkeitsverordnung von 1941 mitsamt sämtlicher Änderungen durch die Kontrollratsgesetze

206 RdF, RStBl. 1944, 18 (Nr. 20).

207 Siehe Art. I Satz 2 KRG Nr. 12 und Anlage B zur VO zur Aenderung der LSt DB vom 16. 10. 1948.

208 MinBl. BMF 1949/1950 Nr. 1, S. 3.

209 § 22 GemV 1953.

ablöste. Dabei sah § 5 Nr. 3 GemV 1953 unter der Überschrift „Steuerlich unschädliche Nebenzwecke“ vor:

> „Sind die übrigen Voraussetzungen für steuerliche Vergünstigungen im übrigen gegeben, so werden diese nicht dadurch ausgeschlossen, daß eine Stiftung einen Teil, und zwar höchstens ein Viertel ihres Einkommens dazu verwendet, um die Gräber des Stifters und seiner nächsten Angehörigen zu pflegen und deren Andenken zu ehren.“

Durch § 5 Nr. 3 GemV 1953 erweiterte die Bundesregierung den gemeinnützigkeitsunschädlichen Umfang der Versorgung in sachlicher Hinsicht um die Ehrung des Andenkens und in persönlicher Hinsicht um die „nächsten Angehörigen“. Nicht übernommen wurde die durch den erwähnten Erlass des Reichsfinanzministers vom 14. November 1943 erlaubte Weiterbeschäftigung und Versorgung der Hausangestellten des verstorbenen Stifters.[210] Zur Gemeinnützigkeitsverordnung 1953 erging auf Initiative des baden-württembergischen Finanzministeriums ein gemeinsamer Ländererlass, dessen Nummer 1 zu § 1 GemV 1953 die bereits erwähnte Härteklausel vom 15. September 1949[211] unter Einbeziehung der Vorschriften des Steueranpassungsgesetzes wörtlich übernahm.[212]

4. § 58 Nr. 5 AO

Seit Inkrafttreten der Abgabenordnung am 1. Januar 1977 ist die Versorgung des Stifters und seiner nächsten Angehörigen nunmehr formell-

---

210 Siehe auch OFD Köln, StEK GemV Nr. 44; OFD Düsseldorf, a.a.O.; OFD Münster, a.a.O. – jeweils analoge Anwendung des § 5 Nr. 3 GemV 1953 auf die Zahlung von Renten zum Unterhalt des Stifters und seiner „Angehörigen“ bis zum 31. 12. 1976.

211 Siehe oben S. 53 (unter Zweiter Teil, Dritter Abschnitt, A. I. 2.).

212 FinMin. Baden-Württemberg, BStBl. II 1954, 50, 50 (Nr. 1). Siehe auch die gleichlautenden Erlasse der Finanzministerien von Bayern, Bremen, Hamburg, Hessen, Niedersachsen, Nordrhein-Westfalen und Schleswig-Holstein, BStBl. II 1954, 54 - 56.

gesetzlich in § 58 Nr. 5 AO geregelt.[213] Dabei wurde auf Empfehlung des Finanzausschusses des Deutschen Bundestags der sachliche Anwendungsbereich um die Gewährung von Unterhalt erweitert. In diesem Zusammenhang fügte der Gesetzgeber die Formulierung „in angemessener Weise“ ein.[214] Im Anschluss an die Vorgängervorschriften sah § 58 Nr. 5 AO für die unschädliche Versorgung der Stifterfamilie die Verwendung bis zu einem Viertel des Einkommens der Stiftung vor.[215]

Im Rahmen der Vorarbeiten zum Vereinsförderungsgesetz vom 18. Dezember 1989 äußerten die Arbeitsgemeinschaft Deutscher Stiftungen und der Stifterverband für die Deutsche Wissenschaft die Kritik, die dato geltende relative Grenze von einem Viertel des Stiftungseinkommens sei zu niedrig bemessen.[216] Daraufhin unterbreitete die Unabhängige Sachverständigenkommission zur Prüfung des Gemeinnützigkeits- und Spendenrechts in ihrem Gutachten vom 24. März 1988 unter anderem den Vorschlag, § 58 Nr. 5 AO um zwei Halbsätze wie folgt zu erweitern:

> „[...]; in Fällen eines unabweisbaren Bedarfs kann das Finanzamt eine Überschreitung dieser Grenze zulassen, höchstens jedoch bis zu einem Drittel des Einkommens der Stiftung; bei rechtsfähigen Stiftungen ist die Zustimmung der Stiftungsbehörde (Stiftungsaufsicht) erforderlich;“.[217]

Mit Blick auf das Wort „kann“ sei angemerkt, dass die Sachverständigenkommission die Ergänzung als Kompetenznorm[218] und nicht als normativen Anknüpfungspunkt für eine Ermessensentscheidung der zuständigen Finanzbehörde ansah. Zwecks Vereinfachung, eine der

---

213 Mit Inkrafttreten der Abgabenordnung 1977 ist die Gemeinnützigkeitsverordnung 1953 gemäß Art. 96 Nr. 6 des Einführungsgesetzes zur Abgabenordnung (EGAO 1977) vom 14. 12. 1976, BGBl. I 1976, 3341, 3380, außer Kraft getreten.

214 BT-Drucks. 7/4292, S. 74; vgl. BT-Drucks. 7/79, S. 27.

215 Siehe § 58 Nr. 5 AO i.d.F. vom 16. 3. 1976, BGBl. I 1976, 613, 629.

216 Siehe BMF, Gutachten Gemeinnützigkeits- und Spendenrecht, S. 293 (unter Nr. 25).

217 BMF, Gutachten Gemeinnützigkeits- und Spendenrecht, S. 99 und 311.

218 BMF, Gutachten Gemeinnützigkeits- und Spendenrecht, S. 99: „Die Kommission schlägt daher vor, die Finanzämter gesetzlich zu ermächtigen [...]“.

zentralen Zielsetzungen des Vereinsförderungsgesetzes,[219] entschied sich der Gesetzgeber für die Umsetzung der alternativen Empfehlung der Sachverständigenkommission,[220] die relative Grenze generell auf ein Drittel des Stiftungseinkommens anzuheben.[221]

II. Die systematische Einordnung des § 58 Nr. 5 AO

Die systematische Einordnung des § 58 Nr. 5 AO dient als Vorbereitung auf die Klärung der Frage, ob und bejahendenfalls unter welchen Voraussetzungen eine Versorgungsleistung der Stiftung keine Einkommensverwendung i.S. des § 58 Nr. 5 AO darstellt und folglich nicht den in dieser Vorschrift verankerten Grenzen unterliegt.

1. § 58 Nr. 5 AO als Ausnahme zur Ausschließlichkeit und Selbstlosigkeit

a) § 58 Nr. 5 AO als Ausnahmevorschrift

Nach allgemeiner Auffassung hat § 58 Nr. 5 AO den Charakter einer Ausnahmevorschrift.[222] Daher kommt § 58 Nr. 5 AO erst dann zur

---

219 BT-Drucks. 11/4176, S. 1 und 8.

220 BMF, Gutachten Gemeinnützigkeits- und Spendenrecht, S. 99. Zustimmend *Berkenheide*, in: *Arbeitsgemeinschaft Deutscher Stiftungen – Bundesverband –/ Verband Deutscher Wohltätigkeitsstiftungen*, Jahrestagung 1988, S. 28. Vgl. das Sondervotum von *Isensee/Knobbe-Keuk*, S. 379 (§ 61 Abs. 2 Nr. 4 Satz 1 AO-AE) und S. 432 f. (Begründung): Vorschlag zur Erhöhung auf die Hälfte des Stiftungseinkommens, im Übrigen Ablehnung eines Zustimmungsvorbehalts.

221 Art. II Nr. 2 Buchstabe a des Gesetzes zur Verbesserung und Vereinfachung der Vereinsbesteuerung (Vereinsförderungsgesetz) vom 18. 12. 1989, BGBl. I 1989, 2212, 2212. Entsprechende Anpassung des AEAO Tz. 5 und 7 zu § 58 Nr. 5 AO durch den BMF, BStBl. I 1990, 818, 819 (unter Nr. 6 Buchstabe a und b). Kritisch zur Anhebung Dötsch/Eversberg/Jost/Pung/Witt/*Jost* § 5 Abs. 1 Nr. 9 KStG n.F. Rn. 141.

222 Siehe nur BFH, BStBl. II 1998, 758, 759; BMF, AEAO Tz. 14 Satz 1 zu § 55 Abs. 1 Nr. 1 AO, Tz. 8 Satz 1 zu § 58 Nr. 5 AO und Tz. 23 Satz 1 zu § 58 Nr. 2 bis 12 AO, BStBl. I 2002, 867, 874, 878 und 879 f.; Hübschmann/Hepp/Spitaler/*Fischer* § 58 AO Rn. 61 f.

Anwendung, wenn ein Verstoß gegen die mit ihm korrespondierende(n) Grundsatzvorschrift(en) vorliegt.

Diskussion bedürfen die systematischen Ausführungen des Finanzgerichts München in seinem Urteil vom 12. Januar 1995. In der Urteilsbegründung bezeichnete das Finanzgericht § 58 Nr. 5 AO zunächst als „Konkretisierung",[223] an anderer Stelle als „Durchbrechung"[224] des Ausschließlichkeitsgebots. Weiter führte das Finanzgericht aus, ein Verstoß gegen das Gebot der Ausschließlichkeit sei „allein daran zu messen, ob die in § 58 Nr. 5 AO gezogene Grenze (betragsmäßig) überschritten worden ist".[225] Bei Überschreitung der Ein-Drittel-Grenze entfalle die steuerliche Gemeinnützigkeit „wegen Verstoßes gegen das Gebot der Ausschließlichkeit".[226] In Teilen des Schrifttums finden sich ähnliche Formulierungen wie die, bei Einhaltung der Grenzen des § 58 Nr. 5 AO werde das Selbstlosigkeitsgebot nicht verletzt[227] und liege bei Grenzüberschreitung keine Selbstlosigkeit vor.[228] Diese Ungenauigkeit brachte dem Finanzgericht München den Vorwurf seitens des Bundesfinanzhofs ein, es hätte vor Anwendung des § 58 Nr. 5 AO einen Verstoß gegen eine mit ihm korrespondierende Grundsatzvorschrift feststellen müssen.[229]

§ 58 Nr. 5 AO kann entgegen der Diktion des Finanzgerichts München schon deshalb keine „Konkretisierung" des Ausschließlichkeitsgebots sein, weil sich dieses auf die Verfolgung steuerbegünstigter Zwecke bezieht, während jede privatnützige Zuwendung an die Stifterfamilie auf Grundlage des § 58 Nr. 5 AO gerade nicht steuerbegünstigt ist. Der Ausnahmecharakter des § 58 Nr. 5 AO zeigt sich bereits im Wortlaut des Einleitungshalbsatzes, wonach bei Einhaltung der genannten Voraussetzungen die Steuervergünstigung „nicht ausgeschlossen" wird.

---

223 FG München, EFG 1995, 650, 650 (rechte Spalte, 5. Absatz).

224 FG München, EFG 1995, 650, 650 (rechte Spalte, 6. Absatz).

225 FG München, EFG 1995, 650, 651.

226 FG München, EFG 1995, 650, 650.

227 *Buchna*, StiftSpons 4/2003, 18, 18.

228 Troll/Wallenhorst/Halaczinsky/*Wallenhorst* Teil C Rn. 131. Vgl. *Herbert*, BB 1991, 178, 180 und 182, der § 58 Nr. 5 AO zunächst als „Spezialvorschrift" bezeichnet, aber im weiteren Verlauf seiner Ausführungen von einer Ausnahmevorschrift ausgeht.

229 BFH, BStBl. II 1998, 758, 759.

Bestätigt wird diese Einordnung durch die Entstehung des § 58 AO im Allgemeinen und des § 58 Nr. 5 AO im Besonderen:

Schon die Vorgängervorschriften § 5 Nr. 3 GemV 1941 und § 5 Nr. 3 GemV 1953 waren als Ausnahmetatbestände konzipiert. So galt das in § 3 Nr. 1 GemV 1941 verankerte Ausschließlichkeitsgebot „unbeschadet des § 5“. Dabei war § 5 *Nr. 1* GemV 1941 nach dem Wortlaut des § 12 Abs. 4 GemV 1941 eine auf das Unmittelbarkeitsgebot bezogene „Ausnahmevorschrift“. Daher verstand sich § 5 *Nr. 3* GemV 1941 in systematischer Auslegung als Ausnahme zum Ausschließlichkeitsgebot. Der Charakter des § 5 Nr. 3 GemV 1941 als Ausnahme zu § 3 Nr. 1 GemV 1941 ergab sich auch in systematischer Zusammenschau mit § 3 *Nr. 2 Satz 2* und *Nr. 4* GemV 1941. Diese beiden Vorschriften, die dem heutigen § 55 Abs. 1 Nr. 1 Satz 2 und Nr. 3 AO entsprachen, enthielten im Gegensatz zu § 3 *Nr. 1* GemV 1941 gerade keinen Verweis auf § 5 GemV 1941.[230]

Ähnlich verlief die Argumentation hinsichtlich § 5 Nr. 3 GemV 1953. So bezeichnete § 11 Abs. 4 GemV 1953 die Regelungen in § 5 *Nr. 1, 2 und 4* GemV 1953 als auf das Unmittelbarkeitsgebot bezogene „Ausnahmevorschriften“. Daher verstand sich § 5 *Nr. 3* GemV 1953 in systematischer Auslegung als Ausnahme zum Ausschließlichkeitsgebot.[231] Bestätigen ließ sich der Ausnahmecharakter des § 5 Nr. 3 GemV 1953 mit Blick auf § 4 Abs. 2 Halbsatz 1 GemV 1953. Danach blieben die Vorschriften in §§ 5 bis 10 GemV 1953 von dem im § 4 Abs. 1 GemV 1953 verankerten Ausschließlichkeitsgebot unberührt.

---

230 Für § 3 Nr. 2 Satz 2 und 3 GemV 1941 war dies nur konsequent, weil diese beiden Vorschriften mangels einer dem heutigen § 55 Abs. 3 AO entsprechenden Anordnung nicht auf die Stifter und ihre Erben anwendbar waren. Dies wiederum erklärt sich mit dem Willen des Verordnungsgebers von 1941, die bislang erlaubten offenen Gewinnausschüttungen bei Personenvereinigungen i.H. von jährlich bis zu fünfeinhalb Prozent der eingezahlten Kapitaleinlagen (z.B. § 16 Abs. 2 DV KStG 1925) zu untersagen. Für Stiftungen galten jene Bestimmungen nicht, nach der Rechtsprechung des RFH, RStBl. 1929, 143 (zu § 16 Abs. 2 DV KStG 1925) auch nicht in analoger Anwendung.

231 Becker/Riewald/Koch/*Riewald* § 17 StAnpG Anm. 5. b) (5), S. 774; *Biedermann*, S. 17; Boettcher/Leibrecht/*Leibrecht* § 5 GemV 1953 Anm. 1, S. 45; *Riewald*, BB 1954, 385, 386.

Der Gesetzgeber der Abgabenordnung merkte in seiner Begründung zum Entwurf des § 58 AO an, anders als nach den §§ 5 und 11 Abs. 4 GemV 1953 solle in § 58 AO nicht mehr danach unterschieden werden, ob eine „Ausnahme“ vom „Grundsatz“ der Ausschließlichkeit oder Unmittelbarkeit vorliegt.[232]

Hat § 58 Nr. 5 AO demnach den Charakter einer Ausnahmevorschrift, kann ein Verstoß gegen das Ausschließlichkeits- und/oder Selbstlosigkeitsgebot entgegen der Formulierung des Finanzgerichts München nicht erst bei einem Verstoß gegen § 58 Nr. 5 AO vorliegen. Vielmehr begründet umgekehrt ein Verstoß gegen die einschlägige(n) Grundsatzvorschrift(en) – § 55 AO und/oder § 56 AO – erst die Anwendbarkeit des § 58 Nr. 5 AO.

b) Die Zuordnung des § 58 Nr. 5 AO zu den mit ihm korrespondierenden Grundsatzvorschriften

aa) Die Zuordnung des § 58 Nr. 5 AO in der Diskussion

Über die Zuordnung der Ausnahmevorschrift § 58 Nr. 5 AO zu mindestens einer korrespondierenden Grundsatzvorschrift herrscht Unklarheit. Dies zeigt sich zunächst an der Uneinigkeit darüber, ob § 58 Nr. 5 AO – so die Finanzverwaltung[233] und Teile der Literatur[234] – eine Ausnahme allein vom Grundsatz der Selbstlosigkeit, allein vom Grundsatz der Ausschließlichkeit[235] oder – so der Bundesfinanzhof[236] und der überwiegende Teil im

---

232 BT-Drucks. 6/1982, S. 117.

233 BMF, AEAO Tz. 3 Satz 5 zu § 53 AO, Tz. 14 Satz 1 zu § 55 Abs. 1 Nr. 1 AO und Tz. 8 Satz 1 zu § 58 Nr. 5 AO, BStBl. I 2002, 867, 872, 874 und 878; FinMin. Hessen, KSt-Kartei HE § 5 KStG H 133; FinMin. Niedersachsen, StEK AO 1977 § 58 Nr. 15; OFD Frankfurt a.M., KSt-Kartei HE § 5 KStG H 133; OFD Hannover, StEK AO 1977 § 58 Nr. 15; OFD Magdeburg, StEK AO 1977 § 55 Nr. 33 (unter 2.).

234 Dötsch/Eversberg/Jost/Pung/Witt/*Jost* § 5 Abs. 1 Nr. 9 KStG n.F. Rn. 55; *Götz*, NWB F. 2, 8603, 8608; Klein/*Gersch* § 58 AO Anm. 5; *Leisner*, DB 2005, 2434, 2436; *Martin/Pues*, Aktuelles und Trends, S. 5; *Oenings/Kemcke*, ZSt 2005, 117, 117; *Troll*, Besteuerung, S. 500 (unter 3.4.3.); Troll/Wallenhorst/Halaczinsky/*Wallenhorst* Teil C Rn. 130 f.

235 *Berndt*, Stiftung, Rn. 1167; *Heuer/Habighorst*, S. 948; Lippross/*Niewerth* § 58 AO Rn. 6; Pump/Leibner/*Kühr* § 56 AO Rn. 13; Tipke/Kruse/*Tipke* § 56 AO Rn. 2 und § 58

Schrifttum[237] – von beiden Grundsätzen darstellt. Bezeichnend sind die Formulierung, § 58 Nr. 5 AO beziehe sich „möglicherweise“ auf beide Gebote, aber „eher“ auf § 55 AO,[238] und die Aussage, § 58 Nr. 5 AO sei eine Ausnahme zu § 55 AO, „eventuell auch“ zu § 56 AO.[239] Die Unklarheit zeigt sich weiterhin in der unterschiedlichen normativen Anknüpfung – vom lapidaren Hinweis auf das Gebot der Selbstlosigkeit[240] über Verweisung auf § 55 Abs. 1 Nr. 1 AO[241] bis zur Anknüpfung an § 55 Abs. 1 Nr. 1 *Satz 1* AO.[242] Der Bundesfinanzhof und einige Stimmen in der

---

AO Rn. 6; Troll/Gebel/Jülicher/*Jülicher* § 13 ErbStG Rn. 197; *Wassermeyer*, Ausgewählte Fragen, S. 30; *Westphal*, StW 2000, 241, 242. Vgl. FG München, EFG 1995, 650, 650: § 58 Nr. 5 AO nicht eindeutig als Ausnahme kennzeichnend.

236 BFH, BStBl. II 1998, 758, 759.

237 Beermann/Gosch/*Sauer* § 58 AO Rn. 23.3; *Derlien/Freundl*, StiftSpons 6/2003, 17, 17; *Franz*, S. 89 und 103; Hübschmann/Hepp/Spitaler/*Fischer* § 58 AO Rn. 61; Koch/Scholtz/*Scholtz* § 55 AO Rn. 7/4 und § 56 AO Rn. 2; Meyn/Richter/*Richter*, Rn. 342 und 390; *Milatz/Kemcke/Schütz*, S. 78; *Müller/Schubert*, DStR 2000, 1289, 1294; Pahlke/Koenig/*Koenig* § 58 AO Rn. 14; *Prinz*, JbFSt 1993/1994, 426, 440 und 442; Pump/Leibner/*Müller* § 58 AO Rn. 39; Schwarz/*Uterhark* § 58 AO Rn. 6; Seifart/von Campenhausen/*Pöllath* § 43 Rn. 57 und 66; *Söffing/Thoma*, ErbStB 2005, 184, 187; *dies.*, ErbStB 2005, 212, 213; *Sontheimer*, S. 85 und 88; *Wachter*, Stiftungen, Teil D Rn. 33. Wohl auch *Schulz*, DStR 1999, 354, 356. Ebenso *Hüttemann*, Non Profit Law Yearbook 2001, S. 164 (Selbstlosigkeit) und FR 2002, 1337, 1338 (Ausschließlichkeit) vor dem Hintergrund seiner These, § 55 Abs. 1 Nr. 1 Satz 1 AO sei Ausfluss des Ausschließlichkeitsgebots, siehe *ders.*, Wirtschaftliche Betätigung, S. 73.

238 Seifart/von Campenhausen/*Pöllath* § 43 Rn. 66.

239 Gröger/Schöll/*Rader* § 58 AO Rn. 6.

240 BMF, AEAO Tz. 3 Satz 5 zu § 53 AO, BStBl. I 2002, 867, 872; FinMin. Hessen, KSt-Kartei HE § 5 KStG H 133; FinMin. Niedersachsen, StEK AO 1977 § 58 Nr. 15; OFD Frankfurt a.M., KSt-Kartei HE § 5 KStG H 133; OFD Hannover, StEK AO 1977 § 58 Nr. 15; *M. Hartmann*, S. 386 und 402; Koch/Scholtz/*Scholtz* § 55 AO Rn. 7/4; *Leisner*, DB 2005, 2434, 2436; *Milatz/Kemcke/Schütz*, S. 78; Pahlke/Koenig/*Koenig* § 58 AO Rn. 14; *Schulz*, DStR 1999, 354, 356; Schwarz/*Uterhark* § 58 AO Rn. 6; Seifart/von Campenhausen/*Pöllath* § 43 Rn. 57; *Söffing/Thoma*, ErbStB 2005, 184, 187; *dies.*, ErbStB 2005, 212, 213; *Troll*, Besteuerung, S. 500 (unter 3.4.3.); Troll/Wallenhorst/Halaczinsky/*Wallenhorst* Teil C Rn. 130 f.; *von Holt/Koch*, S. 65 und 98; *Wachter*, Stiftungen, Teil D Rn. 33.

241 BMF, AEAO Tz. 14 Satz 1 zu § 55 Abs. 1 Nr. 1 AO und Tz. 8 Satz 1 zu § 58 Nr. 5 AO, BStBl. I 2002, 867, 874 und 878; OFD Magdeburg, StEK AO 1977 § 55 Nr. 33 (unter 2.); *Götz*, NWB F. 2, 8603, 8608; Gröger/Schöll/*Rader* § 58 AO Rn. 6; Klein/*Gersch* § 58 AO Anm. 5; Pump/Leibner/*Müller* § 58 AO Rn. 39.

242 *Franz*, S. 103; *Kühn/Hofmann* (17. Aufl.) § 55 AO Anm. 3 a).

Literatur nennen daneben § 55 Abs. 1 *Nr. 3* AO,[243] nur vereinzelt wird § 55 Abs. 1 Nr. 1 *Satz 2* AO genannt.[244]

Die folgenden Ausführungen widmen sich der Frage, mit welchen Grundsatzvorschriften der Ausnahmetatbestand des § 58 Nr. 5 AO korrespondiert. Die genaue systematische Zuordnung dient als Vorbereitung auf die Klärung der anfangs der Arbeit[245] aufgeworfenen Frage, ob und, bejahendenfalls, unter welchen Voraussetzungen eine Versorgungsleistung der Stiftung nicht den in § 58 Nr. 5 AO verankerten Grenzen unterliegt. Mit Blick auf den Ausnahmecharakter des § 58 Nr. 5 AO kann dies nur dann der Fall sein, wenn eine Versorgungsleistung erst gar nicht gegen die mit § 58 Nr. 5 AO korrespondierende(n) Grundsatzvorschrift(en) verstößt.

bb) § 58 Nr. 5 AO als Ausnahme zum Ausschließlichkeitsgrundsatz

Der Grundsatz der Ausschließlichkeit, wie er heute in § 56 AO zum Ausdruck kommt, fand sich in lediglich sprachlich abgewandelter Form bereits in § 3 Nr. 1 GemV 1941 und § 4 Abs. 1 GemV 1953. Dabei beschränkte sich § 3 Nr. 1 GemV 1941 nicht auf die Formulierung des Ausschließlichkeitsgrundsatzes selbst, sondern erwähnte zusätzlich in Klammern die auf ihn anzuwendenden Ausnahmevorschriften, unter anderem § 5 GemV 1941. Wie bereits erläutert,[246] verstand sich § 5 Nr. 3 GemV 1941, die Vor-Vorgängervorschrift des § 58 Nr. 5 AO, in systematischer Auslegung als Ausnahme zum Ausschließlichkeitsgebot des § 3 Nr. 1 GemV 1941. Ebenso verstand sich § 5 Nr. 3 GemV 1953, die

---

243 BFH, BStBl. II 1998, 758, 759; *Buchna*, StiftSpons 4/2003, 18, 18 und 20; *Herbert*, BB 1991, 178, 181 f.; *Martin/Pues*, Aktuelles und Trends, S. 1; *dies.*, V&S 8/2004, 18, 18; *Müller/Schubert*, DStR 2000, 1289, 1294; *Prinz*, JbFSt 1993/1994, 426, 442; Pump/Leibner/*Müller* § 58 AO Rn. 39. Wohl auch Kühn/von Wedelstädt/*Blesinger* § 58 AO Rn. 7.

244 *Hüttemann*, Non Profit Law Yearbook 2001, S. 164; *Oenings/Kemcke*, ZSt 2005, 117, 117.

245 Siehe oben S. 13 (unter Erster Teil, B. III.).

246 Siehe oben S. 58 (unter Zweiter Teil, Dritter Abschnitt, A. II. 1. a)).

unmittelbare Vorgängervorschrift des § 58 Nr. 5 AO, als Ausnahme zum Ausschließlichkeitsgebot des § 4 Abs. 1 GemV 1953.[247]

Waren § 5 Nr. 3 GemV 1941 und § 5 Nr. 3 GemV 1953 demnach Ausnahmen vom Ausschließlichkeitsgrundsatz, war es nur konsequent, dass der Arbeitskreis zur Reform der Reichsabgabenordnung den Inhalt des heutigen § 58 Nr. 5 AO in die Vorschrift betreffend die Ausschließlichkeit aufnahm.[248] Die spätere Ausgliederung in § 58 AO als eigenständige Ausnahmevorschrift beruhte nicht auf einem divergierenden systematischen Verständnis des Gesetzgebers, sondern allein auf seinem Willen, einen *einheitlichen* Ausnahmetatbestand einzuführen. Anders als nach den §§ 5 und 11 Abs. 4 GemV 1953 solle in § 58 AO nicht mehr danach unterschieden werden, ob eine Ausnahme vom Ausschließlichkeits- oder vom Unmittelbarkeitsgrundsatz vorliegt.[249]

Als erstes Zwischenergebnis bleibt festzuhalten, dass § 58 Nr. 5 AO mit § 56 AO korrespondiert und folglich Ausnahmetatbestand zum Grundsatz der Ausschließlichkeit ist.

cc) § 58 Nr. 5 AO und der Grundsatz der Selbstlosigkeit

(1) Keine Korrespondenz des § 58 Nr. 5 AO mit § 55 Abs. 1 Halbsatz 1 und Nr. 3, 2. Var. AO

Selbstlosigkeit liegt gemäß § 55 Abs. 1 Halbsatz 1 AO nur vor, wenn „dadurch" – *i.e.* im Anschluss an den Einleitungshalbsatz „durch eine Förderung oder Unterstützung" – nicht vorrangig eigenwirtschaftliche Zwecke verfolgt werden. In Zusammenschau mit den §§ 52 Abs. 1 Satz 1 und 53 AO setzt § 55 Abs. 1 Halbsatz 1 AO voraus, dass *durch* die Förderung der Allgemeinheit bzw. *durch* die Unterstützung bedürftiger Personen auf Grundlage eines Stiftungszwecks nicht vorrangig eigen-

---

247 Siehe oben S. 58 (unter Zweiter Teil, Dritter Abschnitt, A. II. 1. a)).

248 Siehe BMF, RAO-Reform, S. 75: § 55 Abs. 2 Nr. 3 AO-E als Ausnahme zu § 55 Abs. 1 AO-E.

249 BT-Drucks. 6/1982, S. 117.

wirtschaftliche Zwecke verfolgt werden. § 55 Abs. 1 Halbsatz 1 AO bezieht sich mithin lediglich auf den Fall, dass auf Grundlage eines Stiftungszwecks die Allgemeinheit bzw. bedürftige Personen und *zugleich* Mitglieder der Stifterfamilie gefördert bzw. unterstützt werden.[250]

Wie bereits erwähnt,[251] ist die privatnützige Versorgung der Stifterfamilie weder ein gemeinnütziger Stiftungszweck i.S. des § 52 Abs. 1 Satz 1 AO noch auf Grundlage des § 58 Nr. 5 AO steuerbegünstigt.[252] Dabei kommt es auf die Voraussetzung des § 55 Abs. 1 Halbsatz 1 AO, wonach die Stiftung nicht in erster Linie eigenwirtschaftliche Zwecke verfolgen darf, gar nicht an. Denn die fehlende Gemeinnützigkeit i.e.S. ergibt sich bereits daraus, dass der begünstigte Personenkreis fest abgeschlossen ist und eben nicht „die Allgemeinheit" gefördert wird. Bei der privatnützigen Versorgung der Stifterfamilie verhält es sich gerade nicht so, dass die Allgemeinheit und *zugleich* die Stifterfamilie gefördert werden. Vielmehr wird im Rahmen rein privatnütziger Versorgungsleistungen von vornherein *nur* die Stifterfamilie gefördert. Auf die privatnützige Versorgung der Stifterfamilie ist § 55 Abs. 1 Halbsatz 1 AO schon dem Wortlaut nach gar nicht anwendbar. Damit kann diese Vorschrift auch nicht mit § 58 Nr. 5 AO korrespondierende Grundsatzvorschrift sein. Von Bedeutung ist § 55 Abs. 1 Halbsatz 1 AO allenfalls dann, wenn die Versorgung der Stifterfamilie mildtätiger Stiftungszweck i.S. des § 53 AO sein soll.[253]

Dasselbe gilt für diejenigen Regelungen in § 55 Abs. 1 Nr. 1 bis 5 AO, die sich inhaltlich insoweit auf Halbsatz 1 beziehen, als sie das Merkmal „nicht in erster Linie" konkretisieren. Ausfluss des Halbsatzes 1 sind (nur) diejenigen Bestimmungen, die eine Begünstigung der Stifterfamilie nicht gänzlich ausschließen, sondern unter der Voraussetzung erlauben, dass die Begünstigung *zugleich* mit der Förderung der Allgemeinheit etc. eintritt.[254] Ausfluss des Halbsatzes 1 ist demnach lediglich § 55 Abs. 1 *Nr. 3, 2. Var.*

---

250 Becker/Riewald/Koch/*Riewald* § 17 StAnpG Anm. 5 b) (1); *Hüttemann*, Wirtschaftliche Betätigung, S. 65.

251 Siehe oben S. 45 f. (unter Zweiter Teil, Zweiter Abschnitt, C. I. und II.).

252 Siehe BMF, AEAO Tz. 8 Satz 1 zu § 58 Nr. 5 AO, BStBl. I 2002, 867, 878.

253 Siehe dazu oben S. 46 - 50 (unter Zweiter Teil, Zweiter Abschnitt, C. II.).

254 *Hüttemann*, Wirtschaftliche Betätigung, S. 73; Vgl. Hübschmann/Hepp/Spitaler/*Fischer* § 55 AO Rn. 15.

AO,[255] wonach eine unverhältnismäßige Vergütung die Selbstlosigkeit ausschließt. Diese Vorschrift kann als Ausfluss des Halbsatzes 1 kein mit § 58 Nr. 5 AO korrespondierender Grundsatztatbestand sein. Sie setzt einen Leistungsaustausch voraus, der auf Erfüllung eines steuerbegünstigten Stiftungszwecks gerichtet ist.[256] Ein solcher gemeinwohlorientierter Leistungsaustausch liegt bei rein privatnütziger Versorgung der Stifterfamilie jedoch gerade nicht vor.

Als weiteres Zwischenergebnis bleibt festzuhalten, dass § 58 Nr. 5 AO keine Ausnahme zu § 55 Abs. 1 Halbsatz 1 AO und § 55 Abs. 1 Nr. 3, 2. Var. AO ist.

(2) § 58 Nr. 5 AO als Ausnahme zu § 55 Abs. 1 Nr. 1 Satz 1 und 2, Nr. 3, 1. Var. und Nr. 5 Satz 1 AO

Wie bereits erläutert,[257] liegt der vorliegenden Arbeit die Auffassung von *Hüttemann* zugrunde, derzufolge sich die Grundsätze der Selbstlosigkeit und Ausschließlichkeit insofern nicht widersprechen, als einige Einzelvorschriften innerhalb des § 55 Abs. 1 AO Ausfluss des Ausschließlichkeitsgebots sind, daher eine Doppelfunktion haben und gleichrangig neben § 56 AO stehen.

Demnach korrespondieren mit § 58 Nr. 5 AO in Parallele zu § 56 AO diejenigen Einzeltatbestände des § 55 Abs. 1 AO, die Ausfluss des Ausschließlichkeitsgrundsatzes sind. Dies sind die bereits anfangs der

---

255 Daher zu weitgehend *Franz*, S. 102, der sämtliche Mittelbindungsvoraussetzungen des § 55 Abs. 1 AO systematisch dem Ausschließlichkeitsgrundsatz zuordnet.

256 Siehe dazu Dötsch/Eversberg/Jost/Pung/Witt/*Jost* § 5 Abs. 1 Nr. 9 KStG n.F. Rn. 102: Verstoß gegen § 55 Abs. 1 Halbsatz 1 AO, wenn die Stiftungsverfassung vorsieht, dass sich der Stiftungsvorstand überwiegend aus Mitgliedern der Stifterfamilie rekrutiert und die Tätigkeit vergütet wird. Dieser Ansicht lässt sich entgegenhalten, dass § 55 Abs. 1 Nr. 1 Satz 2, 2. Var. AO – in Anlehnung an den in Nr. 3, 2. Var. verankerten Grundsatz – die Zahlung einer Vergütung an den Stifter und seine Erben nicht schlechthin untersagt, sondern dem Grunde nach erlaubt und lediglich der Höhe nach auf eine angemessene Vergütung beschränkt.

257 Siehe oben S. 43 (unter Zweiter Teil, Zweiter Abschnitt, A. II. 3.).

Arbeit vorgestellten Vorschriften in § 55 Abs. 1 *Nr. 1 Satz 1* und *Satz 2* sowie *Nr. 3, 1. Var.*[258] und *Nr. 5 Satz 1* AO.

Hinsichtlich des § 55 Abs. 1 *Nr. 3, 1. Var.* AO sei angemerkt, dass der Begriff „Ausgaben" weit auszulegen ist und anders als der Begriff „Vergütungen" in Nr. 3, *2. Var.* gerade nicht einen gemeinwohlorientierten Leistungsaustausch voraussetzt. Der Gesetzgeber wollte durch die Verwendung des Begriffs „Ausgaben" an Stelle des Begriffs „Verwaltungsausgaben", der sich in der Gemeinnützigkeitsverordnung[259] und sogar noch im ursprünglichen Gesetzesentwurf[260] befand, eine „ungerechtfertigte Einengung des Ausgabenbegriffs" verhindern.[261]

Unter Berücksichtigung ihrer Doppelfunktion[262] haben die vier genannten, mit § 58 Nr. 5 AO korrespondierenden Vorschriften keinen selbständigen Regelungsinhalt.[263] Aus diesem Grund müssen sämtliche Tatbestandsmerkmale dieser Bestimmungen – insbesondere die Begriffe „Mittel", „Ausgaben" und „begünstigen" – im Lichte des Ausschließlichkeitsgebots ausgelegt werden.

dd) Ergebnis

Nach den vorstehenden Ausführungen bleibt als Ergebnis festzuhalten: § 58 Nr. 5 AO stellt eine Ausnahme sowohl zum Ausschließlichkeitsgrundsatz des § 56 AO als auch insoweit zum Selbstlosigkeitsgrundsatz dar, als dieser in Form des § 55 Abs. 1 Nr. 1 *Satz 1* und *Satz 2*, *Nr. 3, 1. Var.* und *Nr. 5 Satz 1* AO Ausfluss des Ausschließlichkeitsgrundsatzes ist.

---

258 So ausdrücklich auch BT-Drucks. 7/4292, S. 21. Vgl. *Herbert*, BB 1991, 178, 182: § 58 Nr. 5 AO als Ausnahme ausschließlich zu § 55 Abs. 1 Nr. 3, 1. Var. AO.

259 § 3 Nr. 4 GemV 1941; § 4 Abs. 2 Halbsatz 2 Nr. 3 GemV 1953.

260 BT-Drucks. 7/79, S. 27.

261 BT-Drucks. 7/4292, S. 21. Vgl. § 39 Z 4 BAO.

262 Siehe oben S. 43 (unter Zweiter Teil, Zweiter Abschnitt, A. II. 3.).

263 Hübschmann/Hepp/Spitaler/*Fischer* § 55 AO Rn. 17.

2. § 58 Nr. 5 AO als Vorschrift betreffend die Ertragsverwendung

§ 58 Nr. 5 AO betrifft die laufende Verwendung von Stiftungserträgen. Die Bedeutung dieser Einordnung ergibt sich mit Blick auf die Möglichkeit der Rücklagenbildung nach § 58 Nr. 7 Buchstabe a AO:

Bemessungsgrundlage für die Bildung der sogenannten „freien" Rücklage ist unter anderem ein Drittel des Überschusses der Einnahmen über die Unkosten aus Vermögensverwaltung. Zu den „Unkosten" zählen nach fast einhelliger Meinung im Schrifttum ausschließlich solche Aufwendungen, die begrifflich zu den Werbungskosten i.S. des § 9 Abs. 1 Satz 1 EStG gehören.[264] Damit stellen diejenigen finanziellen Mittel, die eine Stiftung für die Vornahme von Leistungen i.S. des § 58 Nr. 5 AO – begrifflich allenfalls Sonderausgaben – verwendet, keine „Unkosten" dar.[265] Dies hat zur Folge, dass die von § 58 Nr. 5 AO erfassten privatnützigen Versorgungsleistungen die Bildung oder Erhöhung der freien Rücklage betragsmäßig nicht einschränken. Daher kann eine Stiftung beide Ausnahmetatbestände bei Vorliegen der jeweiligen Voraussetzungen kumulativ in Anspruch nehmen.[266]

Diese Erkenntnis wird im weiteren Verlauf der Arbeit im Zusammenhang mit der Legitimation steuerlicher Vergünstigungen von Bedeutung sein.

---

264 BMF, AEAO Tz. 13 Satz 2 zu § 58 Nr. 7 AO, BStBl. I 2002, 867, 878.

265 *Berndt*, Stiftung, Rn. 1168; *Herbert*, BB 1991, 178, 188; Hübschmann/Hepp/Spitaler/*Fischer* § 58 AO Rn. 74; Koch/Scholtz/*Scholtz* § 58 AO Rn. 8/4; *Lex*, DB 1987, Beilage Nr. 10/87, S. 5; *Müller/Schubert*, DStR 2000, 1289, 1297; *Neuhoff*, DB 1987, Beilage Nr. 10/87, S. 3; Schwarz/*Uterhark* § 58 AO Rn. 19; Tipke/Kruse/*Tipke* § 58 AO Rn. 10.
Anderer Ansicht *Schad/Eversberg*, DB 1986, 2149, 2151: keine Beschränkung auf hypothetische Werbungskosten, vielmehr Ausdehnung auf sämtliche Aufwendungen, die „üblicherweise durch die Vermögensverwaltung erwirtschaftet werden sollen", insbesondere auf Stiftungsleistungen i.S. des § 58 Nr. 5 AO.

266 *Maier*, BB 2001, 494, 502.

III. Die gleichheitsrechtliche Legitimation des § 58 Nr. 5 AO

Die unschädliche Vornahme rein privatnütziger Leistungen gemäß § 58 Nr. 5 AO ist ausschließlich Stiftungen vorbehalten. Stiftungsähnliche Körperschaftsteuersubjekte wie Stiftungs-Verein oder Stiftungs-GmbH sind diesbezüglich ausgeschlossen.[267] Damit enthält § 58 Nr. 5 AO – wie auch § 58 Nr. 12 AO und einige spezialgesetzliche Vergünstigungsvorschriften[268] – eine rechtsformspezifische Privilegierung. Mithin stellt sich die Frage nach der verfassungsrechtlichen Legitimation des § 58 Nr. 5 AO vor Art. 3 Abs. 1 GG und dem daraus abgeleiteten Gebot der Steuergerechtigkeit[269].

Eine gesetzlich angeordnete Ungleichbehandlung ist gleichheitsrechtlich dann legitimiert, wenn Gerechtigkeits- und Zweckmäßigkeitsaspekte[270], die sich speziell auf den konkreten Sachbereich und die Eigenart der Vorschrift beziehen,[271] einen vernünftigen, sachlich einleuchtenden Grund für die Differenzierung erkennen lassen.[272] Nicht entscheidend ist, ob der Gesetzgeber die jeweils gerechteste und zweckmäßigste Regelung getroffen hat, sondern lediglich, ob er die äußersten Grenzen seiner Gestaltungsfreiheit gewahrt hat.[273] Art. 3 Abs. 1 GG ist (erst) dann verletzt, wenn eine Gruppe von Normadressaten im Vergleich zu anderen Normadressaten anders behandelt wird, obwohl zwischen beiden Gruppen keine Unterschiede von solcher Art und von solchem Gewicht bestehen, dass sie die Ungleich-

---

267 BMF, AEAO Tz. 23 Satz 3 und 4 zu § 58 Nr. 2 bis 12 AO, BStBl. I 2002, 867, 880; *Herbert*, BB 1991, 178, 183.

268 § 10b Abs. 1 Satz 3 und Abs. 1a EStG; § 29 Abs. 1 Nr. 4 Satz 1 ErbStG; § 9 Nr. 5 Satz 3 und 5 GewStG; § 9 Abs. 1 Nr. 2 Satz 3 KStG.

269 BVerfG, BVerfGE 6, 55, 70.

270 BVerfG, BVerfGE 3, 225, 240.

271 BVerfG, BVerfGE 76, 256, 328.

272 Z.B. BVerfG, BVerfGE 1, 14, 52; BVerfG, BVerfGE 3, 58, 135 f.; BVerfG, BVerfGE 3, 288, 337; BVerfG, BVerfGE 9, 334, 337; BVerfG, BVerfGE 57, 107, 115; BVerfG, BVerfGE 64, 158, 168 f.

273 Z.B. BVerfG, BVerfGE 3, 58, 135; BVerfG, BVerfGE 4, 7, 18; BVerfG, BVerfG, BVerfGE 9, 334, 337; BVerfGE 52, 277, 280 f.; BVerfG, BVerfGE 66, 84, 95.

behandlung rechtfertigen könnten.[274] Dabei ist der Entscheidungsspielraum des Gesetzgebers im Steuerrecht[275] wie in allen anderen Lebensbereichen, die für rechtliche Gestaltungen zugänglich sind,[276] besonders weitreichend.

1. Die Notwendigkeit einer besonders hohen Vermögensdotation

Wie bereits erwähnt,[277] ist die Stiftung als rechtlich verselbständigte Vermögensmasse kein körperschaftlich organisierter Personenverband. Wegen ihrer nichtverbandsmäßigen Verfassung ist sie – gerade im Unterschied zu einer Kapitalgesellschaft oder einem Verein – in ihren Finanzierungsmöglichkeiten beschränkt. Da insbesondere die Finanzierung über laufende Mitgliedsbeiträge und Nachschüsse ausscheidet, ist sie bei ihrer Errichtung typischerweise auf eine besonders hohe Vermögensdotation durch den Stifter angewiesen. Dabei muss die Erstausstattung so hoch bemessen sein, dass allein aus ihren (prognostizierten) Erträgen gemäß § 80 Abs. 2, 2. Var. BGB die dauernde und nachhaltige Erfüllung des Stiftungszwecks gesichert erscheint.

Genau an diesem Punkt setzt die Anreizfunktion des § 58 Nr. 5 AO an. Sinn und Zweck des § 58 Nr. 5 AO bestehen darin, Bürger zu ermutigen, möglichst hohe und ertragstarke Vermögenswerte auf eine Stiftung mit steuerbegünstigter Zwecksetzung zu übertragen.[278] Wegen des typischerweise besonders hohen Vermögensbedarfs einer Stiftung ist die Ein-Drittel-Regelung des § 58 Nr. 5 AO als finanzielle Absicherung der Stifterfamilie gedacht. § 58 Nr. 5 AO soll die Vorbehalte potenzieller Stifter gegenüber

---

274 Z.B. BVerfG, BVerfGE 22, 387, 415; BVerfG, BVerfGE 52, 277, 280; BVerfG, BVerfGE 55, 72, 88; BVerfG, BVerfGE 57, 107, 115; BVerfG, BVerfGE 79, 106, 122; BVerfG, BVerfGE 85, 238, 244 f. Siehe auch BVerfG, BVerfGE 64, 158, 169.

275 BVerfG, BVerfGE 101, 151, 155.

276 BVerfG, BVerfGE 96, 1, 6; BVerfG, BVerfGE 101, 151, 155.

277 Siehe dazu oben S. 17 f. (unter Zweiter Teil, Erster Abschnitt, A. I.).

278 BT-Drucks. 11/4176, S. 9 (unter I. im Zusammenhang mit der Erhöhung der relativen Grenze auf ein Drittel des Stiftungseinkommens); *Hüttemann*, DStJG 26 (2003), 49, 59.

der Entäußerung großer Teile ihres Vermögens abbauen und ihnen „ihre gute Tat etwas [..] erleichtern“.[279]

Damit ergibt sich die gleichheitsrechtliche Legitimation des § 58 Nr. 5 AO insofern aus dem nichtverbandsmäßigen Substrat der Stiftung, als die Dotation eines besonders hohen, weil nicht zwingend vermehrbaren Grundstockvermögens erforderlich ist.[280] Diese Überlegung gilt für rechtsfähige Stiftungen bürgerlichen Rechts und nichtrechtsfähige Stiftungen gleichermaßen.[281]

2. Die dauerhafte, von Versorgungsbedürfnissen der Stifterfamilie unabhängige Bindung des Stiftungsvermögens an die steuerbegünstigten Zwecke – mit der Folge, dass ein Vermögensrückfall nicht zur Disposition der Stifterfamilie steht

Speziell für rechtsfähige Stiftungen bürgerlichen Rechts lässt sich § 58 Nr. 5 AO auch insofern aus dem nichtverbandsmäßigen Substrat gleichheitsrechtlich legitimieren, als die Stiftung mit behördlicher Anerkennung gegenüber dem Willen Dritter autonom wird.[282] Dies hat zur Konsequenz, dass das Stiftungsvermögen auf unvorhersehbare, von etwaigen Versorgungsbedürfnissen der Stifterfamilie losgelöste Dauer an die steuerbegünstigten Zwecke gebunden ist und ein Vermögensrückfall nicht zur Disposition der Stifterfamilie steht.

An dieser Stelle ist zunächst der Einwand denkbar, dass eine rechtsformspezifische Privilegierung von Stiftungen nicht allein unter dem Aspekt der

---

279 *Neuhoff*, DB 1987, Beilage Nr. 10/87, S. 3. Ähnlich *Oenings/Kemcke*, ZSt 2005, 117, 118 in Fn. 7.

280 *Hüttemann*, Non Profit Law Yearbook 2001, S. 164 f. Bezogen auf Privilegierungen der Rechtsform Stiftung im Allgemeinen ebenso *Crezelius/Rawert*, ZEV 2000, 421, 425; *Hüttemann*, a.a.O., S. 158 f.

281 Bezogen auf Privilegierungen der Rechtsform Stiftung im Allgemeinen ebenso *Hüttemann*, Non Profit Law Yearbook 2001, S. 158. Anderer Auffassung *Crezelius/Rawert*, ZEV 2000, 421, 425 (linke Spalte a.E.).

282 Siehe oben S. 17 f. und 20 (unter Zweiter Teil, Erster Abschnitt, A. I. und II.).

„Dauerhaftigkeit des Stiftungszwecks" legitimiert werden kann.[283] Dieser Einwand ist berechtigt, soweit Dauerhaftigkeit ausschließlich in einem *zeitlichen* Sinn verstanden wird. Denn die steuerlichen Vergünstigungen knüpfen allein an die *gegenwärtige* Verfolgung steuerbegünstigter Zwecke, ohne dass es auf die beabsichtigte oder prognostizierte Dauer der Zweckverfolgung ankommt.[284] Aus diesem Grund können stiftungsbezogene Privilegierungen im Gemeinnützigkeits- und Spendenrecht nicht mit der Dauerhaftigkeit des Stiftungszwecks im zeitlichen Sinn begründet werden.[285] Diese Überlegung gilt analog für § 58 Nr. 5 AO, der die *gegenwärtige* Verwendung von Einkommen zugunsten der Stifterfamilie regelt.

Weiterhin ist der Einwand denkbar, auch die Dauerhaftigkeit des Stiftungszwecks i.S. einer Bestandsgarantie, also auch die Autonomie der Stiftung gegenüber dem Willen Dritter, könne eine rechtsformspezifische Privilegierung nicht rechtfertigen.[286] Dieser Einwand ist insofern berechtigt, als sich die spezialgesetzlichen Vergünstigungen ihrerseits allein aus der gemeinwohlfördernden Tätigkeit als solcher, nicht aber (auch) aus der Organisationsform der begünstigten Einrichtung rechtfertigen.[287] So ist *Hüttemann* zuzustimmen, wenn er feststellt:

> „Entscheiden sich die Mitglieder einer steuerbegünstigten Körperschaft etwa später zum Ausstieg aus der Gemeinnützigkeit, so entfällt natürlich auch die Steuervergünstigung. Allein der Umstand, dass bei Körperschaften der steuerbegünstigte Satzungszweck zur Disposition der Mitglieder steht, während die Stiftung in eine „unumkehrbare Autonomie" entlassen ist, kann jedenfalls keine Schlechterstellung von Körperschaften gegenüber Stiftungen begründen."[288]

---

283 *Hüttemann*, Non Profit Law Yearbook 2001, S. 154. Ähnlich *ders.*, DB 2000, 1584, 1592; *Thiel*, DB 2000, 392, 395 f.

284 *Hüttemann*, Non Profit Law Yearbook 2001, S. 154 f.

285 So *Hüttemann*, Non Profit Law Yearbook 2001, S. 154 f. Ähnlich *ders.*, DB 2000, 1584, 1592; *Thiel*, DB 2000, 392, 395 f.

286 So *Hüttemann*, Non Profit Law Yearbook 2001, S. 152 f. Anderer Auffassung *Crezelius/Rawert*, ZIP 1999, 337, 346; *dies.*, ZEV 2000, 421, 425.

287 *Hüttemann*, Non Profit Law Yearbook 2001, S. 152.

288 *Hüttemann*, Non Profit Law Yearbook 2001, S. 152 f. Anderer Auffassung *Crezelius/Rawert*, ZIP 1999, 337, 346; *dies.*, ZEV 2000, 421, 425.

Ist demnach der Einwand, die Bestandsgarantie des Stiftungszwecks könne eine rechtsformspezifische Privilegierung von Stiftungen nicht legitimieren, im Grundsatz berechtigt, so muss er doch speziell für § 58 Nr. 5 AO hinterfragt werden. Denn speziell für § 58 Nr. 5 AO stellt sich *gerade* die Frage, ob eine Stiftung ebenso einfach wie ein Verein oder eine Kapitalgesellschaft aufgrund einer Entscheidung ihrer Organe „aus der Gemeinnützigkeit aussteigen kann" – mit der Folge, dass das (besonders hohe) Stiftungskapital an den Stifter oder seine Erben zurückfallen kann und für deren privatnützige Versorgung wieder zur Verfügung steht, so dass es der finanziellen Absicherung durch die Ein-Drittel-Regelung des § 58 Nr. 5 AO nicht mehr bedarf.

Der zuletzt vorgetragene Einwand ist lediglich in dem Fall berechtigt, dass der Stifter bei Übertragung von Vermögen auf eine steuerlich gemeinnützige Stiftung den Spendenabzug gemäß § 10b EStG in Anspruch nimmt und damit konkludent die *endgültige* Widmung zu steuerbegünstigten Zwecken erklärt. In diesem Fall ist jeglicher Vermögensrückfall an die Stifterfamilie von vornherein ausgeschlossen.[289] Aus diesem Grund kommt es in diesem Fall auf die Frage, ob und unter welchen Voraussetzungen die Stifterfamilie einen Vermögensrückfall auslösen kann, nicht an. Insofern bestehen keine Unterschiede zu einer Kapitalgesellschaft oder einem Verein.

Hingegen ist im umgekehrten Fall, dass der Stifter den Spendenabzug nach § 10b EStG *nicht* in Anspruch nimmt, ein unschädlicher Vermögensrückfall möglich. Allerdings – und dies ist der entscheidende Punkt – kann die Stifterfamilie einen Vermögensrückfall *nicht beliebig*, auch nicht bei noch so großer Bedürftigkeit, herbeiführen. Wegen der nichtverbandsmäßigen Verfassung[290] ist bei einer Stiftung – anders als bei einer Kapitalgesellschaft oder einem Verein – eine Auflösung aufgrund autonomer Entscheidung der Stiftungsorgane, des Stifters oder seiner nächsten

289 Siehe dazu BFH, BStBl. II 1992, 748, 749 f. (gegen FG Düsseldorf, EFG 1991, 750, 750 f.); BMF, AEAO Tz. 30 Satz 3 zu § 55 Abs. 3 AO, BStBl. I 2002, 867, 876; OFD Magdeburg, StEK AO 1977 § 55 Nr. 33 (unter 2.); Dötsch/Eversberg/Jost/Pung/Witt/*Jost* § 5 Abs. 1 Nr. 9 KStG n.F. Rn. 82; Dötsch/Eversberg/Jost/Pung/Witt/*Krämer* § 9 KStG n.F. Rn. 200; Hübschmann/Hepp/Spitaler/*Fischer* § 55 AO Rn. 22; *Hüttemann*, Wirtschaftliche Betätigung, S. 106; Koch/Scholtz/*Scholtz* § 55 AO Rn. 17.

290 Siehe oben S. 17 f. (unter Zweiter Teil, Erster Abschnitt, A. I.).

Angehörigen nicht möglich. Aus demselben Grund ausgeschlossen ist die beliebige Änderung des bestehenden in einen anderen Stiftungszweck, der schneller erreichbar erscheint, was einen frühzeitigen Vermögensrückfall ermöglichen würde. Mithin ist die Bindung des Stiftungsvermögens an die steuerbegünstigten Zwecke bereits aus stiftungszivilrechtlicher Sicht nicht beliebig aufhebbar.[291] Genau aus diesem Grund scheidet nach vorzugswürdiger Auffassung ein Anspruch des verarmten Stifters gegen „seine" (rechtsfähige) Stiftung auf Herausgabe gestifteter Vermögensgegenstände in analoger Anwendung des § 528 Abs. 1 Satz 1 BGB aus.[292] Die Autonomie einer rechtsfähigen Stiftung bürgerlichen Rechts, ihre Eigenschaft als rechtlich verselbständigte Vermögensmasse verbietet – selbst bei noch so großer Bedürftigkeit des Stifters –, dass die Bindung des Stiftungsvermögens an den Stiftungszweck gelockert wird.[293]

An dieser Stelle ist der Einwand denkbar, dass auch eine steuerlich gemeinnützige Körperschaft im Einzelfall auf Grundlage besonderer Bestimmungen im Gesellschaftsvertrag bzw. in der Satzung nicht beliebig aus der Gemeinnützigkeit aussteigen kann. Dieser Einwand steht der gleichheitsrechtlichen Legitimation des § 58 Nr. 5 AO aber nicht entgegen. Denn der Steuergesetzgeber kann sich bei der Ausgestaltung steuerlicher Vorschriften an den typischen zivilrechtlich vorgeprägten Rechtsformunterschieden orientieren.[294] Daher lässt sich die rechtsformbezogene Privilegierung in § 58 Nr. 5 AO auch insofern legitimieren, als speziell

---

291 *Crezelius/Rawert*, ZIP 1999, 337, 346; *dies.*, ZEV 2000, 421, 425; Kirchhof/*Kirchhof* § 10b EStG Rn. 53 (zur gleichheitsrechtlichen Legitimation des § 10b Abs. 1 Satz 3 EStG).

292 MünchKomm/*Reuter* § 80 BGB Rn. 15; *Rawert/Katschinski*, ZEV 1996, 161, 163 in Fn. 18; Seifart/von Campenhausen/*Hof* § 7 Rn. 37; Staudinger/*Rawert* § 80 BGB Rn. 11. Vgl. BGB-RGRK/*Steffen* § 82 BGB Rn. 4: anwendbar nur § 519 BGB.

Anderer Auffassung z.B. Palandt/*Heinrichs* § 82 BGB Rn. 1 m.w.N.; Soergel/*Neuhoff* § 80 BGB Rn. 9 in Fn. 44 und § 82 BGB Rn. 3.

Anmerkung: Für nichtselbständige Stiftungen kommt eine analoge Anwendung des § 528 Abs. 1 Satz 1 BGB nur dann in Betracht, wenn man das Stiftungsgeschäft als Schenkung unter Auflage auffasst. Bei Einordnung als treuhänderische Stiftung besteht die Möglichkeit zur Kündigung gemäß § 671 Abs. 1 BGB. Siehe dazu Seifart/von Campenhausen/*Hof* § 36 Rn. 29 und 59.

293 MünchKomm/*Reuter* § 80 BGB Rn. 15; Seifart/von Campenhausen/*Hof* § 7 Rn. 37; Staudinger/*Rawert* § 80 BGB Rn. 11.

294 *Hüttemann*, Non Profit Law Yearbook 2001, S. 159.

rechtsfähige Stiftungen bürgerlichen Rechts – gerade im Unterschied zu Körperschaften – auch nicht aufgrund besonderer Bestimmungen in der Stiftungsverfassung beliebig aus der Gemeinnützigkeit aussteigen können.

Das stiftungszivilrechtliche Prinzip der dauerhaften, von etwaigen Versorgungsbedürfnissen der Stifterfamilie losgelösten Vermögensbindung findet seine Fortsetzung im Gemeinnützigkeitsrecht. Von besonderer Bedeutung sind die miteinander korrespondierenden Vorschriften des § 55 Abs. 1 Nr. 4 Satz 1 AO und des § 55 Abs. 1 Nr. 2 AO. Beide Regelungen sind bei Stiftungen über § 55 Abs. 3 Halbsatz 1 AO für die Stifter und ihre Erben sinngemäß anwendbar.[295] Nach dem in § 55 Abs. 1 Nr. 4 Satz 1 AO enthaltenen Grundsatz der Vermögensbindung darf bei Auflösung oder (behördlicher) Aufhebung der Stiftung oder bei Wegfall ihres bisherigen Zwecks das Vermögen, soweit es Erstausstattung und Zustiftungen übersteigt, nur für steuerbegünstigte Zwecke verwendet werden. Der Stifter und seine Erben dürfen gemäß § 55 Abs. 1 Nr. 2 AO lediglich den historischen gemeinen Wert[296] der (zu-)gestifteten Vermögenswerte zurückerhalten. Hat der Stifter betrieblich genutztes Vermögen unter Inanspruchnahme des Buchwertprivilegs gemäß § 6 Abs. 1 Nr. 4 Satz 4 und 5 EStG entnommen und unmittelbar anschließend gestiftet oder zugestiftet, so beschränkt sich der Vermögensrückfall gemäß § 55 Abs. 3 Halbsatz 2 AO auf den historischen Buchwert der Entnahme. Die Rückgabe eines im Wert gestiegenen (zu-)gestifteten Vermögensgegenstandes selbst ist nur bei einer Ausgleichszahlung in Höhe der Differenz zum historischen gemeinen oder buchmäßigen Wert unschädlich.

Zwar gelten § 55 Abs. 1 Nr. 4 Satz 1 AO und § 55 Abs. 1 Nr. 2 AO rechtsformunabhängig für sämtliche Körperschaftsteuersubjekte, scheinen also auf den ersten Blick die Privilegierung der Rechtsform Stiftung durch § 58 Nr. 5 AO nicht legitimieren zu können. Allerdings ist nach beiden genannten Vorschriften ein Vermögensrückfall an die Stifterfamilie eben *nur* bei Auflösung oder Aufhebung der Stiftung oder bei Wegfall des bisherigen Zwecks unschädlich. Daraus folgt im Umkehrschluss, dass ein Vermögensrückfall in allen übrigen Fällen, also auch bei noch so großer Bedürftigkeit innerhalb der Stifterfamilie, *schädlich* ist.

---

[295] Vgl. *Buchna*, StiftSpons 4/2003, 18, 18: der Rückfluss von Stiftungskapital sei „in jedem Fall“ unzulässig.

[296] Siehe § 55 Abs. 2 AO i.V.m. § 9 Abs. 2 Satz 2 BewG.

Hier schließt sich der Kreis zum Stiftungszivilrecht: da die Auflösung einer Stiftung – gerade im Unterschied zu einer Kapitalgesellschaft und einem Verein – nicht in das Belieben ihrer Organe, des Stifters oder seiner nächsten Angehörigen fällt, ist auch der gemeinnützigkeitsunschädliche Vermögensrückfall von ihrem Willen losgelöst. Das stiftungszivilrechtliche Prinzip der Beständigkeit des Stiftungszwecks gegenüber dem Willen Dritter schlägt sich im Gemeinnützigkeitsrecht insofern nieder, als ein unschädlicher Vermögensrückfall nicht zur Disposition der Stifterfamilie steht. Genau an diesem Punkt setzt die Anreizfunktion des § 58 Nr. 5 AO an. Leistungen i.S. des § 58 Nr. 5 AO sind Ausgleich dafür, dass das Stiftungsvermögen der Stifterfamilie gegenwärtig nicht für privatnützige Versorgungszwecke zur Verfügung steht und selbst unter Hinweis auf eine noch so große Bedürftigkeit nicht „zurückgeholt" werden kann, so dass es von daher einer besonderen finanziellen Absicherung bedarf.

Speziell für eine rechtsfähige Stiftung bürgerlichen Rechts rechtfertigt das nichtverbandsmäßige Substrat die rechtsformspezifische Privilegierung in § 58 Nr. 5 AO also auch insoweit, als das Stiftungsvermögen unabhängig von den Versorgungsbedürfnissen der Stifterfamilie an die steuerbegünstigten Zwecke gebunden ist und der unschädliche Vermögensrückfall an den Stifter oder seine Erben nicht zu deren Disposition steht.

IV. Leitsätze für die Auslegung des § 58 Nr. 5 AO

Die folgenden Ausführungen dienen der Vorbereitung auf die Auslegung des § 58 Nr. 5 AO und auf die Auseinandersetzung mit den Ausführungen der Finanzverwaltung im AO-Anwendungserlass. Unter Berücksichtigung teleologischer und systematischer Aspekte sollen einige Leitsätze entwickelt werden, die bei der anschließenden Auslegung der einzelnen Tatbestandsmerkmale des § 58 Nr. 5 AO herangezogen werden. Dabei sollen die vorstehenden Überlegungen zur gleichheitsrechtlichen Legitimation des § 58 Nr. 5 AO mit einbezogen werden.

1. Zielkonflikt: Ausnahmetatbestand mit Höchstgrenze *versus* Anreizfunktion

Die Auslegung des § 58 Nr. 5 AO erfolgt vor dem Hintergrund folgenden Zielkonflikts:

Einerseits verdeutlichen bereits die tatbestandsmäßigen Grenzen des § 58 Nr. 5 AO, dass der Gesetzgeber die gemeinnützigkeitsunschädliche privatnützige Versorgung der Stifterfamilie in quantitativer wie qualitativer Hinsicht beschränken wollte. Diese Absicht des Gesetzgebers zeigt sich insbesondere in der Formulierung *„einen Teil, jedoch höchstens* ein Drittel". Diese Voraussetzung ist neben der Rechtsfolge der einzige Bestandteil des in § 58 Nr. 5 AO enthaltenen Rechtssatzes, dem sich eine eindeutige Aussage entnehmen lässt. Die Ein-Drittel-Grenze ist schon vom Wortlaut eine *Höchst*grenze, deren Ausschöpfung der Gesetzgeber nur bei Einhalten auch der übrigen Grenzen für gemeinnützigkeitsunschädlich erklärt. Darüber hinaus drückt die Formulierung „einen Teil, jedoch höchstens" die Tendenz aus, dass eine Stiftung auch aus dem für die Versorgung der Stifterfamilie gedanklich reservierten Einkommensdrittel einen möglichst hohen Teilbetrag für die Erfüllung ihrer steuerbegünstigten Zwecke verwenden muss.[297] Diese Tendenz wird in systematischer Hinsicht durch den Ausnahmecharakter des § 58 Nr. 5 AO[298] bestätigt. Damit drückt sich der Telos des Ausschließlichkeits- und des Mittelverwendungsgebots auch im Ausnahmetatbestand des § 58 Nr. 5 AO aus. Nicht gefolgt werden kann daher der Vorstellung, die Stiftung dürfe das gesamte Drittel des Stiftungseinkommens für die privatnützige Versorgung der Stifterfamilie „reservieren"[299] und losgelöst von deren Bedürfnissen „regelmäßige Ausschüttungen" vornehmen.[300] Aus diesem Grund sehr

---

[297] Ähnlich *Buchna*, Gemeinnützigkeit, Anm. 2.8.5, S. 159.

[298] Siehe dazu oben S. 56 - 59 (unter Zweiter Teil, Zweiter Abschnitt, A. II. 1. a)).

[299] So *Thielemann*, V&S 6/2005, 25. Ähnlich *Deischl*, S. 135: „[...] der Zweck, zu dem *das* Drittel des Einkommens verwendet werden darf [...]". Hervorhebung durch den Verfasser.

[300] So *Röder*, V&S 9/2004, 34, 36. Ähnlich *Haas*, BBV 12/2005, 29, 31: „die Ausschüttung"; *Heinrichshofen*, ErbStB 2004, 247; *Lohmann*, V&S 6/2006, 22, 23; MünchAnwHbErbR/*Feick* § 44 Rn. 58. Kritisch wie hier auch *Kümpel*, Aktuelle Rechtspraxis, S. 37; *Söffing/Thoma*, ErbStB 2005, 212, 213.

bedenklich ist die anfangs dieser Arbeit[301] erwähnte Werbung einiger Finanzdienstleister für ihre Kapitalanlageprodukte damit, dass das in eine Stiftung investierte Kapital über die Drittelregelung des § 58 Nr. 5 AO dem Stifter zumindest teilweise zurückfließe.[302]

Andererseits hat § 58 Nr. 5 AO den Charakter einer rechtsformbezogenen Lenkungsvorschrift. § 58 Nr. 5 AO soll potenziellen Stiftern in materieller Hinsicht einen steuerlichen Anreiz zur Errichtung einer Stiftung mit steuerbegünstigter Zwecksetzung bieten.[303] Dabei wird § 58 Nr. 5 AO seiner Anreizfunktion in dem Maße zunehmend gerecht, in dem der Stifter eine quantitativ wie qualitativ möglichst umfassende Versorgung festschreiben und möglichst viele seiner Familienangehörigen einbeziehen kann.

2. Auflösung des Zielkonflikts

Die wesentliche Schwierigkeit bei der Auslegung des § 58 Nr. 5 AO besteht darin, den vorstehend skizzierten Zielkonflikt aufzulösen. Dabei kommt § 58 Nr. 5 AO Kompromisscharakter zu.[304] Die Auslegung sämtlicher Tatbestandsmerkmale muss darauf ausgerichtet sein, einen an den speziellen Erfordernissen des Gemeinnützigkeitsrechts orientierten Ausgleich zwischen dem Ausschließlichkeits- und dem Mittelverwendungsgebot einerseits und dem Versorgungsinteresse des Stifters und seiner Familie andererseits zu schaffen. Die Auslegung darf also nicht *a priori* einseitig *entweder* auf der systematischen Einordnung des § 58 Nr. 5 AO als Ausnahmetatbestand *oder* auf seiner Anreizfunktion aufbauen. Dem Rechtsanwender ist es verwehrt, sämtliche Tatbestandsmerkmale des § 58 Nr. 5 AO allein wegen dessen Ausnahmecharakters von vornherein eng oder wegen dessen Lenkungsfunktion weit, geschweige denn so restriktiv oder so extensiv wie möglich auszulegen.[305] Vielmehr ist methodisch

---

301 Siehe oben S. 12 (unter Erster Teil, B. II.).

302 Ebenso *Christoph*, DS 2/2002, 77, 79; *Martin/Pues*, Aktuelles und Trends, S. 3 ff.; *Wilkes*, DS 2/2002, 77, 82.

303 BT-Drucks. 11/4176, S. 9 (unter I. im Zusammenhang mit der Erhöhung der relativen Grenze auf ein Drittel des Stiftungseinkommens); *Hüttemann*, DStJG 26 (2003), 49, 59.

304 Siehe auch Hübschmann/Hepp/Spitaler/*Fischer* § 58 AO Rn. 72.

305 Allgemein *Larenz/Canaris*, S. 176; *Müller/Christensen*, S. 357 (unter Rn. 370).

zulässig und sogar geboten zu prüfen, welche einzelnen Bestandteile des in § 58 Nr. 5 AO enthaltenen Rechtssatzes nach Sinn und Zweck (eher) restriktiv und welche (eher) extensiv auszulegen sind.[306]

Dies richtet den Blick auf den genauen Bezugspunkt der Anreizfunktion des § 58 Nr. 5 AO:

Wie bereits festgestellt,[307] sind Leistungen i.S. des § 58 Nr. 5 AO *kein* Ausgleich dafür, dass jeglicher Vermögensrückfall an die Stifterfamilie ausgeschlossen ist, wenn der Stifter anlässlich der Übertragung von Vermögen auf eine Stiftung den Spendenabzug gemäß § 10b EStG in Anspruch nimmt und damit konkludent die *endgültige* Widmung zu steuerbegünstigten Zwecken erklärt. Ebenso wenig sind Leistungen i.S. des § 58 Nr. 5 AO Ausgleich dafür, dass sich ein etwaiger unschädlicher Vermögensrückfall auf den historischen gemeinen oder buchmäßigen Wert beschränkt und die Stifterfamilie folglich nicht an etwaigen Wertsteigerungen vor oder während der Betriebsphase teilhat. Vielmehr bietet § 58 Nr. 5 AO Kompensation (lediglich) dafür, dass der einzige Umstand, der einen unschädlichen Vermögensrückfall an die Stifterfamilie auslösen kann – *i.e.* die Auflösung oder Aufhebung der Stiftung oder der Wegfall ihres bisherigen Zwecks –, nicht in das Belieben des Stifters oder seiner nächsten Angehörigen fällt, somit von deren privatnützigen Versorgungsinteressen losgelöst ist. Die Anreizfunktion des § 58 Nr. 5 AO knüpft also an den rechtsformspezifischen Nachteil, dass der Stifterfamilie das einmal weggegebene Vermögen während der gesamten, ihrer Disposition entzogenen Existenz der Stiftung nicht zur Verfügung steht. § 58 Nr. 5 AO bietet einen Ausgleich dafür, dass das einmal auf die Stiftung übertragene Vermögen auf unvorhersehbare Dauer nicht mehr an nachfolgende Generationen zu Lebzeiten weitergegeben oder vererbt werden kann. Damit kompensiert § 58 Nr. 5 AO auch *den* Nachteil, dass der Stifterfamilie auf unvorhersehbare Zeit weniger finanzielle Mittel zur Erfüllung familienrechtlicher Unterhaltspflichten zur Verfügung stehen.[308]

---

306 Allgemein *Larenz/Canaris*, S. 176; *Müller/Christensen*, S. 357 (unter Rn. 370).

307 Siehe oben S. 71 (unter Zweiter Teil, Dritter Abschnitt, A. III. 2.).

308 *Hüttemann*, Non Profit Law Yearbook 2001, S. 165.

Vor dem Hintergrund der Überlegung, dass die Stiftung von dem für die privatnützige Versorgung der Stifterfamilie gedanklich reservierten Einkommensdrittel einen möglichst hohen Teilbetrag zugunsten ihrer steuerbegünstigten Zwecke verwenden muss,[309] haben die Leistungen i.S. des § 58 Nr. 5 AO wie Sozialhilfeleistungen[310] lediglich Absicherungs- und Hilfecharakter. Demnach beruhen Stiftungsleistungen i.S. des § 58 Nr. 5 AO auf dem Prinzip der Subsidiarität. Damit einher geht das Prinzip der wirtschaftlichen Eigenverantwortung des Stifters und seiner nächsten Angehörigen. Eine steuerlich gemeinnützige Stiftung darf eine privatnützige Versorgungsleistung lediglich dann vornehmen, wenn der Stifter oder ein nächster Angehöriger seinen Bedarf nicht aus eigenen Mitteln zu decken imstande ist.

Um Missverständnissen vorzubeugen, sei im Vorgriff auf die Ausführungen zum Tatbestandsmerkmal „in angemessener Weise" bereits an dieser Stelle angemerkt, dass sich der Vergleich der Stiftungsleistungen i.S. des § 58 Nr. 5 AO mit Sozialhilfeleistungen allein auf den Subsidiaritätsgedanken als *tertium comparationis* bezieht und keine Aussage über die betragsmäßige Höhe trifft.

Wie anfangs der Arbeit erwähnt,[311] ist der Umstand, dass § 58 Nr. 5 AO in der Praxis nur äußerst selten angewendet wird, zumindest auch auf die bestehende Rechtsunsicherheit bei seiner Auslegung zurückzuführen. Damit kommt im Zusammenhang mit der Anreizfunktion neben dem rein materiellen Element dem Aspekt der Rechtssicherheit zentrale Funktion zu. § 58 Nr. 5 AO wird seiner Anreizfunktion umso besser gerecht, je eher ein potenzieller Stifter Klarheit über Inhalt und Reichweite der in dieser Vorschrift verankerten Grenzen hat. Gerade bei der Auslegung des unbestimmten Rechtsbegriffs der „nächsten Angehörigen" und des Tatbestandsmerkmals „in angemessener Weise" muss dem Aspekt der Rechtssicherheit besondere Bedeutung zukommen, soll der Lenkungszweck des § 58 Nr. 5 AO so erfolgreich wie möglich erfüllt werden.

---

309 Siehe oben S. 75 (unter Zweiter Teil, Dritter Abschnitt, A. IV. 1.).

310 Siehe §§ 2 Abs. 1, 19 Abs. 1 Satz 1 SGB XII: „Nachrang der Sozialhilfe".

311 Siehe oben S. 14 (unter Erster Teil, B. III.).

B. Die privatnützige Versorgung der Stifterfamilie aus belastetem Stiftungsvermögen

I. Fragestellung: Zulässigkeit einer Nettobetrachtung auf Ertragsebene?

Anfangs der Arbeit[312] wurde die Frage aufgeworfen, ob der Stifter durch geschickte Gestaltung erreichen kann, dass Stiftungsleistungen an Mitglieder der Stifterfamilie gar keine Einkommensverwendung i.S. des § 58 Nr. 5 AO darstellen, folglich von vornherein nicht den in dieser Vorschrift verankerten Grenzen unterliegen, mithin sowohl dem Grunde als auch der Höhe nach unbeschränkt unschädlich sind.

Wie bereits festgestellt,[313] hat § 58 Nr. 5 AO Ausnahmecharakter. Folglich ist § 58 Nr. 5 AO mit seinen Beschränkungen überhaupt erst dann anwendbar, wenn eine Stiftungsleistung gegen die mit § 58 Nr. 5 AO korrespondierenden Grundsatzvorschriften verstößt. Damit stellt sich die Frage, ob und unter welchen Voraussetzungen die Verwendung laufender Erträge aus dem Stiftungsvermögen zur privatnützigen Versorgung der Stifterfamilie gar nicht erst gegen den Ausschließlichkeitsgrundsatz des § 56 AO und gegen die Vorschriften des § 55 Abs. 1 Nr. 1 Satz 1 und 2 sowie Nr. 3, 1. Var. und Nr. 5 Satz 1 AO verstößt.

Nach dem Wortlaut des § 58 Nr. 5 AO ist es unschädlich, wenn eine Stiftung zur privatnützigen Versorgung des Stifters und seiner nächsten Angehörigen bis zu einem Drittel „ihres Einkommens [..] verwendet". § 58 Nr. 5 AO setzt also voraus, dass eine Stiftung in einem ersten Schritt in eigener Person („ihr") Einkommen bildet und in einem zweiten Schritt dieses Einkommen „verwendet". Unter Berücksichtigung ertragsteuerlicher Regeln könnte der Stifter die Anwendung des § 58 Nr. 5 AO umgehen, indem er den zu versorgenden Personen ein dingliches oder obligatorisches Nutzungsrecht an Teilen des Stiftungsvermögens derart einräumt, dass die erwirtschafteten Erträge nicht der Stiftung, sondern dem jeweiligen Nutzungsberechtigten als originär eigene Einkünfte zuzurechnen sind. Die Belastung des Stiftungsvermögens stünde allein unter dem stiftungs-*zivilrechtlichen* Vorbehalt, dass erstens die Erträge aus dem nichtbelasteten

312 Siehe oben S. 13 (unter Erster Teil, B. III.).

313 Siehe oben S. 56 - 59 (unter Zweiter Teil, Dritter Abschnitt, A. II. 1. a)).

Vermögen zur Erfüllung der steuerbegünstigten Stiftungszwecke ausreichen und zweitens das zunächst belastete Vermögen nach Erlöschen der Belastung für steuerbegünstigte Zwecke verwendet wird.[314]

Die Berücksichtigung der ertragsteuerlichen Regeln zur Einkünftezurechnung wirft die Frage auf, ob der Stifter die umfassende privatnützige Versorgung seiner Familie auch über die Anordnung von Vermächtnissen und Auflagen sicherstellen kann. Zwar würden die zu ihrer Erfüllung eingesetzten Beträge aus Einnahmen aufgebracht, die möglicherweise der Stiftung originär zuzurechnen, also möglicherweise Bestandteil „ihres Einkommens" sind und folglich den Grenzen des § 58 Nr. 5 AO unterliegen. Allerdings könnte man erwägen, vermächtnis- und auflagenangeordnete Stiftungsleistungen unter dem Aspekt der wirtschaftlichen Vergleichbarkeit mit Nutzungsrechten an Teilen des Stiftungsvermögens als unschädlich zu behandeln. Die Erfüllung privatnütziger Vermächtnisse und Auflagen aus den laufenden Stiftungserträgen stünde dann allein unter dem stiftungs*zivilrechtlichen* Vorbehalt, dass zur Verfolgung der steuerbegünstigten Zwecke ausreichende finanzielle Mittel vorhanden sind.

II. Die Zulässigkeit einer Nettobetrachtung in der Diskussion – Darstellung und kritische Analyse des Meinungsstands

Vor der Unterbreitung eines eigenen Lösungsvorschlags sollen die unterschiedlichen Auffassungen und Begründungen in Rechtsprechung, Verwaltungspraxis und Literatur zur Frage der gemeinnützigkeitsrechtlichen Zulässigkeit einer Nettobetrachtung dargestellt und kritisch kommentiert werden.

---

314 Siehe oben S. 30 (unter Zweiter Teil, Erster Abschnitt, B. II.).

1. Die Rechtsprechung

a) Die Rechtsprechung des Reichsfinanzhofs

Die im Folgenden skizzierte Rechtsprechung des Reichsfinanzhofs erging zur Rechtslage vor Inkrafttreten der Gemeinnützigkeitsverordnung von 1941, als die steuerliche Gemeinnützigkeit noch in den Einzelsteuergesetzen geregelt war und es eine dem heutigen § 58 Nr. 5 AO entsprechende Vorschrift nicht gab.[315]

aa) Die Urteile vom 8. 1. und 26. 7. 1929

Im Urteil vom 8. Januar 1929[316] verneinte der I. Senat des Reichsfinanzhofs die steuerliche Gemeinnützigkeit einer Stiftung mit der Begründung, angesichts der erfolgten Rentenzahlungen an die beiden Stifter diene die Stiftung nicht ausschließlich steuerbegünstigten Zwecken.[317]

Nach dem in der Diktion ähnlichen Urteil des I. Senats vom 26. Juli 1929[318] verstoßen Aufwendungen einer Stiftung zur satzungsmäßig angeordneten Erhaltung mehrerer Familiengrabstätte gegen das Gebot der Ausschließlichkeit, weil der Stifter seine Stiftung nicht nur zur Verfolgung steuerbegünstigter Zwecke, sondern zusätzlich – wenn auch als Nebenaufgabe gedacht – für die Erhaltung der Familiengrabstätten „dienstbar“ machen wollte.[319]

---

315 Siehe dazu oben S. 51 f. (unter Zweiter Teil, Dritter Abschnitt, A. I. 1.).

316 RFH, RStBl. 1929, 143 (zu § 9 Abs. 1 Nr. 7 KStG 1925).

317 RFH, RStBl. 1929, 143.

318 RFH, RStBl. 1929, 519 (zu § 4 Abs. 1 Nr. 6 VStG 1925).

319 RFH, RStBl. 1929, 519.

bb) Das Urteil vom 12. 1. 1933

Dem Urteil des III. Senats des Reichsfinanzhofs vom 12. Januar 1933[320] lag der Fall zugrunde, dass das Preußische Staatsministerium als zuständige Stiftungsbehörde einer Stiftung mit steuerbegünstigtem Zweck die Genehmigung unter der Auflage erteilt hatte, aus dem ihr von Todes wegen gewidmeten Vermögen Abfindungssummen und Leibrenten an namentlich benannte Verwandte der Erblasserin zu zahlen.

Anders als der I. Senat in den beiden vorstehend zitierten Entscheidungen bejahte der III. Senat hier die steuerliche Gemeinnützigkeit der Stiftung. Die Stiftung habe ausschließlich steuerbegünstigte Stiftungszwecke verfolgt. Dem stünde die Auszahlung der privatnützigen Abfindungssummen und Leibrenten nicht entgegen, da diese nicht auf einem Stiftungszweck, sondern auf einer (staatlich angeordneten) Auflage beruhten. Die Auflage sei ein „Opfer [..], das gebracht werden mußte, um der Stiftung zur Entstehung zu verhelfen", und im Ergebnis genauso gemeinnützigkeitsunschädlich wie laufende Verwaltungskosten.[321]

Nach Auffassung des III. Senats minderte die staatlich angeordnete Rentenauflage zum einen die Erstausstattung der Stiftung um den Wert der Abfindungssummen, zum anderen die laufenden Erträge, die der Stiftung nach Abzug der Rentenzahlungen zur Erfüllung ihrer steuerbegünstigten Zwecke zur Verfügung standen.[322] Damit nahm der III. Senat des Reichsfinanzhofs erstmals eine umfassende, sowohl die Vermögens- als auch die Ertragssphäre einbeziehende Nettobetrachtung vor.

Die Begründung des III. Senats für die Annahme einer umfassenden, auch die Ertragsebene einbeziehenden Nettobetrachtung ist nicht unbedenklich. Zwar bestand die Besonderheit des Falles darin, dass die Rentenauflage

---

320 RFH, RStBl. 1933, 193 (zu § 4 Abs. 1 Nr. 6 VStG 1931).
Nicht richtig ist die Behauptung des Finanzgerichts München im Urteil vom 12. Januar 1995, EFG 1995, 650, die Entscheidung des Reichsfinanzhofs vom 12. Januar 1933 sei zur Gemeinnützigkeitsverordnung von 1941 ergangen. Diese trat erst am 1. Januar 1942 in Kraft. Siehe oben S. 52 (unter Zweiter Teil, Dritter Abschnitt, A. I. 2.).

321 RFH, RStBl. 1933, 193, 194.

322 RFH, RStBl. 1933, 193, 194.

durch den Staat angeordnet worden war. Möglicherweise hätte der III. Senat die Anerkennung der Stiftung als steuerlich gemeinnützig in Anlehnung an die Urteile des I. Senats aus dem Jahr 1929 verneint, wenn der Stifter selbst die Auflage angeordnet oder die Stiftung sie „freiwillig übernommen" hätte.[323] Aber auch unter Vernachlässigung der Urheberschaft der Rentenauflage ist der Vergleich der Rentenzahlungen mit laufenden Verwaltungskosten angreifbar, weil er Aspekte der Einkünfteerzielung und der Einkommensverwendung systematisch inkorrekt vermengt. Weiterhin ist das unausgesprochene Verständnis des Gemeinnützigkeitsstatus als „Geburtshilfe" bedenklich, weil die Rechtsform Stiftung, wie erwähnt,[324] *per definitionem* nicht auf die Erfüllung öffentlicher oder gar steuerbegünstigter Zwecke angelegt ist.

cc) Das Urteil vom 24. 9. 1937

Das Urteil des VI. Senats des Reichsfinanzhofs vom 24. September 1937[325] betraf den Fall, dass ein Stifter seine bereits zu Lebzeiten errichtete[326] und mit Vermögen ausgestattete Stiftung mit steuerbegünstigter Zwecksetzung testamentarisch zur Alleinerbin einsetzte und sie unter anderem mit der Zahlung von Leibrenten an elf namentlich benannte Personen oder bei Vorversterben an deren Kinder beschwerte. Dafür und für die ebenfalls vorgesehene Grabpflege sollte die Stiftung nicht mehr als die Hälfte der aus dem Nachlassvermögen erwirtschafteten Erträge verwenden. Für die gemeinnützigen Zwecke verblieben der Stiftung demnach mindestens die Hälfte der laufenden Erträge aus dem Nachlassvermögen und sämtliche Erträge aus der Erstausstattung.

---

323 *Seweloh*, StuW II 1933, 361, 362.

324 Siehe oben S. 20 (unter Zweiter Teil, Erster Abschnitt, A. II.).

325 RFH, RStBl. 1937, 1104 (zu § 4 Abs. 1 Nr. 6 Satz 1 KStG 1934).

326 Vgl. *Berndt*, Stiftung, Rn. 1167: unter Bezugnahme auf dieses Urteil begründeten „im Stiftungsgeschäft" ausbedungene Auflagen etc. zu privatnützigen Rentenzahlungen an Mitglieder der Stifterfamilie einen Verstoß gegen den Ausschließlichkeitsgrundsatz.

Der VI. Senat nahm ab dem Zeitpunkt der Annahme der Erbschaft durch die Stiftung[327] einen Verstoß gegen das Ausschließlichkeitsgebot an:

> „Es ist nicht richtig, daß die Erfüllung dieser Aufgaben [*scil.:* die Zahlung der Leibrenten] den ursprünglichen alleinigen [*scil.:* gemeinnützigen] Stiftungszweck unberührt lasse. Es handelt sich insoweit nicht um die bloße Bereinigung einer Nachlaßverbindlichkeit, sondern um eine Erweiterung der laufenden Stiftungsaufgaben. [...] Für diese Tätigkeiten muß sie laufend einen Teil ihres Verwaltungsapparats bereitstellen. Aus den Umständen des Falls ist auch zu entnehmen, daß der Erblasser die Stiftung nicht lediglich mit einer Schuldverbindlichkeit hat belasten wollen, sondern daß sein Wille dahingegangen ist, sich ihrer unter Erweiterung ihres laufenden Aufgabenkreises zur Ausführung seines letzten Willens zu bedienen."[328]

Damit rückte der VI. Senat von der Entscheidung des III. Senats vom 12. Januar 1933 und der Betrachtung des Stiftungsvermögens wie des laufenden Stiftungseinkommens als Nettogrößen wieder ab.[329]

b) Die Rechtsprechung zu § 58 Nr. 5 AO

aa) Das Urteil des FG München vom 12. 1. 1995

In dem dem Urteil des Finanzgerichts München vom 12. Januar 1995[330] zugrunde liegenden Fall hatte ein Unternehmer seine Ehefrau testamentarisch zur Alleinerbin eingesetzt und sie mit dem Vermächtnis beschwert, das im Nachlass vorhandene Betriebsvermögen in eine GmbH einzu-

---

327 Annahme und Ausschlagung der Stiftung sind zwar bei einer Erstausstattung von Todes wegen nicht möglich, da sie sich anderenfalls „ihrer eigenen Existenzgrundlage berauben würde", wohl aber bei einer letztwilligen Zustiftung. Siehe dazu MünchKomm/*Reuter* § 83 BGB Rn. 6.

328 RFH, RStBl. 1937, 1104.

329 Zustimmend *Kaase*, DB 1956, 1139.

330 FG München, EFG 1995, 650.

bringen und deren Anteile auf eine noch zu errichtende rechtsfähige Stiftung mit ausschließlich gemeinnützigen Zwecken zu übertragen. Die später errichtete Stiftung war durch Anordnung eines Untervermächtnisses[331] verpflichtet, der Ehefrau des verstorbenen Unternehmers eine monatliche Rente zu zahlen. Nach den Feststellungen des Finanzgerichts schüttete die GmbH in den Streitjahren keine Gewinne aus; die gesamten Einnahmen der Stiftung waren niedriger als ihre Verwaltungskosten, so dass sich nach deren Abzug jeweils negative Einkünfte ergaben. Dennoch zahlte die Stiftung der Ehefrau die Rente – bis zu 230.000 DM pro Jahr – aus. Die genaue Herkunft der zur Rentenzahlung aufgebrachten finanziellen Mittel lässt sich dem Urteilstatbestand nicht entnehmen. Mit Blick auf die unterbliebenen Ausschüttungen der GmbH musste die Rente vollständig aus liquidem Stiftungsvermögen finanziert worden sein.

Das Finanzgericht München verneinte die steuerliche Gemeinnützigkeit der Stiftung „wegen Verstoßes gegen das Gebot der Ausschließlichkeit“[332] – mit der Folge, dass die Stiftung in den auf die Verlustjahre folgenden Streitjahren mangels Steuerbefreiung subjektiv vermögensteuerpflichtig war.[333]

Das Finanzgericht München führte aus, nach dem in § 58 Nr. 5 AO ausgedrückten Willen des Gesetzgebers müsse einer Stiftung zur Erfüllung ihrer satzungsmäßigen steuerbegünstigten Zwecke ihre Vermögenssubstanz ungeschmälert und ihr laufendes „Einkommen“ weitgehend, also zumindest in Höhe von zwei Dritteln, zur Verfügung stehen. Demnach sei die Anerkennung als steuerlich gemeinnützig ausgeschlossen, wenn die Stiftung für privatnützige Unterhaltszahlungen an die Stifterfamilie entweder betragsmäßig mehr als ein Drittel ihres laufenden „Einkommens“ oder Vermögenssubstanz, zum Beispiel aus früheren Einkünften gebildete

---

331 Die Qualifikation der Rechtsgrundlage für die Rentenzahlungen erfolgte erst im zweiten Rechtsdurchgang. Siehe FG München, EFG 2000, 774, 774.

332 FG München, EFG 1995, 650, 650. Es sei wiederholt darauf hingewiesen, dass das Finanzgericht München in § 58 Nr. 5 AO eine „Konkretisierung“, nicht aber einen Ausnahmetatbestand zu § 56 AO sieht. Siehe oben S. 57 (unter Zweiter Teil, Dritter Abschnitt, A. II. 1. a)).

333 Siehe §§ 1 Abs. 1 Nr. 2 Buchstabe d, 3 Abs. 1 Nr. 12 Satz 1 VStG i.d.F. vom 14. 11. 1990, BGBl. I 1990, 2467 = BStBl. I 1990, 780.

Mittel, verwendet.[334] Dabei versteht das Finanzgericht München das „Einkommen" i.S. des § 58 Nr. 5 AO aus Praktikabilitätsgründen lediglich als „rechnerische Größe". Es komme nicht auf die nur schwer nachprüfbare Herkunft der eingesetzten Mittel, sondern allein auf die betragsmäßige Einhaltung der Ein-Drittel-Grenze an – eine Betrachtung, die das Finanzgericht technisch durch die fiktive Annahme der vorrangigen Verwendung der laufenden Erträge erreicht.[335]

Der Kern der Urteilsbegründung bezieht sich auf den Zeitpunkt, in dem die rechtliche Verpflichtung zur Rentenzahlung entstanden ist. § 58 Nr. 5 AO, so das Finanzgericht München, unterscheide nicht danach, ob Versorgungsleistungen auf einer der Stiftung bereits *von Anfang an* auferlegten oder erst *später* eingegangenen Verpflichtung beruhen oder gar „freiwillig" erfolgen. Das Erfordernis der steuerlichen Gleichbehandlung aller drei Fälle ergebe sich aus der Überlegung, dass der Stiftung stets Mittel „entzogen" würden, die ihr zur Verfolgung der satzungsmäßigen steuerbegünstigten Zwecke nicht (mehr) zur Verfügung stünden.[336]

Im Anschluss daran setzte sich das Finanzgericht München mit dem bereits diskutierten Urteil des Reichsfinanzhofs vom 12. Januar 1933 auseinander.[337] Das Finanzgericht München meinte sinngemäß, dass jenes RFH-Urteil „überholt" sei, weil die Vornahme von Unterhaltsleistungen an Mitglieder der Stifterfamilie früher nicht normiert war, heute hingegen an die Grenzen des § 58 Nr. 5 AO gebunden ist. Dazu sei zunächst kritisch angemerkt, dass das Finanzgericht München die Besonderheit jenes Falles, *i.e.* die Anordnung der Rentenauflage durch den Staat, außer Acht lässt. Im Übrigen bestätigen seine Ausführungen im Zusammenhang mit jenem RFH-Urteil die bereits geäußerte Vermutung,[338] dass es § 58 Nr. 5 AO nicht als Ausnahmetatbestand versteht. Denn folgt man den vorstehend diskutierten, vom Finanzgericht München nicht einmal erwähnten Urteilen

---

334 FG München, EFG 1995, 650, 650 f.

335 FG München, EFG 1995, 650, 651.

336 FG München, EFG 1995, 650, 651. So bereits früher *Kaase*, DB 1956, 1139.

337 Entgegen der Behauptung des Finanzgerichts erging jenes Urteil nicht zur Gemeinnützigkeitsverordnung von 1941 – diese trat erst am 1. Januar 1942 in Kraft –, sondern zu § 4 Abs. 1 Nr. 6 VStG 1931.

338 Siehe oben S. 57 (unter Zweiter Teil, Dritter Abschnitt, A. II. 1. a)).

des Reichsfinanzhofs aus den Jahren 1929 und 1937, stellten privatnützige Rentenzahlungen aufgrund einer vom Stifter angeordneten Auflage bereits vor Inkrafttreten des § 5 Nr. 3 GemV 1941 einen – sogar ausnahmslosen – Verstoß gegen den Ausschließlichkeitsgrundsatz dar.

bb) Das Urteil des Bundesfinanzhofs vom 21. 1. 1998

Im Revisionsurteil vom 21. Januar 1998 widersprach der für die Vermögensteuer zuständige[339] II. Senat des Bundesfinanzhofs dem Kernsatz der Urteilsbegründung des Finanzgerichts München:

> „Verbindlichkeiten, die in Ausführung des Stiftungsgeschäftes auf die Stiftung übergehen, mindern von vornherein das der Stiftung zugewendete Vermögen; der zur Erfüllung derartiger Ansprüche notwendige Teil des Stiftungsvermögens steht den satzungsmäßigen Zwecken der Stiftung von Anfang an nicht zur Verfügung.[340]
>
> [...]
>
> Schädlich können solche Zahlungen [*scil.*: der monatlichen Rente an die Ehefrau des Stifters] allerdings nur sein, wenn die Körperschaft ihre eigenen Mittel, d.h. das dem satzungsmäßigen Zweck zur Verfügung stehende Vermögen und die Erträgnisse hieraus für solche nicht satzungsmäßigen Zwecke verwendet."[341]

In der Urteilsbegründung zieht der II. Senat zunächst – ähnlich wie der Reichsfinanzhof in der Entscheidung vom 12. Januar 1933[342] – eine Parallele zu den Aufwendungen zum Erwerb, zur Sicherung und Verwaltung des Stiftungsvermögens. Diese Aufwendungen stünden – soweit der Höhe nach angemessen – ebenfalls nicht zur Erfüllung der satzungs-

---

339 Siehe den Geschäftsverteilungsplan des Bundesfinanzhofs für das Jahr 1995 in BFHE 178, S. VI (unter II. Senat, Nr. 5).

340 BFH, BStBl. II 1998, 758, 758 (Ls. 1).

341 BFH, BStBl. II 1998, 758, 759.

342 Siehe oben S. 82 f. (unter Zweiter Teil, Dritter Abschnitt, B. II. 1. a) bb)).

mäßigen steuerbegünstigten Zwecke zur Verfügung[343] – eine Argumentation, die Aspekte der Einkünfteerzielung und der Einkommensverwendung systematisch inkorrekt vermengt.

Im weiteren Verlauf der Urteilsbegründung stützte der II. Senat seine Entscheidung auf das Gebot der steuerlichen Gleichbehandlung wirtschaftlich vergleichbarer Fälle. Die Erfüllung von Verbindlichkeiten, die in Ausführung des Stiftungsgeschäfts auf die Stiftung übergehen, stünde der Anerkennung als steuerlich gemeinnützig ebenso wenig entgegen wie diejenigen Gestaltungen, in denen der Stifter bei Stiftungserrichtung „Teile seines Vermögens zurückbehält" oder sich oder ihm nahestehenden Personen einen Nießbrauch an einem Teil des gestifteten Vermögens einräumt. In allen Fällen sei das an sich zur Erfüllung der steuerbegünstigten Zwecke gedachte Vermögen von Anfang an um die jeweiligen Ansprüche Dritter ermäßigt. Diese Argumentation lässt Parallelen zum Urteil des Reichsfinanzhofs vom 12. Januar 1933 erkennen. Privatnützige Versorgungsleistungen zur Erfüllung jener Verbindlichkeiten stellten, so der II. BFH-Senat, „nicht eigene, in die Dispositionsfreiheit der Stiftung fallende Verfügungen" dar; niemand werde aus dem „an den Stiftungszweck gebundenen Vermögen (maßgebliches Nettovermögen) der Stiftung" begünstigt.[344]

Unter methodischem Gesichtspunkt konnte der II. Senat zu dieser Nettobetrachtung gelangen, indem er den Begriff der „Mittel" i.S. des § 55 Abs. 1 Nr. 1 Satz 1 AO restriktiv auslegte. „Mittel", die zugunsten der steuerbegünstigten Zwecke eingesetzt werden müssen, seien nur die „eigenen Mittel", also nur diejenigen Vermögensbestandteile und Erträge, die den steuerbegünstigten Zwecken *nach* Erfüllung privatnütziger Verpflichtungen zur Verfügung stehen.

343 BFH, BStBl. II 1998, 758, 759.

344 BFH, BStBl. II 1998, 758, 759.

cc) Das Urteil des FG München vom 24. 2. 2000

Im zweiten Durchgang des Verfahrens vor dem Finanzgericht München[345] wies das beteiligte Finanzamt auf das Urteil des I. Senats des Bundesfinanzhofs vom 24. März 1993 zu § 10 Nr. 1 Satz 1 KStG[346] hin. Nach § 10 Nr. 1 Satz 1 KStG sind bei der Ermittlung des körperschaftsteuerpflichtigen Einkommens nichtabziehbar auch die Aufwendungen für die Erfüllung von Zwecken des Steuerpflichtigen, die durch Stiftungsgeschäft, Satzung oder sonstige Verfassung vorgeschrieben sind.

Nach dem zweiten Leitsatz der vorstehend genannten BFH-Entscheidung gilt das körperschaftsteuerliche Abzugsverbot gemäß § 10 Nr. 1 Satz 1 KStG zumindest dann auch für *testamentarisch* angeordnete Leistungen, wenn diesen neben den im Stiftungsgeschäft genannten Aufgaben „eine erhebliche wirtschaftliche Bedeutung" zukommt.[347] Den Aspekt der „erheblichen wirtschaftlichen Bedeutung" aufgreifend, beurteilte das Finanzamt die Rentenzahlungen an die Ehefrau des Stifters auf Grundlage des Untervermächtnisses als „selbständigen", privatnützigen Zweck der Stiftung, dessen Verfolgung gegen den Ausschließlichkeitsgrundsatz verstoße.[348] Das Finanzgericht München sah zwischen dem Revisionsurteil des II. Senats vom 21. Januar 1998 und dem vorstehend zitierten Urteil des I. Senats vom 24. März 1993 einen klärungsbedürftigen Gegensatz und ließ wegen grundsätzlicher Bedeutung der Sache erneut die Revision zu, auf deren Einlegung das Finanzamt allerdings verzichtete.

Die Urteilsbegründung brachte dem Finanzgericht München vereinzelt die Kritik ein, zwischen den beiden genannten BFH-Urteilen könne schon deshalb kein Widerspruch bestehen, weil die Entscheidung des I. Senats vom 24. März 1993 lediglich die Abziehbarkeit von Rentenzahlungen bei

---

345 Ein zweiter Verfahrensgang war notwendig geworden, weil der Bundesfinanzhof die Sache im Revisionsverfahren nicht für spruchreif hielt. Er gab dem Finanzgericht München auf, den genauen Inhalt sowohl des Stiftungsgeschäfts als auch des Testaments festzustellen und zu prüfen, ob und auf welche Weise die Verpflichtung zur Zahlung der monatlichen Rente auf die Stiftung übergegangen war. Siehe BFH, BStBl. II 1998, 758, 759.

346 BFH, BStBl. II 1993, 637.

347 BFH, BStBl. II 1993, 637, 637 (Ls. 2).

348 Siehe FG München, EFG 2000, 774, 774 f.

der Körperschaftsteuer, nicht jedoch Fragen des Gemeinnützigkeitsrechts betraf.[349] Dieser Kritik ist jedoch entgegenzuhalten, dass sich dem Urteil vom 24. März 1993 *mittelbar* entnehmen lässt, dass die Stiftung nicht als steuerlich gemeinnützig anerkannt war. Anderenfalls hätte sich die Frage der Anwendbarkeit des § 10 Nr. 1 Satz 1 KStG nicht gestellt, zumal die Stiftung keinen wirtschaftlichen Geschäftsbetrieb unterhielt, mit dem sie gemäß § 5 Abs. 1 Nr. 9 Satz 2 KStG partiell subjektiv körperschaftsteuerpflichtig hätte sein können.[350]

2. Die Auffassung der Finanzverwaltung

a) Der Nichtanwendungserlass vom 6. 11. 1998

Die Finanzverwaltung reagierte auf das vorstehend diskutierte Urteil des Bundesfinanzhofs vom 21. Januar 1998 mit dem Nichtanwendungserlass vom 6. November 1998. Danach wendet die Finanzverwaltung die höchstrichterlichen Grundsätze über den entschiedenen Einzelfall hinaus nicht an, soweit diese gegen die Ausführungen im AO-Anwendungserlass stehen.[351]

Die Finanzverwaltung kritisiert zunächst, der II. BFH-Senat differenziere in unzulässiger Weise nicht zwischen der Erfüllung der Rentenansprüche aus dem übertragenen Vermögen einerseits und aus den laufenden Erträgen des Stiftungsvermögens andererseits.[352] Kritik richtet sich weiterhin gegen die im Ergebnis gemeinnützigkeitsrechtliche Gleichstellung privatnütziger Leistungsverpflichtungen, die auf dem Stiftungsvermögen lasten, einerseits und Nießbrauchsgestaltungen andererseits. Im dritten Kritikpunkt nimmt die Finanzverwaltung Anstoß daran, dass die Stiftung nach dem Urteil des II. Senats als steuerlich gemeinnützig anerkannt werden sollte, obwohl sie

---

349 Z.B. Dötsch/Eversberg/Jost/Pung/Witt/*Jost* § 5 Abs. 1 Nr. 9 KStG n.F. Rn. 63.

350 Das Stiftungsvermögen bestand nach Feststellung des Bundesfinanzhofs „im wesentlichen aus umfangreichem Grundbesitz [...], der Miet- und Pachterträge abwirft." Siehe BFH, BStBl. II 1993, 637, 637.

351 BMF, BStBl. I 1998, 1446.

352 Zustimmend Hübschmann/Hepp/Spitaler/*Fischer* § 58 AO Rn. 71.

in sämtlichen Streitjahren keine finanziellen Mittel zugunsten ihrer steuerbegünstigten Zwecke verwendet hatte.

b) Der AO-Anwendungserlass vom 24. 9. 1987

Die Ausführungen der Finanzverwaltung im AO-Anwendungserlass beziehen sich überwiegend auf die Herkunft derjenigen finanziellen Mittel, die zur Erfüllung privatnütziger Leistungsverpflichtungen eingesetzt werden.

Während sich der AO-Einführungserlass vom 1. Oktober 1976 noch jeglicher Stellungnahme enthielt, wurde die hier diskutierte Problematik erstmals im AO-Anwendungserlass vom 24. September 1987 angesprochen. Die Ausführungen waren dato in Textziffer 5 zu § 58 Nr. 5 AO positioniert, galten nach ihrem Wortlaut („Körperschaften") aber nicht nur für Stiftungen, sondern für sämtliche Körperschaftsteuersubjekte mit steuerbegünstigter Zwecksetzung. Danach durften laufende Erträge zur Erfüllung von Verbindlichkeiten, die auf dem zugewendeten Vermögen lasten, dann – aber auch nur dann – verwendet werden, wenn „keine ausreichenden flüssigen Vermögensmittel" vorhanden waren.[353] Damit erkannte die Finanzverwaltung zugleich unausgesprochen an, dass eine in bilanzieller Betrachtungsweise lediglich eingeschränkte Vermögensdotation zugunsten steuerbegünstigter Zwecke der Anerkennung als steuerlich gemeinnützig nicht entgegensteht. Diese auf die Vermögenssphäre beschränkte Nettobetrachtung wurde von Vertretern des Stiftungswesens als Schritt „in die richtige Richtung" begrüßt.[354]

---

353 BMF, AEAO Tz. 5 zu § 58 Nr. 5 AO, BStBl. I 1987, 664, 675.

354 *Arbeitsgemeinschaft Deutscher Stiftungen – Bundesverband –/ Verband Deutscher Wohltätigkeitsstiftungen*, Jahrestagung 1988, S. 14. Vgl. *dies.*, Jahrestagung 1987, S. 20 f.

c) Die AO-Anwendungserlasse vom 8. 1. 1996, 15. 7. 1998 und 10. 9. 2002

Der derzeit geltende AO-Anwendungserlass vom 10. September 2002 behandelt die hier diskutierte Problematik wie die vorherigen Erlasse vom 8. Januar 1996 und 15. Juli 1998 – nunmehr systematisch korrekt – in drei Textziffern zu § 55 Abs. 1 Nr. 1 AO. Hingegen enthält Textziffer 5 zu § 58 Nr. 5 AO nunmehr lediglich einen Verweis auf jene drei Abschnitte:

> „Zur steuerrechtlichen Beurteilung von Ausgaben für die Erfüllung von Verbindlichkeiten, die durch die Übertragung von belastetem Vermögen begründet worden sind, wird auf die Nummern 12 bis 14 zu § 55 hingewiesen.“[355]

In den Textziffern 12 bis 14 zu § 55 Abs. 1 Nr. 1 AO äußert sich die Finanzverwaltung wie folgt:

> „Ist einer Körperschaft zugewendetes Vermögen mit vor der Übertragung wirksam begründeten Ansprüchen (z.B. Nießbrauch, Grund- oder Rentenschulden, Vermächtnisse aufgrund testamentarischer Bestimmungen des Zuwendenden) belastet, deren Erfüllung durch die Körperschaft keine nach wirtschaftlichen Grundsätzen abgewogene Gegenleistung für die Übertragung des Vermögens darstellt, mindern die Ansprüche das übertragene Vermögen bereits im Zeitpunkt des Übergangs. Wirtschaftlich betrachtet wird der Körperschaft nur das nach der Erfüllung der Ansprüche verbleibende Vermögen zugewendet. Die Erfüllung der Ansprüche aus dem zugewendeten Vermögen ist deshalb keine Zuwendung i.S. des § 55 Abs. 1 Nr. 1. Dies gilt auch, wenn die Körperschaft die Ansprüche aus ihrem anderen zulässigen Vermögen einschließlich der Rücklage nach § 58 Nr. 7 Buchstabe a erfüllt.
>
> Soweit die vorhandenen flüssigen Vermögensmittel nicht für die Erfüllung der Ansprüche ausreichen, darf die Körperschaft dafür auch Erträge verwenden. Ihr müssen jedoch ausreichende Mittel

---

[355] BMF, AEAO Tz. 5 Satz 7 zu § 58 Nr. 5 AO, BStBl. I 2002, 867, 877. Früher bereits BMF, AEAO Tz. 5 zu § 58 Nr. 5 AO, BStBl. I 1996, 74, 77, mit Verweis auf Tz. 5 bis 7 zu § 55 AO; BMF, AEAO Tz. 5 zu § 58 Nr. 5 AO, BStBl. I 1998, 630, 664, mit Verweis auf Tz. 5 bis 7 zu § 55 Abs. 1 Nr. 1 AO.

für die Verwirklichung ihrer steuerbegünstigten Zwecke verbleiben. Diese Voraussetzung ist als erfüllt anzusehen, wenn für die Erfüllung der Verbindlichkeiten höchstens ein Drittel des Einkommens der Körperschaft verwendet wird. Die Ein-Drittel-Grenze umfasst bei Rentenverpflichtungen nicht nur die über den Barwert hinausgehenden, sondern die gesamten Zahlungen. Sie bezieht sich auf den Veranlagungszeitraum.

§ 58 Nr. 5 enthält eine Ausnahmeregelung zu § 55 Abs. 1 Nr. 1 für Stiftungen. Diese ist nur anzuwenden, wenn eine Stiftung Leistungen erbringt, die dem Grunde nach gegen § 55 Abs. 1 Nr. 1 verstoßen, also z.B. freiwillige Zuwendungen an den in § 58 Nr. 5 genannten Personenkreis leistet oder für die Erfüllung von Ansprüchen dieses Personenkreises aus der Übertragung von Vermögen nicht das belastete oder anderes zulässiges Vermögen, sondern Erträge einsetzt. Im Unterschied zu anderen Körperschaften kann eine Stiftung unter den Voraussetzungen des § 58 Nr. 5 auch dann einen Teil ihres Einkommens für die Erfüllung solcher Ansprüche verwenden, wenn ihr dafür ausreichende flüssige Vermögensmittel zur Verfügung stehen. Der Grundsatz, dass der wesentliche Teil des Einkommens für die Verwirklichung der steuerbegünstigten Zwecke verbleiben muss, gilt aber auch für Stiftungen. Daraus folgt, dass eine Stiftung insgesamt höchstens ein Drittel ihres Einkommens für unter § 58 Nr. 5 fallende Leistungen und für die Erfüllung von anderen durch die Übertragung von belastetem Vermögen begründeten Ansprüchen verwenden darf.“[356]

Für das Verständnis der Auffassung der Finanzverwaltung grundlegend sind die Ausführungen in Textziffer 14 Satz 2 und 5:

– Aus dem Beispiel in Satz 2 geht hervor, dass die Finanzverwaltung die Erfüllung privatnütziger Verpflichtungen unter Verwendung laufender Erträge schlechthin als Verstoß gegen § 55 Abs. 1 Nr. 1 AO ansieht und folglich den Grenzen des § 58 Nr. 5 AO unterwirft.[357]

---

356 BMF, AEAO Tz. 12 bis 14 zu § 55 Abs. 1 Nr. 1 AO, BStBl. I 2002, 867, 874.

357 BMF, AEAO Tz. 14 Satz 2 zu § 55 Abs. 1 Nr. 1 AO, BStBl. I 2002, 867, 874.

- Aus Satz 5 ergibt sich, dass die Finanzverwaltung eine Stiftung nur dann als steuerlich gemeinnützig anerkennt, wenn diese zur Erfüllung privatnütziger Verpflichtungen *und* für Leistungen i.S. des § 58 Nr. 5 AO *insgesamt* nicht mehr als ein Drittel ihres Einkommens verwendet.[358]

Im Anschluss an die zusammenhängende Zitierung der einschlägigen Textziffern sollen einige Passagen erläutert und kritisch analysiert werden:

In Textziffer 5 zu § 58 Nr. 5 AO, der unter anderem auf Textziffer 12 zu § 55 Abs. 1 Nr. 1 AO verweist, spricht die Finanzverwaltung von „*Verbindlichkeiten*, die *durch* die Übertragung von *belastetem* Vermögen *begründet* worden sind".[359] Hingegen spricht die Finanzverwaltung in jener Textziffer 12, auf die verwiesen wird, von „*vor* der Übertragung *wirksam begründeten Ansprüchen*".[360] An diesen beiden Formulierungen ist zunächst die Verwendung der Begriffe „Verbindlichkeiten" und „Ansprüche" zu kritisieren, schließen sie streng genommen auflagenangeordnete Leistungen nicht mit ein. Weiterhin wird allein aus den abstrakten Ausführungen nicht ersichtlich, zu welchem Zeitpunkt die „Ansprüche" und „Verbindlichkeiten" wirksam begründet worden sein müssen. Im Übrigen lässt sich nicht auf Anhieb erschließen, ob die Ausführungen dingliche und obligatorische Nutzungsrechte nur insofern betreffen, als sie bei der Übertragung von Vermögen auf eine Stiftung noch nicht bestehen und lediglich ein Anspruch auf ihre Bestellung vorliegt. Erst aus der beispielhaften Aufzählung einiger Gestaltungsmöglichkeiten („Nießbrauch, Grund- oder Rentenschulden, Vermächtnisse aufgrund testamentarischer Bestimmungen des Zuwendenden") wird der zeitliche wie sachliche Anwendungsbereich ersichtlich: gemeint sind sowohl obligatorische als auch dingliche Belastungen, die *spätestens* im Zeitpunkt des Vermögensübergangs wirksam begründet worden sein müssen.

---

358 BMF, AEAO Tz. 14 Satz 5 zu § 55 Abs. 1 Nr. 1 AO, BStBl. I 2002, 867, 874. Hervorhebungen durch den Verfasser.

359 BMF, AEAO Tz. 5 Satz 6 zu § 58 Nr. 5 AO, BStBl. I 2002, 867, 877. Hervorhebungen durch den Verfasser.

360 BMF, AEAO Tz. 12 Satz 1 zu § 55 Abs. 1 Nr. 1 AO, BStBl. I 2002, 867, 874. Hervorhebungen durch den Verfasser.

Für alle Körperschaftsteuersubjekte – also auch für Stiftungen – gilt, dass die Erfüllung einer privatnützigen Verpflichtung dann *nicht* gegen § 55 Abs. 1 Nr. 1 AO verstößt, wenn und soweit dies aus dem zugewendeten, belasteten *Vermögen* oder aus anderem zulässigem *Vermögen* einschließlich der freien Rücklage finanziert wird.[361] Mit Blick auf diesen Passus ist die im Nichtanwendungserlass vom 6. November 1998[362] geäußerte Kritik der Finanzverwaltung, der II. BFH-Senat habe im Urteil vom 21. Januar 1998 außer Acht gelassen, dass die Stiftung in sämtlichen Streitjahren keine finanziellen Mittel zugunsten steuerbegünstigter Zwecke verwendet hatte, nicht verständlich. Denn die Rentenzahlungen an die Ehefrau des Stifters mussten mangels ausreichend hoher laufender Erträge aus liquidem Stiftungsvermögen finanziert worden sein.[363] Die Rentenzahlung erfolgte also aus der Substanz des auf die Stiftung übertragenen und mit dem Untervermächtnis zugunsten der Ehefrau belasteten Vermögens. In diesem Punkt verstrickt sich die Finanzverwaltung im Nichtanwendungserlass in Widerspruch zu ihrer eigenen Auffassung im AO-Anwendungserlass.[364]

Hinsichtlich der privatnützigen Verwendung *laufender Erträge* gilt für Stiftungen wie für alle anderen Körperschaftsteuersubjekte, dass für die Verwirklichung der steuerbegünstigten Zwecke „ausreichende Mittel"[365], „der wesentliche Teil des Einkommens"[366] verbleiben müssen, dass zur Erfüllung *sämtlicher* privatnütziger Verpflichtungen nicht mehr als ein Drittel des Einkommens verwendet werden dürfe.[367] Unklar ist, ob die Finanzverwaltung die Ein-Drittel-Grenze bei anderen Körperschaftsteuersubjekten als Stiftungen aus einer analogen Anwendung oder zumindest aus dem Rechtsgedanken des § 58 Nr. 5 AO ableitet. Denkbar wäre auch die Begründung, dass die Verwendung von bis zu einem Drittel der laufenden Erträge zur Erfüllung privatnütziger Verpflichtungen erst gar nicht gegen § 55 Abs. 1 Nr. 1 AO verstößt. Dieser Interpretation läge

---

361 BMF, AEAO Tz. 12 Satz 3 und 4 zu § 55 Abs. 1 Nr. 1 AO, BStBl. I 2002, 867, 874. Siehe auch OFD Magdeburg, StEK AO 1977 § 55 Nr. 33 (unter 2.).

362 BMF, BStBl. I 1998, 1446.

363 Siehe oben S. 85 (unter Zweiter Teil, Dritter Abschnitt, B. II. 1. b) aa)).

364 Kritisch auch *Söffing/Thoma*, ErbStB 2005, 184, 188; *dies.*, ErbStB 2005, 212, 213 f.

365 BMF, AEAO Tz. 13 Satz 2 zu § 55 Abs. 1 Nr. 1 AO, BStBl. I 2002, 867, 874.

366 BMF, AEAO Tz. 14 Satz 4 zu § 55 Abs. 1 Nr. 1 AO, BStBl. I 2002, 867, 874.

367 BMF, AEAO Tz. 13 Satz 3 zu § 55 Abs. 1 Nr. 1 AO, BStBl. I 2002, 867, 874.

unausgesprochen ein restriktives Verständnis des Begriffs der „Mittel" zugrunde. Gemeinsamkeit mit der Auffassung des II. BFH-Senats bestünde dann insofern, als „Mittel", die für steuerbegünstigte Zwecke verwendet werden müssen, nur diejenigen Erträge sind, die nach Erfüllung privatnütziger Verpflichtungen verbleiben. Allerdings fordert die Finanzverwaltung, wie erwähnt, dass zur Erfüllung *sämtlicher* privatnütziger Verpflichtungen nicht mehr als ein Drittel des Einkommens verwendet werde. Die Finanzverwaltung würde also im Gegensatz zum II. BFH-Senat den Mittelbegriff nicht schlechthin restriktiv auslegen, sondern nur solange, wie die privatnützig verwendeten Erträge die Grenze von einem Drittel des Einkommens nicht übersteigen.

Nach Ansicht der Finanzverwaltung ist die Stiftung nur insofern privilegiert, als sie unter den Voraussetzungen des § 58 Nr. 5 AO *auch dann* einen Teil ihres Einkommens für die Erfüllung privatnütziger Ansprüche verwenden dürfe, wenn ihr dafür ausreichende flüssige Vermögensmittel zur Verfügung stehen.[368] Nicht eindeutig ist die Formulierung „unter den Voraussetzungen des § 58 Nr. 5". Einerseits könnte man auf Textziffer 14 Satz 5 zu § 55 Abs. 1 Nr. 1 AO verweisen, wonach eine Stiftung ein Drittel ihres Einkommens nicht nur für Leistungen i.S. des § 58 Nr. 5 AO, sondern auch für die Erfüllung „von anderen durch die Übertragung von belastetem Vermögen begründeten Ansprüchen" verwenden dürfe. Unter Bezugnahme auf diese Passage könnte man die Formulierung „unter den Voraussetzungen des § 58 Nr. 5" dahingehend deuten, dass Leistungen zur Erfüllung „von anderen durch die Übertragung von belastetem Vermögen begründeten Ansprüchen" lediglich der Ein-Drittel-Grenze, nicht aber auch den übrigen tatbestandsmäßigen Grenzen des § 58 Nr. 5 AO unterliegen. Andererseits spricht die im Plural verwendete Formulierung „unter *den* Voraussetzung*en* des § 58 Nr. 5 AO" dafür, dass *sämtliche* Grenzen des § 58 Nr. 5 AO eingehalten werden müssen.

368 BMF, AEAO Tz. 14 Satz 3 zu § 55 Abs. 1 Nr. 1 AO, BStBl. I 2002, 867, 874. Erstmals BMF, AEAO Tz. 7 zu § 55 AO, BStBl. I 1996, 74, 75.

3. Auffassungen und Begründungen im Schrifttum

a) Herrschende Meinung: umfassende Nettobetrachtung auf Ertragsebene

Anders als die Finanzverwaltung stimmt der weit überwiegende Teil des Schrifttums dem Urteil des II. Senats des Bundesfinanzhofs vom 21. Januar 1998 – zumindest im Ergebnis – zu.[369]

Dem Grundsatz der zeitnahen Mittelverwendung zugunsten steuerbegünstigter Zwecke unterliege nur das um Zuwendungen an den Stifter und seine Familienangehörigen verminderte oder mit entsprechenden Verpflichtungen belastete (Netto-)Vermögen.[370] Die Nettobetrachtung erstrecke sich über die Vermögenssphäre hinaus auch auf die Einkommensverwendung.[371] Beschränkte man privatnützige Vermächtnisse, Auflagen

---

369 Beermann/Gosch/*Sauer* § 58 AO Rn. 23.3; *Berndt*, Stiftung, Rn. 1170 und 1173; *Derlien/Freundl*, StiftSpons 6/2003, 17, 19; *M. Hartmann*, S. 388 in Fn. 30; *Müller/Schubert*, DStR 2000, 1289, 1295 f.; *Orth*, DStJG 26 (2003), 177, 210 und 224; Pahlke/Koenig/*Koenig* § 58 AO Rn. 15; Pump/Leibner/*Müller* § 58 AO Rn. 46; *Schulz*, DStR 1999, 354, 356; Schwarz/*Uterhark* § 58 AO Rn. 6; *Söffing/Thoma*, ErbStB 2005, 184, 188; *dies.*, ErbStB 2005, 212, 213; Troll/Wallenhorst/Halaczinsky/*Wallenhorst* Teil C Rn. 129; *Wachter*, Stiftungen, Teil D Rn. 33 f. Wohl auch Kühn/von Wedelstädt/*Blesinger* § 58 AO Rn. 8. Zwar nicht auf das BFH-Urteil bezogen, jedoch im Ergebnis ebenso *Asche*, StiftSpons 3/2001, 23, 26; Klein/*Gersch* § 58 AO Rn. 7; *Neuhoff*, DB 1987, Beilage Nr. 10/87, S. 3; *Orth*, DB 1997, 1341, 1349; Seifart/von Campenhausen/*Pöllath* § 43 Rn. 57; Troll/Gebel/Jülicher/*Jülicher* § 13 ErbStG Rn. 198. Kritisch zum Urteil des FG München vom 12. 1. 1995 *Niemann*, S. 22. Nicht eindeutig *Heuer/Habighorst*, S. 948; *Kulturkreis der deutschen Wirtschaft im BDI*, S. 19 f. (unter 8.) – jeweils *de lege ferenda*.

Anderer Ansicht nunmehr Hübschmann/Hepp/Spitaler/*Fischer* § 58 AO Rn. 70 und 72 unter Aufgabe seiner bisherigen Kommentierung (siehe § 58 AO Rn. 36 i.d.F. bis einschließlich 176. ErgLfg.), auf die sich auch der II. Senat des Bundesfinanzhofs in seinem Urteil vom 21. 1. 1998 gestützt hatte (Zitat bei BFH, BStBl. II 1998, 758, 759).

370 *Fasselt*, Rn. 245; *Müller/Schubert*, DStR 2000, 1289, 1296; *Neuhoff*, DB 1987, Beilage Nr. 10/87, S. 3; *Niemann*, S. 21; Pump/Leibner/*Müller* § 58 AO Rn. 43 und 47 f.; Schwarz/*Uterhark* § 55 AO Rn. 13; *Wachter*, Stiftungen, Teil D Rn. 33.

371 *Derlien/Freundl*, StiftSpons 6/2003, 17, 19; *Müller/Schubert*, DStR 2000, 1289, 1295 f.; *Neuhoff*, DB 1987, Beilage Nr. 10/87, S. 3; Pump/Leibner/*Müller* § 58 AO Rn. 47. Wohl auch *Kulturkreis der deutschen Wirtschaft im BDI*, S. 19 f. (unter 8.): „Es sollte klargestellt werden, dass [...]“; *Orth*, DB 1997, 1341, 1349. Nicht eindeutig *Heuer/Habighorst*, S. 948 (*de lege ferenda*).

und sonstige Belastungen des Stiftungsvermögens auf einen bestimmten Anteil der laufenden Stiftungserträge, würde man „gravierend" in die grundrechtlich geschützte schenkungs- und erbrechtliche Gestaltungsfreiheit des Stifters eingreifen.[372] Die zur Erfüllung privatnütziger Leistungsverpflichtungen „vorab abgezweigten" Werte stünden der Stiftung rechtlich „nicht zur Verfügung" und könnten daher bereits kein „Einkommen der Stiftung" i.S. des § 58 Nr. 5 AO sein.[373] Folglich sei § 58 Nr. 5 AO lediglich auf „später vereinbarte freiwillige", „im Ermessen" der Stiftungsorgane stehende Zuwendungen anwendbar.[374] *Neuhoff* fasst folgendermaßen zusammen:

> „Ist das eine [*scil.:* die Erfüllung von Auflagen etc.] ein Ausdruck von Vertrags- sowie Testierfreiheit des Stifters und, da als Vermögensnutzung i.S. der RFH-Entscheidung der Stiftung gar nicht zustehend, der Regelungskompetenz des Gemeinnützigkeitsrechts also nicht unterworfen, so ist das andere [*scil.:* die Versorgung der Stifterfamilie gemäß § 58 Nr. 5 AO] ein zeitlich begrenztes Entgegenkommen des Steuergesetzgebers, um Stiftern ihre gute Tat zu erleichtern".[375]

Demnach kommt es nach herrschender Literaturmeinung – im Unterschied zur Auffassung der Finanzverwaltung – auf die Herkunft derjenigen finanziellen Mittel, die zur Erfüllung bereits bei Stiftungserrichtung vereinbarter privatnütziger Verpflichtungen eingesetzt werden, *nicht* an. Damit könnten vermächtnis- und auflagenangeordnete Leistungen sowohl aus dem soeben auf eine Stiftung übertragenen (belasteten) Vermögen selbst als auch – der Höhe nach unbeschränkt – aus den laufenden Erträgen erfüllt werden, ohne dass ein Verstoß gegen die Grundsätze der Selbstlosigkeit und Ausschließlichkeit vorliege.[376]

---

372 *Neuhoff*, DB 1987, Beilage Nr. 10/87, S. 3.

373 *Neuhoff*, DB 1987, Beilage Nr. 10/87, S. 3; Schwarz/*Uterhark* § 58 AO Rn. 6; *Wachter*, Teil D Rn. 33.

374 *Müller/Schubert*, DStR 2000, 1289, 1296; *Neuhoff*, DB 1987, Beilage Nr. 10/87, S. 3; Pump/Leibner/*Müller* § 58 AO Rn. 48.

375 *Neuhoff*, DB 1987, Beilage Nr. 10/87, S. 3.

376 *Müller/Schubert*, DStR 2000, 1289, 1295 f.; *Neuhoff*, DB 1987, Beilage Nr. 10/87, S. 3; Pahlke/Koenig/*Koenig* § 58 AO Rn. 15; Pump/Leibner/*Müller* § 58 AO Rn. 43 und 47 f.; *Schulz*, DStR 1999, 354, 356; Schwarz/*Uterhark* § 58 AO Rn. 6. Unausgesprochen

Einige Vertreter der herrschenden Meinung bezweifeln die Richtigkeit ihrer eigenen Auslegung, weil eine Stiftung in Zusammenschau mit § 58 Nr. 7 Buchstabe a AO selbst dann steuerlich gemeinnützig sei, wenn sie weit mehr als die Hälfte ihres Einkommens entweder gar nicht oder zumindest nicht zeitnah zugunsten steuerbegünstigter Zwecke verwendet[377] – ein Zustand, der die Legitimation von Steuervergünstigungen in Frage stelle.[378]

b) Gegenansicht: Begrenzung einer Nettobetrachtung auf Ertragsebene

Diese Problematik aufgreifend entgegnen die kritischen Stimmen im Schrifttum, die vom II. Senat des Bundesfinanzhofs im Urteil vom 21. Januar 1998 aufgestellten Leitsätze würden die vom Gesetzgeber in § 58 Nr. 5 AO festgelegten Grenzen ins Leere laufen lassen.[379] Allerdings kritisieren auch sie – insofern besteht Einigkeit mit den Vertretern der herrschenden Literaturmeinung[380] –, ein starres Festhalten an der Ein-Drittel-Grenze sei unbefriedigend, weil eine Stiftung in ertragsschwachen Jahren Unterhaltszahlungen an Mitglieder der Stifterfamilie entweder überhaupt nicht, lediglich gekürzt oder nur unter Verzicht auf die Anerkennung als steuerlich gemeinnützig vornehmen dürfte.[381] Dieser

---

auch *o. V.*, ErbBstg 5-6/1998, 5, der die Herkunft der eingesetzten finanziellen Mittel gar nicht erst anspricht.

377 *Müller/Schubert*, DStR 2000, 1289, 1296; *Orth*, DStJG 26 (2003), 177, 210; Pump/Leibner/*Müller* § 58 AO Rn. 41 und 48. Vgl. *Wachter*, Stiftungen, Teil D Rn. 32.

378 *Thiel/Eversberg*, DB 1990, 395, 396.

379 So Koch/Scholtz/*Scholtz* § 58 AO Rn. 7, allerdings nicht auf das BFH-Urteil vom 21. 1. 1998 bezogen. Siehe auch Dötsch/Eversberg/Jost/Pung/Witt/*Jost* § 5 Abs. 1 Nr. 9 KStG n.F. Rn. 63 f.; *Götz*, NWB F. 2, 8603, 8608. Neuerdings auch Hübschmann/Hepp/Spitaler/*Fischer* § 58 AO Rn. 70 und 72 unter Aufgabe seiner bisherigen Kommentierung (siehe § 58 AO Rn. 36 i.d.F. bis einschließlich 176. ErgLfg.), auf die sich auch der II. Senat des Bundesfinanzhofs in seinem Urteil vom 21. 1. 1998 stützte (Zitat bei BFH, BStBl. II 1998, 758, 759). Nicht eindeutig *Schauhoff*, ZEV 1999, 121, 125.

380 *Schulz*, DStR 1999, 354, 356.

381 Dötsch/Eversberg/Jost/Pung/Witt/*Jost* § 5 Abs. 1 Nr. 9 KStG n.F. Rn. 63 f.; Koch/Scholtz/*Scholtz* § 58 AO Rn. 7 mit der Forderung nach Billigkeitsmaßnahmen im konkreten Einzelfall.

pauschalen Folgebetrachtung ist allerdings entgegenzuhalten, dass die Finanzverwaltung ausweislich des AO-Anwendungserlasses die Erfüllung privatnütziger Verpflichtungen gerade dann *nicht* als Verstoß gegen § 55 Abs. 1 Nr. 1 Satz 1 AO ansieht, wenn dies „aus dem zugewendeten [*scil.*: belasteten] Vermögen“ oder „aus ihrem anderen zulässigen Vermögen einschließlich der Rücklage nach § 58 Nr. 7 Buchstabe a“ finanziert wird.[382]

Zur flexibleren Ertragsverwendung schlägt *Jost* für die Anwendung des Mittelverwendungsgrundsatzes eine Grenze in Höhe von fünfzig Prozent vor.[383] Demnach dürfte eine Stiftung im Ergebnis von den laufenden Erträgen zunächst fünfzig Prozent für privatnützige Versorgungsleistungen einsetzen, ohne gegen den Mittelverwendungsgrundsatz zu verstoßen. Darüber hinaus dürfte sie gemäß § 58 Nr. 5 AO maximal ein Drittel ihres Einkommens für die Versorgung des Stifters und seiner nächsten Angehörigen verwenden. Dabei bleibt unklar, ob *Jost* vom „Einkommen“ i.S. des § 58 Nr. 5 AO die „vorab“ gezahlten Beträge abgezogen wissen will. Unterlässt man eine Subtraktion, könnte eine Stiftung bis zu 83 $^{1}/_{3}$ Prozent – fünfzig Prozent plus ein Drittel von hundert Prozent –, anderenfalls immerhin noch bis zu 66 $^{2}/_{3}$ Prozent – fünfzig Prozent plus ein Drittel von fünfzig Prozent – ihrer laufenden Erträge der Stifterfamilie zukommen lassen. Damit stünden einer Stiftung im Extremfall lediglich 16 $^{2}/_{3}$ bzw. 33 $^{1}/_{3}$ Prozent ihrer laufenden Erträge zur zeitnahen Erfüllung steuerbegünstigter Zwecke zur Verfügung. Dieser Betrag würde sich bei einer Rücklagenbildung gemäß § 58 Nr. 7 Buchstabe a AO weiter reduzieren[384] und bei voller Ausschöpfung der dort genannten Grenzen gegen Null tendieren.

4. Fazit

Die Divergenz zwischen dem II. BFH-Senat und der ihm folgenden herrschenden Literaturmeinung einerseits und der Finanzverwaltung

---

382 BMF, AEAO Tz. 12 Satz 3 und 4 zu § 55 Abs. 1 Nr. 1 AO, BStBl. I 2002, 867, 874.

383 Dötsch/Eversberg/Jost/Pung/Witt/*Jost* § 5 Abs. 1 Nr. 9 KStG n.F. Rn. 63 f.

384 Siehe oben S. 66 (unter Zweiter Teil, Dritter Abschnitt, A. II. 2.).

andererseits betreffend die Zulässigkeit einer Nettobetrachtung bezieht sich allein auf die Verwendung der laufenden Stiftungserträge. Diese Feststellung ist für die Praxis von besonderer Bedeutung. Denn ungeachtet der zivilrechtlichen Zulässigkeit einer sogenannten Verbrauchsstiftung[385] geht der Stifterwille in der Regel dahin, dass das gestiftete Vermögen, insbesondere strategisch wichtige Unternehmensbeteiligungen und traditionelles Familieneigentum, in der Substanz zu erhalten ist und die privatnützige Versorgung der Stifterfamilie ausschließlich aus den laufenden Erträgen dieses Vermögens finanziert wird.[386]

In der Diskussion über die Zulässigkeit einer Nettobetrachtung auf Ertragsebene sehen die Vertreter beider Meinungslager in ihren jeweiligen Auffassungen auch die Folgeprobleme. Namentlich der skizzierte Versuch von *Jost*, mit der Fünfzig-Prozent-Grenze eine Mittelposition einzunehmen, verdeutlicht den bereits umschriebenen Zielkonflikt – einerseits die Vorgabe, einen möglichst großen Teil der laufenden Erträge aus dem Stiftungsvermögen für steuerbegünstigte Zwecke zu verwenden, andererseits das Bedürfnis der Praxis nach einer möglichst flexiblen und umfassenden Möglichkeit zur Erfüllung privatnütziger Verpflichtungen. So treffen sich Vertreter beider Meinungslager in dem gemeinsamen Ruf nach einer diesen Problemkomplex regelnden Gesetzesänderung.[387]

III. Eigener Lösungsvorschlag *de lege lata*

1. Normativer Ansatz

a) Anknüpfung an den Begriff „Einkommen" i.S. des § 58 Nr. 5 AO?

Die herrschende Meinung in der Literatur stützt ihre These von der Zulässigkeit einer umfassenden Nettobetrachtung auf Ertragsebene auf das

---

385 Siehe oben S. 25 (unter Zweiter Teil, Erster Abschnitt, A. IV.).

386 Siehe auch *Niemann*, S. 21.

387 *Berndt*, Stiftung, Rn. 1170 und 1174; *ders.*, StiftSpons 5/1999, 16, 18; Koch/Scholtz/*Scholtz* § 58 AO Rn. 7; *Kulturkreis der deutschen Wirtschaft im BDI*, S. 19 f. (unter 8.); *Müller*/*Schubert*, DStR 2000, 1289, 1296; Pump/Leibner/*Müller* § 58 AO Rn. 49.

Argument, die zur Erfüllung privatnütziger Verpflichtungen „vorab abgezweigten" Beträge stünden der Stiftung rechtlich „nicht zur Verfügung" und könnten daher nicht „Einkommen der Stiftung" i.S. des § 58 Nr. 5 AO sein.[388] In diesem Zusammenhang spricht *Neuhoff* von einer „gewissen Vergleichbarkeit" mit den bei der Einkommensteuer gemäß § 10 Abs. 1 Nr. 1a EStG als Sonderausgaben abzugsfähigen Leistungen.[389] Mit dieser Argumentation wird der Versuch unternommen, den Anwendungsbereich des § 58 Nr. 5 AO allein aus dem in dieser Vorschrift verwendeten Einkommensbegriff zu erschließen, ohne zumindest auch auf den Inhalt der mit § 58 Nr. 5 AO korrespondierenden Grundsatzvorschriften zurückzugreifen. Dieser Ansatz ist aber bedenklich, wenn man die gängigen Definitionen des Einkommens i.S. des § 58 Nr. 5 AO berücksichtigt – mit besonderem Augenmerk auf die Behandlung von Aufwendungen, die begrifflich Sonderausgaben darstellen.

aa) Ganz herrschende Meinung: kein Abzug von Aufwendungen, die begrifflich Sonderausgaben darstellen

Der in § 58 Nr. 5 AO verwendete Begriff des Einkommens ist nach allgemeiner Auffassung nicht deckungsgleich mit dem Einkommensbegriff i.S. von § 8 Abs. 1 Satz 1 KStG und § 2 Abs. 4 EStG:

Nach einer vereinzelt vertretenen Auffassung im Schrifttum wird das Einkommen i.S. des § 58 Nr. 5 AO als „Summe der Einnahmen aus allen Quellen" unter Einbeziehung von Spenden, staatlichen Zuschüssen und Rücklagenauflösungen verstanden.[390]

Die Finanzverwaltung[391] definiert das Einkommen i.S. des § 58 Nr. 5 AO als die „Summe der Einkünfte" aus den sieben in § 2 Abs. 1 Satz 1 EStG aufgeführten Einkunftsarten – unabhängig davon, ob „die Einkünfte steuer-

---

388 *Neuhoff*, DB 1987, Beilage Nr. 10/87, S. 3.

389 *Neuhoff*, DB 1987, Beilage Nr. 10/87, S. 3.

390 Dötsch/Eversberg/Jost/Pung/Witt/*Jost* § 5 Abs. 1 Nr. 9 KStG n.F. Rn. 143.

391 BMF, AEAO Tz. 5 Satz 3 zu § 58 Nr. 5 AO, BStBl. I 2002, 867, 877. Erstmals BMF, AEAO Tz. 5 Satz 3 zu § 58 Nr. 5 AO, BStBl. I 1996, 74, 77 (unter Nr. 4 Buchstabe a).

pflichtig sind oder nicht". Als Konsequenz erhöhen steuerbare, aber steuerbefreite Einnahmen – etwa aus Vermögensverwaltung und Zweckbetrieben – das Einkommen i.S. des § 58 Nr. 5 AO und damit den für die privatnützige Versorgung der Stifterfamilie verwendbaren Höchstbetrag. Bei der Ermittlung der „Einkünfte" seien von den „Einnahmen" die „damit zusammenhängenden Aufwendungen" einschließlich der Abschreibungsbeträge abzuziehen. Positive und negative Einkünfte seien zu saldieren, wobei die Beschränkungen der Verlustverrechnung nach § 2 Abs. 3 Satz 2 bis 8 EStG a.F.[392] unbeachtlich sein solle.[393]

Die Ausführungen der Finanzverwaltung treffen im weit überwiegenden Teil des Schrifttums nicht auf Widerspruch.[394] Lediglich vereinzelt wird kritisiert, dass steuerfreie Einnahmen nicht zu Einkünften führen und damit nicht Bestandteil des Einkommens sein könnten.[395]

Für die folgenden Ausführungen bedeutsam ist die Feststellung, dass solche Aufwendungen, die begrifflich Sonderausgaben darstellen, nach fast allen Definitionen rechnerisch im Einkommen i.S. des § 58 Nr. 5 AO enthalten sind. Lediglich *Berndt* kritisiert die Ansicht der Finanzverwaltung, wonach von den Einnahmen (nur) „die *damit* [*scil.: mit den Einnahmen*] *zusammenhängenden* Aufwendungen" abzuziehen seien, und

392 Eingeführt durch Artikel 1 Nr. 1 des Steuerentlastungsgesetzes 1999/2000/2002 vom 24. 3. 1999, BGBl. I 1999, 402, 402 = BStBl. I 1999, 304, 304. Aufgehoben mit Wirkung vom Veranlagungszeitraum 2004 (siehe § 52 Abs. 2a EStG) durch Artikel 1 Nr. 1 des Gesetzes zur Umsetzung der Protokollerklärung der Bundesregierung zur Vermittlungsempfehlung zum Steuervergünstigungsabbaugesetz vom 22. 12. 2003, BGBl. I 2003, 2840, 2840 = BStBl. I 2004, 14, 14.

393 BMF, AEAO Tz. 5 Satz 4 bis 6 zu § 58 Nr. 5 AO, BStBl. I 2002, 867, 877.

394 Beermann/Gosch/*Sauer* § 58 AO Rn. 23.1; *Boochs*, Stiftungssteuerrecht, Anm. 6.1.1.6; *Buchna*, StiftSpons 4/2003, 18, 19; *Derlien/Freundl*, StiftSpons 6/2003, 17, 17; *Götz*, NWB F. 2, 8603, 8608; *Herbert*, BB 1991, 178, 183; Hübschmann/Hepp/Spitaler/*Fischer* § 58 AO Rn. 74; Lippross/*Niewerth* § 58 AO Rn. 6; *Müller/Schubert*, DStR 2000, 1289, 1295; Pahlke/Koenig/*Koenig* § 58 AO Rn. 14; Pump/Leibner/*Müller* § 58 AO Rn. 43; Schauhoff/*Schauhoff* § 8 Rn. 109; *ders.*, DB 1996, 1693, 1694; *Troll*, Besteuerung, S. 500 (unter 3.4.3.). Vgl. *Buchna*, StiftSpons 4/2003, 18, 19; *Gmach*, FR 1997, 793, 800; *Milatz/Kemcke/Schütz*, S. 79 – der Begriff „Einkommen" i.S. des § 58 Nr. 5 AO sei mit dem einkommensteuerlichen Einkommensbegriff identisch.

395 Koch/Scholtz/*Scholtz* § 58 AO Rn. 7.

fordert den Abzug auch solcher Aufwendungen, die begrifflich Sonderausgaben darstellen.[396]

bb) Folgebetrachtung unter Berücksichtigung der ständigen BFH-Rechtsprechung zur einkommensteuerlichen Behandlung wiederkehrender Bezüge

Nach den vorstehenden Ausführungen wird ersichtlich, warum der Ansatz, die Zulässigkeit einer umfassenden Nettobetrachtung auf Ertragsebene mit Hinweis auf den Einkommensbegriff des § 58 Nr. 5 AO zu begründen, bedenklich ist:

Einerseits sollen privatnützige Stiftungsleistungen im Wege einer Nettobetrachtung gar nicht erst gegen die mit § 58 Nr. 5 AO korrespondierenden Grundsatzvorschriften verstoßen, also dem Grunde und der Höhe nach unbeschränkt „vorab abgezweigt" werden dürfen. Andererseits sollen jene „vorab abgezweigten" Versorgungsleistungen das Einkommen i.S. des § 58 Nr. 5 AO und damit den Versorgungshöchstbetrag nicht entsprechend mindern.

Geht man von der Überlegung aus, dass jene „vorab abgezweigten" privatnützigen Stiftungsleistungen nicht doppelt unberücksichtigt bleiben dürfen, kann eine Nettobetrachtung auf Ertragsebene nur dann zulässig sein, wenn diese Leistungen betragsmäßig nicht (mehr) im Einkommen i.S. des § 58 Nr. 5 AO enthalten sind, also vorher abgezogen werden. Dies ist aber bei testamentarisch angeordneten Bezügen und Abfindungen für einen Erb- und Pflichtteilsverzicht gerade dann *nicht* der Fall, wenn man das Einkommen i.S. des § 58 Nr. 5 AO mit der Finanzverwaltung und der herrschenden Literaturmeinung als die *Summe der steuerbaren Einkünfte* definiert:

---

396 *Berndt*, Stiftung, Rn. 1168. Nicht eindeutig *Niemann*, S. 20 in Fn. 13; Schwarz/*Uterhark* § 58 AO Rn. 6: Anknüpfung an § 8 KStG, wobei die Behandlung von Aufwendungen, die begrifflich Sonderausgaben sind, unklar bleibt.

Versteht man den Einkommensbegriff des § 58 Nr. 5 AO in Anlehnung an § 2 *Abs. 3 Satz 1* EStG i.V.m. § 8 Abs. 1 Satz 1 KStG als die *Summe der Einkünfte*, kämen lediglich Betriebsausgaben und Werbungskosten als betrieblich veranlasste Aufwendungen zum Abzug. Hingegen wären testamentarisch angeordnete Leistungen und Abfindungen für einen Erb- und Pflichtteilsverzicht als nichtbetrieblich veranlasste Leistungen gerade nicht abziehbar.

Aus diesem Grund ist eine aus dem Einkommensbegriff des § 58 Nr. 5 AO abgeleitete Nettobetrachtung auf Ertragsebene allenfalls dann zulässig, wenn man *erstens* das Einkommen i.S. des § 58 Nr. 5 AO entgegen der Auffassung der Finanzverwaltung und der herrschenden Literaturmeinung nicht als „Summe der steuerbaren Einkünfte" sondern als *Einkommen* i.S. des § 2 *Abs. 4* EStG i.V.m. § 8 Abs. 1 Satz 1 KStG versteht und *zweitens* jene „vorab abgezweigten" privatnützigen Stiftungsleistungen als Sonderausgaben abziehbar sind.

Die Anwendbarkeit des Abzugstatbestands des § 10 Abs. 1 Nr. 1a EStG auf Körperschaftsteuersubjekte einmal unterstellt,[397] stehen der Einordnung privatnütziger Versorgungsleistungen als abziehbare Sonderausgaben erhebliche Bedenken entgegen:

Bei vermächtnis- und auflagenangeordneten Zuwendungen außerhalb des einkommensteuerlichen Sonderrechts der Vermögensübergabe gegen Versorgungsleistungen verneint der Bundesfinanzhof in ständiger Rechtsprechung bereits das begriffliche Vorliegen von Sonderausgaben i.S. des

---

397 So FG Berlin, EFG 1976, 629, 630; *Berndt*, Stiftung, Rn. 977 f. in Fn. 8 (S. 247) und Rn. 980; *Hahn/Schindler*, S. 65; Hübschmann/Hepp/Spitaler/*Fischer* § 58 AO Rn. 64; Seifart/von Campenhausen/*Pöllath* § 14 Rn. 125 in Fn. 178, § 41 Rn. 37 in Fn. 160, Rn. 44 und 50 f.; *Troll*, Besteuerung, S. 90 (unter 3.). Unausgesprochen möglicherweise auch BFH, BStBl. II 1993, 637, 637: Prüfung der Tatbestandsvoraussetzungen des § 10 Nr. 1 Satz 1 KStG nur verständlich bei vorheriger (gedanklicher) Anwendung des § 10 Abs. 1 Nr. 1a EStG.

Anderer Ansicht z.B. Dötsch/Franzen/Sädtler/Sell/Zenthöfer/*Zenthöfer*, S. 76; Ernst & Young/*Lang* § 8 KStG Rn. 85; Herrmann/Heuer/Raupach/*Hollatz* § 10 KStG Rn. 3; Herrmann/Heuer/Raupach/*Balmes* § 8 KStG Rn. 8; Mössner/Seeger/*Lange* § 9 KStG Rn. 76/1; Tipke/Lang/*Hey* § 11 Rn. 92. Siehe auch R 32 Abs. 1 Nr. 1 KStR 2004: keiner der Sonderausgabentatbestände des § 10 Abs. 1 EStG bei der Ermittlung des körperschaftsteuerpflichtigen Einkommens anwendbar.

§ 10 Abs. 1 Nr. 1a EStG, wenn diese Zuwendungen den Wert des erhaltenen Nachlasses oder Vermächtnisses nicht übersteigen. Begründet wird dies damit, dass die zur Annahme von „Aufwendungen" erforderliche wirtschaftliche Belastung – und zwar des Einkommens[398] – nicht vorliege.[399] Im Übrigen gilt außerhalb des Sonderrechts der Vermögensübergabe gegen Versorgungsleistungen das Abzugsverbot des § 12 Nr. 2, 2. Var. EStG.[400] Denn die Erfüllung einer testamentarischen Verpflichtung stellt eine Zuwendung des Erben[401] auf Grundlage einer (aus Sicht des *Erblassers*) freiwillig begründeten Rechtspflicht dar.[402]

---

398 Z.B. BFH, BStBl. III 1963, 536, 537; BFH, BStBl. II 1970, 314, 314; BFH, BStBl. II 1986, 284, 285. Kritisch z.B. Herrmann/Heuer/Raupach/*Nolde* § 10 EStG Rn. 16; Kirchhof/Söhn/Mellinghoff/*Söhn* § 10 EStG Rn. B 12; Littmann/Bitz/Pust/*Rindermann/ Schlenker* § 10 EStG Rn. 1; *Weber-Grellet*, FR 1997, 179 (betreffend § 10b EStG) – Vermögensabfluss ausreichend, Herkunft der finanziellen Mittel grundsätzlich irrelevant.

399 Grundlegend BFH, BStBl. II 1989, 779, 781 f.; BFH, BStBl. II 1992, 612, 613 (unter 1.) und 615 (unter 4. c)). Daran anschließend z.B. BFH, BStBl. II 1994, 633, 633 f.; BFH, BStBl. II 1996, 666, 669; BFH, BStBl. II 1996, 680, 683; BFH, BStBl. II 1997, 32, 33; BFH, BStBl. II 1998, 190, 193; BFH, BFH/NV 2000, 29; BFH, BFH/NV 2001, 1242, 1242; BFH, BStBl. II 2004, 820, 821; BFH, BFH/NV 2004, 1083, 1084 f.; BFH, BFH/NV 2004, 1086, 1087. Ebenso *Fischer*, FR 1992, 765, 770. Siehe auch FG Düsseldorf, EFG 2000, 117; FG München, EFG 2000, 855, 857; FG Düsseldorf, EFG 2005, 1760, 1760.

400 Grundlegend BFH GrS, BStBl. II 1990, 847, 852 (unter C. II. 1. c)); BFH GrS, BStBl. II 1992, 78, 82 (unter C. I. 6.).

401 Siehe BFH GrS, BStBl. II 1990, 837, 841 (unter C. I. 2. a)) und 843 (unter C. I. 2 d)): Erbfall und Erbauseinandersetzung stellen selbständige Rechtsvorgänge dar, so dass die Erfüllung eines Vermächtnisses eine Zuwendung nicht des Erblassers, sondern des Erben darstellt. Damit überholt die gegenteilige Auffassung von FG Baden-Württemberg, EFG 1973, 204, 205; Jansen/Wrede/*Wrede*, Rn. 273 und 306; *Schulze zur Wiesche*, DB 1978, 2381, 2383.

402 BFH, BStBl. II 1992, 612, 615 (unter 4. b) aa) und 4. c) aa)); BFH, BStBl. II 1998, 190, 193; BFH, BStBl. II 2004, 820, 823. Ebenso FG Hamburg, EFG 1996, 94, 95; FG Köln, EFG 1985, 494, 495; FG München, EFG 2000, 855, 857; FG Münster, EFG 1980, 441, 442 f.; unausgesprochen auch *Fischer*, FR 1992, 765, 770. Betreffend § 12 Nr. 2, *3. Var.* EStG (gesetzliche Unterhaltsberechtigung gegenüber dem Erblasser oder dem Erben) offengelassen durch FG München, EFG 1984, 399, 400.

Betreffend § 10b EStG ebenso BFH, BStBl. II 1993, 874, 875; BFH, BFH/NV 1994, 712; BFH, BStBl. II 1997, 239, 239 f. (gegen FG Hamburg, EFG 1994, 965, 966); *Weber-Grellet*, FR 1997, 179. Zur Diskussion siehe auch *Brandt*, KFR F. 3 EStG § 10b, 1/94, S. 168; *Brunner*, DStR 1994, 782, 783; *Gmach*, FR 1995, 85, 95 f.; Herrmann/Heuer/Raupach/*Brandt* § 10b EStG Rn. 16; *Höhmann*, KFR F. 3 EStG § 10b,

Nach der Rechtsprechung des Bundesfinanzhofs sind auch Abfindungen für einen Erb- und Pflichtteilsverzicht – unabhängig von der Einordnung als unentgeltlich[403] oder veräußerungsähnlich[404] – nicht als Sonderausgaben abziehbar.[405] Nichtabziehbar sind auch wiederkehrende Leistungen zur Erfüllung oder Ablösung bereits entstandener erbrechtlicher Ansprüche.[406] Wiederkehrende Bezüge zur Ablösung eines Nutzungsrechts, insbesondere

---

1/97, S. 98; *o.V.*, EFG 1994, Beilage 12/1994, S. 46; *Rosenau*, DB 1968, 1965, 1966; *L. Schmidt*, FR 1994, 17; *Seithel*, FR 1967, 378, 379 f.

Anderer Ansicht, weil die „Freiwilligkeit" i.S. des § 12 Nr. 2, 2. Var. EStG an die Person des *Erben* knüpfend, z.B. Herrmann/Heuer/Raupach/*Nolde* § 12 EStG Rn. 87; Kirchhof/Söhn/Mellinghoff/*Arndt* § 12 EStG Rn. C 46; Littmann/Bitz/Pust/*Schuster* § 12 EStG Rn. 342; *H. Richter*, Rentenbesteuerung, F. 3.2 Rn. 30; Schmidt/*Drenseck* § 12 EStG Rn. 41; *Schmidt-Troschke*, BB 1987, 587, 591; *Schulze zur Wiesche*, DB 1978, 2381, 2383; wohl auch Lademann/*Claßen* § 12 EStG Rn. 56. Mit anderer Begründung im Ergebnis ebenso Jansen/Wrede/*Wrede*, Rn. 306; *Wismeth*, DStR 1991, 1340, 1341 f.: Erfüllung eines Vermächtnisses als „Preis" für den Anfall der Erbschaft. Ähnlich *Seithel*, FR 1967, 378, 379 (betreffend die Freiwilligkeit i.S. des § 10b EStG). Siehe auch Niedersächsisches FG, EFG 1966, 275 (betreffend § 22 Nr. 1 Satz 2 EStG a.F.).

403 So der VIII. Senat des BFH, BStBl. II 1992, 809, 810 f.; bestätigt gegenüber dem X. Senat des BFH in BStBl. II 2000, 82, 84. Dem VIII. Senat zustimmend der IV. Senat in BFH/NV 2001, 1113, 1114; FG Münster, EFG 1999, 1219.

Anmerkung: mit „unentgeltlich" meint der VIII. Senat das Fehlen eines Entgelts in dem Sinn, dass keine Veräußerung vorliegt. Die so verstandene „Unentgeltlichkeit" berührt hingegen nicht die Frage, ob eine „Zuwendung" i.S. des § 12 Nr. 2, 2. Var. EStG, also eine Unterhaltsleistung, vorliegt.

404 So der X. Senat des BFH in BStBl. II 1993, 298, 300; BFH/NV 2000, 414, 415; BStBl. II 2000, 602, 604. Offengelassen in BStBl. II 2000, 82, 84. Offengelassen auch von FG Baden-Württemberg, EFG 2005, 32, 34.

405 BFH, BStBl. II 2000, 82, 84 f.; BFH, BStBl. II 2000, 602, 604; BFH, BFH/NV 2002, 1575, 1576. Ebenso FG Baden-Württemberg, EFG 2005, 32, 34; FG Köln, EFG 2005, 1053, 1054;FG Münster, EFG 1999, 1219; FG Münster, EFG 2001, 1034, 1034 f.

Anders früher der VIII. Senat des BFH, BStBl. II 1992, 809, 812: ungeachtet der „Unentgeltlichkeit" i.S. einer Veräußerungsleistung (siehe oben in Fn. 403) stellten Abfindungszahlungen eine „Gegenleistung" – u.a. für die Erlangung einer erweiterten Testierfähigkeit des Erblassers – und folglich keine „Zuwendung" i.S. des § 12 Nr. 2, 2. Var. EStG (Unterhaltsleistung) dar, so dass sie nach § 10 Abs. 1 Nr. 1a EStG als Sonderausgaben abziehbar waren. Zwar hält der VIII. Senat an der „Unentgeltlichkeit" fest, stimmt aber nunmehr dem Abzugsverbot durch den X. Senat zu, siehe BFH, BStBl. II 2000, 82, 84.

406 BFH, BStBl. II 1993, 298, 300; BFH, BStBl. II 1995, 413, 414 f.; BFH, BStBl. II 1997, 284, 287; BFH, BFH/NV 2000, 414, 415 – auch etwaiger Zinsanteil nicht abziehbar. Ebenso FG Baden-Württemberg, EFG 2005, 32, 34.

eines Vorbehaltsnießbrauchs, sind lediglich dann als Sonderausgaben abziehbar, wenn *entweder* das abgelöste Nutzungsrecht anlässlich einer sogenannten gleitenden Vermögensübergabe vorbehalten worden war und die bei Ablösung vereinbarten wiederkehrenden Bezüge in sachlichem Zusammenhang mit dieser Vermögensübergabe stehen[407] *oder* wenn das Nutzungsrecht selbst Gegenstand einer Vermögensübergabe ist.[408]

Darüber hinaus stellt sich speziell für Körperschaftsteuersubjekte im Einzelfall die Frage, ob die Vornahme einer vermächtnis- und auflagenangeordneten Versorgungsleistung bei wie auch immer definierter „erheblicher wirtschaftlicher Bedeutung" einen „Zweck" darstellt und das Abzugsverbot des § 10 Nr. 1 Satz 1 KStG auslöst.[409] Geht man im Vorgriff auf spätere Ausführungen[410] davon aus, dass § 10 Nr. 1 Satz 1 KStG keine eigenständige Bedeutung hat, ergibt sich das Abzugsverbot auf Ebene der Stiftung bereits aus § 8 Abs. 3 Satz 1 KStG und dem darin verankerten Gebot der Unbeachtlichkeit der Einkommens*verwendung* für die Einkommens*ermittlung*.[411]

Die vorstehenden Ausführungen zeigen, dass der Abzug testamentarisch angeordneter Bezüge und von Leistungen auf Grundlage eines Erb- und Pflichtteilsverzichtsvertrags als Sonderausgaben sehr umstritten ist und vom Bundesfinanzhof in ständiger Rechtsprechung verneint wird.

Selbst wenn man erstens den Einkommensbegriff des § 58 Nr. 5 AO in Anlehnung an § 2 Abs. 4 EStG i.V.m. § 8 Abs. 1 Satz 1 KStG bestimmt

---

407 BFH, BStBl. II 1993, 23, 25; BFH, BStBl. II 1993, 98, 99 f.; BFH, BFH/NV 1994, 848, 849; BFH, BStBl. II 1996, 663, 665; BFH, BStBl. II 1996, 687, 688; BFH, BStBl. II 1997, 47, 49; BFH, BFH/NV 1997, 659, 661; BFH, BStBl. II 2005, 130, 132. Ebenso z.B. FG Hamburg, EFG 2005, 691, 692 f.

408 BFH, BFH/NV 1993, 586, 588; BFH, BFH/NV 1994, 848, 849; BFH, BFH/NV 1995, 189, 190; BFH, BStBl. II 1996, 663, 665; BFH, BStBl. II 1996, 687, 688. Siehe auch BFH, BStBl. II 1993, 486, 488 (unter 6.).

409 BFH, BStBl. I 1993, 637, 637 (Ls.). Ebenso *Hahn/Schindler*, S. 65. Siehe dazu auch *Kapp/Ebeling*, § 13 ErbStG Rn. 160; *Meyer zu Hörste*, S. 140 f. Vgl. im Allgemeinen BMF, BStBl. I 2005, 608: Abziehbarkeit generell ausgeschlossen.

410 Siehe S. 301 f. (unter Zweiter Teil, Sechster Abschnitt, A. I.).

411 Hübschmann/Hepp/Spitaler/*Fischer* § 58 AO Rn. 64; Streck/*Olgemöller* § 10 KStG Anm. 3.

und zweitens jene „vorab abgezweigten“ Beträge für Zwecke der Körperschaftsteuer als abziehbare Sonderausgaben betrachtet, führt dies nicht zwangsläufig zu der Annahme, dass jene Leistungen erst gar nicht dem Ausschließlichkeits- und dem Selbstlosigkeitsgrundsatz unterliegen. Denkbar ist auch die umgekehrte Argumentation, *i.e.* dass jene „vorab abgezweigten“ Beträge dem Ausschließlichkeits- und dem Selbstlosigkeitsgrundsatz unterliegen – mit der Folge, dass das Einkommen i.S. des § 58 Nr. 5 AO – ungeachtet der begrifflichen Anlehnung an § 2 Abs. 4 EStG – der Höhe nach stets mit der Summe der Einkünfte i.S. des § 2 Abs. 3 Satz 1 EStG übereinstimmt.

b) Anknüpfung an die mit § 58 Nr. 5 AO korrespondierenden Grundsatzvorschriften

Ausgangspunkt des im Folgenden unterbreiteten Lösungsvorschlags ist die Überlegung, dass sich die Frage nach der Zulässigkeit und dem Umfang einer Nettobetrachtung auf Ertragsebene aus dem Inhalt der mit § 58 Nr. 5 AO korrespondierenden Grundsatzvorschriften beantworten lässt. In den folgenden Ausführungen sollen Funktion und Inhalt der einschlägigen Grundsatzvorschriften speziell unter dem Blickwinkel der privatnützigen Versorgung der Stifterfamilie herausgearbeitet werden. Auslegungshilfe bieten dabei die verfassungsrechtliche Legitimation steuerlicher Vergünstigungen und deren Umsetzung im Rahmen der §§ 51 ff. AO.

2. Nettobetrachtung aus der Perspektive des Ausschließlichkeitsgebots

a) § 56 AO: „nur ihre steuerbegünstigten Zwecke verfolgt“

aa) Auslegungsalternativen

Wie bereits erläutert,[412] ist § 58 Nr. 5 AO eine Ausnahme unter anderem zu § 56 AO, wonach Ausschließlichkeit nur dann vorliegt, wenn eine Stiftung nur ihre steuerbegünstigten satzungsmäßigen Zwecke verfolgt.

---

[412] Siehe oben S. 61 f. (unter Zweiter Teil, Dritter Abschnitt, A. II. 1. b) bb)).

Nach dem Wortlaut des § 56 AO bezieht sich das zentrale Wort „nur“ auf die sich daran anschließende Formulierung „ihre steuerbegünstigten satzungsmäßigen Zwecke verfolgt“. In Zusammenschau mit den §§ 51 Satz 1 und 59 Halbsatz 1 AO könnte man § 56 AO so lesen, dass Ausschließlichkeit bereits dann vorliegt, wenn sämtliche im Stiftungsgeschäft konstituierten Stiftungszwecke steuerbegünstigte Zielsetzungen beinhalten. So könnte man den Ausschließlichkeitsgrundsatz primär unter dem Aspekt der Zielsetzung betrachten und lediglich gleichzeitig[413] oder erst in einem zweiten Schritt[414] von den Stiftungszielen auf die zielgerichtete Stiftungstätigkeit schließen. So formulierte etwa der Reichsfinanzhof in der bereits diskutierten Entscheidung vom 12. Januar 1933, die Erfüllung einer privatnützigen Auflage ändere nichts daran, dass eine Stiftung ausschließlich steuerbegünstigte Zwecke verfolge.[415] In ähnlicher Diktion sah *Riewald* in der Zahlung einer privatnützigen Rente lediglich dann einen Verstoß gegen den Ausschließlichkeitsgrundsatz, wenn sie einen „Zweck (Nebenzweck) der Stiftung“ darstellt, nicht hingegen, wenn sie „mit dem Zweck der Stiftung nichts zu tun hat“.[416]

Nach diesem unausgesprochen primär zielbezogenen Verständnis verstoßen privatnützige Versorgungsleistungen an Mitglieder der Stifter-

413 *Franz*, S. 84.

414 RFH, RStBl. 1938, 573, 574: „Zum Begriff der *Ausschließlichkeit der steuerbegünstigten Zweckbestimmung* gehört auch die satzungsmäßige Festlegung, daß bei Auflösung der Körperschaft [...] das Vermögen der Körperschaft für mildtätige Zwecke *verwendet* wird“ (Hervorhebungen durch den Verfasser); BFH, BStBl. II 1972, 197, 198: „Die Gemeinnützigkeit [...] könnte zwar anerkannt werden, wenn [...], die er sich nach seiner Satzung zum Ziel gesetzt hat, ausschließlich betreiben würde [...]. [...] jedoch hervorgehoben, daß der Kläger neben diesen Zwecken satzungsmäßig auch die Förderung der Freikörperkultur bezweckt [...]“.

415 RFH, RStBl. 1933, 193, 194.

416 Becker/Riewald/Koch/*Riewald* § 17 StAnpG Anm. 5 b) (5) und (6); Boettcher/Leibrecht/*Leibrecht* § 4 GemV 1953 Anm. 2, S. 39; *Riewald*, BB 1954, 385, 386. Siehe auch *Arbeitsgemeinschaft der Spitzenverbände der freien Wohlfahrtspflege/Arbeitsgemeinschaft Deutscher Wohltätigkeits-, Erziehungs- und Kultusstiftungen*, StuW 1952, 625, 628 (zu § 3 Abs. 1 Nr. 1 GemV 1953-E).

Siehe auch Becker/Riewald/Koch/*Riewald* § 17 StAnpG Anm. 5 b) (5) und (6): Grabpflege und Ehrung des Andenkens seien gemäß § 5 Nr. 3 GemV 1953 nur dann unschädlich, wenn sie „– neben dem Hauptzweck – Zweck der Stiftung“ sind, z.B. einer Auflage „entsprächen“. Vgl. *ders.*, § 17 StAnpG Anm. 5 b) (7): Grabpflege und Ehrung des Andenkens als „Hauptzweck“ der Stiftung.

familie dann nicht gegen den Ausschließlichkeitsgrundsatz, wenn und soweit sie – wie im Fall von Vermächtnissen, Auflagen und erbrechtlichen Verzichtsverträgen – lediglich auf einer anderen Rechtsgrundlage als einem Stiftungszweck beruhen. Damit hätte es der Stifter in der Hand, das Ausschließlichkeitsgebot allein durch geschickte Wahl des zivilrechtlichen Instrumentariums, in das er die privatnützige Versorgung seiner Familie kleidet, zu umgehen.

bb) Funktion und Inhalt des Ausschließlichkeitsgebots

(1) Tätigkeits- *versus* zielbezogenes Verständnis

(a) Die verfassungsrechtliche Legitimation steuerlicher Vergünstigungen

Jede steuerliche Vergünstigung muss – unabhängig von ihrer rechtlichen Einordnung als staatliche Subvention i.S. einer Sozialzwecknorm[417] oder als Teil des materiellen Steuerrechts[418] – vor dem allgemeinen Gleichheitssatz des Art. 3 Abs. 1 GG und dem daraus abgeleiteten Gebot der Steuergerechtigkeit[419] legitimiert sein. Dies muss auch für die Voraussetzungen für die Anerkennung als steuerlich gemeinnützig gelten, an deren Erfüllung die Einzelsteuergesetze die speziellen Vergünstigungen knüpfen.

Eine Steuervergünstigung als Durchbrechung der subjektiven oder objektiven Steuerpflicht ist vor Art. 3 Abs. 1 GG gerechtfertigt, wenn und weil ein Körperschaftsteuersubjekt seine Mittel für Zwecke verwendet, die anderenfalls *entweder* der Staat und die Kommunen erfüllen und aus Steuereinnahmen finanzieren müssten[420] *oder* die aufgrund des Subsidiaritätsgrundsatzes von Privatpersonen erfüllt werden und gemeinnützig

---

417 *Herbert*, Wirtschaftlicher Geschäftsbetrieb, S. 15; *ders.*, BB 1991, 178, 178; *Lang*, StuW 1987, 221, 230; *Trzaskalik*, StuW 1986, 219, 228.

418 *Isensee/Knobbe-Keuk*, S. 343; *Jachmann*, ZSt 2003, 35, 36; *Kirchhof*, DStJG 26 (2003), 1, 5.

419 BVerfG, BVerfGE 6, 55, 70.

420 Tipke/Kruse/*Tipke* vor § 51 AO Rn. 4. Siehe auch *Goerdeler*, S. 41; *Kirchhof*, AöR 128 (2003), 1, 7; *Weber-Grellet*, Steuern im Verfassungsstaat, S. 5.

wirken.[421] Die verfassungsrechtliche Rechtfertigung einer Steuervergünstigung ergibt sich also *nicht* bereits aus der bloßen gemeinwohlbezogenen *Zielsetzung*, sondern *erst* und *allein* aus der altruistisch, unmittelbar und ausschließlich auf deren Erfüllung gerichteten *Tätigkeit*.[422] Der Umstand, dass ein Steuerpflichtiger von der Verpflichtung zur Übernahme von Gemeinwohlverantwortung in Form von Steuerzahlungen befreit wird, ist nur in dem Maße gleichheitsgerecht, in dem der Steuerpflichtige jene Gemeinwohlverantwortung durch gemeinnütziges Handeln übernimmt.[423]

Ist die gleichheitsrechtliche Legitimation von Steuervergünstigungen demnach *tätigkeits*bezogen, so konkretisiert sie sich speziell für den hier thematisierten Problemkomplex in dem Postulat, dass erwirtschaftete Erträge – zumindest im Grundsatz – ausschließlich für steuerbegünstigte Ziele verwendet werden müssen.[424] Eine umfassende, auch die Ertragssphäre einbeziehende Nettobetrachtung würde dazu führen, dass die zuständigen Stiftungsorgane bei der Vermögensverwaltung und Ertragsverwendung auf privatnützige Verpflichtungen Rücksicht nehmen müssten, folglich in ihrem Handlungsspielraum bei der Erfüllung der steuerbegünstigten Zwecke eingeschränkt wären.[425] Die Gewährung von Steuervergünstigungen auch in diesen Fällen ließe sich bei einer *tätigkeits*bezogenen Anknüpfung gleichheitsrechtlich *nicht* legitimieren.

---

421 *Isensee/Knobbe-Keuk*, S. 347; *Kirchhof*, Stifterengagement, S. 15.

422 *Buchna*, Gemeinnützigkeit, Anm. 1.1, S. 1; *Herbert*, Wirtschaftlicher Geschäftsbetrieb, S. 13; *Hüttemann*, Wirtschaftliche Betätigung, S. 194 - 197; *Isensee/Knobbe-Keuk*, S. 348 - 350; *Jachmann*, ZSt 2003, 35, 36. Früher bereits Becker/Riewald/Koch/*Riewald* § 17 StAnpG Anm. 1 (2).

423 *Jachmann*, ZSt 2003, 35, 36; *Strachwitz*, Reform des Gemeinnützigkeitsrechts, S. 143 (unter 3.8.).

424 *Herbert*, Wirtschaftlicher Geschäftsbetrieb, S. 130 f.; *ders.*, BB 1991, 178, 178; Tipke/Kruse/*Tipke* vor § 51 AO Rn. 4; *Trzaskalik*, StuW 1986, 219, 227. Vgl. BMF, Gutachten Gemeinnützigkeits- und Spendenrecht, S. 89 (betreffend die Befreiung von der Vermögensteuer).

425 Vgl. *Kaase*, DB 1956, 1139.

(b) Die Umsetzung innerhalb der §§ 51 ff. AO

Die *tätigkeits*bezogene Legitimation steuerlicher Vergünstigungen bringt zunächst § 51 Satz 1 AO zum Ausdruck. Danach gewährt ein Gesetz eine Steuervergünstigung, „weil" – genauer: unter der Voraussetzung, dass[426] – ein Körperschaftsteuersubjekt ausschließlich und unmittelbar steuerbegünstigte Zwecke „verfolgt". In Zusammenschau mit den Einleitungssätzen der §§ 52 bis 54 AO sind Steuervergünstigungen für Körperschaftsteuersubjekte gerechtfertigt, weil ihre „Tätigkeit" gerade ausschließlich darauf gerichtet ist, die Allgemeinheit, bedürftige Personen oder die näher bezeichneten Religionsgemeinschaften zu fördern bzw. zu unterstützen. Dementsprechend ist § 56 AO so zu lesen, dass Ausschließlichkeit vorliegt, wenn *die Tätigkeit* eines Körperschaftsteuersubjekts nur darauf gerichtet ist, seine satzungsmäßigen steuerbegünstigten Ziele zu erreichen.

Auch die sprachlich[427] wie funktional[428] mit der Ausschließlichkeit eng verbundene Unmittelbarkeit i.S. des § 57 AO ist tätigkeitsbezogen zu verstehen. Gemäß § 57 Abs. 1 Satz 1 AO verfolgt eine Körperschaft ihre steuerbegünstigten satzungsmäßigen Zwecke unmittelbar, wenn sie selbst diese Zwecke verwirklicht. Das kann nach § 57 Abs. 1 Satz 2 AO auch durch Hilfspersonen geschehen, wenn nach den Umständen des Falls das Wirken der Hilfsperson wie eigenes Wirken der Körperschaft anzusehen ist. Deutet der Einleitungshalbsatz des § 57 Abs. 1 Satz 1 AO in Zusammenschau mit den §§ 51 Satz 1 und 59 Halbsatz 1 AO noch auf eine zielbezogene Betrachtung hin, ergibt sich die Tätigkeitsbezogenheit aus den Worten „verwirklicht" in Satz 1 und „Wirken" in Satz 2.[429]

Die tätigkeitsbezogene Legitimation steuerlicher Vergünstigungen kommt auch in den §§ 59 Halbsatz 2 und 63 Abs. 1 AO zum Ausdruck, wonach die

---

426 Die Formulierung „weil" ist streng genommen nicht korrekt, da § 51 Satz 1 AO nicht die Begründung für eine bereits gewährte Steuervergünstigung liefert, sondern sich auf die Voraussetzungen einer angestrebten Steuervergünstigung bezieht.

427 Siehe §§ 51 Satz 1, 59 Halbsatz 1 und 63 Abs. 1 AO: „ausschließlich und unmittelbar".

428 Siehe BT-Drucks. 6/1982, S. 117: § 58 AO als auf beide Grundsätze bezogener, einheitlicher Ausnahmetatbestand.

429 Siehe auch die im Wortlaut ähnliche Vorschrift des § 11 Abs. 2 GemV 1953.

tatsächliche Geschäftsführung auf die ausschließliche und unmittelbare „Erfüllung" der steuerbegünstigten Zwecke „gerichtet" sein muss.

Die Überschriften der Vorgängervorschriften des § 58 AO lauteten „Unschädliche Nebenzwecke" (§ 5 GemV 1941) und „Steuerlich unschädliche Nebenzwecke" (§ 5 GemV 1953). Diese Überschriften waren insofern missverständlich, als sie implizierten, dass Grabpflege und Ehrung des Andenkens in der Satzung als „Zweck" oder „Nebenzweck" bestimmt sein mussten. Berücksichtigt man jedoch die Satzstellung dieser beiden Vorschriften,[430] bezog sich die Unschädlichkeit nicht auf die Grabpflege und die Ehrung des Andenkens als Stiftungsziele („um zu"), sondern auf die „Verwendung" von höchstens einem Drittel des Einkommens als zielgerichtete Stiftungstätigkeit. Mit dieser Begründung lässt sich die in Teilen der Kommentarliteratur zu § 5 Nr. 3 GemV 1953 vertretene Auffassung erklären, wonach Grabpflege und Ehrung des Andenkens auch dann unschädlich sein sollten, wenn sie gerade keinen statuarischen „Zweck" oder „Nebenzweck" darstellten, sondern auf einem Rechtsgrund außerhalb der Stiftungsverfassung beruhten.[431]

Dieses tätigkeitsbezogene Verständnis hat der Gesetzgeber mit der Änderung der Überschrift zu § 58 AO in „Steuerlich unschädliche Betätigungen" bestätigt. Für ein tätigkeitsbezogenes Verständnis des Ausschließlichkeitsgrundsatzes spricht auch der Wortlaut des mit § 56 AO korrespondierenden Ausnahmetatbestands in § 58 Nr. 8 AO, der die Veranstaltung geselliger Zusammenkünfte der „steuerbegünstigten Tätigkeit" gegenüberstellt.

Als Zwischenergebnis lässt sich festhalten, dass sich der Ausschließlichkeitsgrundsatz im Rahmen des Stiftungszwecks nicht allein auf das Stiftungsziel, sondern auf die zielgerichtete Stiftungstätigkeit[432] und *in*

---

430 Siehe oben S. 52 und 54 (unter Zweiter Teil, Dritter Abschnitt, A. I. 2. und 3.).

431 Boettcher/Leibrecht/*Leibrecht* § 4 GemV 1953 Anm. 2, S. 39, und § 5 GemV 1953 Anm. 4, S. 47; Hübschmann/Hepp/Spitaler/*Spanner* § 5 GemV 1953 Rn. 9 (unter Aufgabe der bisherigen Auffassung von *Lademann*); *Kaase*, DB 1956, 1139; *Riewald*, BB 1954, 385, 386.

432 RFH, RStBl. 1937, 1104: „Ihre [*scil.*: der Stiftung] gesamte Tätigkeit muß diesen steuerbegünstigten Zwecken dienstbar sein und sich auf die Erfüllung dieser Zecke beschränken."; BFH, BStBl. III 1956, 171, 172: „Ausschließlichkeit gemeinnütziger

realiter auf die tatsächliche Geschäftsführung bezieht. Dies darf allerdings nicht dahingehend missverstanden werden, als dürfe die Stiftung lediglich solche Tätigkeiten verrichten, die unmittelbar dem Gemeinwohl zugute kommen. Präzise gesprochen bestimmt der Ausschließlichkeitsgrundsatz nicht den Inhalt der Tätigkeit, sondern die mit ihr verbundene Finalität.[433] Was die wirtschaftliche Betätigung der Stiftung betrifft, bezieht sich der Ausschließlichkeitsgrundsatz nicht auf die Beschaffung, sondern auf die Verwendung von Vermögen und Erträgen.[434]

Das Ausschließlichkeitsgebot postuliert also den Ge- und Verbrauch der Zweckverwirklichungsmittel[435] und der aus den Dotationsquellen[436] erzielten Erträge nur zugunsten der satzungsmäßigen steuerbegünstigten Ziele. Der Ausschließlichkeitsgrundsatz besagt, dass die Verwendung der Zweckverwirklichungsmittel und der laufenden Erträge nur, *i.e.* ohne jegliche Ausnahme, auf die Verwirklichung gemeinwohlfördernder Stiftungsziele gerichtet sein muss.[437] Dem Stiftungszweck selbst kommt die Funktion zu, dass er die auf die gemeinwohlbezogene Förderung oder Unterstützung gerichtete Tätigkeit bündelt und der begünstigten Stiftung ihr Gepräge gibt.[438] Die These, dass jeder einzelne Stiftungszweck eine steuerbegünstigte Zielsetzung beinhalten müsse[439] und folglich die Anerkennung als

---

Tätigkeit"; BFH, HFR 1964, 248, 250; BFH, BStBl. II 1979, 496, 497: „Die einzelnen Tätigkeiten müssen – jede für sich betrachtet – auf die begünstigten Zwecke gerichtet sein: Die Gesamttätigkeit der Stiftung muß diesen Zwecken dienen und sich auf deren Erfüllung beschränken.". Ebenso Becker/Riewald/Koch/*Riewald* § 17 StAnpG Anm. 4 a) (3), 5 a) (2) und 5 b) (1) und (2); *Kaase*, DB 1956, 1139; *Kühn/Hofmann* (17. Aufl.) § 56 AO Anm. 1 und 2.

433 *Hüttemann*, Wirtschaftliche Betätigung, S. 32 f.; *ders.*, DStJG 26 (2003), 49, 58.

434 *Hüttemann*, DStJG 26 (2003), 49, 58: „Mit dem Ausschließlichkeitsgrundsatz vereinbar sind [...] Maßnahmen, die nur der Schaffung der sachlichen, personellen und finanziellen Voraussetzungen für eine Zweckverwirklichung dienen", z.B. Öffentlichkeitsarbeit, Spendenwerbung und Vermögensverwaltung.

435 Siehe oben S. 23 (unter Zweiter Teil, Erster Abschnitt, A. IV.).

436 Siehe oben S. 23 (unter Zweiter Teil, Erster Abschnitt, A. IV.).

437 Hübschmann/Hepp/Spitaler/*Fischer* § 55 AO Rn. 36; Koch/Scholtz/*Scholtz* § 56 AO Rn. 2; *Wassermeyer*, Ausgewählte Fragen, S. 30. Früher Becker/Riewald/Koch/*Riewald* § 17 StAnpG Anm. 5 a) (2), 5 b) (1) und (2).

438 Vgl. Becker/Riewald/Koch/*Riewald* § 17 StAnpG Anm. 7 a) (1), S. 781.

439 BMF, AEAO Satz 2 zu § 56 AO, BStBl. I 2002, 867, 876; *Hüttemann*, Wirtschaftliche Betätigung, S. 31; *ders.*, DStJG 26 (2003), 49, 58.

steuerlich gemeinnützig zu verneinen sei, wenn eine Stiftung auch nur ein einziges nichtsteuerbegünstigtes Ziel zum Stiftungszweck hat,[440] steht der hier angestellten Überlegung nicht entgegen. Diese These ist lediglich eine Folge des eigentlichen, tätigkeitsbezogenen Inhalts des § 56 AO.

(2) Aufteilungsverbot

Im Anschluss an die erwähnten Entscheidungen des Reichsfinanzhofs aus den Jahren 1929 und 1937 wurde im Schrifttum vereinzelt der Vorschlag gemacht, das Vermögen und die Erträge der Stiftung aus Billigkeitsgründen allein für Zwecke der Besteuerung in einen steuer*begünstigten* und einen – in Höhe des Betrags, der die Grenzen des § 5 Nr. 3 GemV 1953 übersteigt – steuer*pflichtigen* Teil aufzuspalten.[441] Auch unter Geltung des § 58 Nr. 5 AO findet sich vereinzelt der im Ergebnis gleiche Vorschlag, den Stiftungsakt für steuerliche Zwecke in das Stiftungsgeschäft einerseits und die Auflage, Erträge für die privatnützige Versorgung der Stifterfamilie zu verwenden, andererseits aufzuteilen.[442]

Die Idee einer gedanklichen Vermögensaufteilung, die beispielsweise dem britischen *Charity Law* zugrunde liegt,[443] hat der Reichsfinanzhof im bereits erwähnten Urteil vom 24. September 1937 ausdrücklich verworfen. Der Ausschließlichkeitsgrundsatz verbiete eine Aufteilung derart, die aus einer lebzeitigen Erstausstattung und aus späteren Zustiftungen erwirtschafteten Erträge steuerfrei zu lassen und lediglich die aus dem Nachlassvermögen erzielten Einnahmen zu besteuern.[444]

Eine gedankliche Aufteilung des Stiftungsvermögens oder des Stiftungsakts in einen steuerlich begünstigten und einen nichtbegünstigten Teil

---

440 *Hüttemann*, Wirtschaftliche Betätigung, S. 30.

441 Boettcher/Leibrecht/*Leibrecht* § 4 GemV 1953 Anm. 2, S. 39.

442 *Neuhoff*, DB 1987, Beilage Nr. 10/87, S. 3 in Fn. 9.

443 *Mock*, S. 15, 117, 124 und 260.

444 RFH, RStBl. 1937, 1104 (zu § 4 Abs. 1 Nr. 6 Satz 1 KStG 1934, der in etwa § 5 Abs. 1 Nr. 9 Satz 2 KStG entspricht). Zu diesem Urteil siehe oben S. 83 f. (unter Zweiter Teil, Dritter Abschnitt, B. II. 1. a) cc)).

widerspricht dem Wesen der steuerlichen Gemeinnützigkeit *de lege lata*. So gewährt ein Einzelsteuergesetz gemäß § 51 Satz 1 AO „*eine* Steuervergünstigung“, und zwar unter der Voraussetzung, dass[445] „*eine* Körperschaft“ steuerbegünstigte Zwecke verfolgt. Weiterhin ordnet § 58 AO als Rechtsfolge an, dass „*die* Steuervergünstigung“ nicht ausgeschlossen wird. Aus der Diktion des § 51 Satz 1 AO und des Einleitungshalbsatzes in § 58 AO wird deutlich, dass sich die steuerliche Gemeinnützigkeit auf ein Körperschaftsteuersubjekt als *Ganzes* bezieht.

Daran kann eine etwaige partielle subjektive Körperschaftsteuer- und Gewerbesteuerpflicht[446] nichts ändern. Denn erstens beruht die partielle subjektive Steuerpflicht auf einer *spezial*gesetzlichen Anordnung, also gerade auf Vorschriften außerhalb der §§ 51 ff. AO. Zweitens stellt sie lediglich eine Ausnahme zur grundsätzlich umfassenden Steuerbefreiung dar. Drittens hat der Gesetzgeber die partielle subjektive Steuerpflicht nicht deshalb eingeführt, weil das Unterhalten eines wirtschaftlichen Geschäftsbetriebs nicht gemeinwohlfördernd ist, sondern allein aus Gründen des Wettbewerbsschutzes.

Ist eine spezialgesetzliche Steuervergünstigung – jedenfalls im Grundsatz – umfassend, muss die steuerliche Gemeinnützigkeit ebenfalls unteilbar sein. Damit kommt § 56 AO die Funktion eines Aufteilungsverbots zu. Es gibt keine partielle subjektive steuerliche Gemeinnützigkeit derart, dass die Stiftungstätigkeit in eine steuerbegünstigte und eine nichtsteuerbegünstigte Betätigung aufgeteilt wird.[447] Das Ausschließlichkeitsgebot soll sicherstellen, dass die steuerliche Begünstigung wegen „selbstloser Förderung“ nicht auch „anderen Betätigungen“ zugute kommt.[448] Das Ausschließlichkeitsgebot und das daraus abgeleitete Verbot einer partiellen Gemein-

---

[445] Siehe oben S. 113 (unter Zweiter Teil, Dritter Abschnitt, B. III. 2. a) bb) (1) (b)).

[446] Siehe § 3 Nr. 6 Satz 2 GewStG; § 5 Abs. 1 Nr. 9 Satz 2 KStG.

[447] BFH, BStBl. II 1979, 495, 496; Hübschmann/Hepp/Spitaler/*Fischer* § 55 AO Rn. 36; *Hüttemann*, Wirtschaftliche Betätigung, S. 30 f. So bereits früher Becker/Riewald/Koch/*Riewald* § 17 StAnpG Anm. 1 (2) und Anm. 5 b) (4). Vgl. BFH, BStBl. II 1972, 197, 198.

[448] Becker/Riewald/Koch/*Riewald* § 17 StAnpG Anm. 4 a) (3).
Anmerkung: *Riewald* versteht den Begriff der „Förderung“ also nicht als Ziel, sondern als Tätigkeit.

nützigkeit stärken somit die verfassungsrechtliche Legitimation der spezialgesetzlichen Vergünstigungen für gemeinnützige Einrichtungen.[449]

b) Teleologische Reduktion des § 56 AO?

Nach den vorstehenden Ausführungen kann eine umfassende Nettobetrachtung auf Ertragsebene allenfalls im Wege einer teleologischen Reduktion des § 56 AO erreicht werden.

Gegen eine teleologische Reduktion sprechen jedoch die folgenden Überlegungen:

aa) Entstehungsgeschichtlicher Hintergrund

Vor Inkrafttreten der Gemeinnützigkeitsverordnung 1941 erlaubten die Durchführungsbestimmungen zu den einzelnen Reichssteuergesetzen[450] Personenvereinigungen die Vornahme offener Gewinnausschüttungen in Höhe von höchstens – vom Verordnungsgeber kontinuierlich gesenkt – fünfeinhalb,[451] fünf[452] und vier Prozent[453] der eingezahlten Kapitalanteile. Für Stiftungen galten jene Regelungen in den Durchführungsbestimmungen nicht, nach der Rechtsprechung des Reichsfinanzhofs auch nicht in analoger Anwendung.[454] Im Übrigen war die Gewährung sonstiger privatnütziger Vermögensvorteile nur ausnahmsweise und lediglich insofern erlaubt, als die Vorteile – ähnlich wie heute in § 55 Abs. 1 Halbsatz 1 AO

---

449 *Hüttemann*, DStJG 26 (2003), 43, 57 f.

450 Zur Rechtslage vor dem 1. 1. 1942 siehe oben S. 51 f. (unter Zweiter Teil, Dritter Abschnitt, A. I. 1.).

451 Z.B. § 16 Abs. 2 Halbsatz 1, 1. Var. DV KStG 1925.

452 Z.B. § 63 Abs. 2 Halbsatz 1, 1. Var. DB VStG 1925; § 51 Abs. 2 Halbsatz 1, 1. Var. DB VStG 1931.

453 Z.B. § 2 Abs. 1 Nr. 1 Satz 1 DB VStG 1935.

454 RFH, RStBl. 1929, 143 (zu § 16 Abs. 2 DB KStG 1925).

ausgedrückt[455] – *zugleich* der Allgemeinheit zugute kamen.[456] Damit war die unschädliche Vornahme *rein* privatnütziger Leistungen ausschließlich Personenvereinigungen vorbehalten und der Höhe nach auf die oben genannte Verzinsung begrenzt.

Der Verordnungsgeber des Jahres 1941 bestätigte in § 3 Nr. 2 Satz 3 GemV 1941 das Verbot sonstiger Zuwendungen – nunmehr unter dem Zusatz „aus Mitteln der Körperschaft". Zugleich dehnte er das Zuwendungsverbot auf die nach bisheriger Rechtslage unschädlichen offenen Gewinnausschüttungen aus (§ 3 Nr. 2 Satz 2 GemV 1941). Privatnützige Begünstigungen waren nunmehr lediglich dann zulässig, wenn und soweit damit *zugleich* eine Förderung der Allgemeinheit verbunden war. Hingegen begründete jegliche Vornahme *rein* privatnütziger Zuwendungen nunmehr ausnahmslos einen Verstoß gegen das Ausschließlichkeitsgebot. Mit dem Verbot offener Gewinnausschüttungen beabsichtigte der Verordnungsgeber zunächst die Aufhebung der bisherigen Privilegierung von Personenvereinigungen gegenüber nichtverbandsmäßig verfassten Körperschaftsteuersubjekten wie Stiftungen. Sein Hauptziel bestand darin, die Verwendung *sämtlicher* laufender Erträge zugunsten steuerbegünstigter Zwecke festzuschreiben. Diese beiden Ziele des Verordnungsgebers von 1941 lassen sich über § 4 Abs. 2 Halbsatz 2 Nr. 1 Satz 2 GemV 1953 bis zum heutigen § 55 Abs. 1 Nr. 1 Satz 2 AO verfolgen. Dieser Regelungsabsicht widerspräche es, rein privatnützige Zuwendungen im Wege teleologischer Reduktion des § 56 AO dem Anwendungsbereich des Ausschließlichkeitsgrundsatzes zu entziehen.

bb) Statische *versus* dynamische Betrachtung

Man könnte erwägen, eine auch die Ertragssphäre einbeziehende Nettobetrachtung auf bilanzrechtliche Grundsätze oder die bereicherungsrechtliche Betrachtungsweise i.S. des § 10 Abs. 1 Satz 1 ErbStG zu stützen. Dieser Ansatz ist wegen des statischen Charakters von Bilanz und

---

455 Siehe oben S. 62 f. (unter Zweiter Teil, Dritter Abschnitt, A. II. 1. b) cc) (1)).

456 Z.B. § 16 Abs. 2 Halbsatz 1, 2. Var. und Halbsatz 2 DV KStG 1925; § 63 Abs. 2 Halbsatz 1, 2. Var. und Halbsatz 2 DB VStG 1925; § 51 Abs. 2 Halbsatz 1, 2. Var. und Halbsatz 2 DB VStG 1931; § 2 Abs. 1 Nr. 1 Satz 2 DB VStG 1935.

Bereicherung i.S. des § 10 Abs. 1 Satz 1 ErbStG nicht unbedenklich. Die Bilanz bildet Aktiva und Passiva am Bilanzstichtag ab.[457] Die Bereicherung des Erwerbers i.S. des § 10 Abs. 1 Satz 1 ErbStG ist der steuerbare Vermögenszuwachs im Zeitpunkt der Entstehung der Erbschaftsteuer (Schenkungsteuer).[458] Bilanzierung und Ermittlung der Bereicherung sind Zeit*punkt*rechnungen, bilden einen Zustand in einem einzelnen Moment ab.

Dagegen müssen die in der Stiftungsverfassung verankerte Stiftungstätigkeit und *in realiter* die tatsächliche Geschäftsführung der Stiftung für Zwecke der Körperschaftsteuer und Gewerbesteuer während des gesamten Veranlagungszeitraums auf die Erfüllung steuerbegünstigter Zwecke gerichtet sein (§§ 60 Abs. 2 Halbsatz 1, 63 Abs. 2 AO). Dasselbe gilt für die Erbschaftsteuer (Schenkungsteuer) über die Anforderungen des § 60 Abs. 2 Halbsatz 2 AO hinaus für den Zeitraum von zehn Jahren nach einer steuerbaren Zuwendung (§ 13 Abs. 1 Nr. 16 Buchstabe b *Satz 2* ErbStG). Die Prüfung der Voraussetzungen der steuerlichen Gemeinnützigkeit ist somit zeit*raum*bezogen. Die einer Zeit*raum*betrachtung immanenten Dynamik wird der bereits skizzierten verfassungsrechtlichen Legitimation von Steuervergünstigungen, sich diese Vergünstigungen kontinuierlich durch gemeinwohlorientierte Tätigkeit verdienen zu müssen, eher gerecht als die Statik einer Zeit*punkt*rechnung.

c) Konsequenz für die privatnützige Versorgung der Stifterfamilie

Nach den vorstehenden Ausführungen kann eine umfassende, auch die Ertragssphäre einbeziehende Nettobetrachtung weder infolge Auslegung noch im Wege teleologischer Reduktion des § 56 AO abgeleitet werden. Aus der Perspektive des tätigkeitsbezogenen Ausschließlichkeitsgrundsatzes begründet die Vornahme einer jeden, wenn auch noch so geringfügigen rein privatnützigen Versorgungsleistung der Stiftung an ein Mitglied der Stifterfamilie im Grundsatz einen Verstoß gegen § 56 AO.[459] Ausgenommen sind lediglich diejenigen Tätigkeiten der Stiftung, die auf

---

[457] Z.B. gemäß § 242 Abs. 1 Satz 1 HGB für die Eröffnungsbilanz der Beginn des Handelsgewerbes und für die laufende Bilanz der Schluss eines Geschäftsjahres.

[458] §§ 10 Abs. 1 Satz 2, 11 und 9 Abs. 1 ErbStG.

[459] So auch *Wassermeyer*, Ausgewählte Fragen, S. 30.

die Erfüllung *gesetzlich* angeordneter Vermögenspflichten[460] – etwa aus dem Pflichtteils- und ehelichem Güterrecht – gerichtet sind.

Daraus folgt, dass eine Nettobetrachtung auf Ertragsebene aus der Perspektive des Ausschließlichkeitsgebots grundsätzlich – mit Ausnahme der erwähnten gesetzlichen Vermögenspflichten – ausgeschlossen ist. Allerdings erlaubt der Ausschließlichkeitsgrundsatz eine Nettobetrachtung auf Vermögenssphäre, wenn und soweit die privatnützige Versorgung der Stifterfamilie gerade nicht auf einer Tätigkeit der Stiftung beruht. Aus der Perspektive des Ausschließlichkeitsgrundsatzes zulässig ist demnach die privatnützige Nutzung von Teilen des Stiftungsvermögens auf Grundlage eines vom Stifter eingeräumten dinglichen oder obligatorischen Nutzungsrechts. Eine Beschränkung ergibt sich nur nach Maßgabe des Stiftungszivilrechts, wonach erstens die Erträge aus dem nichtbelasteten Vermögen zur Erfüllung der steuerbegünstigten Stiftungszwecke ausreichen und zweitens sichergestellt ist, dass das zunächst belastete Vermögen nach Erlöschen des Nutzungsrechts dauerhaft für die steuerbegünstigten Stiftungszwecke verwendet wird.[461] Die Bestellung von Nutzungsrechten an Gegenständen des Stiftungsvermögens durch den Stifter und die anschließende Nutzung durch Mitglieder der Stifterfamilie sind gerade keine der Stiftung zuzurechnenden Tätigkeiten.

Weitere Überlegungen erfordert der Sonderfall, dass die Stiftung selbst nach Maßgabe des Stifters Teile des Stiftungsvermögens entweder auf Mitglieder der Stifterfamilie überträgt oder zu deren Gunsten mit einem Nutzungsrecht belastet. Hier läge streng genommen eine gegen den Ausschließlichkeitsgrundsatz verstoßende Tätigkeit der Stiftung vor. Auf diesen Sonderfall wird im weiteren Verlauf der Arbeit noch näher eingegangen.

---

460 *Hüttemann*, Wirtschaftliche Betätigung, S. 81.

461 Siehe oben S. 30 (unter Zweiter Teil, Erster Abschnitt, B. II.).

3. Nettobetrachtung aus der Perspektive des Selbstlosigkeitsgebots

a) § 55 Abs. 1 Nr. 3, 1. Var. AO: privatnützige Versorgungsleistungen als inkriminierte „Begünstigungen“

Wie bereits erläutert,[462] ist § 58 Nr. 5 AO eine Ausnahme unter anderem zu § 55 Abs. 1 Nr. 3, 1. Var. AO, wonach eine Stiftung keine Person durch Ausgaben, die dem Stiftungszweck fremd sind, begünstigen darf.

Für die These einer umfassenden Nettobetrachtung auf Ertragsebene ließe sich anführen, durch die Verwendung laufender Stiftungserträge für eine privatnützige Versorgungsleistung „begünstige“ die Stiftung den Empfänger gar nicht, sondern erfülle lediglich eine ihr vom Stifter auferlegte Leistungspflicht. Die Verneinung einer „Begünstigung“ beim Leistungsempfänger trifft jedoch auf Bedenken:

Nach dem Wortlaut des § 55 Abs. 1 Nr. 3, 1. Var. AO werden die Begriffe „Ausgaben“ und „begünstigen“ durch das Wort „durch“ miteinander verbunden. Demnach stehen die Begriffe „Ausgaben“ und „begünstigen“ in einem Verhältnis von *Ursache* auf Ebene der Stiftung und *Wirkung* auf Ebene des Leistungsempfängers. Damit ist das Tatbestandsmerkmal „begünstigen“ in einem kausalen Zusammenhang mit dem Begriff der „Ausgaben“ auszulegen.

Unter Berücksichtigung der Entstehungsgeschichte des § 55 Abs. 1 Nr. 3, 1. Var. AO ist von einem weiten Verständnis des Ausgabenbegriffs auszugehen. Der Gesetzgeber führte den Begriff „Ausgaben“ ein, weil nach seiner Auffassung der ursprünglich vorgesehene Begriff der „Verwaltungsausgaben“ zu eng sei.[463]

In der Terminologie des Bilanzrechts zählen zu den *Ausgaben* sämtliche Zahlungsmittelabgänge[464], die Entstehung eigener Verbindlichkeiten und

---

462 Siehe oben S. 64 f. (unter Zweiter Teil, Dritter Abschnitt, A. II. 1. b) cc) (2)).

463 BT-Drucks. 7/4292, S. 21.

464 Zahlungsmittelabgang ist jede Minderung des Bargeldbestandes sowie des Scheck- und Bankguthabens.

das Erlöschen eigener Forderungen. Dabei beurteilt sich das begriffliche Vorliegen einer Ausgabe losgelöst von einer etwaigen ihr gegenüberstehenden oder durch sie ausgelösten Gegenposition.[465] Aus diesem Grund stellt beispielsweise die Auszahlung einer Rente ungeachtet dessen, dass der etwaig zugrunde liegende Leistungsanspruch infolge Erfüllung erlischt, eine Ausgabe im bilanziellen Sinn dar.

Stehen die in § 55 Abs. 1 Nr. 3, 1. Var. AO verwendeten Begriffe „Ausgaben" und „begünstigen", wie dargelegt, in einer Ursache-Wirkung-Beziehung, so tritt die Begünstigung beim Leistungsempfänger unmittelbar durch die Auszahlung eines Geldbetrags, die zugleich Ausgabe ist, ein. Der Umstand, dass auf Ebene der Stiftung eine etwaig passivierte Verbindlichkeit entfällt und bilanzrechtlich lediglich eine erfolgsneutrale Aktiv-Passiv-Minderung vorliegt, steht der Annahme einer „Ausgabe" und infolgedessen einer „Begünstigung" beim Leistungsempfänger nicht entgegen. Für die Annahme einer „Begünstigung" i.S. des § 55 Abs. 1 Nr. 3, 1. Var. AO kommt es folglich gar nicht darauf an, ob und wie eine Stiftung eine privatnützige Verbindlichkeit passiviert. Selbst wenn eine Stiftung eine privatnützige Verbindlichkeit passiviert, ist die Erfüllung dieser Verbindlichkeit eine von § 55 Abs. 1 Nr. 3, 1. Var. AO inkriminierte Ausgabe, die unmittelbar zu einer Begünstigung beim Leistungsempfänger führt. Diese Feststellung spricht *gegen* die Zulässigkeit einer Nettobetrachtung auf Ertragsebene.

Bestätigung findet dieses Auslegungsergebnis in § 55 Abs. 1 Nr. 3, *2. Var.* AO. Bejahte man eine Nettobetrachtung nach bilanziellem Verständnis, würde die Zahlung einer unverhältnismäßig hohen Vergütung nicht gegen § 55 Abs. 1 Nr. 3, 2. Var. AO verstoßen, weil der Minderung des Geldvermögens die betragsmäßig identische Minderung der zugrunde liegenden Vergütungspflicht gegenübersteht. Gerade dieses Ergebnis widerspricht jedoch § 55 Abs. 1 Nr. 3, 2. Var. AO, weil eine Begünstigung gerade durch eine unverhältnismäßig hohe Vergütung – also gerade ungeachtet der Existenz eines darauf gerichteten Anspruchs – eintritt.

Aus § 55 Abs. 1 Nr. 3 AO lässt sich folgendes Prinzip ableiten: eine Ausgabe ist nur dann unschädlich, soweit sie *erstens* dem Grunde nach der

---

465 BeckBilKomm/*Förschle* § 247 HGB Rn. 650.

Erfüllung eines steuerbegünstigten Zwecks dient – anderenfalls Verstoß gegen die erste Variante – und soweit sie *zweitens* bei Vorliegen einer Gegenleistung auch der Höhe nach verhältnismäßig ist – anderenfalls Verstoß gegen die zweite Variante.[466] Daraus folgt im Umkehrschluss, dass eine Ausgabe *in keinem Fall* – also unabhängig davon, ob ihr eine Gegenleistung gegenübersteht oder nicht – zweckfremd sein darf. Vielmehr muss *jede* Ausgabe geeignet sein, die Erfüllung eines steuerbegünstigten Zwecks zu ermöglichen oder zu verbessern. Hingegen ist jede einzelne Ausgabe zur Erfüllung einer rein privatnützigen Leistungspflicht schlechthin schädlich.

Damit lässt sich als Ergebnis festhalten, dass eine gemäß § 55 Abs. 1 Nr. 3, 1. Var. AO inkriminierte Begünstigung auch dann vorliegt, wenn eine Stiftung laufende Erträge zur Erfüllung einer vom Stifter angeordneten Leistungspflicht verwendet.

b) § 55 Abs. 1 Nr. 1 Satz 1 und 2 AO: Versorgungsleistungen aus „Mitteln" der Stiftung

Wie bereits erläutert,[467] ist § 58 Nr. 5 AO eine Ausnahme unter anderem zu § 55 Abs. 1 Nr. 1 Satz 1 und 2 AO, wonach die Stiftung ihre Mittel nur für die satzungsmäßigen Zwecke verwenden darf und der Stifter und seine Erben keine Zuwendungen aus Mitteln der Stiftung erhalten dürfen.

Für die These einer umfassenden Nettobetrachtung auf Ertragsebene ließe sich anführen, dass die laufenden Erträge, die eine Stiftung für privatnützige Versorgungsleistungen verwendet, nicht dem Mittelverwendungsgrundsatz unterliegen, weil diese Erträge wegen der vom Stifter angeordneten Leistungspflicht keine „Mittel" der Stiftung sind. Damit wird der Versuch unternommen, den Begriff der „Mittel" nach Maßgabe des Stifterwillens restriktiv auszulegen. Eine *allein* am Stifterwillen ausgerichtete restriktive Auslegung des Mittelbegriffs trifft jedoch, wie im Folgenden erläutert wird, auf erhebliche Bedenken:

---

466 Daher konsequent BFH, BStBl. II 1992, 62, 64: „Eine Zuwendung i.S. des § 55 Abs. 1 Nr. 1 Satz 2 AO 1977 ist ein wirtschaftlicher Vorteil, den die Körperschaft bewußt unentgeltlich oder gegen zu geringes Entgelt einem Dritten zukommen läßt."

467 Siehe oben S. 64 f. (unter Zweiter Teil, Dritter Abschnitt, A. II. 1. b) cc) (2)).

aa) Enges *versus* weites Begriffsverständnis

Nach allgemeiner Auffassung ist der Begriff „Mittel", den das Gesetz im Rahmen der §§ 51 ff. AO mehrfach verwendet,[468] einheitlich auszulegen.[469] Der für das Gemeinnützigkeitsrecht im Zusammenhang mit der Körperschaftsteuer zuständige I. Senat des Bundesfinanzhofs definiert Mittel i.S. des § 55 AO als „nicht nur die der Körperschaft durch Spenden, Beiträge und Erträge ihres Vermögens und ihrer wirtschaftlichen Zweckbetriebe zur Verfügung stehenden Geldbeträge, sondern *sämtliche* Vermögenswerte der Körperschaft".[470] Daher erhalte ein Dritter eine Zuwendung i.S. des § 55 Abs. 1 Nr. 1 Satz 2 AO aus „Mitteln der Körperschaft", wenn zwecks Einräumung eines wirtschaftlichen Vorteils „deren Vermögenswerte" eingesetzt werden.[471] Somit legt der I. BFH-Senat den Mittelbegriff in Übereinstimmung mit der Literatur[472] extensiv aus und knüpft ihn an das gesamte Aktivvermögen und die hieraus erzielten Erträge.[473]

Dagegen umschreibt der II. BFH-Senat in dem bereits diskutierten Urteil vom 21. Januar 1998 die Mittel i.S. des § 55 Abs. 1 AO als „eigene Mittel,

---

468 § 52 Abs. 1 Satz 3 AO; § 55 Abs. 1 Nr. 1 Satz 1, 2 und 3, Nr. 5 Satz 1, 2 und 3 AO; § 58 Nr. 1, 2, 6, 7 und 11 AO; § 63 Abs. 4 Satz 1 und 2 AO.

469 Hübschmann/Hepp/Spitaler/*Fischer* § 55 AO Rn. 99; *Hüttemann*, Wirtschaftliche Betätigung, S. 81.

470 BFH, BStBl. II 1992, 62, 64; BFH, BFH/NV 1996, 383. Hervorhebung durch den Verfasser.

471 BFH, BStBl. II 1992, 62, 64.

472 *Eversberg*, Neuere Entwicklungen, S. 265; Hübschmann/Hepp/Spitaler/*Fischer* § 55 AO Rn. 99; Koch/Scholtz/*Scholtz* § 55 AO Rn. 7; Schwarz/*Uterhark* § 55 AO Rn. 10; Seifart/von Campenhausen/*Pöllath* § 43 Rn. 48 in Fn. 141.

473 Zu den „Mitteln" gehören demnach sämtliche Wirtschaftsgüter des ideellen Bereichs, der Vermögensverwaltung, der wirtschaftlichen Geschäfts- (§§ 14, 64 AO) und Zweckbetriebe (§§ 65 bis 68 AO), weiterhin sämtliche steuerbaren Einnahmen aus wirtschaftlichen Geschäfts- und Zweckbetrieben sowie aus vermögensverwaltender Tätigkeit, schließlich sämtliche nichtsteuerbaren Einnahmen wie Spenden und staatliche Zuschüsse.

Anmerkung: Die Beschränkung der „Mittel" auf die laufenden Einnahmen ist spätestens mit der Einführung des § 58 Nr. 11 AO, der im Einleitungshalbsatz die in den Buchstaben a bis d aufgeführten Zuwendungen als „folgende Mittel" bezeichnet, nicht mehr zulässig. Im Ergebnis nunmehr auch Seifart/von Campenhausen/*Orth* § 37 Rn. 225 unter Aufgabe seiner in der Vorauflage vertretenen Auffassung.

d.h. das dem satzungsmäßigen [*scil.:* steuerbegünstigten] Zweck zur Verfügung stehende Vermögen und die Erträgnisse hieraus".[474] Mit dieser Definition betritt der II. Senat dogmatisches Neuland: anstatt in einem ersten Schritt den Mittelbegriff nach herkömmlichem Verständnis weit auszulegen und in einem zweiten Schritt § 55 Abs. 1 Nr. 1 Satz 2 AO teleologisch zu reduzieren, engt er den Mittelbegriff im Wege restriktiver Auslegung ein.[475]

An dieser Stelle sei nochmals darauf hingewiesen, dass nach der Einkommensdefinition der Finanzverwaltung und der ganz herrschenden Literaturmeinung solche Aufwendungen, die begrifflich Sonderausgaben darstellen, das Einkommen i.S. des § 58 Nr. 5 AO nicht mindern.[476] Unter Berücksichtigung dieser ganz herrschenden Definition hätte eine restriktive Auslegung des Mittelbegriffs oder eine teleologische Reduktion des § 55 Abs. 1 Nr. 1 Satz 1 und 2 AO zur Folge, dass jene „vorab abgezweigten" privatnützigen Versorgungsleistungen doppelt unberücksichtigt blieben.[477]

bb) Entstehungsgeschichtliche Betrachtung

Vor Inkrafttreten der Abgabenordnung bezog sich der Grundsatz der Mittelverwendung – siehe den Wortlaut des § 4 Abs. 2 Halbsatz 2 Nr. 1 Satz 1 GemV 1953 – auf „etwaige Gewinne". Diese Formulierung übernahm der Arbeitskreis für die Reform der Reichsabgabenordnung in seinen Abschlussbericht.[478] In Abweichung dazu sah der von der Bundesregierung und den Regierungsfraktionen eingebrachte erste Gesetzentwurf für § 55 Abs. 1 Nr. 1 Satz 1 AO die Formulierung „etwaige Einkünfte der Körperschaft" vor.[479] Dazu heißt es in der – auf den neuen Wortlaut sprachlich nicht abgestimmten – Begründung, Selbstlosigkeit liege vor,

---

474 BFH, BStBl. II 1998, 758, 759.

475 Siehe *Larenz/Canaris*, S. 211.

476 Siehe oben S. 103 (unter Zweiter Teil, Dritter Abschnitt, B. III. 1. a) aa)).

477 Siehe oben S. 104 (unter Zweiter Teil, Dritter Abschnitt, B. III. 1. a) bb)).

478 BMF, RAO-Reform, S. 74 (§ 53 Abs. 1 Nr. 1 Satz 1 AO-E).

479 BT-Drucks. 7/79, S. 27; identisch mit BT-Drucks. 6/1982, S. 26.

wenn „die Gewinne der Körperschaft ausschließlich für satzungsmäßige Zwecke verwendet werden.“[480]

Die aus heutiger Sicht fehlende Zweckmäßigkeit der Verwendung der Begriffe „Gewinne“ und „Einkünfte“ – so unterlägen etwa Einnahmen i.S. des § 8b Abs. 1 Satz 1 und Abs. 2 Satz 1 KStG nicht dem Mittelverwendungsgrundsatz – sei an dieser Stelle unbeachtlich. Von Bedeutung ist vielmehr die Überlegung, dass bei strenger Anlehnung an die Terminologie des § 2 EStG privatnützige Versorgungsleistungen, die begrifflich allenfalls Sonderausgaben i.S. des § 10 Abs. 1 Nr. 1a EStG darstellen und folglich lediglich den Gesamtbetrag der Einkünfte (§ 2 Abs. 3 Satz 1 EStG) mindern können,[481] keine Auswirkung auf die beiden Größen „Gewinn“ (§ 2 Abs. 2 Nr. 1 EStG) und „Einkünfte“ (§ 2 Abs. 1 Satz 1 und Abs. 2 EStG) haben konnten. Von der Pflicht zur zeitnahen Verwendung nicht umfasst waren mithin lediglich Betriebsausgaben und Werbungskosten, also *betrieblich* veranlasste Aufwendungen. Im Umkehrschluss nicht zulässig war eine Reduktion des Mittelbegriffs um *nichtbetrieblich* veranlasste Aufwendungen nach Maßgabe des Zuwendenden, dessen Willen sich in einem „besonderen Verpflichtungsgrund“ i.S. des § 10 Abs. 1 Nr. 1a EStG konstituiert.

Die im weiteren Gesetzgebungsverfahren vorgenommene Ersetzung der Worte „etwaige Einkünfte“ durch den Begriff „Mittel“[482] sollte ausweislich der Begründung des Finanzausschusses des Deutschen Bundestags klarstellen, dass „nicht nur die Einkünfte in technischem Sinne, sondern auch Spenden nur für die satzungsmäßigen Zwecke verwendet werden dürfen.“[483] Der Gesetzgeber geht also von einem weiten Verständnis des Mittelbegriffs aus. Damit korrespondierte die Absicht des Gesetzgebers, in § 55 Abs. 1 Nr. 3, 1. Var. AO den seiner Auffassung nach zu engen Begriff der „Verwaltungsausgaben“ durch den Begriff der „Ausgaben“ zu ersetzen.[484]

---

480 BT-Drucks. 6/1982, S. 117.

481 Siehe dazu oben S. 105 (unter Zweiter Teil, Dritter Abschnitt, B. III. 1. a) bb)).

482 BT-Drucks. 7/4292, S. 73.

483 BT-Drucks. 7/4292, S. 21.

484 BT-Drucks. 7/4292, S. 21.

Dieses weite gesetzgeberische Verständnis des Mittelbegriffs ist ein weiterer Gesichtspunkt, aus dem die Zulässigkeit einer umfassenden Nettobetrachtung auf Ertragsebene nach Maßgabe des Stifterwillens abzulehnen ist.

cc) Systematische Überlegungen

(1) § 55 Abs. 1 Nr. 1 Satz 1 und 2 AO als Ausfluss des Ausschließlichkeitsgebots

Wie bereits erwähnt,[485] sind die Regelungen in § 55 Abs. 1 Nr. 1 Satz 1 und 2 AO Ausfluss des Ausschließlichkeitsgebots. Aus diesem Grund müssen sämtliche Tatbestandsmerkmale des § 55 Abs. 1 Nr. 1 Satz 1 und 2 AO im Lichte des Ausschließlichkeitsgebots ausgelegt werden. Verbietet das Ausschließlichkeitsgebot jegliche, auch noch so geringfügige privatnützige Versorgungsleistung, würde die Annahme einer Nettobetrachtung auf Ertragsebene im Wege der restriktiven Auslegung des Mittelbegriffs einen systematischen Widerspruch zu § 56 AO begründen. Um der bereits erwähnten Doppelfunktion des § 55 Abs. 1 Nr. 1 Satz 1 und 2 AO[486] gerecht zu werden und das Ausschließlichkeitsgebot nicht zu konterkarieren, muss der Mittelbegriff des § 55 Abs. 1 Nr. 1 Satz 1 und 2 AO extensiv ausgelegt werden und sämtliche der Stiftung zuzurechnenden steuerbaren Einnahmen erfassen.

(2) § 55 Abs. 1 Nr. 3, 1. Var. AO

Bei der Auslegung des Mittelbegriffs in § 55 Abs. 1 Nr. 1 Satz 2 AO müssen zunächst – vorbehaltlich weiterer Überlegungen – die Wertungen des § 55 Abs. 1 Nr. 3, 1. Var. AO, der *lex generalis*, herangezogen werden. Überträgt man die bei der Auslegung des Begriffs „begünstigen“

---

485 Siehe oben S. 64 f. (unter Zweiter Teil, Dritter Abschnitt, A. II. 1. b) cc) (2)).

486 Siehe oben S. 64 f. (unter Zweiter Teil, Dritter Abschnitt, A. II. 1. b) cc) (2)).

angestellten Überlegungen[487] auf § 55 Abs. 1 Nr. 1 Satz 2, 1. Var. AO als *lex specialis*, kommen eine restriktive Auslegung des Mittelbegriffs und eine daraus abgeleitete Nettobetrachtung auf Ertragsebene nicht in Betracht.

(3) § 55 Abs. 1 Nr. 1 Satz 3 AO

Das Tatbestandsmerkmal „Mittel“ findet sich auch in § 55 Abs. 1 Nr. 1 Satz 3 AO. Nach dieser Vorschrift darf ein steuerlich gemeinnütziges Körperschaftsteuersubjekt seine „Mittel“ weder für die unmittelbare noch mittelbare Unterstützung oder Förderung politischer Parteien verwenden. Diese Vorschrift versteht sich vor dem Hintergrund, dass die Förderung einer politischen Partei wegen § 52 Abs. 2 Nr. 3 Halbsatz 2 AO keinen gemeinnützigen Zweck darstellt.[488]

Ließe man eine restriktive Auslegung des Mittelbegriffs nach Maßgabe des Stifterwillens zu, verstießen Zahlungen eines steuerlich gemeinnützigen Körperschaftsteuersubjekts an eine politische Partei nicht gegen § 55 Abs. 1 Nr. 1 Satz 3 AO. Dieser Ansatz ist, wie sich aus den nachfolgenden Ausführungen ergibt, nicht zulässig:

§ 55 Abs. 1 Nr. 1 Satz 3 AO, eingeführt im Rahmen der Neuregelung der Parteienfinanzierung im Jahr 1983,[489] steht in systematisch-inhaltlichem Zusammenhang mit der in demselben Reformvorhaben neugefassten Vorschrift des § 25 Abs. 1 Satz 2 Nr. 2 ParteiG *a.F.* Diese Vorschrift, die

---

487 Siehe oben S. 122 - 124 (unter Zweiter Teil, Dritter Abschnitt, B. III. 3. a)).

488 Vgl. Hübschmann/Hepp/Spitaler/*Fischer* § 55 AO Rn. 6: § 55 Abs. 1 Nr. 1 Satz 3 AO mit lediglich klarstellender Bedeutung. Dem ist insofern zuzustimmen, als diese Vorschrift diejenigen Fälle betrifft, in denen die Förderung einer politischen Partei einen satzungsmäßigen (Stiftungs-)Zweck darstellt. Hingegen gewinnt die Vorschrift konstitutive Bedeutung, wenn die Förderung einer politischen Partei auf einer vom (Stiftungs-)Zweck verschiedenen Rechtsgrundlage, beispielsweise auf einem Vermächtnis oder einer Auflage, beruht.

489 Art. 3 Nr. 2 des Gesetzes zur Änderung des Parteiengesetzes und anderer Gesetze vom 22. 12. 1983, BGBl. I 1983, 1577, 1581 = BStBl. I 1984, 7, 11.

sich nunmehr in § 25 Abs. 2 Nr. 2 ParteiG findet,[490] bezweckte die Verhinderung der sogenannten Umwegfinanzierung.[491] So ist es politischen Parteien verboten, „Spenden“ von politischen Stiftungen und steuerlich gemeinnützigen Körperschaftsteuersubjekten anzunehmen. Dabei sind „Spenden“ i.S. des Parteiengesetzes nicht nur freiwillige, ohne rechtliche Verpflichtung vorgenommene Leistungen. Vielmehr umfasst der Spendenbegriff des Parteiengesetzes zwecks größtmöglicher Einhaltung der vorgesehenen Annahmeverbote[492] und Deklarierungspflichten[493] sowie mit Blick auf die weite Begriffsbestimmung in § 27 Abs. 1 Satz 3 und 4 ParteiG auch Leistungen aufgrund einer freiwillig eingegangenen Rechtspflicht. Diese Auslegung findet ihre Bestätigung in § 25 Abs. 2 *Nr. 4* ParteiG, wonach das Annahmeverbot auch Spenden von Berufsverbänden umfasst, die diesen mit der Maßgabe zugewandt wurden, sie an eine Partei weiterzuleiten. Unter das Annahmeverbot des § 25 Abs. 2 Nr. 2 ParteiG fallen mithin auch vermächtnis- und auflagenangeordnete Zuwendungen.[494]

Neben dem Annahmeverbot, welches an politische Parteien als potenzielle Zuwendungsempfänger gerichtet ist, wollte der Gesetzgeber die Umwegfinanzierung zusätzlich dadurch verhindern, dass § 55 Abs. 1 Nr. 1 Satz 3 AO bei Zuwiderhandlung auch für das zuwendende Körperschaftsteuersubjekt eine Sanktion vorsieht – und zwar in Form der Versagung der Anerkennung als steuerlich gemeinnützig.[495]

Sind § 25 Abs. 2 Nr. 2 ParteiG einerseits und § 55 Abs. 1 Nr. 1 Satz 3 AO andererseits also nach Entstehungsgeschichte und Teleologie die zwei Seiten einer Medaille, muss das, was nach § 25 Abs. 2 Nr. 2 ParteiG untersagt ist, gemäß § 55 Abs. 1 Nr. 1 Satz 3 AO gemeinnützigkeitsschädlich sein. Daher muss die Auslegung des Mittelbegriffs in § 55 Abs. 1

---

490 Art. 1 Nr. 8 des Achten Gesetzes zur Änderung des Parteiengesetzes vom 28. 6. 2002, BGBl. I 2002, 2268, 2270.

491 BT-Drucks. 10/697, S. 6.

492 § 25 Abs. 2 ParteiG.

493 §§ 24 Abs. 4 Nr. 3 und 4, 25 Abs. 3 ParteiG.

494 *Morlok*, NJW 2000, 761, 763 f.: „Spenden“ seien auch Zuwendungen von Todes wegen, die in der bisherigen Praxis als „sonstige Einnahmen“ i.S. des § 24 Abs. 2 Nr. 9 ParteiG behandelt wurden.

495 BT-Drucks. 10/697, S. 11.

Nr. 1 Satz 3 AO parallel zur Auslegung des Spendenbegriffs i.S. des Parteiengesetzes verlaufen. Sind vermächtnis- und auflagenangeordnete Zuwendungen, wie vorstehend festgestellt, Spenden i.S. des Parteiengesetzes, so müssen die dafür aufgewendeten Erträge „Mittel“ i.S. des § 55 Abs. 1 Nr. 1 Satz 3 AO sein.

Die vorstehenden Überlegungen zu § 55 Abs. 1 Nr. 1 *Satz 3* AO bestätigen die bisherige Auslegung des § 55 Abs. 1 Nr. 1 *Satz 1* und *Satz 2* AO: eine restriktive Auslegung des Mittelbegriffs, die sich allein am Stifterwillen ausrichtet, ist nicht zulässig.

(4) §§ 55 Abs. 1 Nr. 5 Satz 1, 58 Nr. 11 AO

Der Begriff „Mittel“ findet sich weiterhin in § 55 Abs. 1 Nr. 5 Satz 1 AO, der den Mittelverwendungsgrundsatz enthält, und in § 58 Nr. 11 AO. Nach letztgenannter Vorschrift wird die Steuervergünstigung nicht dadurch ausgeschlossen, dass ein Körperschaftsteuersubjekt die in den Buchstaben a bis d aufgeführten „folgenden Mittel“ seinem Vermögen zuführt.[496]

Auch die folgenden Ausführungen greifen die Überlegung auf, den Mittelbegriff allein nach Maßgabe des Stifterwillens restriktiv auszulegen.[497] Es stellt sich die Frage, ob und inwieweit der Stifter die Möglichkeit hat, anlässlich der Übertragung eines Vermögensgegenstandes auf eine Stiftung die Anwendung des Mittelverwendungsgrundsatzes auf diesen Vermögensgegenstand durch privatautonome Erklärung von vornherein auszuschließen.

Der überwiegende Teil im Schrifttum nimmt, ausgehend von einem weiten Verständnis des Mittelbegriffs, eine teleologische Reduktion des § 55

---

496 Der Wortlaut des § 58 Nr. 11 AO entspricht weitgehend den Ausführungen der Finanzverwaltung im AO-Anwendungserlass i.d.F. vor Einführung des § 58 Nr. 11 AO. Siehe BMF, AEAO Tz. 10 zu § 55 Abs. 1 Nr. 1 AO, BStBl. I 1998, 630, 659. Seit der gesetzlichen Verankerung sind sie im AO-Anwendungserlass nicht mehr enthalten. Siehe dazu *Hüttemann*, DB 2000, 1584, 1585.

497 Siehe oben S. 124 (unter Zweiter Teil, Dritter Abschnitt, B. III. 3. b)).

Abs. 1 Nr. 5 Satz 1 AO derart vor, dass der Mittelverwendungsgrundsatz nicht für das Grundstockvermögen[498] gilt.[499] Diesem Ansatz liegt die Überlegung zugrunde, dass die Stiftung das Grundstockvermögen nach dem Willen des Stifters in ihrem Vermögen *behalten* soll.[500]

Dieser Auffassung lässt sich jedoch entgegenhalten, dass sie auf einer inkorrekten Subsumtion unter den in § 55 Abs. 1 Nr. 5 Satz 1 AO enthaltenen Begriff „verwenden“[501] beruht. Nach allgemeiner Auffassung setzt eine „Verwendung“ keinen Mittelabfluss voraus, sondern erfasst jeden unmittelbaren Einsatz, also sowohl den *Ver*- als auch den *Ge*brauch.[502] Erfasst der Begriff „verwenden“ also auch den *Ge*brauch, schließen sich „Verwenden“ und „Behalten“ nicht aus. Damit unterliegen auch und gerade die *Zweckverwirklichungsmittel*[503] dem Grundsatz der zeitnahen Mittelverwendung. Folglich ist ihre apriorische Ausklammerung – sei es durch restriktive Auslegung des Mittelbegriffs, sei es im Wege teleologischer Reduktion des § 55 Abs. 1 Nr. 5 Satz 1 AO – nicht zulässig.[504] Dies wirft die Frage auf, ob der Stifter zumindest die *Dotationsquellen*[505] durch

---

498 Zum Begriff „Grundstockvermögen“ siehe oben S. 22 (unter Zweiter Teil, Erster Abschnitt, A. IV.).

499 *Boochs/Ganteführer*, DB 1997, 1840, 1842; *Eversberg*, Neuere Entwicklungen, S. 266 f.; Hübschmann/Hepp/Spitaler/*Fischer* § 55 AO Rn. 101 (2. SpStr.); Koch/Scholtz/*Scholtz* § 55 AO Rn. 7/1; *Orth*, DB 1997, 1341, 1349; Schwarz/*Uterhark* § 55 AO Rn. 15; *Thiel*, DB 1992, 1900, 1902. Vgl. *Orth*, DB 1997, 1341, 1349 in Fn. 135: betreffend die Erstausstattung Verweis auf BFH, BStBl. II 1992, 748; allerdings bezogen sich Tenor und Urteilsbegründung auf den körperschaftsteuerlichen Spendenabzugstatbestand, der nach Betonung des Bundesfinanzhofs aber gerade nicht synchron zu § 55 AO verläuft (siehe BFH, BStBl. II 1992, 748, 749).

500 *Thiel*, DB 1992, 1900, 1902.

501 Siehe auch § 55 Abs. 1 Nr. 1 Satz 1 und 3 AO; § 55 Abs. 1 Nr. 5 Satz 2 und 3 AO; § 58 Nr. 7 Buchstabe b Halbsatz 1 AO.

502 *Eversberg*, Neuere Entwicklungen, S. 266; *Hüttemann*, Wirtschaftliche Betätigung, S. 82; *Orth*, DB 1997, 1341, 1349; Seifart/von Campenhausen/*Orth* § 37 Rn. 230; *Thiel*, DB 1992, 1900, 1901. Ebenso BFH, BStBl. II 1992, 748, 749, betreffend die „Verwendung“ als ungeschriebene Voraussetzung für den körperschaftsteuerlichen Spendenabzug.

503 Zum Begriff „Zweckverwirklichungsmittel“ siehe oben S. 23 (unter Zweiter Teil, Erster Abschnitt, A. IV.).

504 Insofern Zustimmung zu *Hüttemann*, Wirtschaftliche Betätigung, S. 82.

505 Zum Begriff „Dotationsquelle“ siehe oben S. 23 (unter Zweiter Teil, Erster Abschnitt, A. IV.).

privatautonome Erklärung aus dem Anwendungsbereich des Mittelverwendungsgrundsatzes heraushalten kann.[506]

Die gesetzliche Verankerung des Grundsatzes der zeitnahen Mittelverwendung in § 55 Abs. 1 Nr. 5 Satz 1 AO erfolgte durch das Gesetz zur weiteren steuerlichen Förderung von Stiftungen vom 14. Juli 2000.[507] Diese Vorschrift steht in engem Zusammenhang mit der durch dasselbe Gesetz eingeführten Bestimmung in § 58 Nr. 11 AO. Die beiden Vorschriften stehen in einem Grundsatz-Ausnahme-Verhältnis zueinander. Dies ergibt sich bereits aus dem Wortlaut sowohl des § 55 Abs. 1 Nr. 5 Satz 1 AO („grundsätzlich") als auch des § 58 Nr. 11 AO („nicht ausgeschlossen"). Dieses Auslegungsergebnis bestätigt sich durch die Entstehungsgeschichte beider Vorschriften: Der Initiativgesetzentwurf des Bundeslandes Baden-Württemberg sah lediglich eine einzige Vorschrift – § 55a AO-E mit der Überschrift „Vermögensstock" – vor.[508] Mit Blick auf den Wortlaut des § 55a Abs. 1 Satz 1 AO-E („nicht dadurch ausgeschlossen") ist davon auszugehen, dass der Initiativgesetzentwurf die Zuführung von „Mitteln" in den „Vermögensstock" als Ausnahmetatbestand verstanden wissen wollte. Dieses systematische Verständnis hat der Gesetzgeber des Gesetzes zur weiteren steuerlichen Förderung von Stiftungen durch die Positionierung in § 58 Nr. 11 AO festgeschrieben.

Damit § 58 Nr. 11 AO als Ausnahmetatbestand überhaupt zur Anwendung kommt, müssen die von ihm erfassten Sachverhalte zwangsläufig gegen die mit ihm korrespondierende Grundsatzvorschrift des § 55 Abs. 1 Nr. 5 Satz 1 AO verstoßen. Folglich müssen die in § 58 Nr. 11 AO aufgeführten „folgenden Mittel" zwangsläufig dem Mittelverwendungsgrundsatz unterliegen. Vor Einführung des § 58 Nr. 11 AO war es zulässig, die in dieser Vorschrift aufgeführten „folgenden Mittel" vom Mittelverwendungsgrundsatz auszunehmen, weil es an einer gesetzlichen Ausnahme-

---

506 So *Hüttemann*, Wirtschaftliche Betätigung, S. 82: „Die [...] teleologische Reduktion des § 55 Abs. 1 Nr. 1 AO betrifft somit *nur* die Sachvermögenswerte, die kraft Zweckbindung [...] als sonstiges Vermögen der Körperschaft außerhalb des ideellen Bereichs und der Zweckbetriebe erhalten werden müssen und nur durch die Erträge die satzungsmäßigen Zwecke der Körperschaft zu fördern bestimmt sind [...]." Hervorhebung durch den Verfasser.

507 BGBl. I 2000, 1034, 1034 = BStBl. I 2000, 1192, 1192.

508 BR-Drucks. 629/99, S. 2.

regelung fehlte. Nunmehr, da der Gesetzgeber die Ausnahmevorschrift des § 58 Nr. 11 AO eingeführt hat, erscheinen eine restriktive Auslegung des Mittelbegriffs oder eine teleologische Reduktion des gleichzeitig eingeführten § 55 Abs. 1 Nr. 5 Satz 1 AO nicht (mehr) zulässig.

Zu den „folgenden Mitteln" i.S. des § 58 Nr. 11 AO gehören (lediglich) diejenigen Gegenstände des Grundstockvermögens, die die Stiftung nach Maßgabe des Stifters als Dotationsquellen zu gebrauchen hat. Die Erträge aus diesen Dotationsquellen unterliegen wiederum dem Mittelverwendungsgrundsatz. Dabei gilt der in § 58 Nr. 11 AO zum Ausdruck kommende Grundgedanke, dass der Zuwendende nach freiem Belieben darüber bestimmen darf, wie das Körperschaftsteuersubjekt den zugewendeten Gegenstand zu ver- oder gebrauchen hat,[509] nicht uneingeschränkt. Dieser Grundgedanke ist vielmehr dahingehend zu präzisieren, dass die Gestaltungsfreiheit des Stifters ihre Grenzen im Rahmen der steuerbegünstigten Zwecke findet. Der Stifter darf zwar über die konkrete Verwendung eines von ihm zugewendeten Gegenstandes nach freiem Belieben bestimmen, nur nicht *schlechthin*, sondern *nur soweit*, wie die Verwendung der Erfüllung steuerbegünstigter Zwecke dient.[510]

Nach den vorstehenden Ausführungen ergibt sich für die Auslegung des Mittelbegriffs in § 55 Abs. 1 Nr. 5 Satz 1 und Nr. 1 Satz 1 AO folgender Erst-Recht-Schluss:[511] begründet bereits der Gebrauch eines Vermögensgegenstandes als Dotationsquelle – obwohl er über seine Erträge zur Verwirklichung steuerbegünstigter Zwecke beiträgt – einen Verstoß gegen den Mittelverwendungsgrundsatz, gilt dies zumindest in demselben Maße, wenn die Stiftung Vermögensgegenstände und die Erträge hieraus für rein privatnützige Zwecke ge- oder gar verbrauchen soll (*argumentum a maiore ad minus*). Aus dieser Überlegung folgt, dass eine restriktive Auslegung

---

509 *Hüttemann*, DB 2000, 1584, 1585; *ders.*, FR 2002, 1337, 1344 – aus diesem Grund sei § 58 Nr. 11 AO nicht abschließend. Vgl. BMF, AEAO Tz. 21 Satz 2 zu § 58 Nr. 11 AO, BStBl. I 2002, 867, 879; *Schiffer/Swoboda*, StuB 2001, 317, 318.

510 Zur Rechtslage vor Einführung des § 58 Nr. 11 AO siehe *Hüttemann*, Wirtschaftliche Betätigung, S. 81 f.: „Steht der zeitnahen Verwendung [...] der erklärte Wille des Spenders entgegen, kann dessen Beachtung nicht zum Verlust der Gemeinnützigkeit führen, *soweit* die Entgegennahme der Verwendung die Verwirklichung satzungsmäßiger Zwecke *jedenfalls* über die Erträge aus der Zustiftung fördert." Hervorhebungen durch den Verfasser.

511 Siehe *Larenz/Canaris*, S. 208 f.

des Mittelbegriffs oder eine teleologische Reduktion des Mittelverwendungsgrundsatzes nach Maßgabe des Stifterwillens nicht schlechthin zulässig ist.[512]

dd) Funktion und Inhalt des Selbstlosigkeitsgebots

(1) Tätigkeits- *versus* zielbezogenes Verständnis

§ 55 Abs. 1 Halbsatz 1 AO beginnt mit der Formulierung: „Eine Förderung oder Unterstützung geschieht selbstlos". Nach dem Wortlaut der Einleitungshalbsätze in den §§ 52 Abs. 1 Satz 1, 53 und 54 Abs. 1 AO ist die Stiftungstätigkeit darauf gerichtet, bestimmte Subjekte „selbstlos zu fördern" oder „selbstlos zu unterstützen". Damit bezieht sich die Selbstlosigkeit auf die Begriffe „Förderung" und „Unterstützung". Dabei verdeutlichen das Wort „geschieht" in § 55 Abs. 1 Halbsatz 1 AO und der Wortlaut der §§ 52 Abs. 1 Satz 1, 53 und 54 Abs. 1 AO – eine Tätigkeit ist darauf gerichtet „zu fördern" bzw. „zu unterstützen" –, dass „Förderung" und „Unterstützung" Ziele sind. Für die Anerkennung als steuerlich gemeinnützig ist die Zielerreichung nicht erforderlich; ausreichend ist die auf die Erreichung der Ziele „Förderung" und „Unterstützung" gerichtete Tätigkeit i.S. eines ernsthaften Bemühens.[513]

Früher wurde der Begriff „Förderung" unter Hinweis auf den Wortlaut des § 17 Abs. 2 StAnpG – *Förderung* liegt vor, wenn *die Tätigkeit* dem allgemeinen Besten nutzt[514] – *tätigkeits*bezogen verstanden.[515] So

---

512 Vgl. *Kümpel*, StiftSpons 2/2003, 22, 24; *Orth*, DStJG 26 (2003), 177, 209: „Ihr [*scil.*: der Mittelverwendungspflicht] unterliegen nur die Mittel, die nach Abzug der mit der satzungsmäßigen Tätigkeit verbundenen Aufwendungen als Nettogröße zur Verfügung stehen."

513 Siehe *Hüttemann*, Wirtschaftliche Betätigung, S. 20.

514 Hervorhebungen durch den Verfasser.

515 Siehe z.B. RFH, RStBl. 1933, 76, 77: „selbstloses Handeln"; BFH, BStBl. II 1979, 482, 484: „Hinwirken zum Positiven", „eigenes Handeln, [..] eigenes Tätigwerden", Verweis auf § 17 Abs. 2 StAnpG („Tätigkeit"), § 11 Abs. 1 („verwirklicht") und Abs. 2 („Wirken") GemV 1953; Becker/Riewald/Koch/*Riewald* § 17 StAnpG Anm. 3 a) (1), Anm. 4 a) (1) und (3): Selbstlosigkeit als Merkmal „der begünstigten Tätigkeit"; *Biedermann*, S. 5; Hübschmann/Hepp/Spitaler/*Spanner* § 17 StAnpG Rn. 8.

formulierte etwa *Riewald*, steuerliche Gemeinnützigkeit wegen *selbstloser Förderung* der Allgemeinheit solle nicht auch *anderen Betätigungen* zugute kommen.[516] Das tätigkeitsbezogene Verständnis des Begriffs „Förderung“ i.S. des § 17 Abs. 2 StAnpG lässt sich jedoch widerlegen, wenn man diese Vorschrift im Zusammenhang mit dessen Absatz 1 liest. Nach § 17 Abs. 1 StAnpG waren gemeinnützig solche Zwecke, durch deren *Erfüllung* die Allgemeinheit *gefördert* wird.[517] Damit korrespondierte der Begriff „Tätigkeit“ in Absatz 2 mit dem Wort „Erfüllung“ in Absatz 1; der Begriff „Förderung“ in Absatz 2 bezog sich auf das Wort „nützt“ in Absatz 1. Damit konnte man „Förderung“ i.S. des § 17 Abs. 2 StAnpG als einen Nutzen, als einen positiven Endwert verstehen, der sich erst aus der „Erfüllung“, aus einer auf die „Förderung“ gerichteten Tätigkeit ergibt.

Nach den vorstehenden Ausführungen bezieht sich die Selbstlosigkeit entgegen manch anderslautender Formulierung[518] nicht auf die Stiftungstätigkeit und die ihr zugrunde liegende Motivation. Die Selbstlosigkeit bezieht sich vielmehr auf das Stiftungsziel i.S. eines Prozesses unter Einschluss des angestrebten Endpunktes.[519] Aus diesem Grund liegt bei fehlender Selbstlosigkeit bereits keine steuerbegünstigte Zielsetzung vor.[520]

---

516 Becker/Riewald/Koch/*Riewald* § 17 StAnpG Anm. 4 a) (3). Hervorhebungen durch den Verfasser.

517 Hervorhebungen durch den Verfasser.

518 BT-Drucks. 7/79, S. 93, mit Verweis auf BT-Drucks. 6/1982, S. 116: „[…] die Tätigkeit für die Allgemeinheit selbstlos sein muß“. Siehe auch BFH, BFH/NV 2000, 297, 298; *Buchna*, Gemeinnützigkeit, Anm. 1.1, S. 1; Koch/Scholtz/*Scholtz* Überschrift zu § 55 AO Rn. 2; *Kühn/Hofmann* (17. Aufl.) § 55 AO Anm. 2; Pump/Leibner/*Müller* § 55 AO Rn. 9 – „selbstloses Handeln“. Siehe weiterhin *Lang*, StuW 1987, 221, 235: „die Selbstlosigkeit der Tätigkeit“; *M. Hartmann*, S. 382: „selbstlos […] steuerbegünstigte Zwecke verwirklicht“.

519 BFH, BStBl. II 1979, 482, 487 f.; BFH, BStBl. II 1989, 391, 392; BFH, BStBl. II 1992, 62, 64; *Hüttemann*, Wirtschaftliche Betätigung, S. 53 f. Unklar dagegen BFH, BStBl. II 1989, 670, 672: einerseits Verfolgen eigenwirtschaftlicher Zwecke „durch Förderung“ von Interessen, andererseits „selbstloses Handeln“.

520 FG Köln, EFG 1986, 144, 145; *Lang*, JbFSt 1983/1984, 195, 207; *ders.*, StuW 1987, 221, 231. Offengelassen von *Franz*, S. 93 in Fn. 102. Vgl. Seifart/von Campenhausen/*Pöllath* § 43 Rn. 15: Selbstlosigkeit als sekundäre Voraussetzung (Modalität) bei der Erfüllung eines steuerbegünstigten Zwecks.

(2) Innerliche Rechtfertigung für Steuervergünstigungen

Vor dem Hintergrund der Zielbezogenheit der Selbstlosigkeit versteht sich auch ihr Sinn und Zweck. *Riewald*, der trotz seines frühen Ausscheidens aus dem Arbeitskreis zur Reform der Reichsabgabenordnung maßgeblich an der Entwicklung der §§ 51 ff. AO beteiligt war[521] und auf dessen Kommentierung zu §§ 17 ff. StAnpG hin die gesetzliche Verselbständigung der Selbstlosigkeit in § 55 AO erfolgte, sah die Funktion der Selbstlosigkeit darin, eine Steuervergünstigung „innerlich zu rechtfertigen".[522] Diese theoretische Grundlage hat der Gesetzgeber der Abgabenordnung dadurch zum Ausdruck gebracht, dass er die Selbstlosigkeit als Voraussetzung für das Vorliegen eines steuerbegünstigten Zwecks ausgestaltet hat. So ist ein Stiftungszweck gemäß § 52 Abs. 1 Satz 1 AO nur dann gemeinnützig i.e.S., wenn die Stiftungstätigkeit darauf gerichtet ist, die Allgemeinheit *selbstlos* zu fördern.[523] Weiterhin verlangt § 59 AO unter anderem, dass sich aus der Stiftungsverfassung ergibt, dass „dieser Zweck [*scil.:* der Stiftungszweck] den Anforderungen der §§ 52 *bis* 55 AO entspricht".[524] Nach dem Wortlaut des § 59 AO („bis 55") ergeben sich die Anforderungen an einen steuerbegünstigten Zweck also nicht nur aus den §§ 52, 53 und 54 AO, sondern auch und gerade aus § 55 AO. Damit ist die Selbstlosigkeit – anders als die Ausschließlichkeit und Unmittelbarkeit – nicht bloß eine „sekundäre Voraussetzung"[525] oder „Modalität"[526] der Erfüllung eines steuerbegünstigten Zwecks; steuerliche Gemeinnützigkeit setzt nicht voraus, dass ein Körperschaftsteuersubjekt „selbstlos, ausschließlich und unmittelbar" steuerbegünstigte Zwecke verfolgt.[527] Letztgenannte Formulierung ist bezüglich des Selbstlosigkeitserfordernisses tautologisch. Die Selbstlosigkeit ist bereits integraler Bestandteil

---

521 BMF, RAO-Reform, S. 12. Siehe auch *Scholtz*, FR 1976, 181, 182.

522 Becker/Riewald/Koch/*Riewald* § 17 StAnpG Anm. 4 a) (3) (bezogen auf § 4 Abs. 2 Halbsatz 2 GemV 1953). Siehe auch *Kirchhof*, Stifterengagement, S. 17.

523 Siehe auch § 53 AO: „[...] mildtätige Zwecke, wenn [...] *selbstlos* zu unterstützen"; § 54 Abs. 1 AO: „[...] kirchliche Zwecke, wenn [...] *selbstlos* zu fördern". Hervorhebungen durch den Verfasser.

524 Hervorhebung durch den Verfasser.

525 So aber Seifart/von Campenhausen/*Pöllath* § 43 Rn. 15.

526 So aber *M. Hartmann*, S. 382 und 385; Seifart/von Campenhausen/*Pöllath* § 43 Rn. 15.

527 So aber z.B. *Carlé/Strahl*, KÖSDI 2002, 13471, 13478; *M. Hartmann*, S. 382 und 385; *Oenings/Kemcke*, ZSt 2005, 117, 117.

eines steuerbegünstigten Stiftungszwecks selbst, präzise: des darin enthaltenen Stiftungsziels.[528]

(3) Folgen für die Auslegung des Mittelbegriffs

Die vorstehenden Ausführungen zu Funktion und Inhalt der Selbstlosigkeit bestätigen die bereits nach der entstehungsgeschichtlichen und systematischen Auslegung aufgestellte These, dass der Begriff „Mittel" einer Nettobetrachtung auf Ertragsebene nach Maßgabe des Stifterwillens nicht zugänglich ist. Eine extensive Auslegung des Mittelbegriffs wird zum einen aus systematischer Sicht dem Charakter des § 55 Abs. 1 AO als Grundsatzvorschrift besser gerecht. Zum anderen erfüllt ein weites Verständnis des Mittelbegriffs auch die Funktion des Selbstlosigkeitsgebots besser, die steuerliche Gemeinnützigkeit als Voraussetzung für die spezialgesetzlichen Steuervergünstigungen zu legitimieren. Hier schließt sich der Kreis zur Ausschließlichkeit: auch deren Funktion besteht in der Legitimation einer Steuervergünstigung, nimmt diese Funktion lediglich aus anderer Perspektive, nämlich unter dem Blickwinkel der Stiftungstätigkeit, wahr.[529] Lässt sich eine Nettobetrachtung auf Ertragsebene mit § 56 AO nicht vereinbaren, verbietet sich nach den vorstehenden Ausführungen eine restriktive Auslegung des Mittelbegriffs, die dem Grundsatz der Ausschließlichkeit widerspricht.

c) Teleologische Reduktion des § 55 Abs. 1 Nr. 1 Satz 1 und 2, Nr. 3, 1. Var. und Nr. 5 Satz 1 AO?

Sind nach den vorstehenden Ausführungen sowohl der in § 55 Abs. 1 Nr. 3, 1. Var. AO verwendete Begriff „begünstigen" als auch der Mittelbegriff extensiv auszulegen, kann sich eine Nettobetrachtung auf Ertragsebene nach Maßgabe des Stifterwillens allenfalls im Wege teleologischer Reduktion des § 55 Abs. 1 Nr. 1 Satz 1 und 2, Nr. 3, 1. Var. und Nr. 5

---

528 Zur Differenzierung zwischen Stiftungsziel und Stiftungstätigkeit siehe oben S. 38 f. (unter Zweiter Teil, Zweiter Abschnitt, A. I.).

529 Siehe oben S. 111 - 116 (unter Zweiter Teil, Dritter Abschnitt, B. III. 2. a) bb) (1)).

Satz 1 AO, also durch Hinzufügung eines ungeschriebenen Rechtssatzes,[530] ergeben.

So ließe sich eine teleologische Reduktion des § 55 Abs. 1 Nr. 1 Satz 1 und 2 sowie Nr. 5 Satz 1 AO damit begründen, dass die Pflicht der Stiftung, „Mittel" nur für satzungsmäßige Zwecke einzusetzen, die tatsächliche und rechtliche Macht voraussetzt, diese Mittel für die satzungsmäßigen Zwecke auch verwenden zu können und zu dürfen.[531] So wird in Teilen der Literatur die Auffassung vertreten, zu den „Mitteln", auf die sich der Mittelverwendungsgrundsatz bezieht, gehörten gerade nicht diejenigen Vermögenswerte, die – sei es vorübergehend oder auf Dauer, sei es kraft Gesetzes oder nach Maßgabe des Zuwendenden – an privatnützige Verpflichtungen gebunden sind und folglich gar nicht erst für steuerbegünstigte Zwecke „zur Verfügung" stehen.[532] Diese Auffassung ist nach den bisherigen Überlegungen abzulehnen:

Stellen die Bestimmungen in § 55 Abs. 1 Nr. 1 Satz 1 und 2, Nr. 3, 1. Var. und Nr. 5 Satz 1 AO, wie dargestellt,[533] einen Ausfluss des § 56 AO dar, so setzt ihr doppelter Regelungszweck zugleich die Grenzen, innerhalb derer eine teleologische Reduktion zulässig ist. Mit Blick auf den Ausschließlichkeitsgrundsatz und das darin verankerte tätigkeitsbezogene Aufteilungsverbot[534] ist eine teleologische Reduktion der genannten Vorschriften *nicht schlechthin* zulässig. Denkbar ist eine teleologische Reduktion allenfalls hinsichtlich solcher Mittel, die die Stiftung kraft *gesetzlicher* Verpflichtung zu privatnützigen Zwecken verwendet. In Betracht kommt eine teleologische Reduktion auch hinsichtlich solcher Vermögensgegenstände, die der Stifter vor Übertragung auf eine Stiftung mit einem dinglichen oder obligatorischen Nutzungsrecht belastet. Dies ließe sich mit Blick auf das tätigkeitsbezogene Ausschließlichkeitsgebot damit recht-

---

530 Allgemein *Larenz/Canaris*, S. 211.

531 Hübschmann/Hepp/Spitaler/*Fischer* § 55 AO Rn. 96; *Hüttemann*, Wirtschaftliche Betätigung, S. 81 f.; *Thiel*, DB 1992, 1900, 1901.

532 *Buchna*, Gemeinnützigkeit, Anm. 2.5.3.6, S. 116 f.; Hübschmann/Hepp/Spitaler/*Fischer* § 55 AO Rn. 101; *Thiel*, DB 1992, 1900, 1901. Siehe auch BFH, BStBl. II 1998, 758, 759.

533 Siehe oben S. 64 f. (unter Zweiter Teil, Dritter Abschnitt, A. II. 1. b) cc) (2)).

534 Siehe oben S. 116 - 118 (unter Zweiter Teil, Dritter Abschnitt, B. III. 2. a) bb) (2)).

fertigen, dass die Belastung eines Vermögensgegenstandes mit einem Nutzungsrecht durch den Stifter und die anschließende Nutzung eines belasteten Vermögensgegenstandes eben keine Tätigkeiten der Stiftung sind. Unzulässig ist im jeden Fall aber eine teleologische Reduktion hinsichtlich derjenigen Mittel, die die Stiftung selbst nach Maßgabe des *Zuwendenden* verwendet, also ge- oder verbraucht. Unzulässig ist eine teleologische Reduktion insbesondere hinsichtlich solcher Erträge, die die Stiftung in eigener Person erzielt und anschließend nach Maßgabe des Stifters einem Dritten zuwendet.

d) Konsequenz für die privatnützige Versorgung der Stifterfamilie

Nach den vorstehenden Ausführungen kommt eine Nettobetrachtung auf Ertragsebene auch aus der Perspektive des Selbstlosigkeitsgebots grundsätzlich – mit Ausnahme bei Erfüllung *gesetzlicher* Vermögenspflichten – nicht in Betracht. Wendet eine Stiftung ihr selbst steuerlich zuzurechnende Einkünfte nach Maßgabe des Stifters einem Mitglied der Stifterfamilie zu, liegt ein Verstoß gegen den Selbstlosigkeitsgrundsatz vor. Auf Vermögensebene ist eine Nettobetrachtung insoweit zulässig, als die Stiftung gesetzliche Vermögenspflichten erfüllt und der Stifter Teile des Stiftungsvermögens mit Nutzungsrechten zugunsten der Stifterfamilie belastet.

Damit stimmt die Beurteilung der privatnützigen Versorgung der Stifterfamilie aus belastetem Stiftungsvermögen aus der zielbezogenen Perspektive des Selbstlosigkeitsgebots mit der Beurteilung aus der tätigkeitsbezogenen Perspektive des Ausschließlichkeitsgebots überein. Dieses Ergebnis überrascht nicht, ist vielmehr zwangsläufig Folge des Umstandes, dass die hier näher untersuchten Vorschriften des § 55 Abs. 1 AO eine Doppelfunktion innehaben und Ausfluss des § 56 AO sind.

4. Bestimmung der Grenzen einer Nettobetrachtung unter Heranziehung der Begründung zur Änderung des § 58 Nr. 5 AO durch das Vereinsförderungsgesetz

Nachdem der gemeinnützigkeitsrechtlich zulässige Umfang einer Nettobetrachtung aus der Perspektive des Ausschließlichkeits- und des Selbstlosigkeitsgrundsatzes untersucht wurde, dienen die folgenden Ausführungen der Absicherung der bisherigen Überlegungen unter Heranziehung der Begründung des Gesetzgebers zur letzten Änderung des § 58 Nr. 5 AO durch das Vereinsförderungsgesetz vom 18. Dezember 1989.

a) Nettobetrachtung auf Vermögensebene

aa) Lösungsvorschlag

Nach den vorstehenden Ausführungen ist es aus Sicht des Ausschließlichkeits- und des Selbstlosigkeitsgrundsatzes unschädlich, wenn der Stifter Vermögenswerte bereits vor Übertragung auf eine Stiftung mit dinglichen oder obligatorischen Nutzungsrechten zugunsten seiner selbst oder einzelner Mitglieder der Stifterfamilie belastet. Diese These wird bestätigt durch die Aussage des Gesetzgebers in seiner Begründung zum Vereinsförderungsgesetz, der Stifter habe „bei der Errichtung einer Stiftung weitgehende Gestaltungsmöglichkeiten“, könne zum Beispiel „sich einen Nießbrauch an einem Teil des gestifteten Vermögens einräumen“.[535] Diese gesetzgeberische Auffassung hat in § 58 Nr. 5 AO darin Ausdruck gefunden, dass die relative Grenze von dato einem Viertel des Stiftungseinkommens entgegen weitergehender Forderungen[536] lediglich auf ein Drittel angehoben wurde.[537]

Eine Nettobetrachtung auf Vermögensebene steht auch in Einklang mit dem Telos des Gemeinnützigkeitsrechts. Der vom Gesetzgeber des

---

535 BT-Drucks. 11/4176, S. 10.

536 *Isensee/Knobbe-Keuk*, S. 379 (§ 61 Abs. 2 Nr. 4 AO-E) und S. 432 (Begründung): Anhebung auf die Hälfte des Stiftungseinkommens.

537 Siehe oben S. 55 f. (unter Zweiter Teil, Dritter Abschnitt, A. I. 4.).

Vereinsförderungsgesetzes als Gestaltungsmöglichkeit genannte Vorbehaltsnießbrauch erlischt gemäß § 1061 Satz 1 BGB mit dem Tod des Nießbrauchers. Ab diesem Moment ist das Eigentum unbelastet, so dass der Vermögensgegenstand der Stiftung zur Erfüllung ihrer steuerbegünstigten Zwecke nunmehr dinglich unbeschränkt zur Verfügung steht. Unter der Voraussetzung, dass die Belastung vor Auflösung der Stiftung wegfällt und damit der Einsatz des Vermögensgegenstandes zur Erfüllung steuerbegünstigter Zwecke gesichert ist, stellt die Vermögensübertragung unter Vorbehalt eines dinglichen oder obligatorischen Nutzungsrechts im Vergleich zum Verzicht auf eine Vermögensübertragung ein Plus dar. Aus diesem Grund ist auch die Zahlung eines Geldbetrags aus der Substanz des Stiftungsvermögens zwecks Ablösung eines dinglichen oder obligatorischen Nutzungsrechts gemeinnützigkeitsunschädlich.

Gemeinnützigkeitsunschädlich sind auch Gestaltungen, bei denen der Stifter die Versorgung aus der Substanz des der Stiftung übertragenen Vermögens anordnet, zum Beispiel durch Auszahlung von Bargeld, durch Überweisung von einem Bankkonto oder durch Zuwendung von Erlösen aus der Veräußerung einzelner Vermögensgegenstände.[538] Steht die Versorgung der Stifterfamilie aus der Substanz des Stiftungsvermögens im Einklang mit dem erklärten oder mutmaßlichen Willen des Stifters und den übrigen Anforderungen des Stiftungszivilrechts an eine „Verbrauchsstiftung“,[539] ist sie gemeinnützigkeitsrechtlich zulässig. Insbesondere stehen ihr der Grundsatz der Vermögensbindung (§ 55 Abs. 1 Nr. 4 Satz 1 AO) und die mit ihm korrespondierende Vorschrift des § 55 Abs. 1 Nr. 2 AO nicht entgegen. Diese Bestimmungen inkriminieren die Zuwendung von Stiftungskapital an Mitglieder der Stifterfamilie vor Auflösung, Aufhebung oder Zweckwegfall lediglich dann, wenn die Stiftung freiwillig, *i.e. ohne* rechtliche Verpflichtung, oder auf Grund einer von *ihr selbst* freiwillig eingegangenen Verpflichtung handelt. Die genannten Vorschriften untersagen aber nicht die Erfüllung einer Verpflichtung, die der Stifter der Stiftung anlässlich der Vermögensübertragung auferlegt hat. Aus diesem Grund ist die diskutierte Entscheidung des II. BFH-Senats aus dem Jahr 1998 insofern nicht zu beanstanden, als die betroffene Stiftung – wie angesichts unzureichender Erträge zu vermuten ist[540] – Teile ihres

---

538 Ebenso Hübschmann/Hepp/Spitaler/*Fischer* § 58 AO Rn. 66.

539 Siehe oben S. 25 (unter Zweiter Teil, Erster Abschnitt, A. IV.).

540 Siehe oben S. 85 (unter Zweiter Teil, Dritter Abschnitt, B. II. 1. b) aa)).

Vermögens veräußert und die dabei erzielten Erlöse zur Rentenzahlung an die Witwe des Stifters verwendet hat. Unbedenklich ist aus denselben Gründen die Erfüllung einer privatnützigen Verpflichtung durch Zahlung eines einmaligen Geldbetrags aus dem Nachlass.

Räumt hingegen die Stiftung selbst einem Mitglied der Stifterfamilie ein dingliches oder obligatorisches Nutzungsrecht ohne jegliche rechtliche Verpflichtung ein, begründet dies einen Verstoß gegen den Ausschließlichkeits- und Selbstlosigkeitsgrundsatz, der mangels Eingreifens eines Ausnahmetatbestands gemeinnützigkeitsschädlich ist.

bb) Privatnützige Versorgung aus der freien Rücklage?

Im Zusammenhang mit der privatnützigen Versorgung der Stifterfamilie aus dem Stiftungsvermögen ist die Finanzverwaltung, wie bereits erwähnt,[541] der Auffassung, eine Stiftung dürfe zur Erfüllung privatnütziger Verpflichtungen auch Beträge aus der freien Rücklage i.S. des § 58 Nr. 7 Buchstabe a AO einsetzen. Diese Ansicht ist, wie im Folgenden erläutert wird, abzulehnen:

Die Einführung des § 58 Nr. 7 Buchstabe a AO war die Reaktion des Gesetzgebers auf die bis heute restriktive Auslegung des § 58 Nr. 6 AO durch die Finanzverwaltung. Gemäß § 58 Nr. 6 AO wird die Steuervergünstigung nicht dadurch ausgeschlossen, dass eine Körperschaft ihre Mittel ganz oder teilweise einer Rücklage zuführt, soweit dies erforderlich ist, um ihre steuerbegünstigten satzungsmäßigen Zwecke nachhaltig erfüllen zu können. Nach Ansicht der Finanzverwaltung ist die Rücklagenbildung zur Sicherung der nachhaltigen Zweckerfüllung gemäß § 58 Nr. 6 AO ausschließlich hinsichtlich einzelner, hinreichend bestimmter Projekte mit konkreter Zeitvorstellung zulässig.[542] Ausweislich der Gesetzesbegründung bezweckt § 58 Nr. 7 Buchstabe a AO, Körperschaftsteuersubjekten die Möglichkeit zu geben, über eine *projektunabhängige* Rücklagenbildung ihre allgemeine Leistungskraft zu stärken und die dauerhafte, vertiefte

---

541 Siehe oben S. 92 (unter Zweiter Teil, Dritter Abschnitt, B. II. 2. c)).

542 BMF, AEAO Tz. 10 Satz 2 und 3 zu § 58 Nr. 6 AO, BStBl. I 2002, 867, 878.

Erfüllung ihrer steuerbegünstigten Zwecke sicherzustellen.[543] Die Einführung der projektunabhängigen Rücklage sollte insbesondere forschungsfördernden gemeinnützigen Stiftungen zugute kommen.[544]

Demnach ist § 58 Nr. 7 Buchstabe a AO eine Ausnahme ausschließlich zu § 55 Abs. 1 *Nr. 5* Satz 1 AO und der darin ausgedrückten *zeitlichen* Dimension der Selbstlosigkeit. § 58 Nr. 7 Buchstabe a AO stellt die Stiftung also lediglich von der *zeitnahen* Mittelverwendung für steuerbegünstigte Zwecke frei. § 58 Nr. 7 Buchstabe a AO ist hingegen keine Ausnahme (auch) zu § 55 Abs. 1 *Nr. 1* Satz 1 AO, entbindet die Stiftung also gerade nicht von der Pflicht, die in der freien Rücklage angesammelten Beträge ausschließlich für steuerbegünstigte Zwecke zu verwenden. Aus diesem Grund dürfen die in die freie Rücklage eingestellten Beträge nur in zweierlei Hinsicht ge- oder verbraucht werden: erstens zur *unmittelbaren* Erfüllung steuerbegünstigter Zwecke, *i.e.* ohne Zwischenschaltung weiterer Tätigkeiten der Stiftung; zweitens zur *mittelbaren* Zweckerfüllung über die Anschaffung oder Herstellung von Vermögensgegenständen (§ 55 Abs. 1 Nr. 5 Satz 2 AO),[545] die dem Grundstockvermögen zugeführt werden und wiederum selbst dem Mittelverwendungsgrundsatz unterliegen. Im Umkehrschluss dürfen die in die freie Rücklage eingestellten Beträge auf keinen Fall für rein privatnützige Zwecke verwendet werden. Die Bezeichnung „freie" Rücklage – vom Gesetzgeber lediglich als sprachlicher Gegenpart zur „projektbezogenen" Rücklage des § 58 Nr. 6 AO gedacht – darf nicht zu der Annahme verleiten, die in ihr angesammelten Beträge dürften zu jedem beliebigen Zweck, also auch zur Erfüllung rein privatnütziger Leistungspflichten eingesetzt werden. Für privatnützige Leistungen dürfen, worauf an anderer Stelle eingegangen wird, allenfalls die aus ihrer Verzinsung erzielten Erträge eingesetzt werden.[546]

---

543 BR-Drucks. 507/84, S. 1; BR-Drucks. 507/84 (Beschluss), S. 3 f.; BT-Drucks. 10/3295, S. 5.

544 Siehe Art. 1 Nr. 4 Buchstabe a Steuerbereinigungsgesetz 1986 vom 19. 12. 1985, BGBl. I 1985, 2436, 2436 = BStBl. I 1985, 735, 735.

545 Die Definition des Verwendungsbegriffs gilt, da § 55 Abs. 1 Nr. 5 Satz 1 AO eine Konkretisierung des Mittelverwendungsgrundsatzes in zeitlicher Hinsicht darstellt, auch für die inhaltlich grundlegende Vorschrift des § 55 Abs. 1 *Nr. 1* Satz 1 AO.

546 Daher zu Recht FG München, EFG 1995, 650, 650.

b) Nettobetrachtung auf Ertragsebene

aa) Lösungsvorschlag

Wie bereits erwähnt,[547] ging der Gesetzgeber des Vereinsförderungsgesetzes von der Zulässigkeit „weitgehender Gestaltungsmöglichkeiten" des Stifters anlässlich der Stiftungserrichtung, insbesondere in Form von Nießbrauchsvorbehalten, aus. Aus diesem Grund erhöhte der Gesetzgeber die relative Grenze in Höhe von einem Viertel des Stiftungseinkommens lediglich auf ein Drittel.[548] Damit folgte er dem Vorschlag der Unabhängigen Sachverständigenkommission zur Prüfung des Gemeinnützigkeits- und Spendenrechts.[549] Der Gesetzgeber wandte sich bewusst gegen den im Minderheitsvotum von *Isensee* und *Knobbe-Keuk* gemachten Vorschlag, die relative Grenze auf die Hälfte des Einkommens zu erhöhen.[550] Ausweislich der Gesetzesbegründung sei eine weitere Anhebung der relativen Grenze mit Blick auf die weitgehenden Gestaltungsmöglichkeiten des Stifters anlässlich der Stiftungserrichtung „nicht erforderlich."[551] Im Übrigen könnten Steuervergünstigungen nur bei Verwendung „eines wesentlichen Teils" des Einkommens zugunsten steuerbegünstigter Zwecke gerechtfertigt werden.[552] Hingegen hätte eine weitere Anhebung der relativen Grenze dazu geführt, dass Stiftungen nach Abzug ihrer Verwaltungsausgaben und bei umfassender Rücklagenbildung gemäß § 58 Nr. 7 Buchstabe a AO „kaum noch Ausgaben für die gemeinnützigen Zwecke" zu leisten bräuchten.[553] Zwar ist der Hinweis des Gesetzgebers auf die Verwaltungsausgaben der Stiftung unter steuersystematischem Gesichtspunkt insofern zu beanstanden, als Verwaltungsausgaben durch die Erzielung von steuerbaren Einnahmen veranlasst sind, § 58 Nr. 5

---

547 Siehe oben S. 141 (unter Zweiter Teil, Dritter Abschnitt, B. III. 4. a) aa)).

548 Siehe oben S. 55 f. (unter Zweiter Teil, Dritter Abschnitt, A. I. 4.).

549 BMF, Gutachten Gemeinnützigkeits- und Spendenrecht, S. 99 und 311 (zu § 58 Nr. 5 AO-E).

550 *Isensee/Knobbe-Keuk*, S. 379 (§ 61 Abs. 2 Nr. 4 AO-E) und S. 432 (Begründung).

551 BT-Drucks. 11/4176, S. 10.

552 BT-Drucks. 11/4176, S. 10.

553 BT-Drucks. 11/4176, S. 10. Zustimmend Hübschmann/Hepp/Spitaler/*Fischer* § 58 AO Rn. 61.

AO hingegen die Einkommensverwendung betrifft.[554] Allerdings leitet man aus § 55 Abs. 1 Nr. 1 Satz 1 AO in Zusammenschau mit § 55 Abs. 1 Nr. 3, 2. Var. AO speziell für den Bereich der Verwaltungstätigkeit das Prinzip der Sparsamkeit ab.[555] Die Gemeinsamkeit dieses Sparsamkeitsprinzips mit § 58 Nr. 5 AO besteht in dem Grundgedanken, dass ein möglichst hoher Anteil der laufenden Einnahmen zugunsten steuerbegünstigter Zwecke verwendet werden muss.

Die vom Gesetzgeber des Vereinsförderungsgesetzes angesprochene Interpolation zwischen § 58 Nr. 5 AO und der freien Rücklagenbildung[556] hat sich inzwischen sogar verschärft, nachdem der Gesetzgeber im Jahr 2000 die Bemessungsgrundlage für die Rücklagenbildung verbreitert hat. Im Gesetz zur weiteren steuerlichen Förderung von Stiftungen vom 14. Juli 2000 hat der Gesetzgeber zum einen die auf den Überschuss der Einnahmen über die Verwaltungskosten bezogene Grenze von einem Viertel auf ein Drittel erhöht, zum anderen die sonstigen nach § 55 Abs. 1 Nr. 5 AO zeitnah zu verwendenden Mittel mit einbezogen.[557]

Wie bereits angesprochen,[558] schränken Versorgungsleistungen i.S. des § 58 Nr. 5 AO die Möglichkeit zur Bildung und Erhöhung der freien Rücklage betragsmäßig nicht ein. Diese Feststellung darf allerdings in den Fällen, in denen eine Stiftung zulässigerweise beide Ausnahmetatbestände voll ausschöpft, nicht zu der Schlussfolgerung verleiten, die Stiftung setze den wesentlichen Teil ihres Einkommens gerade für nichtsteuerbegünstigte Zwecke ein. Dieser Umstand würde eine Steuervergünstigung – auch nach Vorstellung des Gesetzgebers des Vereinsförderungsgesetzes – gerade nicht (mehr) rechtfertigen.

---

554 Siehe dazu oben S. 66 (unter Zweiter Teil, Zweiter Abschnitt, A. II. 2.).

555 *Trzaskalik*, StuW 1986, 219, 229. Siehe dazu auch BMF, BStBl. I 2000, 814, 815; BMF, AEAO Tz. 18 - 22 zu § 55 Abs. 1 Nr. 1 AO, BStBl. I 2002, 867, 874 f.; OFD Koblenz, StEK AO 1977 § 55 Nr. 32; OFD Magdeburg, a.a.O.

556 Siehe dazu auch Dötsch/Eversberg/Jost/Pung/Witt/*Jost* § 5 Abs. 1 Nr. 9 KStG n.F. Rn. 141; *Franz*, S. 89; *Müller/Schubert*, DStR 2000, 1289, 1297; *Schauhoff*, DB 1996, 1693, 1694; *Thiel/Eversberg*, DB 1990, 395, 397.

557 Siehe Art. 1 Nr. 2 Buchstabe a des Gesetzes zur steuerlichen Förderung von Stiftungen vom 14. 7. 2000, BGBl. I 2000, 1034, 1034 = BStBl. I 2000, 1192, 1192.

558 Siehe oben S. 66 (unter Zweiter Teil, Dritter Abschnitt, A. II. 2.).

Wie bereits erläutert,[559] unterliegen sämtliche in die freie Rücklage eingestellten Beträge der Bindung an die steuerbegünstigten Zwecke. Aus diesem Grund darf eine Stiftung für privatnützige Leistungen allenfalls ein Drittel der aus ihrer Verzinsung erzielten Erträge, nicht jedoch die in der freien Rücklage angesammelten Beträge selbst verwenden. Folgerichtig beschränkt sich der Gesetzgeber des Vereinsförderungsgesetzes in seiner Begründung auf die Aussage, ein wesentlicher Teil des Stiftungseinkommens sei „für steuerbegünstigte Zwecke" zu verwenden. Der Gesetzgeber fordert hingegen nicht, dass ein wesentlicher Teil des Einkommens *zeitnah* zugunsten steuerbegünstigter Zwecke verwendet wird. Muss demnach der wesentliche Teil des Einkommens zugunsten steuerbegünstigter Zwecke eingesetzt werden – entweder zeitnah oder über Rücklagenbildung zeitlich aufgeschoben –, kommt es im Umkehrschluss darauf an, dass der wesentliche Teil des Einkommens gerade nicht für nichtsteuerbegünstigte Zwecke verwendet wird.

Berücksichtigt man nun die Anhebung der relativen Grenze des § 58 Nr. 5 AO von einem Viertel auf ein Drittel, so muss die Stiftung von ihrem Einkommen zwei Drittel – das ist in der Diktion des Gesetzgebers der „wesentliche" Teil – entweder zeitnah oder über Rücklagenbildung zeitlich aufgeschoben für steuerbegünstigte Zwecke verwenden. Diese Überlegung spricht dafür, mit der Finanzverwaltung *sämtliche* privatnützige Stiftungsleistungen, die aus den laufenden Stiftungserträgen finanziert werden, als Verstoß gegen den Ausschließlichkeits- und den Selbstlosigkeitsgrundsatz aufzufassen und der Ein-Drittel-Grenze des § 58 Nr. 5 AO zu unterwerfen. Nur so erreicht man die auch vom Gesetzgeber des Vereinsförderungsgesetzes ausdrücklich angesprochene gleichheitsrechtliche Legitimation von Steuervergünstigungen, dass der „wesentliche Teil" des Stiftungseinkommens eben für steuerbegünstigte Zwecke eingesetzt wird.[560] Außerdem wird nur so verhindert, dass § 58 Nr. 5 AO und die in ihm verankerten Grenzen ins Leere laufen. Zugleich wird sichergestellt, dass die Privilegierung der Rechtsform Stiftung gegenüber anderen Körperschaftsteuersubjekten[561] nicht aufgehoben wird.

---

559 Siehe oben S. 143 - 145 (unter Zweiter Teil, Dritter Abschnitt, B. III. 4. a) bb)).

560 Ebenso Hübschmann/Hepp/Spitaler/*Fischer* § 58 AO Rn. 60 und 73.

561 Siehe dazu oben S. 67 - 74 (unter Zweiter Teil, Dritter Abschnitt, A. III.).

Die hier vorgeschlagene Auslegung widerspricht nicht der Auffassung des Gesetzgebers des Vereinsförderungsgesetzes, der Stifter habe bei der Stiftungserrichtung weitgehende Gestaltungsmöglichkeiten. Die Formulierung, der Stifter könne sich einen Teil seines „Vermögens" bis zu seinem Tod „zurückbehalten",[562] meint gerade nicht den „Vorbehalt" von „Erträgen". Der Hinweis auf den Zurückbehalt von Vermögen bezieht sich vielmehr auf das in der Beratungspraxis häufig empfohlene „Zweitaktverfahren", also die Kombination aus „Anstiftung" zu Lebzeiten und Zustiftung(en) von Todes wegen.[563]

Mithin gilt folgender Erst-Recht-Schluss:[564] wenn die Vornahme einer gemäß § 58 Nr. 5 AO im Ergebnis unschädlichen Versorgungsleistung gegen den Ausschließlichkeits- und den Selbstlosigkeitsgrundsatz verstößt, so gilt dies zumindest in dem gleichen Maße für die Vornahme einer Leistung, die gegen die dort aufgeführten Grenzen verstößt (*argumentum a maiore ad minus*). Ist weiterhin die Steuervergünstigung nach § 58 Nr. 5 AO *nur* dann nicht ausgeschlossen, wenn sämtliche ertragsfinanzierten privatnützigen Stiftungsleistungen an die Stifterfamilie die dort genannten Grenzen einhalten, sind im Umkehrschluss Leistungen, die diese Grenzen übersteigen, nicht (mehr) von § 58 Nr. 5 AO gedeckt (*argumentum e contrario*).[565] Damit scheidet auch eine analoge Anwendung des § 58 Nr. 5 AO auf andere, nicht von dieser Vorschrift geregelte privatnützige Versorgungsleistungen aus.

Die vorstehenden Ausführungen bestätigen die These, dass jede einzelne, auch noch so geringfügige privatnützige Versorgungsleistung aus den laufenden Stiftungserträgen grundsätzlich – mit Ausnahme bei Erfüllung gesetzlicher Vermögenspflichten – gegen den Ausschließlichkeits- und den Selbstlosigkeitsgrundsatz verstößt und folglich den Grenzen des § 58 Nr. 5 AO unterliegt. Dies gilt auch dann, wenn der Stifter einen Vermögensgegenstand vor Übertragung auf eine Stiftung derart belastet, dass die aus diesem Gegenstand erwirtschafteten Erträge für die privatnützige Versor-

562 BT-Drucks. 11/4176, S. 10.

563 Siehe oben S. 18 (unter Zweiter Teil, Erster Abschnitt, A. I.).

564 Siehe *Larenz/Canaris*, S. 208 f.

565 Siehe *Larenz/Canaris*, S. 209.

gung der Stifterfamilie zu verwenden sind.[566] In den Anwendungsbereich des § 58 Nr. 5 AO fallen mithin auch diejenigen Erträge, die die Stiftung aus der Verzinsung der in die freie Rücklage eingestellten Beträge erwirtschaftet.[567]

bb) Behandlung von Einwendungen

(1) Eigentums- und Testierfreiheit des Stifters

Entgegen teilweise anderslautender Auffassung im Schrifttum begründet die Begrenzung der Ertragsverwendung zugunsten privatnütziger Zwecke auf ein Drittel des Stiftungseinkommens keine „gravierende Einschränkung" der grundrechtlich geschützten schenkungs- und erbrechtlichen Gestaltungsfreiheit des Stifters.[568]

Zwar setzt die Anerkennung einer Stiftung als rechtsfähig gemäß § 80 Abs. 2, 2. Var. BGB lediglich voraus, dass die dauernde und nachhaltige Zweckerfüllung gesichert erscheint. Demnach steht der Belastung des im Stiftungsgeschäft verbindlich zugesagten Vermögens aus Sicht des Stiftungszivilrechts solange nichts entgegen, wie die im Anerkennungsverfahren prognostizierten laufenden Erträge nach Abzug sämtlicher Belastungen ausreichend hoch sind, um die Erfüllung des Stiftungszwecks zu gewährleisten. Allerdings muss dem Versuch, unter Hinweis auf die Eigentums- und Testierfreiheit des Stifters eine ähnlich weitreichende Betrachtung auch im Rahmen der §§ 51 ff. AO zu implementieren, wegen der unterschiedlichen Teleologie von Stiftungszivilrecht einerseits und Gemeinnützigkeitsrecht andererseits widersprochen werden.[569] Die Vorschriften in den §§ 51 ff. AO regeln, ob eine Stiftung auch dann

---

566 Vgl. Hübschmann/Hepp/Spitaler/*Fischer* § 58 AO Rn. 36 (bis einschließlich 176. ErgLfg.): Anwendbarkeit des § 58 Nr. 5 AO lediglich bei Verwendung von „sonstigem Einkommen", *i.e.* von Einkommen, das aus nichtbelasteten Vermögensgegenständen erwirtschaftet worden ist. Dagegen ausdrücklich – nach hier vertretener Ansicht zu Recht – *Schulz*, DStR 1999, 354, 356.

567 Siehe auch *Orth*, Gestaltungsaspekte, S. 227.

568 So aber *Neuhoff*, DB 1987, Beilage Nr. 10/87, S. 3.

569 *Hüttemann*, Deutsches Stiftungswesen 1988 - 1999, S. 209.

steuerlich gemeinnützig ist, wenn diese zwar im Einklang mit § 80 Abs. 2, 2. Var. BGB ihren begünstigten Stiftungszweck aus den laufenden Erträgen erfüllt, hierzu aber – und das ist die Quintessenz – nur einen geringen und gerade nicht den wesentlichen Teil ihrer Erträge verwendet. Gerade weil die Rechtsform Stiftung nicht *per definitionem* auf die Verfolgung steuerbegünstigter Zwecke angelegt ist,[570] kann eine Nettobetrachtung auf Ertragsebene allein nach Maßgabe des Stifterwillens nicht damit begründet werden, dass sie eine „Voraussetzung“[571] für die Errichtung einer Stiftung und damit für die Grundrechtsausübung des Stifters darstellt. Vielmehr muss der Gesetzgeber, wie bereits erläutert,[572] zur gleichheitsrechtlichen Legitimation von Steuervergünstigungen sicherstellen, dass der wesentliche Teil der laufenden Erträge steuerbegünstigten und gerade nicht privatnützigen Zwecken zugute kommt.

Die Beschränkung der Ertragsverwendung auf die in § 58 Nr. 5 AO aufgeführten Leistungen ist auch verhältnismäßig, weil der Stifter die umfassende Versorgung seiner Familienangehörigen durch Anordnung von Vermächtnissen und Auflagen bereits aus dem Stiftungsvermögen sicherstellen kann.[573] Außerdem stehen dem Stifter andere weitreichende zivilrechtliche Gestaltungsmöglichkeiten offen, sich und seine Familie im Rahmen einer Stiftungslösung finanziell abzusichern. Denkbar ist etwa die Übertragung ertragsstarker Vermögensgegenstände auf Familienmitglieder im Wege der Vorerbschaft und Weiterübertragung auf eine steuerlich gemeinnützige Stiftung im Wege der Nacherbschaft.[574] In Betracht kommt darüber hinaus die Errichtung einer oder mehrerer Familienstiftungen, idealerweise unter optimaler Ausnutzung der erbschaftsteuer- und schenkungsteuerlichen Freibeträge. Dabei kann der Stifter anordnen, dass die Familienstiftung vor Anfall der Ersatzerbschaftsteuer in eine steuerlich gemeinnützige Stiftung „umgewandelt“ wird.[575] In Betracht kommt auch die Errichtung einer nichtrechtsfähigen steuerlich gemeinnützigen Stiftung

---

570 Siehe oben S. 20 (unter Zweiter Teil, Erster Abschnitt, A. II.).

571 Pump/Leibner/*Müller* § 58 AO Rn. 44.

572 Siehe oben S. 111 f. (unter Zweiter Teil, Dritter Abschnitt, B. III. 2. a) bb) (1) (a)).

573 Siehe oben S. 141 - 143 (unter Zweiter Teil, Dritter Abschnitt, B. III. 4. a) aa)).

574 Zur erbschaftsteuer- und schenkungsteuerlichen Behandlung siehe oben S. 11 (unter Erster Teil, B. II.).

575 Zur erbschaftsteuer- und schenkungsteuerlichen Beurteilung siehe oben S. 11 f. (unter Erster Teil, B. II.).

in Trägerschaft einer rechtsfähigen Familienstiftung bürgerlichen Rechts.[576] Hingegen stößt die umgekehrte Gestaltung – *i.e.* die Errichtung einer nichtrechtsfähigen Familienstiftung in Trägerschaft einer steuerlich gemeinnützigen rechtsfähigen Stiftung – auf Bedenken. So hat eine rechtsfähige Trägerstiftung das Vermögen einer nichtrechtsfähigen Stiftung als „anderes Vermögen" gesondert zu verwalten.[577] Die Übernahme der Trägerschaft und die Vermögensverwaltung für eine nichtrechtsfähige Familienstiftung stellen privatnützige Tätigkeiten dar und begründen als solche einen (ausnahmslosen) Verstoß gegen den tätigkeitsbezogenen Ausschließlichkeitsgrundsatz. Folglich ist eine solche Gestaltung wegen des auf steuerliche Gemeinnützigkeit gerichteten Stifterwillens[578] bereits nach Stiftungszivilrecht nicht möglich.

(2) Ungleichbehandlung von Vermögens- und Ertragsebene

Die hier vertretene Auffassung führt zu einer gemeinnützigkeitsrechtlichen Ungleichbehandlung von ertragsfinanzierten Zuwendungen der Stiftung an die Stifterfamilie einerseits und der Belastung von Teilen des Stiftungsvermögens mit dinglichen und obligatorischen Nutzungsrechten andererseits. Diese Differenzierung ist entgegen der Ansicht einiger Verfechter einer umfassenden Nettobetrachtung auf Ertragsebene systematisch vertretbar. Mit Blick auf den Wortlaut des § 58 Nr. 5 AO („ihr Einkommen") kommt es in sämtlichen Fällen allein darauf an, wem – der Stiftung oder einem Mitglied der Stifterfamilie – die Erträge aus dem Stiftungsvermögen steuerlich zuzurechnen sind.

Nun könnte man den Einwand erheben, die Anknüpfung der gemeinnützigkeitsrechtlichen Beurteilung allein anhand der Technik der Einkünftezurechnung – also auf Ebene des § 2 Abs. 1 Satz 1 EStG – sei zu formal und komme es aus wirtschaftlicher Sicht entscheidend auf die Einbeziehung in das Einkommen i.S. des § 2 Abs. 4 EStG an. So folgern Teile der Literatur aus der wirtschaftlichen Vergleichbarkeit des Vorbe-

---

576 *M. Schmidt/Fritz*, StiftSpons 5/2003, 16, 18.

577 Siehe oben S. 22 f. in Fn. 98 (unter Zweiter Teil, Erster Abschnitt, A. IV.).

578 Siehe oben S. 44 (unter Zweiter Teil, Zweiter Abschnitt, B.).

haltsnießbrauchs mit Versorgungsleistungen im Zusammenhang mit einer Vermögensübergabe, dass dingliche Ertragsvorbehalte und schuldrechtliche Vorabverpflichtungen auch im Gemeinnützigkeitsrecht gleich zu behandeln seien.[579]

Bei einer Vermögensübergabe darf der Vermögensübernehmer die Versorgungsleistungen als dauernde Lasten i.S. des § 10 Abs. 1 Nr. 1a EStG vom Gesamtbetrag der Einkünfte abziehen und muss der Empfänger sie als sonstige Einkünfte gemäß § 22 Nr. 1 Satz 2 Halbsatz 2 Buchstabe a EStG versteuern.[580] Daher ist es zutreffend, dass Versorgungsleistungen und Vorbehaltsnießbrauch im Ergebnis – gemessen am Einkommen i.S. des § 2 Abs. 4 EStG – jedenfalls dann gleich behandelt werden, wenn bei einem Vorbehaltsnießbrauch die Einkünfte dem Vorbehaltsnießbraucher zuzurechnen sind.

Allerdings ist der Versuch, aus der *einkommensteuerlichen* Gleichbehandlung von Vorbehaltsnießbrauch und Versorgungsleistungen die *gemeinnützigkeitsrechtliche* Gleichbehandlung abzuleiten, nicht zulässig. Dieser Ansatz ließe sich zwar noch vertreten, wenn man entgegen der ganz herrschenden Auffassung das Einkommen i.S. des § 58 Nr. 5 AO in Anlehnung an § 2 Abs. 4 EStG i.V.m. § 8 Abs. 1 Satz 1 KStG definiert – mit der Folge, dass solche Aufwendungen, die begrifflich allenfalls Sonderausgaben darstellen, nicht mehr darin enthalten sind. Allerdings sind nach der bereits skizzierten Rechtsprechung des Bundesfinanzhofs[581] lediglich private Versorgungsleistungen i.S. des einkommensteuerlichen Sonderrechts der Vermögensübergabe als dauernde Lasten abziehbar, nicht jedoch wiederkehrende Bezüge auf Grundlage einer Auflage, eines

---

579 *Müller/Schubert*, DStR 2000, 1289, 1295 f.; *Neuhoff*, DB 1987, Beilage Nr. 10/87, S. 3; Pump/Leibner/*Müller* § 58 AO Rn. 47.

580 Grundlegend BFH GrS, BStBl. II 1990, 847, 851 f. (unter C. II. 1.); BFH GrS, BStBl. II 2004, 95, 97 f. (unter C. II. 2.).

Anmerkung: obwohl die Versorgungsleistungen eine Gegenleistung des Vermögensübernehmers für die Vermögensübergabe darstellen, werden sie für die Einkommenbesteuerung spezialgesetzlich als unentgeltlich behandelt. Aus diesem Grund kommt es nicht zu einer Wertverrechnung, so dass auf Ebene des Vermögensübernehmers von der ersten Zahlung an „Aufwendungen" i.S. des § 10 Abs. 1 Nr. 1a EStG vorliegen. Das Abzugsverbot des § 12 Nr. 2, 2. Var. EStG kommt infolge Spezialität des Sonderrechts der Vermögensübergabe nicht zur Anwendung.

581 Siehe oben S. 104 - 109 (unter Zweiter Teil, Dritter Abschnitt, B. III. 1. a) bb)).

Vermächtnisses und Erb-/Pflichtteilsverzichts. Aus diesem Grund muss der Auffassung widersprochen werden, der „als Auflage vorab abgezweigte Betrag“ stehe „rechtlich nicht der Stiftung zu“, so dass „insoweit eine gewisse Vergleichbarkeit“ mit den nach § 10 Abs. 1 Nr. 1a EStG abziehbaren wiederkehrenden Bezügen bestehe.[582] Die vorstehend zitierte These lässt sich auch nicht auf das – allein zur Einkünftezurechnung[583] ergangene – Urteil des Reichsfinanzhofs vom 8. November 1933 stützen.[584] In dem dieser Entscheidung zugrunde liegenden Fall führte die Stiftung zwar die ihr zuvor zugeflossenen Zinsen aus einer Grundschuld und aus Wertpapieren an die Stifterin ab. Die Funktion der Stiftung als Zahlungsstelle darf jedoch nicht zu der Annahme verleiten, es habe eine Auflage, also eine schuldrechtliche Verpflichtung der Stiftung, vorgelegen. Vielmehr hatte sich die Stifterin ausweislich der Urteilsbegründung die Nutzungen an der Grundschuld und den Wertpapieren vorbehalten, so dass die Zinsen der Stifterin „kraft eigenen Rechts“ zustanden und es sich bei ihnen mithin erst gar „nicht um steuerpflichtige Einkünfte der Stiftung“ handelte.[585]

Selbst wenn man das einkommensteuerliche Sonderrecht der Vermögensübergabe gegen Versorgungsleistungen auf die Übertragung existenzsichernder Vermögenseinheiten auf eine Stiftung anwendet, könnte man eine Nettobetrachtung auf Ertragsebene allein nach Maßgabe des Stifterwillens nicht begründen. Würde man eine Nettobetrachtung unter Hinweis auf die Rechtsfigur der vorbehaltenen Vermögenserträge auf die laufenden Stiftungserträge erstrecken, liefe dies auf eine Sinnentleerung des § 58 Nr. 5 AO und die Aufhebung der Privilegierung der Rechtsform Stiftung hinaus. Im Übrigen beschränkt § 58 Nr. 5 AO auch und sogar die privatnützige Versorgung des Stifters – des Vermögensübergebers – selbst. Kann die Rechtsfigur der vorbehaltenen Vermögenserträge eine Nettobetrachtung auf Ertragsebene nicht einmal für die Versorgung des Stifters begründen, so gilt dies zumindest in demselben Maße für die Versorgung der anderen Mitglieder der Stifterfamilie. Demnach kann der Versuch, ertragsfinanzierte privatnützige Versorgungsleistungen von vornherein dem

---

582 *Neuhoff*, DB 1987, Beilage 10/87, S. 3.

583 Siehe RFH, RStBl. 1934, 152, 152 (Ls. 1): bei Stiftungserrichtung vorbehaltene Erträge „sind [...] keine steuerpflichtigen Einkünfte der Stiftung.“

584 Vgl. *Neuhoff*, DB 1987, Beilage Nr. 10/87, S. 3 (siehe auch Fn. 11).

585 Siehe RFH, RStBl. 1934, 152, 153 f.

Ausschließlichkeits- und dem Mittelverwendungsgrundsatz und damit auch den Grenzen des § 58 Nr. 5 AO zu entziehen, nicht darauf gestützt werden, dass Vorbehaltsnießbrauch und Versorgungsleistungen einkommensteuerlich gleich behandelt werden.

(3) Erfüllung betrieblich veranlasster Schulden

Berndt äußert auf die Frage: „Nichtanerkennung der Gemeinnützigkeit wegen durch Stiftungsgeschäft übergegangener Verpflichtungen?“[586] die Befürchtung, manche potenzielle Stifter, insbesondere solche fortgeschrittenen Alters, seien gar nicht imstande, vor Errichtung einer Stiftung „das Stiftungsvermögen schuldenfrei zu machen“.[587]

Diesem aus der Sicht der Praxis verständlichen Problem ist für die hier thematisierte Problematik zunächst entgegenzuhalten, dass Verpflichtungen aus einem Vermächtnis oder einer Auflage zivilrechtlich streng genommen nicht übergehen, sondern erst mit dem Erbfall in der Person der Stiftung als beschwerter Erbin oder Vermächtnisnehmerin entstehen.[588] Weiterhin muss man zwischen den von *Berndt* wohl primär gemeinten *betrieblich* veranlassten Schulden – etwa aus einem Darlehen zur Finanzierung der Anschaffung oder Herstellung eines Vermögensgegenstandes – einerseits und den hier behandelten, *nichtbetrieblich* veranlassten Versorgungsleistungen andererseits differenzieren. Nach ganz herrschender Meinung umfasst das Einkommen i.S. des § 58 Nr. 5 AO die Summe der steuerbaren Einnahmen unter Abzug der mit ihnen zusammenhängenden Aufwendungen.[589] Unter Zugrundelegung dieser herrschenden Einkommensdefinition erfassen der Ausschließlichkeits- und der Mittelverwendungsgrundsatz lediglich solche Ausgaben, die nichtbetrieblich veranlasst sind und begrifflich allenfalls Sonderausgaben i.S. des § 10 Abs. 1 Nr. 1a EStG darstellen.[590] Die Befürchtung, ein potenzieller Stifter könne sein

---

586 *Berndt*, StiftSpons 5/1999, 16, 16 (Titel).

587 *Berndt*, StiftSpons 5/1999, 16, 18.

588 Für den Anfall eines Vermächtnisses siehe § 2176 BGB.

589 Siehe oben S. 102 f. (unter Zweiter Teil, Dritter Abschnitt, B. III. 1. a) aa)).

590 Siehe dazu oben S. 104 f. (unter Zweiter Teil, Dritter Abschnitt, B. III. 1. a) bb)).

Vermögen vor Übertragung auf eine Stiftung nicht mehr schuldenfrei machen, ist hinsichtlich betrieblich veranlasster Schulden verständlich, kann aber für die nichtbetrieblich veranlassten privatnützigen Versorgungsleistungen an Mitglieder der Stifterfamilie keine umfassende Nettobetrachtung auf Ertragsebene nach Maßgabe des Stifterwillens rechtfertigen.

cc) Konsequenzen

(1) Bindung an sämtliche Grenzen des § 58 Nr. 5 AO

An dieser Stelle sei nochmals auf Textziffer 14 Satz 3 und 5 zu § 55 Abs. 1 Nr. 1 AO des AO-Anwendungserlasses eingegangen.

Nach *Satz 3* dürfen Stiftungen im Unterschied zu anderen Körperschaftsteuersubjekten „unter den Voraussetzungen des § 58 Nr. 5“ Erträge auch bei vorhandenem liquidem Vermögen zur Erfüllung privatnütziger Zwecke einsetzen.[591] Wie bereits erwähnt,[592] spricht die im Plural verwendete Formulierung „unter *den* Voraussetzung*en* des § 58 Nr. 5 AO“ dafür, dass nach Auffassung der Finanzverwaltung *sämtliche* Grenzen des § 58 Nr. 5 AO eingehalten werden müssen. Die bisherigen Überlegungen bestätigen die Richtigkeit dieser Auffassung. Folglich trifft die in *Satz 5* vertretene Auffassung, eine Stiftung dürfe bis zu einem Drittel ihres Einkommens auch für die Erfüllung von „anderen durch die Übertragung von belastetem Vermögen begründeten Ansprüchen“ verwenden,[593] insofern auf Bedenken, als die übrigen tatbestandsmäßigen Grenzen des § 58 Nr. 5 AO unerwähnt bleiben.

Zu Recht hat *Fischer* die in seiner bisherigen Kommentierung vertretene Auffassung, eine Stiftung dürfe bis zu einem Drittel ihrer Erträge für die Erfüllung von Auflagen zwecks Versorgung des Stifters und seiner

---

591 BMF, AEAO Tz. 14 Satz 3 zu § 55 Abs. 1 Nr. 1 AO, BStBl. I 2002, 867, 874.

592 Siehe oben S. 96 (unter Zweiter Teil, Dritter Abschnitt, B. II. 2. c)).

593 BMF, AEAO Tz. 14 Satz 5 zu § 55 Abs. 1 Nr. 1 AO, BStBl. I 2002, 867, 874. Zustimmend Hübschmann/Hepp/Spitaler/*Fischer* § 58 AO Rn. 69.

„Angehörigen", „aber auch Dritter" verwenden, aufgegeben.[594] Zuzustimmen ist seiner jetzigen Ansicht, der Umfang der unschädlichen Verwendung des laufenden Stiftungseinkommens für privatnützige Versorgungsleistungen *einschließlich* Auflagen bestimme sich „durch Auslegung des § 58 Nr. 5 AO".[595] Ebenfalls Zustimmung verdient seine jetzige Auffassung, aus der Existenz des § 58 Nr. 5 AO folge im Rückschluss, dass andere als die dort genannten Leistungen nicht aus den laufenden Erträgen der Stiftung vorgenommen werden dürfen.[596] Damit erkennt *Fischer* nunmehr unausgesprochen an, dass auch vermächtnis- und auflagenangeordnete Leistungen dem Tatbestandsmerkmal „in angemessener Weise" unterliegen.

(2) Unbeachtlichkeit der Rechtsgrundlage

Verneint man im Grundsatz – mit Ausnahme bei Erfüllung gesetzlicher Vermögenspflichten – jegliche Nettobetrachtung auf Ertragsebene, kommt es für die Bestimmung des Anwendungsbereichs des § 58 Nr. 5 AO nicht auf den Rechtsgrund für eine privatnützige Stiftungsleistung an. Es kommt nicht darauf an, ob eine privatnützige Leistung vom Stiftungsgeschäft gedeckt ist oder auf einer Auflage, einem Vermächtnis, Untervermächtnis, Erb- oder Pflichtteilsverzicht beruht.[597] Maßgeblich ist allein die inhaltliche Begrenzung auf die in § 58 Nr. 5 AO genannten Personen und Zwecke sowie die dort gezogenen betragsmäßigen Grenzen. Die Unbeachtlichkeit des konkreten Rechtsgrunds zeigt sich auch in der Überschrift zu § 58 AO, die die Unschädlichkeit allein an die „Betätigung" als solche, bezogen auf § 58 Nr. 5 AO allein an die Verwendung von Einkommen, bezieht.

---

594 Hübschmann/Hepp/Spitaler/*Fischer* § 58 AO Rn. 53 i.d.F. bis einschließlich 176. ErgLfg.

595 Hübschmann/Hepp/Spitaler/*Fischer* § 58 AO Rn. 69.

596 Hübschmann/Hepp/Spitaler/*Fischer* § 58 AO Rn. 60, 66 und 73.

597 So möglicherweise auch *Schauhoff*, ZEV 1999, 121, 125: „In der Tat stellt sich die Frage, ob der Gesetzgeber tatsächlich derart feinsinnig zwischen der Zuwendung des Stiftungsvermögens unter einer Auflage und der Formulierung der Stiftungssatzung selbst unterscheiden wollte, wie es der BFH annimmt."

Mithin ist die Vornahme vermächtnis- und auflagenangeordneter Zuwendungen an Mitglieder der Stifterfamilie zumindest dann gemeinnützigkeitsunschädlich, wenn der Stifter anlässlich der Stiftungserrichtung von Todes wegen gemäß § 2156 Satz 1 BGB bzw. § 2193 Abs. 1 BGB der Stiftung oder einem Dritten die Auswahl des oder der Begünstigten überlässt und den Zweck der vorgesehenen Leistung an § 58 Nr. 5 AO bindet. Aus zivilrechtlicher Sicht müsste der Stifter nicht einmal den Kreis der Begünstigten explizit auf seine „nächsten Angehörigen" beschränken. Diese Einschränkung würde sich bereits im Wege der ergänzenden Auslegung des auf steuerliche Gemeinnützigkeit gerichteten Stifterwillens ergeben.[598] Ob dies auch den formellen Anforderungen des Gemeinnützigkeitsrechts gemäß §§ 59 f. AO genügt, wird im weiteren Verlauf der Arbeit noch zu diskutieren sein.

(3) Folgen der persönlichen Zurechnung von Einkünften für die gemeinnützigkeitsrechtliche Beurteilung

Auf Grundlage der hier vertretenen Auffassung stehen Erträge aus dem Stiftungsvermögen der Stifterfamilie ohne die Beschränkungen des § 58 Nr. 5 AO (lediglich) dann zur Verfügung, wenn sie einkommensteuerlich dem jeweiligen Begünstigten selbst originär zuzurechnen sind. In diesem Zusammenhang von besonderer Bedeutung ist der Beschluss des Großen Senats des Bundesfinanzhofs vom 5. Juli 1990, in dem dieser für die Bereiche des Betriebs- und Privatvermögens die Fiktion einer rechtlichen Einheit zwischen Erbfall und Erbauseinandersetzung aufgegeben hat.[599] Daraus folgt zunächst, dass sich die steuerliche Behandlung des Vermächtnisnießbrauchs parallel zur Behandlung des unentgeltlichen Zuwendungsnießbrauchs beurteilt. Weiterhin ergibt sich für vermächtnis- und auflagenangeordnete Leistungen die Konsequenz, dass Vermächtnisnehmer und Auflagenbegünstigte aus einkommensteuerlicher wie auch aus zivilrechtlicher Sicht nicht vom Erblasser, sondern vom Erben oder Vermächtnisnehmer erwerben. Damit ist es die Stiftung als beschwerte Erbin oder Vermächtnisnehmerin, die zunächst die Einkünfte i.S. des § 2 Abs. 1 Satz 1 EStG erzielt und anschließend transferiert. Den Mitgliedern

---

[598] Siehe oben S. 66 (unter Zweiter Teil, Zweiter Abschnitt, B.).

[599] BFH GrS, BStBl. II 1990, 837, 841 - 843 (unter C. I. 2.) und 847 (unter C. IV. 1.).

der Stifterfamilie sind diese Einkünfte hingegen – insofern ist die Terminologie des § 22 Nr. 1 Satz 2 Halbsatz 2 Buchstabe a EStG („zuzurechnen") ungenau[600] – gerade nicht originär zuzurechnen. Unter Zugrundelegung jenes Beschlusses des Großen Senats und der darauf basierenden höchstrichterlichen Rechtsprechung ergibt sich für die gemeinnützigkeitsrechtliche Beurteilung der privatnützigen Versorgung der Stifterfamilie Folgendes:

Überträgt jemand ein Einzelunternehmen oder seinen Anteil an einer Mitunternehmerschaft auf eine Stiftung, so sind der entnahmefähige Gewinn und auf einem Darlehenskonto zugeschriebene Beträge einem Nießbraucher lediglich dann als Einkünfte aus Gewerbebetrieb zuzurechnen, wenn dieser je nach Ausgestaltung des Nießbrauchs als Mitunternehmer anzusehen ist, also Mitunternehmerrisiko trägt und Mitunternehmerinitiative entfaltet. Dies ist in der Regel nur bei einem Unternehmensnießbrauch der Fall,[601] nicht jedoch bei einem – die zivilrechtliche Zulässigkeit einmal unterstellt[602] – Nießbrauch am Gewinnstammrecht,[603] ebenso wenig bei einem Nießbrauch am Gewinnbezugsrecht[604] und bei einem Gewinnvermächtnis.[605] In offene Rücklagen eingestellte Beträge werden dem Nießbrauchbesteller zugerechnet, wenn er Mitunternehmer bleibt.[606] Damit kann der Stifter die privatnützige Versor-

---

600 Herrmann/Heuer/Raupach/*Jansen* § 20 EStG Rn. 236.

601 BFH, BStBl. II 1981, 396, 397 f.; BFH, BStBl. II 1995, 241, 244 f.; BFH, BStBl. II 1996, 523, 526 – zum echten Nießbrauch; BFH, BStBl. II 1989, 722, 724 f.; BFH, BStBl. II 1995, 714, 716 m.w.N. – zu Treuhand und Testamentsvollstreckung. Ähnlich BFH, BStBl. II 1996, 440, 440: Einkünfteerzielung und AfA-Berechtigung des Nießbrauchers bei unentgeltlichem Zuwendungsnießbrauch (Vermächtnisnießbrauch) an einem land- und forstwirtschaftlichen Betrieb. Siehe auch Niedersächsisches FG, EFG 2005, 639, 640 f.

602 Siehe oben S. 30 in Fn. 134 (unter Zweiter Teil, Erster Abschnitt, B. II.).

603 BFH, BStBl. II 1976, 592, 593 f.; BFH, BStBl. II 1991, 809, 812 (betreffend Einkünfte aus Vermietung und Verpachtung); BFH, BStBl. II 1995, 714, 717.

604 BFH, BStBl. II 1995, 714, 717.

605 BFH, BStBl. II 1995, 714, 716 f. Vgl. BFH, BStBl. II 1992, 330, 333: im Einzelfall Zurechnung gegenüber dem Vermächtnisnehmer, wenn dieser als Mitunternehmer anzusehen ist.

606 *Schön*, StbJb 1996/1997, 45, 71 m.w.N.

Dies ist stets der Fall, wenn man bei Anteilen an einer Personengesellschaft allein auf die mitunternehmerische Qualität des Anteils als solchen abstellt und sowohl

gung der Stifterfamilie aus dem entnahmefähigen Gewinn ohne Bindung an die Grenzen des § 58 Nr. 5 AO nur im Wege eines Unternehmensnießbrauchs sicherstellen. In allen übrigen Fällen unterliegt der entnahmefähige Gewinn dem Mittelverwendungsgrundsatz und bei Zuwendung an Mitglieder der Stifterfamilie den Grenzen des § 58 Nr. 5 AO.

Überträgt der Stifter einen Vermögenswert i.S. des § 21 Abs. 1 Satz 1 Nr. 1 bis 4 EStG, insbesondere unbewegliches Vermögen, auf eine Stiftung, erzielt der dinglich oder obligatorisch Nutzungsberechtigte Einkünfte aus Vermietung und Verpachtung, wenn er *erstens* Besitz, Verwaltungsbefugnis und eine gesicherte Rechtsposition derart hat, dass ihm die Stiftung die Nutzung für eine festgelegte Zeit nicht entziehen kann, und wenn er *zweitens* auf dieser Grundlage die Vermögenswerte anderen zur Nutzung überlässt.[607] Unter diesen Voraussetzungen sind die Einkünfte bei Übertragung eines Vermögensgegenstands unter Vorbehalt eines Nießbrauchs (Vorbehaltsnießbrauchs),[608] eines dinglichen Wohnrechts[609] und eines obligatorischen Nutzungsrechts[610] dem jeweiligen Nutzungsberechtigten zuzurechnen. Dasselbe gilt beim Vermächtnisnießbrauch, der im Anschluss an den erwähnten Beschluss des Großen Senats des Bundesfinanzhofs nunmehr wie der unentgeltliche Zuwendungsnießbrauch behandelt wird.[611]

Nießbraucher als auch Nießbrauchbesteller als Mitunternehmer ansieht, siehe *Schön*, StbJb 1996/1997, 45, 66. Dagegen stellt der Bundesfinanzhof auf die Mitunternehmerschaft der Beteiligten ab und überprüft in jedem Einzelfall das Vorliegen von Mitunternehmerrisiko und -initiative jeweils in der Person des Nießbrauchers und Nießbrauchbestellers, kommt in der Regel aber zu demselben Ergebnis.

607 Z.B. BFH, BStBl. II 1981, 295, 296 f.; BFH, BStBl. II 1983, 502, 504; BFH, BStBl. II 1984, 366, 368; BFH, BStBl. II 1992, 506, 507; BMF, BStBl. I 1998, 914, 916 (Tz. 1 und 6).

608 Z.B. BFH, BStBl. II 1982, 378, 379; BFH, BStBl. II 1982, 380, 380; BFH, BStBl. II 1986, 12, 13; BMF, BStBl. I 1998, 914, 918 (Tz. 41).

609 BMF, BStBl. I 1998, 914, 919 (Tz. 49).

610 BMF, BStBl. I 1998, 914, 919 (Tz. 52).

611 BMF, BStBl. I 1998, 914, 918 (Tz. 32 Satz 2 mit Verweis auf Tz. 18 i.V.m. Tz. 14 Satz 1 und Tz. 1 Satz 2 und 3; Tz. 23 *argumentum ex contrario*). Anders noch BMF, BStBl. I 1983, 508, 512 (Tz. 51 Satz 2 i.V.m. Tz. 37 Satz 1: Gleichbehandlung mit dem Vorbehaltsnießbrauch). Siehe auch BFH, BStBl. II 1994, 319, 320.

Mangels höchstrichterlicher Entscheidung sind die persönliche Zurechnung von Einnahmen aus Beteiligungen, Wertpapieren und Forderungen, die mit einem Vorbehaltsnießbrauch belastet sind, höchst umstritten.[612] Obwohl der Bundesfinanzhof diese Frage bislang offengelassen hat,[613] ist unter Zugrundelegung seiner übrigen Rechtsprechung tendenziell von einer Zurechnung gegenüber dem neuen Eigentümer, Anteilseigner oder Inhaber auszugehen. Diese Auffassung lässt sich damit begründen, dass gerade die genannten Personen – und nicht der Nießbraucher – Nachfolger in das der Nutzungsüberlassung zugrunde liegende Rechtsverhältnis und als solche zur Kapitalüberlassung verpflichtet sind.[614] Beim Vermächtnisnießbrauch rechnet die Finanzverwaltung die Einkünfte dem Vermächtnisnießbraucher zu,[615] allerdings in Parallele zum Vorbehaltsnießbrauch und damit unter Vernachlässigung der Grundsätze des Beschlusses des Großen Senats des Bundesfinanzhofs vom 5. Juli 1990.[616]

---

612 Siehe einerseits z.B. FG Düsseldorf, EFG 2000, 676, 677 m.w.N.; Niedersächsisches FG, EFG 1980, 482, 483; BMF, BStBl. I 1993, 508, 512 (Tz. 55 Satz 1); Herrmann/Heuer/Raupach/*Jansen* § 20 EStG Rn. 59; *Korn*, DStR 1999, 1461, 1468; Schmidt/*Weber-Grellet* § 20 EStG Rn. 21 m.w.N. – Zurechnung stets oder zumindest im Grundsatz gegenüber dem Vorbehaltsnießbraucher. Dazu kritisch *Schön*, StbJb 1996/1997, 45, 77.

Siehe andererseits z.B. Blümich/Stuhrmann § 20 EStG Rn. 42 f. m.w.N.; Kirchhof/*von Beckerath* § 20 EStG Rn. 131; Kirchhof/Söhn/Mellinghoff/*Wassermeyer* § 20 EStG Rn. B 49 und B 51; Littmann/Bitz/Pust/*Schlotter* § 20 EStG Rn. 63 – Zurechnung stets oder zumindest im Grundsatz gegenüber dem Eigentümer, Anteilseigner oder Inhaber. Dazu kritisch *Schön*, StbJb 1996/1997, 45, 76 f.

613 BFH, BStBl. II 1977, 115, 117; BFH GrS, BStBl. II 1983, 272, 275 (unter C. I. 2. a)); BFH, BStBl. II 1992, 605, 606; BFH, BStBl. II 1998, 190, 191; BFH, BFH/NV 2001, 1393, 1394. Siehe auch BFH, BFH/NV 2006, 273, 273.

614 Siehe BFH GrS, BStBl. II 1983, 272, 274 (unter C. I. 2. a)); BFH, BStBl. II 1991, 38, 38 f. m.w.N.

615 BMF, BStBl. I 1993, 508, 512 (Tz. 55). Früher ebenso BFH, BStBl. II 1979, 562, 564 (gegen BFH, BStBl. II 1977, 115, 117: bei unentgeltlichem Zuwendungsnießbrauch Zurechnung gegenüber dem Eigentümer etc.).

616 Zur Kritik an der Auffassung der Finanzverwaltung siehe Blümich/*Stuhrmann* § 20 EStG Rn. 47; Kirchhof/Söhn/Mellinghoff/*Wassermeyer* § 20 EStG Rn. B 51; Littmann/Bitz/Pust/*Schlotter* § 20 EStG Rn. 66.

C. Der Kreis der Leistungsempfänger

I. „Stifter"

1. Der Stifter im bürgerlich-rechtlichen Sinn

§ 58 Nr. 5 AO nennt als potenziellen Leistungsempfänger an erster Stelle „den Stifter". Mit Blick auf die Anreizfunktion des § 58 Nr. 5 AO, Bürger zur Übertragung von Vermögen auf eine steuerlich gemeinnützige Stiftung zu ermutigen, fällt unter den Begriff des „Stifters" zunächst der Stifter im bürgerlich-rechtlichen Sinn. Denn er ist es, der die Stiftung errichtet, ihr in Ausübung seiner grundrechtlich geschützten Stifterfreiheit die steuerbegünstigten Zwecke vorgibt und sie dazu mit Vermögenswerten ausstattet.

2. Der Zustifter im bürgerlich-rechtlichen Sinn

Im Folgenden wird der Frage nachgegangen, ob der Begriff „Stifter" i.S. des § 58 Nr. 5 AO auch den Zustifter im bürgerlich-rechtlichen Sinn[617] erfasst. Praktische Bedeutung erhält diese Frage in den Fällen, in denen die zustiftende Person nicht mit dem bürgerlich-rechtlichen Stifter identisch ist.

a) Wortlaut

Die im Singular verwendete Formulierung „den Stifter" darf nicht als zahlenmäßige Beschränkung verstanden werden. So kann eine Stiftung auch mehrere bürgerlich-rechtliche Stifter sowie deren nächste Angehörige versorgen. Allerdings könnte die Verwendung des Singulars in Zusammenschau mit der Verwendung des bestimmten Artikels „den" darauf hindeuten, dass der Begriff des „Stifters" i.S. des § 58 Nr. 5 AO eben nur bürgerlich-rechtliche Stifter erfasst.

---

617 Zum Begriff der Zustiftung siehe oben S. 22 f. (unter Zweiter Teil, Erster Abschnitt, A. IV.).

Der im Plural verwendeten Formulierung in § 55 Abs. 3 AO „die Stifter" lässt sich für die hier aufgeworfene Frage nichts entnehmen, weil sie sich auf die ebenfalls im Plural verwendete Formulierung „Stiftungen" bezieht. Ob sich der Gesetzgeber der hier angesprochenen sprachlichen Nuance bewusst war, ist angesichts der teilweise im Singular, teilweise im Plural verwendeten Formulierung in § 55 Abs. 3 AO – „bei Betrieben [...] von *Körperschaften* [...] für die *Körperschaft*"[618] – zu bezweifeln.

Im allgemeinen Sprachgebrauch meint der Begriff „Stiftung" zum einen den freiwilligen Akt der Entäußerung von Vermögenswerten und deren Widmung für einen bestimmten Zweck, zum anderen die gewidmeten Vermögenswerte selbst.[619] Zuletzt genannte Definition umfasst sowohl die Erstausstattung als auch spätere Zustiftungen.[620] Überträgt man dieses weite Verständnis des Stiftungsbegriffs auf den Begriff „Stifter", könnten Stifter i.S. des § 58 Nr. 5 AO sämtliche Personen sein, die eine Zuwendung in das Grundstockvermögen einer steuerlich gemeinnützigen Stiftung tätigen. Demnach wären bürgerlich-rechtliche Zustifter vom äußersten Wortsinn erfasst. Diese extensive Auslegung des Stifterbegriffs würde den Rückgriff auf eine analoge Anwendung des § 58 Nr. 5 AO erübrigen.

b) Systematischer Bezug zum „Einkommen"

Die Beantwortung der Frage, ob Zustifter Stifter i.S. des § 58 Nr. 5 AO sind, ist eng mit der Auslegung des Begriffs „Einkommen" verknüpft:

So könnte man *einerseits* das Einkommen i.S. des § 58 Nr. 5 AO begrifflich auf denjenigen Teil der Erträge beschränken, die die Stiftung mit solchen Vermögensgegenständen erwirtschaftet hat, die ihr der bürgerlich-rechtliche Stifter im Rahmen der Erstausstattung und etwaigen Zustiftungen übertragen hat. Diese Auffassung liegt möglicherweise einem

---

618 Hervorhebungen durch den Verfasser.

619 Soergel/*Neuhoff* vor § 80 BGB Rn. 2; Staudinger/*Rawert* Vorbem. zu §§ 80 ff. BGB Rn. 3 m.w.N.

620 Zu den Begriffen Erstausstattung und Zustiftung siehe oben S. 22 f. (unter Zweiter Teil, Erster Abschnitt, A. IV.).

Fallbeispiel von *Buchna*[621] zugrunde. In seinem Beispielsfall beträgt das Einkommen i.S. des § 58 Nr. 5 AO 120.000 €. Es setzt sich zusammen aus Erträgen in Höhe von 30.000 € aus einer „Dotation" des „Stifters" in Höhe von 500.000 € und aus „weiteren Vermögenswerten, die aus einem Spendenaufruf, Zuschüssen etc. angesammelt wurden". Nach Ansicht von *Buchna* dürfe „nach § 58 Nr. 5 AO [..] die Stiftung den Stifter zwar maximal mit bis zu 40.000 € (= ein Drittel des Einkommmens i.H.v. 120.000 €) unterstützen." Allerdings beschränkt *Buchna* die unschädliche Unterstützung des „Stifters" im weiteren Verlauf seiner Ausführungen auf maximal 10.000 € (= ein Drittel von 30.000 €) – also auf ein Drittel derjenigen Erträge, die die Stiftung aus der Vermögensdotation des Stifters erwirtschaftet hat. Eine Unterstützung des „Stifters" über den Betrag von 10.000 € hinaus würde, so *Buchna*, letztlich eine (teilweise) Rückführung von Stiftungskapital an den Stifter und möglicherweise einen Verstoß gegen den Grundsatz der Vermögensbindung (§ 55 Abs. 1 Nr. 4 Satz 1 AO) bedeuten.

Andererseits erscheint es für den Fall, dass man das *gesamte* Stiftungseinkommen als Bemessungsgrundlage heranzieht, gerechtfertigt, nicht nur den Stifter, sondern auch den Zustifter an den privatnützigen Versorgungsleistungen i.S. des § 58 Nr. 5 AO teilhaben zu lassen. Denn die vom Zustifter auf die Stiftung übertragenen Vermögensgegenstände erhöhen über ihre Erträge das Einkommen und damit den Versorgungshöchstbetrag i.S. des § 58 Nr. 5 AO.

c) Anreizfunktion

Zivilrechtlich beschränkt sich die Tätigkeit des Zustifters auf die Übertragung von Vermögensgegenständen auf eine bereits bestehende und mit Vermögen ausgestattete Stiftung. Dies wirft die Frage auf, ob sich die Anreizfunktion des § 58 Nr. 5 AO in zeitlicher Hinsicht auf die Errichtungsphase der Stiftung – *i.e.* den Zeitraum vom Abfassen des Stiftungsgeschäfts bis zur Erstausstattung – beschränkt. Es stellt sich die Gegenfrage, ob sich die Anreizfunktion des § 58 Nr. 5 AO *generell* auf die Übertragung von Vermögenswerten zur Bildung und Erhöhung des Grund-

---

621 *Buchna*, StiftSpons 4/2003, 18, 19 f. – Beispielsfall 1.

stockvermögens bezieht, sich also auf Erstausstattung und spätere Zustiftungen gleichermaßen erstreckt.

Die Anreizfunktion des § 58 Nr. 5 AO besteht zunächst, wie bereits erwähnt,[622] darin, Bürger zu ermutigen, selbst eine Stiftung mit steuerbegünstigter Zwecksetzung zu errichten und sie im Rahmen der Erstausstattung mit möglichst hohem und ertragstarkem Vermögen auszustatten. Mit Blick auf die weitere Betriebsphase ist die rechtsformspezifische Besonderheit zu beachten, dass Stiftungen – gerade im Vergleich zu Kapitalgesellschaften und Vereinen – in ihren Finanzierungsmöglichkeiten eingeschränkt und daher in besonderem Maße auf eine externe Vermögensmehrung angewiesen sind.[623] Aus diesem Grund erstreckt sich die Anreizfunktion des § 58 Nr. 5 AO über die Errichtungsphase hinaus. So soll – zunächst – der bürgerlich-rechtliche *Stifter* zu lebzeitigen und letztwilligen Zustiftungen bewegt werden. Typischerweise ist der Stifter erster Adressat dieses Lenkungsziels, steht er doch der Stiftung als ihr Errichter am nächsten. Beschränkt sich die Anreizfunktion des § 58 Nr. 5 AO also nicht auf die Erstausstattung, so richtet sie sich *generell* auf die dauerhafte Widmung von Vermögen zu steuerbegünstigten Zwecken. Diese Überlegung rechtfertigt es, den bürgerlich-rechtlichen Zustifter in den Kreis der potenziellen Leistungsempfänger einzubeziehen. Der Umstand, dass die steuerbegünstigten Zwecke selbst vom Stifter und nicht vom (personenverschiedenen) Zustifter bestimmt werden, ist unschädlich. Maßgeblich ist allein der Umstand, dass sich der Zustifter einzelner Vermögensgegenstände entäußert und diese der Verwendung zu steuerbegünstigten Zwecken durch die Stiftung zuführt.

Für die Einbeziehung von Zustiftern in die Versorgung gemäß § 58 Nr. 5 AO spricht auch die Überlegung, dass eine zustiftende Person dann, wenn sie vor der Zustiftung selbst eine steuerlich gemeinnützige Stiftung errichtet hat, als deren bürgerlich-rechtlicher Stifter auf jeden Fall gemäß § 58 Nr. 5 AO versorgt werden darf. Unter dem Blickwinkel der Anreizfunktion des § 58 Nr. 5 AO kann es jedoch nicht darauf ankommen, ob ein Bürger Vermögen auf eine von ihm selbst oder auf eine von Dritten errichtete Stiftung überträgt.

---

622 Siehe oben S. 68 (unter Zweiter Teil, Dritter Abschnitt, A. III. 1.).

623 Siehe oben S. 68 (unter Zweiter Teil, Dritter Abschnitt, A. III. 1.).

Für die Einbeziehung von Zustiftern sprechen schließlich dieselben Gründe, aus denen sich § 58 Nr. 5 AO und die privatnützige Versorgung der Stifterfamilie gleichheitsrechtlich rechtfertigen lassen. Der Grundsatz der Vermögensbindung (§ 55 Abs. 1 Nr. 4 Satz 1 AO) gilt auch für Zustiftungen. Der einer Zustiftung entsprechende (ursprüngliche) gemeine oder buchmäßige Wert steht dem Zustifter und seinen Erben während der Betriebsphase der Stiftung nicht zur Verfügung, kann also auf unvorhersehbare, von etwaigen Versorgungsbedürfnissen losgelöste Dauer nicht zu Unterhaltszwecken eingesetzt werden.[624]

Die Anreizfunktion des § 58 Nr. 5 AO spricht also für die Einbeziehung von bürgerlich-rechtlichen Zustiftern in den Stifterbegriff.

d) Ergebnis

Als Ergebnis bleibt festzuhalten, dass unter den Begriff „Stifter" i.S. des § 58 Nr. 5 AO sowohl der bürgerlich-rechtliche Stifter als auch der bürgerlich-rechtliche Zustifter fällt.

Die Versorgungsberechtigung des Zustifters und dessen nächster Angehöriger besteht allerdings nur nach Maßgabe des ausdrücklichen oder mutmaßlichen Willens des Stifters.

Im Vorgriff auf die Auslegung des Einkommensbegriffs sei die Frage aufgeworfen, ob aus der Einbeziehung des Zustifters und folglich seiner nächsten Angehörigen in den Anwendungsbereich des § 58 Nr. 5 AO folgt, das Stiftungseinkommen auf die Familienstämme jedes einzelnen Stifters und Zustifters jeweils unter Einschluss ihrer nächsten Angehörigen gedanklich aufzuteilen – und zwar entsprechend dem Anteil der jeweils (zu-)gestifteten Vermögensgegenstände am wirtschaftlichen Erfolg der Stiftung.

---

624 Siehe oben S. 69 - 74 (unter Zweiter Teil, Dritter Abschnitt, A. III. 2.) und S. 77 (unter Zweiter Teil, Dritter Abschnitt, A. IV. 2.).

II. Die „nächsten Angehörigen"

§ 58 Nr. 5 AO nennt als potenzielle Leistungsempfänger neben dem „Stifter" dessen „nächste Angehörigen".

1. Meinungsstand

Zu den „nächsten Angehörigen" zählen nach Auffassung der Finanzverwaltung,[625] die im überwiegenden Teil des Schrifttums geteilt oder zumindest unwidersprochen zitiert wird,[626] Ehegatten, Eltern und Großeltern, Kinder und Enkel, Adoptivkinder und Adoptivenkel, Pflegeeltern und Pflegekinder sowie Geschwister. *Scholtz* zieht geschiedene Ehegatten ausdrücklich mit ein.[627] Der vorstehend aufgeführte Personenkreis wird von anderen Teilen im Schrifttum noch enger gefasst,[628] vereinzelt sogar auf den Ehegatten und unterhaltspflichtige Kinder beschränkt.[629] *Buchna* als Vertreter der Finanzverwaltung hält eine Ausweitung des genannten Personenkreises „in sehr eng zu bestimmenden Ausnahmefällen" und nur in Abstimmung mit dem zuständigen Finanzamt für zulässig.[630]

---

625 BMF, AEAO Tz. 6 Satz 2 zu § 58 Nr. 5 AO, BStBl. I 2002, 867, 877. Erstmals BMF, EEAO Tz. 6 zu § 58 Nr. 5 AO, BStBl. I 1976, 576, 585 f. Siehe auch OFD Köln, StEK GemV Nr. 44; OFD Düsseldorf, a.a.O.; OFD Münster, a.a.O. – Hausangestellte und Freunde des Stifters ausdrücklich ausgeschlossen.

626 *Boochs*, Stiftungssteuerrecht, Anm. 6.1.1.6; *Carlé/Strahl*, KÖSDI 2002, 13471, 13478; *M. Hartmann*, S. 386; *Hartmann/Richter*, S. 430; *Heinrichshofen*, ErbStB 2004, 247; *Herbert*, BB 1991, 178, 182; Hübschmann/Hepp/Spitaler/*Fischer* § 58 AO Rn. 76; Koch/Scholtz/*Scholtz* § 58 AO Rn. 7; Kühn/von Wedelstädt/*Blesinger* § 58 AO Rn. 9; *Müller/Schubert*, DStR 2000, 1289, 1294; *Neuhoff*, DB 1987, Beilage Nr. 10/87, S. 3; Pump/Leibner/*Müller* § 58 AO Rn. 55; *Schiffer/von Schubert*, BB 2002, 265, 266; Schwarz/*Uterhark* § 58 AO Rn. 8; Soergel/*Neuhoff* vor § 80 BGB Rn. 92 und 96.

627 Koch/Scholtz/*Scholtz* § 58 AO Rn. 7.

628 Gröger/Schöll/*Rader* § 58 AO Rn. 6: ausgeschlossen Adoptivkinder und -enkel; *Kapp/Ebeling*, § 13 ErbStG Rn. 161: ausgeschlossen Großeltern, Adoptivkinder und -enkel sowie Pflegekinder und -eltern.

629 *Heuer/Habighorst*, S. 948.

630 Vgl. *Buchna*, StiftSpons 4/2003, 18, 19.

Die restriktive Auslegung der Finanzverwaltung und der herrschenden Literaturmeinung wird von vielen Autoren hingegen als zu eng, mit den Änderungen der allgemeinen gesellschaftlichen Verhältnisse und den Bedürfnissen der Praxis nicht vereinbar kritisiert.[631] *Buchna* hält es daher für vertretbar, auch Nicht-Familienangehörige einzubeziehen.[632] Wesentlicher Nachteil der herrschenden, restriktiven Definition ist nach Ansicht vieler Berater die Beschränkung auf die Kinder und Enkel des Stifters unter Ausschluss folgender Generationen.[633] Nach Ansicht von *Pöllath* ist diese Restriktion der Finanzverwaltung für potenzielle Stifter „besonders abschreckend".[634] *Von Holt* und *Koch* gehen sogar so weit zu sagen, die Beschränkung auf die Kinder und Enkel des Stifters verkörpere die „bei der Finanzverwaltung geradezu typische Haltung, gemeinwohlorientierte Bestrebungen des Gesetzgebers zu hintertreiben".[635] Aus diesem Grund widmen sich die folgenden Ausführungen zum Begriff der „nächsten Angehörigen" insbesondere der Frage, ob man den Kreis der potenziellen Leistungsempfänger entgegen der Auffassung der Finanzverwaltung auf *sämtliche* Abkömmlinge des Stifters – also auch auf Abkömmlinge über

---

631 *Berndt*, Stiftung, Rn. 1171; *Deischl*, S. 135 und 137 f.; *Derlien/Freundl*, StiftSpons 6/2003, 17, 18 f.; *Götz*, NWB F. 2, 8603, 8608; Klein/*Gersch* § 58 AO Rn. 6; *Lex*, Wettlauf im Stiftungsrecht, S. 36; *ders.*, StiftSpons 2/2005, 14, 14; Meyn/Richter/*Richter*, Rn. 392; *Pues/Scheerbarth*, § 14 V, S. 136; Schauhoff/*Schauhoff* § 8 Rn. 109; *ders.*, DB 1996, 1693, 1694 f.; *ders.*, StiftSpons 4/2001, 18, 19; *Schiffer*, Anwaltliche Praxis, § 8 Rn. 126; Seifart/von Campenhausen/*Pöllath* § 43 Rn. 57; *Söffing/Thoma*, ErbStB 2005, 212, 212; *Sorg*, S. 118 in Fn. 194; *Stein/Schindhelm*, ErbStB 2003, 151, 153; Tipke/Kruse/*Tipke* § 58 AO Rn. 6; *von Holt/Koch*, S. 106. Wohl auch Hübschmann/Hepp/Spitaler/*Fischer* § 58 AO Rn. 76; *Wochner*, MittRhNotK 1994, 89, 112: zu den nächsten Angehörigen zählten „Verwandte" in gerader Linie.

632 *Buchna*, Gemeinnützigkeit, Anm. 2.8.5, S. 160.

633 Meyn/Richter/*Richter*, Rn. 392; *Schauhoff*, StiftSpons 4/2001, 18, 19; Seifart/von Campenhausen/*Pöllath* § 43 Rn. 57; *Söffing/Thoma*, ErbStB 2005, 212, 212; *Stein/Schindhelm*, ErbStB 2003, 151, 153; *von Holt/Koch*, S. 106. Siehe auch *Lex*, StiftSpons 2/2005, 14, 14: Vorschlag *de lege ferenda*, die Versorgung u.a. auf den Stifter und „seine Abkömmlinge" zu erstrecken.

634 Seifart/von Campenhausen/*Pöllath* § 43 Rn. 57.

635 *Von Holt/Koch*, S. 106.

die Enkelgeneration hinaus –,[636] möglicherweise sogar auf sämtliche Verwandte und Verschwägerte gerader Linie[637] erstrecken kann.

2. Der Bezug zu § 5 Nr. 3 GemV 1953

Der Begriff der „nächsten Angehörigen" war dem Gemeinnützigkeitsrecht vor Inkrafttreten des § 58 Nr. 5 AO nicht fremd. Dieser Begriff fand sich bereits in § 5 Nr. 3 GemV 1953.[638] Eine Stellungnahme des AO-Gesetzgebers oder des Arbeitskreises für die Reform der Reichsabgabenordnung zur besonderen Begrifflichkeit der „nächsten Angehörigen" liegt zwar nicht vor. Allerdings ist zu berücksichtigen, dass der Gesetzgeber der Abgabenordnung die Vorschriften der Gemeinnützigkeitsverordnung von 1953 weitestgehend übernehmen wollte.[639] Daher muss man davon ausgehen können, dass der AO-Gesetzgeber dem Begriff „nächste Angehörige" dieselbe Bedeutung wie in § 5 Nr. 3 GemV 1953 hat zukommen lassen wollen.

Während § 5 Nr. 3 GemV *1941* die Versorgung in persönlicher Hinsicht auf den Stifter und seinen Ehegatten beschränkte,[640] erstreckte § 5 Nr. 3 GemV *1953* die Versorgung auf den Stifter und seine „nächsten Angehörigen".[641] Mit der Verwendung des Begriffs der „nächsten Angehörigen" beabsichtigte der Verordnungsgeber des Jahres 1953 eine Erweiterung der persönlichen Grenze. Damit folgte er dem Vorschlag der

---

636 So *Deischl*, S. 138; Schauhoff/*Schauhoff*, § 8 Rn. 109; *ders.*, DB 1996, 1693, 1694 f.; *Söffing/Thoma*, ErbStB 2005, 212, 212; Tipke/Kruse/*Tipke* § 58 AO Rn. 6; *von Holt/ Koch*, S. 106. Unausgesprochen auch Klein/*Gersch* § 58 AO Rn. 6. Verneinend *Spiegelberger*, ErbStB 2005, 43, 46 f.

637 So ausdrücklich *Derlien/Freundl*, StiftSpons 6/2003, 17, 18; *Söffing/Thoma*, ErbStB 2005, 212, 212; Tipke/Kruse/*Tipke* § 58 AO Rn. 6; *von Holt/Koch*, S. 106. Wohl auch Schauhoff/*Schauhoff* § 8 Rn. 109: sämtliche Angehörige in direkter Linie.

638 Siehe oben S. 54 (unter Zweiter Teil, Dritter Abschnitt, A. I. 3.).

639 BT-Drucks. 7/79, S. 116. Siehe auch BMF, RAO-Reform, S. 250: der Schwerpunkt der Neufassung der Abgabenordnung lag auf der Verbesserung der Systematik und der Straffung des Gesetzestexts.

640 Siehe oben S. 52 f. (unter Zweiter Teil, Dritter Abschnitt, A. I. 2.).

641 Siehe oben S. 54 (unter Zweiter Teil, Dritter Abschnitt, A. I. 3.).

Arbeitsgemeinschaft der Spitzenverbände der freien Wohlfahrtspflege und der Arbeitsgemeinschaft Deutscher Wohltätigkeits-, Erziehungs- und Kultusstiftungen.[642] In der Erläuterung ihres Verordnungsentwurfs verwiesen beide zuletzt genannten Institutionen zunächst auf die bisherige Rechtslage und anschließend auf den bereits erwähnten Erlass des Reichsfinanzministers vom 14. November 1943[643] – allerdings ohne Hinweis darauf, dass die in jenem Erlass vorgesehenen Milderungen lediglich für solche Stiftungen galten, die von einer Gebietskörperschaft verwaltet wurden. Die beiden Institutionen vertraten die Auffassung, es erschiene „zweckmäßig, neben der Pflege der Gräber des Stifters und seines Ehegatten auch die Pflege der Gräber der nächsten Angehörigen des Stifters zu erwähnen."[644] Eine Definition des Begriffs der „nächsten Angehörigen", von der man auf den Inhalt des identischen Begriffs in § 58 Nr. 5 AO schließen könnte, findet sich aber auch in ihren Erläuterungen nicht.

3. „Angehöriger"

a) Auslegung unter Heranziehung der Legaldefinition des § 15 AO

In Abweichung zu anderen Vorschriften der Abgabenordnung, die den Begriff „Angehörige" verwenden,[645] enthält § 58 Nr. 5 AO einen in Klammern versehenen Verweis auf die Legaldefinition des § 15 AO *nicht*. Damit stellt sich zunächst die Frage, ob der Begriff der „nächsten Angehörigen" unter Heranziehung des § 15 AO auszulegen ist, woran man zumindest aus historischem Blickwinkel Zweifel hegen könnte:

Auch § 5 Nr. 3 GemV 1953 enthielt keinen Klammerverweis auf die – dato in § 10 StAnpG verankerte – Legaldefinition des Angehörigenbegriffs. Aus

---

642 *Arbeitsgemeinschaft Deutscher Stiftungen – Bundesverband –/Verband Deutscher Wohltätigkeitsstiftungen*, StuW 1952, 617, 621 (§ 5 Nr. 3 GemV 1953-E).

643 Siehe oben S. 53 (unter Zweiter Teil, Dritter Abschnitt, A. I. 2.).

644 *Arbeitsgemeinschaft Deutscher Stiftungen – Bundesverband –/Verband Deutscher Wohltätigkeitsstiftungen*, StuW 1952, 625, 631 (zu § 5 Nr. 3 GemV 1953-E).

645 Siehe §§ 82 Abs. 1 Satz 1 Nr. 2 und 4, 101 Abs. 1 Satz 1, 103 Satz 1 AO.

diesem Grund war unter Geltung des § 5 Nr. 3 GemV 1953 höchst umstritten, ob Personen, die nicht zu den legaldefinierten Angehörigen zählten, „nächste Angehörige“ sein konnten. Ein Teil des Schrifttums vertrat die Auffassung, der Verordnungsgeber von 1953 hätte den unbestimmten Begriff der „nächsten Angehörigen“ bewusst gewählt, um den Kreis der begünstigten Personen nicht abschließend bestimmen zu müssen und um der Finanzverwaltung einen weitreichenden Auslegungsspielraum einzuräumen. Begründet wurde diese Auffassung mit Hinweis auf die bereits erwähnte Härteklausel im gemeinsamen Ländererlass,[646] wonach bei der Prüfung der steuerlichen Gemeinnützigkeit „im allgemeinen großzügig“ und unter größtmöglicher Vermeidung von Härten zu verfahren war. Nach dieser Auffassung bestimmte sich der Kreis der „nächsten Angehörigen“ *nicht allein* anhand familienrechtlicher Beziehungen, sondern in weiter Auslegung *auch* danach, wer dem Stifter oder seinem Ehegatten „besonders nah“ oder „am nächsten“ stand. Im Ergebnis sollte auch eine langjährige Hausangestellte des Stifters zum Kreis der „nächsten Angehörigen“ zählen.[647]

Auch im Schrifttum zu § 58 Nr. 5 AO findet sich vereinzelt die These, die Zugehörigkeit zu den „nächsten Angehörigen“ bestimme sich nicht ausschließlich anhand familienrechtlicher Beziehungen, sondern auch nach emotionaler Nähe.[648] So rechnet *Buchna* Hausangestellte des Stifters ausdrücklich zu den nächsten Angehörigen i.S. des § 58 Nr. 5 AO.[649]

---

646 Siehe oben S. 54 (unter Zweiter Teil, Dritter Abschnitt, A. I. 3.).

647 Boettcher/Leibrecht/*Leibrecht* § 5 GemV 1953 Anm. 4, S. 48; Hübschmann/Hepp/Spitaler/*Spanner* § 5 GemV 1953 Rn. 8. Ähnlich *Boettcher*, S. 85; *Heinrich*, DStZ 1954/C § 5 GemV 1953 Anm. 2. Anderer Ansicht Becker/Riewald/Koch/*Riewald* § 17 StAnpG Anm. 5. b) (5), S. 775.

Vgl. *von Wallis/Steinhardt*, GemV 1953, S. 5: einerseits sei der Begriff der „nächsten Angehörigen“ i.S. des § 5 Nr. 3 GemV 1953 enger als der der „Angehörigen“ i.S. des § 10 StAnpG, andererseits könnte auch eine langjährige Hausangestellte zu den „nächsten Angehörigen“ zählen. Diese Aussagen sind nur dann in sich widerspruchsfrei, wenn der Stifter und eine nicht bereits mit ihm verwandte oder verschwägerte Hausangestellte in einem Pflegeverhältnis i.S. des § 10 Nr. 6 StAnpG (entspricht § 15 Abs. 1 Nr. 8 i.V.m. Abs. 2 Nr. 3 AO) zueinander stehen. Vgl. *von Wallis/Steinhardt*, AO, S. 65.

648 *Buchna*, Gemeinnützigkeit, Anm. 2.8.5, S. 160; *Derlien/Freundl*, StiftSpons 6/2003, 17, 18; Klein/*Gersch* § 58 AO Rn. 6; *Pues/Scheerbarth*, § 14 V, S. 136; *Schiffer*, Anwaltliche Praxis, § 8 Rn. 126. Nicht eindeutig Seifart/von Campenhausen/*Pöllath*

Die Einbeziehung von Personen, die nicht Angehörige i.S. des § 15 AO sind, in den Kreis der „nächsten Angehörigen" i.S. des § 58 Nr. 5 AO ist abzulehnen:

Sie lässt sich nicht damit begründen, dass nach dem bereits erwähnten Erlass des Reichsfinanzministers vom 14. November 1943[650] bestimmte Stiftungen nach dem Tod des Stifters dessen Hausangestellte weiterbeschäftigen und versorgen sowie deren Gräber pflegen durften. Zwar nahmen die beiden bereits genannten Stiftungsverbände in ihren Erläuterungen zum ihrem Verordnungsentwurf[651] auf jenen RdF-Erlass ausdrücklich Bezug.[652] Allerdings ist die Schlussfolgerung, dass die beiden Stiftungsverbände und ihnen folgend der Gesetzgeber auch Hausangestellte des Stifters in den Kreis der „nächsten Angehörigen" aufnehmen wollten, nicht zwingend. Denn jener RdF-Erlass bezog sich nicht ausschließlich auf

---

§ 43 Rn. 57: einerseits stellten die „nächsten Angehörigen" einen Teil der Angehörigen i.S. des § 15 AO dar (siehe Fn. 199), andererseits Einbeziehung auch von „nicht Verwandten", z.B. einer Lebensgefährtin, die den allein lebenden Stifter bis zu dessen Tod betreut oder pflegt (siehe Fn. 204) – wobei in diesem konkreten Beispiel nicht eindeutig ist, ob ein Pflegeverhältnis i.S. des § 15 Abs. 1 Nr. 8 AO vorliegt. Siehe auch *Kießling*, Rn. 107 (zu § 58 Nr. 5 AO).

Vgl. Tipke/Kruse/*Tipke* § 58 AO Rn. 6: „dem Stifter besonders nahestehende Personen". *Anmerkung*: Ein Teil der Literatur – z.B. *Deischl*, S. 136; *Herbert*, BB 1991, 179, 182; ihm folgend Hübschmann/Hepp/Spitaler/*Fischer* § 58 AO Rn. 76 in Fn. 4; Klein/*Gersch* § 58 AO Rn. 6 – versteht *Tipke* dahingehend, dass er auch besonders nahestehende Nicht-Angehörige einbezieht. *Tipke* macht anfangs seiner Ausführungen in § 58 AO Rn. 6 die Aussage, der Begriff der nächsten Angehörigen i.S. des § 58 Nr. 5 AO sei enger als der der Angehörigen i.S. des § 15 AO. Unklar ist, ob dies seiner eigenen Auffassung entspricht oder ob er lediglich die im anschließenden Satz zitierte Ansicht der Finanzverwaltung vorwegnimmt. Im ersten Fall würde sich *Tipke* – so wie ihn ein Teil des Schrifttums versteht – in Widerspruch verstricken. Möglicherweise meint *Tipke* aber lediglich solche „andere dem Stifter besonders nahestehende Personen", die vom Begriff des Angehörigen i.S. des § 15 AO umfasst sind.

649 *Buchna*, Gemeinnützigkeit, Anm. 2.8.5, S. 160. Dagegen ausdrücklich *Boochs*, Stiftungssteuerrecht, Anm. 6.1.1.6; Hübschmann/Hepp/Spitaler/*Fischer* § 58 AO Rn. 76; Koch/Scholtz/*Scholtz* § 58 AO Rn. 7; Pahlke/Koenig/*Koenig* § 58 AO Rn. 14; *Söffing/Thoma*, ErbStB 2005, 212, 212.

650 Siehe oben S. 53 (unter Zweiter Teil, Dritter Abschnitt, A. I. 2.).

651 Siehe oben S. 168 f. (unter Zweiter Teil, Dritter Abschnitt, C. II. 2.).

652 *Arbeitsgemeinschaft Deutscher Stiftungen – Bundesverband –/Verband Deutscher Wohltätigkeitsstiftungen*, StuW 1952, 625, 631 (zu § 5 Nr. 3 GemV 1953-E).

die Versorgung von Hausangestellten, sondern auch auf die Versorgung der Eltern und der vorverstorbenen Kinder des Stifters.[653]

Gerade der Umstand, dass die Bundesregierung die im Erlass des Reichsfinanzministers vom 14. November 1943 erlaubte Weiterbeschäftigung und Versorgung der Hausangestellten des Stifters nicht in den Katalog des § 5 Nr. 3 GemV 1953 übernahm, spricht *gegen* die Einbeziehung von Nicht-Angehörigen. Zwar könnte man einwenden, die Bundesregierung habe die Hausangestellten des Stifters zumindest weiterhin in die Grabpflege einbeziehen wollen. Gegen diesen Einwand spricht allerdings die folgende Überlegung: hinter dem Verzicht, Weiterbeschäftigung und Versorgung der Hausangestellten zu übernehmen, stand die Idee, dass eine wirtschaftliche Absicherung der Hausangestellten aus dem laufenden Stiftungseinkommen *nach* dem Tod des Stifters *per se* nicht (mehr) zulässig sein sollte – weder in Form fortlaufender Lohnzahlungen und Zuwendungen noch in Form der Grabpflege. War demnach die Pflege der Grabstätte eines Hausangestellten nach dem Tod des Stifters unzulässig, musste dies auch für den Fall gelten, dass der Angestellte vorverstirbt.

Der generelle Ausschluss der Hausangestellten aus dem Anwendungsbereich des § 5 Nr. 3 GemV 1953 findet unter systematischem Gesichtspunkt Bestätigung im Vergleich zum Begriff der „Familien- und Haushaltsangehörigen", der sich an anderer Stelle[654] befand. Dieser Begriff umfasste entsprechend dem Gesetzeszweck sämtliche Personen, die derart in die Familie oder den Haushalt aufgenommen waren, dass ihnen Verrichtungen im Interesse des Haushaltsvorstands oblagen.[655] Es ist davon auszugehen, dass der Verordnungsgeber von 1953 den Begriff der „Familien- und Haushaltsangehörigen" kannte, sich aber bei Abfassung des § 5 Nr. 3 GemV 1953 an die Legaldefinition des § 10 StAnpG halten wollte. Zumal auch die Legaldefinition der Familienstiftung in § 12 Abs. 2 Satz 1 StAnpG[656] den Begriff „Angehöriger" – ebenfalls ohne Verweis auf § 10 StAnpG – verwendete.

---

653 Siehe oben S. 53 (unter Zweiter Teil, Dritter Abschnitt, A. I. 2.).

654 Siehe § 111 Abs. 2 Halbsatz 1 RAO 1931 (= § 92 Abs. 2 Halbsatz 1 RAO 1919); § 416 Abs. 2 Halbsatz 1 RAO 1931 (= § 381 Abs. 2 Halbsatz 1 RAO 1919).

655 Becker/Riewald/Koch/*Riewald* § 111 RAO 1931 Anm. 2 (7); Hübschmann/Hepp/Spitaler/*Paulick* § 111 RAO 1931 Rn. 6.

656 Wortlaut: „Familienstiftungen sind solche Stiftungen, bei denen der Stifter, seine Angehörigen und deren Abkömmlinge zu mehr als der Hälfte bezugsberechtigt sind."

Demnach hat die Auslegung des Begriffs der „nächsten Angehörigen“ unter Heranziehung der Legaldefinition des § 15 AO zu erfolgen. Selbst wenn Nicht-Angehörige im Einzelfall dem Stifter aufgrund besonders enger persönlicher Beziehungen emotional näher stehen als vorhandene Angehörige oder Angehörige nicht (mehr) vorhanden sind, ist die Einbeziehung von Nicht-Angehörigen mit dem Wortlaut des § 58 Nr. 5 AO nicht vereinbar. Ihre Aufnahme in den Kreis der potenziellen Versorgungsempfänger ist daher nur möglich, indem der Stifter sie mit Vermögenswerten bedenkt und zur (Mit-)Errichtung einer Stiftung bewegt, sie also „zum Stifter werden lässt“.[657] Bei Nicht-Verwandten besteht darüber hinaus die Möglichkeit zur Begründung eines Pflege- und damit einhergehend eines Angehörigenverhältnisses i.S. des § 15 Abs. 1 Nr. 8 AO. Allerdings ist mit Blick auf das Erfordernis eines Altersunterschieds zwischen Pflegebedürftigem und Pflegeperson („wie Eltern und Kind“) höchst umstritten, ob und unter welchen Voraussetzungen Erwachsene untereinander ein Pflegeverhältnis i.S. des § 15 Abs. 1 Nr. 8 AO begründen können.[658]

Für den eingetragenen Lebenspartner des Stifters i.S. des § 1 Abs. 1 Satz 1 LPartG, der nicht vom Angehörigenbegriff des § 15 AO erfasst ist, bietet sich eine analoge Anwendung des § 58 Nr. 5 AO an.[659]

b) Abstrakte Betrachtung der familienrechtlichen Statusverhältnisse

§ 15 Abs. 1 Nr. 1 bis 8 AO zählt enumerativ acht Kategorien von Angehörigen im steuerlichen Sinn auf. In den Fällen des § 15 Abs. 1 Nr. 1 bis 7 AO beruhen sämtliche die Angehörigeneigenschaft begründenden Beziehungen – Verlöbnis, Ehe, Verwandtschaft (i.e.S.) und Schwägerschaft

---

657 *Deischl*, S. 135 in Fn. 509; Meyn/Richter/*Richter*, Rn. 394; Seifart/von Campenhausen/*Pöllath* § 43 Rn. 57 mit Hinweis auf § 29 Abs. 1 Nr. 4 Satz 2 ErbStG; *Wachter*, Stiftungen, Teil D Rn. 32.

658 Siehe dazu Hübschmann/Hepp/Spitaler/*Birk* § 15 AO Rn. 37 f. m.w.N.; Koch/Scholtz/*Scholtz* § 15 AO Rn. 14 m.w.N. Zum Begriff „Pflegekinder“ i.S. des § 32 Abs. 1 Nr. 2 EStG und zur Einbeziehung Volljähriger siehe BFH, BFH/NV 2005, 524, 524 f. (unter 2. b) bb)) m.w.N.

659 Vgl. *Buchna*, StiftSpons 4/2003, 18, 19: Einbeziehung des eingetragenen Lebenspartners im Wege einer erweiterten Auslegung.

– auf familienrechtlichen Statusverhältnissen.[660] Diese Statusverhältnisse erlöschen mit dem Tod der jeweiligen Bezugsperson.[661] Damit wird die Eigenschaft als Angehöriger im steuerlichen Sinn mit dem Tod einer der Bezugspersonen grundsätzlich aufgehoben. Eine Ausnahme besteht lediglich bei der Ehe, deren Beendigung die Eigenschaft als Angehöriger im steuerlichen Sinn gemäß § 15 Abs. 2 Nr. 1 AO unberührt lässt.

Nach dem Wortlaut des § 58 Nr. 5 AO darf eine Stiftung den Stifter und seine nächsten Angehörigen unterhalten, *ihre Gräber* pflegen und *ihr* Andenken ehren. Die im Plural verwendeten Formulierungen „ihre Gräber" und „ihr" Andenken implizieren, dass Grabpflege und Ehrung des Andenkens nicht nur „dem Stifter" (Singular), sondern auch seinen nächsten Angehörigen zugute kommen dürfen. Hätte der Gesetzgeber Grabpflege und Ehrung des Andenkens auf den Stifter beschränken wollen, hätte er dies mit einer Formulierung im Singular – „sein Grab" und „sein" Andenken – zum Ausdruck bringen müssen. Damit lässt sich aus dem Wortlaut des § 58 Nr. 5 AO die Schlussfolgerung ziehen, dass eine Stiftung nach dem Tod eines nächsten Angehörigen dessen Grab pflegen (lassen) und dessen Andenken ehren darf. § 58 Nr. 5 AO beruht also auf der Grundidee, dass der Tod eines nächsten Angehörigen und die daraus folgende Beendigung des familienrechtlichen Statusverhältnisses zum Stifter die Eigenschaft als nächster Angehöriger gerade *nicht* aufheben. § 58 Nr. 5 AO beruht also auf dem Grundgedanken, dass ein nächster Angehöriger bei eigenem Vorversterben wie bei Vorversterben des Stifters nächster Angehöriger *bleibt* – verkürzt: einmal nächster Angehöriger, immer nächster Angehöriger.

Hingegen wird die Eigenschaft als Angehöriger i.S. des § 15 Abs. 1 Nr. 1 bis 7 AO mit dem Tod entweder des Stifters oder der Bezugsperson grundsätzlich – mit Ausnahme der Ehe (siehe § 15 Abs. 2 Nr. 1 AO) – aufgehoben. Daraus ergäbe sich erstens das mit der Anreizfunktion des § 58 Nr. 5 AO nicht zu vereinbarende Ergebnis, dass bei einer Stiftungserrichtung von Todes wegen mit Blick auf § 15 Abs. 2 Nr. 1 AO von vornherein lediglich der Ehegatte des verstorbenen Stifters nächster Angehöriger sein kann. Zweitens fiele bei Stiftungserrichtung unter

---

660 *Gernhuber*/*Coester-Waltjen*, § 2 I 3, S. 15; Soergel/*Gaul* vor § 1589 BGB Rn. 17.

661 Speziell für die Verwandtschaft i.e.S. (§ 1589 BGB) Soergel/*Gaul* vor § 1589 BGB Rn. 18; Staudinger/*Rauscher* § 1589 BGB Rn. 22.

Lebenden ein nächster Angehöriger mit dem Tod des Stifters aus dem Kreis der potenziellen Leistungsempfänger ebenso heraus wie bei eigenem Vorversterben – eine Konsequenz, die gegen die vorstehend skizzierte Struktur des § 58 Nr. 5 AO („einmal nächster Angehöriger, immer nächster Angehöriger“) verstößt.

Die vorstehenden Ausführungen verdeutlichen, dass der Begriff des nächsten Angehörigen i.S. des § 58 Nr. 5 AO nicht auf die Legaldefinition des § 15 AO zugeschnitten ist. Daher ist die Auslegung des Angehörigenbegriffs in § 58 Nr. 5 AO anhand der Legaldefinition des § 15 AO dahingehend zu modifizieren, dass das zugrunde liegende familienrechtliche Statusverhältnis *abstrakt*, *i.e.* unter Vernachlässigung des Todes der Bezugspersonen, verstanden werden muss. Angehöriger i.S. des § 58 Nr. 5 AO ist demnach jede Person, die im Zeitpunkt einer konkreten Stiftungsleistung mit dem Stifter in einem Angehörigenverhältnis i.S. des § 15 Abs. 1 Nr. 1 bis 7 AO tatsächlich *steht* oder *stünde*, wenn beide – Leistungsempfänger und Stifter – noch lebten.

4. „Nächster“ Angehöriger

Anders als in anderen Vorschriften der Abgabenordnung, die den Begriff „Angehöriger“ enthalten,[662] hat der Gesetzgeber in § 58 Nr. 5 AO dem Angehörigenbegriff den sprachlichen Zusatz „nächste“ vorangestellt. Zwar ist heute allgemein anerkannt, dass der Begriff „nächste Angehörige“ enger als der Begriff „Angehörige“ ist[663] – eine Auffassung, die teilweise bereits unter Geltung des § 5 Nr. 3 GemV 1953 vertreten wurde.[664] Allerdings ist noch nicht abschließend geklärt, in welchem Umfang sich beide Personenkreise überschneiden. In der Kommentarliteratur zu § 5 Nr. 3 GemV 1953 findet sich nur eine einzige konkrete Aufzählung, die neben dem Ehegatten lediglich die Eltern, Schwiegereltern und Kinder des Stifters sowie die

---

662 Siehe §§ 82 Abs. 1 Satz 1 Nr. 2 und 4, 101 Abs. 1 Satz 1, 103 Satz 1 AO.

663 Siehe nur BMF, AEAO Tz. 6 Satz 1 zu § 58 Nr. 5 AO, BStBl. I 2002, 867, 877; Hübschmann/Hepp/Spitaler/*Fischer* § 58 AO Rn. 76; *Schauhoff*, DB 1996, 1693, 1694; *Scholtz*, FR 1976, 181, 188.

664 Becker/Riewald/Koch/*Riewald* § 17 StAnpG Anm. 5. b) (5), S. 775; *von Wallis/ Steinhardt*, GemV 1953, S. 52.

Ehegatten der Kinder einbezog.[665] Rechtssicherheit besteht heute lediglich insofern, als die Finanzverwaltung ihre erstmals im AO-Einführungserlass vom 1. Oktober 1976 geäußerte Auffassung bis heute aufrechterhalten hat.[666]

Der Begriff der „nächsten Angehörigen“ findet sich außer in § 58 Nr. 5 AO noch in zahlreichen anderen Vorschriften des deutschen Rechts.[667] Allerdings wird der Begriff nicht einheitlich verwendet. In der Regel ist der Kreis der dazugehörenden Personen enger als der Kreis, den die Finanzverwaltung für § 58 Nr. 5 AO zieht. So bestimmen etwa die Klammerdefinitionen des § 8 Abs. 4 Satz 1 HeilvfV und des § 18 Abs. 3 Satz 1 StrRehaG lediglich den Ehegatten, die Kinder und Eltern als nächste Angehörige. Als einzige Vorschrift bestimmt § 4 Abs. 2 Satz 1 TPG die „nächsten Angehörigen“ in der Rangfolge ihrer Aufzählung.[668]

a) Unbestimmter Rechtsbegriff und Bestimmtheitsgebot

Das Tatbestandsmerkmal der „nächsten Angehörigen“ stellt einen unbestimmten Rechtsbegriff dar, der dem aus Art. 20 Abs. 3 GG abgeleiteten rechtsstaatlichen Bestimmtheitsgebot entsprechen muss. Eine verfassungskonforme, am Bestimmtheitsgebot orientierte Auslegung eines unbestimmten Rechtsbegriffs hat im Zweifel Vorrang vor der Nichtigerklärung des ihn enthaltenden Rechtssatzes.[669] Nach ständiger Rechtsprechung des Bundesverfassungsgerichts ist eine am Bestimmtheitsgebot ausgerichtete Auslegung methodisch zulässig, wenn und soweit sie nicht

---

665 Hübschmann/Hepp/Spitaler/*Spanner* § 5 GemV 1953 Rn. 7.

666 Siehe BMF, EEAO Tz. 6 zu § 58 Nr. 5 AO, BStBl. I 1976, 576, 585 f.

667 §§ 7 und 8 Satz 2 GräbG; § 8 Abs. 4 Satz 1 HeilvfV; § 43b Abs. 1 PersStdG; § 3 Abs. 7 Satz 3 SGB XII § 82 DV (BSHG § 76 DV); § 18 Abs. 3 Satz 1 StrRehaG; § 4 Abs. 2 Satz 1 TPG; Art. 2 § 5 Abs. 1 Satz 3 VerschÄndG.

668 Erfasst sind in folgender Rangfolge: der Ehegatte oder der eingetragene Lebenspartner (Nr. 1); volljährige Kinder (Nr. 2); Eltern oder, sofern der mögliche Organspender zur Todeszeit minderjährig war und die Sorge für seine Person zu dieser Zeit nur einem Elternteil, einem Vormund oder einem Pfleger zustand, dieser Sorgeinhaber (Nr. 3); volljährige Geschwister (Nr. 4); Großeltern (Nr. 5).

669 BVerfG, BVerfGE 2, 266, 282; *Larenz*/*Canaris*, S. 160 m.w.N.

dem „klaren“ Wortlaut, der Teleologie oder dem „eindeutig“ erkennbaren Willen des Gesetzgebers widerspricht, soweit sie also nicht zu einer (unstatthaften) Gesetzeskorrektur wird.[670] Dabei ist im Rahmen des äußersten Wortsinns und der Systematik diejenige Auslegung vorzuziehen, die dem Zweck des Gesetzes am besten gerecht wird.[671]

b) Unzulänglichkeit der Auslegung im AO-Anwendungserlass

aa) Fehlender abstrakter Anknüpfungspunkt

Bei genauer Betrachtung der Aufzählung in Textziffer 6 Satz 2 zu § 58 Nr. 5 AO im AO-Anwendungserlass fällt auf, dass die Auslegung des Begriffs „nächsten“ durch die Finanzverwaltung nicht auf familien- oder erbrechtlichen Überlegungen beruhen kann.

Zunächst bilden Pflegekinder und -eltern zwar gemäß § 15 Abs. 1 Nr. 8 AO eine eigenständige Kategorie von Angehörigen in spezifisch steuerrechtlichem Sinn. Sie stehen allerdings weder in einem familienrechtlichen Statusverhältnis zum Stifter noch können sie gesetzlich erbberechtigt sein. Stellt man bei den anderen genannten Personen allein auf die erbrechtliche Nähe zum Stifter anhand der gesetzlichen Erbberechtigung ab, würden vorhandene Kinder sowohl die nachfolgenden Abkömmlinge als auch die gesetzlichen Erben folgender Ordnungen – also insbesondere Enkel, Eltern und Großeltern – verdrängen.[672] Knüpft man an die familienrechtliche Nähe zum Stifter anhand des Verwandtschaftsgrads[673] an, wären zwar neben den Kindern auch Eltern als Verwandte gerader Linie *ersten* Grades einbezogen. Aber parallel zur erbrechtlichen Betrachtung müssten – in aufsteigender Linie – vorhandene Eltern die Großeltern und – in absteigender Linie – vorhandene Kinder die Enkel als Verwandte gerader Linie lediglich *zweiten* Grades verdrängen.

---

670 BVerfG, BVerfGE 2, 266, 282; BVerfG, BVerfGE 2, 336, 340 f.; BVerfG, BVerfGE 8, 28, 34. Siehe auch *Larenz/Canaris*, S. 171.

671 *Larenz/Canaris*, S. 165.

672 §§ 1924 Abs. 2, 1930 BGB.

673 § 1589 Satz 3 BGB.

Die Finanzverwaltung scheint zur Bestimmung der „nächsten“ Angehörigen auch nicht auf eine besonders enge zwischenmenschliche, von emotionaler Zuneigung geprägte Beziehung abzustellen, setzt sie noch nicht einmal persönlichen Kontakt zum Stifter voraus. So muss ein Stifter beispielsweise nicht zwangsläufig die Geburt seiner Enkel erleben oder persönlichen Kontakt zu seinen Großeltern gehabt haben. Unter Berücksichtigung der Einbeziehung von Pflegeeltern und -kindern lässt sich die Auffassung der Finanzverwaltung allenfalls dahingehend abstrahieren, dass die „nächsten Angehörigen“ *typischerweise* in besonders enger emotionaler Beziehung zum Stifter stehen oder gestanden haben.

Den Ausführungen im AO-Anwendungserlass ist nicht eindeutig zu entnehmen, ob die Finanzverwaltung Personen i.S. des § 15 *Abs. 2* AO – insbesondere geschiedene Ehegatten (Nr. 1) und Pflegekinder und -eltern, deren häusliche Gemeinschaft nicht mehr besteht (Nr. 3) – in den Kreis der „nächsten Angehörigen“ einbezieht.

bb) Abschließende Betrachtung

Eine abschließende Betrachtung derart, wie sie die Finanzverwaltung in Textziffer 6 zu § 58 Nr. 5 AO des AO-Anwendungserlasses vornimmt, stößt auf Bedenken:

Unter dem Blickwinkel der *emotionalen* Nähe ist nicht von vornherein ausgeschlossen, dass ein Stifter die Geburt eines Urenkels erlebt und dann – typischerweise – Gefühle der Zuneigung und Verbundenheit entwickelt. Außerdem steht ein rechtlich „entfernterer“ Angehöriger dem Stifter typischerweise emotional dann am nächsten, wenn andere, rechtlich „nähere“ Angehörige nicht (mehr) vorhanden sind.

Aus demselben Grund ist eine abschließende Betrachtung auch unter dem Aspekt der *rechtlichen* Nähe zum Stifter bedenklich. Daher müssen „entfernte Verwandte“ des Stifters – zum Beispiel Neffen und Nichten – jedenfalls dann versorgt werden dürfen, wenn der Stifter keine „näheren Verwandten“ (mehr) hat. *Pöllath* bringt dies zutreffend auf die Kurzformel:

„Die (abstrakt oder absolut) entfernten Verwandten sind diesem Stifter dann eben die (konkret und relativ) ‚nächsten'".[674]

Das Verständnis der „nächsten Angehörigen" als diejenigen, die dem Stifter „am nächsten" stehen, spricht gegen eine apriorische Ausgrenzung einzelner Kategorien von Angehörigen. Eine derartige Ausklammerung widerspricht der Überlegung, dass nicht nur der Verordnungsgeber von 1953,[675] sondern auch der Gesetzgeber der Abgabenordnung von 1977 den Begriff der „nächsten Angehörigen" bewusst offen gelassen hat,[676] um den zuständigen Finanzbehörden einen Entscheidungsspielraum einzuräumen.[677] Die Unzulänglichkeit einer abschließenden Betrachtung erkennt auch *Buchna* als Vertreter der Finanzverwaltung an, wenn er eine extensive Auslegung des Begriffs der „nächsten Angehörigen" in Abstimmung mit dem zuständigen Finanzamt – wenn auch nur in „sehr eng zu bestimmenden Ausnahmefällen" – für möglich hält.[678]

cc) Ausschluss der Enkelgeneration folgender Abkömmlinge

Auf Bedenken stößt insbesondere der Ausschluss von Urenkeln und folgender Abkömmlinge des Stifters.[679]

Zunächst sei wiederholt, dass sich die Auffassung der Finanzverwaltung weder anhand konkret vorliegender emotionaler Nähe zum Stifter noch anhand der Bestimmungen des Familien- und Erbrechts abstrahieren lässt.[680] Darüber hinaus ist kritisch anzumerken, dass die apriorische Ausgrenzung der den Enkeln folgenden Generationen dem Lenkungszweck

---

674 Seifart/von Campenhausen/*Pöllath* § 43 Rn. 57.

675 Siehe oben S. 170 (unter Zweiter Teil, Dritter Abschnitt, C. II. 3. a)).

676 *Kießling*, Rn. 107 (zu § 58 Nr. 5 AO).

677 *Scholtz*, FR 1976, 181, 188.

678 *Buchna*, StiftSpons 4/2003, 18, 19.

679 Siehe oben S. 167 (unter Zweiter Teil, Dritter Abschnitt, C. II. 1.).

680 Siehe oben S. 177 f. (unter Zweiter Teil, Dritter Abschnitt, C. II. 4. b) aa)).

des § 58 Nr. 5 AO nicht gerecht wird.[681] Speziell für eine Stiftung mit gemeinnütziger Zwecksetzung stellen die „nächsten Angehörigen" in persönlicher Hinsicht den begrifflichen Gegenpart zur „Allgemeinheit" dar. Aus der Perspektive der Anreizfunktion des § 58 Nr. 5 AO, auch und gerade ein *dauerhaftes* Engagement für das Gemeinwohl zu belohnen, erscheint es gerechtfertigt, die privatnützige Versorgung der Stifterfamilie in demselben zeitlichen Maß abzusichern wie die Förderung der Allgemeinheit. Eine finanzielle Absicherung der Stifterfamilie, die in zeitlicher Dimension parallel zur Förderung der Allgemeinheit verläuft, steht auch in Einklang mit der gleichheitsrechtlichen Legitimation des § 58 Nr. 5 AO: während der Betriebsphase einer Stiftung ist ein Vermögensrückfall an die Stifterfamilie zivil- wie gemeinnützigkeitsrechtlich unzulässig; gestiftetes Vermögen steht auf unvorhersehbare, von etwaigen Versorgungsbedürfnissen losgelöste Dauer für Unterhaltszwecke nicht zur Verfügung.[682] Eine Betrachtung, die nicht nur zwei, sondern *sämtliche* nachfolgende Generationen umfasst, wird der Dauerhaftigkeit der Rechtsform Stiftung[683] am ehesten gerecht. Dieser Gedanke liegt auch der Auslegung des Begriffs des „entferntest Berechtigten" i.S. des § 15 Abs. 2 Satz 1 ErbStG zugrunde, der die potenziellen Destinatäre auch künftiger Generationen erfasst.[684]

Die Erweiterung des herrschenden, restriktiven Begriffsverständnisses ließe sich unter methodischen Gesichtspunkten rechtfertigen, weil der Wortlaut nicht eindeutig und ein gegenteiliger Wille des historischen Gesetzgebers nicht erkennbar ist.[685] Außerdem ließe sich eine extensive Auslegung in die

---

681 Kritisch auch *Hof/Hartmann/Richter*, S. 323: die Versorgungsberechtigung nehme „aufgrund des Angehörigenbegriffs" in dem Maße ab, wie die Wahrscheinlichkeit, dass das ursprüngliche Familienvermögen nicht mehr vorhanden ist, steigt.

682 Siehe oben S. 69 - 74 (unter Zweiter Teil, Dritter Abschnitt, A. III. 2.) und S. 77 (unter Zweiter Teil, Dritter Abschnitt, A. IV. 2.).

683 Siehe oben S. 19 f. (unter Zweiter Teil, Erster Abschnitt, A. II.).

684 Siehe R 73 Abs. 1 Satz 2 ErbStR: „[…] auf den nach der Satzung möglichen entferntest Berechtigten abzustellen, auch wenn dieser im Zeitpunkt der Errichtung der Familienstiftung noch nicht unmittelbar bezugsberechtigt ist, sondern es erst in der Generationenfolge wird." Siehe auch H 73 ErbStH. Unkommentiert *Meincke*, § 15 ErbStG Rn. 19; Moench/Kien-Hümbert/Weinmann/*Moench* § 15 ErbStG Rn. 40; Troll/Gebel/Jülicher/*Jülicher* § 15 ErbStG Rn. 103. Kritisch Wilms/*Ohletz* § 15 ErbStG Rn. 115.

685 Siehe oben S. 176 f. (unter Zweiter Teil, Dritter Abschnitt, C. II. 4. a)).

„deutliche“ stiftungsfreundliche Tendenz der neueren Gesetzgebung[686] einbetten.[687] Schließlich würde ein zeitlicher Synchronismus von Gemeinwohlförderung und privatnütziger Versorgung der Stifterfamilie den Lenkungszweck des § 58 Nr. 5 AO, potenzielle Stifter zu langfristigem Engagement zu bewegen, bestmöglich verwirklichen. Die Anreizfunktion des § 58 Nr. 5 AO spricht demnach für eine über die Enkelgeneration hinausgehende Betrachtung („in die Tiefe“).

Der etwaige Einwand, eine Betrachtung „in die Tiefe“ würde im Laufe der Zeit tendenziell zum Erreichen der Ein-Drittel-Grenze führen, ist insofern nicht von der Hand zu weisen, als mit wachsender Anzahl der nächsten Angehörigen auch der potenzielle Versorgungsbedarf steigt. Dieser Einwand wird aber dadurch relativiert, dass die Unschädlichkeit von Unterhaltszahlungen – insoweit wird auf noch folgende Ausführungen vorgegriffen – an das Vorliegen von Bedürftigkeit geknüpft und entsprechend betragsmäßig wie zeitlich beschränkt ist. Hinsichtlich Grabpflege und Ehrung des Andenkens ist zuzugeben, dass ein nächster Angehöriger nach seinem Tod nächster Angehöriger bleibt,[688] folglich die Stiftung bei stetig steigender Anzahl nächster Angehöriger immer höhere Beträge für Grabpflege und Ehrung des Andenkens aufwenden muss. Doch ist die Schlussfolgerung, Urenkel und folgende Abkömmlinge des Stifters apriorisch auszuschließen, nicht zwingend. Denn die tendenzielle Annäherung an die Ein-Drittel-Grenze ist an die Ertragskraft des Stiftungsvermögens geknüpft. So ist nicht von vornherein ausgeschlossen, dass die Ertragskraft während der Betriebsphase der Stiftung, etwa infolge von Zustiftungen, in dem gleichen oder gar in höherem Maß steigt als der Finanzbedarf für Grabpflege und Ehrung des Andenkens. Außerdem kann der Stifter in der Stiftungsverfassung Zahlungen für die Grabpflege und Ehrung des Andenkens generell ausschließen, zeitlich beschränken oder in persönlicher Hinsicht auf sich selbst, einzelne Angehörige oder einzelne Kategorien von Angehörigen eingrenzen. Dadurch kann er sicherstellen, dass der Stiftung mehr Mittel für die Verfolgung ihrer steuerbegünstigten Zwecke und für Unterhaltszahlungen zur Verfügung stehen.

---

686 Siehe oben S. 1 (unter Erster Teil, A.).

687 Zum methodischen Ansatz siehe *Larenz/Canaris*, S. 173.

688 Siehe oben S. 174 f. (unter Zweiter Teil, Dritter Abschnitt, C. II. 3. b)).

c) Weites Begriffsverständnis

Ist nach den vorstehenden Ausführungen das bisher vorherrschende restriktive und starre Begriffsverständnis der „nächsten Angehörigen" unzulänglich, erscheint eine extensive und flexiblere Auslegung zumindest vertretbar.[689] Ausgangspunkt des folgenden Auslegungsvorschlags ist die rein sprachliche Umwandlung des Begriffs „nächste Angehörige" in die superlativische Umschreibung „Angehörige, die dem Stifter ‚am nächsten' stehen".

aa) Die Angehörigen, die dem Stifter emotional „am nächsten" stehen

Zunächst könnte man zur Bestimmung der nächsten Angehörigen auf die emotionale Verbundenheit des Stifters mit dem jeweiligen Angehörigen abstellen – eine These, die im Anschluss an die Diskussion zu § 5 Nr. 3 GemV 1953 auch in der heutigen Kommentarliteratur teilweise vertreten wird.[690] Nächste Angehörige i.S. des § 58 Nr. 5 AO wären demnach diejenigen Angehörigen i.S. des § 15 AO, die dem Stifter emotional „am nächsten" stehen.

(1) Allgemeine Betrachtung

So könnte man in jedem Einzelfall eine Rangfolge ermitteln, die Aufschluss darüber gibt, welche Angehörige eine zunehmend enge

---

[689] Im Ergebnis ebenso *Hennerkes/Schiffer*, Stiftungsrecht, S. 199; Hübschmann/Hepp/Spitaler/*Fischer* § 58 AO Rn. 76; Schauhoff/*Schauhoff* § 8 Rn. 109; *ders.*, DB 1996, 1693, 1694 f. Siehe auch *Sorg*, S. 118 in Fn. 194: Einbeziehung von Abkömmlingen über die Enkelgeneration hinaus aus dem Grund, dass das „Pflegen der Gräber und das Ehren der Andenken [...] um so eher einer materiellen Unterstützung [bedarf], je weiter die Generationen zeitlich voneinander entfernt sind."; ähnlich *Deischl*, S. 135.

[690] Kühn/von Wedelstädt/*Blesinger* § 58 AO Rn. 9: Berücksichtigung „der Enge der tatsächlichen Beziehungen" zum Stifter, wobei allerdings unklar ist, ob damit gegenüber der Auffassung der Finanzverwaltung eine Erweiterung des Personenkreises gemeint ist. Nicht eindeutig *Kapp/Ebeling*, § 13 ErbStG Rn. 161; Koch/Scholtz/*Scholtz* § 58 AO Rn. 7 – „besonders enge Beziehung" zum Stifter.

persönliche Beziehung zum Stifter haben oder gehabt haben – messbar etwa an der Intensität von Zuneigung und der Häufigkeit persönlicher Kontakte. Abgesehen von den praktischen Schwierigkeiten bei der Ermittlung einer solchen Rangfolge und dem damit verbundenen Aufwand wäre eine solche Handhabung mit großer Rechtsunsicherheit verbunden.

Der im Plural verwendete Begriff „nächste Angehörige" impliziert, dass *mehrere* Personen dem Stifter „am nächsten" stehen können. Dies setzt eine Grenze voraus, bei deren Unterschreiten eine persönliche Beziehung, die in *absoluter* Hinsicht möglicherweise sogar sehr eng ist, nicht mehr ausreichen würde, um einen Angehörigen in *relativer* Hinsicht als einen „nächsten" Angehörigen anzusehen. Die Entwicklung und Feststellung entsprechender Kriterien wären mit erheblicher Rechtsunsicherheit verbunden. Stellte man auf die emotionale Nähe ab, bestünde sogar die theoretische Möglichkeit, *sämtliche* Angehörige i.S. des § 15 AO von der Stiftung versorgen zu lassen – ein Umstand, der dem gesetzgeberischen Willen widerspräche, den Kreis der potenziellen Leistungsempfänger im Vergleich zu § 15 AO zu beschränken. Man könnte die „nächsten Angehörigen" allenfalls anhand der Zugehörigkeit zu einer Kategorie von Angehörigen bestimmen, die *typischerweise* eine besonders enge persönliche Beziehung zum Stifter haben. Aber auch dann wäre die Ermittlung von Kriterien für eine verlässliche Grenzziehung mit erheblicher Rechtsunsicherheit behaftet. Weiterhin würde die Anknüpfung an eine lediglich typischerweise vorliegende emotionale Nähe zum Stifter auf eine abschließende Betrachtung hinauslaufen, die den Erfordernissen des Einzelfalls und der Anreizfunktion des § 58 Nr. 5 AO nicht gerecht werden würde.[691]

Aus vorstehend genannten Gründen erscheint es vorzugswürdig, den Kreis der „nächsten" Angehörigen in Anlehnung an die *rechtliche* Nähe zum Stifter nach Maßgabe des Familien-, möglicherweise auch des Erbrechts abzustecken.

691 Siehe oben S. 178 f. (unter Zweiter Teil, Dritter Abschnitt, C. II. 4. b) bb)).

(2) Sonderfall: Pflegeeltern und Pflegekinder

Bestimmt man die „nächsten“ Angehörigen allein unter dem Blickwinkel der familien- und erbrechtlichen Nähe zum Stifter, sind Pflegeeltern und Pflegekinder von vornherein ausgeschlossen. Zwar bilden Pflegeeltern und Pflegekinder gemäß § 15 Abs. 1 Nr. 8 AO eine eigenständige Kategorie von Angehörigen im steuerlichen Sinn, stehen allerdings in keinem – auch nicht durch Willenserklärung begründbaren[692] – familienrechtlichen Statusverhältnis zum Stifter, können mithin auch nicht gesetzlich erbberechtigt sein.

Um Pflegeeltern und -kinder mit Blick auf die Anreizfunktion des § 58 Nr. 5 AO in den Kreis der nächsten Angehörigen aufzunehmen und zugleich dem rechtsstaatlichen Bestimmtheitsgebot zu genügen, bietet sich an, bei diesen Personen ausnahmsweise auf die emotionale Nähe zum Stifter abzustellen. Angesichts des Erfordernisses, dass Pflegeeltern und Pflegekinder im Rahmen eines dauerhaft angelegten Pflegeverhältnisses in häuslicher Gemeinschaft miteinander leben und „wie Eltern und Kind“ verbunden sind, ist eine besonders enge persönliche Beziehung typischerweise vorhanden. Dabei kann man unterstellen, dass *sämtliche* Personen i.S. des § 15 Abs. 1 Nr. 8 AO dem Stifter emotional „am nächsten“ stehen und somit von § 58 Nr. 5 AO erfasst sind.

Wird die häusliche Gemeinschaft zwischen Pflegeeltern und -kindern später beendet, so bleiben diese Personen gemäß § 15 Abs. 2 Nr. 3 AO Angehörige im steuerlichen Sinn, wenn sie weiterhin wie Eltern und Kind miteinander verbunden sind. Ist infolge der längeren häuslichen Gemeinschaft erst einmal eine besonders emotionale Beziehung, die jemanden zum nächsten Angehörigen macht, entstanden, kann man den Fortbestand dieser Beziehung auch nach der räumlichen Trennung unterstellen.

Als erstes Zwischenergebnis bleibt festzuhalten, dass Pflegeeltern und Pflegekinder sowohl während als auch nach Beendigung der häuslichen Gemeinschaft nächste Angehörige i.S. des § 58 Nr. 5 AO sind.

---

692 Koch/Scholtz/*Scholtz* § 15 AO Rn. 14.

bb) Die Angehörigen i.S. des § 15 Abs. 1 Nr. 1 - 7 AO, die dem Stifter rechtlich „am nächsten“ stehen

(1) Familienrechtliche Betrachtung

Zur Beantwortung der Frage, wer von den Angehörigen i.S. des § 15 Abs. 1 Nr. 1 bis 7 AO dem Stifter rechtlich „am nächsten“ steht, bietet sich zunächst an, auf die Nähe nach Maßgabe des Familienrechts abzustellen.

(a) Abstrakte Betrachtung der familienrechtlichen Statusverhältnisse

Wie bereits erläutert,[693] müssen bei der Auslegung des § 58 Nr. 5 AO die die Angehörigeneigenschaft begründenden familienrechtlichen Statusverhältnisse abstrakt, *i.e.* unter Vernachlässigung des Todes des Stifters und der jeweiligen Bezugsperson, betrachtet werden. Dies muss ebenso für das Tatbestandsmerkmal „nächster“ gelten, wenn man diesen Begriff anhand der familienrechtlichen Beziehung zum Stifter auslegt. Diese Überlegung führt zu folgenden zwei Konsequenzen:

Ist grundsätzlich *nur* das Versterben einer der beiden Bezugspersonen zu vernachlässigen, ergibt sich *erstens* im Umkehrschluss,[694] dass die Beendigung des familienrechtlichen Statusverhältnisses aus anderen Gründen – namentlich Entlobung, Eheaufhebung und -scheidung – die rechtliche Nähe zum Stifter von vornherein ausschließt oder später wegfallen lässt (*argumentum e contrario*).

Als *zweite* Konsequenz ergibt sich, dass der Begriff „nächster“ in § 58 Nr. 5 AO – anders als in § 4 Abs. 2 Satz 1 TPG[695] – nicht anhand einer Rangfolge bestimmt werden kann, derzufolge ein nächster Angehöriger bei Versterben zum „entfernten“ Angehörigen „absteigt“. Es gilt, wie bereits

[693] Siehe oben S. 173 - 175 (unter Zweiter Teil, Dritter Abschnitt, C. II. 3. b)).

[694] Allgemein *Larenz/Canaris*, S. 209.

[695] Siehe oben S. 176 in Fn. 668 (unter Zweiter Teil, Dritter Abschnitt, C. II. 4.).

dargelegt,[696] das Prinzip „einmal nächster Angehöriger, immer nächster Angehöriger". Dies schließt aber nicht von vornherein aus, dass umgekehrt ein „entfernter" Angehöriger mit dem Tod eines nächsten Angehörigen selbst zu einem – zusätzlichen – nächsten Angehörigen „aufsteigt".

Einer besonderen Betrachtung bedarf die Kategorie der Adoptivkinder und deren Abkömmlinge. Bei Adoption Minderjähriger erlischt das Verwandtschaftsverhältnis des Angenommenen und seiner Abkömmlinge zu den bisherigen Verwandten (§ 1755 Abs. 1 Satz 1 BGB). Allerdings hebt die Adoption die Angehörigeneigenschaft im steuerlichen Sinn wegen § 15 Abs. 2 Nr. 2 AO nicht auf. Hingegen bleibt bei Adoption Volljähriger das Verwandtschaftsverhältnis des Angenommenen zu seinen Verwandten bestehen (§ 1770 Abs. 2 BGB). Unter dem Blickwinkel der Anreizfunktion des § 58 Nr. 5 AO kann die Einbeziehung in den Kreis der potenziellen Leistungsempfänger nicht davon abhängig gemacht werden, ob jemand als Minder- oder als Volljähriger adoptiert wird. Aus diesem Grund erscheint es gerechtfertigt, bei der Auslegung des Tatbestandsmerkmals „nächster" in den Fällen der Adoption ausnahmsweise nicht nur das Versterben, sondern auch den Erlöschensgrund des § 1755 Abs. 1 Satz 1 BGB zu vernachlässigen.

(b) Auslegungsalternativen

Berücksichtigt man die Entstehungsgeschichte des § 58 Nr. 5 AO, zählt zu den nächsten Angehörigen auf jeden Fall der Ehegatte. So war der Ehegatte unter Geltung des § 5 Nr. 3 GemV 1941 und des § 5 Nr. 2 GemV 1948 ausdrücklich genannt.[697] Mit der Einführung des Tatbestandsmerkmals „nächste Angehörige" in § 5 Nr. 3 GemV 1953 sollte der Kreis der potenziellen Leistungsempfänger – unter Einschluss von Ehegatten – erweitert werden.

Im Übrigen müsste man ermitteln, ob generell sowohl Verwandte als auch Verschwägerte dazugehören, welche Verwandtschafts- bzw. Schwäger-

---

696 Siehe oben S. 174 (unter Zweiter Teil, Dritter Abschnitt, C. II. 3. b)).

697 Siehe oben S. 52 f. (unter Zweiter Teil, Dritter Abschnitt, A. I. 2.).

schaftsart (gerade Linie, Seitenlinie) zu berücksichtigen ist und bis zu welchem Grad die jeweils erfassten Personen einzubeziehen sind. Dabei ergeben sich die unterschiedlichsten Konstellationen:

So könnte man zu den nächsten Angehörigen des Stifters neben seinem Ehegatten lediglich seine Eltern, Kinder und Adoptivkinder als Verwandte gerader Linie ersten Grades zählen.[698] Diese Interpretation würde sich unter historischem Blickwinkel mit dem Personenkreis decken, der im Erlass des Reichsfinanzministers vom 14. November 1943[699] aufgeführt war. Diesen Kreis könnte man um die Geschwister als Verwandte zweiten Grades in der Seitenlinie und in analoger Anwendung des § 58 Nr. 5 AO um den eingetragenen Lebenspartner[700] erweitern. Eine solch restriktive Auslegung wird allerdings dem Bedürfnis nach einer generationenübergreifenden Betrachtung nicht gerecht.

Alternativ könnte man den Kreis der „nächsten" Angehörigen in Anlehnung an die Struktur des § 15 Abs. 1 AO bestimmen. Der Gesetzgeber hat in dieser Vorschrift die einzelnen Personengruppen in mehrere Kategorien aufgeteilt und gesetzestechnisch in acht Nummern verankert. Daher könnte man erwägen, aus diesem Kreis die nächsten Angehörigen dadurch zu ermitteln, dass man diejenigen Personen, die zu einer Kategorie i.S. der Nummer 1 bis 7[701] gehören, geschlossen entweder einbezieht oder ausschließt. Dabei soll sich keine Rangfolge entsprechend der jeweiligen, eher zufälligen Ordnungsnummer vor der Aufzählung (1 bis 7) ergeben. Weiterhin sollen ungeachtet der normativen Zusammenfassung Verwandte und Verschwägerte gerader Linie (Nr. 3) sowie Ehegatten der Geschwister und Geschwister der Ehegatten (Nr. 6) als jeweils verschiedene Kategorien behandelt werden. Bei einer solchen, zugegeben sehr formalen Betrachtungsweise ließe sich mit Blick auf § 15 Abs. 1 Nr. 3 AO die Einbeziehung *sämtlicher* Verwandte und/oder *sämtlicher* Verschwägerte gerader Linie und damit eine mehr als nur zwei Generationen erfassende Auslegung begründen. Dieser Ansatz ließe sich unter historischem Blickwinkel

698 Vgl. *Heuer/Habighorst*, S. 948: nur Ehegatte und unterhaltspflichtige Kinder.

699 Siehe oben S. 53 (unter Zweiter Teil, Dritter Abschnitt, A. I. 2.).

700 Siehe § 11 LPartG.

701 Zur Einordnung von Pflegeeltern und -kindern i.S. des § 15 Abs. 1 Nr. 8 und Abs. 2 Nr. 3 AO siehe oben S. 184 (unter Zweiter Teil, Dritter Abschnitt, C. II. 4. c) aa) (2)).

insofern vertreten, als die einzelnen Angehörigenkategorien des § 10 StAnpG – ungeachtet der im Vergleich zu § 15 AO anderen Struktur und sprachlichen Fassung – mit den heutigen Kategorien übereinstimmen.[702]

Ließe sich mit der Einbeziehung zumindest sämtlicher Verwandten gerader Linie eine über mehr als zwei Generationen erfassende Betrachtung begründen, bestünde im Übrigen Unklarheit. Zunächst wäre die Einordnung der anderen Verwandten und Verschwägerten ungewiss. So ließe sich die Frage, ob parallel zur Einbeziehung sämtlicher Verwandte gerader Linie auch sämtliche Verschwägerte gerader Linie[703] oder zumindest einige von ihnen, etwa Stiefkinder und deren Abkömmlinge, zu erfassen sind, nicht eindeutig beantworten. Unklar bliebe auch die Einordnung der Geschwister, der Kinder der Geschwister und Geschwister der Eltern als Verwandte in der Seitenlinie, insbesondere im Verhältnis zu Verschwägerten gerader Linie. Weiterhin wäre die Berechtigung der Einbeziehung sämtlicher Verwandten in aufsteigender gerader Linie unter Einschluss auch der entfernteren Voreltern (§ 1929 Abs. 1 BGB) sehr fraglich. Aus diesen Gründen vermag die Bestimmung der „nächsten" Angehörigen allein anhand der familienrechtlichen Nähe zum Stifter nicht zu überzeugen.

---

702 Synopse:

- § 10 Nr. 1 StAnpG (der Verlobte) = § 15 Abs. 1 Nr. 1 AO;
- § 10 Nr. 2 StAnpG (der Ehegatte) = § 15 Abs. 1 Nr. 2 AO;
- § 10 Nr. 3, 1. Var. StAnpG (Verwandte in gerader Linie) = § 15 Abs. 1 Nr. 3, 1. Var. AO;
- § 10 Nr. 3, 2. Var. StAnpG (Verwandte zweiten Grades in der Seitenlinie) = § 15 Abs. 1 Nr. 4 AO (Geschwister);
- § 10 Nr. 3, 3. Var. StAnpG (Verwandte dritten Grades in der Seitenlinie) = § 15 Abs. 1 Nr. 5 und 7 AO (Kinder der Geschwister und Geschwister der Eltern);
- § 10 Nr. 4, 1. Var. StAnpG (Verschwägerte in gerader Linie) = § 15 Abs. 1 Nr. 3, 2. Var. AO;
- § 10 Nr. 4, 2. Var. StAnpG (Verschwägerte zweiten Grades in der Seitenlinie) = § 15 Abs. 1 Nr. 6 AO (Ehegatten der Geschwister und Geschwister der Ehegatten);
- § 10 Nr. 5 StAnpG (durch Annahme an Kindes Statt in gerader Linie Verbundene) = § 15 Abs. 1 Nr. 3, 1. Var. AO;
- § 10 Nr. 6 StAnpG (Pflegeeltern und Pflegekinder) = § 15 Abs. 1 Nr. 8 AO.

703 So *Derlien/Freundl*, StiftSpons 6/2003, 17, 18; Tipke/Kruse/*Tipke* § 58 AO Rn. 6; *von Holt/Koch*, S. 106.

(2) Erbrechtliche Betrachtung

Zur Beantwortung der Frage, wer von den Angehörigen i.S. des § 15 Abs. 1 Nr. 1 bis 7 AO dem Stifter rechtlich „am nächsten“ steht, bietet sich alternativ an, auf die Nähe nach Maßgabe des Erbrechts abzustellen.

(a) Anknüpfung an die Pflichtteilsberechtigung

Zunächst könnte man erwägen, den Kreis der nächsten Angehörigen anhand der Pflichtteilsberechtigung zu bestimmen. Nächste Angehörige wären dann der Ehegatte, die gesetzlich erbberechtigten Abkömmlinge oder subsidiär die Eltern[704] sowie der eingetragene Lebenspartner[705].

Die Beschränkung auf die pflichtteilsberechtigten Angehörigen des Stifters stößt jedoch auf Bedenken. In den Fällen, in denen Abkömmlinge des Stifters nicht vorhanden sind, wäre eine künftige Generationen erfassende Betrachtung ausgeschlossen. Außerdem sind die pflichtteilsberechtigten Angehörigen insofern schon finanziell abgesichert, als ihnen mit dem Tod des Stifters ein sofort fälliger Geldzahlungsanspruch gegen den oder die Erben in Höhe der Hälfte des gesetzlichen Erbteils zusteht.[706] Wie bereits erläutert,[707] darf eine als Erbin eingesetzte gemeinnützige Stiftung zur Erfüllung *gesetzlicher* Vermögenspflichten, also auch zur Erfüllung von Pflichtteilsansprüchen, sowohl Vermögen als auch laufende Erträge einsetzen. Sind demnach die pflichtteilsberechtigten Angehörigen des Stifters bereits im Rahmen der §§ 2303 ff. BGB abgesichert,[708] ist das Bedürfnis nach wirtschaftlicher Absicherung bei den nichtpflichtteilsberechtigten Angehörigen größer.

---

704 § 2303 Abs. 1 Satz 1 und Abs. 2 Satz 1 BGB.

705 § 10 Abs. 6 Satz 1 LPartG.

706 § 2303 Abs. 1 Satz 1 und 2 BGB.

707 Siehe oben S. 141 - 143 und 148 f. (unter Zweiter Teil, Dritter Abschnitt, B. III. 4. a) aa) und b) aa)).

708 Siehe oben S. 32 - 34 (unter Zweiter Teil, Erster Abschnitt, B. IV.).

(b) Anknüpfung an die gesetzliche Erbfolge

Alternativ könnte man den Kreis der nächsten Angehörigen anhand der gesetzlichen Erbfolge nach dem Stifter gemäß den §§ 1924 ff. BGB und § 10 Abs. 1 und 2 LPartG bestimmen.[709]

Die Anknüpfung an die gesetzliche Erbfolge ist vor dem Hintergrund, dass der Gesetzgeber in § 58 Nr. 5 AO – anders als in § 55 Abs. 3 AO – gerade nicht den Begriff „Erben" verwendet hat, nicht unbedenklich. Zumal Fälle denkbar sind, in denen eine natürliche Person zwar gesetzlich erbberechtigt, nicht aber Angehöriger i.S. des § 15 AO ist und damit nicht nächster Angehöriger i.S. des § 58 Nr. 5 AO sein kann. So können beispielsweise die Großnichten und Großneffen eines kinderlosen Erblassers gemäß § 1925 Abs. 1 BGB gesetzliche Erben zweiter Ordnung sein, nicht aber steuerlich Angehörige, weil § 15 Abs. 1 Nr. 5 AO lediglich die Kinder, nicht aber die Enkel der Geschwister erfasst. Spiegelbildlich dazu können Großonkeln und Großtanten gemäß § 1928 Abs. 1 BGB gesetzliche Erben vierter Ordnung, nicht aber steuerlich Angehörige nach § 15 Abs. 1 Nr. 7 AO sein. Allerdings ist der Hinweis auf den Wortlaut des § 55 Abs. 3 AO kein zwingendes Argument *gegen* die Anknüpfung an die gesetzliche Erbberechtigung. Denn man könnte die gesetzlich erbberechtigten Nicht-Angehörigen aus dem Anwendungsbereich des § 58 Nr. 5 AO ausschließen.

Für die Anknüpfung an die gesetzliche Erbfolge spricht der Bezugspunkt der Privilegierung des § 58 Nr. 5 AO. Das einmal auf eine Stiftung übertragene Vermögen kann auf unvorhersehbare, von etwaigen Versorgungsbedürfnissen innerhalb der Stifterfamilie losgelöste Dauer nicht mehr an nachfolgende Generationen vererbt werden. Folglich besteht für die

---

[709] So Hübschmann/Hepp/Spitaler/*Fischer* § 58 AO Rn. 76; Pahlke/Koenig/*Koenig* § 58 AO Rn. 14; *Söffing/Thoma*, ErbStB 2005, 212, 212. Zustimmend *Müller/Schubert*, DStR 2000, 1289, 1294; Pump/Leibner/*Müller* § 58 AO Rn. 55. Wohl auch *Isensee/Knobbe-Keuk*, S. 432: obwohl ihr Alternativentwurf zu § 58 Nr. 5 AO (siehe § 61 Abs. 2 Nr. 4 Satz 1 AO-E, S. 427) die Formulierung „den Stifter und seine nächsten Angehörigen" vorsieht, sprechen sie in der Begründung von Zuwendungen an „die Stifter und ihre Erben".

folgenden Generationen, insbesondere die Nicht-Pflichtteilsberechtigten, ein besonderes Bedürfnis nach wirtschaftlicher Absicherung.[710]

Bei Anknüpfung an die gesetzliche Erbfolge könnte man erwägen, den Kreis der nächsten Angehörigen in Anlehnung an das einkommensteuerliche Sonderrecht der Vermögensübergabe[711] auf diejenigen Personen zu beschränken, die zulässige Empfänger von Versorgungsleistungen i.S. dieses Sonderrechts sind. Überträgt man die dazu ergangene ständige Rechtsprechung des X. BFH-Senats auf § 58 Nr. 5 AO, wären neben dem Stifter (Vermögensübergeber) im Grundsatz nur diejenigen Personen versorgungsberechtigt, die dem sogenannten „Generationennachfolge-Verbund" angehören. Dazu zählen nur die Personen, die gegen die Stiftung (Vermögensübernehmerin) Ansprüche aus dem Pflichtteilsrecht oder auf Ausgleich des ehelichen Zugewinns geltend machen können – also lediglich der Ehegatte und die pflichtteilsberechtigten Abkömmlinge[712] sowie der eingetragene Lebenspartner des Stifters.[713]

---

710 Siehe oben S. 69 - 74 (unter Zweiter Teil, Dritter Abschnitt, A. III. 2.) und S. 77 (unter Zweiter Teil, Dritter Abschnitt, A. IV. 2.).

711 *Derlien/Freundl*, StiftSpons 6/2003, 17, 18 f.; *Gmach*, FR 1997, 793, 800; Hübschmann/Hepp/Spitaler/*Fischer* § 58 AO Rn. 62; *Müller/Schubert*, DStR 2000, 1289, 1294.

712 BFH, BStBl. II 1992, 612, 613 und 615; BFH, BStBl. II 1994, 633, 634; BFH, BStBl. II 1996, 669, 671; BFH, BStBl. II 1996, 680, 681; BFH, BStBl. II 1997, 32, 33; BFH, BStBl. II 2000, 602, 604 f.; BFH, BFH/NV 2001, 1242, 1242; BFH, BStBl. II 2004, 820, 821; BFH, BFH/NV 2004, 1083, 1084; BFH, BFH/NV 2004, 1086, 1087. Ebenso unter Verweis auf die BFH-Rechtsprechung BMF, BStBl. I 2004, 922, 928 und 929 (in Tz. 36 Satz 1 und Tz. 41). Vgl. BStBl. I 2002, 893, 900 (in Tz. 24 Satz 1 und 2). Siehe auch FG Düsseldorf, EFG 2005, 1760, 1761; FG Köln, EFG 2005, 1053, 1054: Ausscheiden aus dem Generationennachfolge-Verbund bei Pflichtteilsverzicht.

Anmerkung: Die erst jüngste höchstrichterliche Aufhebung jeglicher Bindung an die gesetzliche Erbberechtigung bezieht sich ausschließlich auf die Person des Vermögensübernehmers, nicht auf den Empfänger von Versorgungsleistungen. Siehe BFH, BStBl. II 1996, 669, 671; BFH, BStBl. II 1998, 718, 720; BFH, BStBl. II 2000, 188, 189; BFH, BFH/NV 2001, 1388, 1389; BFH, BFH/NV 2004, 1083, 1085; BFH, BFH/NV 2004, 1086, 1087. So schon BFH, HFR 1964, 416, 417. Anders noch z.B. RFH, RStBl. 1933, 583, 583 f.; RFH, RStBl. 1933, 1287; BFH, BStBl. III 1955, 302; BFH, BStBl. III 1955, 302, 303; BFH, BStBl. III 1965, 706; BFH, BStBl. III 1966, 679, 680; BFH, BStBl. II 1968, 263, 264; BFH GrS, BStBl. II 1990, 847, 851; BFH, BStBl. II 1992, 803, 804; BFH, BStBl. II 1996, 680 ff.; BFH, BFH/NV 1992, 382, 383. Vgl. BMF, BStBl. I 2004, 922, 923 und 928 (in Tz. 3 Satz 2 und Tz. 35 Satz 2):

Allerdings trifft der Ansatz, den Kreis der nächsten Angehörigen auf die Empfänger von Versorgungsleistungen nach dem Sonderrecht der Vermögensübergabe zu beschränken, auf Bedenken. Selbst wenn man den genannten Personenkreis unter Berufung auf weite Teile im Schrifttum[714] und mit Hinweis auf einige Urteile generell oder zumindest im Ausnahmefall um die Eltern und Großeltern[715] sowie die Geschwister[716] des Vermögensübergebers erweiterte, würde dies der Anreizfunktion des § 58 Nr. 5 AO nicht gerecht werden. Das Sonderrecht der Vermögensübergabe gegen Versorgungsleistungen knüpft an die Weitergabe existenzsichernder Vermögenseinheiten – wenn auch nicht zwingend, so doch typischerweise[717] – von einer auf die *unmittelbar* nachfolgende Generation. Dagegen ist bei Übertragung von Vermögen auf eine Stiftung die Möglichkeit zur Weitergabe dieses Vermögens an kommende Generationen auf unabsehbare Zeit unterbrochen. Zwar ließe sich eine generationenübergreifende

---

einschränkende Voraussetzung, dass entweder der Vermögensübernehmer aufgrund besonderer persönlicher Beziehungen zum Vermögensübergeber ein persönliches Interesse an der lebenslangen angemessenen Versorgung des Übergebers hat oder die Vertragsbedingungen allein nach dem Versorgungsbedürfnis des Übergebers und der Leistungsfähigkeit des Übernehmers vereinbart worden sind, familienfremde Personen allerdings nur „ausnahmsweise". Ohne vorstehend genannte Einschränkungen noch BMF, BStBl. I 2002, 893, 894 (in Tz. 3 Satz 2) und 900 (in Tz. 23).

713 BMF, BStBl. I 2004, 922, 928 (in Tz. 36 Satz 1).

714 Z.B. Herrmann/Heuer/Raupach/*Jansen* § 22 EStG Rn. 180 m.w.N.; *H. Richter*, DStR 1993, 1439, 1440 m.w.N.; *L. Schmidt*, FR 1992, 548 (unter 2.); *ders.*, FR 1993, 201, 202 (unter 2.); *Seithel*, BB 1993, 473, 476 f.; *Spiegelberger*, DStR 2004, 1105, 1111. Dagegen *Fischer*, FR 1992, 765, 769 (unter 4.).

715 BFH, BStBl. II 1997, 458, 459: neben den Eltern des Vermögensübergebers sind die nichtgesetzlich erbberechtigten Großeltern „jedenfalls dann" versorgungsberechtigt, wenn die Eltern gegenüber den Großeltern infolge einer früheren Vermögensübergabe zu Versorgungsleistungen verpflichtet sind. Zustimmend BFH, BFH/NV 2001, 1242, 1242; unausgesprochen auch BFH, BStBl. II 2004, 820, 822. Ebenso unter Verweis auf die BFH-Rechtsprechung BMF, BStBl. I 2004, 922, 928 f. (in Tz. 36 Satz 4). Vgl. BMF, BStBl. I 2002, 893, 900 (in Tz. 24 Satz 3).

716 FG Köln, EFG 2001, 679, 680: die Geschwister als gesetzliche Erben zweiter Ordnung dann versorgungsberechtigt, wenn der Vermögensübergeber keine Abkömmlinge hat. Dagegen zumindest im Grundsatz BFH, BStBl. II 2000, 602, 605; BFH, BStBl. II 2004, 820, 822 f.; BMF, BStBl. I 2004, 922, 928 (in Tz. 36 Satz 2); FG Düsseldorf, EFG 2005, 1760, 1761: es besteht die widerlegbare Vermutung, dass Geschwister durch die wiederkehrenden Leistungen gerade nicht versorgt, sondern gleichgestellt werden wollen.

717 Siehe dazu oben S. 191 f. in Fn. 712 (unter Zweiter Teil, Dritter Abschnitt, C. II. 4. c) bb) (2) (b)).

Betrachtung dadurch erreichen, dass man unter Vernachlässigung des erbrechtlichen Repräsentationsprinzips[718] *sämtliche* Abkömmlinge des Stifters einbezieht. Allerdings wird die Beschränkung auf Abkömmlinge der Anreizfunktion des § 58 Nr. 5 AO in den Fällen nicht gerecht, in denen Abkömmlinge nicht vorhanden sind. Eine Beschränkung der nächsten Angehörigen auf die Empfänger von Versorgungsleistungen i.S. des Sonderrechts der Vermögensübergabe liefe auf eine abschließende Betrachtung hinaus, ließe folglich die besonderen Umstände des konkreten Einzelfalls unberücksichtigt.[719]

Nach vorstehenden Überlegungen erscheint es vorzugswürdig, den Kreis der nächsten Angehörigen – vorbehaltlich etwaiger Modifizierungen – anhand der §§ 1924 ff. BGB und des § 10 LPartG zu ziehen. Demnach ist nächster Angehöriger i.S. des § 58 Nr. 5 AO zunächst der nichtgeschiedene Ehegatte (§ 1931 BGB), wenn sein Erbrecht nicht gemäß § 1933 BGB ausgeschlossen ist. Einzubeziehen ist ferner in analoger Anwendung des § 58 Nr. 5 AO der gemäß § 10 Abs. 1 Satz 1 und Abs. 2 LPartG gesetzlich erbberechtigte eingetragene Lebenspartner des Stifters.[720] Im Übrigen erweitert sich der Kreis um diejenigen Personen, die – soweit sie vom Angehörigenbegriff des § 15 AO erfasst sind – unter Berücksichtigung des erbrechtlichen Parentelsystems[721] zur ranghöchsten Ordnung gehören. Dies sind:

- als gesetzliche Erben erster Ordnung sämtliche Abkömmlinge des Stifters (§§ 1924 Abs. 1 BGB, 15 Abs. 1 Nr. 3, 1. Var. AO);
- als gesetzliche Erben zweiter Ordnung die Eltern, Geschwister, Neffen und Nichten des Stifters (§§ 1925 Abs. 1 BGB, 15 Abs. 1 Nr. 4 und 5 AO);
- als Erben dritter Ordnung die Großeltern des Stifters stets, die Onkeln und Tanten des Stifters wegen § 1931 Abs. 2 BGB nur dann, wenn ein Ehegatte nicht vorhanden ist (§§ 1926 Abs. 1 BGB, 15 Abs. 1 Nr. 3, 1. Var. und Nr. 7 AO);

---

718 § 1924 Abs. 2 BGB.

719 Siehe oben S. 178 f. (unter Zweiter Teil, Dritter Abschnitt, C. II. 4. b) bb)).

720 Vgl. *Buchna*, StiftSpons 4/2003, 18, 19: Einbeziehung dieser Personen im Wege einer erweiterten Auslegung.

721 § 1930 BGB.

- als Erben vierter und fernerer Ordnungen die Urgroßeltern und entferntere Voreltern (§§ 1928 Abs. 1 BGB, 15 Abs. 1 Nr. 3, 1. Var. AO), allerdings mit der Einschränkung gemäß § 1931 Abs. 2 BGB.

(c) Modifizierungen unter dem Blickwinkel familienrechtlicher Unterhaltspflichten

Stellte man *ausschließlich* auf die gesetzliche Erbfolge ab, würden vorhandene Kinder des Stifters unter Berücksichtigung des erbrechtlichen Repräsentationssystems[722] die nachfolgenden Abkömmlinge aus dem Kreis der nächsten Angehörigen ausschließen. Dies gälte auch für Eltern, Großeltern und die übrigen Voreltern des Stifters, wenn gesetzliche Erben aus der jeweils vorhergehenden Ordnung vorhanden sind.

Dieses Auslegungsergebnis wird allerdings dem Umstand nicht gerecht, dass Verwandte gerader Linie untereinander gemäß § 1601 BGB zum Unterhalt verpflichtet sind. Wie festgestellt,[723] knüpft § 58 Nr. 5 AO an die endgültige oder zumindest unvorhersehbar lange Bindung des Stiftungsvermögens an die steuerbegünstigten Zwecke. Damit kompensiert diese Vorschrift nicht nur den Nachteil, dass das auf eine Stiftung übertragene Vermögen nicht mehr an folgende Generationen verschenkt oder vererbt werden kann. § 58 Nr. 5 AO bietet einen Ausgleich auch für den Nachteil, dass das auf eine Stiftung übertragene Vermögen und die Erträge daraus nicht (mehr) zur Erfüllung familienrechtlicher Unterhaltspflichten aus § 1601 BGB zur Verfügung stehen.[724] Aus diesem Grund erscheint es gerechtfertigt, in den Kreis der nächsten Angehörigen jede Person aufzunehmen, die mit dem Stifter oder einem bereits aus erbrechtlicher Sicht nächsten Angehörigen durch ein Familienverhältnis verbunden ist, welches bei Bedürftigkeit Unterhaltsansprüche aus § 1601 BGB begründen kann.

---

722 § 1924 Abs. 2 BGB.

723 Siehe oben S. 69 - 74 (unter Zweiter Teil, Dritter Abschnitt, A. III. 2.) und S. 77 (unter Zweiter Teil, Dritter Abschnitt, A. IV. 2.).

724 Ebenso Hübschmann/Hepp/Spitaler/*Fischer* § 58 AO Rn. 76; ihm zustimmend *Müller/Schubert*, DStR 2000, 1289, 1294.

Der Unterhaltsanspruch von Ehegatten jeweils gegeneinander aus § 1360 Satz 1 BGB kann außer Acht gelassen werden, weil sich dieser Anspruch auf den Unterhalt der „Familie“, *i.e.* des Ehegatten und der gemeinsamen unterhaltsberechtigten Kinder, richtet[725] und diese Personen bereits wegen ihrer gesetzlichen Erbberechtigung nächste Angehörige sind.

Die potenzielle Unterhaltsberechtigung des geschiedenen Ehegatten aus § 1569 BGB ist bereits aus dem Grund zu vernachlässigen, weil durch die Scheidung die Ehe aufgelöst wird.[726] Zwar bleibt der geschiedene Ehegatte gemäß § 15 Abs. 2 Nr. 1 AO steuerlich Angehöriger. Aber nach der Scheidung besteht ein familienrechtliches Statusverhältnis, welches die besondere rechtliche Nähe zum Stifter erst begründen kann, nicht mehr.

Aus der Berücksichtigung der Unterhaltspflichten sämtlicher Verwandten gerader Linie untereinander aus § 1601 BGB ergeben sich für die Auslegung des Tatbestandsmerkmals „nächster“ zwei Konsequenzen: *erstens* erfährt die Anknüpfung an die gesetzliche Erbfolge eine Modifikation derart, dass das erbrechtliche Repräsentationssystem[727] keine Anwendung findet. Damit fallen *sämtliche* Personen innerhalb einer Ordnung in den Anwendungsbereich des § 58 Nr. 5 AO. *Zweitens* sind Verwandte in aufsteigender gerader Linie zumindest dann von § 58 Nr. 5 AO erfasst, wenn sie den Zeitpunkt erleben, ab dem das für die Stiftung vorgesehene Vermögen dem Stifter oder seinen Erben nicht mehr zur Erfüllung von Unterhaltspflichten zur Verfügung steht. Maßgeblicher Zeitpunkt ist bei lebzeitiger Errichtung einer rechtsfähigen Stiftung bürgerlichen Rechts der Zeitpunkt der stiftungsbehördlichen Anerkennung; ab diesem Moment hat die soeben entstandene Stiftung gemäß § 82 Satz 1 BGB einen Anspruch gegen den Stifter auf Übertragung des im Stiftungsgeschäft zugesicherten Vermögens. Bei letztwilliger Stiftungserrichtung maßgeblich ist der Erbfall, infolge dessen das Vermögen auf die Stiftung im Wege der Universalsukzession übergeht[728] bzw. ein vermächtnis- oder auflagenbeschwerter Erbe zur Weitergabe von Vermögen auf die Stiftung verpflichtet ist.

---

725 *Argumentum ex* § 1360a Abs. 1 BGB.

726 § 1564 Satz 2 BGB.

727 §§ 1924 Abs. 2, 1925 Abs. 2, 1926 Abs. 2, 1928 Abs. 2 Halbsatz 1, 1929 Abs. 2 BGB.

728 § 1922 Abs. 1 BGB, bei der rechtsfähigen Stiftung i.V.m. § 84 BGB.

Ist nach den vorstehenden Ausführungen der Unterhalt noch lebender Voreltern des Stifters gesichert, sollte man wegen der Anreizfunktion des § 58 Nr. 5 AO diejenigen Voreltern, die vor den genannten Zeitpunkten versterben, in die Grabpflege einbeziehen. Spricht die Anreizfunktion des § 58 Nr. 5 AO für eine zukunftsorientierte Betrachtung, setzt sie zugleich Grenzen hinsichtlich der Voreltern des Stifters. Zu berücksichtigen ist hierbei, dass die Abkömmlinge der Urgroßeltern bereits keine Angehörigen i.S. des § 15 AO sind, von daher keine nächsten Angehörigen i.S. des § 58 Nr. 5 AO sein können. Aus diesem Grund erscheint es gerechtfertigt, lediglich, aber immerhin die Eltern und Großeltern des Stifters in den Kreis der nächsten Angehörigen aufzunehmen.

5. Ergebnis

Als Ergebnis bleibt festzuhalten: zu den „nächsten Angehörigen" i.S. des § 58 Nr. 5 AO zählen

- der nichtgeschiedene Ehegatte, wenn sein gesetzliches Erbrecht nicht gemäß § 1933 BGB ausgeschlossen ist;
- unter Ausschluss des erbrechtlichen Repräsentationssystems *sämtliche* Verwandten der zur gesetzlichen Erbfolge berufenen Ordnung;
- ordnungsübergreifend, *i.e.* unter Vernachlässigung des Parentelsystems, die Eltern und Großeltern;
- sämtliche Pflegeeltern und -kinder i.S. des § 15 Abs. 1 Nr. 8 AO, auch wenn die häusliche Gemeinschaft nicht mehr besteht (§ 15 Abs. 2 Nr. 3 AO);
- die übrigen Angehörigen i.S. des § 15 AO (lediglich) in den Fällen, in denen Angehörige aus den vorstehend aufgeführten Kategorien nicht vorhanden sind.

Auf den eingetragenen Lebenspartner des Stifters i.S. des § 1 Abs. 1 Satz 1 LPartG ist § 58 Nr. 5 AO analog anzuwenden.

D. Das Einkommen i.S. des § 58 Nr. 5 AO

I. Der Bemessungszeitraum

Anfangs der Ermittlung des Einkommens i.S. des § 58 Nr. 5 AO als Bemessungsgrundlage für den Versorgungshöchstbetrag stellt sich die Frage nach dem maßgeblichen Bemessungszeitraum.

Nach Auffassung des Finanzgerichts München im Urteil vom 12. Januar 1995[729] und fast einhelliger Meinung im Schrifttum[730] bezieht sich das Einkommen i.S. des § 58 Nr. 5 AO ausnahmslos auf den jeweiligen Veranlagungszeitraum, für den die Anerkennung einer Stiftung als steuerlich gemeinnützig geprüft wird. Davon geht auch die Finanzverwaltung aus, wenn sie das Einkommen i.S. des § 58 Nr. 5 AO unter Verweis auf § 2 Abs. 1 EStG als „die Summe der steuerbaren Einkünfte" aus den sieben Einkunftsarten definiert.[731] Lediglich nach Ansicht von *Troll* ist das Einkommen maßgebend, welches „im Durchschnitt der Jahre" nachhaltig erzielt wird.[732]

Die Anknüpfung an die Erträge des jeweiligen Veranlagungszeitraums kann in einem ertragsschwachen Jahr dazu führen, dass die Versorgung des Stifters und seiner nächsten Angehörigen gemäß § 58 Nr. 5 AO nicht sichergestellt ist. Dies wirft die Frage auf, ob man das Einkommen i.S. des § 58 Nr. 5 AO generell oder zumindest dann als einen Durchschnittswert auffassen kann, wenn eine ungünstige Ertragslage auf Ebene der Stiftung und ein (gesteigertes) Versorgungsbedürfnis in der Stifterfamilie zeitlich zusammenfallen. So geht *Buchna* davon aus, dass die Finanzverwaltung bei schwankenden Jahresergebnissen die Einkommensentwicklung „im Einzel-

---

729 FG München, EFG 1995, 650, 651.

730 *Berndt*, Stiftung, Rn. 1167 f.; *Derlien/Freundl*, StiftSpons 6/2003, 17, 17; Dötsch/Eversberg/Jost/Pung/Witt/*Jost* § 5 Abs. 1 Nr. 9 KStG n.F. Rn. 143; *Hartmann/Richter*, S. 431; Hübschmann/Hepp/Spitaler/*Fischer* § 58 AO Rn. 74; Lippross/*Niewerth* § 58 AO Rn. 6; Meyn/Richter/*Richter*, Rn. 393; *Schauhoff*, DB 1996, 1693, 1694; Tipke/Kruse/*Tipke* § 58 AO Rn. 6; Troll/Wallenhorst/Halaczinsky/*Wallenhorst* Teil C Rn. 130; *von Holt/Koch*, S. 106. Lediglich im Grundsatz auch *Buchna*, StiftSpons 4/2003, 18, 19.

731 BMF, AEAO Tz. 5 Satz 3 zu § 58 Nr. 5 AO, BStBl. I 2002, 867, 877.

732 *Troll*, Besteuerung, S. 500 (unter 3.4.3.).

fall" über einen „gewissen Zeitraum" berücksichtigen werde.[733] In diesem Zusammenhang schlägt er vor, sich an den Grundsätzen des BMF-Schreibens vom 19. Oktober 1998 betreffend die Verlustproblematik in steuerpflichtigen wirtschaftlichen Geschäftsbetrieben zu orientieren und einen Beobachtungszeitraum von sechs Jahren zuzulassen.[734]

Mit Blick auf den Sinn und Zweck des § 58 Nr. 5 AO erscheint eine Durchschnittsbetrachtung zwecks Glättung konjunkturell bedingter Einnahmeschwankungen vertretbar. Damit ließe sich das Doppelrisiko, dass ein Fall von (gesteigerter) Bedürftigkeit innerhalb der Stifterfamilie und eine ungünstige Ertragslage der Stiftung zeitlich zusammenfallen, zumindest abfedern. Allerdings trifft die rechnerische Zusammenfassung des Einkommens vorhergehender Jahre zu einem Durchschnittseinkommen auf das Problem, dass in einem ertragsschwachen Jahr nicht mehr als das tatsächlich erwirtschaftete Einkommen verteilt werden kann. Bei einem negativen Einkommen oder einem Einkommen von null stehen der Stiftung – ungeachtet eines positiven und noch so hohen Durchschnittseinkommens – keine laufenden Erträge zur Verfügung, die sie zur privatnützigen Versorgung der Stifterfamilie einsetzen könnte. Bei ungünstiger Ertragslage ließen sich die Versorgungsleistungen allenfalls aus den Erlösen aus der Veräußerung von Gegenständen des Grundstockvermögens finanzieren. Dies liefe allerdings auf eine Rückgewähr von Stiftungskapital, damit auf einen Verstoß gegen den Grundsatz der Vermögensbindung (§ 55 Abs. 1 Nr. 4 Satz 1 AO) hinaus. Weiterhin dürften, wie bereits festgestellt,[735] weder die in der projektgebundenen Rücklage (§ 58 Nr. 6 AO) noch die in der freien Rücklage (§ 58 Nr. 7 Buchstabe a AO) angesammelten Beträge für privatnützige Versorgungszwecke verwendet werden. Schließlich erlaubt § 58 Nr. 5 AO selbst nicht die Bildung von Rücklagen zur Sicherstellung der privatnützigen Versorgung des Stifters und seiner nächsten Angehörigen. Eine privatnützige Thesaurierung laufender Erträge liefe darauf hinaus, dass eine Stiftung *a priori* ein Drittel

---

[733] *Buchna*, StiftSpons 4/2003, 18, 19. Ähnlich *Arbeitsgemeinschaft Deutscher Stiftungen – Bundesverband –/Verband Deutscher Wohltätigkeitsstiftungen*, Jahrestagung 1987, S. 20: „in Einzelfällen" Heranziehung des Einkommens eines „überschaubaren" Zeitraums, der nach der zitierten Ansicht des Bayerischen Finanzministeriums bis zu drei Geschäftsjahre betragen könne.

[734] Siehe BMF, BStBl. I 1998, 1423 f.

[735] Siehe oben S. 143 - 145 (unter Zweiter Teil, Dritter Abschnitt, B. III. 4. a) bb)).

ihres Einkommens für nichtsteuerbegünstigte Zwecke verwenden dürfte. Diese Gestaltung verstößt jedoch gegen die dem § 58 Nr. 5 AO immanente Tendenz, dass ein möglichst hoher Anteil an diesem Drittel gerade steuerbegünstigten Zwecken zugeführt werden muss.[736] Gegen eine ausnahmsweise Durchschnittsbetrachtung spricht auch die erhebliche Rechtsunsicherheit bei der Bestimmung der Voraussetzungen für das Vorliegen eines Ausnahmefalls und bei der Festlegung des maßgeblichen Beobachtungszeitraums.

Der Einkommensbegriff des § 58 Nr. 5 AO knüpft zumindest in zeitlicher Hinsicht an § 25 Abs. 1 EStG i.V.m. § 8 Abs. 1 Satz 1 KStG an. Das Einkommen i.S. des § 58 Nr. 5 AO stellt damit in keinem Fall – auch nicht bei schwankenden Erträgen – eine wie auch immer definierte Durchschnittsgröße dar. Ist der Versorgungshöchstbetrag des § 58 Nr. 5 AO demnach stets an das aktuelle, im jeweiligen Veranlagungszeitraum erwirtschaftete „Einkommen" der Stiftung gebunden, kann die Ein-Drittel-Regel eine konstante und ausreichende Versorgung der Stifterfamilie aus den laufenden Stiftungserträgen nicht in jedem Fall gewährleisten.[737] Bei Überschreiten der Ein-Drittel-Grenze kämen höchstens Billigkeitsmaßnahmen in Betracht. Sichergestellt wird die Versorgung der Stifterfamilie im Rahmen einer Stiftungslösung allein durch Errichtung einer oder mehrerer Familienstiftungen unter optimaler Nutzung der erbschaftsteuer- und schenkungsteuerlichen Freibeträge.[738]

---

736 Siehe oben S. 75 (unter Zweiter Teil, Dritter Abschnitt, A. IV. 1.).

737 Ebenso *Berndt*, Stiftung, Rn. 1168; *Hartmann/Richter*, S. 431; Hübschmann/Hepp/Spitaler/*Fischer* § 58 AO Rn. 74; Meyn/Richter/*Richter*, Rn. 393.

738 Im Rahmen der Ersatzerbschaftsteuer gilt für jede Familienstiftung gemäß §§ 15 Abs. 2 Satz 3 Halbsatz 1, 16 Abs. 1 Nr. 2 ErbStG ein Freibetrag in Höhe von 410.000 €. Dazu kommt nach § 13a Abs. 7 i.V.m. Abs. 1 Satz 1 und Abs. 2 ErbStG der Freibetrag in Höhe von 225.000 € und der Bewertungsabschlag in Höhe von 35 Prozent bei inländischem Betriebsvermögen, inländischem land- und forstwirtschaftlichem Vermögen sowie Anteilen von mehr als einem Viertel an steuerlich inländischen Kapitalgesellschaften.

II. Die Berechnung des Einkommens i.S. des § 58 Nr. 5 AO

1. Einkommen i.S. des § 58 Nr. 5 AO nur aus gestiftetem und zugestiftetem Vermögen?

Im Anschluss an die Feststellung, dass zum Kreis der persönlich Versorgungsberechtigten sowohl Stifter als auch Zustifter gehören,[739] erfasst das Einkommen i.S. des § 58 Nr. 5 AO zunächst die steuerbaren Einnahmen aus sämtlichen Vermögensgegenständen, die der Stiftung im Rahmen der Erstausstattung und späterer Zustiftungen übertragen worden sind.

Fraglich ist die Einbeziehung der steuerbaren Einnahmen aus solchen Vermögensgegenständen, die die Stiftung unter Auflösung der freien Rücklage (§ 58 Nr. 7 Buchstabe a AO) selbst angeschafft oder hergestellt hat. Hier bietet sich die gleiche Argumentation an, mit der sich die Einbeziehung sämtlicher Abkömmlinge des Stifters in den Kreis der nächsten Angehörigen begründen lässt. Die Anreizfunktion des § 58 Nr. 5 AO besteht in zeitlicher Hinsicht darin, Bürger zu einem möglichst langfristigen wirtschaftlichen Engagement für steuerbegünstigte Zwecke zu bewegen. Eine langfristige und zunehmend kapitalintensive Verfolgung steuerbegünstigter Zwecke ist vornehmlich über die Bildung von Rücklagen und die spätere rücklagenfinanzierte Erhöhung des Grundstockvermögens möglich. Drückt die zeitliche Dauerhaftigkeit der Stiftungszwecke einen der Rechtsform Stiftung typischen Charakterzug aus,[740] so spricht dies dafür, in das Einkommen i.S. des § 58 Nr. 5 AO auch diejenigen Erträge einzubeziehen, die aus rücklagenfinanziertem Vermögen erwirtschaftet worden sind.[741]

Hingegen ist die Einbeziehung solcher steuerbarer Einnahmen, die nicht allein und unmittelbar aus der Nutzung gestifteter und zugestifteter

---

[739] Siehe oben S. 161 und 165 (unter Zweiter Teil, Dritter Abschnitt, C. I. 1. und 2. d)).

[740] Siehe oben S. 19 f. (unter Zweiter Teil, Erster Abschnitt, A. II.).

[741] Ebenso wohl auch *Buchna*, StiftSpons 4/2003, 18, 19 f.: in seinem Beispielsfall 1 umfasst das Einkommen i.S. des § 58 Nr. 5 AO in Höhe von 120.000 € nicht nur die Erträge aus der ursprünglichen Vermögensdotation (30.000 €), sondern auch Erträge in Höhe von 90.000 € aus „weiteren Vermögenswerte[n], die aus einem Spendenaufruf, Zuschüssen etc. angesammelt wurden.“

Vermögenswerte resultieren, mit Blick auf die Anreizfunktion des § 58 Nr. 5 AO nicht unbedenklich. Als Beispiel angeführt seien Einnahmen aus Publikationen, bei denen die Tätigkeit des Erstellens im Vordergrund steht. Für die Einbeziehung auch solcher Erträge spricht der Umstand, dass gestiftete und zugestiftete Vermögenswerte erst die infrastrukturellen Voraussetzungen für die Erzielung solcher Einnahmen liefern. Weiterhin ließe sich auf diese Weise das bereits skizzierte Doppelrisiko des zeitlichen Zusammenfallens von (konjunkturbedingt) schwacher Ertragslage der Stiftung und gesteigertem Versorgungsbedürfnis in der Stifterfamilie abfedern. Die Einbeziehung solcher Einnahmen wird der Anreizfunktion des § 58 Nr. 5 AO unter psychologischem Aspekt insofern besser gerecht, als ein potenzieller Stifter oder Zustifter das beruhigende Gefühl hat, auch in konjunkturschwachen Jahren bei Bedürftigkeit auf einen – wenn auch geringfügigen – Teil der laufenden Stiftungserträge zurückgreifen zu können.[742]

Als weiteres Zwischenergebnis lässt sich festhalten, dass das Einkommen i.S. des § 58 Nr. 5 AO sämtliche steuerbaren Einnahmen inklusive der steuerbaren Einnahmen aus zugestifteten und rücklagenfinanzierten Vermögensgegenständen erfasst.[743]

2. Einbeziehung steuerfreier Einnahmen

Bei der Ermittlung des Einkommens i.S. des § 58 Nr. 5 AO kommt es nicht auf die Struktur des Grundstockvermögens und die ertragsteuerliche Behandlung seiner Erträge an. Aus diesem Grund ist der Finanzverwaltung und der ganz herrschenden Literaturmeinung im Ergebnis darin zuzustimmen, dass der Einkommensbegriff des § 58 Nr. 5 AO nicht auf die Steuer*pflichtigkeit*, sondern allein auf die Steuer*barkeit* der zugrunde liegenden Einnahmen abstellt. Demnach fließen in das Einkommen i.S. des § 58 Nr. 5 AO insbesondere auch die Einnahmen i.S. des § 8b Abs. 1

---

742 Im Ergebnis wohl auch *Buchna*, StiftSpons 4/2003, 18, 20: in seinem Beispielsfall 2 bezieht er sich auf eine Stiftung, die ein erhebliches „Einkommen“ aus dem zugewendeten Vermögen und „den sonstigen Tätigkeiten“ erzielt.

743 Im Ergebnis ebenso Koch/Scholtz/*Scholtz* § 58 AO Rn. 7.

Satz 1 und Abs. 2 Satz 1 KStG, selbst wenn man diese Einnahmen mit der herrschenden Meinung[744] als sachlich steuerbefreit ansieht.

In diesem Zusammenhang ist die teilweise Diktion der Finanzverwaltung im AO-Anwendungserlass von „Einkünften“, die „steuerpflichtig sind oder nicht“,[745] ungenau. In der Terminologie des Einkommensteuergesetzes wie des Körperschaftsteuergesetzes gibt es keine „steuer*baren* Einkünfte“, folglich auch keine „steuer*pflichtigen* Einkünfte“. Mit Blick auf die Überschriften vor und zu § 3 EStG sowie den Wortlaut des § 3c EStG und des § 51 KStG 1999[746] sind nur „Einnahmen“ – bei den Gewinneinkunftsarten die Betriebseinnahmen, bei den Überschusseinkunftsarten die Einnahmen i.S. des § 8 Abs. 1 EStG – „steuerbar“ und als solche entweder steuerbefreit oder steuerpflichtig.[747] Aus diesem Grund ist auch die Definition des Einkommens i.S. des § 58 Nr. 5 AO als „Summe der (steuerbaren) Einkünfte“ ungenau. Vorbehaltlich der nachstehenden Ausführungen zur Berücksichtigung von Abzugsposten erfasst das Einkommen i.S. des § 58 Nr. 5 AO die Summe sämtlicher steuerbaren *Einnahmen*.

3. Berücksichtigung von Abzugsposten

Die Frage, inwieweit sich der Begriff des Einkommens i.S. des § 58 Nr. 5 AO vom Einkommensbegriff des § 2 Abs. 4 EStG i.V.m. § 8 Abs. 1 Satz 1 KStG löst, darf sich nicht allein auf die Einnahmenseite beschränken, sondern muss die ertragsteuerlichen Abzugsposten mit einbeziehen.

---

744 Z.B. Dötsch/Eversberg/Jost/Pung/Witt/*Dötsch/Pung* § 8b KStG n.F. Rn. 5; Erle/Sauter/*Zimmermann* § 8b KStG Rn. 11 f. und 14; Frotscher/Maas/*Frotscher* § 8b KStG Rn. 1 und 27; Herrmann/Heuer/Raupach/*Watermeyer* § 8b KStG Rn. 12; Lademann/*Krabbe* § 8b KStG Rn. 1 und 3 f.; Streck/*Binnewies* § 8b KStG Anm. 1, S. 323.

745 BMF, AEAO Tz. 5 Satz 3 zu § 58 Nr. 5 AO, BStBl. I 2002, 867, 877.

746 Wortlaut: „Sind bei einem Anteilseigner die Einnahmen im Sinne des [...] nicht steuerpflichtig [...].“

747 Zutreffend daher die Kritik von *Berndt*, Stiftung, Rn. 1168.

a) Bilanzielle *versus* pagatorische Betrachtung

In diesem Zusammenhang führt die Finanzverwaltung in Textziffer 5 zu § 58 Nr. 5 AO des AO-Anwendungserlasses zunächst aus, von den „*Einnahmen*" seien „die damit zusammenhängenden *Aufwendungen* einschließlich der Abschreibungsbeträge" abzuziehen.[748] Im Anschluss daran verweist die Finanzverwaltung hinsichtlich „*Ausgaben* für die Erfüllung von Verbindlichkeiten, die durch die Übertragung von belastetem Vermögen begründet worden sind", unter anderem auf Textziffer 13 Satz 4 zu § 55 Abs. 1 Nr. 1 AO.[749] Danach umfasst die Ein-Drittel-Grenze bei Rentenverpflichtungen „nicht nur die über den Barwert hinausgehenden, sondern die gesamten *Zahlungen*".[750]

Die vorstehend zitierten Äußerungen der Finanzverwaltung lassen einen Widerspruch in sich vermuten und werfen die Frage auf, ob das Einkommen i.S. des § 58 Nr. 5 AO je nach Buchführungsart der Stiftung unterschiedlich ermittelt wird.[751] Im Zentrum der Diskussion steht die Verwendung des Begriffs „Aufwendungen" im Anschluss an den pagatorischen Begriff „Einnahmen", welcher terminologisch korrekt mit dem Begriff „Ausgaben" korrespondiert. Unklar ist, ob die Finanzverwaltung mit „Aufwendungen" lediglich *betrieblich* veranlasste oder *sämtliche* Auszahlungen und Ausgaben meint. Versteht die Finanzverwaltung „Aufwendungen" als „Ausgaben", könnte die Stiftung bei Zahlung einer Rente nicht nur den Zinsanteil, sondern auch den Nominalbetrag abziehen. Dies stünde aber *erstens* in Konflikt zu dem Umstand, dass eine Stiftung, die ihre Einkünfte im Rahmen eines Betriebsvermögensvergleichs gemäß § 4 Abs. 1 Satz 1 EStG (i.V.m. § 5 Abs. 1 Satz 1 EStG) ermittelt, bei einer Rente allenfalls den Zins-, nicht aber den Tilgungsanteil abziehen darf. *Zweitens* wäre nicht verständlich, warum die Finanzverwaltung sowohl Tilgungs- als auch Zinsanteil auf das

---

748 BMF, AEAO Tz. 5 Satz 6 zu § 58 Nr. 5 AO, BStBl. I 2002, 867, 877. Hervorhebungen durch den Verfasser.

749 BMF, AEAO Tz. 5 Satz 7 zu § 58 Nr. 5 AO, BStBl. I 2002, 867, 877. Hervorhebung durch den Verfasser.

750 BMF, AEAO Tz. 13 Satz 4 zu § 55 Abs. 1 Nr. 1 AO, BStBl. I 2002, 867, 874. Hervorhebung durch den Verfasser.

751 *Berndt*, Stiftung, Rn. 1168; *ders.*, StiftSpons 5/1999, 16, 17.

Einkommen anrechnen will, obwohl sie den Nominalbetrag bereits aus dem Einkommen rechnerisch eliminiert hat.

Die Formulierung, von den steuerbaren Einnahmen seien die „damit [*scil.:* die mit den steuerbaren Einnahmen] zusammenhängenden Aufwendungen" abzuziehen, spricht dafür, dass die Finanzverwaltung Aufwendungen als *betrieblich* veranlasste Ausgaben und Auszahlungen versteht. Danach dürfte die Stiftung bei Erfüllung einer Rentenverpflichtung allenfalls den Zinsanteil als Betriebsausgaben oder Werbungskosten, nicht aber die Tilgungsleistung selbst abziehen. Demnach bestimmt sich das Einkommen i.S. des § 58 Nr. 5 AO unabhängig davon, nach welcher Methode eine Stiftung ihre Einkünfte ermittelt. Unverständlich bliebe allerdings nach wie vor die in Textziffer 13 Satz 4 zu § 55 Abs. 1 Nr. 1 AO geäußerte Ansicht, wonach der Zinsanteil auf das Einkommen angerechnet werde. Dies ist deshalb unverständlich, weil der Zinsanteil, nachdem er bereits als Betriebsausgaben oder Werbungskosten abgezogen worden ist, betragsmäßig nicht mehr im Einkommen enthalten sein kann.

b) Der Abzug testamentarisch angeordneter Bezüge und Leistungen aufgrund Erb- und Pflichtteilsverzichts

Die Auslegung des Einkommensbegriffs des § 58 Nr. 5 AO muss gerade mit Blick auf testamentarisch angeordnete Stiftungsbezüge und Abfindungsleistungen aufgrund eines Erb- und Pflichtteilsverzichts systematisch widerspruchsfrei zum Ausschließlichkeits- und Selbstlosigkeitsgebot erfolgen. Aus diesem Grund unzulässig ist eine doppelte Nichterfassung derart, dass jene „vorab abgezweigten" Leistungen einerseits erst gar nicht gegen die beiden genannten Grundsätze verstoßen und folglich erst gar nicht vom Ausnahmetatbestand des § 58 Nr. 5 AO erfasst sind, dass sie andererseits die Bemessungsgrundlage des § 58 Nr. 5 AO nicht mindern.[752]

Nach hier vertretener Auffassung beurteilt sich die Unschädlichkeit jeglicher Ertragsverwendung zugunsten privatnütziger Versorgungszwecke

---

[752] Siehe dazu oben S. 104 (unter Zweiter Teil, Dritter Abschnitt, B. III. 1. a) bb)).

allein anhand der Grenzen des § 58 Nr. 5 AO. Aus diesem Grund sind sämtliche *nichtbetrieblich* veranlasste Leistungen – ungeachtet der Frage, ob es sich bei ihnen um abziehbare Sonderausgaben handelt[753] – in das Einkommen i.S. des § 58 Nr. 5 AO einzubeziehen. Zuzustimmen ist daher der Finanzverwaltung, wenn sie „bei der Ermittlung der Einkünfte" ausschließlich die „damit [*scil.:* die mit den steuerbaren Einnahmen] zusammenhängenden" Aufwendungen abzieht.[754] Das Einkommen i.S. des § 58 Nr. 5 AO erfasst in Anlehnung an § 2 Abs. 3 Satz 1 EStG i.V.m. § 8 Abs. 1 Satz 1 KStG die Summe der steuerbaren Einnahmen unter Abzug (lediglich) der *betrieblich* veranlassten Aufwendungen als Betriebsausgaben oder Werbungskosten.

Im Schrifttum wird vereinzelt der Vorschlag unterbreitet, den Einkommensbegriff zu streichen und durch die Formulierung „[ein Drittel des] Überschusses der Einnahmen über die Ausgaben" zu ersetzen.[755] Dieser Vorschlag trifft insofern auf Bedenken, als er terminologisch nicht auf diejenigen Stiftungen zugeschnitten ist, die ihre Einkünfte im Rahmen eines Betriebsvermögensvergleichs ermitteln. Im Übrigen ist eine Gesetzesänderung nicht erforderlich, wenn man der hier vertretenen Auffassung folgt, wonach eine umfassende, allein am Stifterwillen ausgerichtete Nettobetrachtung auf Ertragsebene grundsätzlich – mit Ausnahme bei Erfüllung gesetzlich angeordneter Vermögenspflichten – unzulässig ist. Denn der Inhalt des Einkommens i.S. des § 58 Nr. 5 AO lässt sich unter speziell gemeinnützigkeitsrechtlichem Blickwinkel bestimmen. Zunächst versteht sich das Erfordernis der Einbeziehung zwar steuerbarer, aber nicht steuerpflichtiger Einnahmen vor dem Hintergrund, dass es für die Ermittlung des Versorgungshöchstbetrags i.S. des § 58 Nr. 5 AO auf die Struktur des Grundstockvermögens und damit einhergehend auf die ertragsteuerliche Behandlung seiner Erträge nicht ankommt. Weiterhin ergibt sich die Nichtabziehbarkeit privatnütziger Aufwendungen, die begrifflich allenfalls Sonderausgaben sein können, bereits aus der Überlegung, dass diese Aufwendungen unter den Ausschließlichkeits- und den Selbstlosigkeitsgrundsatz fallen, folglich bei Verstoß dagegen den Grenzen des § 58 Nr. 5 AO unterliegen, also Bestandteil des Einkommens sein müssen.

---

753 Siehe dazu oben S. 105 - 108 (unter Zweiter Teil, Dritter Abschnitt, B. III. 1. a) bb)).

754 BMF, AEAO Tz. 5 Satz 5 zu § 58 Nr. 5 AO, BStBl. I 2002, 867, 877.

755 *Niemann*, S. 20 in Fn.13.

III. Gedankliche Aufteilung des Einkommens auf die Familienstämme von Stifter(n) und Zustifter(n)

1. Aufteilung entsprechend dem Anteil der Erträge aus den (zu-)gestifteten Vermögensgegenständen am Einkommen

Bereits im Anschluss an die Feststellung, dass ein Zustifter Stifter i.S. des § 58 Nr. 5 AO ist, wurde die Frage aufgeworfen, ob das Stiftungseinkommen auf mehrere Familienstämme – *i.e.* auf jeden einzelnen Stifter und jeden einzelnen Zustifter, jeweils unter Einschluss ihrer nächsten Angehörigen – aufzuteilen ist.[756]

Die Einbeziehung des Zustifters ist unter anderem damit begründet worden, dass er die zugestifteten Vermögenswerte ebenso einer von ihm selbst errichteten Stiftung hätte widmen können und folglich als deren Stifter gemäß § 58 Nr. 5 AO persönlich versorgungsberechtigt wäre.[757] Aus dieser Argumentation ergeben sich zugleich die Grenzen der Versorgung eines Zustifters und dessen nächster Angehöriger durch eine von Dritten errichtete Stiftung. Hätte der Zustifter die zugestifteten Vermögensgegenstände auf eine von ihm selbst errichtete Stiftung übertragen, wäre seine Versorgung und die seiner nächsten Angehörigen auf ein Drittel des Einkommens aus diesen Vermögenswerten beschränkt. Aus diesem Grund erscheint es gerechtfertigt, das Stiftungseinkommen auf die Familienstämme von Stifter(n) und Zustifter(n) unter Einschluss ihrer nächsten Angehörigen gedanklich aufzuteilen – und zwar in dem Verhältnis, in dem die jeweils (zu-)gestifteten Vermögensgegenstände zum Stiftungseinkommen i.S. des § 58 Nr. 5 AO beigetragen haben.

Die gedankliche Aufteilung des Einkommens auf die einzelnen Familienstämme entsprechend der Ertragskraft der jeweils gestifteten und zugestifteten Vermögenswerte erfolgt in vier Rechenschritten, die zunächst abstrakt und anschließend in einem Beispielsfall dargestellt werden:

---

[756] Siehe oben S. 165 (unter Zweiter Teil, Dritter Abschnitt, C. I. 2. d)).

[757] Siehe oben S. 164 (unter Zweiter Teil, Dritter Abschnitt, C. I. 2. c)).

1. Im ersten Schritt müssen sämtliche Gegenstände des Grundstockvermögens entsprechend ihrer rechtlichen Zugehörigkeit unmittelbar vor der Übertragung auf die Stiftung den Familienstämmen von Stifter(n) und Zustifter(n) zugeordnet werden.

2. Entsprechend dieser Zuordnung sind im zweiten Schritt die im konkreten Veranlagungszeitraum aus den jeweils (zu-)gestifteten Vermögensgegenständen erwirtschafteten steuerbaren Nettoeinnahmen – also nach Abzug von Betriebsausgaben und Werbungskosten – gedanklich auf die einzelnen Familienstämme aufzuteilen.

3. Im dritten Schritt berechnet man den prozentualen Anteil der Nettoeinnahmen aus den jeweils gestifteten und zugestifteten Vermögensgegenständen am gesamten Stiftungseinkommen i.S. des § 58 Nr. 5 AO.

4. Den soeben ermittelten prozentualen Anteil überträgt man im vierten Schritt auf das Einkommensdrittel i.S. des § 58 Nr. 5 AO. Als Endergebnis erhält man den einem einzelnen Familienstamm zustehenden Anteil am Einkommensdrittel i.S. des § 58 Nr. 5 AO.

Die vorstehenden abstrakten Ausführungen sollen nun anhand eines stark vereinfachten Beispielsfalls illustriert werden. Zur Vereinfachung wird unterstellt, dass sämtliche Stiftungen und Zustiftungen am 1. Januar des betreffenden Jahres erfolgen, die jährliche Rendite sämtlicher Vermögenswerte konstant ist und Betriebsausgaben und Werbungskosten nicht anfallen.

Sachverhalt

A errichtet eine rechtsfähige Stiftung bürgerlichen Rechts mit steuerbegünstigtem Zweck. Nach stiftungsbehördlicher Anerkennung überträgt er am 1. Januar 01 die beiden Vermögensgegenstände V1 und V2 auf die Stiftung. Am 1. Januar 04 macht A eine Zustiftung über den Vermögensgegenstand V3. Am 1. Januar 05 wendet B der Stiftung den Vermögensgegenstand V4 zu. Am 1. Januar 06 überträgt C der Stiftung den Vermögenswert V5. B und C sind keine Familienangehörige des A. Verkehrswert, jährliche Rendite und Nettoerträge der einzelnen Vermögenswerte lassen sich der nachstehenden Tabelle 1 entnehmen. Sonstige steuerbare Einnahmen hat die Stiftung nicht.

Tabelle 1

Vermögensgegenstände	*Verkehrswert [in €]*	*Rendite p.a. [in %]*	*Nettoerträge p.a. [in €]*
V1 (Erstausstattung A in 01)	120.000,00	5,50	6.600,00
V2 (Erstausstattung A in 02)	220.000,00	4,50	9.900,00
V3 (Zustiftung A in 04)	80.000,00	6,00	4.800,00
V4 (Zustiftung B in 05)	30.000,00	4,50	1.350,00
V5 (Zustiftung C in 06)	60.000,00	5,00	3.000,00

Aus der nachstehenden *Tabelle 2* ergeben sich für die Jahre 01 bis 06 das jährliche Stiftungseinkommen i.S. des § 58 Nr. 5 AO, das darauf bezogene Drittel und der Anteil eines jeden Familienstamms am gesamten Einkommen sowie am Einkommensdrittel:

Tabelle 2

		Einkommen i.S. des § 58 Nr. 5 AO [in €]	Davon $^1/_3$ [in €]		Anteil am Einkommen [in €]	Anteil am Einkommen [in %]	Anteil am Ek-Drittel [in €]
VZ 01	V1:	6.600,00					
	V2:	9.900,00					
	Σ	16.500,00	5.500,00	A:	16.500,00	100,00	5.500,00
VZ 02	V1:	6.600,00					
	V2:	9.900,00					
	Σ	16.500,00	5.500,00	A:	16.500,00	100,00	5.500,00
VZ 03	V1:	6.600,00					
	V2:	9.900,00					
	Σ	16.500,00	5.500,00	A:	16.500,00	100,00	5.500,00
VZ 04	V1:	6.600,00					
	V2:	9.900,00					
	V3:	4.800,00					
	Σ	21.300,00	7.100,00	A:	21.300,00	100,00	7.100,00
VZ 05	V1:	6.600,00					
	V2:	9.900,00					
	V3:	4.800,00					
	V4:	1.350,00					
	Σ	22.650,00	7.550,00	A:	21.300,00	94,04	7.100,02
				B:	1.350,00	5,96	449,98
VZ 06	V1:	6.600,00					
	V2:	9.900,00					
	V3:	4.800,00					
	V4:	1.350,00					
	V5:	3.000,00					
	Σ	25.650,00	8.550,00	A:	21.300,00	83,04	7.099,92
				B:	1.350,00	5,26	449,73
				C:	3.000,00	11,70	1.000,35

Einer besonderen Betrachtung bedarf die Verteilung des Einkommens dann, wenn die Stiftung Erträge nicht nur aus gestifteten und zugestifteten, sondern auch aus solchen Vermögensgegenständen erzielt, die sie unter Auflösung ihrer freien Rücklage (§ 58 Nr. 7 Buchstabe a AO) selbst angeschafft oder hergestellt hat. Die gedankliche Aufteilung der Erträge aus rücklagenfinanzierten Vermögensgegenständen auf die Familienstämme von Stifter(n) und Zustifter(n) erfolgt nach Maßgabe des prozentualen Verhältnisses, in dem die Erträge aus den gestifteten und zugestifteten Vermögenswerten zur Rücklagenbildung beigetragen haben.

Sachverhalt

Im obigen Beispielsfall führt die Stiftung in den Jahren 01 bis 06 jeweils ein Sechstel ihres Einkommens i.S. des § 58 Nr. 5 AO der freien Rücklage zu. – Anmerkung: Die Bemessungsgrundlage für die Rücklagenbildung gemäß § 58 Nr. 7 Buchstabe a AO soll zwecks Vereinfachung mit dem Einkommen i.S. des § 58 Nr. 5 AO betragsmäßig identisch sein. Diese Vereinfachung ist zulässig, da Stiftungsleistungen i.S. des § 58 Nr. 5 AO, wie bereits erwähnt,[758] *die Bildung und Erhöhung der freien Rücklage betragsmäßig nicht einschränken.*

Der prozentuale Anteil eines jeden Familienstamms an den der freien Rücklage zugeführten Beträgen ergibt sich aus nachstehender *Tabelle 3*:

758 Siehe oben S. 66 (unter Zweiter Teil, Dritter Abschnitt, A. II. 2.).

Tabelle 3

	Bemessungs-grundlage: Einkommen i.S. des § 58 Nr. 5 AO [in €] ► *Tabelle 2*	*Davon $^{1}/_{6}$ der freien Rücklage zugeführt*	*Anteil am Einkommen [in %]* ► *Tabelle 2*		*Anteil an der Rücklage [in €]*	*Anteil an der Rücklage [in %]*
VZ 01	16.500,00	2.750,00	A:	100,00	2.750,00	
VZ 02	16.500,00	2.750,00	A:	100,00	2.750,00	
VZ 03	16.500,00	2.750,00	A:	100,00	2.750,00	
VZ 04	21.300,00	3.550,00	A:	100,00	3.550,00	
VZ 05	22.650,00	3.775,00	A:	94,04	3.550,01	
			B:	5,96	224,99	
VZ 06	25.650,00	4.275,00	A:	83,04	3.549,96	
			B:	5,26	224, 87	
			C:	11,70	500,18	
Σ		19.850,00	A:		18.899,97	95,21
			B:		449,86	2,27
			C:		500,18	2,52

Sachverhalt

Im obigen Beispielsfall löst die Stiftung am 1. Januar 07 die in den Vorjahren gebildete freie Rücklage um 18.000 Euro auf und erwirbt zur Erhöhung ihres Grundstockvermögens den Vermögensgegenstand V6, dessen jährliche Rendite fünf Prozent beträgt und zu steuerbaren Nettoeinnahmen in Höhe von 900 Euro führt.

Das Stiftungseinkommen i.S. des § 58 Nr. 5 AO im Jahr 07 erhöht sich im Vergleich zum Vorjahr 06 um die steuerbaren Nettoeinnahmen aus dem in 07 angeschafften Vermögensgegenstand V6 in Höhe von 900 Euro. Dieser Betrag wird nach Maßgabe des aus *Tabelle 3* ersichtlichen prozentualen *Rücklagen*anteils auf die einzelnen Familienstämme aufgeteilt. Die Erträge aus den gestifteten und zugestifteten Vermögensgegenständen werden wie bisher nach Maßgabe des aus *Tabelle 2* ersichtlichen prozentualen *Einkommens*anteils aufgeteilt. Da der prozentuale Rücklagen- und der prozentuale Einkommensanteil nicht zwingend identisch sind, müssen beide Werte am Ende des Jahres 07 rechnerisch zusammengeführt werden. Aus nachstehender *Tabelle 4* ergibt sich der jedem Familienstamm zustehende Anteil am Einkommensdrittel i.S. des § 58 Nr. 5 AO für das Jahr 07:

Tabelle 4

	Einkommen i.S. des § 58 Nr. 5 AO [in €]	*Davon $^{1}/_{3}$ [in €]*		*Anteil am Einkommen [in %] ► Tabelle 2*	*Anteil am Ek-Drittel [in €]*
V1 (A):	6.600,00				
V2 (A):	9.900,00				
V3 (A):	4.800,00				
V4 (B):	1.350,00				
V5 (C):	3.000,00				
Σ	25.650,00	8.550,00	A:	83,04	7.099,92
			B:	5,26	449,73
			C:	11,70	1.000,35
				Anteil an den Rücklagen [in %] ► Tabelle 3	
V6:	900,00	300,00	A:	95,21	285,63
			B:	2,27	6,81
			C:	2,52	7,56
				Anteil am Einkommen [in %]	
Σ	26.550,00	8.850,00	A:	83,45	7.385,55
			B:	5,16	456,54
			C:	11,39	1.007,91

Ein nach Auflösung der Rücklage etwaig verbliebener Restbetrag wird nach dem *bisherigen* prozentualen Rücklagenanteil auf die einzelnen Familienstämme aufgeteilt. Werden im Jahr der (teilweisen) Auflösung wiederum laufende Erträge der freien Rücklage zugeführt, so bestimmt sich deren Verteilung nach dem prozentualen Anteil eines Familienstammes am *laufenden* Einkommen. Durch Addition beider Anteile am Ende des Jahres ergibt sich der jeweils aktuelle Anteil eines jeden Familienstammes an den Rücklagen.

Sachverhalt

Im obigen Beispielsfall beläuft sich der in der freien Rücklage verbliebene Betrag auf 1.850 Euro. Vom laufenden Einkommen in Höhe von 26.550 Euro wird wieder ein Sechstel, i.e. ein Betrag i.H.v. 4.425 Euro, der freien Rücklage zugeführt.

Aus nachstehender *Tabelle 5* ergeben sich die Aufteilung des Restbetrags der in den Jahren 01 bis 06 gebildeten Rücklage und die Aufteilung des im Jahr 07 der Rücklage zugeführten Betrags. Dabei wird der Rücklagenrestbetrag nach dem bisherigen, aus *Tabelle 3* ersichtlichen prozentualen Rücklagenanteil auf die einzelnen Familienstämme aufgeteilt. Der im Jahr 07 der freien Rücklage zugeführte Betrag bestimmt sich nach dem aus *Tabelle 4* ersichtlichen prozentualen Anteil eines Familienstamms am laufenden Einkommen des Jahres 07. Durch Addition beider Anteile am Ende des Jahres 07 ergibt sich der aktuelle Anteil eines jeden Familienstamms am gesamten Rücklagenbetrag.

Tabelle 5

	Rücklagen [in €]		*Anteil an den bisherigen Rücklagen [in %]* ► *Tabelle 3*	*Anteil an den bisherigen Rücklagen [in €]*
Rücklagen aus VZ 01 - 06 (Restbetrag)	1.850,00	A:	95,21	1.761,39
		B:	2,27	42,00
		C:	2,52	46,62
			Anteil am laufenden Einkommen [in %] ► *Tabelle 4*	*Anteil an den neu zugeführten Rücklagen [in €]*
Rücklagen aus VZ 07 (neu zugeführt)	4.425,00	A:	83,45	3.692,66
		B:	5,16	228,33
		C:	11,39	504,01
			Neu berechneter Anteil an den Rücklagen [in %]	*Neu berechneter Anteil an den Rücklagen [in €]*
Σ	6.275,00	A:	86,92	5.454,05
		B:	4,31	270,33
		C:	8,77	550,63

Bei rücklagenfinanzierter Anschaffung oder Herstellung eines Vermögensgegenstands im Jahr 08 werden die steuerbaren Nettoeinnahmen daraus nach Maßgabe des neu berechneten, aus vorstehender *Tabelle 5* ersichtlichen prozentualen Rücklagenanteils auf die drei Familienstämme aufgeteilt.

2. Aufteilung nach Maßgabe des Stifterwillens

Der vorstehende, schon sehr stark vereinfachte Beispielsfall zeigt, dass die Aufteilung des Stiftungseinkommens auf die Familienstämme von Stifter(n) und Zustifter(n) kompliziert ist. Lässt sich die Aufteilung des Einkommens zwar dogmatisch leicht begründen, ist die praktische Umsetzung jedoch unbequem und mit zeitlichem wie finanziellem Aufwand verbunden. Die oben angestellte Berechnung ist für potenzielle Stifter abschreckend und könnte dazu führen, dass er in der Stiftungsverfassung die Versorgungsberechtigung von Zustiftern und dessen nächsten Angehörigen von vornherein ausschließt. Damit lässt sich der hier vorgestellte Ansatz in einer praktischen Folgebetrachtung mit der Anreizfunktion des § 58 Nr. 5 AO nicht vereinbaren.

Die ideale Lösung besteht darin, den oben angestellten abstrakten Ausführungen voll Rechnung zu tragen und zugleich eine gedankliche Aufteilung des Stiftungseinkommens überflüssig zu machen. Die Aufteilung des Einkommens ließe sich (nur) dann vermeiden, wenn Stifter und Zustifter sowie ihre jeweiligen nächsten Angehörigen gleichberechtigt an dem Einkommensdrittel i.S. des § 58 Nr. 5 AO teilhaben. Wie erläutert,[759] erfolgte die gedankliche Aufteilung des Einkommens mit dem Ziel, den Umfang der Versorgung des Zustifters an den Beitrag seiner Zustiftung zum Stiftungseinkommen zu knüpfen. Eine strenge Umsetzung dieser Vorgabe erscheint, wie festgestellt, zu kompliziert und daher mit der Anreizfunktion des § 58 Nr. 5 AO nicht zu vereinbaren. Eine Lösung des hier vorliegenden Zielkonflikts könnte darin bestehen, dass der Stifter in Ausübung seiner grundrechtlich geschützten Stifterfreiheit bestimmt, ob, unter welchen Voraussetzungen und in welchem Umfang Zustifter und deren nächste Angehörige an der privatnützigen Versorgung gemäß § 58 Nr. 5 AO teilhaben sollen. Die Bindung der Versorgung des Zustifters an den Beitrag seiner Zustiftung(en) zum Stiftungseinkommen würde einfach der Privatautonomie des Stifters überlassen. So könnte der Stifter in der Stiftungsverfassung anordnen, dass der Zustifter nur dann persönlich versorgungsberechtigt sein soll, wenn dessen Zustiftung(en) einen betragsmäßig genannten Mindestwert erreicht (erreichen). Weiterhin könnte der Stifter die Versorgungsberechtigung der nächsten Angehörigen des Zustifters an andere Voraussetzungen – etwa höhere Wertgrenzen –

---

[759] Siehe oben S. 206 (unter Zweiter Teil, Dritter Abschnitt, D. III. 1.).

knüpfen. Die hier vorgetragene Lösung würde die Versorgung des Zustifters zwar nicht strikt an den Erfolg seiner Zustiftung knüpfen. Dies ist aber zur Vermeidung einer komplizierten gedanklichen Aufteilung des Stiftungseinkommens hinzunehmen. Damit wird man der Anreizfunktion des § 58 Nr. 5 AO am besten gerecht. Zugleich eröffnet man dem Stifter die Möglichkeit, in Ausübung seiner Stifterfreiheit und in den Grenzen des § 58 Nr. 5 AO selbst darüber zu bestimmen, ob, unter welchen Voraussetzungen und in welchem Umfang Dritte am wirtschaftlichen Erfolg seiner Stiftung teilhaben und in den Genuss von Versorgungsleistungen kommen sollen.

E. Die Gewährung von Unterhalt

§ 58 Nr. 5 AO knüpft die gemeinnützigkeitsrechtliche Unschädlichkeit privatnütziger Stiftungsleistungen an die Voraussetzung, dass diese den dort genannten Zwecken dienen, *i.e.* darauf gerichtet sind, den Stifter und seine nächsten Angehörigen zu unterhalten, ihre Gräber zu pflegen und ihr Andenken zu ehren.

Die Ehrung des Andenkens umfasst insbesondere die Lesung von Seelenmessen in Gedenken an den verstorbenen Stifter und seine verstorbenen nächsten Angehörigen.[760]

Zur Aufnahme der Unterhaltsleistungen in den Kreis der unschädlichen Tätigkeiten stellte der Finanzausschuss des Deutschen Bundestags lediglich lapidar fest, damit handele er „einem Bedürfnis der Praxis entsprechend."[761]

---

760 Betreffend § 5 Nr. 3 GemV 1953 siehe Becker/Riewald/Koch/*Riewald* § 17 StAnpG Anm. 5 b) (5), S. 775; Boettcher/Leibrecht/*Leibrecht* § 5 GemV 1953 Anm. 4, S. 77; Hübschmann/Hepp/Spitaler/*Spanner* § 5 GemV 1953 Rn. 8.

761 BT-Drucks. 7/4292, S. 21.

I. Das Erfordernis von Bedürftigkeit beim Leistungsempfänger

Im Zusammenhang mit der Gewährung von Unterhalt stellt sich die Frage, ob § 58 Nr. 5 AO in Person des Stifters oder eines nächsten Angehörigen eine wie auch immer verstandene Bedürftigkeit voraussetzt. Es stellt sich also die Frage, ob Unterhaltsleistungen i.S. des § 58 Nr. 5 AO auch dann unschädlich sind, wenn der Stifter oder ein nächster Angehöriger über eigenes Vermögen und/oder eigenes Einkommen verfügt, aus dem er seinen Unterhalt bestreiten kann.

1. Meinungsstand

Vereinzelt wird das Erfordernis von Bedürftigkeit beim Leistungsempfänger von vornherein verneint, allerdings ohne vorherige Klärung des Begriffs „Bedürftigkeit“.[762] Begründet wird diese Ansicht mit der Anreizfunktion des § 58 Nr. 5 AO und der – allerdings sehr umstrittenen – Auffassung, Maßstab für die „Angemessenheit des Unterhalts“ sei der Lebensstandard des Stifters. Privatnützige Unterhaltsleistungen i.S. des § 58 Nr. 5 AO sollten auch und gerade in den Fällen zulässig sein, in denen der Stifter nach Übertragung von Vermögen auf eine Stiftung seinen bisherigen Lebensstil nicht weiterführen kann, ohne gleich in Existenznot zu geraten.[763] *Oenings* und *Kemcke* lehnen das Erfordernis von Bedürftigkeit insofern ab, als damit Bedürftigkeit im Sinne des § 1602 BGB gemeint sein soll.[764]

Diejenigen Stimmen in der Literatur, die ein Bedürftigkeitserfordernis bejahen, leiten dieses entweder aus dem Tatbestandsmerkmal „zu unterhalten“[765] oder aus dem Tatbestandsmerkmal „in angemessener Weise“[766]

---

762 *Röder*, V&S 9/2004, 34, 37. Nicht eindeutig *Berndt*, Stiftung, Rn. 1167: es wird nicht klar, ob er Bedürftigkeit lediglich als Kriterium bei der Auslegung des Tatbestandsmerkmals „in angemessener Weise“ ablehnt oder generell für nicht erforderlich hält.

763 *Röder*, V&S 9/2004, 34, 37.

764 *Oenings/Kemcke*, ZSt 2005, 117, 118.

765 So aber *Buchna*, StiftSpons 4/2003, 18, 19.

ab. Dabei zieht *Fischer* eine Parallele zum einkommensteuerlichen Sonderrecht der Vermögensübergabe gegen Versorgungsleistungen. Der rechtfertigende Sinn des § 58 Nr. 5 AO leite sich aus der Rechtsfigur der vorbehaltenen Vermögenserträge ab. Der Stifter behalte sich von den laufenden Stiftungserträgen im Rahmen der Ein-Drittel-Grenze dasjenige vor, was er zur angemessenen Existenzsicherung benötige.[767]

2. Stellungnahme

Die Frage, ob § 58 Nr. 5 AO Bedürftigkeit beim Unterhaltsempfänger voraussetzt, lässt sich nicht beantworten, ohne vorher begrifflich geklärt zu haben, was unter Bedürftigkeit zu verstehen ist. Daher bezieht sich die folgende Stellungnahme allein auf die Frage, ob die Vornahme einer Unterhaltsleistung i.S. des § 58 Nr. 5 AO unabhängig vom gegenwärtigen Vermögen und Einkommen des jeweiligen Unterhaltsempfängers zulässig ist, also einer Gewinnausschüttung nahe kommt, oder ob § 58 Nr. 5 AO eine *wie auch immer definierte* Bedürftigkeit voraussetzt.

Das Erfordernis einer wie auch immer verstandenen Bedürftigkeit lässt sich allein aus dem Tatbestandsmerkmal „zu unterhalten" in § 58 Nr. 5 AO *nicht* ableiten. Der Begriff „Unterhalt" ist (lediglich) ein Synonym für „Lebensbedarf". So umfasst etwa der Verwandtenunterhalt gemäß § 1610 Abs. 2 BGB den „gesamten Lebensbedarf". Mit Blick auf die Anreizfunktion des § 58 Nr. 5 AO wird im Folgenden das Tatbestandsmerkmal „zu unterhalten" parallel zum umfassenden Unterhaltsbegriff des § 1610 Abs. 2 BGB ausgelegt. Der *Umfang* des Lebensbedarfs i.S. des § 1610 Abs. 2 BGB („dem Grunde nach") – strikt zu trennen vom *Kostenniveau* („der Höhe nach") – bestimmt sich, zumindest was die elementaren Lebensbedürfnisse betrifft, gerade unabhängig von der Leistungsfähigkeit, also gerade unabhängig vom Vermögen und Einkommen eines potenziellen Unterhaltsempfängers.[768] Hingegen kann sich Bedürftigkeit einer Person

---

766 Hübschmann/Hepp/Spitaler/*Fischer* § 58 AO Rn. 75. Vgl. *Berndt*, Stiftung, Rn. 1167; *Buchna*, Gemeinnützigkeit, Anm. 2.8.5, S. 160.

767 Hübschmann/Hepp/Spitaler/*Fischer* § 58 AO Rn. 62; darauf verweisend *Gmach*, FR 1997, 793, 800.

768 Erman/*Holzhauer* (10. Aufl.) § 1610 BGB Rn. 3.

erst aus der *Gegenüberstellung* ihres Unterhalts einerseits und ihrer Leistungsfähigkeit andererseits ergeben – ein Umstand, den das Familienrecht durch zwei separate Vorschriften, § 1610 Abs. 2 und § 1602 Abs. 1 BGB, berücksichtigt. Für die Beantwortung der hier aufgeworfenen Frage, ob § 58 Nr. 5 AO eine wie auch immer definierte Bedürftigkeit voraussetzt, gibt das Tatbestandsmerkmal „zu unterhalten" nichts her.

Die von *Fischer* gezogene Parallele zum einkommensteuerlichen Sonderrecht der Vermögensübergabe ist nicht unbedenklich. Zwar können Versorgungsleistungen i.S. dieses Sonderrechts dauernde Lasten darstellen, können also je nach Vertragsgestaltung an das Versorgungsbedürfnis des Leistungsempfängers gebunden sein und entsprechend betragsmäßig abgeändert werden.[769] Allerdings setzt das begriffliche Vorliegen von Versorgungsleistungen i.S. des Sonderrechts der Vermögensübergabe nach ständiger Rechtsprechung des Bundesfinanzhofs gerade *nicht* voraus, dass der Vermögensübergeber oder ein anderer zulässiger Leistungsempfänger im konkreten Einzelfall auf die Leistungen des Vermögensübernehmers zwingend angewiesen ist.[770]

Der Ansatz, ein Bedürftigkeitserfordernis aus dem Tatbestandsmerkmal „in angemessener Weise" abzuleiten, ist allenfalls dann denkbar, wenn man bei der Angemessenheitsprüfung nicht allein auf den Unterhalt i.S. von Lebensbedarf, sondern auf sämtliche Umstände des konkreten Einzelfalls abstellt,[771] folglich eigenes Vermögen und laufendes Einkommen des jeweiligen Unterhaltsempfängers berücksichtigt.[772] Hiergegen wendet sich *Berndt* mit dem Vortrag, die „Kürzung" der vom Stifter für sich und seine nächsten Angehörigen „ausbedungenen" Unterhaltsleistungen durch eine Finanzbehörde verletze das Primat des Stifterwillens und werde der Anreizfunktion des § 58 Nr. 5 AO nicht gerecht.[773] Unklar bleibt, ob *Berndt* Bedürftigkeit lediglich als Kriterium bei der Auslegung des Tatbestands-

769 BFH GrS, BStBl. II 1992, 78, 84 (unter C. II. 3. c)); BFH, BFH/NV 2004, 1386, 1387; BFH, BFH/NV 2004, 1389, 1390.

770 BFH, BStBl. II 1992, 526, 527; BFH, BFH/NV 2000, 12, 14; BFH, BStBl. II 2005, 434, 436; FG Münster, EFG 2005, 188, 190.

771 *Schiffer*, DStR 2003, 14, 18.

772 So *Buchna*, Gemeinnützigkeit, Anm. 2.8.5, S. 160; Hübschmann/Hepp/Spitaler/*Fischer* § 58 AO Rn. 75.

773 *Berndt*, Stiftung, Rn. 1167.

merkmals „in angemessener Weise“ ablehnt oder generell für nicht erforderlich hält.

Unabhängig vom Bezugspunkt des Tatbestandsmerkmals „in angemessener Weise“, worauf im weiteren Verlauf der Arbeit noch eingegangen wird, ergibt sich das Erfordernis einer wie auch immer verstandenen Bedürftigkeit bereits aus der Formulierung „einen Teil, jedoch höchstens“. Denn nur bei Vorliegen von Bedürftigkeit kann die hinter jener Formulierung stehende Idee verwirklicht werden, dass eine Stiftung von dem Einkommensdrittel i.S. des § 58 Nr. 5 AO einen *möglichst hohen* Anteil für steuerbegünstigte Zwecke verwendet.[774] Die Gewährung *nicht*bedürftigkeitsgebundener Unterhaltszahlungen liefe auf die Vornahme von Gewinnausschüttungen hinaus, die sich bei optimierter Gestaltung von vornherein – zumindest annähernd – auf das gesamte Einkommensdrittel i.S. des § 58 Nr. 5 AO erstrecken würden. Privatnützige Gewinnausschüttungen sind jedoch *per se* gemeinnützigkeits*schädlich*. Dies lässt sich bereits aus historischem Blickwinkel damit begründen, dass die Gemeinnützigkeitsverordnung von 1941 die bisherige Unschädlichkeit von Gewinnausschüttungen durch *Personenvereinigungen* nicht mehr vorsah[775] und davon auszugehen ist, dass die Einführung des § 5 Nr. 3 GemV 1941 gerade nicht bezweckte, Gewinnausschüttungen nunmehr (allein) durch *Stiftungen* zu gestatten. Im Übrigen widerspräche die Unschädlichkeit privatnütziger Gewinnausschüttungen der Überlegung, dass das Einkommensdrittel i.S. des § 58 Nr. 5 AO einen *Höchst*betrag darstellt und auch aus diesem Drittel ein möglichst hoher Betrag für steuerbegünstigte Zwecke verwendet werden muss.

Setzt die Vornahme einer Stiftungsleistung i.S. des § 58 Nr. 5 AO demnach das Vorliegen von Bedürftigkeit voraus, so beschränkt sich der Ausnahmetatbestand des § 58 Nr. 5 AO – zumindest im Grundsatz – auf einzelne Zuwendungen, die jeweils auf einer selbständigen Entscheidung des zuständigen Stiftungsorgans beruhen.[776] Allerdings stellt sich in den Fällen, in denen der Stifter oder ein nächster Angehöriger voraussichtlich auf Dauer bedürftig sein wird, die Frage, ob eine Stiftung in den Grenzen

---

774 Siehe oben S. 75 (unter Zweiter Teil, Dritter Abschnitt, A. IV. 2.).

775 Siehe oben S. 118 f. (unter Zweiter Teil, Dritter Abschnitt, B. III. 2. b) aa)).

776 Siehe dazu BFH, BStBl. III 1954, 282, 283; BFH, BB 1956, 267.

des § 58 Nr. 5 AO eine dauernde Last gewähren kann. Dies sollte dann zulässig sein, wenn aufgrund des Alters, des Gesundheitszustands, der Vermögensverhältnisse oder sonstiger persönlicher Umstände nach allgemeiner Lebenserfahrung und unter Heranziehung arbeitsmarktstatistischer Daten nicht damit zu rechnen ist, dass der Bedachte jemals wieder in der Lage sein wird, einem Erwerb nachzugehen oder sonst Einkommen zu beziehen und seinen Lebensunterhalt aus eigenen Mitteln zu bestreiten. Es muss gesichert erscheinen, dass sich die wirtschaftlichen Verhältnisse des Bedachten in Zukunft nicht verbessern werden.

Nach der Feststellung, *dass* die Vornahme einer Unterhaltsleistung i.S. des § 58 Nr. 5 AO eine wie auch immer definierte Bedürftigkeit in Person des Stifters oder eines nächsten Angehörigen voraussetzt, stellt sich nunmehr die Frage, *wann* Bedürftigkeit vorliegt. Dies wirft die weitere Frage auf, ob Bedürftigkeit lediglich bei einer wie auch immer verstandenen objektiven Notlage oder bereits dann vorliegt, wenn sich der Stifter oder ein nächster Angehöriger seinen bislang geführten Lebensstil nicht mehr leisten kann. Für die Beantwortung dieser Fragen kommt es maßgeblich auf den Inhalt des Tatbestandsmerkmals „in angemessener Weise“ an. Im Vorgriff auf die noch folgende Auslegung dieses Tatbestandsmerkmals sei die schlagwortartig formulierte Frage angerissen, ob sich „die Angemessenheit“ subjektiv nach dem Lebensstil und den Wertvorstellungen – sei es des Stifters, sei es des jeweiligen Leistungsempfängers – bestimmt.

II. Der Unterhalt als positives Element der Bedürftigkeit

Wie bereits erläutert,[777] erscheint es gerechtfertigt, den Unterhaltsbegriff des § 58 Nr. 5 AO in Anlehnung an die Definition des § 1610 Abs. 2 BGB zu bestimmen. Danach umfasst der Unterhalt den gesamten Lebensbedarf einschließlich der Kosten einer angemessenen Vorbildung zu einem Beruf, bei einer der Erziehung bedürftigen Person auch die Kosten der Erziehung.

Zum „gesamten Lebensbedarf“ gehören zunächst die elementaren Lebensbedürfnisse wie Ernährung, Bekleidung, Unterkunft, Körperpflege und

[777] Siehe oben S. 219 (unter Zweiter Teil, Dritter Abschnitt, E. I. 2.).

Gesundheitssorge, darüber hinaus gesellschaftliche Bedürfnisse, kulturelle und sonstige Freizeitinteressen sowie Erziehung, Schul- und Berufsausbildung.[778] Dabei kann sich die „Lebensstellung" des Versorgungsberechtigten (§ 1610 Abs. 1 BGB) nicht nur auf das Kostenniveau, *i.e.* die (betragsmäßige) Taxierung einer Unterhaltszahlung, sondern auch – insbesondere bei den gehobenen Interessen – auf den Umfang des Lebensbedarfs auswirken.[779]

Vom Unterhalt erfasst wird ferner ein etwaiger *Mehrbedarf*, *i.e.* ein *vorhersehbarer* unregelmäßiger und außergewöhnlich hoher Bedarf,[780] etwa infolge chronischer Krankheit und Pflegebedürftigkeit im Alter. Ebenfalls erfasst wird ein etwaiger echter *Sonderbedarf*, *i.e.* ein *nicht* vorhersehbarer, daher betragsmäßig nicht abschätzbarer Mehrbedarf,[781] etwa bei akuter Erkrankung oder Schäden infolge höherer Gewalt. Als Beispiel für ein anzuerkennendes „vorübergehendes Sonderbedürfnis" nennt *Buchna* – möglicherweise unter dem Eindruck der Hochwasserkatastrophe des Sommers 2002 – Aufwendungen zur Beseitigung von Unwetterschäden am Privathaus des Stifters.[782]

Da ein persönlich Versorgungsberechtigter, wie erläutert,[783] auf die Unterstützung durch die Stiftung angewiesen sein muss und folglich eine bloße Gefährdung seines Unterhalts nicht ausreicht, ist eine Stiftungsleistung dann *schädlich*, wenn sie dem Begünstigten Unterhaltsaufwendungen aus eigenem Vermögen und Einkommen ersparen würde und auf die Finanzierung eines Vermögensaufbaus hinausliefe.[784] Aus diesem Grund erfasst der Unterhalt i.S. des § 58 Nr. 5 AO – wie der Unterhalt i.S.

---

778 *Schwab*, Familienrecht, Rn. 730. Siehe dazu im Einzelnen Erman/*Holzhauer* (10. Aufl.) § 1610 BGB Rn. 4; Staudinger/*Engler/Kaiser* § 1610 BGB Rn. 46 ff.

779 Erman/*Holzhauer* (10. Aufl.) § 1610 BGB Rn. 3; Staudinger/*Engler/Kaiser* § 1610 BGB Rn. 5.

780 Erman/*Holzhauer* (10. Aufl.) § 1610 BGB Rn. 5 und § 1613 BGB Rn. 11.

781 Erman/*Holzhauer* (10. Aufl.) § 1610 BGB Rn. 5 und § 1613 BGB Rn. 11. Allerdings muss ein Bedürftiger bei sogenanntem unechten Sonderbedarf einen Teil aus eigenem Vermögen tragen, siehe Erman/*Holzhauer* (10. Aufl.) § 1613 BGB Rn. 12.

782 *Buchna*, StiftSpons 4/2003, 18, 20.

783 Siehe oben S. 221 (unter Zweiter Teil, Dritter Abschnitt, E. I. 2.).

784 *Buchna*, StiftSpons 4/2003, 18, 19 und 20 (zu Beispielsfall 2).

des § 1610 Abs. 2 BGB[785] – nicht die Altersvorsorge. Ebenfalls unzulässig sind einkommensfinanzierte Leistungen, die auf die Vorwegnahme der Erbfolge gerichtet sind.

Wie bereits erläutert,[786] ist bei der Bestimmung der nächsten Angehörigen das erbrechtliche Repräsentationsprinzip nicht anzuwenden, so dass ein Abkömmling des Stifters stets – *i.e.* unabhängig davon, ob vorhergehende Abkömmlinge vorhanden sind – in eigener Person versorgungsberechtigt ist. Aus diesem Grund erscheint es gerechtfertigt, den Unterhalt i.S. des § 58 Nr. 5 AO – parallel zum Unterhalt i.S. des § 1610 Abs. 2 BGB[787] – nicht auf etwaige Unterhaltsverpflichtungen gegenüber Verwandten gerader Linie zu erstrecken. Ebenso wenig ist die Unterhaltsverpflichtung des Stifters gegenüber seiner Familie aus § 1360 Satz 1 BGB zu berücksichtigen, weil sein nichtgeschiedener Ehegatte und die gemeinsamen unterhaltsberechtigten Kinder nächste Angehörige,[788] damit bereits in eigener Person nach § 58 Nr. 5 AO versorgungsberechtigt sind. Die Erhöhung des Unterhalts des Stifters um Unterhaltsverpflichtungen ist allenfalls insofern denkbar, als diese gegenüber einem geschiedenen Ehegatten, der nicht nächster Angehöriger i.S. des § 58 Nr. 5 AO ist,[789] bestehen. Gegen diesen Ansatz spricht allerdings die Überlegung, dass man die persönliche Grenze des § 58 Nr. 5 AO nicht dadurch ins Leere laufen lassen darf, dass man den Bedarf von Personen, die nicht nächste Angehörige sind, dem Unterhalt des Stifters hinzurechnet. Aus demselben Grund erhöht sich der Unterhalt eines nächsten Angehörigen nicht um etwaige Unterhaltsverpflichtungen gegenüber dessen (geschiedenen) Ehegatten.

---

785 *Schwab*, Familienrecht, Rn. 730.

786 Siehe oben S. 194 f. (unter Zweiter Teil, Dritter Abschnitt, C. II. 4. c) bb) (2) (c)).

787 Erman/*Holzhauer* (10. Aufl.) § 1602 BGB Rn. 4.

788 Siehe oben S. 196 (unter Zweiter Teil, Dritter Abschnitt, C. II. 5.).

789 Siehe oben S. 195 und 196 (unter Zweiter Teil, Dritter Abschnitt, C. II. 4. c) bb) (2) (c) und 5.).

III. Die Leistungsfähigkeit als negatives Element der Bedürftigkeit

Aus dem Bedürftigkeitserfordernis des § 58 Nr. 5 AO[790] ergibt sich die Konsequenz, dem soeben definierten Unterhalt eines persönlich Versorgungsberechtigten dessen Leistungsfähigkeit gegenüberzustellen. Zur Beantwortung der Frage, welches Einkommen und Vermögen sowie welche Leistungen Dritter Leistungsfähigkeit begründen und die Versorgungsberechtigung nach § 58 Nr. 5 AO begrenzen, bietet sich an, auf die Grundsätze zur Ermittlung der Bedürftigkeit i.S. des § 1602 BGB abzustellen.

Danach wird Leistungsfähigkeit als negatives Element der Bedürftigkeit bereits durch die Erwerbs*fähigkeit* begründet, wenn der Obliegenheit, sich ernsthaft um Arbeit zu bemühen, nicht nachgekommen wird.[791] Laufendes Einkommen begründet in seinem gesamten Umfang Leistungsfähigkeit. Für das Vermögen gilt die Einschränkung, dass der (potenzielle) Unterhaltsempfänger Gegenstände mit persönlichem Erinnerungswert sowie Unterhaltsgegenstände überhaupt nicht und anderes Vermögen lediglich dann „versilbern“ muss, soweit dies wirtschaftlich vertretbar ist.[792] Zukünftige Erwerbsaussichten sind lediglich dann zu prüfen, wenn man, wie hier vorgeschlagen,[793] bei prognostizierter dauerhafter Bedürftigkeit die Gewährung einer dauernden Last zulässt.

Im Anschluss an die Feststellung, dass sich der Unterhalt nicht um etwaige eigene Unterhaltspflichten erhöht,[794] könnte man erwägen, spiegelbildlich dazu bei der Bestimmung der Leistungsfähigkeit etwaige Unterhaltsansprüche außer Acht zu lassen. Gegen diesen Ansatz spricht allerdings folgende Überlegung: die Vernachlässigung von Unterhaltspflichten aus § 1601 BGB ergibt sich aus der persönlichen Versorgungsberechtigung *sämtlicher* Abkömmlinge des Stifters infolge Nichtanwendung des erb-

790 Siehe oben S. 221 (unter Zweiter Teil, Dritter Abschnitt, E. I. 2.).

791 Für den Anspruch aus § 1601 BGB und zur Beweislast siehe Erman/*Holzhauer* (10. Aufl.) § 1602 BGB Rn. 7.

792 Erman/*Holzhauer* (10. Aufl.) § 1602 BGB Rn. 27.

793 Siehe oben S. 221 f. (unter Zweiter Teil, Dritter Abschnitt, E. I. 2.).

794 Siehe oben S. 224 (unter Zweiter Teil, Dritter Abschnitt, E. II.).

rechtlichen Repräsentationssystems.[795] Die Gleichrangigkeit sämtlicher Abkömmlinge bezieht sich aber zunächst allein auf den Unterhalt. Die These, die Gleichrangigkeit wirke sich auch auf die Leistungsfähigkeit aus, ist nicht zwingend. Mit Blick auf seine gleichheitsrechtliche Legitimation knüpft § 58 Nr. 5 AO an den Umstand, dass das einmal auf die Stiftung übertragene Vermögen und die Erträge hieraus endgültig oder zumindest auf unvorhersehbare Dauer an die steuerbegünstigten Zwecke gebunden sind, folglich nicht mehr für Unterhaltszahlungen gemäß § 1601 BGB zur Verfügung stehen.[796] Diese generationenübergreifende, sämtliche lebende Verwandte einbeziehende Betrachtung impliziert das Erfordernis, dass vor Inanspruchnahme des Stiftungseinkommens sämtliche Möglichkeiten des Verwandtenunterhalts ausgeschöpft sind. Bestätigung findet dieser Ansatz in der Überlegung, dass eine steuerlich gemeinnützige Stiftung von dem für die privatnützige Versorgung der Stifterfamilie gedanklich reservierten Einkommensdrittel einen möglichst hohen Teilbetrag für steuerbegünstigte Zwecke verwenden muss.[797] Hat eine Stiftungsleistung i.S. des § 58 Nr. 5 AO, wie bereits erläutert,[798] (lediglich) subsidiären Charakter, müssen sämtliche Unterhaltsansprüche des Stifters oder eines nächsten Angehörigen aus § 1601 BGB leistungsfähigkeits*erhöhend* berücksichtigt werden. Dies gilt auch für Unterhaltsansprüche gegen einen geschiedenen Ehegatten aus § 1569 BGB. Zwar könnte man diese Auffassung zumindest in den Fällen anzweifeln, in denen Unterhaltsansprüche aus § 1601 BGB *deshalb* nicht gegeben sind, weil das innerhalb der Verwandtschaft verbliebene Vermögen und die Erträge hieraus für Unterhaltsleistungen nicht ausreichen. Allerdings dürfen Stiftungsleistungen i.S. des § 58 Nr. 5 AO unter Berücksichtigung ihres lediglich subsidiären Charakters nicht zu ersparten Aufwendungen beim unterhaltspflichtigen geschiedenen Ehegatten führen.

Im Zusammenhang mit dem Verwandtenunterhalt sei angemerkt, dass nach § 1611 Abs. 1 Satz 1, 1. Var. und Satz 2 BGB eine Unterhaltsverpflichtung und ein damit korrespondierender Unterhaltsanspruch aus § 1601 BGB gemindert oder sogar ausgeschlossen sind, wenn der persönlich Unterhalts-

795 Siehe oben S. 194 f. (unter Zweiter Teil, Dritter Abschnitt, C. II. 4. c) bb) (2) (c)).

796 Siehe oben S. 69 - 74 (unter Zweiter Teil, Dritter Abschnitt, A. III. 2.) und S. 77 (unter Zweiter Teil, Dritter Abschnitt, A. IV. 2.).

797 Siehe oben S. 75 (unter Zweiter Teil, Dritter Abschnitt, A. IV. 1.).

798 Siehe oben S. 78 (unter Zweiter Teil, Dritter Abschnitt, A. IV. 2.).

berechtigte durch sein sittliches Verschulden bedürftig geworden ist. Auf diesen Fall wird bei der Auslegung des Tatbestandsmerkmals „in angemessener Weise“ noch näher eingegangen.

F. Das Tatbestandsmerkmal „in angemessener Weise“

§ 58 Nr. 5 AO beschränkt den Umfang der unschädlichen Versorgung des Stifters und seiner nächsten Angehörigen aus dem laufenden Stiftungseinkommen weiterhin durch das Tatbestandsmerkmal „in angemessener Weise“.

Eine absolute Begrenzung der privatnützigen Versorgung der Stifterfamilie, wie sie heute § 58 Nr. 5 AO durch das Tatbestandsmerkmal „in angemessener Weise“ zum Ausdruck bringt, enthielten weder § 5 Nr. 3 GemV 1941 und § 5 Nr. 2 GemV 1948 noch § 5 Nr. 3 GemV 1953. Auch im ersten Entwurf der Abgabenordnung war das Tatbestandsmerkmal „in angemessener Weise“ noch nicht vorgesehen.[799] Zum Gegenstand des Gesetzgebungsverfahrens wurde die „angemessene Weise“ erst im Zusammenhang mit dem Vorschlag des Finanzausschusses des Deutschen Bundestags, Unterhaltsleistungen in den Kreis der gemäß § 58 Nr. 5 AO unschädlichen Tätigkeiten aufzunehmen.[800]

I. Konfliktpotenzial in der Stiftungspraxis

Die Voraussetzung, dass die Versorgung des Stifters und seiner nächsten Angehörigen lediglich „in angemessener Weise“ erfolgen darf, ist der in der rechts- und steuerberatenden Praxis problematischste, weil besonders streitanfällige Bestandteil des § 58 Nr. 5 AO.[801] Hinter den Klagen der Berater steht die mit der Unbestimmtheit dieses Tatbestandsmerkmals

---

799 BT-Drucks. 7/79, S. 27 (§ 58 Nr. 5 AO-E).

800 BT-Drucks. 7/4292, S. 74 (§ 58 Nr. 5 AO-E).

801 *Heuer/Habighorst*, S. 948; *Schauhoff*, StiftSpons 4/2001, 18, 19.

verbundene „erhebliche rechtliche Unsicherheit“.[802] Diese Unsicherheit spiegele sich in der Praxis oftmals in „weit auseinander gehenden“ Vorstellungen der Beteiligten über die zulässige Höhe einer Versorgungsleistung wider.[803] Sie lasse potenzielle Stifter befürchten, über die „Angemessenheit“ entscheide „der zuständige Beamte der Finanzverwaltung“ nach eigenem, sehr restriktivem Dafürhalten.[804] Die Anreizfunktion des § 58 Nr. 5 AO werde nicht erfüllt, wenn der Stifter „damit rechnen muss, dass subjektiv eine Behörde die von ihm für seine Familienangehörigen ausbedungenen Unterhaltsleistungen kürzt.“[805]

II. Meinungsstand

Die vorstehend zitierten Bedenken der Stifter und ihrer Berater finden Bestätigung in der Ausführung von *Buchna* als Vertreter einer Finanzbehörde, die Finanzverwaltung werde bei der Angemessenheitsprüfung nach § 58 Nr. 5 AO „keinen besonders engen“ Maßstab anlegen und die Frage „mit dem richtigen Augenmaß“ betrachten[806] – eine Aussage, die einen wie auch immer verstandenen engen, wenn auch „keinen besonders engen“ Maßstab zulässt.

Der weit überwiegende Teil im Schrifttum fordert eine großzügige Betrachtung. So vertreten *Isensee* und *Knobbe-Keuk*[807] sowie *Hüttemann*[808] die Auffassung, der Stifter dürfe bei Bedürftigkeit nicht zu einer wesentlichen Einschränkung seines Lebensstils gezwungen werden. Nach

---

802 *Schauhoff*, StiftSpons 4/2001, 18, 19.

803 *Berndt*, Stiftung, Rn. 1167; *Hof/Hartmann/Richter*, S. 323; *Kirnberger/Werz*, ErbStB 2004, 145, 145; Meyn/Richter/*Richter*, Rn. 392. Vgl. *Ohlmann*, DS 2/2002, 77, 81: ihm als Vorstandsvorsitzenden der DT Deutsche Stiftungstreuhand AG (Fürth) sei aus Bayern kein Fall – selbst bei sehr großzügigen Unterhaltsleistungen – bekannt, in dem die Finanzverwaltung „die Angemessenheit“ verneint habe.

804 *Heuer/Habighorst*, S. 948.

805 *Berndt*, Stiftung, Rn. 1167.

806 *Buchna*, StiftSpons 4/2003, 18, 19. Kritisch *Derlien/Freundl*, StiftSpons 6/2003, 17, 19.

807 *Isensee/Knobbe-Keuk*, S. 432 f.

808 *Hüttemann*, Non Profit Law Yearbook 2001, S. 164.

Ansicht von *Tipke* liegt Kleinlichkeit nicht im Sinne des Gesetzes.[809] *Neuhoff* spricht von „Leistungen in größerem Umfang".[810]

Die von den Beratern beklagte Rechtsunsicherheit bezieht sich insbesondere auf die Frage, welcher Maßstab bei der Konkretisierung der „angemessenen Weise" anzulegen ist. Nach Auffassung der Finanzverwaltung[811], die in weiten Teilen des Schrifttums geteilt oder zumindest unwidersprochen zitiert wird,[812] orientiert sich das Angemessenheitserfordernis am Lebensstandard des jeweiligen Zuwendungsempfängers. Nach anderer Ansicht[813] richtet sich die „Angemessenheit" nach der Lebensführung des Stifters zur Zeit der Stiftungserrichtung. Ungeklärt ist auch die grundlegende Frage, ob es bei der Bestimmung der „angemessenen Weise" allein auf die Angemessenheit des gewährten Unterhalts

---

809 Tipke/Kruse/*Tipke* § 58 AO Rn. 6.

810 *Neuhoff*, DB 1987, Beilage Nr. 10/87, S. 3.

811 BMF, AEAO Tz. 7 Satz 3 zu § 58 Nr. 5 AO, BStBl. I 2002, 867, 878. Erstmals BMF, EEAO Tz. 7 zu § 58 Nr. 5 AO, BStBl. I 1976, 576, 586.

812 Beermann/Gosch/*Sauer* § 58 AO Rn. 24; *Boochs*, Stiftungssteuerrecht, Anm. 6.1.1.6; *Buchna*, Gemeinnützigkeit, Anm. 2.8.5, S. 160; *Carlé/Strahl*, KÖSDI 2002, 13471, 13478; *Götz*, NWB F. 2, 8603, 8608; Gröger/Schöll/*Rader* § 58 AO Rn. 7; *M. Hartmann*, S. 386; *Hartmann/Richter*, S. 431; *Hennerkes/Schiffer*, Stiftungsrecht, S. 199; Klein/*Gersch* § 58 AO Rn. 6; Koch/Scholtz/*Scholtz* § 58 AO Rn. 7; Meyn/Richter/*Richter*, Rn. 390; Pahlke/Koenig/*Koenig* § 58 AO Rn. 14; *Schauhoff*, DB 1996, 1693, 1694; *Schiffer*, Anwaltliche Praxis, § 8 Rn. 127; *Schiffer/von Schubert*, BB 2002, 265, 266; Schwarz/*Uterhark* § 58 AO Rn. 9; Seifart/von Campenhausen/*Pöllath* § 43 Rn. 57 in Fn. 198. Wohl auch *Kümpel*, Aktuelle Rechtspraxis, S. 37; *Söffing/Thoma*, ErbStB 2005, 212, 213: maßgeblich der – unter Umständen gehobene – Lebensstandard eines Nachkommen. Vgl. Hübschmann/Hepp/Spitaler/*Fischer* § 58 AO Rn. 75; *Schiffer*, DStR 2003, 14, 18 – auf den jeweiligen Zuwendungsempfänger abstellend, jedoch unter Berücksichtigung sämtlicher Umstände des konkreten Einzelfalls. Die Auffassung der Finanzverwaltung falsch wiedergebend *Heinrichshofen*, ErbStB 2004, 247.

813 *Buchna*, StiftSpons 4/2003, 18, 19; *Deischl*, S. 132; Lippross/*Niewerth* § 58 AO Rn. 6; *Müller/Schubert*, DStR 2000, 1289, 1296; Pump/Leibner/*Müller* § 58 AO Rn. 52; *Röder*, V&S 9/2004, 34, 37; Schauhoff/*Schauhoff* § 8 Rn. 109 (entgegen dem Verweis in Fn. 365 anderer Ansicht *ders.*, DB 1996, 1693, 1694); Tipke/Kruse/*Tipke* § 58 AO Rn. 6; *von Holt/Koch*, S. 106. Ebenso *Isensee/Knobbe-Keuk*, S. 427 und 432 f.: in ihrem Sondervotum schlagen sie eine entsprechende, als „klarstellende Ergänzung" gedachte gesetzliche Verankerung vor (siehe § 61 Abs. 2 Nr. 4 Satz 2 AO-AE). Kritisch gegenüber der Auffassung der Finanzverwaltung *Derlien/Freundl*, StiftSpons 6/2003, 17, 18.

selbst ankommt oder ob zusätzlich andere konkrete Umstände des jeweiligen Einzelfalls zu berücksichtigen sind.

Im Zusammenhang mit der Auslegung des Tatbestandsmerkmals „in angemessener Weise" sei die bereits angerissene[814] Frage aufgegriffen, *wann* die für § 58 Nr. 5 AO erforderliche[815] Bedürftigkeit vorliegt. Von besonderer Bedeutung ist die Frage, ob Bedürftigkeit lediglich bei einer wie auch immer definierten objektiven Notlage oder bereits dann vorliegt, wenn sich der Stifter oder ein nächster Angehöriger seinen bislang geführten Lebensstil nicht mehr leisten kann. Zu dieser Frage hat sich die Oberfinanzdirektion Magdeburg im Schreiben vom 18. Mai 2004[816] dahingehend geäußert, § 58 Nr. 5 AO solle einem potenziellen Stifter die Sorge nehmen, er sowie seine nächsten Angehörigen könnten unvorhergesehenerweise aufgrund der Weggabe von Vermögen „in Not geraten *und* sich den gewohnten Lebensstil nicht mehr leisten"[817]. Diese Aussage hat in Teilen des Schrifttums[818] insofern zu Verwirrung geführt, als die Verwendung des Wortes „und" nahelegt, dass ein Stifter oder ein nächster Angehöriger bereits dann in „Not" gerät, wenn er sich den gewohnten Lebensstil nicht mehr leisten kann.

In einer kritischen Stellungnahme zu dem vorstehend zitierten Schreiben der Oberfinanzdirektion Magdeburg merken *Oenings* und *Kemcke* an, „die Angemessenheit" bestimme sich analog § 1610 Abs. 1 BGB nach „den persönlichen Lebensverhältnissen und dem gewohnten Lebensstil": „Den Zuwendungsempfänger trifft nicht die Obliegenheit, seine gewohnte Lebensstellung durch eigene Berufstätigkeit oder den Einsatz seines Vermögens zu sichern."[819] *Oenings* und *Kemcke* stützen ihre Auffassung insbesondere auf die Entstehungsgeschichte des Vereinsförderungsgesetzes, durch welches die relative Grenze von seinerzeit einem Viertel

---

814 Siehe oben S. 222 (unter Zweiter Teil, Dritter Abschnitt, E. I. 2.).

815 Siehe oben S. 221 (unter Zweiter Teil, Dritter Abschnitt, E. I. 2.).

816 OFD Magdeburg, StEK AO 1977 § 55 Nr. 33 (unter 2.).

817 Hervorhebung durch den Verfasser.

818 *Oenings/Kemcke*, ZSt 2005, 117, 118 in Fn. 10; *Söffing/Thoma*, ErbStB 2005, 184, 188; *dies.*, ErbStB 2005, 212, 213.

819 *Oenings/Kemcke*, ZSt 2005, 117, 118.

auf ein Drittel des Stiftungseinkommens angehoben wurde.[820] Auf diese Begründung wird im weiteren Verlauf dieses Abschnitts noch eingegangen.

Einigkeit besteht lediglich insofern, als die Heranziehung standardisierter Rechenwerke – beispielsweise der unterhaltsrechtlichen Leitlinien und Tabellen der Familiensenate der Oberlandesgerichte[821] – abgelehnt wird.[822] Allerdings will *Buchna* zumindest die Grundüberlegungen des bürgerlichrechtlichen Unterhaltsrechts, wie sie etwa in der Düsseldorfer Tabelle[823] zum Ausdruck kommen, berücksichtigt wissen.[824]

III. Eigener Lösungsvorschlag

Die Formulierung „in angemessener Weise" enthält das Adjektiv „angemessen". Unter Zugrundelegung des allgemeinen Sprachgebrauchs bestimmt sich die Angemessenheit anhand eines Vergleichsmaßstabs. Dieser Vergleichsmaßstab muss aus mindestens einem quantifizierbaren Kriterium bestehen. Die für den Vergleichsmaßstab im Einzelfall ermittelten Werte werden in Relation zur Höhe der in Frage stehenden Größe gesetzt.

Für die Auslegung des Tatbestandsmerkmals „in angemessener Weise" stellen sich damit zunächst zwei Fragen. Erstens muss geklärt werden, auf welche Größe sich die „angemessene Weise" bezieht („Angemessenheit von was?") – dazu unter 1. Zweitens ist zu klären, aus welchem Kriterium oder welchen Kriterien sich der anzulegende Vergleichsmaßstab zusammensetzt – dazu unter 2. Dabei darf sich die Auslegung des höchst

---

820 Siehe dazu oben S. 55 f. (unter Zweiter Teil, Dritter Abschnitt, A. I. 4.).

821 Abgedruckt in NJW 2005, Beilage zu Heft 30/2005 (Stand: 1. 7. 2005).

822 So ausdrücklich *Derlien/Freundl*, StiftSpons 6/2003, 17, 18; *Schiffer*, Anwaltliche Praxis, § 8 Rn. 129; *ders.*, DStR 2003, 14, 18; *ders.*, sj 17-18/2004, 47, 49; *Schiffer/Kotz*, ZErb 2004, 115, 120; *Schiffer/von Schubert*, sj 3/2006, 30, 33. Insofern zustimmend *Buchna*, StiftSpons 4/2003, 18, 20 in Fn. 7. Ähnlich *Isensee/Knobbe-Keuk*, S. 433: keine Bestimmung der Angemessenheit anhand eines „irgendwie gearteten Durchschnittseinkommens".

823 Abgedruckt in NJW 2005, Beilage zu Heft 30/2005, S. 4 f. (Stand: 1. 7. 2005).

824 *Buchna*, StiftSpons 4/2003, 18, 20 in Fn. 7.

ausfüllungsbedürftigen und daher in der Praxis besonders streitanfälligen Tatbestandsmerkmals „in angemessener Weise“ nicht einseitig an materiellen Gesichtspunkten orientieren. Bei der Auslegung des Angemessenheitserfordernisses muss zur bestmöglichen Erfüllung der Anreizfunktion des § 58 Nr. 5 AO der Aspekt der Rechtssicherheit in besonderem Maße beachtet werden.[825]

1. Bestimmung des Bezugspunkts der „angemessenen Weise“ – Angemessenheit des Unterhalts *versus* Angemessenheit der Stiftungsleistung

Die folgenden Ausführungen dienen der Bestimmung der Größe, auf die sich das Tatbestandsmerkmal „in angemessener Weise“ bezieht. Es soll überprüft werden, ob sich die „angemessene Weise“ lediglich auf den Unterhalt i.S. von Lebensbedarf bezieht und sich daher allein anhand solcher Merkmale bestimmt, die in Person des jeweiligen Leistungsempfängers liegen. Dies wirft die alternative Frage auf, ob sich die „angemessene Weise“ auf die Stiftungsleistung als solche bezieht, ob damit sämtliche Umstände des konkreten Einzelfalls, also auch solche Umstände berücksichtigt werden müssen, die außerhalb der Person des jeweiligen Leistungsempfängers liegen.

a) Wortlaut und Entstehungsgeschichte

Die Finanzverwaltung geht im AO-Anwendungserlass auf die besondere Formulierung des Gesetzes „in angemessener Weise“ nicht ein. Sie führt zwar zunächst aus, Leistungen i.S. des § 58 Nr. 5 AO müssten sich „in angemessenem Rahmen“ halten,[826] spricht jedoch im Zusammenhang mit dem anzulegenden Maßstab von „Angemessenheit des Unterhalts“.[827] Auch

---

825 Siehe oben S. 78 (unter Zweiter Teil, Dritter Abschnitt, A. IV. 2.).

826 BMF, AEAO Tz. 7 Satz 1 zu § 58 Nr. 5 AO, BStBl. I 2002, 867, 878. So auch *Buchna*, Gemeinnützigkeit, Anm. 2.8.5, S. 160.

827 BMF, AEAO Tz. 7 Satz 3 zu § 58 Nr. 5 AO, BStBl. I 2002, 867, 878. So bereits BMF, EEAO Tz. 7 Satz 3 zu § 58 Nr. 5 AO, BStBl. I 1976, 576, 586.

ein Teil der Literatur spricht ohne jeglichen vorherigen ausdrücklichen Hinweis auf die besondere Formulierung in § 58 Nr. 5 AO lapidar von „Angemessenheit“[828], „Angemessenheit des Unterhalts“[829], „Angemessenheit der Versorgung“[830], „Angemessenheit seines [*scil.*: des Stifters] Lebensstandards“[831], „angemessener Versorgung“[832] oder – wie jüngst auch die Oberfinanzdirektion Magdeburg[833] – von „angemessenem Unterhalt“[834]. Nur vereinzelt wird ausdrücklich auf den besonderen Wortlaut des § 58 Nr. 5 AO aufmerksam gemacht und gefolgert, die Formulierung „in angemessener Weise“ gebiete – und dies sei der wesentliche Unterschied zum Begriff „angemessen“ – eine Betrachtung, die sich gerade nicht einseitig am Unterhalt eines (potenziellen) Leistungsempfängers orientiert. Vielmehr seien sämtliche Umstände des konkreten Einzelfalls einzubeziehen.[835] „Eine Reduktion der Betrachtung auf die Höhe des Unterhalts“ sei „vom Gesetzgeber nicht angeordnet worden“.[836]

Allein aus der Wortwahl „in angemessener Weise“ lässt sich *keine* Erkenntnis darüber gewinnen, ob sich die Angemessenheitsprüfung allein

---

828 *Heinrichshofen*, ErbStB 2004, 247; *Söffing/Thoma*, ErbStB 2005, 184, 187.

829 *Boochs*, Stiftungssteuerrecht, Anm. 6.1.1.6; *Heinrichshofen*, ErbStB 2004, 247; Hübschmann/Hepp/Spitaler/*Fischer* § 58 AO Rn. 75; *Kirnberger/Werz*, ErbStB 2004, 145, 145; *Martin/Pues*, Aktuelles und Trends, S. 2; *Mecking*, DS 2/2002, 77, 81; *Müller/Schubert*, DStR 2000, 1289, 1296; *Röder*, V&S 9/2004, 34, 37; Schauhoff/*Schauhoff* § 8 Rn. 109; *Söffing/Thoma*, ErbStB 2005, 184, 187. Ähnlich *von Holt/Koch*, S. 106: „Angemessenheit der Unterstützung“.

830 *Lohmann*, V&S 6/2006, 22, 23.

831 *Heuer/Habighorst*, S. 948.

832 *Lohmann*, V&S 6/2006, 22, 23; *Spiegelberger*, ErbStB 2005, 43, 46.

833 OFD Magdeburg, StEK AO 1977 § 55 Nr. 33 (unter 2.).

834 Meyn/Richter/*Richter*, Rn. 390; *Oenings/Kemcke*, ZSt 2005, 117, 117 (unter II.) und 118 (unter III.); Pahlke/Koenig/*Koenig* § 58 AO Rn. 14; *Schick*, StiftSpons 2/2002, 17, 17; *Söffing/Thoma*, ErbStB 2005, 184, 188; *dies.*, ErbStB 2005, 212, 213; *von Holt/Koch*, S. 98.

835 *Derlien/Freundl*, StiftSpons 6/2003, 17, 18; *Schiffer*, Anwaltliche Praxis, § 8 Rn. 129; *ders.*, DStR 2003, 14, 18; *ders.*, sj 17-18/2004, 47, 49; *Schiffer/Kotz*, ZErb 2004, 115, 120; *Schiffer/von Schubert*, sj 3/2006, 30, 33. Vgl. Seifart/von Campenhausen/*Pöllath* § 43 Rn. 57 in Fn. 198. Vgl. *Feick*, StiftSpons 1/2002, 24, 25: „Angemessenheit der Unterhaltsleistungen“; *Kußmaul/Meyering*, StB 2004, 91, 93: „Angemessenheit der Leistungen“.

836 *Derlien/Freundl*, StiftSpons 6/2003, 17, 18.

auf den Unterhalt eines (potenziellen) Leistungsempfängers oder auf sämtliche Umstände des konkreten Einzelfalls bezieht. Aufschlussreicher ist der Blick auf die Satzstellung des § 58 Nr. 5 AO. Die Formulierung „in angemessener Weise“ ist Bestandteil eines Konsekutivsatzes – „*um* in angemessener Weise [...] *zu* [...]“. Dies deutet unter sprachlichem Blickwinkel darauf hin, dass sich das Tatbestandsmerkmal „in angemessener Weise“ allein auf die in § 58 Nr. 5 AO genannten Zwecke, also allein auf Unterhalt, Grabpflege und Ehrung des Andenkens, bezieht. Diese Interpretation findet Bestätigung in der Diktion des AO-Gesetzgebers in seiner Begründung zu § 58 Nr. 5 AO, in der von „Angemessenheit des Unterhalts, der Grabpflege und der Ehrung des Andenkens“ die Rede ist.[837] In Anlehnung an diese Formulierung sprach die Unabhängige Sachverständigenkommission zur Prüfung des Gemeinnützigkeits- und Spendenrechts in ihrem Gutachten vom 24. März 1988 von „angemessene[n] Unterhaltsleistungen“.[838] Der Gesetzgeber des Vereinsförderungsgesetzes sprach in seiner Begründung zur Erweiterung des § 58 Nr. 5 AO von einem „angemessenen Unterhalt“.[839]

Die hier angenommene Zielbezogenheit der Angemessenheit wirft die Frage nach dem Zweck der besonderen Wortwahl „in angemessener Weise“ auf. So hätte der Gesetzgeber § 58 Nr. 5 AO alternativ wie folgt formulieren können: „[...] dazu verwendet, um den Stifter und seine nächsten Angehörigen *angemessen* zu unterhalten, ihre Gräber zu pflegen und ihr Andenken zu ehren.“ Allerdings hätte diese Satzstellung den Rechtsanwender möglicherweise zu der Interpretation verleitet, das Angemessenheitserfordernis beziehe sich allein auf den Unterhalt, nicht aber auch auf Grabpflege und Ehrung des Andenkens. Ein solches Missverständnis wäre nicht ausgeschlossen gewesen, weil das Angemessenheitserfordernis, wie erwähnt,[840] erst im Zusammenhang mit der Einführung des Unterhalts in § 58 Nr. 5 AO eingefügt wurde. Der AO-Gesetzgeber wollte das Angemessenheitserfordernis ausweislich der Gesetzesbegründung jedoch auf sämtliche drei Zwecke beziehen; erforderlich sei „die Angemessenheit des Unterhalts, der Grabpflege und

837 BT-Drucks. 7/4292, S. 21.

838 BMF, Gutachten Gemeinnützigkeits- und Spendenrecht, S. 99.

839 BT-Drucks. 11/4176, S. 10.

840 Siehe oben S. 227 (unter Zweiter Teil, Dritter Abschnitt, F.).

der Ehrung des Andenkens".[841] Möglicherweise war es die Intention des Gesetzgebers, die Geltung des Angemessenheitserfordernisses für alle drei Zwecke sprachlich herauszustellen,[842] die ihn veranlasste, die Angemessenheit nicht vor die Worte „zu unterhalten", sondern an den Anfang des zweiten Halbsatzes zu stellen. Berücksichtigt man den Umstand, dass der Gesetzgeber in seiner Begründung zu § 58 Nr. 5 AO auf § 55 Abs. 1 Nr. 3 AO und das darin verankerte Sparsamkeitsgebot Bezug nimmt, kann man die grammatikalisch hervorgehobene Position am Anfang des Konsekutivhalbsatzes zugleich in einem übertragenen Sinn auffassen. Die Bezugnahme auf § 55 Abs. 1 Nr. 3 AO kann man so deuten, dass der Gesetzgeber gerade im Tatbestandsmerkmal „in angemessener Weise" den prägenden Bestandteil des § 58 Nr. 5 AO sah – eine Interpretation, die auch dem Kompromisscharakter des § 58 Nr. 5 AO[843] gerecht wird. Möglicherweise hat sich der Gesetzgeber – zumindest auch – aus Gründen der sprachlichen Ästhetik für die Wahl von drei Worten („in angemessener Weise") statt nur eines Wortes („angemessen") entschieden; die Formulierung „um *in angemessener Weise* den Stifter [...] zu unterhalten [...]" ist sprachlich eleganter und klingt ausgewogener als die Formulierung „um *angemessen* den Stifter [...] zu unterhalten [...]".

Zusammenfassend lässt sich festhalten: während sich zur Beantwortung der Frage nach dem Bezugspunkt des Tatbestandsmerkmals „in angemessener Weise" allein der Wortwahl keine eindeutige Aussage entnehmen lässt, erscheint es unter Berücksichtigung der Satzstellung und der Begründung des Gesetzgebers vorzugswürdig, das Tatbestandsmerkmal „in angemessener Weise" allein auf den Unterhalt i.S. von Lebensbedarf zu beziehen.

---

841 BT-Drucks. 7/4292, S. 21.

842 BT-Drucks. 7/4292, S. 21.

843 Siehe oben S. 76 (unter Zweiter Teil, Dritter Abschnitt, A. IV. 2.).

b) Systematik

aa) Bezug des § 58 Nr. 5 AO zu § 55 Abs. 1 Nr. 3, 2. Var. AO

Ausweislich der Begründung des Finanzausschusses des Deutschen Bundestags zu seinem Entwurf einer Abgabenordnung vom 7. November 1975 trägt der Hinweis auf die „Angemessenheit" dem in § 55 Abs. 1 Nr. 3 AO verankerten Grundsatz Rechnung, dass ein steuerlich gemeinnütziges Körperschaftsteuersubjekt keine Person durch zweckfremde Ausgaben oder unverhältnismäßig hohe Vergütungen begünstigen darf.[844] Diesem Hinweis lässt sich, soweit er sich auf das Tatbestandsmerkmal „nicht unverhältnismäßig hoch" bezieht, der gesetzgeberische Wille entnehmen, das aus § 55 Abs. 1 Nr. 3, 2. Var. AO abgeleitete Gebot der Sparsamkeit auch auf § 58 Nr. 5 AO zu erstrecken. Das Sparsamkeitsgebot ist besonders praxisrelevant bei der Beurteilung von Aufwendungen für Verwaltungsaufgaben, insbesondere für Mitgliederwerbung, Spendensammlung und Öffentlichkeitsarbeit. Hinter dem Sparsamkeitsgebot steht die das gesamte Gemeinnützigkeitsrecht prägende Überlegung, dass ein möglichst hoher Anteil der Mittel unmittelbar und effektiv den steuerbegünstigten Satzungszwecken zugute kommen muss.[845] In § 58 Nr. 5 AO hat sich dieser Gedanke, wie bereits erläutert,[846] zum einen in der Formulierung „einen Teil, jedoch höchstens" niedergeschlagen und ergibt sich zum anderen aus der Zusammenschau sämtlicher tatbestandsmäßiger Grenzen.

Die Finanzverwaltung überprüft die Verhältnismäßigkeit jeder einzelnen (Verwaltungs-)Ausgabe im Anschluss an das Urteil des Bundesfinanzhofs vom 23. September 1998[847] und unter Zustimmung im Schrifttum[848] anhand sämtlicher Umstände des konkreten Einzelfalls.[849] Betrachtet man

---

844 BT-Drucks. 7/4292, S. 21.

845 BFH, BFH/NV 1999, 1089, 1091; BFH, BStBl. II 2000, 320, 324.

846 Siehe oben S. 75 (unter Zweiter Teil, Dritter Abschnitt, A. IV. 1.).

847 BFH, BStBl. II 2000, 320, 324. Ebenso BFH, BFH/NV 1999, 1089, 1091; BFH, BFH/NV 2003, 1025, 1026.

848 *Geserich*, DStR 2001, 604, 606; *Jachmann*, ZSt 2004, 92, 93 und 100; *Schauhoff*, DStR 2002, 1694, 1697.

849 BMF, BStBl. I 2000, 814, 815 (unter II. 1. und 3.); BMF, AEAO Tz. 18 Satz 4 und Tz. 20 zu § 55 Abs. 1 Nr. 1 AO, BStBl. I 2002, 867, 875.

das Angemessenheitserfordernis in § 58 Nr. 5 AO – durch Satzstellung und Wortwahl bereits sprachlich hervorgehoben – als die zentrale, den Kern des Sparsamkeitsgebots ausdrückende Grenze, erscheint es denkbar, die „angemessene Weise" auf die Stiftungsleistung als solche zu beziehen und dabei sämtliche Umstände des konkreten Einzelfalls zu berücksichtigen. Aus diesem Grund sollen im Folgenden einige ausgesuchte Kriterien daraufhin untersucht werden, ob sie – insbesondere unter Berücksichtigung der Anreizfunktion des § 58 Nr. 5 AO – geeignet sind, Bestandteil eines Vergleichsmaßstabs zu sein, den man an eine *Stiftungsleistung als solche* anlegen könnte.

bb) Einzelne Vergleichskriterien in der Diskussion

(1) Die Leistungsfähigkeit des (potenziellen) Unterhaltsempfängers, eigenes Verschulden für den Eintritt von Bedürftigkeit in seiner Person und die Dauer der Unterhaltsgewährung

In der Literatur werden vereinzelt Kriterien aufgeführt, die bei der Auslegung des Tatbestandsmerkmals „in angemessener Weise" berücksichtigt werden müssten. Genannt werden laufendes Einkommen und gegenwärtig vorhandenes Vermögen des (potenziellen) Unterhaltsempfängers als Indikatoren für seine Leistungsfähigkeit,[850] weiterhin eigenes Verschulden für den Eintritt von Bedürftigkeit in seiner Person[851] und die Dauer der Unterhaltsgewährung.[852]

---

850 *Buchna*, Gemeinnützigkeit, Anm. 2.8.5, S. 160; Hübschmann/Hepp/Spitaler/*Fischer* § 58 AO Rn. 75. Vgl. *Kulturkreis der deutschen Wirtschaft im BDI*, S. 20 (unter 8.): Relation zwischen dem zurückbehaltenen und dem auf die Stiftung übertragenen Vermögen. Anderer Ansicht *Berndt*, Stiftung, Rn. 1167.

851 *Schiffer*, Anwaltliche Praxis, § 8 Rn. 129; *ders.*, DStR 2003, 14, 18; *ders.*, sj 17-18/2004, 47, 49; *Schiffer/Kotz*, ZErb 2004, 115, 120; *Schiffer/von Schubert*, sj 3/2006, 30, 33.

852 *Schiffer*, Anwaltliche Praxis, § 8 Rn. 129; *ders.*, DStR 2003, 14, 18; *ders.*, sj 17-18/2004, 47, 49; *Schiffer/Kotz*, ZErb 2004, 115, 120; *Schiffer/von Schubert*, sj 3/2006, 30, 33.

An dieser Stelle der Angemessenheitsprüfung kann dahingestellt bleiben, ob man die vorstehend genannten Kriterien mit einbezieht. Selbst wenn man sie berücksichtigen will, so ist die Schlussfolgerung, dass sich das Angemessenheitserfordernis auf die Stiftungsleistung als solche bezieht, nicht zwingend. Bei den vorstehend genannten Kriterien handelt es sich ausnahmslos um Merkmale, die in der Person des jeweiligen (potenziellen) Unterhaltsempfängers begründet sind. Daher ist es genauso möglich, die Angemessenheit allein auf den Unterhalt zu beziehen und die vorstehend genannten Kriterien bei der Bestimmung des individuell angemessenen Unterhalts zu berücksichtigen.

(2) Der Stiftungszweck und die Art seiner Verwirklichung sowie damit zusammenhängende Faktoren

Parallel zur Untersuchung von Verwaltungsausgaben auf ihre Verhältnismäßigkeit[853] könnte man erwägen, die „angemessene Weise" auch anhand des Stiftungszwecks, also anhand des Stiftungsziels und der Art seiner Verwirklichung,[854] zu bestimmen.

Gegen diesen Ansatz lässt sich der inhaltliche und in der Systematik zum Ausdruck kommende Unterschied zwischen der Verhältnismäßigkeit von Verwaltungsausgaben einerseits und der „angemessenen Weise" i.S. des § 58 Nr. 5 AO andererseits anführen. Während die interne Verwaltungstätigkeit unmittelbar oder mittelbar auf die Erfüllung steuerbegünstigter Zwecke gerichtet ist, dient eine Versorgungsleistung i.S. des § 58 Nr. 5 AO einem rein privatnützigen Zweck. Die Vornahme einer Unterhaltsleistung i.S. des § 58 Nr. 5 AO steht begrifflich von vornherein außerhalb der Verfolgung steuerbegünstigter Zwecke. Fehlt jeglicher inhaltlicher Bezug zwischen den steuerbegünstigten Stiftungszwecken einerseits und einer privatnützigen Versorgungsleistung i.S. des § 58 Nr. 5 AO andererseits, so ist die Bestimmung der „angemessenen Weise" anhand Anzahl und Inhalt der Stiftungszwecke *nicht* möglich. Aus demselben Grund lässt sich die „angemessene Weise" auch nicht danach bestimmen, ob die Stiftung ihre

853 Siehe dazu *Geserich*, DStR 2001, 604, 606.

854 Zur Differenzierung zwischen Stiftungsziel und Stiftungstätigkeit siehe oben S. 38 f. (unter Zweiter Teil, Zweiter Abschnitt, A. I.).

Ziele fördernd oder operativ verwirklicht. Ebenso scheiden als Vergleichskriterien solche Faktoren aus, die sich erst aus dem Stiftungsziel und der Art seiner Verwirklichung ergeben – beispielsweise der laufende Personal-, Sachmittel- und Finanzbedarf.

Man könnte allenfalls die zeitliche Dauer des Stiftungszwecks in die Angemessenheitsprüfung einbeziehen. Gegen diesen Ansatz spricht jedoch die Überlegung, dass eine Stiftungsleistung i.S. des § 58 Nr. 5 AO einen Fall *akuter* Bedürftigkeit voraussetzt und zu lindern bezweckt. Eine Stiftungsleistung i.S. des § 58 Nr. 5 AO muss daher unabhängig davon bemessen werden, wann der Stiftungszweck erreicht wird und infolgedessen das eingebrachte Stiftungskapital unschädlich an den Stifter und seine Erben zurückfällt.[855] Denn solange es nicht zum Vermögensrückfall kommt, steht das (zu-)gestiftete Vermögen für privatnützige Versorgungszwecke nicht zur Verfügung. Im Übrigen wird die zeitliche Dimension des Stiftungszwecks bereits insofern berücksichtigt, als generationenübergreifend *sämtliche* Abkömmlinge des Stifters in den Kreis der nächsten Angehörigen einbezogen werden.

(3) Das Stiftungsvermögen als Indikator für die Leistungsfähigkeit der Stiftung und andere betriebswirtschaftlich relevante Faktoren

Nach der Rechtsprechung des Bundesfinanzhofs zu § 55 Abs. 1 Nr. 3 AO ist eine Verwaltungsausgabe nur dann nicht unverhältnismäßig hoch, wenn sie „wirtschaftlich sinnvoll" ist.[856] Zwar stellt das Erfordernis, dass eine Verwaltungsausgabe aus betriebswirtschaftlicher Sicht vertretbar ist, keinen Selbstzweck dar. Vielmehr dient dieses Erfordernis der Durchsetzung des bereits erwähnten Sparsamkeitsgebots. Anerkennt man allerdings das im Tatbestandsmerkmal „in angemessener Weise" ausgedrückte Sparsamkeitsgebot als den prägenden Bestandteil des § 58 Nr. 5 AO, könnte man erwägen, zur Durchsetzung dieses Gebots betriebswirtschaftlich relevante Faktoren auch in die Angemessenheitsprüfung einzubeziehen. So könnte man zur Bestimmung der „angemessenen Weise"

---

855 Siehe § 55 Abs. 1 Nr. 2 und Nr. 4 Satz 1 i.V.m. Abs. 3 AO.

856 BFH, BStBl. II 2000, 320, 324; BFH, BFH/NV 2005, 160, 161. Zustimmend *Schauhoff*, DStR 2000, 1694, 1697 (unter 3.1) und 1698 (unter 4.).

etwa die Höhe[857] und/oder die Ertragskraft[858] des vom Stifter „eingebrachten" Vermögens als Indikatoren für die Leistungsfähigkeit der *Stiftung* heranziehen. – Davon strikt zu trennen ist der Umstand, dass sich die Leistungsfähigkeit der *Stifterfamilie* in ihrer Gesamtheit um das auf die Stiftung übertragene Vermögen und die Erträge hieraus mindert. Die Frage, ob und inwiefern man Wert und Ertragskraft des gestifteten und zugestifteten Vermögens als Indikatoren für die Leistungsfähigkeit des *Stifters* oder eines *nächsten Angehörigen* in die Angemessenheitsprüfung einbeziehen kann, wird an späterer Stelle thematisiert. – In diesem Zusammenhang böte sich zudem an, parallel zur Überprüfung von Verwaltungsausgaben auf ihre Verhältnismäßigkeit[859] darauf abzustellen, ob sich die Stiftung in der – zeitlich wie auch immer definierten[860] – Gründungs- und Aufbauphase befindet.

Die Berücksichtigung der Leistungsfähigkeit der Stiftung im Rahmen der Angemessenheitsprüfung trifft auf Bedenken:

Zunächst ist anzumerken, dass die Berücksichtigung der Leistungsfähigkeit der Stiftung zur Bestimmung der „angemessenen Weise" nicht zwingend erforderlich ist. Denn die Leistungsfähigkeit der Stiftung spiegelt sich in § 58 Nr. 5 AO – gerade anders als in § 55 Abs. 1 Nr. 3, 2. Var. AO – bereits in der Höhe des Stiftungseinkommens wider.

---

857 *Arbeitsgemeinschaft Deutscher Stiftungen – Bundesverband –/Verband Deutscher Wohltätigkeitsstiftungen*, Jahrestagung 1987, S. 20; *Buchna*, StiftSpons 4/2003, 18, 19; *Schiffer*, Anwaltliche Praxis, § 8 Rn. 129; *ders.*, DStR 2003, 14, 18; *ders.*, sj 17-18/2004, 47, 49; *Schiffer/Kotz*, ZErb 2004, 115, 120; *Schiffer/von Schubert*, sj 3/2006, 30, 33.

858 *Buchna*, StiftSpons 4/2003, 18, 19; Hübschmann/Hepp/Spitaler/*Fischer* § 58 AO Rn. 75. Siehe auch *Kulturkreis der deutschen Wirtschaft im BDI*, S. 20 (unter 8.). *De lege ferenda* auch *Heuer/Habighorst*, S. 948.

859 Siehe dazu BFH, BStBl. II 2000, 320, 324; BMF, BStBl. I 2000, 814, 815 (unter II. 2.); BMF, AEAO Tz. 19 zu § 55 Abs. 1 Nr. 1 AO, BStBl. I 2002, 867, 875. Dazu kritisch *Schauhoff*, DStR 2002, 1694, 1696.

860 BMF, BStBl. I 2000, 814, 815 (unter II. 2.); BMF, AEAO Tz. 19 zu § 55 Abs. 1 Nr. 1 AO, BStBl. I 2002, 867, 875 – abhängig von den Umständen des Einzelfalls, jedoch nicht länger als vier Jahre. Siehe auch BFH, BStBl. II 2000, 320, 324: mindestens drei Jahre.

Im Übrigen würde die Berücksichtigung der Leistungsfähigkeit der Stiftung im Rahmen der Angemessenheitsprüfung einige nicht unerhebliche Folgeprobleme aufwerfen. Zunächst würde sich die Frage stellen, ob man allein das vom Stifter „eingebrachte" Vermögen berücksichtigt oder ob man Zuwächse des Stiftungsvermögens und Steigerungen seiner Ertragskraft infolge Zustiftungen Dritter sowie rücklagenfinanzierter Investitionen einbezieht. Zudem wäre fraglich, ob man Wert und Ertragskraft eines (zu-)gestifteten Vermögensgegenstandes speziell für die Angemessenheitsprüfung auf den Zeitpunkt der Vornahme einer Unterhaltsleistung oder auf den Zeitpunkt der Übertragung auf die Stiftung ermitteln müsste. Im zuletzt genannten Fall wäre weiterhin fraglich, ob bei ehemals betrieblich genutzten Wirtschaftsgütern auf den Buchwert oder – wie bei den übrigen Vermögensgegenständen – auf den gemeinen Wert abzustellen ist. Außerdem wäre fraglich, ob und inwieweit die zeitliche Dimension des Stiftungszwecks berücksichtigt werden muss, ob und inwieweit sich bei einer „Verbrauchsstiftung"[861] die im Zeitverlauf sinkende Ertragskraft des Stiftungsvermögens auswirkt. Fraglich wäre schließlich, ob und inwieweit es für die „angemessene Weise" darauf ankommt, dass sich die Stiftung (noch) in der Anlaufphase befindet. Unklar wäre, nach welchen Kriterien man speziell für die Angemessenheitsprüfung die Dauer der Aufbauphase bestimmt, ob etwa an den Zeitraum i.S. des § 58 Nr. 12 AO oder an den für die Verhältnismäßigkeit von Verwaltungsausgaben maßgeblichen Zeitraum[862] anzuknüpfen ist. Die vorstehend skizzierten Problemkreise sind also mit erheblicher Rechtsunsicherheit verbunden.

Selbst wenn sich jede einzelne der vorstehend aufgeworfenen Fragen für sich abstrakt unbestritten beantworten ließe, würde der Transfer der gewonnenen Erkenntnisse auf die Höhe einer konkret zu beurteilenden Unterhaltsleistung zu erheblichen Schwierigkeiten führen. Zumal es sich bei privatnützigen Unterhaltsleistungen gemäß § 58 Nr. 5 AO nicht um ein Massenphänomen handelt, bei dem man auf eine mehr oder weniger ausgereifte Kasuistik zurückgreifen könnte.

Das Erfordernis, die Leistungsfähigkeit der Stiftung im Rahmen der Angemessenheitsprüfung zu berücksichtigen, lässt sich auch nicht damit

---

861 Siehe oben S. 25 (unter Zweiter Teil, Erster Abschnitt, A. IV.).

862 Siehe oben S. 240 in Fn. 860.

begründen, dass der für privatnützige Versorgungsleistungen i.S. des § 58 Nr. 5 AO verbrauchte Teil des Stiftungseinkommens nicht für die Bildung von Rücklagen zur Verfügung steht. Dem Umstand, dass der Kapitalbedarf einer Stiftung in der Aufbauphase abhängig von der zeitlichen Dimension des Stiftungszwecks mehr oder weniger hoch ist, wird bereits in der Vorschrift des § 58 Nr. 12 AO Rechnung getragen. Danach darf eine Stiftung im Jahr ihrer Errichtung und in den zwei folgenden Kalenderjahren ihr laufendes Einkommen ohne jegliche Beschränkung ihrem Vermögen zuführen. Nach Ablauf dieses Zeitraums können Teile des laufenden Stiftungseinkommens nach Maßgabe des § 58 Nr. 7 Buchstabe a AO in die freie Rücklage eingestellt werden. Dabei ist die Rücklagenbildung, wie erläutert,[863] der Höhe nach vom Umfang der Versorgungsleistungen i.S. des § 58 Nr. 5 AO unabhängig. Damit steht die privatnützige Versorgung der Stifterfamilie der Erhöhung der allgemeinen Leistungsfähigkeit der Stiftung im Wege der Rücklagenbildung zu keiner Zeit entgegen. Würde man den etwaig erhöhten Kapitalbedarf der Stiftung in der Aufbauphase in die Angemessenheitsprüfung einbeziehen, so würde man das Versorgungsniveau gerade zu Anfang der Betriebsphase tendenziell senken und damit gerade den Stifter treffen. Diese Folge liefe jedoch der gerade an den Stifter gerichteten Anreizfunktion des § 58 Nr. 5 AO entgegen.

Gegen die Berücksichtigung der Leistungsfähigkeit der Stiftung im Rahmen der Angemessenheitsprüfung lässt sich anführen, dass sich die privatnützigen Versorgungsleistungen einer Stiftung an Mitglieder der Stifterfamilie nicht einer betriebswirtschaftlichen Zweckmäßigkeitsprüfung unterziehen lassen. Zwar ist den Ausgaben i.S. des § 58 Nr. 5 AO einerseits und den Ausgaben zur Spendensammlung oder zur Einwerbung von Zustiftungen andererseits gemein, dass sie der Stiftung im Ergebnis nicht zur zeitnahen Verwendung für steuerbegünstigte Zwecke zur Verfügung stehen. Allerdings besteht der entscheidende Unterschied zwischen beiden Ausgabearten darin, dass Ausgaben zur Einwerbung von Zustiftungen und Spenden den Zweck haben und mit der Chance verbunden sind, die laufenden Einnahmen der Stiftung zu erhöhen und mehr Mittel den steuerbegünstigten Zwecken zuzuführen. Bei diesen Ausgaben ist eine betriebswirtschaftlich begründete Aussage über die Relation zwischen Zweck und Mittel, zwischen Risiken und Chancen möglich. Eine solche Aussage ist

[863] Siehe oben S. 66 (unter Zweiter Teil, Dritter Abschnitt, A. II. 2.).

hingegen bei privatnützigen Versorgungsleistungen, die von vornherein nicht auf die Erhöhung der Leistungskraft des Stiftungsvermögens und die Erfüllung steuerbegünstigter Zwecke gerichtet sind, gerade nicht möglich.

c) Ergebnis

Unter Berücksichtigung der Satzstellung des § 58 Nr. 5 AO, der Begründung des Finanzausschusses des Deutschen Bundestags und der soeben abgeschlossenen Untersuchung einzelner Vergleichskriterien bleibt als erstes Zwischenergebnis festzuhalten, dass sich die im Tatbestandsmerkmal „in angemessener Weise" ausgedrückte absolute Grenze nicht auf eine Stiftungsleistung als solche, sondern allein auf den Unterhalt i.S. von Lebensbedarf bezieht.

2. Bestimmung der den Vergleichsmaßstab konstituierenden Kriterien

Im Anschluss an die Feststellung, dass Bezugspunkt des Angemessenheitserfordernisses der Unterhalt selbst ist, stellt sich die Frage, aus welchen Kriterien sich der an den Unterhalt anzulegende Vergleichsmaßstab zusammensetzt.

Wie bereits erwähnt,[864] stellt die ganz herrschende Meinung auf die „Lebensführung" oder den „Lebensstandard" ab – sei es die des Stifters, sei es die des jeweiligen Unterhaltsempfängers.

a) Subjektive *versus* objektive Betrachtung

aa) Terminologie

Für die nachstehenden Ausführungen sei folgende Terminologie maßgeblich:

---

864 Siehe oben S. 229 (unter Zweiter Teil, Dritter Abschnitt, F. II.).

Subjektiv ist eine Betrachtung, die sich *ausschließlich* an den Wertvorstellungen des Stifters oder des jeweiligen Leistungsempfängers orientiert. Demnach kommt es *allein* darauf an, welchen Unterhalt der Stifter oder der jeweilige Leistungsempfänger für sich selbst für angemessen hält, was sich – zwar nicht zwingend, so doch in aller Regel – im bislang geführten Lebensstil ausdrückt.

Objektiv ist eine Betrachtung, die sich von den Wertvorstellungen und vom tatsächlich geführten Lebensstil des Stifters oder des jeweiligen Leistungsempfängers löst. Demnach kommt es darauf an, welcher Unterhalt unter Berücksichtigung der Umstände im Einzelfall angemessen ist. Bei einer objektiven Betrachtung kann es (lediglich) *insofern* subjektive Einschläge geben, als auch solche Umstände berücksichtigt werden, die in der Person des Stifters oder des jeweiligen Leistungsempfängers begründet sind.

bb) Begründung des Gesetzgebers zur Erhöhung der relativen Grenze auf ein Drittel des Einkommens

An dieser Stelle sei auf die bereits erwähnte These von *Oenings* und *Kemcke* eingegangen, wonach sich (auch) aus der Entstehungsgeschichte des Vereinsförderungsgesetzes ein subjektives Verständnis der Angemessenheit ergebe:[865]

Während der Vorarbeiten zum Vereinsförderungsgesetz hatte die Unabhängige Sachverständigenkommission zur Prüfung des Gemeinnützigkeits- und Spendenrechts in ihrem Gutachten vom 24. März 1988 unter anderem den Vorschlag unterbreitet, § 58 Nr. 5 AO um zwei Halbsätze wie folgt zu erweitern:

> „[...]; in Fällen eines unabweisbaren Bedarfs kann das Finanzamt eine Überschreitung dieser Grenze zulassen, höchstens jedoch bis zu einem Drittel des Einkommens der Stiftung; bei rechtsfähigen Stiftungen ist die Zustimmung der Stiftungsbehörde (Stiftungsaufsicht) erforderlich;“.[866]

---

[865] *Oenings/Kemcke*, ZSt 2005, 117, 118. Siehe dazu bereits oben S. 230 f. (unter Zweiter Teil, Dritter Abschnitt, F. II.).

[866] BMF, Gutachten Gemeinnützigkeits- und Spendenrecht, S. 99 und 311.

Angemerkt sei, dass die Unabhängige Sachverständigenkommission den Begriff „unabweisbarer Bedarf" nicht erläuterte.

Mit Blick auf das Ziel des geplanten Vereinsförderungsgesetzes, das Gemeinnützigkeitsrecht zu vereinfachen,[867] merkte die Kommission an, es wäre für alle Beteiligten erheblich einfacher, wenn eine bestimmte Höchstgrenze festgelegt würde, „ohne daß eine Entscheidung des Finanzamts erforderlich wäre".[868] Das Erfordernis der Zustimmung des Finanzamts und der Stiftungsaufsichtsbehörde stieß auch bei *Isensee* und *Knobbe-Keuk* in deren Sondervotum zum Kommissionsgutachten auf Ablehnung.[869] Der Gesetzgeber selbst hielt es ausweislich der Gesetzesbegründung für vertretbar, die Grenze allgemein auf ein Drittel des Einkommens zu erhöhen.[870] Aus diesem Grund übernahm er weder die beiden behördlichen Zustimmungserfordernisse noch die Formulierung „in Fällen eines unabweisbaren Bedarfs" in § 58 Nr. 5 AO.

Aus dem Umstand, dass der Gesetzgeber des Vereinsförderungsgesetzes den Begriff „unabweisbarer Bedarf" nicht in § 58 Nr. 5 AO übernommen hat, ziehen *Oenings* und *Kemcke* den Schluss, dass sich die Angemessenheit nach dem gewohnten Lebensstil des jeweiligen Unterhaltsempfängers bestimme.[871]

Dieser Schlussfolgerung kann nicht zugestimmt werden. Der Wille des Gesetzgebers des Vereinsförderungsgesetzes, so wie er im Wortlaut des geänderten § 58 Nr. 5 AO und in der Gesetzesbegründung zum Ausdruck kommt, lässt sich lediglich dahingehend zusammenfassen, dass ein wie auch immer definierter unabweisbarer Bedarf nicht vorliegen muss. Der gesetzgeberischen Entscheidung, den Begriff „unabweisbarer Bedarf" nicht in § 58 Nr. 5 AO zu übernehmen, lässt sich jedoch keinesfalls entnehmen, dass ein objektiver Vergleichsmaßstab von vornherein ausscheidet, die

867 BT-Drucks. 11/4176, S. 1 und 8.

868 BMF, Gutachten Gemeinnützigkeits- und Spendenrecht, S. 99.

869 *Isensee/Knobbe-Keuk*, S. 433.

870 BT-Drucks. 11/4176, S. 10.

871 *Oenings/Kemcke*, ZSt 2005, 117, 118: „Die Stiftung darf dem Stifter und seinen nächsten Angehörigen daher auch ohne bestehende Notlage Leistungen erbringen, um den gewohnten Lebensstandard zu erhalten und zu sichern."

Angemessenheit des Unterhalts folglich subjektiv, also in Anlehnung an den gewohnten Lebensstil zu bestimmen ist. Da der Begriff „unabweisbarer Bedarf“ weder von der Unabhängigen Sachverständigenkommission erläutert wurde noch aus sich selbst heraus Aufschluss über ein subjektives oder objektives Verständnis gibt, lässt die Nichtübernahme ins Gesetz keinerlei Rückschlüsse auf den Inhalt des Vergleichsmaßstabs zu – weder zugunsten objektiver noch zugunsten subjektiver Kriterien. Für die Beantwortung der Frage, ob sich die Angemessenheit des Unterhalts i.S. des § 58 Nr. 5 AO nach hier verwendeter Terminologie[872] subjektiv oder objektiv bestimmt, gibt die Entstehungsgeschichte des Vereinsförderungsgesetzes nichts her.

cc) Bezug des § 58 Nr. 5 AO zu § 55 Abs. 1 Nr. 3, 2. Var. AO

Wie bereits erwähnt,[873] trägt das Angemessenheitserfordernis in § 58 Nr. 5 AO dem in § 55 Abs. 1 Nr. 3 AO verankerten Grundsatz Rechnung, dass ein steuerlich gemeinnütziges Körperschaftsteuersubjekt keine Person durch zweckfremde Ausgaben oder unverhältnismäßig hohe Vergütungen begünstigen darf. Dem Hinweis auf § 55 Abs. 1 Nr. 3 AO lässt sich, soweit er sich auf die zweite Tatbestandsvariante bezieht, der gesetzgeberische Wille entnehmen, das darin enthaltene Gebot der Sparsamkeit auch auf § 58 Nr. 5 AO zu erstrecken.

Der Hinweis des Finanzausschusses des Deutschen Bundestags auf das Verbot unverhältnismäßig hoher Vergütungen scheint auf den ersten Blick bei der Auslegung des Tatbestandsmerkmals „in angemessener Weise“ nicht weiterzuhelfen. Denn eine Stiftungsleistung i.S. des § 58 Nr. 5 AO ist unentgeltliche Einkommensverwendung und gerade nicht Vergütung für eine Gegenleistung, die man im Rahmen eines Fremdvergleichs anhand der Verkehrsauffassung auf Angemessenheit überprüfen könnte.

Die Bezugnahme des Finanzausschusses auf § 55 Abs. 1 Nr. 3, 2. Var. AO deutet allerdings auf das Erfordernis hin, die Angemessenheit des Unter-

---

[872] Siehe oben S. 243 f. (unter Zweiter Teil, Dritter Abschnitt, F. III. 2. a) aa)).

[873] Siehe oben S. 236 (unter Zweiter Teil, Dritter Abschnitt, F. III. 1. b) aa)).

halts i.S. des § 58 Nr. 5 AO anhand eines *objektiven* Vergleichsmaßstabs zu bestimmen. Die Verhältnismäßigkeit von Vergütungen i.S. des § 55 Abs. 1 Nr. 3, 2. Var. AO bemisst sich weder nach einer absoluten noch nach einer prozentualen Grenze. Vielmehr ist eine Vergütung der Höhe nach verhältnismäßig, wenn auch ein *nicht* steuerlich gemeinnütziges Körperschaftsteuersubjekt für eine in Art und Umfang vergleichbare Leistung den in Frage stehenden Betrag aufgewendet hätte. Als Maßstab für den anzustellenden Fremdvergleich dient in Anlehnung an die Grundsätze der verdeckten Gewinnausschüttung die Denkfigur des ordentlichen und gewissenhaften Geschäftsführungsberechtigten.[874] Die Verhältnismäßigkeit einer Vergütung beurteilt sich also anhand Quantität und Qualität der erbrachten Gegenleistung – Kriterien, die einer Überprüfung anhand eines objektiven Maßstabs zugänglich sind. Die Bezugnahme des Finanzausschusses auf § 55 Abs. 1 Nr. 3, 2. Var. AO spricht also für eine objektive, von den Wertvorstellungen des Stifters oder des jeweiligen Leistungsempfängers losgelöste Betrachtung.

Der hier unterbreitete Vorschlag, die Angemessenheit des Unterhalts i.S. des § 58 Nr. 5 AO anhand eines objektiven Vergleichsmaßstabs zu bestimmen, darf nicht dahingehend missverstanden werden, dass sich die Angemessenheit aus der Perspektive eines ordentlichen und gewissenhaften Stiftungsvorstands beurteilt. Ebenso wenig wie im Spendenbereich[875] gibt es hinsichtlich der privatnützigen Versorgung der Stifterfamilie kein bestimmtes normatives, anhand der Marktverhältnisse nachprüfbares Verhalten eines Stiftungsvorstands. Vielmehr soll an dieser Stelle lediglich verdeutlicht werden, dass eine *subjektive* Betrachtung, die sich allein an den Wertvorstellungen des Stifters oder des jeweiligen Unterhaltsempfängers und an dessen tatsächlich geführten individuellen Lebensstil orientiert, nicht in Betracht kommt.

---

874 Hübschmann/Hepp/Spitaler/*Fischer* § 55 AO Rn. 141; Koch/Scholtz/*Scholtz* § 55 AO Rn. 11; Schauhoff/*Schauhoff* § 8 Rn. 21; Tipke/Kruse/*Tipke* § 55 AO Rn. 10.

Vgl. BFH, BFH/NV 2001, 1536, 1538 (unter II. C. 3. b) dd)): die Frage, ob die als verdeckte Gewinnausschüttung bewertete Vergütung an den Vorstandsvorsitzenden eines Vereins unverhältnismäßig i.S. des § 55 Abs. 1 Nr. 3, 2. Var. AO war, konnte offen bleiben, weil die Vergütung bereits einen Verstoß gegen § 55 Abs. 1 *Nr. 1 Satz 2* AO begründete.

875 *Wassermeyer*, FR 1990, 1, 7.

dd) Vergleichbarkeit des § 58 Nr. 5 AO mit § 528 Abs. 1 Satz 1 BGB

Für die Heranziehung eines objektiven Vergleichsmaßstabs spricht auch die starke funktionale Ähnlichkeit des § 58 Nr. 5 AO mit § 528 Abs. 1 Satz 1 BGB:

Gemäß § 528 Abs. 1 Satz 1 BGB hat der Schenker einen Anspruch gegen den Beschenkten auf Herausgabe des Geschenkes nach Maßgabe des Kondiktionsrechts, soweit er nach Vollzug der Schenkung außerstande ist, seinen angemessenen Unterhalt zu bestreiten. Der Rückforderungsanspruch ist gemäß § 529 Abs. 1, 1. Var. BGB ausgeschlossen, wenn der Schenker seine Bedürftigkeit vorsätzlich oder durch grobe Fahrlässigkeit herbeigeführt hat.

Der angemessene Unterhalt i.S. des § 528 Abs. 1 Satz 1 BGB bestimmt sich nach einstimmiger Auffassung in Rechtsprechung[876] und Literatur[877] *objektiv* anhand der Lebensstellung des Schenkers. So entschied der X. Zivilsenat des Bundesgerichtshofs in seinem Urteil vom 5. November 2002,[878] der angemessene Unterhalt i.S. des § 528 Abs. 1 Satz 1 BGB bestimme sich gerade nicht anhand des bisherigen, vor der Schenkung geführten individuellen Lebensstils des Schenkers. Der Schenker solle gerade nicht so gestellt werden, als habe er die Schenkung nicht gemacht und als könne er deswegen seinen gewohnten Lebensstil ohne jede Einschränkung beibehalten. Vielmehr beschränke sich der Herausgabeanspruch des Schenkers vom Umfang her auf denjenigen Unterhalt, der seiner Lebensstellung nach Vollzug der Schenkung *objektiv* angemessen ist.[879]

Die These, den angemessenen Unterhalt i.S. des § 58 Nr. 5 AO in Parallele zu § 528 Abs. 1 Satz 1 BGB anhand eines objektiven Vergleichsmaßstabs zu bestimmen, ist dann konsequent, wenn man der Auffassung folgt, dass

---

876 BGH, NJW 2003, 1384, 1386 f.

877 Z.B. Bamberger/Roth/*Gehrlein* § 528 BGB Rn. 3; MünchKomm/*Kollhosser* § 528 BGB Rn. 5; Soergel/*Mühl/Teichmann* § 528 BGB Rn. 3; Staudinger/*Engler/Kaiser* § 1610 BGB Rn. 39; Staudinger/*Wimmer-Leonhardt* § 528 BGB Rn. 11; *Zeranski*, S. 22.

878 BGH, NJW 2003, 1384 ff.

879 BGH, NJW 2003, 1384, 1387. Zustimmend *Medicus*, EWiR § 528 BGB 1/03, 253, 254.

§ 528 Abs. 1 Satz 1 BGB auf Zustiftungen unmittelbar und auf die Erstausstattung zumindest analog[880] anwendbar ist.[881] Dann kann die Möglichkeit, dass der später verarmte Stifter oder Zustifter den Rückforderungsanspruch geltend macht, keine *subjektive* Betrachtung bei § 58 Nr. 5 AO rechtfertigen, wenn eben jener Anspruch an den *objektiv* angemessenen Unterhalt anknüpft.

Die vorstehende Überlegung gilt nicht nur für Stifter und Zustifter, sondern auch für die nächsten Angehörigen: Der Rückforderungsanspruch gemäß § 528 Abs. 1 Satz 1 BGB kann wegen der Bindung an die Bedürftigkeit des Schenkers *nach* dessen Tod nicht mehr entstehen.[882] Ein bereits zu dessen Lebzeiten entstandener Anspruch ist wegen seines höchstpersönlichen Charakters lediglich ausnahmsweise abtretbar und vererblich – nämlich dann, wenn ein Dritter für den angemessenen Unterhalt des verarmten Schenkers in Vorlage getreten ist.[883] Demnach steht der Rückforderungsanspruch aus § 528 Abs. 1 Satz 1 i.V.m. § 1922 Abs. 1 BGB den Erben eines verarmten Schenkers dem Grunde nach überhaupt nur dann zu, wenn *sie* für dessen Unterhalt in Vorlage getreten sind. Dabei kann der Rückforderungsanspruch im Wege der Universalsukzession *nur in der Höhe* auf die Erben übergehen, wie er in Person des verarmten Schenkers entstanden ist. Folglich bemisst sich auch der Rückforderungsanspruch der Erben stets nach dem *objektiv* angemessenen Unterhalt des verarmten Schenkers.

---

880 Analog, weil die Erstausstattung keine Schenkung darstellt. Siehe dazu auch oben S. 32 (unter Zweiter Teil, Erster Abschnitt, B. IV.).

881 So für rechtsfähige Stiftungen des bürgerlichen Rechts z.B. Palandt/*Heinrichs* § 82 BGB Rn. 1 m.w.N.; Soergel/*Neuhoff* § 80 BGB Rn. 9 in Fn. 44 und § 82 BGB Rn. 3.

Anmerkung: Für nichtselbständige Stiftungen kommt eine analoge Anwendung des § 528 Abs. 1 Satz 1 BGB nur dann in Betracht, wenn man das Stiftungsgeschäft als Schenkung unter Auflage auffasst. Bei Einordnung als treuhänderische Stiftung besteht die Möglichkeit zur Kündigung gemäß § 671 Abs. 1 BGB. Siehe dazu Seifart/von Campenhausen/*Hof* § 36 Rn. 29 und 59.

882 MünchKomm/*Kollhosser* § 528 BGB Rn. 15.

883 BGH, BGHZ 123, 264, 267; BGH, NJW 1995, 2287, 2288; *Lange*/*Kuchinke*, § 5 III. 3. b) γ), S. 94; MünchKomm/*Kollhosser* § 528 BGB Rn. 15 f.; Soergel/*Mühl*/*Teichmann* § 528 BGB Rn. 8; *Zeranski*, S. 114 f.

Folgt man hingegen der Auffassung, dass § 528 Abs. 1 Satz 1 BGB auf die Erstausstattung und auf Zustiftungen nicht (analog) anwendbar ist,[884] lässt sich die Bestimmung des angemessenen Unterhalts i.S. des § 58 Nr. 5 AO in Parallele zu § 528 Abs. 1 Satz 1 BGB zumindest mit der starken funktionalen Ähnlichkeit beider Vorschriften vertreten: Die zitierten Bestimmungen in § 528 Abs. 1 Satz 1 und § 529 Abs. 1, 1. Var. BGB verstehen sich vor dem Hintergrund eines Interessenskonflikts. Einerseits soll der in einer unentgeltlichen Vermögensübertragung praktizierte Altruismus den Schenker nicht in Not bringen. Aus diesem Grund besteht der Rückforderungsanspruch des Schenkers unabhängig davon, ob dessen Bedürftigkeit gerade durch den Vollzug der konkreten Schenkung eingetreten ist.[885] Andererseits bedeutet der Rückforderungsanspruch einen Eingriff in den Vollzug der Schenkung, erschüttert damit das Vertrauen des Beschenkten auf die Rechtsbeständigkeit des Erwerbs.[886] Demnach ist § 528 Abs. 1 Satz 1 BGB eine Billigkeitsvorschrift, deren Zweck in Zusammenschau mit § 529 BGB darin besteht, die Interessen des bedürftigen Schenkers und des Beschenkten zu einem sozial ausgewogenen Ausgleich zu bringen.[887] Die Parallele zu § 58 Nr. 5 AO besteht darin, dass auch diese Vorschrift einen – speziell gemeinnützigkeitsrechtlich – vertretbaren Interessensausgleich schaffen soll. Im Übrigen ist § 528 Abs. 1 Satz 1 BGB und § 58 Nr. 5 AO gemein, dass die erforderliche Bedürftigkeit gerade nicht durch *diejenige* Vermögensübertragung ausgelöst worden sein muss, auf die sich ihre Anreizfunktion bezieht. Ausreichend ist der Umstand, dass dem Schenker bzw. dem Stifter oder Zustifter der weggegebene Vermögenswert zur Linderung von Bedürftigkeit nicht mehr zur Verfügung steht.

Aus vorstehend genannten Gründen erscheint es vertretbar, die Angemessenheit des Unterhalts i.S. des § 58 Nr. 5 AO *objektiv* anhand der Lebensstellung zu bestimmen – sei es der des Stifters, sei es der des jeweiligen Leistungsempfängers.

---

884 So MünchKomm/*Reuter* § 80 BGB Rn. 15; *Rawert/Katschinski*, ZEV 1996, 161, 163 in Fn. 18; Seifart/von Campenhausen/*Hof* § 7 Rn. 37; Staudinger/*Rawert* § 80 BGB Rn. 11. Vgl. BGB-RGRK/*Steffen* § 82 BGB Rn. 4: anwendbar nur § 519 BGB.

885 BGH, NJW 1996, 987, 987; BGH, NJW 2005, 670, 671; BGB-RGRK/*Mezger* § 528 BGB Rn. 3; Staudinger/*Wimmer-Leonhardt* § 528 BGB Rn. 6; *Zeranski*, S. 24.

886 MünchKomm/*Kollhosser* § 528 BGB Rn. 1.

887 Staudinger/*Wimmer-Leonhardt* § 528 BGB Rn. 2.

Zur Bestimmung der Lebensstellung des Schenkers stützen sich der Bundesgerichtshof[888] und das bürgerlich-rechtliche Schrifttum[889] auf eine analoge Anwendung des § 1610 Abs. 1 BGB. Gemäß § 1610 Abs. 1 BGB bestimmt sich das Maß des zu gewährenden Verwandtenunterhalts (§ 1601 BGB) nach der Lebensstellung des Bedürftigen. Im weiteren Verlauf dieses Abschnitts wird noch zu klären sein, *ob* und, wenn ja, *inwiefern* man zur Bestimmung des angemessenen Unterhalts i.S. des § 58 Nr. 5 AO auf die Lebensstellung i.S. des § 1610 Abs. 1 BGB zurückgreifen kann.

ee) Vergleichbarkeit des § 58 Nr. 5 AO mit § 13 Abs. 1 Nr. 12, 1. Var. ErbStG

Für eine objektive Angemessenheitsprüfung anhand der Lebensstellung spricht weiterhin die starke Ähnlichkeit des § 58 Nr. 5 AO mit § 13 Abs. 1 Nr. 12, 1. Var. ErbStG:

Nach § 13 Abs. 1 Nr. 12 ErbStG bleiben Zuwendungen unter Lebenden zum Zwecke des angemessenen Unterhalts oder zur Ausbildung des Bedachten steuerfrei. Nach der Legaldefinition des § 13 Abs. 2 Satz 1 ErbStG ist angemessen im Sinne des Absatzes 1 Nr. 12 eine Zuwendung, die den Vermögensverhältnissen und der Lebensstellung des Bedachten entspricht. Eine dieses Maß übersteigende Zuwendung ist gemäß § 13 Abs. 2 Satz 2 ErbStG in vollem Umfang steuerpflichtig.

(1) Der Unterhalt als Bezugspunkt der Angemessenheit

Eine der Gemeinsamkeiten zwischen § 13 Abs. 1 Nr. 12, 1. Var. ErbStG und § 58 Nr. 5 AO besteht darin, dass sich das Angemessenheitserfordernis auf den Unterhalt bezieht. Für § 13 Abs. 1 Nr. 12, 1. Var. ErbStG ergibt

---

888 BGH, NJW 1996, 987, 987.

889 MünchKomm/*Kollhosser* § 528 BGB Rn. 5; Soergel/*Mühl/Teichmann* § 528 BGB Rn. 3; Staudinger/*Engler/Kaiser* § 1610 BGB Rn. 39; Staudinger/*Wimmer-Leonhardt* § 528 BGB Rn. 11; *Zeranski*, S. 22.

sich dies aus dem Wortlaut: steuerfrei sind Zuwendungen unter Lebenden zum Zwecke des „angemessenen Unterhalts".

Dieser Auslegung steht weder die Legaldefinition in § 13 Abs. 2 *Satz 1* ErbStG noch die Vorschrift des § 13 Abs. 2 *Satz 2* ErbStG entgegen. Zwar bezieht sich das Angemessenheitserfordernis nach dem Wortlaut beider zuletzt genannter Vorschriften auf den Begriff „Zuwendung" – „Angemessen [...] ist eine Zuwendung, die [...]" und „Eine dieses Maß übersteigende Zuwendung [...]". Allerdings darf aus dem Wortlaut des *Absatzes 2* nicht voreilig der Schluss gezogen werden, das Angemessenheitserfordernis beziehe sich entgegen dem Wortlaut des *Absatzes 1 Nr. 12* doch nicht auf den Unterhalt, sondern auf den steuerbaren Erwerbsvorgang als solchen:[890]

Erstens heißt es in § 13 Abs. 2 Satz 1 ErbStG: „*Angemessen im Sinne des Absatzes 1 Nr. 5 und 12* ist eine Zuwendung, die [...]"; es heißt *nicht*: „Angemessen ist eine *Zuwendung im Sinne des § 13 Abs. 1 Nr. 5 und 12*, die [...]". Die spezifizierende Formulierung „im Sinne des Absatzes 1 Nr. 5 und 12" bezieht sich auf das Adjektiv „angemessen" und nicht auf das Substantiv „Zuwendung".

Zweitens *kann* sich das Angemessenheitserfordernis mit Blick auf den Wortlaut des § 13 Abs. 1 *Nr. 5* ErbStG gar nicht auf den steuerbaren Erwerbsvorgang als solchen beziehen. Gemäß § 13 Abs. 1 Nr. 5 ErbStG bleibt steuerfrei *die Befreiung von einer Schuld* gegenüber dem Erblasser, *sofern* die Schuld durch Gewährung von Mitteln zum Zweck des angemessenen Unterhalts *oder* zur Ausbildung des Bedachten begründet worden ist *oder* der Erblasser die Befreiung mit Rücksicht auf die Notlage des Schuldners angeordnet hat und diese auch durch die Zuwendung nicht beseitigt wird. Die erbschaftsteuerbare (schenkungsteuerbare) Zuwendung, die § 13 Abs. 1 Nr. 5 ErbStG von der Steuerpflicht ausnimmt, ist „die Befreiung von einer Schuld gegenüber dem Erblasser" – *nicht* etwa die Gewährung von Mitteln zum Zweck des angemessenen Unterhalts. Würde man nun die Angemessenheit auf die steuerbare Zuwendung beziehen, müsste hinsichtlich § 13 Abs. 1 Nr. 5 ErbStG *die Befreiung von der Schuld*

---

890 So früher *Kipp*, § 18 ErbStG 1925 Anm. 72 (betreffend § 18 Abs. 2 Satz 1 und 2 ErbStG 1925).

(als Zuwendung) angemessen sein. Dies widerspricht jedoch dem Wortlaut des Absatzes 1 Nr. 5, der das Angemessenheitserfordernis ausschließlich auf die *erste* Tatbestandsvariante, die Gewährung von Mitteln zum Zweck des angemessenen Unterhalts, bezieht.

Nach vorzugswürdiger Auffassung sind § 13 Abs. 2 Satz 1 und 2 ErbStG so zu lesen, dass eine Zuwendung betragsmäßig dem angemessenen Unterhalt entsprechen muss[891] und eine diesen Betrag übersteigende Zuwendung in vollem Umfang steuerpflichtig ist.

(2) Weitere Gemeinsamkeiten

Darüber hinaus sind die Zuwendungen i.S. des § 13 Abs. 1 Nr. 12, 1. Var. ErbStG mit den Unterhaltsleistungen i.S. des § 58 Nr. 5 AO insofern vergleichbar, als der jeweilige Zuwendungsempfänger auf die finanzielle Unterstützung zur Bestreitung seines Unterhalts angewiesen sein muss.[892] Damit sind beide Vorgänge in zeitlicher wie betragsmäßiger Hinsicht an das Vorliegen von Bedürftigkeit geknüpft.

Eine weitere Gemeinsamkeit beider Vorschriften besteht darin, dass die Angemessenheit in beiden Vorschriften eine *Ober*grenze darstellt.[893]

Schließlich ist § 13 Abs. 1 Nr. 12, 1. Var. ErbStG auch in seiner Zielsetzung mit § 58 Nr. 5 AO vergleichbar. Zwar ist für § 13 Abs. 1 Nr. 12,

---

891 Im Ergebnis ebenso *Megow/Michel*, § 13 ErbStG Rn. 25.

892 Ständige Rechtsprechung seit RFH, RFHE 8, 129, 133 (betreffend § 42 Abs. 1 Nr. 2 ErbStG 1919). Im Anschluss daran z.B. RFH, RStBl. 1930, 819; RFH, RStBl. 1931, 141 m.w.N.; RFH, RFHE 31, 224, 225; RFH, RStBl. 1933, 796, 797; RFH, RStBl. 1934, 1440, 1441; RFH, RStBl. 1935, 904, 904 f.; RFH, RStBl. 1941, 766, 767 – alle betreffend § 18 Abs. 1 Nr. 14 ErbStG 1925.

Betreffend § 13 Abs. 1 Nr. 12, 1. Var. ErbStG: *Kapp/Ebeling*, § 13 ErbStG Rn. 109; *Meincke*, § 13 ErbStG Rn. 40; Moench/Kien-Hümbert/Weinmann/*Kien-Hümbert* § 13 ErbStG Rn. 69; Troll/Gebel/Jülicher/*Jülicher* § 13 ErbStG Rn. 138; Wilms/*Herrmann/ B. Michel* § 13 ErbStG Rn. 91.

893 Troll/Gebel/Jülicher/*Jülicher* § 13 ErbStG Rn. 140; Wilms/*Herrmann/B. Michel* § 13 ErbStG Rn. 96.

1. Var. ErbStG wegen der Beschränkung der Steuerbefreiung auf „Zuwendungen unter Lebenden" höchst umstritten, ob der Gesetzgeber eine die Steuerbefreiung legitimierende Opferbereitschaft nur bei lebzeitigen Zuwendungen annahm.[894] Teilweise wird die Auffassung vertreten, die Erweiterung der Steuerbefreiung um Erwerbe von Todes wegen sei ungerechtfertigterweise unterblieben, als die Besteuerung letztwilliger Erwerbe von Abkömmlingen eingeführt wurde.[895] Allerdings verdeutlicht diese Meinungsdivergenz die Teleologie und Legitimation des § 13 Abs. 1 Nr. 12, 1. Var. ErbStG – nämlich die wirtschaftliche und auf Freiwilligkeit beruhende privatnützige Opferbereitschaft vermögender Personen zu fördern.

Auch aus vorstehend genannten Gründen erscheint es vertretbar, die Angemessenheit des Unterhalts i.S. des § 58 Nr. 5 AO objektiv anhand der Lebensstellung zu bestimmen. Soweit § 13 Abs. 2 Satz 1 ErbStG explizit die Vermögensverhältnisse des Bedachten nennt, kann dies für § 58 Nr. 5 AO unbeachtlich bleiben. Denn die Nennung der Vermögensverhältnisse in § 13 Abs. 2 Satz 1 ErbStG ist lediglich ein Hinweis auf das Bedürftigkeitserfordernis, welches sich für § 58 Nr. 5 AO bereits aus dem Charakter als Ausnahmetatbestand, aus der Formulierung „einen Teil, jedoch höchstens" und aus der Zusammenschau sämtlicher tatbestandsmäßiger Grenzen ergibt.[896] Im Übrigen sind die Vermögensverhältnisse – insoweit wird auf spätere Ausführungen vorgegriffen – bereits Bestandteil der Lebensstellung.

---

894 So RFH, RStBl. 1938, 571. Vgl. BFH, BStBl. II 1985, 333, 334: Rechtfertigung der Beschränkung auf Erwerbe unter Lebenden damit, dass die Steuerbefreiung Bedürftigkeit voraussetze und damit ausschließlich für laufende Leistungen gelte, die jedoch nur unter Lebenden denkbar seien.

895 So *Kipp*, § 18 ErbStG 1925 Anm. 76; *Stölzle*, § 18 ErbStG 1925 Rn. 101 – beide betreffend § 18 Abs. 1 Nr. 14 ErbStG 1925.

896 Siehe oben S. 75 f. (unter Zweiter Teil, Dritter Abschnitt, A. IV. 1.) und S. 221 (unter Zweiter Teil, Dritter Abschnitt, E. I. 2.).

ff) Zwischenergebnis

Als Zwischenergebnis lässt sich festhalten, dass sich die Angemessenheit des Unterhalts i.S. des § 58 Nr. 5 AO nicht subjektiv[897], also nicht nach den Vorstellungen und dem bisher tatsächlich geführten individuellen Lebensstil – sei es des Stifters, sei es des jeweiligen Leistungsempfängers – beurteilt. Die Angemessenheit des Unterhalts bestimmt sich vielmehr objektiv[898] anhand der Lebensstellung, möglicherweise unter Einbeziehung der Vermögensverhältnisse – sei es des Stifters, sei es des jeweiligen Leistungsempfängers. Die Anknüpfung an die Lebensstellung schließt nicht aus, dass der objektiv angemessene Unterhalt den Vorstellungen und dem bislang geführten individuellen Lebensstil – sei es des Stifters, sei es des jeweiligen Leistungsempfängers – entspricht. Ausgeschlossen ist aber die allumfassende Absicherung eines Stifters oder eines nächsten Angehörigen, der bislang über seine wirtschaftlichen Verhältnisse gelebt hat.

b) Die Bestimmung der Lebensstellung

Nach der Feststellung, dass sich der angemessene Unterhalt i.S. des § 58 Nr. 5 AO objektiv anhand der Lebensstellung – möglicherweise unter Einbeziehung der Vermögensverhältnisse – bestimmt, stellt sich die Frage nach dem Inhalt der Lebensstellung.

aa) Persönlicher und zeitlicher Bezugspunkt der Lebensstellung

Dies wirft zunächst die Frage nach dem persönlichen und zeitlichen Bezugspunkt der Lebensstellung auf. Es stellt sich also zunächst die Frage, auf *wessen* Lebensstellung zu *welchem Zeitpunkt* es ankommt.

---

897 Zur Terminologie siehe oben S. 243 f. (unter Zweiter Teil, Dritter Abschnitt, F. III. 2. a) aa)).

898 Zur Terminologie siehe oben S. 243 f. (unter Zweiter Teil, Dritter Abschnitt, F. III. 2. a) aa)).

(1) Stellungnahme zum Meinungsstand

Wie bereits erwähnt,[899] stellen die Finanzverwaltung und ihr unwidersprochen folgend ein Teil der Literatur – in der Regel ohne Begründung – auf den Lebensstandard des jeweiligen Leistungsempfängers ab. Dies, so die einzige zu findende Begründung, entspreche regelmäßig der Interessenlage des Stifters.[900] Diese Begründung ist nicht zwingend. Selbst wenn man entgegen der hier vertretenen Auffassung die Angemessenheit subjektiv bestimmen und auf den tatsächlich geführten individuellen Lebensstil abstellen wollte, ist es nicht ausgeschlossen, dass gerade umgekehrt ein wohlhabender potenzieller Stifter sowohl sich selber als auch seinen nächsten Angehörigen den von ihm bislang selbst genossenen hohen Lebensstandard sichern will.[901]

Der andere Teil im Schrifttum stellt, wie erwähnt,[902] auf die Lebensführung des Stifters zur Zeit der Stiftungserrichtung ab. Diese Ansicht wird vereinzelt darauf gestützt, dass der Gesetzgeber des Vereinsförderungsgesetzes die Anhebung der relativen Grenze von einem Viertel auf ein Drittel des Stiftungseinkommens mit den „Bedürfnissen der Praxis" begründete.[903] Zwar ist die Begründung des Gesetzgebers richtig wiedergegeben. Die zitierte Schlussfolgerung findet allerdings keine Stütze in den Gesetzgebungsmaterialien.

(2) Der zeitliche Bezugspunkt der Lebensstellung i.S. des § 1610 Abs. 1 BGB

Im bürgerlich-rechtlichen Schrifttum ist umstritten, auf welchen Zeitpunkt oder Zeitraum sich die für den Verwandtenunterhalt maßgebliche Lebens-

---

899 Siehe oben S. 229 (unter Zweiter Teil, Dritter Abschnitt, F. II.).

900 So *Götz*, NWB F. 2, 8603, 8608. Ähnlich *Söffing/Thoma*, ErbStB 2005, 212, 213.

901 *Müller/Schubert*, DStR 2000, 1289, 1296; Schauhoff/*Schauhoff* § 8 Rn. 109. Vgl. *Söffing/Thoma*, ErbStB 2005, 212, 213: maßgeblich der gehobene Lebensstandard des Leistungsempfängers.

902 Siehe oben S. 229 (unter Zweiter Teil, Dritter Abschnitt, F. II.).

903 *Franke/Herrmann*, zfbf 1994, 582, 589.

stellung i.S. des § 1610 Abs. 1 BGB beurteilt. Nach überwiegender Ansicht bestimmt sich die Lebensstellung i.S. des § 1610 Abs. 1 BGB anhand der Umstände in dem Zeitpunkt, in dem ein Verwandter Unterhaltsansprüche geltend macht.[904] Die Gegenauffassung will – zumindest auch – die Umstände *vor* Geltendmachung eines Unterhaltsanspruchs berücksichtigen.[905]

Für den Rückforderungsanspruch aus § 528 Abs. 1 Satz 1 BGB beurteilt sich die Angemessenheit des Unterhalts des Schenkers nach dem bereits erwähnten Urteil des Bundesgerichtshofs vom 5. November 2002[906] nicht anhand seines *bisherigen*, *vor* der Schenkung geführten individuellen Lebensstils. Der Schenker solle gerade nicht so gestellt werden, als habe er die Schenkung nicht gemacht und als könne er deswegen seinen *gewohnten* Lebensstil ohne jede Einschränkung beibehalten. Vielmehr beschränke sich der Herausgabeanspruch des Schenkers vom Umfang her auf denjenigen Unterhalt, der seiner Lebensstellung *nach* Vollzug der Schenkung objektiv angemessen ist.[907]

(3) Betrachtung aus der Perspektive eines Stifters

Aus der Perspektive eines *Stifters* ist es im Ergebnis irrelevant, ob man abstrakt auf die Lebensstellung des Stifters oder auf die Lebensstellung des jeweiligen Unterhaltsempfängers abstellt. Aus der Perspektive eines *Stifters* verdichtet sich die hier aufgeworfene Problematik auf die Frage nach dem *Zeitpunkt* oder *Zeitraum*, für den seine Lebensstellung bestimmt werden soll.

---

904 *Günther*, FuR 1995, 1, 3 (unter II. (3)); MünchKomm/*Born* § 1610 BGB Rn. 19; Staudinger/*Engler/Kaiser* § 1610 BGB Rn. 38. Unausgesprochen auch Bamberger/Roth/*Reinken* § 1610 BGB Rn. 4.

905 BGB-RGRK/*Mutschler* § 1610 BGB Rn. 32; Göppinger/Wax/*Strohal*, Rn. 303.

906 BGH, NJW 2003, 1384 ff.

907 BGH, NJW 2003, 1384, 1387. Zustimmend *Medicus*, EWiR § 528 BGB 1/03, 253, 254. Siehe auch BGH, NJW 2005, 670, 671.

Für die These, die Lebensstellung des Stifters anhand der Umstände im Zeitpunkt der *Stiftungserrichtung* zu bestimmen, spricht die Überlegung, dass so sichergestellt ist, dass der Wert und die Ertragskraft des gestifteten Vermögens über die Leistungsfähigkeit und damit über die Lebensstellung auf die Angemessenheit des Unterhalts positiv durchschlagen. Diese Überlegung scheint ein Grund dafür zu sein, warum ein Teil der Literatur auf den Zeitpunkt der Stiftungserrichtung abstellt. So bevorzugen *Müller* und *Schubert* „auch aus rechtspolitischer Sicht“[908] die Anknüpfung der Angemessenheit an „den Ursprung der Vermögensquelle“ gegenüber der Prüfung eines „Teilhabeanspruch[s] aus der Perspektive des Zuwendungsempfängers“.[909] Folgt man dieser Auffassung mit Blick auf die Anreizfunktion des § 58 Nr. 5 AO für den *Stifter*, so stellt sich die Frage, ob diese Überlegung gleichermaßen für die Bestimmung der Lebensstellung der *nächsten Angehörigen* des Stifters gilt.

Für die These, die Lebensstellung des Stifters anhand der Umstände im Zeitpunkt der *Vornahme einer Stiftungsleistung* zu bestimmen, spricht die Überlegung, dass so eine Anpassung an den im Laufe der Zeit möglicherweise steigenden Bedarf – etwa infolge Alters und Gesundheitszustands – möglich ist. Folgt man diesem Ansatz, stellt sich die Frage, *ob* und, wenn ja, *wie* man die dauerhafte Entäußerung von Vermögen in die aktuelle Lebensstellung des Stifters – möglicherweise auch bei einem nächsten Angehörigen – einbeziehen kann.

Erscheinen beide vorstehende Lösungsansätze und Begründungen vertretbar, so spricht die nachstehende Überlegung unter Zugrundelegung früherer Ausführungen *zwingend* für die Beurteilung der Lebensstellung anhand der Umstände im Zeitpunkt der *Vornahme einer Stiftungsleistung*:

Wie erläutert,[910] soll § 58 Nr. 5 AO die Minderung der Leistungsfähigkeit des Stifters insofern – aber auch *nur* insofern – ausgleichen, als sie gerade durch die dauerhafte Entäußerung von Vermögen eingetreten ist. § 58 Nr. 5 AO kompensiert (lediglich) den Nachteil, dass das auf eine Stiftung

---

[908] *Müller/Schubert*, DStR 2000, 1289, 1296 f.

[909] *Müller/Schubert*, DStR 2000, 1289, 1296.

[910] Siehe oben S. 69 - 74 (unter Zweiter Teil, Dritter Abschnitt, A. III. 2.) und S. 77 (unter Zweiter Teil, Dritter Abschnitt, A. IV. 2.).

übertragene Vermögen dauerhaft an die steuerbegünstigten Zwecke gebunden ist, folglich für privatnützige Versorgungszwecke nicht zur Verfügung steht. § 58 Nr. 5 AO kompensiert hingegen *nicht* auch solche Vermögens- und Einkommenseinbußen, die der Stifter – etwa infolge konjunktureller Schwäche oder Einbrüchen an den Kapitalmärkten – *selbst* erlitten hätte, wenn er das Vermögen behalten hätte. Damit sich derartige wirtschaftliche Einbußen nicht auswirken können, *muss* sich die Lebensstellung des Stifters anhand der *gegenwärtigen* Umstände bestimmen. Aus diesem Grund beurteilt sich die Angemessenheit des Unterhalts des Stifters anhand der Frage, welcher Unterhalt *heute* objektiv angemessen *wäre*, wenn sich das der Stiftung übertragene Vermögen noch in seinen Händen *befände*.

(4) Zwischenergebnis

Nach den vorstehenden Ausführungen bleibt als weiteres Zwischenergebnis festzuhalten, dass sich die Angemessenheit des Unterhalts i.S. des § 58 Nr. 5 AO objektiv anhand der Lebensstellung – möglicherweise auch anhand der Vermögensverhältnisse – des jeweiligen Leistungsempfängers im Zeitpunkt der Vornahme einer Stiftungsleistung beurteilt.

Die Frage, *ob* und, wenn ja, *wie* man die dauerhafte Entäußerung von Vermögen in die aktuelle Lebensstellung des Stifters – möglicherweise auch bei einem nächsten Angehörigen – einbeziehen kann, wird an späterer Stelle thematisiert.

bb) Inhaltliche Konkretisierung der Lebensstellung

Nach Festlegung des persönlichen und zeitlichen Bezugspunkts der Lebensstellung dienen die folgenden Ausführungen dazu, die Lebensstellung inhaltlich zu konkretisieren.

(1) Ansatz: Anknüpfung an die Lebensstellung i.S. des § 1610 Abs. 1 BGB

Die dem angemessenen Unterhalt i.S. des § 528 Abs. 1 Satz 1 BGB zugrunde liegende Lebensstellung des Schenkers bestimmt sich nach höchstrichterlicher Rechtsprechung[911] und allgemeiner Ansicht in der Literatur[912] in analoger Anwendung des § 1610 Abs. 1 BGB. Die Anlehnung an § 1610 Abs. 1 BGB und die dazu ergangene Rechtsprechung wird teilweise auch für die Bestimmung der Lebensstellung i.S. des § 13 Abs. 2 Satz 1 ErbStG befürwortet.[913] Wegen der starken funktionalen Ähnlichkeit mit § 528 Abs. 1 Satz 1 BGB[914] und § 13 Abs. 1 Nr. 12, 1. Var. ErbStG[915] bietet sich an, bei der Bestimmung des angemessenen Unterhalts i.S. des § 58 Nr. 5 AO – zumindest vom Ansatz – auf die Lebensstellung i.S. des § 1610 Abs. 1 BGB abzustellen.[916]

Gegen die Anknüpfung an die Lebensstellung i.S. des § 1610 Abs. 1 BGB lässt sich allerdings einwenden, dass die Angemessenheit i.S. des § 58 Nr. 5 AO anders als die Angemessenheit i.S. des § 528 Abs. 1 Satz 1 und des § 1610 Abs. 1 BGB keine Unter-, sondern eine Obergrenze bildet.[917] Aus dem gleichen Grund wird in Teilen der Literatur eine analoge Anwendung des § 1610 Abs. 1 BGB zur Bestimmung des angemessenen Unterhalts i.S. des § 13 Abs. 1 Nr. 12, 1. Var. ErbStG abgelehnt.[918] Die Anknüpfung an § 1610 Abs. 1 BGB ist vor allem insofern höchst bedenklich, als sich die Lebensstellung i.S. des § 1610 Abs. 1 BGB ausschließlich[919]

---

911 BGH, NJW 2003, 1384, 1386 f.; BGH, NJW 2005, 670, 671.

912 MünchKomm/*Kollhosser* § 528 BGB Rn. 5; Soergel/*Mühl/Teichmann* § 528 BGB Rn. 3; Staudinger/*Engler/Kaiser* § 1610 BGB Rn. 39; Staudinger/*Wimmer-Leonhardt* § 528 BGB Rn. 11.

913 Moench/Kien-Hümbert/Weinmann/*Kien-Hümbert* § 13 ErbStG Rn. 71. Nicht eindeutig *Kapp/Ebeling*, § 13 ErbStG Rn. 115.

914 Siehe oben S. 248 f. (unter Zweiter Teil, Dritter Abschnitt, F. III. 2. a) dd)).

915 Siehe oben S. 251 - 254 (unter Zweiter Teil, Dritter Abschnitt, F. III. 2. a) ee)).

916 Im Ergebnis ebenso *Götz*, NWB F. 8603, 8608; *Oenings/Kemcke*, ZSt 2005, 117, 118; *Schauhoff*, DB 1996, 1693, 1694. Kritisch *Müller/Schubert*, DStR 2000, 1289, 1296.

917 Kritisch auch *Müller/Schubert*, DStR 2000, 1289, 1296.

918 Troll/Gebel/Jülicher/*Jülicher* § 13 ErbStG Rn. 140; Wilms/*Herrmann/B. Michel* § 13 ErbStG Rn. 96.

919 Soergel/*Häberle* § 1610 BGB Rn. 2; Staudinger/*Engler/Kaiser* § 1610 BGB Rn. 37. Nicht eindeutig Bamberger/Roth/*Reinken* § 1610 BGB Rn. 4.

oder zumindest überwiegend[920] anhand der gegenwärtigen tatsächlichen Leistungsfähigkeit des Unterhaltsempfängers bestimmt. Die normative Anlehnung an § 1610 Abs. 1 BGB kann also nur ein erster Ansatzpunkt sein. So wird im weiteren Verlauf dieses Abschnitts noch zu klären sein, inwieweit eine Modifizierung anhand der Sachstruktur des § 58 Nr. 5 AO geboten ist.

An dieser Stelle sei auf die These von *Oenings* und *Kemcke* eingegangen, wonach sich die Angemessenheit des Unterhalts analog § 1610 Abs. 1 BGB nach „den persönlichen Lebensverhältnissen und dem gewohnten Lebensstil“ bestimme.[921] Dazu sei kritisch angemerkt, dass sich der angemessene Verwandtenunterhalt nach dem Wortlaut des § 1610 Abs. 1 BGB gerade nicht (auch) nach dem gewohnten Lebensstil, sondern (allein) anhand der Lebensstellung des Unterhaltsempfängers bestimmt. Dabei beurteilt sich die Lebensstellung i.S. des § 1610 Abs. 1 BGB, wie vorstehend erwähnt,[922] ausschließlich oder zumindest überwiegend anhand der gegenwärtigen tatsächlichen Leistungsfähigkeit. Stellt man auf die *gegenwärtigen* wirtschaftlichen Verhältnisse ab, fehlt die Verbindung zum *bislang* geführten Lebensstil.

Die im Jahr 1961 vorgenommene Änderung des Wortlauts des § 1610 Abs. 1 BGB von „standesgemäßem“ zu „angemessenem“ Unterhalt[923] diente ausweislich der Gesetzesbegründung lediglich der Anpassung an den veränderten Sprachgebrauch und bezweckte keine inhaltliche Änderung des bislang geltenden Rechts.[924] Auf dieser Grundlage versteht sich die Lebensstellung i.S. des § 1610 Abs. 1 BGB als persönlicher, familiärer und

---

920 BGH, NJW 1981, 1559, 1560: „in erster Linie“, „vor der beruflichen (sozialen) Stellung“; BGB-RGRK/*Mutschler* § 1610 BGB Rn. 31 und 34; Erman/*Hammermann* § 1610 BGB Rn. 17; Göppinger/Wax/*Strohal*, Rn. 288. Nicht eindeutig MünchKomm/*Born* § 1610 BGB Rn. 12 und 19.

921 *Oenings/Kemcke*, ZSt 2005, 117, 118. Siehe dazu auch oben S. 230 f. (unter Zweiter Teil, Dritter Abschnitt, F. II.).

922 Siehe oben auf dieser Seite.

923 Art. 1 Nr. 41 des Gesetzes zur Vereinheitlichung und Änderung familienrechtlicher Vorschriften (Familienrechtsänderungsgesetz) vom 11. 8. 1961, BGBl. I 1961, 1221, 1226.

924 BT-Drucks. 3/530, S. 25 (Begründung zu Art. 1 Nr. 42).

sozialer Lebenszuschnitt.[925] In Anlehnung an die Rechtsprechung des Bundesgerichtshofs und die herrschende Meinung im zivilrechtlichen Schrifttum zu § 1610 Abs. 1 BGB[926] bestimmt sich die Lebensstellung des Stifters oder eines nächsten Angehörigen nicht ausschließlich nach seiner Leistungsfähigkeit, sondern auch – zumindest in ergänzender Funktion – anhand anderer persönlicher, die „Stellung im Leben" kennzeichnender Merkmale. Als Beispiele genannt seien Alter, Gesundheitszustand (Pflegebedürftigkeit), örtlicher Lebensbereich, Größe des Haushalts, Bildung und Ausbildung sowie Beruf und berufliche Stellung.[927]

Orientiert man sich, wie hier vorgeschlagen, zumindest vom Ansatz an § 1610 Abs. 1 BGB, so folgt daraus zunächst, dass sich der angemessene Unterhalt i.S. des § 58 Nr. 5 AO in Abgrenzung zum notwendigen Unterhalt i.S. des § 850d Abs. 1 Satz 2 ZPO nicht auf das „zum Lebensunterhalt Unerlässliche" (§ 26 Abs. 1 Satz 1 SGB XII) beschränkt.[928] Der angemessene Unterhalt i.S. des § 58 Nr. 5 AO bemisst sich folglich nicht nach den Regelsätzen für laufende Leistungen gemäß den Bestimmungen des Sozialgesetzbuchs XII und den auf seiner Grundlage jährlich erlassenen Rechtsverordnungen.[929]

---

925 *Schwab*, FamRZ 1971, 1, 4.

926 Siehe oben S. 261 in Fn. 920. Siehe auch *Schwab*, FamRZ 1971, 1, 4.

927 Z.B. BGB-RGRK/*Mutschler* § 1610 BGB Rn. 34; Göppinger/Wax/*Strohal*, Rn. 279 - 282; MünchKomm/*Born* § 1610 BGB Rn. 19. Vgl. Staudinger/*Engler/Kaiser* § 1610 BGB Rn. 49 ff. und 123 ff.: nur den Unterhalt selbst betreffend (Rn. 5), während sich die Angemessenheit ausschließlich anhand der Leistungsfähigkeit beurteilt (Rn. 37).

928 Staudinger/*Engler/Kaiser* § 1610 BGB Rn. 42.

929 Vgl. BGH, NJW 1989, 523, 524 (betreffend den „angemessenen" und „notwendigen" Selbstbehalt i.S. des § 1603 Abs. 1 und Abs. 2 Satz 1 BGB).

(2) Anpassung an die Sachstruktur des § 58 Nr. 5 AO

(a) Die Dauer der Unterhaltsgewährung

Wie bereits angerissen,[930] könnte man erwägen, die Dauer der Unterhaltsgewährung in die Angemessenheitsprüfung einzubeziehen.[931]

Gegen diesen Ansatz sprechen zunächst die erhebliche praktische Schwierigkeit und die damit einhergehende Rechtsunsicherheit beim rechnerischen Transfer der *Dauer* auf die *Höhe* einer Unterhaltsleistung – insbesondere dann, wenn man eine relative Betrachtung befürwortet und die Versorgung eines Leistungsempfängers in zeitliche Beziehung zur Versorgung anderer Bedürftiger setzt. Dieser Ansatz trifft weiterhin insofern auf Bedenken, als sich das Tatbestandsmerkmal „in angemessener Weise“ auf alle drei in § 58 Nr. 5 AO genannten Versorgungszwecke bezieht.[932] Würde man die Dauer in die Angemessenheitsprüfung einbeziehen, müsste sie sich tendenziell auch auf Art und Umfang der Grabpflege und Ehrung des Andenkens auswirken. Diese Folge ließe sich jedoch nur schwerlich mit der Anreizfunktion des § 58 Nr. 5 AO vereinbaren.

Gegen die Berücksichtigung der Dauer der Unterhaltsgewährung spricht vor allem die Überlegung, dass eine Stiftungsleistung i.S. des § 58 Nr. 5 AO einen Fall akuter Bedürftigkeit voraussetzt[933] und zu lindern bezweckt. Das Vorliegen von Bedürftigkeit ermittelt man, wie erwähnt,[934] anhand der Gegenüberstellung des Lebensbedarfs und der Leistungsfähigkeit des jeweiligen Unterhaltsempfängers. Bei der Bestimmung der Leistungsfähigkeit sind, wie erläutert,[935] eigenes Einkommen und Vermögen des

930 Siehe oben S. 237 (unter Zweiter Teil, Dritter Abschnitt, F. III. 1. b) bb) (1)).

931 *Schiffer*, Anwaltliche Praxis, § 8 Rn. 129; *ders.*, DStR 2003, 14, 18; *ders.*, sj 17-18/2004, 47, 49; *Schiffer/Kotz*, ZErb 2004, 115, 120; *Schiffer/von Schubert*, sj 3/2006, 30, 33.

932 BT-Drucks. 7/4292, S. 21. Siehe dazu oben S. 234 f. (unter Zweiter Teil, Dritter Abschnitt, F. III. 1. a)).

933 Siehe oben S. 221 (unter Zweiter Teil, Dritter Abschnitt, E. I. 2.).

934 Siehe oben S. 219 f. (unter Zweiter Teil, Dritter Abschnitt, E. I. 2.).

935 Siehe oben S. 225 f. (unter Zweiter Teil, Dritter Abschnitt, E. III.).

jeweiligen Unterhaltsempfängers einschließlich eigener Unterhaltsansprüche gegen die Verwandten in gerader Linie aus § 1601 BGB mindernd zu berücksichtigen. Bedürftigkeit kann sich also auch und vor allem daraus ergeben, dass das auf die Stiftung übertragene Vermögen, solange dieses an die steuerbegünstigten Zwecke gebunden ist, für den Verwandtenunterhalt nicht zur Verfügung steht. Gerade dieser Zustand ist, wie erläutert,[936] der Anknüpfungspunkt des § 58 Nr. 5 AO. Sinn und Zweck des § 58 Nr. 5 AO bestehen gerade darin, den Nachteil zu kompensieren, dass das auf die Stiftung übertragene Vermögen auf unvorhersehbare, von etwaigen Versorgungsbedürfnissen losgelöste Dauer für Unterhaltszwecke nicht zur Verfügung steht. Wenn dieser Zustand auf unvorhersehbare, von etwaigen Versorgungsbedürfnissen losgelöste Dauer *fortbesteht*, erscheint es mit Blick auf die Anreizfunktion des § 58 Nr. 5 AO vorzugswürdig, die zeitliche Länge der Versorgung eines Bedürftigen bei der Angemessenheitsprüfung auszublenden.

(b) Eigenes Verschulden des Unterhaltsempfängers für den Eintritt von Bedürftigkeit in seiner Person

Wie ebenfalls bereits angerissen,[937] könnte man erwägen, bei der Angemessenheitsprüfung darauf abzustellen, ob und in welchem Maße einen (potenziellen) Unterhaltsempfänger eigenes Verschulden für den Eintritt der erforderlichen Bedürftigkeit in seiner Person trifft.[938]

Dieser Gedanke findet sich in ähnlicher Form im Schenkungsrecht. So ist der Anspruch eines bedürftigen Schenkers aus § 528 Abs. 1 Satz 1 BGB auf Herausgabe des Geschenkes gemäß § 529 Abs. 1, 1. Var. BGB ausgeschlossen,[939] wenn der Schenker seine Bedürftigkeit vorsätzlich oder durch

936 Siehe oben S. 77 (unter Zweiter Teil, Dritter Abschnitt, A. IV. 2.).

937 Siehe oben S. 237 (unter Zweiter Teil, Dritter Abschnitt, F. III. 1. b) bb) (1)).

938 *Schiffer*, Anwaltliche Praxis, § 8 Rn. 129; *ders.*, DStR 2003, 14, 18; *ders.*, sj 17-18/2004, 47, 49; *Schiffer/Kotz*, ZErb 2004, 115, 120; *Schiffer/von Schubert*, sj 3/2006, 30, 33.

939 Entgegen dem Wortlaut („[…] ist ausgeschlossen […]“) nimmt die herrschende Meinung im Schrifttum keine von Amts wegen zu beachtende Einwendung, sondern

grobe Fahrlässigkeit herbeigeführt hat. Etwaiges Verschulden für den Eintritt von Bedürftigkeit ist nur insofern irrelevant, als der Schenker gemäß § 519 Abs. 1 BGB *die Erfüllung* eines Schenkungsversprechens wegen Notbedarfs verweigern kann, ohne dass es auf den Grund der Bedürftigkeit ankommt. Verschuldensgesichtspunkte sind also lediglich *vor* Vollzug der Schenkung zu vernachlässigen.[940] Mit Blick auf § 519 Abs. 1 und § 529 Abs. 1, 1. Var. BGB lässt sich das Erfordernis, etwaiges Verschulden für den Eintritt von Bedürftigkeit zu berücksichtigen, nicht von der Hand weisen.

Die Einbeziehung etwaigen Verschuldens in die Angemessenheitsprüfung trifft vor dem Hintergrund, dass sich das Tatbestandsmerkmal „in angemessener Weise" auf alle drei in § 58 Nr. 5 AO genannten Versorgungszwecke bezieht,[941] allerdings auf Bedenken. Etwaiges Verschulden müsste sich tendenziell auch auf Art, Umfang und Dauer der Grabpflege und Ehrung des Andenkens auswirken. Diese Folge ließe sich jedoch nur schwerlich mit der Anreizfunktion des § 58 Nr. 5 AO vereinbaren. Will man ein vorwerfbares Verhalten des (potenziellen) Unterhaltsempfängers überhaupt in die Angemessenheitsprüfung einbeziehen, verbietet die Anreizfunktion des § 58 Nr. 5 AO die Heranziehung eines strengeren Verschuldensmaßstabs als desjenigen im Sozialhilferecht. Dabei ist zu beachten, dass der Anspruch auf Hilfe zum Lebensunterhalt (§§ 8 Nr. 1, 17 Abs. 1 Satz 1, 27 ff. SGB XII) nicht generell bei Verschulden eingeschränkt oder gar ausgeschlossen wird, sondern lediglich bei Ablehnung einer zumutbaren Arbeit, bei absichtlicher Herbeiführung von Bedürftigkeit oder bei Fortsetzung unwirtschaftlichen Verhaltens (§§ 26 Abs. 1 Satz 1, 39 Abs. 1 Satz 1 SGB XII). Auch der Anspruch auf Hilfe in sonstigen Lebenslagen (§§ 8 Nr. 7, 73 Satz 1 SGB XII) kann nur bei absichtlicher Herbeiführung von Bedürftigkeit oder bei fortgesetzt unwirtschaftlichem Verhalten eingeschränkt werden (§ 26 Abs. 1 Satz 1 SGB XII).

---

eine Einrede an. Zum Meinungsstand siehe MünchKomm/*Kollhosser* § 529 BGB Rn. 6 m.w.N; *Zeranski*, S. 23 in Fn. 44.

940 MünchKomm/*Kollhosser* § 519 BGB Rn. 1 und 3; Staudinger/*Wimmer-Leonhardt* § 519 BGB Rn. 3; *Zeranski*, S. 23.

941 BT-Drucks. 7/4292, S. 21. Siehe dazu oben S. 234 f. (unter Zweiter Teil, Dritter Abschnitt, F. III. 1. a)).

In Betracht zu ziehen ist allenfalls die Berücksichtigung etwaigen „sittlichen Verschuldens“ i.S. des § 1611 Abs. 1 Satz 1, 1. Var. BGB, welches ein besonders vorwerfbares Verhalten voraussetzt und bei Verarmung durch bloß eigenes Verschulden nicht vorliegt.[942] Ein solches gesteigertes Verschulden liegt etwa bei Arbeitsunwilligkeit, Verschwendung, nichtkrankhafter Spielleidenschaft, kriminellem Handeln und verantwortungsloser Spekulation, möglicherweise auch bei Alkohol-, Drogen- und Spielsucht vor.[943] Die zivilrechtliche Zulässigkeit von Stiftungsleistungen in den vorstehend genannten Fällen nach Maßgabe des ausdrücklichen oder mutmaßlichen Stifterwillens einmal unterstellt: die Heranziehung von Verschuldensgesichtspunkten zur Bestimmung der „angemessenen Weise“ trifft zunächst insofern auf Bedenken, als sie zu erheblicher Rechtsunsicherheit führt und der Anreizfunktion des § 58 Nr. 5 AO nicht gerecht wird.[944] Zunächst bereitete die Klärung der Frage, unter welchen Voraussetzungen man abstrakt ein „sittliches Verschulden“ i.S. des § 1611 Abs. 1 Satz 1, 1. Var. BGB zweifelsfrei annehmen kann, große Auslegungs- und Abgrenzungsschwierigkeiten.[945] Weiterhin wäre die Feststellung, ob sittliches Verschulden auch im konkreten Anwendungsfall vorliegt, möglicherweise mit erheblichen Ermittlungsproblemen verbunden. Die größte Schwierigkeit bestünde darin, ein festgestelltes sittliches Verschulden qualitativ zu gewichten und für die Bemessung des angemessenen Unterhalts zu quantifizieren.

Allerdings allein aus den vorstehend skizzierten Auslegungs- und Ermittlungsproblemen den Schluss zu ziehen, etwaiges sittliches Verschulden aus der Angemessenheitsprüfung von vornherein auszublenden, ist nicht zulässig. Zumal sich die genannten Schwierigkeiten bereits im Rahmen der Bedürftigkeitsprüfung ergeben, nämlich bei der Prüfung, ob dem Stifter oder einem nächsten Angehörigen Unterhaltsansprüche aus § 1601 BGB zustehen.[946] Vielmehr sprechen *für* die Berücksichtigung etwaigen sittlichen Verschuldens die Prinzipien der Eigenverantwortung eines

---

942 Siehe dazu Motive IV, S. 700 f. (zu § 1490 BGB-E).

943 Weitere Beispiele mit Nachweisen aus der Rechtsprechung bei Staudinger/*Engler* § 1611 BGB Rn. 16.

944 Zum Zusammenhang zwischen Anreizfunktion und Rechtssicherheit siehe oben S. 78 (unter Zweiter Teil, Dritter Abschnitt, A. IV. 2.).

945 Siehe Staudinger/*Engler* § 1611 BGB Rn. 15.

946 Siehe oben S. 225 f. (unter Zweiter Teil, Dritter Abschnitt, E. III.).

Unterhaltsempfängers und der Subsidiarität einer Unterhaltsleistung i.S. des § 58 Nr. 5 AO.[947] Dieses Ergebnis erweist sich in der Diktion der Motive zum Bürgerlichen Gesetzbuch „als eine heilsame, im allgemeinen Interesse liegende Mahnung gegen Trägheit und Ausschweifungen“[948], fügt sich damit in das Gesamtkonzept der §§ 51 ff. AO ein.

(c) Leistungsfähigkeit

(aa) Betrachtung für den Stifter

Knüpft man, wie hier vorgeschlagen,[949] bei der Erfassung der Lebensstellung an den Zeitpunkt der Vornahme einer Stiftungsleistung an, stellt sich zunächst für den Stifter die Frage, ob sich sein dem Grunde wie der Höhe nach angemessener Unterhalt – wie bei § 1610 Abs. 1 BGB[950] – nach seiner gegenwärtigen *tatsächlichen* Leistungsfähigkeit bemisst.

Wie bereits erläutert,[951] ist die gegenwärtige Leistungsfähigkeit die entscheidende Größe bei der Ermittlung, ob die für § 58 Nr. 5 AO erforderliche Bedürftigkeit vorliegt. Man ermittelt das Vorliegen von Bedürftigkeit anhand einer Gegenüberstellung des angemessenen Unterhalts einerseits und der gegenwärtigen Leistungsfähigkeit andererseits. Damit wirkt sich die gegenwärtige Leistungsfähigkeit zunächst als *negatives* Element der Bedürftigkeit aus. Die Leistungsfähigkeit wirkt sich *zugleich* auf den Unterhalt selbst – soweit es die gehobenen Lebensbedürfnisse betrifft – und das Maß des Unterhalts als *positive* Elemente der Bedürftigkeit aus, wenn man die dem Unterhalt zugrunde liegende Lebensstellung in normativer Anlehnung an § 1610 Abs. 1 BGB bestimmt. Denn die Lebensstellung i.S. des § 1610 Abs. 1 BGB bestimmt sich, wie

---

947 Siehe oben S. 78 (unter Zweiter Teil, Dritter Abschnitt, A. IV. 2.).

948 Motive IV, S. 700 (zu § 1490 BGB-E).

949 Siehe oben S. 257 - 259 (unter Zweiter Teil, Dritter Abschnitt, F. III. 2. b) aa) (3) und (4)).

950 Bamberger/Roth/*Reinken* § 1610 BGB Rn. 4; MünchKomm/*Born* § 1610 BGB Rn. 19.

951 Siehe oben S. 219 f. (unter Zweiter Teil, Dritter Abschnitt, E. I. 2.).

bereits erwähnt,[952] ausschließlich oder zumindest überwiegend anhand der gegenwärtigen Leistungsfähigkeit.

Setzte man die gegenwärtige tatsächliche Leistungsfähigkeit bei der Bedürftigkeitsprüfung auf beide Seiten der Gleichung ein, läge eine zirkelschlussartige Betrachtung vor. Diese hätte zur Folge, dass Bedürftigkeit stets nur auf unterstem Niveau vorliegt. Damit würde sich die (subsidiäre) Versorgung des Stifters und der nächsten Angehörigen dem Grunde nach von vornherein auf die elementaren Lebensbedürfnisse[953] beschränken und sich der Höhe nach nur auf unterem Kostenniveau bewegen. Dieses Ergebnis wird einen stiftungswilligen Bürger nicht dazu ermutigen, sich auf Dauer von einem möglichst großen Teil seines Vermögens zugunsten steuerbegünstigter Zwecke zu trennen. Soll ein potenzieller Stifter zu einer dauerhaften Widmung eines möglichst hohen, im Idealfall seines gesamten Vermögens zugunsten steuerbegünstigter Zwecke bewegt werden, kann es bei der Bestimmung der Lebensstellung – zumindest der eines Stifters oder Zustifters – mit Blick auf die Anreizfunktion des § 58 Nr. 5 AO nicht auf die gegenwärtige *tatsächliche* Leistungsfähigkeit ankommen.

Vielmehr gebietet der Lenkungszweck des § 58 Nr. 5 AO zu berücksichtigen, dass das auf die Stiftung übertragene Vermögen dem Stifter bislang einen gewissen Lebensstil ermöglicht hat. Dementsprechend kommt der im Tatbestandsmerkmal „in angemessener Weise" ausgedrückten absoluten Grenze *auch* die Funktion zu, das kapitalmäßige Engagement eines Stifters zu würdigen. Ein stiftungswilliger Bürger wird umso eher bereit sein, sich auf Dauer von einem möglichst großen Teil seines Vermögens zugunsten steuerbegünstigter Zwecke zu trennen, je eher er seinen bislang geführten Lebensstil durch die Möglichkeit des (subsidiären) Rückgriffs auf das Einkommensdrittel i.S. des § 58 Nr. 5 AO gesichert weiß. Zutreffend ist daher eine Betrachtung derart, dass der Stifter sein Leben „in etwa in der Weise" – nach hier vertretener Ansicht in der objektiv angemessenen Weise – „führen [können soll], wie es ihm möglich gewesen wäre, wenn er das Vermögen nicht auf die Stiftung übertragen hätte".[954]

---

952 Siehe oben S. 260 f. (unter Zweiter Teil, Dritter Abschnitt, F. III. 2. b) bb) (1)).

953 Siehe oben S. 222 f. (unter Zweiter Teil, Dritter Abschnitt, E. II.).

954 *Buchna*, StiftSpons 4/2003, 18, 19. Ähnlich *Milatz/Kemcke/Schütz*, S. 79.

Aus diesem Grund darf die gegenwärtige *tatsächliche* Leistungsfähigkeit des Stifters *ausschließlich* als *negatives* Element der Bedürftigkeit berücksichtigt werden. Hingegen ist zur Bestimmung seines angemessenen Unterhalts als *positives* Element der Bedürftigkeit seine *gesamte wirtschaftliche Lebensleistung* zu berücksichtigen – ein Gedanke, der vereinzelt auch für § 1610 Abs. 1 BGB vorgetragen wird.[955] Aus der Perspektive der Anreizfunktion des § 58 Nr. 5 AO sind wesentliche Bestandteile der wirtschaftlichen Lebensleistung des Stifters der Aufbau und die Erhaltung des später auf die Stiftung übertragenen Vermögens, welches zuvor ihm selbst einen gewissen Lebensstandard ermöglicht hat. Daher ist die normative Anknüpfung an § 1610 Abs. 1 BGB dahingehend zu modifizieren, dass in die Lebensstellung des Stifters neben persönlichen, familiären und sozialen Kriterien auch und vor allem Höhe und Ertragskraft des auf die Stiftung übertragenen Vermögens einzubeziehen sind. Diese Auslegung eröffnet die Möglichkeit, dem Stifter einen Lebensstandard zu sichern, der auch und vor allem unter Berücksichtigung der laufenden steuerbaren Einnahmen aus dem gestifteten Vermögen objektiv angemessen ist. Damit würdigt man den Stifter für den Aufbau und Erhalt des auf die Stiftung übertragenen Vermögens als Teil seiner wirtschaftlichen Lebensleistung.

(bb) Betrachtung für die nächsten Angehörigen

Im Anschluss an die Ausführungen zur Lebensstellung des Stifters stellt sich die Frage, ob und, wenn ja, inwieweit man das gestiftete und zugestiftete Vermögen sowie die laufenden Erträge hieraus *auch* in die Lebensstellung der nächsten Angehörigen einbeziehen kann. So könnte man in ähnlicher Diktion wie beim Stifter fordern, die nächsten Angehörigen sollten mit Unterstützung der Stiftung ihr Leben „in etwa in der Weise“ – nach hier vertretener Ansicht in der objektiv angemessenen Weise – führen können, wie sie es „mit Hilfe des ererbten Vermögens hätten führen können“.[956] Es stellt sich also die Frage, ob und, wenn ja, inwieweit die wirtschaftliche Lebensleistung des Stifters speziell für § 58 Nr. 5 AO auf die Lebensstellung der nächsten Angehörigen durchschlägt.

---

955 Erman/*Holzhauer* (10. Aufl.) § 1610 BGB Rn. 10.

956 *Buchna*, StiftSpons 4/2003, 18, 19. Ähnlich *Milatz/Kemcke/Schütz*, S. 79.

Aus der Perspektive eines *nächsten Angehörigen* ist zunächst anzumerken, dass zu Lebzeiten des Stifters weder ein Rechtsanspruch noch eine Anwartschaft auf den Erwerb des Stiftervermögens besteht.[957] Im Erbfall kommt es zumindest bei den pflichtteilsberechtigten nächsten Angehörigen über etwaige Ansprüche aus dem Pflichtteilsrecht zur Teilhabe am Stiftervermögen[958] und zu einer entsprechenden Steigerung ihrer Leistungsfähigkeit, was sich wiederum auf ihre Lebensstellung und ihren angemessenen Unterhalt auswirkt. Diese Überlegungen sprechen dafür, das Stiftervermögen bei der Erfassung der Lebensstellung eines nächsten Angehörigen unberücksichtigt zu lassen. Der Hinweis auf das Pflichtteilsrecht relativiert sich allerdings in den Fällen, in denen der Stifter idealerweise möglichst früh möglichst hohe Vermögenswerte auf eine steuerlich gemeinnützige Stiftung überträgt, so dass Pflichtteils- und Pflichtteilsrestansprüche lediglich in geringer Höhe und Pflichtteilsergänzungsansprüche nach Ablauf der Zehn-Jahresfrist des § 2325 Abs. 3 Halbsatz 1 BGB überhaupt nicht (mehr) bestehen.

Vorzugswürdig erscheint eine Betrachtung aus der Sicht eines potenziellen *Stifters* als des Adressaten der Anreizfunktion des § 58 Nr. 5 AO. Während der Kreis der nächsten Angehörigen die *zeitliche* Dimension des steuerbegünstigten Stiftungszwecks widerspiegelt, würdigt die im Tatbestandsmerkmal „in angemessener Weise" ausgedrückte absolute Grenze das *kapitalmäßige* Engagement des Stifters für das Gemeinwohl. Dabei wird ein stiftungswilliger Bürger in dem Maße zunehmend bereit sein, sich auf Dauer eines möglichst großen Teils seines Vermögens zugunsten steuerbegünstigter Zwecke zu entäußern, in dem er seine nächsten Angehörigen durch die Möglichkeit des (subsidiären) Rückgriffs auf das Einkommensdrittel i.S. des § 58 Nr. 5 AO wirtschaftlich abgesichert weiß.

Für den *Ehegatten* lässt sich die Berücksichtigung des auf die Stiftung übertragenen Vermögens und der laufenden Erträge hieraus damit begründen, dass er den Lebensstandard des Stifters im Rahmen der ehelichen Lebensgemeinschaft bislang geteilt hat und weiterhin teilt. Mit Blick auf die Anreizfunktion des § 58 Nr. 5 AO ist dem Stifter zuzugestehen, seinen Ehegatten insoweit abzusichern, als dies dem bislang von

957 Allgemein Palandt/*Edenhofer* § 1922 BGB Rn. 3.

958 Siehe oben S. 32 - 34 (unter Zweiter Teil, Erster Abschnitt, B. IV.).

ihnen gemeinsam genossenen Lebensstil – soweit er objektiv angemessen ist – entspricht. Dasselbe kann man für diejenigen *Kinder* des Stifters annehmen, die aufgrund ihres Alters und Ausbildungsstadiums noch ohne eigene Lebensstellung sind und ihren Unterhalt von der Lebensstellung ihrer Eltern ableiten.[959]

Der nächste gedankliche Schritt, nämlich das auf eine Stiftung übertragene Vermögen und die Erträge hieraus in die Lebensstellung auch der *übrigen* nächsten Angehörigen des Stifters einzubeziehen, trifft auf Bedenken:

Diese Auslegung würde dazu führen, dass *jeder einzelne* nächste Angehörige auf den ihm angeblich entgangenen Teil am gestifteten Vermögen und auf die Erträge hieraus hinweisen könnte. So könnte sich jeder einzelne nächste Angehörige auf eine nicht entsprechend gestiegene Leistungsfähigkeit berufen und Bedürftigkeit in eigener Person geltend machen. Beispielsweise könnte ein nächster Angehöriger, dessen objektiv angemessener Unterhalt unter Berücksichtigung allein seiner eigenen Leistungsfähigkeit 100 beträgt, aber unter Einbeziehung des ihm angeblich entgangenen Teils am gestifteten Vermögen 130 betragen würde, in Höhe von 30 Unterhalt verlangen. Dies hätte zur Konsequenz, dass sich eine Stiftung dem Unterhaltsbegehren *sämtlicher* nächster Angehöriger ausgesetzt sähe. Diese Folge steht jedoch in Konflikt mit der Überlegung, dass eine Stiftung von dem Einkommensdrittel i.S. des § 58 Nr. 5 AO einen möglichst hohen Teilbetrag zugunsten ihrer steuerbegünstigten Zwecke verwenden und die Vornahme privatnütziger Versorgungsleistungen die Ausnahme bleiben muss.[960] Weiterhin ist bedenklich, dass der angemessene Unterhalt jedes einzelnen nächsten Angehörigen über *das* Niveau hinausginge, welches unter Berücksichtigung seiner eigenen tatsächlichen Leistungsfähigkeit objektiv angemessen ist – im obigen Beispielsfall in Höhe von 30. In Höhe dieser Spitze würde sich eine Unterhaltsleistung i.S. des § 58 Nr. 5 AO völlig von der individuellen, im Laufe der Zeit möglicherweise schwankenden tatsächlichen Leistungsfähigkeit eines nächsten Angehörigen lösen. Damit würde man den subsidiären Charakter der Versorgungsleistungen i.S. des § 58 Nr. 5 AO[961] unterlaufen.

---

959 Siehe dazu im Einzelnen Erman/*Hammermann* § 1610 BGB Rn. 18 ff.; Göppinger/ Wax/*Strohal*, Rn. 291 - 293; Staudinger/*Engler/Kaiser* § 1610 BGB Rn. 10 ff.

960 Siehe oben S. 75 (unter Zweiter Teil, Dritter Abschnitt, A. IV. 1.).

961 Siehe oben S. 78 (unter Zweiter Teil, Dritter Abschnitt, A. IV. 2.).

Aus den vorstehenden Bedenken allerdings den Schluss zu ziehen, das (zu-)gestiftete Vermögen und die Erträge hieraus bei der Erfassung der Lebensstellung der übrigen nächsten Angehörigen *a priori* auszublenden, widerspräche der Anreizfunktion des § 58 Nr. 5 AO. Vielmehr hat der Rechtsanwender den Auftrag, sowohl der Anreizfunktion als auch dem Sparsamkeitsgebot und dem Subsidiaritätsgedanken im Sinne eines Kompromisses[962] gerecht zu werden. Dies wirft die entscheidende Frage auf, ob sich der erforderliche Kompromiss darauf beschränkt, das (zu-)gestiftete Vermögen und die Erträge hieraus *nur* – aber immerhin – beim Stifter, seinem Ehegatten und seinen Kindern ohne eigene Lebensstellung zu berücksichtigen.

An dieser Stelle sei auf das bereits erwähnte[963] Problem eingegangen, dass sich die Stiftung dem Unterhaltsbegehren *sämtlicher* nächster Angehöriger ausgesetzt sehen könnte, wenn man das (zu-)gestiftete Vermögen und die Erträge hieraus in die Lebensstellung eines jeden von ihnen einbeziehen würde. In diesem Fall könnte ein nächster Angehöriger auf den ihm angeblich entgangenen Teil am gestifteten Vermögen und auf die Erträge hieraus hinweisen, sich folglich auf eine nicht entsprechend gestiegene Leistungsfähigkeit berufen und Bedürftigkeit geltend machen. Diese Überlegung relativiert sich aber, wenn man bedenkt, dass nicht jede fiktive Erhöhung der Leistungsfähigkeit auch zu einem höheren angemessenen Unterhalt führt. Eine Stiftung würde sich also *nur dann* dem Unterhaltsbegehren sämtlicher nächster Angehöriger ausgesetzt sehen, wenn sich die fiktive Erhöhung der Leistungsfähigkeit auf den Unterhalt und dessen Angemessenheit durchschlägt.

Den fiktiven Zuwachs in der Leistungsfähigkeit eines jeden nächsten Angehörigen könnte man – sogar generationenübergreifend – ermitteln, indem man den Fall unterstellt, dass der Stifter die (zu-)gestifteten Vermögenswerte nicht auf eine steuerlich gemeinnützige, sondern auf eine Familienstiftung übertragen und die jeweils lebenden nächsten Angehörigen zu gleichmäßig bezugsberechtigten Destinatären bestimmt hätte. Der gedankliche Anteil eines jeden lebenden nächsten Angehörigen an den

---

962 Siehe oben S. 76 (unter Zweiter Teil, Dritter Abschnitt, A. IV. 2.).

963 Siehe oben S. 271 (unter Zweiter Teil, Dritter Abschnitt, F. III. 2. b) bb) (2) (c) (bb)).

ausschüttbaren Stiftungserträgen ließe sich in vier Schritten wie folgt ermitteln:

1. Die *in realiter* von der steuerlich gemeinnützigen Stiftung erzielten steuerbaren Einnahmen, die bei gedanklicher Umwandlung in eine Familienstiftung körperschaftsteuerpflichtig wären, sind zunächst um die mit ihnen zusammenhängenden Betriebsausgaben und Werbungskosten zu mindern und anschließend mit fiktiver Körperschaftsteuer in Höhe des jeweils geltenden Steuersatzes[964] zu belasten.

2. Der verbleibende Betrag ist den übrigen steuerbaren, aber nicht steuerpflichtigen Stiftungsnettoerträgen – also nach Abzug der damit zusammenhängenden Aufwendungen – hinzuzurechnen.

3. Die Zwischensumme mindert sich um den Betrag, den *in realiter* die steuerlich gemeinnützige Stiftung ihren Rücklagen nach Maßgabe des § 58 Nr. 6 und 7 AO zuführt.

4. Die Differenz wird durch die Anzahl der lebenden nächsten Angehörigen dividiert.

Diese Überlegung führt zu folgender Konsequenz: je weiter sich die Übertragung von Vermögen auf die Stiftung zeitlich entfernt, desto geringer ist bei unterstellt steigender Zahl der lebenden nächsten Angehörigen der gedachte entgangene Anteil eines jeden von ihnen an den ausschüttbaren Erträgen. Im Regelfall, dass die Zahl der lebenden nächsten Angehörigen während der Existenz der Stiftung kontinuierlich steigt, wird der in absoluten Beträgen gemessene fiktive Zuwachs in der Leistungsfähigkeit eines einzelnen nächsten Angehörigen immer geringer. Folglich sinkt im Laufe der Zeit auch die Wahrscheinlichkeit, dass der (immer geringer werdende) fiktive Zuwachs in der Leistungsfähigkeit auf den angemessenen Unterhalt durchschlägt. Bei Kindern und Enkeln des Stifters ist der in absoluten Beträgen gemessene fiktive Zuwachs in der Leistungsfähigkeit und damit die Wahrscheinlichkeit des Durchschlags auf den

964 Ab Veranlagungszeitraum 2004: 25 Prozent des zu versteuernden Einkommens (§ 23 Abs. 1 KStG). Für Veranlagungszeitraum 2003: 26,5 Prozent des zu versteuernden Einkommens (§ 23 Abs. 1 i.V.m. § 34 Abs. 11a KStG).

angemessenen Unterhalt tendenziell größer als bei Urenkeln und Abkömmlingen folgender Generationen.

Allerdings darf die Untersuchung nicht bei der Feststellung des in *absoluten* Beträgen messbaren fiktiven Zuwachses in der Leistungsfähigkeit stehenbleiben. Eine absolute Betrachtung führt lediglich dazu, dass der fiktive Zuwachs in der Leistungsfähigkeit und folglich die Wahrscheinlichkeit des Durchschlags auf den angemessenen Unterhalt im Laufe der Zeit sinkt. Eine absolute Betrachtung verhindert aber gerade zu Anfang der Betriebsphase der Stiftung – wenn die Anzahl der nächsten Angehörigen noch gering ist – *nicht*, dass *jeder einzelne* nächste Angehörige in Höhe der oben beschriebenen Spitze Bedürftigkeit geltend machen könnte.[965] Durch eine absolute Betrachtung wird dem Sparsamkeitsgebot und Subsidiaritätsgedanken des § 58 Nr. 5 AO[966] nicht Rechnung getragen.

Aus diesem Grund müsste man in einem zweiten Schritt die *fiktiv erhöhte* Leistungsfähigkeit eines nächsten Angehörigen in Relation zu seiner *tatsächlichen* Leistungsfähigkeit setzen. Eine derartige relative Betrachtung hätte folgende Konsequenz: je höher einerseits das auf die Stiftung übertragene Vermögen und die Erträge hieraus sind *und* je höher der gedachte Anteil eines jeden nächsten Angehörigen daran ist *und* je geringer andererseits seine eigene Leistungsfähigkeit ist, desto eher könnte er sich bei der Bestimmung seines objektiv angemessenen Unterhalts auf den ihm entgangenen Teil des (zu-)gestifteten Vermögens berufen.

Allerdings bleiben auch bei einer relativen Betrachtung die oben skizzierten Bedenken bestehen. Zwar lässt sich eine allgemein gültige Aussage darüber, ob und, wenn ja, in welcher Höhe die fiktive Erhöhung der Leistungsfähigkeit auf den angemessenen Unterhalt durchschlägt, nicht treffen. Denn die zu berücksichtigende eigene tatsächliche Leistungsfähigkeit ist von Person zu Person unterschiedlich und schwankt möglicherweise im Laufe der Zeit. Allerdings ist es sehr unwahrscheinlich, dass der fiktive Zuwachs in der Leistungsfähigkeit in Relation zur tatsäch-

---

965 Siehe dazu oben S. 271 (unter Zweiter Teil, Dritter Abschnitt, F. III. 2. b) bb) (2) (c) (bb)).

966 Siehe oben S. 78 (unter Zweiter Teil, Dritter Abschnitt, A. IV. 2.).

lichen Leistungsfähigkeit *so gering* ist, dass er sich *überhaupt nicht* auf den angemessenen Unterhalt auswirkt. Im Regelfall wird die fiktiv erhöhte Leistungsfähigkeit auf den angemessenen Unterhalt durchschlagen. Damit bleibt das Problem bestehen, dass *jeder einzelne* nächste Angehörige in Höhe der oben beschriebenen Spitze Bedürftigkeit geltend machen könnte. Zur Wahrung des Sparsamkeitsgebots und des Subsidiaritätsgedankens des § 58 Nr. 5 AO könnte man allenfalls eine Geringfügigkeitsschwelle zwischenschalten, die überschritten werden muss, um annehmen zu können, dass der fiktive Zuwachs in der Leistungsfähigkeit zu einem höheren angemessenen Unterhalt führt. Abgesehen von der Schwierigkeit, eine allgemein akzeptierte Geringfügigkeitsschwelle zu bestimmen, könnte eine solche das hier diskutierte Problem auch nur entschärfen, nicht aber beseitigen.

c) Ergebnis

Als weiteres Zwischenergebnis lässt sich festhalten: der angemessene Unterhalt i.S. des § 58 Nr. 5 AO bestimmt sich objektiv anhand der Lebensstellung des jeweiligen Unterhaltsempfängers im Zeitpunkt der Vornahme einer Unterhaltsleistung. Dabei beurteilt sich die Lebensstellung in normativer Anlehnung an § 1610 Abs. 1 BGB sowohl anhand des persönlichen, familiären und sozialen Lebenszuschnitts als auch nach der gegenwärtigen tatsächlichen Leistungsfähigkeit. Im Wege einer Folgebetrachtung ist die Anknüpfung an § 1610 Abs. 1 BGB dahingehend zu modifizieren, dass sich die Lebensstellung des Stifters, seines Ehegatten und seiner Kinder ohne eigene Lebensstellung auch und vor allem nach dem Wert und der Ertragskraft des auf die Stiftung übertragenen Vermögens bestimmt. Hingegen kommt es bei der Bestimmung der Lebensstellung der übrigen nächsten Angehörigen – neben dem persönlichen, familiären und sozialen Lebenszuschnitt – allein auf die jeweils eigene gegenwärtige Leistungsfähigkeit an.

Will der Stifter *sämtliche* nächste Angehörige über das Niveau hinaus absichern, das ihrer jeweils eigenen Leistungsfähigkeit nach objektiv angemessen ist, muss er auf andere Gestaltungsmöglichkeiten zurückgreifen. In Betracht kommt beispielsweise die Errichtung einer oder mehrerer Familienstiftungen[967] oder die Einräumung von Nutzungsrechten am Stiftungsvermögen[968].

3. Die Quantifizierung des angemessenen Unterhalts

a) Großzügige und einzelfallbezogene Betrachtung

Nach der Bestimmung der den Vergleichsmaßstab konstituierenden Kriterien muss der angemessene Unterhalt quantifiziert werden, damit er im abschließenden Vergleichsvorgang der Höhe einer (beabsichtigten) Unterhaltsleistung gegenübergestellt werden kann.

Bei der Quantifizierung des angemessenen Unterhalts müssen einerseits der Ausnahmecharakter des § 58 Nr. 5 AO und die Funktion des Angemessenheitserfordernisses als absolute Obergrenze gewahrt bleiben. Andererseits ist der in weiten Teilen der Literatur aufgestellten Forderung nach einer großzügigen Betrachtung[969] mit Blick auf die Anreizfunktion des § 58 Nr. 5 AO zuzustimmen. Ein weites Verständnis der Angemessenheit entspricht auch der Auffassung der Bundesregierung in ihrem Stiftungsbericht vom 11. September 1979, wonach die damals nicht einkommensteuerbaren Unterhaltszahlungen i.S. des § 58 Nr. 5 AO „nicht nur [..] geringfügige Unterstützungsleistungen" seien, die künftig versteuert werden müssten.[970]

Bestimmt sich der angemessene Unterhalt anhand des persönlichen, familiären und sozialen Lebenszuschnitts sowie speziell für den Stifter, seinen Ehegatten und seine Kinder ohne eigene Lebensstellung auch und vor allem unter Berücksichtigung der Höhe und Ertragskraft sämtlicher von ihm (zu-)gestifteter Vermögenswerte, so verbietet sich die Zuhilfenahme pauschalierter Rechenwerke. Geboten ist vielmehr eine einzelfallbezogene Betrachtung unter Berücksichtigung sämtlicher bereits genannter Kriterien.

---

967 Siehe oben S. 150 f. (unter Zweiter Teil, Dritter Abschnitt, B. III. 4. b) bb) (1)).

968 Siehe oben S. 141 - 143 (unter Zweiter Teil, Dritter Abschnitt, B. III. 4. a) aa)).

969 Siehe oben S. 228 f. (unter Zweiter Teil, Dritter Abschnitt, F. II.).

970 BT-Drucks. 8/3165, S. 11.

In diesem Zusammenhang bietet sich an, auf die Regeln zur Bestimmung des angemessenen Unterhalts i.S. des § 13 Abs. 1 Nr. 12, 1. Var. ErbStG abzustellen:

In Bezug auf § 42 Abs. 1 Nr. 2 ErbStG 1919 und § 18 Abs. 1 Nr. 14 ErbStG 1925 – zwei Vorgängervorschriften des § 13 Abs. 1 Nr. 12, 1. Var. ErbStG – entschied der Reichsfinanzhof in drei Urteilen, die Angemessenheit beschränke den Bedachten nicht auf das „zur Erhaltung der physischen Existenz des Unterstützten notwendige Maß"; vielmehr schließe die Angemessenheit „über die unmittelbaren Lebensnotwendigkeiten hinaus die Erlangung von Annehmlichkeiten in der Lebensführung" ein.[971] Für Höchstbegüterte zog der Reichsfinanzhof die Obergrenze (erst) dort, wo der Unterhalt selbst bei günstigster Lebensstellung des Bedachten als „übermäßig empfunden" werde, sich nicht mehr im Rahmen der allgemeinen Sitte und Bescheidenheit halte, sondern den Charakter des Luxusaufwands annehme.[972] Die Angemessenheit richte sich nach dem Zuschnitt der Lebenshaltung, wie er in dem Bevölkerungskreis, dem der Zuwendungsempfänger angehört,[973] *üblich* ist.[974] Der Unterhalt müsse den Sitten in dem Lebenskreis des Bedachten entsprechen.[975] In diesem Zusammenhang betonte der Reichsfinanzhof für § 18 Abs. 1 Nr. 14 ErbStG 1925, dass für die Bestimmung der Angemessenheit ein wie auch immer definiertes Durchschnittseinkommen nicht ausschlaggebend, vielmehr auf die Besonderheiten des konkret zu beurteilenden Einzelfalls abzustellen sei.[976]

---

971 RFH, RFHE 8, 60, 66; RFH, RFHE 8, 129, 130 – jeweils betreffend § 42 Abs. 1 Nr. 2 ErbStG 1919.

972 RFH, RFHE 8, 60, 66; RFH, RFHE 8, 129, 130; RFH, RFHE 31, 224, 226. Siehe auch RFH, RStBl. 1933, 796, 797. Ausdrücklich zustimmend *Kipp*, § 18 ErbStG 1925 Anm. 72.

973 RFH, RFHE 8, 60, 66.

974 RFH, RFHE 31, 224, 225; RFH, RStBl. 1934, 1440, 1441 – jeweils betreffend § 18 Abs. 1 Nr. 14 ErbStG 1925.

975 RFH, RFHE 8, 60, 66; RFH, RFHE 8, 129, 130 – jeweils betreffend § 42 Abs. 1 Nr. 2 ErbStG 1919. Siehe auch BFH, BStBl. III 1954, 282, 283; BFH, HFR 1965, 164, 166.

976 RFH, RStBl. 1935, 602, 603: Berücksichtigung des Umstands, dass die Bedachte vier schulpflichtige Kinder hatte und ihr Ehemann als Angestellter im öffentlichen Dienst nicht in demselben Umfang wie ein Beamter finanziell abgesichert war.

Überträgt man das Postulat einer einzelfallbezogenen Angemessenheitsprüfung auf § 58 Nr. 5 AO, lässt sich jeglichen Anfängen wehren, auf standardisierte Maßstäbe wie die unterhaltsrechtlichen Leitlinien und Tabellen der Familiensenate der Oberlandesgerichte oder die Beamtenbesoldungstabellen zurückzugreifen. Die Anknüpfung an die Üblichkeit führt ungeachtet möglicher praktischer Schwierigkeiten, im Einzelfall das Übliche festzustellen, zu mehr Rechtssicherheit. In materieller Hinsicht entspricht das Abstellen auf die Üblichkeit dem Kompromisscharakter des § 58 Nr. 5 AO, wird insbesondere dem auch in dieser Vorschrift ausgedrückten Sparsamkeitsgebot[977] gerecht.

b) Prüfungskompetenz der Finanzbehörden

Nach der zu § 42 Abs. 1 Nr. 2 ErbStG 1919 und § 18 Abs. 1 Nr. 14 ErbStG 1925 ergangenen Rechtsprechung des Reichsfinanzhofs beschränkt sich die Prüfungskompetenz der zuständigen Finanzbehörde bei der Angemessenheitsprüfung darauf, die Üblichkeit der Lebenshaltung als Tatsache zu ermitteln. Eine Finanzbehörde habe gerade keine Befugnis zu entscheiden, ob ihr selbst das übliche Maß angemessen erscheint.[978]

Das Angemessenheitserfordernis des § 58 Nr. 5 AO ist kein Korrektiv, welches dem zuständigen Finanzbeamten Raum für den Einfluss eigener Wertvorstellungen gibt. Vielmehr ist die Üblichkeit eine durch Sachverhaltsermittlung gemäß § 88 Abs. 1 Satz 1 AO festzustellende und gerichtlich vollumfänglich überprüfbare Größe. Auf die Vorstellung der zuständigen Finanzbehörde „über das, was als angemessen [...] zu gelten hat“,[979] kommt es nicht an. Damit lassen sich die geäußerten Befürchtungen potenzieller Stifter vor Sozialneid und Engstirnigkeit des zuständigen Finanzbeamten zumindest entkräften.

---

977 Siehe oben S. 75 (unter Zweiter Teil, Dritter Abschnitt, A. IV. 1.).

978 RFH, RFHE 31, 224, 225 f.

979 *Berndt*, Stiftung, Rn. 1167.

G. Rechtsfolgen bei Verstoß gegen § 58 Nr. 5 AO

Die Überschreitung auch nur einer der vorstehend untersuchten tatbestandsmäßigen Grenzen des § 58 Nr. 5 AO führt dazu, dass die vorausgegangene Verletzung des Ausschließlichkeits- und des Selbstlosigkeitsgebots nicht geheilt wird. Dies hat zur Folge, dass die Stiftung nicht (mehr) als steuerlich gemeinnützig anerkannt werden kann. Dies führt wiederum dazu, dass die anfangs der Arbeit genannten spezialgesetzlichen Steuervergünstigungen,[980] die an die Anerkennung als steuerlich gemeinnützig anknüpfen, nicht (mehr) gewährt werden.

Jedoch erscheint es im Einzelfall aus Gründen der Verhältnismäßigkeit gerechtfertigt, Billigkeitsmaßnahmen vorzunehmen. So hält *Buchna* als Vertreter der Finanzverwaltung eine einmalige Überschreitung des Versorgungshöchstbetrags in Ausnahmefällen, etwa bei einem „vorübergehenden Sonderbedürfnis“, für „vertretbar“.

Bei der Billigkeitsentscheidung sollten zunächst allgemeine Aspekte berücksichtigt werden – beispielsweise der Verschuldensgrad aufseiten des handelnden Stiftungsorgans, die Häufigkeit eines Verstoßes gegen Vorschriften des Gemeinnützigkeitsrechts im Allgemeinen und gegen § 58 Nr. 5 AO im Besonderen, das finanzielle Ausmaß des Verstoßes und eine Prognose über das zukünftige Verhalten der Stiftungsorgane. Zudem sollte berücksichtigt werden, gegen *welche* tatbestandsmäßige Grenze des § 58 Nr. 5 AO im Einzelfall verstoßen wurde. Dabei gilt es zu beachten, dass sich die relative Grenze wegen ihrer Anknüpfung an das Stiftungseinkommen in zeitlicher Hinsicht auf einen gesamten Veranlagungszeitraum[981] bezieht. Daher kann die Einhaltung der Ein-Drittel-Grenze erst nach Ablauf eines Veranlagungszeitraums festgestellt werden. Aus diesem Grund erscheint es vertretbar, bei Überschreitung der Ein-Drittel-Grenze einen vergleichsweise großzügigen Maßstab anzulegen. Dies muss insbesondere in dem Fall gelten, in dem eine Stiftungsleistung Sonderbedarf, also nicht vorhersehbaren Mehrbedarf,[982] abdecken soll. Im Übrigen bietet

---

980 Siehe oben S. 9 f., insbesondere in Fn. 39 - 48 (unter Erster Teil, B. II.).

981 Siehe dazu oben S. 197 - 199 (unter Zweiter Teil, Dritter Abschnitt, D. I.).

982 Zum Begriff „Mehrbedarf“ siehe oben S. 223 (unter Zweiter Teil, Dritter Abschnitt, E. II.).

sich an, bei der Abwägung der für die Billigkeitsentscheidung relevanten Faktoren den Kompromisscharakter des § 58 Nr. 5 AO[983] zu berücksichtigen. Zum einen ist zu beachten, dass § 58 Nr. 5 AO Ausnahmecharakter zu Lasten der Verfolgung steuerbegünstigter Zwecke hat. Zum anderen muss stets in Erwägung gezogen werden, dass das Absehen von einer Billigkeitsmaßnahme im Einzelfall zu gravierenden Einschnitten in die Leistungsfähigkeit der Stiftung führen und infolgedessen die Verfolgung ihrer steuerbegünstigten Zwecke gefährden könnte.

983 Siehe oben S. 76 (unter Zweiter Teil, Dritter Abschnitt, A. IV. 2.).

Vierter Abschnitt

Vorschläge für eine Änderung des § 58 Nr. 5 AO

A. Vorüberlegungen

I. Erweiterung der Versorgung aus den laufenden Stiftungserträgen

Will man die Verwendung laufender Stiftungserträge für privatnützige Versorgungszwecke über die Grenzen des § 58 Nr. 5 AO hinaus ermöglichen, bedarf es, wenn man wie hier eine umfassende Nettobetrachtung auf Ertragsebene ablehnt,[984] einer entsprechenden Gesetzesänderung, welche auch in Teilen der Literatur gefordert wird.[985]

Bereits während der Vorarbeiten zum Vereinsförderungsgesetz unterbreiteten die Arbeitsgemeinschaft Deutscher Stiftungen und der Stifterverband für die Deutsche Wissenschaft in Anhörungen vor der Unabhängigen Sachverständigenkommission zur Prüfung des Gemeinnützigkeits- und Spendenrechts einen Vorschlag zur Ergänzung des § 58 Nr. 5 AO. Danach sollten bei Stiftungserrichtung „Auflagen über die Nutzung der Erträge zugunsten des Stifters und seiner Angehörigen" über die relative Grenze in Höhe von seinerzeit einem Viertel des Stiftungseinkommens hinaus unschädlich sein.[986] Das Minderheitsvotum von *Isensee* und *Knobbe-Keuk* enthielt einen solchen Vorschlag nicht, vermutlich wegen ihrer Forderung, die relative Grenze auf sogar die Hälfte des Stiftungseinkommens zu erhöhen.[987] Die Unabhängige Sachverständigenkommission selbst hielt es dagegen erst gar „nicht für angebracht, gesetzliche Ausnahmeregelungen zur Klärung offenbar nur in Einzelfällen aufgetretener Zweifelsfragen vorzuschlagen."[988] So erklärt sich, dass sich

984 Siehe oben S. 141 - 143 (unter Zweiter Teil, Dritter Abschnitt, B. III. 4. b) aa)).

985 Siehe oben S. 101 (unter Zweiter Teil, Dritter Abschnitt, B. II. 4.).

986 Siehe BMF, Gutachten Gemeinnützigkeits- und Spendenrecht, S. 293 (unter Nr. 25).

987 *Isensee/Knobbe-Keuk*, S. 379 (§ 61 Abs. 2 Nr. 4 AO-E) und S. 432 (Begründung).

988 BMF, Gutachten Gemeinnützigkeits- und Spendenrecht, S. 100 (zu § 58 Nr. 5 AO-E).

der Gesetzgeber mit der hier diskutierten Problematik bislang nicht befasst hat.

Die Forderung, die Versorgung der Stifterfamilie aus den laufenden Stiftungserträgen gesetzlich zu erweitern, könnte man damit begründen, dass nur eine erweiterte finanzielle Absicherung einen erfolgversprechenden steuerlichen Anreiz zur Errichtung steuerlich gemeinnütziger Stiftungen biete. Aus gesellschaftspolitischer Sicht mag man dem Zustand, dass eine Stiftung einen auch noch so geringen Teil ihrer laufenden Erträge für steuerbegünstigte Zwecke verwendet, den Vorzug geben gegenüber der Situation, dass ein potenzieller Stifter von der Errichtung einer steuerlich gemeinnützigen Stiftung absieht und aus diesem Grund von vornherein gar keine Erträge für steuerbegünstigte Zwecke eingesetzt werden.[989]

Aus rechtlicher Sicht ist die Forderung nach einer Erweiterung der ertragsfinanzierten Versorgung der Stifterfamilie bedenklich. Eine gesetzlich angeordnete Reduktion des Ausschließlichkeits- und des Mittelverwendungsgrundsatzes wäre auf den ersten Blick – vorbehaltlich weiterer Überlegungen – mit der Existenz des § 58 Nr. 5 AO schwer vereinbar. Es gelten hier dieselben Überlegungen, die zur Verwerfung einer umfassenden Nettobetrachtung auf Ertragsebene geführt haben. § 58 Nr. 5 AO begründet eine Privilegierung der Rechtsform Stiftung gegenüber anderen Körperschaftsteuersubjekten. In demselben Maße, in dem man die Ertragsverwendung für privatnützige Versorgungszwecke *generell* – also für sämtliche Körperschaftsteuersubjekte – erlaubt, liefe § 58 Nr. 5 AO ins Leere und würde die Privilegierung der Rechtsform Stiftung aufgehoben. Eine solche Nivellierung ist aber angesichts der Existenz des § 58 Nr. 5 AO unzulässig.

---

989 So *Müller/Schubert*, DStR 2000, 1289, 1296 (unter 4.3.2.) und 1297 (unter 6.) zur Rechtfertigung ihrer Auffassung, eine Nettobetrachtung auf Ertragsebene sei bereits *de lege lata* zulässig.

Die Rufe nach einer umfassenden Reform des Gemeinnützigkeitsrechts[990] und die entsprechenden Absichtserklärungen der Großen Koalition im Koalitionsvertrag vom 11. November 2005[991] sollen hier zum Anlass genommen werden, einen konkreten Vorschlag für eine Änderung des § 58 Nr. 5 AO zu unterbreiten. Dieser Vorschlag soll dem Bedürfnis der Praxis für eine flexiblere Ertragsverwendung zugunsten privatnütziger Versorgungszwecke gerecht werden, ohne die verfassungsrechtliche Legitimation der spezialgesetzlichen Steuervergünstigungen in Frage zu stellen. Die hier unterbreiteten Vorschläge lehnen sich an die Konzeption des Ausschließlichkeitsgebots im österreichischen und schweizerischen Recht.

II. Erweiterung des Kreises der Versorgungsempfänger

Wird der Kreis der nächsten Angehörigen i.S. des § 58 Nr. 5 AO nach hier vertretener Auffassung im Vergleich zur Ansicht der Finanzverwaltung zwar „in die Tiefe" erweitert, ist das Auslegungsergebnis für die Praxis dennoch nicht völlig zufriedenstellend. Dies gilt angesichts der Änderungen der gesellschaftlichen Verhältnisse insbesondere für Personen, die mit dem Stifter eine nichteheliche Lebensgemeinschaft bilden.[992] Dies gilt weiterhin für die Fälle, in denen der Stifter keine Angehörigen hat, die unter die Legaldefinition des § 15 AO fallen und folglich keine nächsten Angehörigen i.S. des § 58 Nr. 5 AO sein können. So versteht sich auch die Forderung des Bundesverbandes Deutscher Stiftungen, § 58 Nr. 5 AO dahingehend zu erweitern, dass eine steuerlich gemeinnützige Stiftung im

---

990 *Bertelsmann Stiftung, Maecenata Institut für Dritter-Sektor-Forschung*, S. 102 und S. 104 - 106; *Bundesverband Deutscher Stiftungen*, Offene Fragen, S. 1 (unter 1.); *ders.*, 10-Punkte-Programm, S. 2 (unter 3.); *ders.*, Verbesserung der Rahmenbedingungen; *ders.*, Bündnis für Gemeinnützigkeit, S. 2 - 5; *Enquete-Kommission „Zukunft des Bürgerschaftlichen Engagements"*, BT-Drucks. 14/8900, S. 297 - 304 (unter C3. 1.); *Lex*, StiftSpons 1/2005, 19 ff.; *ders.*, StiftSpons 2/2005, 14 ff.; *Maecenata Institut für Philanthropie und Zivilgesellschaft*, S. 10 ff.; *Mercker/von Rotenhan*, StiftSpons 1/2006, 18 f.; *Mock*, S. 201 - 218 (unter E. II. 1.) und S. 268 (unter F. II. 3. - 5.); *Schwertmann*, S. 31 - 44; *Strachwitz*, Reform des Gemeinnützigkeitsrechts, S. 147 ff. (unter 5.); *Strachwitz/Zimmer/Then*, S. 107 und 119 ff., insbesondere S. 123 f.

991 *CDU/CSU/SPD*, Koalitionsvertrag, S. 110 in Tz. 5369 - 5375.

992 *Brömmling*, F.A.Z. 14. 5. 2002, S. 16; *Lex*, Wettlauf im Stiftungsrecht, S. 36; *ders.*, StiftSpons 2/2005, 14, 14; *Schiffer*, Anwaltliche Praxis, § 8 Rn. 126.

Idealfall *jede* vom Stifter namentlich benannte natürliche Person[993] – also losgelöst von der familienrechtlichen Beziehung zum Stifter –, zumindest aber den nichtehelichen oder gleichgeschlechtlichen Partner des Stifters[994] versorgen dürfe.

Nicht empfehlenswert erscheint, den Begriff der „nächsten Angehörigen“ durch den – auch in § 55 Abs. 3 AO verwendeten – Begriff der „Erben“ zu ersetzen oder gar ersatzlos zu streichen. Zwar würden beide Änderungen den Stifter bei Verfassen des Stiftungsgeschäfts und den Rechtsanwender bei Auslegung des § 58 Nr. 5 AO von den Fesseln der Legaldefinition des § 15 AO befreien. Gegen die Einführung des Begriffs der „Erben“ spricht allerdings die hier vertretene Auffassung, wonach sich der Kreis der nächsten Angehörigen nicht allein anhand der gesetzlichen Erbfolge, sondern auch anhand der verwandtschaftlichen Unterhaltspflichten aus § 1601 BGB bestimmt. Für die Beibehaltung des Begriffs der „nächsten Angehörigen“[995] spricht, dass nur so eine generationenübergreifende Versorgung der Stifterfamilie gesichert ist.

III. Redaktionelle Änderungen

Nach der Feststellung, dass der in § 58 Nr. 5 AO verwendete Begriff „Stifter“ sowohl Stifter als auch Zustifter erfasst,[996] empfiehlt sich zur Klarstellung, den vor dem Begriff „Stifter“ verwendeten Singular-Artikel „den“ durch den Plural-Artikel „die“ zu ersetzen.

---

993 *Bundesverband Deutscher Stiftungen*, Offene Fragen, S. 3 (unter A. 3.); *ders.*, 10-Punkte-Programm (unter 3.). Siehe auch *Brömmling*, F.A.Z. 20. 1. 2003, S. 13; *Lex*, Wettlauf im Stiftungsrecht, S. 36; *ders.*, StiftSpons 2/2005, 14, 14; *Mecking*, ZSt 2004, 318 f.

994 *Bundesverband Deutscher Stiftungen*, Bündnis für Gemeinnützigkeit, S. 4 (unter 2.).

995 So unausgesprochen wohl auch *Bundesverband Deutscher Stiftungen*, Offene Fragen, S. 3 (unter A. 3.); *ders.*, 10-Punkte-Programm (unter 3.): „[…] *nicht nur* die nächsten Angehörigen, *sondern auch* sonstige vom Stifter namentlich benannte natürliche Personen […]“. Hervorhebungen durch den Verfasser.

996 Siehe oben S. 161 und 165 (unter Zweiter Teil, Dritter Abschnitt, C. I. 1. und 2. d)).

Weiterhin empfiehlt sich mit Blick auf andere Vorschriften der Abgabenordnung[997] und auf Vorschriften anderer Gesetze[998], hinter das Wort „Angehörigen" zwecks Klarstellung einen Klammerverweis auf die Legaldefinition des § 15 AO einzufügen.

Schließlich soll der Vorschlag für eine Änderung des § 58 Nr. 5 AO zum Anlass genommen werden, um auf die tautologische Zielformulierung „*dazu* verwendet, *um* [...] *zu* [...]" aufmerksam zu machen. Aus dem Grund sprachlicher Ästhetik sei angeregt, entweder das Wort „dazu" oder das Wort „um" zu streichen. Um die Aufmerksamkeit des Rechtsanwenders auf den Inhalt des zweiten Halbsatzes zu steigern, erscheint die Beibehaltung des Wortes „dazu" im ersten Halbsatz vorzugswürdig.

B. Vorschlag in Anlehnung an die Rechtslage in Österreich

Die Vorschriften der österreichischen Bundesabgabenordnung über die steuerliche Gemeinnützigkeit von Körperschaftsteuersubjekten entsprechen in ihrer systematischen Anordnung und Funktion weitgehend den §§ 51 ff. AO.[999] Im Unterschied zur Rechtslage in Deutschland ist in Österreich die Selbstlosigkeit nicht in einer eigenständigen Vorschrift verankert, sondern in der das Ausschließlichkeitsgebot enthaltenden Vorschrift des § 39 BAO integriert.[1000] Ein weiterer, wesentlicher Unterschied besteht darin, dass es im österreichischen Gemeinnützigkeitsrecht einen dem § 58 Nr. 5 AO entsprechenden eigenständigen Ausnahmetatbestand nicht gibt.

Normativer Anknüpfungspunkt der folgenden Ausführungen ist § 39 Z 1 BAO. Danach setzt eine ausschließliche Förderung voraus, dass die Körper

---

997 Siehe §§ 82 Abs. 1 Satz 1 Nr. 2 und 4, 101 Abs. 1 Satz 1, 103 Satz 1 AO AO.

998 Z.B. § 146 Abs. 3 Satz 1 BewG.

999 So entspricht § 34 Abs. 1 Satz 1 BAO funktional dem § 51 Satz 1 AO. Weiterhin entsprechen sich §§ 35 Abs. 1 und Abs. 2 Satz 1, 36 Abs. 1 BAO und § 52 Abs. 1 Satz 1 und 2 AO. Die nach dem Wortlaut unmittelbar lediglich für Körperschaften geltenden §§ 35 ff. BAO sind gemäß § 34 Abs. 2 BAO auf Stiftungen anwendbar.

1000 § 39 Z 2 Satz 2 BAO entspricht § 55 Abs. 1 Nr. 1 Satz 2 AO; § 39 Z 3 BAO entspricht § 55 Abs. 1 Nr. 2 und Abs. 2 AO; § 39 Z 4 BAO entspricht § 55 Abs. 1 Nr. 3 AO; § 39 Z 5 BAO entspricht § 55 Abs. 1 Nr. 4 Satz 1 AO.

schaft, abgesehen von *völlig untergeordneten Nebenzwecken*, keine anderen als steuerbegünstigte Zwecke verfolgen darf.[1001] Verstößt eine Stiftung gegen § 39 Z 1 BAO, wird sie als sogenannte gemischtnützige Stiftung abgabenrechtlich wie eine eigennützige Privatstiftung behandelt.[1002] In der Praxis beurteilt sich das Vorliegen eines „völlig untergeordneten Nebenzwecks“ weniger nach dem Verbandszweck als vielmehr anhand der tatsächlichen Geschäftsführung.[1003] Nach der vom Schrifttum geteilten Auffassung der österreichischen Finanzverwaltung kann vom Vorliegen „völlig untergeordneter Nebenzwecke“ grundsätzlich nur dann ausgegangen werden, wenn die darauf entfallende Tätigkeit nicht mehr als zehn Prozent der Gesamttätigkeit ausmacht.[1004] Dies ist im Einzelfall anhand einer entsprechenden Bezugsgrundlage – beispielsweise Ausgaben, Aufwandstruktur und Zeiteinsatz – zu beurteilen.[1005] Nach Ansicht der Finanzverwaltung kann bei relativ geringfügiger Überschreitung ein mehrjähriger, auf etwa fünf Jahre bemessener Beobachtungszeitraum herangezogen werden.[1006] Die Auffassung der Finanzverwaltung deckt sich mit der Judikatur des österreichischen Verwaltungsgerichtshofs insofern, als nach dem Erkenntnis vom 26. Januar 1994 ein völlig untergeordneter Nebenzweck dann *nicht* (mehr) vorliegt, wenn die privatnützige Tätigkeit bis zu dreißig Prozent der Gesamttätigkeit ausmacht.[1007]

In Anlehnung an § 39 Z 1 BAO könnte man die Unschädlichkeit privatnütziger Versorgungsleistungen allein an die Einhaltung einer auf das Stiftungseinkommen bezogenen relativen Grenze knüpfen. Damit könnte man die anderen tatbestandsmäßigen Grenzen des § 58 Nr. 5 AO ersatzlos streichen. Folglich wären Stifter und Stiftung nicht länger an die persön-

---

1001 Hervorhebung durch den Verfasser.

1002 BMF (A), StiftR 2001 Rz. 6, AÖF 2002, 193, 198.

1003 *Ritz*, § 39 BAO Rn. 2 m.w.N.

1004 BMF (A), VereinsR 2001 Rz. 114 Satz 2, AÖF 2002, 299, 319 (anwendbar auf Stiftungen gemäß BMF (A), StiftR 2001 Rz. 5 Satz 2, AÖF 2002, 193, 198). Ebenso *Achatz/Schneider*, S. 53; *Breinl*, Tz. 21/147; Kohler/Quantschnigg/Wiesner/*Baldauf*, B. 1.6.1, S. 110; *Ritz*, § 39 BAO Rz. 2.

1005 BMF (A), VereinsR 2001 Rz. 114 Satz 3, AÖF 2002, 299, 319 (anwendbar auf Stiftungen gemäß BMF (A), StiftR 2001 Rz. 5 Satz 2, AÖF 2002, 193, 198).

1006 BMF (A), VereinsR 2001 Rz. 114 Satz 3, AÖF 2002, 299, 319 (anwendbar auf Stiftungen gemäß BMF (A), StiftR 2001 Rz. 5 Satz 2, AÖF 2002, 193, 198).

1007 VwGH, ÖStZB 1994, 588, 589.

liche Beschränkung auf den Stifter und seine nächsten Angehörigen, den Unterhaltszweck und das Angemessenheitserfordernis gebunden. So dürfte eine Stiftung testamentarische und andere privatnützige Verpflichtungen in unschädlicher Weise aus ihren laufenden Erträgen erfüllen, wenn und soweit nur die relative Grenze eingehalten wird.

Ein wesentlicher Vorteil dieses Ansatzes besteht darin, dass sich mit Aufhebung des Tatbestandsmerkmals „in angemessener Weise" die im Einzelfall etwaig bestehende Rechtsunsicherheit und daraus resultierende Streitigkeiten erübrigten. Schließlich würde die Aufhebung der Bindung an den Unterhaltszweck die Möglichkeit eröffnen, zur dauerhaften finanziellen Absicherung der Stifterfamilie eine Rücklage zu bilden. Mit dieser Maßnahme ließe sich das Risiko abfedern, dass ein akuter Fall von Bedürftigkeit in der Stifterfamilie und eine schlechte Ertragssituation der Stiftung zeitlich zusammenfallen. Dabei unterlägen die aus der Verzinsung der Rücklagenbeträge erzielten Erträge dem Mittelverwendungsgrundsatz und dürften wiederum (lediglich) in Höhe der relativen Grenze in die Rücklage eingestellt werden.

Der hier skizzierte Ansatz trifft allerdings zunächst auf zwei gewichtige Folgeprobleme. Streicht man die Bindung an den Unterhaltszweck und damit gerade diejenige Grenze des § 58 Nr. 5 AO, deren Einhaltung die Privilegierung der Rechtsform Stiftung verfassungsrechtlich legitimiert, müsste die neugefasste Ausnahmevorschrift vor dem Hintergrund des steuerlichen Gleichbehandlungsgebots (Art. 3 Abs. 1 GG) auf sämtliche Körperschaftsteuersubjekte ausgeweitet werden. Damit entfiele – vorbehaltlich weiterer Überlegungen – die Privilegierung der Rechtsform Stiftung. Darüber hinaus lässt sich der hier unterbreitete Vorschlag, sämtliche Grenzen des § 58 Nr. 5 AO mit Ausnahme der relativen Grenze zu streichen, politisch möglicherweise nur dann durchsetzen, wenn dafür die relative Grenze – etwa in Anlehnung an § 39 Z 1 BAO auf zehn Prozent – gesenkt wird. Infolgedessen stünde einer Stiftung für privatnützige Versorgungszwecke ein geringerer Einkommensanteil als nach jetziger Rechtslage zur Verfügung.

Die beiden vorstehend genannten Probleme lassen sich jedoch beheben, wenn man neben einer für sämtliche Körperschaftsteuersubjekte geltenden relativen Grenze, die im Folgenden auf zehn Prozent festgelegt werden soll, speziell für Stiftungen den § 58 Nr. 5 AO als solchen beibehält und (lediglich) die relative Grenze von einem Drittel auf ein Viertel des Stiftungseinkommens zurücknimmt. Mit diesem Ansatz würde man die verfassungsrechtlich gerechtfertigte wie politisch gewünschte Privilegierung der Rechtsform Stiftung aufrechterhalten. Zudem stünden einer Stiftung für privatnützige Versorgungszwecke insgesamt 35 Prozent ihres laufenden Einkommens, also ein etwas höherer Betrag als nach bisheriger Rechtslage, zur Verfügung.

Auf Grundlage der vorstehenden Überlegungen könnte § 58 Nr. 5 AO wie folgt lauten:

> „Die Steuervergünstigung wird nicht dadurch ausgeschlossen,
> [...]
> 5. a) dass eine Körperschaft einen Teil, jedoch höchstens zehn Prozent ihres Einkommens außerhalb der Erfüllung ihrer steuerbegünstigten Zwecke verwendet;
>   b) dass darüber hinaus eine Stiftung einen Teil, jedoch höchstens ein Viertel ihres Einkommens dazu verwendet, in angemessener Weise die Stifter, ihre nächsten Angehörigen (§ 15 AO) und jede von den Stiftern namentlich benannte natürliche Person zu unterhalten, ihre Gräber zu pflegen und ihr Andenken zu ehren.“

Der Umstand, dass ein Körperschaftsteuersubjekt gemäß § 58 Nr. 5 *Buchstabe a* AO-E bis zu zehn Prozent seines Einkommens außerhalb der Erfüllung seiner steuerbegünstigten Zwecke verwenden darf, entbindet dessen Organe nicht von der Pflicht, bei der Einkommensverwendung die geltende Rechtsordnung zu wahren. Ein Körperschaftsteuersubjekt kann nicht als steuerlich gemeinnützig anerkannt werden, wenn es im Rahmen der tatsächlichen Geschäftsführung gegen die verfassungsmäßige Rechtsordnung verstößt[1008] und ihm das rechtswidrige Verhalten eines Organs oder eines Dritten als eigenes vorwerfbares Verhalten zuzurechnen ist.[1009]

[1008] BFH, BStBl. II 1979, 482, 487; BFH, BStBl. II 1985, 106, 107; BFH, BStBl. II 1995, 134, 136; BFH; BStBl. II 1998, 9, 11; BFH, BStBl. II 2002, 169, 170; BMF, AEAO Tz. 16 Satz 1 zu § 51 AO und Tz. 3 Satz 1 zu § 63 AO, BStBl. I 2002, 867, 871 und 881. Siehe auch BFH, BStBl. II 1984, 844, 848.

[1009] BFH, BStBl. II 1985, 106, 107; BFH, BStBl. II 2002, 169, 170 f. Siehe dazu auch BFH, HFR 1963, 407, 407 f.

Da die staatliche Rechtsordnung das verfassungs- und gesetzestreue Verhalten sämtlicher Rechtssubjekte als selbstverständlich voraussetzt,[1010] bedarf es keiner entsprechenden, klarstellenden Satzungsbestimmung.[1011]

C. Vorschlag in Anlehnung an die Rechtslage in der Schweiz

Eine besondere Konzeption liegt dem Ausschließlichkeitsprinzip im Steuerrecht der Schweiz zugrunde. Normativer Anknüpfungspunkt der folgenden Ausführungen ist der im Rahmen der Unternehmenssteuerreform des Jahres 1997 neugefasste und seit dem 1. Januar 1998 für die direkte Bundessteuer geltende Befreiungstatbestand des Art. 56 Buchstabe g Satz 1 DBG:

> „Von der Steuerpflicht sind befreit: [...] juristische Personen, die öffentliche oder gemeinnützige Zwecke verfolgen, *für den Gewinn*, der ausschliesslich und unwiderruflich diesen Zwecken gewidmet ist.“[1012]

Infolge der Harmonisierung der direkten Steuern[1013] finden sich im Wortlaut identische Befreiungstatbestände bei den kantonalen Gewinn- und Kapitalsteuern.[1014] Einen dem § 58 Nr. 5 AO entsprechenden Ausnahmetatbestand gibt es im schweizerischen Steuerrecht nicht.

1010 BFH, BStBl. II 1985, 106, 107; BMF, AEAO Tz. 3 Satz 1 zu § 63 AO, BStBl. I 2002, 867, 881.

1011 BFH, BStBl. II 1985, 106, 107.

1012 Hervorhebung durch den Verfasser.

1013 Art. 72 Abs. 1 StHG.

1014 Die Harmonisierung erfolgte auf Grundlage der mit dem Wortlaut des Art. 56 Buchstabe g Satz 1 DBG identischen Vorschrift des Art. 23 Abs. 1 Buchstabe f Satz 1 StHG.

Siehe z.B. BE: Art. 83 Abs. 1 Buchstabe g Satz 1 StG; BS: § 66 Buchstabe f Halbsatz 1 StG; GE: Art. 9 Abs. 1 Buchstabe f Satz 1 LIPM; SZ: § 61 Abs. 1 Buchstabe f Satz 1 StG; VD: Art. 90 Buchstabe g Satz 1 LI; VS: Art. 79 Abs. 1 Buchstabe f Satz 1 LF; ZG: § 57 Abs. 1 Buchstabe g Satz 1 StG; ZH: § 61 Buchstabe f Satz 1 StG.

Der ursprüngliche Gesetzesentwurf des Bundesrats sah in Anlehnung an die bis dahin geltende Vorschrift des Art. 16 Z 4 BdBSt eine Steuerbefreiung lediglich für solche juristische Personen vor, die „ausschließlich öffentliche oder gemeinnützige Zwecke verfolgen". Dieses dem § 56 AO entsprechende Aufteilungsverbot[1015] hätte zur Folge gehabt, dass sich die gesamte Tätigkeit des steuerbefreiten Subjekts auf begünstigte Zwecke hätte beziehen müssen, also eine gemischte Zweckverfolgung schädlich gewesen wäre. Zur Vermeidung eines solchen Aufteilungsverbots wurde im anschließenden Gesetzgebungsverfahren das Wort „ausschließlich" gestrichen und der zweite Halbsatz: „für den Gewinn, der ausschliesslich und unwiderruflich diesen Zwecken gewidmet ist" eingeführt.[1016] Damit ist in der Schweiz – ähnlich wie in Großbritannien[1017] – eine gemischtnützige Zweckverfolgung möglich.

Der Befreiungstatbestand des Art. 56 Buchstabe g Satz 1 DBG in seiner jetzigen Fassung beruht auf folgendem Prinzip: wenn ein Steuersubjekt *ausschließlich* steuerbegünstigte Zwecke verfolgt, gewährt ihm die Vorschrift eine *vollständige subjektive* Steuerbefreiung. Verfolgt ein Steuersubjekt hingegen auch nichtsteuerbegünstigte Zwecke, kommt es zu einem Systemwechsel derart, dass Art. 56 Buchstabe g Satz 1 DBG nunmehr eine *partielle objektive* Steuerbefreiung gewährt. Bei gemischtnütziger Zweckverfolgung nimmt Art. 56 Buchstabe g Satz 1 DBG lediglich denjenigen Teil der Bemessungsgrundlage von der objektiven Steuerpflicht aus, der (ausschließlich) für steuerbegünstigte Zwecke verwendet wird.[1018] Allerdings setzt die Steuerbefreiung nach der Praxis der Eidgenössischen Steuerverwaltung voraus, dass die steuerbefreite Mittelverwendung im Vergleich zur nichtsteuerbefreiten Mittelverwendung „ins Gewicht" fällt.[1019]

In Anlehnung an die Rechtslage in der Schweiz könnte man eine flexiblere Ertragsverwendung *generell* – also für alle Körperschaftsteuersubjekte –

1015 Siehe dazu oben S. 116 - 118 (unter Zweiter Teil, Dritter Abschnitt, B. III. 2. a) bb) (2)).

1016 Zur Entstehungsgeschichte des Art. 56 Buchstabe g Satz 1 DBG siehe Zweifel/*Greter* Art. 56 DBG Rn. 23.

1017 *Mock*, S. 15, 117, 124 und 260.

1018 Zweifel/*Greter* Art. 56 DBG Rn. 1 und 26 f.

1019 ESTV (CH), Kreisschreiben Nr. 12, Anm. II. 2. b) (S. 2) und Anm. II. 5. (S. 6).

dadurch erreichen, dass man § 58 Nr. 5 AO in seiner jetzigen Fassung streicht und sprachlich wie Art. 56 Buchstabe g Satz 1 DBG neufasst. Um die Privilegierung der Rechtsform Stiftung aufrechtzuerhalten, bietet sich alternativ an, das schweizerische Konzept für sämtliche Körperschaftsteuersubjekte in einem § 58 Nr. 5 *Buchstabe a* AO zu übernehmen und speziell für Stiftungen § 58 Nr. 5 AO inhaltlich unverändert in einem § 58 Nr. 5 *Buchstabe b* AO zu positionieren. Diese beiden Vorschriften stünden in einem Spezialitätsverhältnis mit § 58 Nr. 5 *Buchstabe a* AO-E als *lex generalis* und § 58 Nr. 5 *Buchstabe b* AO-E als *lex specialis.*

Weil die Einkommensverwendung i.S. des § 58 Nr. 5 *Buchstabe a* AO-E nicht an Unterhaltszwecke und folglich nicht an das Vorliegen von Bedürftigkeit gebunden ist, müsste die Unschädlichkeit aus gleichheitsrechtlichen Gründen[1020] auf alle Körperschaftsteuersubjekte ausgeweitet werden. Damit würde § 58 Nr. 5 Buchstabe a AO-E das im Ausschließlichkeitsgrundsatz des § 56 AO enthaltene Aufspaltungsverbot durchbrechen. Demnach wäre jedes Körperschaftsteuersubjekt lediglich in dem Maße steuerlich gemeinnützig, in dem es sein laufendes Einkommen für steuerbegünstigte Zwecke verwendet. Allerdings muss sichergestellt sein, dass eine spezialgesetzliche Steuervergünstigung von vornherein nur dann in Betracht kommt, wenn der wesentliche Teil des Einkommens – sei es zeitnah, sei es über Rücklagenbildung kurzfristig aufgeschoben – für steuerbegünstigte Zwecke verwendet wird. Aus diesem Grund wird die Einführung einer Obergrenze für nichtsteuerbegünstigte Zuwendungen vorgeschlagen. Diese Obergrenze könnte man in Anlehnung an § 39 Z 1 BAO bei zehn Prozent des Stiftungseinkommens ziehen.

Verwendet eine Stiftung auf Grundlage des § 58 Nr. 5 *Buchstabe b* AO-E, der für Stiftungen geltenden *lex specialis*, bis zu einem Drittel ihres Einkommens für privatnützige Versorgungszwecke, bliebe sie wie nach bisheriger Rechtslage (vollständig) steuerlich gemeinnützig. § 58 Nr. 5 *Buchstabe a* AO-E als *lex generalis* käme erst dann zur Anwendung, wenn eine Stiftungsleistung eine der Grenzen des § 58 Nr. 5 *Buchstabe b* AO-E – mit Ausnahme der Ein-Drittel-Grenze selbst – überschreitet. Die Zehn-Prozent-Grenze des § 58 Nr. 5 *Buchstabe a* AO-E bildet plastisch gesprochen eine Art „Fangnetz“ für den Fall, dass eine der Voraussetzungen des § 58 Nr. 5 *Buchstabe b* AO-E nicht vorliegt.

1020 Siehe dazu bereits oben S. 287 (unter Zweiter Teil, Vierter Abschnitt, B.).

Insgesamt dürfte eine Stiftung wie bislang nicht mehr als ein Drittel ihres Einkommens für privatnützige Versorgungsleistungen an die Stifterfamilie verwenden. Folglich mindern Versorgungsleistungen i.S. des § 58 Nr. 5 *Buchstabe b* AO-E den zulässigen Umfang der privatnützigen Einkommensverwendung gemäß § 58 Nr. 5 *Buchstabe a* AO-E. Dies führt dazu, dass Leistungen nach § 58 Nr. 5 *Buchstabe a* AO-E dann schädlich sind, wenn und sobald die Versorgungsleistungen i.S. des § 58 Nr. 5 *Buchstabe b* AO-E die Zehn-Prozent-Grenze des § 58 Nr. 5 *Buchstabe a* AO-E erreicht haben.

Unter Einhaltung der Zehn-Prozent-Grenze des § 58 Nr. 5 *Buchstabe a* AO-E dürfte eine Stiftung Rücklagen zur dauerhaften finanziellen Absicherung der Stifterfamilie bilden. Somit ließe sich das bereits mehrfach skizzierte Risiko abfedern, dass ein akuter Fall von Bedürftigkeit in der Stifterfamilie und eine schlechte Ertragssituation der Stiftung zeitlich zusammenfallen. Dabei unterlägen die aus der Verzinsung der Rücklagenbeträge erzielten Erträge dem Mittelverwendungsgrundsatz und dürften wiederum (lediglich) in Höhe der relativen Grenze – hier zehn Prozent – in die Rücklage eingestellt werden.

Auf Grundlage der vorstehenden Ausführungen könnte § 58 Nr. 5 AO wie folgt lauten, wobei wegen des negativ gehaltenen Einführungshalbsatzes („wird nicht ausgeschlossen“) die Betonung in *Buchstabe a* auf dem Adjektiv „wesentlichen“ liegt:

> „Die Steuervergünstigung wird nicht ausgeschlossen,
> [...]
> 5. a) soweit eine Körperschaft den wesentlichen Teil ihres Einkommens, der neunzig Prozent nicht unterschreiten darf, für ihre steuerbegünstigten Zwecke verwendet;
>   b) wenn eine Stiftung einen Teil, jedoch höchstens ein Drittel ihres Einkommens dazu verwendet, in angemessener Weise die Stifter, ihre nächsten Angehörigen (§ 15 AO) und jede von den Stiftern namentlich benannte natürliche Person zu unterhalten, ihre Gräber zu pflegen und ihr Andenken zu ehren.“

Fünfter Abschnitt

Stiftungsleistungen i.S. des § 58 Nr. 5 AO und das Gebot der Satzungsmäßigkeit

A. Erfordernis, die Vornahme von Versorgungsleistungen i.S. des § 58 Nr. 5 AO in der Stiftungsverfassung festzuschreiben?

I. Stiftungszivilrechtliche Betrachtung

Wie bereits dargestellt,[1021] zwingt der auf steuerliche Gemeinnützigkeit gerichtete Stifterwille die Stiftungsorgane zur Einhaltung der Vorschriften der §§ 51 ff. AO. Aus diesem Grund sind die Stiftungsorgane schon aus stiftungszivilrechtlicher Sicht an die tatbestandsmäßigen Grenzen des § 58 Nr. 5 AO gebunden. So dürfen die Stiftungsorgane bereits nach Stiftungszivilrecht keine ertragsfinanzierten Versorgungsleistungen an andere Personen als Stifter und nächste Angehörige, zu anderen als den in § 58 Nr. 5 AO genannten Zwecken oder unter Verstoß gegen das Bedürftigkeits- und das Angemessenheitserfordernis vornehmen.

Wegen der Maßgeblichkeit seines auf steuerliche Gemeinnützigkeit gerichteten Willens braucht der Stifter die Einhaltung der Grenzen des § 58 Nr. 5 AO aus Sicht des Stiftungszivilrechts nicht ausdrücklich in der Stiftungsverfassung[1022] festzuschreiben. Enthält die Stiftungsverfassung keine expliziten Angaben zur Versorgung der Stifterfamilie, muss der mutmaßliche Wille des Stifters im Wege der ergänzenden Auslegung ermittelt werden – beispielsweise unter Heranziehung privater Briefe und Unterlagen, Protokollen über Gespräche mit Beratern sowie dem Schriftverkehr mit den Stiftungs- und Finanzbehörden.[1023]

[1021] Siehe oben S. 44 (unter Zweiter Teil, Zweiter Abschnitt, B.).

[1022] Zum Begriff der Stiftungsverfassung siehe oben S. 21 (unter Zweiter Teil, Erster Abschnitt, A. III.).

[1023] *Knobbe-Keuk*, in: Bundesverband Deutscher Stiftungen, Stiftungsprivatrecht, S. 149.

Eine andere Frage ist die der Zweckmäßigkeit einer schriftlichen Fixierung. Allein die Feststellung, dass der Wille des Stifters auf steuerliche Gemeinnützigkeit gerichtet ist, führt nicht zwangsläufig zu der Annahme, dass Versorgungsleistungen i.S. des § 58 Nr. 5 AO *a priori* dem Stifterwillen entsprechen und von daher stiftungszivilrechtlich zulässig sind.[1024] So kann der Wille des Stifters etwa dahingehen, nur sich selbst und/oder nur bestimmte nächste Angehörige abzusichern oder lediglich Leistungen auf einem Niveau unterhalb der Ein-Drittel-Grenze zuzulassen oder auf die Grabpflege zu beschränken. Möglicherweise entspricht es sogar seinem Willen, die Versorgung seiner selbst und die seiner nächsten Angehörigen durch Stiftungsleistungen generell auszuschließen, weil eine umfassende Versorgung bereits anderweitig gesichert sei. Zwar kann man, wie erwähnt, den mutmaßlichen Stifterwillen im Wege der ergänzenden Auslegung ermitteln. Dennoch empfiehlt sich aus Gründen der Rechtssicherheit, die Vornahme von Stiftungsleistungen i.S. des § 58 Nr. 5 AO, wenn und soweit diese dem Stifterwillen entsprechen, in der Stiftungsverfassung zu verankern.[1025] Ist dies bislang unterblieben, besteht die Möglichkeit einer nachträglichen Ergänzung, wenn und soweit dies stiftungszivilrechtlich zulässig ist,[1026] insbesondere dem erklärten oder mutmaßlichen Willen des Stifters entspricht.

II. Gemeinnützigkeitsrechtliche Betrachtung

Mit Blick auf § 59 Halbsatz 1 AO stellt sich die Frage, ob zumindest das Gemeinnützigkeitsrecht den Stifter dazu zwingt, die ertragsfinanzierte Versorgung seiner selbst und seiner nächsten Angehörigen in der Stiftungsverfassung zu verankern und die Einhaltung der Grenzen des § 58 Nr. 5 AO ausdrücklich festzuschreiben.

Unter der Überschrift „Voraussetzung der Steuervergünstigung“ bestimmt § 59 Halbsatz 1 AO, dass die Steuervergünstigung gewährt wird, wenn sich aus der Satzung, dem Stiftungsgeschäft oder der sonstigen Verfassung

---

1024 Ähnlich *Hüttemann*, Deutsches Stiftungswesen 1988 - 1998, S. 209 (betreffend die Rücklagenbildung gemäß § 58 Nr. 7 Buchstabe a AO).

1025 Im Ergebnis auch *Wachter*, Stiftungen, Teil D Rn. 32.

1026 Siehe dazu *Muscheler*, ZErb 2005, 4 ff.

(Satzung im Sinne dieser Vorschriften) ergibt, welchen Zweck die Körperschaft verfolgt, dass dieser Zweck den Anforderungen der §§ 52 bis 55 AO entspricht und dass er ausschließlich und unmittelbar verfolgt wird. § 59 Halbsatz 1 AO enthält das Gebot der *formellen* Satzungsmäßigkeit, das in den §§ 60 bis 62 AO in einigen Punkten konkretisiert wird. Nach dem in § 63 Abs. 1 AO verankerten Gebot der *materiellen* Satzungsmäßigkeit muss die tatsächliche Geschäftsführung auf die ausschließliche und unmittelbare Erfüllung der steuerbegünstigten Zwecke gerichtet sein und den Bestimmungen entsprechen, die die Satzung über die Voraussetzungen für Steuervergünstigungen enthält.

1. Meinungsstand

Die Bundesfinanzverwaltung vertritt im AO-Anwendungserlass die Auffassung, der Ausnahmetatbestand des § 58 Nr. 5 AO könne wie die meisten anderen Ausnahmetatbestände auch ohne entsprechende Satzungsbestimmung verwirklicht werden.[1027] Konsequenterweise sieht die Mustersatzung im AO-Anwendungserlass keine entsprechende Regelung vor.[1028] – Allerdings vertreten die vormals drei nordrhein-westfälischen Oberfinanzdirektionen in ihren Anmerkungen zu ihrer Mustersatzung für steuerbegünstigte Stiftungen vom 11. August 2005 ohne Begründung die gegenteilige Auffassung.[1029] – Die Ansicht der Bundesfinanzverwaltung hat für § 58 AO im Allgemeinen[1030] und für § 58 Nr. 5 AO im Besonderen[1031]

[1027] BMF, AEAO Tz. 23 Satz 1 zu § 58 Nr. 2 bis 12 AO, BStBl. I 2002, 867, 879 f. (auch für die Ausnahmetatbestände des § 58 Nr. 2 bis 4, 6 bis 9, 11 und 12 AO). So bereits BMF, EEAO Tz. 13 zu § 58 Nr. 2 bis 7 AO, BStBl. I 1976, 576, 586. Betreffend die Rücklagenbildung gemäß § 58 Nr. 7 Buchstabe a AO siehe auch BMF, StEK AO 1977 § 58 Nr. 5 (unter 1.).

[1028] BMF, AEAO Anlagen 1 und 2 zu § 60 AO, BStBl. I 1998, 821 f. und 823 f. – jeweils mit den Änderungen gemäß BStBl. I 2002, 867, 881 (unter Nr. 10).

[1029] OFD Düsseldorf, StEK AO 1977 § 51 Nr. 32, S. 41 in Fn. 2; OFD Köln, a.a.O.; OFD Münster, a.a.O.

[1030] Hübschmann/Hepp/Spitaler/*Fischer* § 58 AO Rn. 17 und § 59 AO Rn. 8; Klein/*Gersch* § 59 AO Rn. 1; Koch/Scholtz/*Scholtz* § 59 AO Rn. 5/1; Kühn/von Wedelstädt/*Blesinger* § 59 AO Rn. 1; Pump/Leibner/*Müller* § 59 AO Rn. 19; Tipke/Kruse/*Tipke* § 58 AO Rn. 1.

[1031] *Buchna*, Gemeinnützigkeit, Anm. 2.8.5, S. 160; *Knobbe-Keuk*, in: Bundesverband Deutscher Stiftungen, Stiftungsprivatrecht, S. 149; *Pues/Scheerbarth*, § 14 V, S. 136;

Zustimmung in weiten Teilen der Literatur gefunden. Begründet wird die Zustimmung teilweise damit, dass § 59 Halbsatz 1 AO mit „Zwecke", die in der Satzung verankert sein müssen, lediglich *steuerbegünstigte* Zwecke meine; folglich bräuchten die unschädlichen Nebenbetätigungen i.S. des § 58 (Nr. 5) AO *nicht* in der Satzung erwähnt zu werden.[1032] Andere Autoren argumentieren, § 59 Halbsatz 1 AO verweise nur auf die §§ 52 bis 55 AO und eben nicht auch auf § 58 AO.[1033] Teilweise wird argumentiert, die unschädlichen Nebenbetätigungen i.S. des § 58 AO seien oftmals gar nicht vorhersehbar;[1034] aus diesem Grund würde das Erfordernis, diese Nebenbetätigungen in die Satzung aufzunehmen, ein Körperschaftsteuersubjekt überfordern.[1035] Betreffend § 58 Nr. 4 AO hat sich der I. Senat des Bundesfinanzhofs im Urteil vom 24. Juli 1996 in einem *obiter dictum* dahingehend geäußert, dass die Regelung einer für die Steuervergünstigung unschädlichen Betätigung *nicht* erforderlich sei.[1036]

Wachter, Stiftungen, Teil B Rn. 128 und Teil D Rn. 32: die Verankerung in der Stiftungsverfassung aus Gründen der Rechtssicherheit lediglich empfehlend. Nicht eindeutig *Keller/Gadjeva*, StiftSpons 5/2003, 20, 22: satzungsmäßige Verankerung von Stiftungsleistungen i.S. des § 58 Nr. 5 AO sei unschädlich.

Vgl. *Herbert*, BB 1991, 178, 181 f.: Differenzierung anhand einer Geringfügigkeitsschwelle in Höhe von zehn Prozent; Schwarz/*Uterhark* § 58 AO Rn. 1 und § 59 AO Rn. 3: einerseits sei eine Satzungsbestimmung generell nicht oder zumindest dann nicht erforderlich, wenn die Tätigkeit auf die Erfüllung steuerbegünstigter Zwecke gerichtet ist, andererseits müsse die Unterstützung des Stifters und seiner nächsten Angehörigen „aus dem gebundenen Vermögen" im Stiftungsgeschäft verankert sein.

1032 Hübschmann/Hepp/Spitaler/*Fischer* § 58 AO Rn. 17; Tipke/Kruse/*Tipke* § 58 AO Rn. 1.

1033 Klein/*Gersch* § 59 AO Rn. 1; Pump/Leibner/*Müller* § 59 AO Rn. 19. Kritisch Koch/Scholtz/*Scholtz* § 59 AO Rn. 5/1.

1034 Tipke/Kruse/*Tipke* § 58 AO Rn. 1.

1035 Koch/Scholtz/*Scholtz* § 59 AO Rn. 5/1.

1036 BFH, BStBl. II 1996, 583, 584 f.

Die speziell auf § 58 Nr. 5 AO bezogene Gegenansicht[1037] wendet ein, privatnützige Versorgungsleistungen an den Stifter und seine nächsten Angehörigen lägen „außerhalb des Satzungszwecks", seien folglich dann, wenn ihre Vornahme nicht gesondert in der Satzung aufgeführt ist, satzungswidrig und mithin gemeinnützigkeitsschädlich. Für das Erfordernis, Stiftungsleistungen i.S. des § 58 Nr. 5 AO in die Satzung aufzunehmen, spreche auch die systematische Stellung des § 58 AO vor § 59 AO.[1038]

Vereinzelt wird sogar – allerdings ohne Begründung – die Auffassung vertreten, die Vornahme steuerlich unschädlicher Betätigungen i.S. des § 58 AO *dürfe* nicht in die Satzung aufgenommen werden.[1039]

2. Eigener Lösungsvorschlag

a) Der Wortlaut des § 59 Halbsatz 1 AO

Mit Blick auf den Wortlaut des § 59 Halbsatz 1 AO lassen sich alle vorstehend zitierten Ansichten und Begründungen in Frage stellen:

Einerseits ist die Argumentation, Stiftungsleistungen i.S. des § 58 Nr. 5 AO lägen „außerhalb des Satzungszwecks" und seien folglich bei fehlender gesonderter Regelung schädlich, insofern bedenklich, als sich das Gebot der formellen Satzungsmäßigkeit nach dem Wortlaut des § 59 Halbsatz 1 AO *gerade nur* auf die Satzungszwecke und nicht auch auf die unschädlichen Betätigungen i.S. des § 58 AO bezieht.

1037 OFD Düsseldorf, StEK AO 1977 § 51 Nr. 32, S. 41 in Fn. 2; OFD Köln, a.a.O.; OFD Münster, a.a.O.; *Goerdeler*, in: Bundesverband Deutscher Stiftungen, Stiftungsprivatrecht, S. 149; *Götz*, NWB F. 2, 8603, 8608 f.; *M. Hartmann*, S. 386; *Jansen/Gröning*, StuW 2003, 140, 142; Meyn/Richter/*Richter*, Rn. 342 und 390; *Schauhoff*, DB 1996, 1693, 1694. Betreffend § 58 AO im Allgemeinen und die Rücklagenbildung im Besonderen siehe auch *Hüttemann*, FR 2002, 1337, 1344.

1038 Tipke/Kruse/*Tipke* § 58 AO Rn. 1 (im Ergebnis aber anderer Auffassung).

1039 *Reuber*, S. 108/12 f. (Satzung – unter IV. 2.). Anderer Auffassung ausdrücklich *Keller/Gadjeva*, StiftSpons 5/2003, 20, 22; Pump/Leibner/*Müller* § 59 AO Rn. 19.

Andererseits beruht das Argument, § 59 Halbsatz 1 AO verweise nur auf die §§ 52 bis 55 AO und eben nicht auch auf § 58 AO, auf einer Verzerrung und Verkürzung des Wortlauts. Zunächst lässt allein der Umstand, dass § 59 Halbsatz 1 AO nicht explizit auf § 58 AO verweist, nicht die pauschale Schlussfolgerung zu, dass *keiner* der in § 58 AO geregelten Sachverhalte dem Gebot der formellen Satzungsmäßigkeit unterliegt. So muss nach herrschender Auffassung[1040] die Mittelbeschaffung i.S. des § 58 *Nr. 1* AO – diese ist steuerbegünstigte Zwecksetzung – in der Satzung verankert sein, ohne dass der fehlende Verweis in § 59 Halbsatz 1 AO auf § 58 AO dem entgegensteht. – Allerdings verbietet sich jeglicher Rückschluss auf andere Einzeltatbestände des § 58 AO, die anders als Nr. 1 keine steuerbegünstigte Zwecksetzung, sondern lediglich unschädliche Betätigungen beinhalten. – Weiterhin kann davon, dass § 59 Halbsatz 1 AO *nur* auf § 55 AO verweist, keine Rede sein. Stellt § 58 Nr. 5 AO, wie festgestellt,[1041] eine Ausnahme auch zu vier Einzelvorschriften innerhalb des § 55 Abs. 1 AO dar, verweist § 59 Halbsatz 1 AO eben *gerade auch* auf § 55 AO. Im Übrigen verlangt § 59 Halbsatz 1 AO Bestimmungen in der Stiftungsverfassung *auch* darüber, dass *ausschließlich* steuerbegünstigte Zwecke verfolgt werden. Aus der Satzung muss sich also ergeben, dass die *gesamte* Tätigkeit – zumindest im Grundsatz – auf die Erfüllung steuerbegünstigter Zwecke gerichtet ist. Wegen der systematischen Verknüpfung mit dem Ausschließlichkeits- und dem Selbstlosigkeitsgebot dürfen Stiftungsleistungen i.S. des § 58 Nr. 5 AO nicht von vornherein ausgeblendet werden.

Bezüglich der Frage, ob Stiftungsleistungen i.S. des § 58 Nr. 5 AO in der Stiftungsverfassung festgeschrieben sein müssen, ist der Wortlaut des § 59 Halbsatz 1 AO nicht eindeutig.

1040 Siehe nur BMF, AEAO Tz. 23 Satz 1 zu § 58 AO, BStBl. I 2002, 867, 879 f.; OFD Düsseldorf, StEK AO 1977 § 51 Nr. 32, S. 38 in Fn. 38 a.E.; OFD Köln, a.a.O.; OFD Münster, a.a.O.; *Hüttemann*, DStJG 26 (2003), 49, 56 f. (insbesondere in Fn. 37); Klein/*Gersch* § 59 AO Rn. 1.

1041 Siehe oben S. 64 f. (unter Zweiter Teil, Dritter Abschnitt, A. II. 1. b) cc) (2)).

b) Historische Betrachtung

aa) Rechtslage unter Geltung des § 5 Nr. 3 GemV 1941

Wie bereits dargestellt,[1042] war § 5 Nr. 3 GemV 1941, die Vor-Vorgängervorschrift des § 58 Nr. 5 AO, ein Ausnahmetatbestand zu § 3 Nr. 1 GemV 1941, der folgenden Wortlaut hatte:

> „Ausschließlichkeit liegt vor, wenn die folgenden fünf Voraussetzungen durch die Satzung vorgeschrieben sind und durch die tatsächliche Geschäftsführung verwirklicht werden:
>
> 1. Die Körperschaft darf (unbeschadet der §§ 5, 6, 8 bis 11) keine anderen als die im Absatz 1 Ziffern 1 bis 3 bezeichneten Zwecke (keine anderen Ziele) verfolgen.“

Das Gebot der formellen Satzungsmäßigkeit, so wie es in § 3 Nr. 1 GemV 1941 zum Ausdruck kam, bezog sich auf die „folgenden fünf Voraussetzungen“. Waren diese fünf Voraussetzungen erfüllt, lag – so die Rechtsfolge des § 3 Nr. 1 GemV 1941 – Ausschließlichkeit vor. Da § 5 Nr. 3 GemV 1941 jedoch eine *Ausnahme* vom Ausschließlichkeitsgrundsatz war, konnten weder die Vornahme privatnütziger Stiftungsleistungen noch die Einhaltung der Ein-Viertel-Grenze zu den „folgenden fünf Voraussetzungen“ gehören. Damit bezog sich das Gebot der formellen Satzungsmäßigkeit – wie auch das Gebot des Entsprechens von Satzung und Geschäftsführung – nicht auf den Ausnahmetatbestand des § 5 Nr. 3 GemV 1941.

bb) Rechtslage unter Geltung des § 5 Nr. 3 GemV 1953

Das Gebot der formellen Satzungsmäßigkeit, so wie es heute in § 59 Halbsatz 1 AO zum Ausdruck kommt, fand sich in der Gemeinnützigkeitsverordnung von 1953 in § 2 Abs. 1 Satz 1, der folgenden Wortlaut hatte:

[1042] Siehe oben S. 58 (unter Zweiter Teil, Dritter Abschnitt, A. II. 1. a)).

> „Körperschaften, die steuerbegünstigten Zwecken dienen, haben diese Zwecke, die Ausschließlichkeit und die Unmittelbarkeit in der Satzung, Stiftung oder sonstigen Verfassung (Satzung im Sinne dieser Verordnung) festzulegen und durch die tatsächliche Geschäftsführung zu verwirklichen."

Zu § 2 Abs. 1 Satz 1 GemV 1953, dessen Wortlaut dem des § 59 AO sehr ähnelt, findet sich – soweit ersichtlich – keine einzige Stimme, die die satzungsmäßige Verankerung von Stiftungsleistungen i.S. des § 5 Nr. 3 GemV 1953 für erforderlich hielt. Auch die zur Gemeinnützigkeitsverordnung 1953 ergangenen Ländererlasse aus dem Jahr 1954 enthalten in ihren Mustersatzungen keine Bestimmungen betreffend Stiftungsleistungen i.S. des § 5 Nr. 3 GemV 1953.[1043] Dies lässt allerdings keinerlei Rückschluss zu, da die Mustersatzung auf einen Verein, für den § 5 Nr. 3 GemV 1953 von vornherein nicht galt, gemünzt war.

c) Systematische Überlegungen

aa) Die Position des § 59 AO

Die These, dass das Gebot der formellen Satzungsmäßigkeit auch die privatnützigen Versorgungsleistungen an den Stifter und seine nächsten Angehörigen erfasst, lässt sich nicht damit begründen, dass § 58 (Nr. 5) AO vor § 59 AO placiert ist. Die Stellung des § 58 AO vor § 59 AO versteht sich allein vor dem Hintergrund, dass § 58 AO den Abschluss der *materiell*-rechtlichen und § 59 AO den Beginn der *formell*-rechtlichen Bestimmungen bildet. Die allgemeine Auffassung, wonach die Mittelbeschaffung i.S. des § 58 *Nr. 1* AO in der Satzung verankert sein muss, beruht allein darauf, dass die Mittelbeschaffung eine steuerbegünstigte Zwecksetzung ist,[1044] lässt sich aber keinesfalls – auch nicht ergänzend – auf die Stellung vor § 59 AO stützen.

1043 BStBl. II 1954, 50, 52 (Anlage 2).

1044 *Hüttemann*, DStJG 26 (2003), 49, 56 f. (insbesondere in Fn. 37).

bb) Die systematische Verknüpfung des § 58 Nr. 5 AO mit dem Ausschließlichkeits- und dem Selbstlosigkeitsgebot

Formelle Vorschriften haben keinen Selbstzweck, sondern dienen dem materiellen Recht und dessen Durchsetzung.[1045] Die §§ 59 ff. AO und die auf deren Grundlage verfassten Satzungen dienen dem ordnungsgemäßen Vollzug der steuerbegünstigten Tätigkeit,[1046] bilden also den Ordnungsrahmen für die Ausübung der steuerbegünstigten Tätigkeit.[1047] So muss sich aus der Satzung, wie bereits im Rahmen der Wortlautauslegung erwähnt,[1048] auch ergeben, dass die *gesamte* Tätigkeit – zumindest im Grundsatz – auf die Erfüllung steuerbegünstigter Zwecke inklusive Selbstlosigkeit gerichtet ist. Vorbehaltlich weiterer Überlegungen spricht die systematische Verknüpfung des § 58 Nr. 5 AO mit den in § 59 Halbsatz 1 AO erwähnten Grundsätzen der Ausschließlichkeit und der Selbstlosigkeit *für* das Erfordernis einer satzungsmäßigen Verankerung der Ein-Drittel-Regel des § 58 Nr. 5 AO.

Dies richtet den Blick auf § 63 Abs. 1 Halbsatz 2 und § 59 Halbsatz 2 AO:

cc) Das Entsprechenserfordernis des § 63 Abs. 1 Halbsatz 2 AO

Unter der Überschrift „Anforderungen an die tatsächliche Geschäftsführung" heißt es in § 63 Abs. 1 AO:

> „Die tatsächliche Geschäftsführung der Körperschaft muss auf die ausschließliche und unmittelbare Erfüllung der steuerbegünstigten Zwecke gerichtet sein und *den Bestimmungen entsprechen, die die Satzung über die Voraussetzungen für Steuervergünstigungen enthält.*"[1049]

[1045] Tipke/Kruse/*Tipke* § 59 AO Rn. 1.

[1046] BMF, Gutachten Gemeinnützigkeits- und Spendenrecht, S. 146.

[1047] BMF, Gutachten Gemeinnützigkeits- und Spendenrecht, S. 146; *Wachter*, FR 2004, 1220, 1222.

[1048] Siehe oben S. 298 (unter Zweiter Teil, Fünfter Abschnitt, A. II. 2. a)).

[1049] Hervorhebung durch den Verfasser.

§ 63 Abs. 1 *Halbsatz 2* AO setzt seinem Wortlaut nach voraus, dass die Satzung „Bestimmungen […] über die Voraussetzungen für Steuervergünstigungen" enthält. Die eigentliche Bedeutung des § 63 Abs. 1 Halb satz 2 AO besteht darin anzuordnen, dass die tatsächliche Geschäftsführung diesen Bestimmungen entsprechen muss. Aus dem Erfordernis, dass sich die tatsächliche Geschäftsführung und der Satzungsinhalt entsprechen müssen, könnte man schließen, dass Halbsatz 2 unausgesprochen voraussetzt, dass die Satzung auch eine Bestimmung darüber enthält, dass die Stiftung Versorgungsleistungen in den Grenzen des § 58 Nr. 5 AO vornehmen darf. Diese Schlussfolgerung ist jedoch nur dann zulässig, wenn man „die tatsächliche Geschäftsführung" i.S. des § 63 Abs. 1 AO als die *gesamte* Geschäftsführung auffasst. Dies ist jedoch nicht der Fall:

Aus *Halbsatz 1* geht hervor, dass „die tatsächliche Geschäftsführung" ausschließlich und unmittelbar auf die Erfüllung steuerbegünstigter Zwecke gerichtet sein muss. Die Vornahme einer Stiftungsleistung i.S. des § 58 Nr. 5 AO ist jedoch gerade nicht auf die Erfüllung eines steuerbegünstigten Zwecks gerichtet. Damit kann die Vornahme einer Stiftungsleistung i.S. des § 58 Nr. 5 AO nicht Teil der „tatsächlichen Geschäftsführung" sein, auf die sich das Entsprechenserfordernis des § 63 Abs. 1 Halbsatz 2 AO bezieht.

Halbsatz 2 selbst verlangt nicht, dass die tatsächliche Geschäftsführung der *Satzung* entsprechen muss, sondern vielmehr das Übereinstimmen mit den „Bestimmungen […] über die Voraussetzungen für Steuervergünstigungen". Zwar könnte man bei einem vorausgegangenen Verstoß gegen den Ausschließlichkeits- und den Selbstlosigkeitsgrundsatz die Einhaltung der Grenzen des § 58 Nr. 5 AO als „Voraussetzung für Steuervergünstigungen" im weitesten Sinn auffassen. Allerdings kann die Einhaltung dieser Grenzen *per se* kein Akt der tatsächlichen Geschäftsführung sein. Akt der Geschäftsführung kann allenfalls die Einkommensverwendung (im Rahmen des § 58 Nr. 5 AO) sein. Die rein privatnützige Einkommensverwendung ist aber gerade keine Voraussetzung für Steuervergünstigungen, sondern lediglich eine ausnahmsweise gestattete Tätigkeit.

Die tatsächliche Geschäftsführung i.S. des § 63 Abs. 1 AO umfasst also nicht auch die Einkommensverwendung i.S. des § 58 Nr. 5 AO.[1050] Aus dem Entsprechenserfordernis in Halbsatz 2 kann also nicht gefolgert werden, dass die Vornahme von Stiftungsleistungen i.S. des § 58 Nr. 5 AO in der Satzung festgeschrieben werden muss.

Der Umstand, dass einerseits die tatsächliche Geschäftsführung nach § 63 Abs. 1 AO *ausnahmslos* auf die Erfüllung steuerbegünstigter Zwecke gerichtet sein muss, dass andererseits § 58 Nr. 5 AO die Vornahme privatnütziger Versorgungsleistungen als steuerlich unschädliche Tätigkeit *ausnahmsweise* gestattet, zeigt, dass insofern die *materiell-* und *formell-*rechtlichen Vorschriften innerhalb der §§ 51 ff. AO nicht aufeinander abgestimmt sind. Das materiell-rechtliche Grundsatz-Ausnahme-Verhältnis zwischen § 56 AO und den damit korrespondierenden Einzelvorschriften innerhalb des § 55 AO einerseits und § 58 Nr. 5 AO andererseits hat in § 63 Abs. 1 AO keine formell-rechtliche Entsprechung gefunden. Um eine Übereinstimmung herzustellen, sei angeregt, in § 63 Abs. 1 AO – wie in den Vorgängervorschriften § 18 Abs. 2 Nr. 1 GemV 1941[1051] und § 15 Abs. 1 GemV 1953[1052] – einen zweiten Satz aufzunehmen, wonach die steuerlich unschädlichen Betätigungen i.S. des § 58 AO unberührt bleiben.

1050 Im Ergebnis ebenso für sämtliche unschädlichen Betätigungen i.S. des § 58 AO Tipke/Kruse/*Tipke* § 63 AO Rn. 1.

1051 Wortlaut: „Die tatsächliche Geschäftsführung der Körperschaft muß in ihrer Gesamtrichtung auf ausschließliche und unmittelbare Erfüllung steuerbegünstigter Zwecke eingestellt sein. *Ausnahmen können als steuerlich unschädlich nur nach Maßgabe der §§ 5 und 6, des § 8 Absätze 2 bis 4 und der §§ 9 bis 11 anerkannt werden.*" Hervorhebung durch den Verfasser.

1052 Wortlaut: „Die tatsächliche Geschäftsführung der Körperschaft muß auf die ausschließliche und unmittelbare Erfüllung der steuerbegünstigten Zwecke gerichtet sein und den Bestimmungen entsprechen, die die Satzung über die Voraussetzungen für steuerliche Vergünstigungen enthält. *Die Vorschriften der §§ 5 bis 10 bleiben unberührt.*" Hervorhebung durch den Verfasser.

dd) Das Entsprechenserfordernis des § 59 Halbsatz 2 AO

Nach § 59 Halbsatz 2 AO muss die tatsächliche Geschäftsführung „diesen" – also den nach Halbsatz 1 AO erforderlichen – Satzungsbestimmungen entsprechen.

Beide Halbsätze sind lediglich durch ein Semikolon voneinander getrennt. Aus der orthographisch besonders engen Beziehung beider Halbsätze könnte man schließen, dass der Inhalt des zweiten Halbsatzes Rückschlüsse auf den Inhalt des ersten zulässt. Fasst man „die tatsächliche Geschäftsführung" i.S. des Halbsatzes 2 als die *gesamte* tatsächliche Geschäftsführung auf, müsste eine Satzung – damit das Erfordernis des Entsprechens erfüllt ist – die gesamte Geschäftstätigkeit abbilden, also auch die Einkommensverwendung nach Maßgabe des § 58 Nr. 5 AO regeln.

Allerdings könnte man auch bei der Auslegung des § 59 AO – wie schon bei der Auslegung des § 63 Abs. 1 AO – eine teleologische Reduktion derart annehmen, dass die unschädlichen Betätigungen i.S. des § 58 AO nicht vom Gebot der materiellen Satzungsmäßigkeit erfasst werden. Dies wirft die entscheidende Frage auf, ob sich die Bedeutung des § 59 Halb satz 2 AO darauf beschränkt, den Inhalt des § 63 Abs. 1 Halbsatz 2 AO vorwegzunehmen. Dieses Verständnis entspricht den Ausführungen in der Kommentarliteratur, wenn es dort heißt, § 59 AO werde durch die Vorschriften der §§ 60 bis 63 AO erläutert und konkretisiert.[1053] Für diese Ansicht sprechen die Überschrift des § 59 AO („Voraussetzung der Steuervergünstigung") und der Einleitungshalbsatz dieser Vorschrift („Die Steuervergünstigung wird gewährt, wenn […]"). Wie schon bei § 63 Abs. 1 Halbsatz 2 AO kann auch aus dem Entsprechenserfordernis i.S. des § 59 Halbsatz 2 AO nicht gefolgert werden, dass Stiftungsleistungen i.S. des § 58 Nr. 5 AO in der Satzung festgeschrieben werden müssen.

[1053] Hübschmann/Hepp/Spitaler/*Fischer* § 59 AO Rn. 3; Koch/Scholtz/*Scholtz* § 63 AO Rn. 2; Kühn/von Wedelstädt/*Blesinger* § 63 AO Rn. 1; Tipke/Kruse/*Tipke* § 59 AO Rn. 1.

d) Teleologische Überlegungen

Sinn und Zweck des Gebots der formellen Satzungsmäßigkeit bestehen darin, das Verfahren zur Überprüfung der steuerlichen Gemeinnützigkeit zu vereinfachen.[1054] Die formelle Satzungsmäßigkeit hat die Funktion eines Buchnachweises, der den Finanzbehörden ermöglichen soll, leicht und einwandfrei zu prüfen, ob die Voraussetzungen für die Anerkennung als steuerlich gemeinnützig erfüllt sind.[1055] Vor der zeitintensiven Überprüfung der tatsächlichen Geschäftsführung soll zunächst untersucht werden, ob sämtliche Voraussetzungen für die Anerkennung als steuerlich gemeinnützig schon dem Papier nach erfüllt sind. Anhand der geprüften Satzung lässt sich anschließend jede einzelne Tätigkeit der Stiftungsorgane *in realiter* besser nachvollziehen. Vorbehaltlich weiterer Überlegungen spricht die Kontrollfunktion *für* das Erfordernis, Stiftungsleistungen i.S. des § 58 Nr. 5 AO in der Satzung zu verankern.

Das geltende Gemeinnützigkeitsrecht zeichnet sich durch eine überdurchschnittliche, für die Praxis unbequeme Formstrenge aus. Nach der Rechtsprechung des Bundesfinanzhofs ist die formelle Satzungsmäßigkeit „eines der Haupterfordernisse" der spezialgesetzlichen Vergünstigungen.[1056] Bei einem Verstoß gegen die Bestimmungen der §§ 59 f. AO sei die Anerkennung eines Körperschaftsteuersubjekts als steuerlich gemeinnützig selbst dann zu verneinen, wenn einwandfrei erkennbar ist, dass der Verbandszweck steuerbegünstigt ist und sämtliche materiellen Voraussetzungen der §§ 52 ff. AO vorliegen.[1057] Dies wirft die entscheidende Frage auf, ob die für Satzungszwecke geltende Formstrenge in einem Erst-Recht-Schluss auf Stiftungsleistungen i.S. des § 58 Nr. 5 AO übertragbar ist, weil diese Leistungen von vornherein nicht auf die Erfüllung eines steuerbegünstigten Zwecks angelegt sind und bis zu einem Drittel des Stiftungseinkommens in Anspruch nehmen dürfen. Diese Frage ist zu verneinen:

[1054] Tipke/Kruse/*Tipke* § 59 AO Rn. 1.

[1055] BFH, BFH/NV 1992, 695, 696; Hübschmann/Hepp/Spitaler/*Fischer* § 60 AO Rn. 2.

[1056] BFH, BStBl. II 1985, 162, 163.

[1057] BFH, BStBl. II 1985, 162, 163. Vgl. BMF, BStBl. I 2004, 1059: Vertrauensschutz, wenn trotz unzureichender Bestimmtheit der Satzung eine vorläufige Bescheinigung über die Gemeinnützigkeit oder die Steuervergünstigung erteilt worden ist.

Die Vornahme einer Stiftungsleistung i.S. des § 58 Nr. 5 AO kann mit Blick auf § 52 Abs. 1 Satz 2 AO nicht auf einem Satzungszweck beruhen, ist vielmehr ein (ausnahmsweise gestatteter) Akt der tatsächlichen Geschäftsführung. Als Akt der tatsächlichen Geschäftsführung lässt sich die rein privatnützige Einkommensverwendung bereits anhand des *Gesetzes*, nämlich anhand des § 58 Nr. 5 AO selbst, kontrollieren. § 58 Nr. 5 AO gibt aus sich selbst heraus Aufschluss darüber, dass und in welchen Grenzen privatnützige Versorgungsleistungen an die Stifterfamilie zulässig sind. Aus diesem Grund bedarf es einer entsprechenden Satzungsbestimmung nicht. Der Unterschied zu den „Zwecken", die gemäß § 59 Halbsatz 1 AO in der Satzung verankert und gemäß § 60 Abs. 1 AO hinreichend bestimmt sein müssen, besteht in Folgendem: das Gesetz gibt für die Ausgestaltung steuerlich begünstigter Zwecke lediglich einen abstrakten Rahmen vor, innerhalb dessen sich jeder Zweck bewegen muss. Deswegen sollen die Finanzämter vor Überprüfung der tatsächlichen Geschäftsführung klären, ob ein Zweck schon von der Papierform den Vorgaben der §§ 52 ff. AO entspricht. Dabei gilt das in § 60 Abs. 1 AO verankerte Gebot, die satzungsmäßigen Zwecke so weit wie möglich zu konkretisieren, in besonderem Maße dann, wenn dem verfolgten Zweck kein jedermann bekanntes, begrifflich fest umrissenes gedankliches Konzept zugrunde liegt.[1058] Hingegen sind Stiftungsleistungen i.S. des § 58 Nr. 5 AO für alle Stiftungen kraft Gesetzes „standardisiert", so dass hier – anders als bei den Zwecken – eine individuelle Ausgestaltung nur i.S. eines „Weniger" möglich ist. Das Erfordernis, den Wortlaut des § 58 Nr. 5 AO in der Satzung zu wiederholen, wäre unzulässiger, weil übertriebener Formalismus.[1059]

e) Ergebnis

Als Ergebnis bleibt festzuhalten, dass die Vornahme von Stiftungsleistungen i.S. des § 58 Nr. 5 AO nicht dem Gebot der formellen Satzungsmäßigkeit gemäß § 59 Halbsatz 1 AO unterliegt und folglich nicht in der Satzung vorgeschrieben sein muss.

1058 BFH, BFH/NV 1992, 695, 696. Siehe auch BFH, BFH/NV 1987, 632, 633.

1059 Allgemein BFH, BStBl. II 2005, 721, 722 (unter II. 2. b)); Tipke/Kruse/*Tipke* § 60 AO Tz. 3. Vgl. BMF, BStBl. I 2005, 902, 903.

Die satzungsmäßige Verankerung von Stiftungsleistungen i.S. des § 58 Nr. 5 AO ist aber nicht schädlich.[1060] Satzungen haben nicht lediglich den Zweck, die satzungsmäßigen Voraussetzungen der Steuervergünstigungen zu erfüllen. Sie dienen auch und oft sogar vorrangig dazu, die Organisation eines Körperschaftsteuersubjekts und die Befugnisse seiner Geschäftsführungsorgane festzulegen.[1061] Schon bei Verfassen der Satzung sollen sich die Urheber bewusst machen, welche Voraussetzungen erfüllt sein müssen, um die Anerkennung als steuerlich gemeinnützig zu erreichen.[1062] Aus Gründen der Rechtssicherheit ist es daher eher geboten als zu beanstanden, wenn die Satzung ausdrücklich regelt, ob und in welchem Umfang ein Körperschaftsteuersubjekt unschädlichen Tätigkeiten i.S. des § 58 AO nachgehen darf.[1063]

B. Inhaltliche Anforderungen bei Verankerung in der Stiftungsverfassung

I. Die Vornahme von Stiftungsleistungen i.S. des § 58 Nr. 5 AO als unschädliche Tätigkeit

Wenn man die Vornahme von Stiftungsleistungen i.S. des § 58 Nr. 5 AO zur Rechtssicherheit in der Stiftungsverfassung festschreiben will, erscheint es mit Blick auf die Systematik des Gesetzes vorzugswürdig, die entsprechende Bestimmung im räumlichem Zusammenhang mit den anderen unschädlichen Tätigkeiten i.S. des § 58 AO zu regeln. Ebenfalls möglich ist die Placierung im Rahmen der Bestimmungen über die Ertragsverwendung.[1064] Dabei empfiehlt sich – wie in der Praxis auch überwiegend

---

1060 Im Ergebnis ebenso *Keller/Gadjeva*, StiftSpons 5/2003, 20, 22; Pump/Leibner/*Müller* § 59 AO Rn. 19. Anderer Auffassung *Reuber*, S. 108/12 f. (Satzung – unter IV. 2.).

1061 BFH, BStBl. II 2003, 384, 385; BFH, BStBl. II 2005, 721, 722 f.

1062 Tipke/Kruse/*Tipke* § 59 AO Rn. 1.

1063 Ebenso BFH, BStBl. II 2003, 384, 385, betreffend eine Satzungsbestimmung, die das Unterhalten eines wirtschaftlichen Geschäftsbetriebs, der nicht Zweckbetrieb ist, gestattet. Offengelassen in erster Instanz FG Berlin, EFG 2002, 519, 521.

1064 Siehe z.B. *Binz/Sorg*, Die Stiftung, III. 3., S. 19 (§ 4 Abs. 6 Mustersatzung).

gehandhabt[1065] – eine am Wortlaut des § 58 Nr. 5 AO orientierte Formulierung wie die:

> „Die Stiftung darf einen Teil, jedoch höchstens ein Drittel ihres Einkommens dazu verwenden, um in angemessener Weise den Stifter und seine nächsten Angehörigen zu unterhalten, ihre Gräber zu pflegen und ihr Andenken zu ehren."

Vorzugswürdig ist ein klarstellender Zusatz, dass die Anerkennung der Stiftung als steuerlich gemeinnützig nicht gefährdet wird. So fügt etwa *Feick* seinem am Wortlaut des § 58 Nr. 5 AO ausgerichteten Formulierungsvorschlag den Zusatz nach:

> „[…] sofern durch diese Mittelverwendung die Anerkennung der Stiftung als gemeinnützig im Sinne der Vorschriften der AO über die steuerbegünstigten Zwecke nicht gefährdet wird."[1066]

Um potenzielle Spender nicht abzuschrecken, empfiehlt sich die Aufnahme eines weiteren, lediglich klarstellenden Zusatzes, dass Spenden i.e.S.[1067] nicht für die privatnützige Versorgung des Stifters und seiner nächsten Angehörigen verwendet werden dürfen.

Hingewiesen sei auf das BMF-Schreiben vom 17. November 2004, wonach aus Vertrauensschutzgründen ein Körperschaftsteuersubjekt trotz unzureichender Satzungsbestimmungen als steuerlich gemeinnützig anzuerkennen ist, wenn ihm eine vorläufige Bescheinigung über die Gemeinnützigkeit oder die Steuervergünstigung erteilt worden ist.[1068] In diesen Fällen können Finanzbehörden und Finanzgerichte allenfalls eine Anpassung der Satzung für die Zukunft verlangen.[1069]

1065 *Binz/Sorg*, Die Stiftung, III. 3., S. 19 (§ 4 Abs. 6 Mustersatzung); *Hof/Hartmann/Richter*, S. 446 (§ 3 Abs. 3 Mustersatzung); *Milatz/Kemcke/Schütz*, S. 148 (§ 3 Nr. 8 Mustersatzung); MünchAnwHbErbR/*Feick* § 44 Rn. 56; Seifart/von Campenhausen/*Hof* § 8 Rn. 97; *von Holt/Koch*, S. 101 (unter Variante 3 Nr. 6).

1066 MünchAnwHbErbR/*Feick* § 44 Rn. 56.

1067 Zur Terminologie siehe oben S. 25 (unter Zweiter Teil, Erster Abschnitt, A. IV.).

1068 BMF, BStBl. I 2004, 1059.

1069 Tipke/Kruse/*Tipke* § 59 AO Rn. 1.

II. Die Bezeichnung von Stiftungsleistungen i.S. des § 58 Nr. 5 AO als „Zweck“

Abschließend sei die Frage aufgeworfen, ob ein Verstoß gegen § 59 Halbsatz 1 AO, der die Anerkennung als steuerlich gemeinnützig ausschließt, dann vorliegt, wenn die Vornahme von Stiftungsleistungen i.S. des § 58 Nr. 5 AO in der Stiftungsverfassung entgegen § 52 Abs. 1 Satz 2 AO als „Zweck“, „Satzungszweck“, „Stiftungszweck“ oder „Nebenzweck“ bezeichnet ist.[1070]

Wie erläutert,[1071] beurteilt sich die *materielle* Unschädlichkeit von Stiftungsleistungen i.S. des § 58 Nr. 5 AO allein anhand der tatsächlichen Geschäftsführung;[1072] es kommt nicht darauf an, auf welcher Rechtsgrundlage Stiftungsleistungen i.S. des § 58 Nr. 5 AO beruhen. Dienen *formelle* Vorschriften, wie bereits erwähnt,[1073] dem materiellen Recht und seiner Durchsetzung, ist es auch formell-rechtlich im Ergebnis unschädlich, wenn die Vornahme von Stiftungsleistungen i.S. des § 58 Nr. 5 AO als „Zweck“ bezeichnet wird.

Die Bezeichnung als „Zweck“ kann allerdings nur dann unschädlich sein, wenn sich aus der Satzung selbst ergibt, dass die Grenzen des § 58 Nr. 5 AO einzuhalten sind. Betreffend § 58 *Nr. 4* AO entschied der I. Senat des Bundesfinanzhofs im Urteil vom 24. Juli 1996, dass eine Satzungsbestimmung, die die Vornahme einer steuerlich unschädlichen Betätigung gestattet, nur dann *schädlich* sei, wenn sich bereits aus der Satzung ergibt, dass diese Betätigung die Grenzen des jeweiligen Ausnahmetatbestands

---

1070 So betreffend § 58 *Nr. 8* AO: FG Berlin, EFG 1985, 146; Schwarz/*Uterhark* § 59 AO Rn. 4; *Troll*, DB 1979, 418, 419.

Anderer Auffassung allgemein: Hübschmann/Hepp/Spitaler/*Fischer* § 58 AO Rn. 17; *Wochner*, BB 1999, 1441, 1447. Nicht eindeutig Koch/Scholtz/*Scholtz* § 59 AO Rn. 5/1. Vgl. BMF, AEAO Tz. 1 Satz 3 zu § 59 AO, BStBl. I 2002, 867, 880: das Unterhalten eines wirtschaftlichen Geschäftsbetriebs, der kein Zweckbetrieb ist, und die Vermögensverwaltung dürfen nicht Satzungszweck sein.

1071 Siehe oben S. 156 f. (unter Zweiter Teil, Dritter Abschnitt, B. III. 4. b) cc) (2)).

1072 Für sämtliche unschädlichen Tätigkeiten i.S. des § 58 AO Hübschmann/Hepp/Spitaler/*Fischer* § 58 AO Rn. 17.

1073 Siehe oben S. 301 (unter Zweiter Teil, Fünfter Abschnitt, A. II. 2. c) bb)).

überschreiten wird.[1074] Diese Überlegung muss, will man einen übertriebenen Formalismus vermeiden,[1075] unabhängig davon gelten, wie die steuerlich unschädliche Betätigung in der Satzung bezeichnet ist.[1076] Erforderlich, aber auch ausreichend ist, wenn die Satzungsbestimmung ohne begründbare Zweifel erkennen lässt, dass die Grenzen des § 58 Nr. 5 AO eingehalten werden. Dies ist dann der Fall, wenn die Satzungsbestimmung dem Wortlaut des § 58 Nr. 5 AO nachgebildet ist.

Dogmatisch lässt sich die hier vorgeschlagene Lösung dadurch erreichen, dass man die in Frage stehende Satzungsbestimmung im Wege der verständigen Auslegung[1077] nicht als „Zweck" i.S. des § 59 Halbsatz 1 AO bewertet, sondern als lediglich unrichtig formulierten Hinweis, dass die Stiftung die gemäß § 58 Nr. 5 AO steuerlich unschädlichen Versorgungsleistungen vornehmen darf (*falsa demonstratio non nocet*). Aus diesem Grund kann die Finanzbehörde allenfalls eine Änderung der Satzung zwecks Klarstellung verlangen, nicht aber die Anerkennung als steuerlich gemeinnützig versagen.[1078]

1074 BFH, BStBl. II 1996, 583, 584. Ebenso Koch/Scholtz/*Scholtz* § 59 AO Rn. 5/1; *Wochner*, BB 1999, 1441, 1447. Siehe auch FG Hamburg, Urteil vom 4. 3. 2005, Az.: VII 312/02 (n.v.), Ls.: „Eine Satzungsbestimmung, wonach die Beteiligung an gewerblichen Unternehmen zulässig ist, ist gemeinnützigkeitsschädlich, wenn sich nicht durch Auslegung eine Einschränkung dahingehend ergibt, dass lediglich die Beteiligung an gemeinnützigen Unternehmen zulässig sein soll."

1075 BFH, BStBl. II 2005, 721, 722 (unter II. 2. b)); Tipke/Kruse/*Tipke* § 60 AO Tz. 3. Vgl. BMF, BStBl. I 2005, 902, 903.

1076 Vgl. FG Berlin, EFG 1985, 146 (betreffend § 58 Nr. 8 AO): „Schädlich ist es [..], wenn diese ausnahmsweise gestatteten Betätigungen selbst zum Zweck der Körperschaft erhoben werden, zumal die Satzung nicht sicherstellt, daß die geselligen Veranstaltungen nur in vergleichsweise untergeordnetem Umfang durchgeführt werden."

1077 Z.B. BFH, BStBl. II 1979, 482, 484: Hinweis auf § 60 Abs. 1 AO („aufgrund der Satzung"); BFH, BStBl. II 1984, 844, 846; BFH, BFH/NV 1992, 695, 696; BFH, BStBl. II 1997, 794, 795; BFH, BFH/NV 1999, 739, 740; BFH, BStBl. II 1999, 331, 332; BFH, BFH/NV 2000, 297, 298; BFH, BFH/NV 2000, 301, 302; BFH, BFH/NV 2001, 1223, 1225 f.

1078 Tipke/Kruse/*Tipke* § 59 AO Rn. 1.

Sechster Abschnitt

Einzelsteuerliche Aspekte im Zusammenhang mit Stiftungsleistungen i.S. des § 58 Nr. 5 AO

A. Die steuerliche Behandlung von Unterhaltsleistungen i.S. des § 58 Nr. 5 AO

I. Kein Abzug bei der Körperschaftsteuer und Gewerbesteuer auf Ebene einer partiell steuerpflichtigen Stiftung

Eine steuerlich gemeinnützige Stiftung, die einen wirtschaftlichen Geschäftsbetrieb unterhält und mit diesem partiell körperschaftsteuer-[1079] und gewerbesteuerpflichtig[1080] ist, darf Unterhaltsleistungen i.S. des § 58 Nr. 5 AO bei der Ermittlung ihres Einkommens nicht abziehen. Dies folgt bereits aus § 8 Abs. 3 Satz 1 KStG, wonach die Einkommens*verwendung* für die Einkommens*ermittlung* ohne Bedeutung ist.

Die Frage, ob die Vornahme von Unterhaltsleistungen i.S. des § 58 Nr. 5 AO bei wie auch immer definierter „erheblicher wirtschaftlicher Bedeutung" einen „Zweck" darstellt und das Abzugsverbot des § 10 Nr. 1 Satz 1 KStG auslöst,[1081] kann dahingestellt bleiben. Denn § 10 Nr. 1 Satz 1 KStG hat gegenüber § 8 Abs. 3 Satz 1 KStG keinen eigenständigen Regelungsgehalt. Eigenständige Bedeutung hatte das Abzugsverbot lediglich in den Fassungen des § 8 Nr. 1 KStG 1920[1082] und des § 17 Nr. 2 KStG 1925[1083] –

1079 Siehe § 5 Abs. 1 Nr. 9 Satz 2 KStG.

1080 Siehe § 3 Nr. 6 Satz 2 GewStG.

1081 BFH, BStBl. II 1993, 637, 637 (Ls.). Ebenso *Hahn/Schindler*, S. 65. Siehe dazu auch *Kapp/Ebeling*, § 13 ErbStG Rn. 160; *Meyer zu Hörste*, S. 140 f. Vgl. im Allgemeinen BMF, BStBl. I 2005, 608: Abzug generell ausgeschlossen.

1082 § 8 Nr. 1 KStG 1920: „Nicht abgezogen werden dürfen: Aufwendungen für die Erfüllung der durch die Stiftung, Satzung oder sonstige Verfassung vorgeschriebenen Zwecke des Steuerpflichtigen, *auch soweit sie unter § 13 Abs. 1 Nr. 2 des Einkommensteuergesetzes fallen.*" Hervorhebung durch den Verfasser.

und zwar mit Blick auf den jeweils zweiten Halbsatz, der insbesondere auf Stiftungen gemünzt war. Die Funktion jenes zweiten Halbsatzes bestand darin, den nach damals geltendem Einkommensteuerrecht[1084] zulässigen Abzug von solchen Renten und dauernden Lasten, die auf einem *besonderen Verpflichtungsgrund* beruhten, auszuschließen. Mit Inkrafttreten des § 12 Nr. 2 EStG 1934[1085] galt das einkommensteuerliche Abzugsverbot auch für *freiwillige* Zuwendungen. Die Rechtsprechung erstreckte dieses Abzugsverbot über den Wortlaut hinaus auf Zuwendungen aufgrund einer *freiwillig eingegangenen Verpflichtung*, bis der Gesetzgeber diese Rechtsprechung im heutigen § 12 Nr. 2, 2. Var. EStG gesetzlich verankerte. Infolge dieser Rechtsprechung und der Reaktion des Gesetzgebers wurde jener zweite Halbsatz überflüssig und konsequenterweise gestrichen. Damit hatte schon § 12 Nr. 1 KStG 1934[1086] – ebenso wie heute § 10 Nr. 1 Satz 1 KStG – keine eigenständige Bedeutung mehr.

1083 § 17 Nr. 2 KStG 1925: „Bei Ermittlung des Einkommens dürfen nicht abgezogen werden: Aufwendungen für die Erfüllung der durch die Stiftung, Satzung oder sonstigen Verfassung vorgeschriebenen Zwecke des Steuerpflichtigen, *auch soweit sie zu den im § 15 Abs. 1 Nr. 3 des Einkommensteuergesetzes bezeichneten Renten und dauernden Lasten zählen.*" Hervorhebung durch den Verfasser.

1084 § 13 Abs. 1 Nr. 2 Satz 1 EStG 1920: „Vom Gesamtbetrage der Einkünfte sind, soweit in diesem Gesetze nichts anderes vorgeschrieben ist, in Abzug zu bringen: die von dem Steuerpflichtigen gezahlten Schuldzinsen und *die auf besonderem privatrechtlichen, öffentlich-rechtlichen oder gesetzlichen Verpflichtungsgrunde beruhenden Renten und dauernden Lasten*, soweit sie nicht mit Einnahmen im wirtschaftlichen Zusammenhange stehen, die bei der Veranlagung außer Betracht zu lassen sind." Hervorhebung durch den Verfasser.

§ 15 Abs. 1 Nr. 3 Satz 1 EStG 1925: „Ausgaben […] sind: die Schuldzinsen und *die auf besonderen privatrechtlichen, öffentlich-rechtlichen oder gesetzlichen Verpflichtungsgründen beruhenden Renten und dauernden Lasten*, soweit sie nicht zu den Werbungskosten gehören und nicht mit Einkünften in wirtschaftlichem Zusammenhange stehen, die für die Einkommensteuer außer Betracht bleiben." Hervorhebung durch den Verfasser.

1085 § 12 Nr. 2 EStG 1934: „Unbeschadet der Vorschrift des § 10 dürfen weder bei den einzelnen Einkunftsarten noch vom Gesamtbetrag der Einkünfte abgezogen werden: *freiwillige Zuwendungen* und Zuwendungen an gesetzlich unterhaltsberechtigte Personen, auch wenn diese Zuwendungen auf einer besonderen Vereinbarung beruhen." Hervorhebung durch den Verfasser.

1086 § 12 Nr. 1 KStG 1934: „Nichtabzugsfähig sind: die Aufwendungen für die Erfüllung von Zwecken des Steuerpflichtigen, die durch Stiftung, Satzung oder sonstige Verfassung vorgeschrieben sind."

II. Besteuerung beim Unterhaltsempfänger

1. Einkommensteuer

Bis 1986 begründeten Unterhaltsleistungen i.S. des § 58 Nr. 5 AO keine einkommensteuerpflichtigen Einnahmen beim Leistungsempfänger. Zwar sind regelmäßig vorgenommene Stiftungsleistungen wiederkehrende Bezüge i.S. des § 22 Nr. 1 *Satz 1* EStG, weil sie – ungeachtet der jeweils vorausgehenden Entscheidung der Stiftungsorgane – auf dem einheitlichen Entschluss des Stifters beruhen.[1087] Allerdings sind solche Stiftungsleistungen dem Empfänger nach § 22 Nr. 1 *Satz 2 Halbsatz 1* EStG dann nicht zuzurechnen, wenn sie „freiwillig“ gewährt werden – was dann der Fall ist, wenn der Empfänger keinen Rechtsanspruch auf Empfang einer Leistung hat.[1088] – *Anmerkung*: Die Formulierung „zuzurechnen“ ist irreführend, weil § 22 Nr. 1 Satz 2 EStG nicht bestimmt, wem unter mehreren in Betracht kommenden Personen bereits bejahte Einkünfte zuzurechnen sind. § 22 Nr. 1 Satz 2 EStG regelt vielmehr, ob überhaupt steuerpflichtige Einnahmen vorliegen.[1089]

War die Stiftung vollständig von der Körperschaftsteuerpflicht befreit, kam es zu einer doppelten Nichterfassung. Aus diesem Grund vertrat die Bundesregierung im Stiftungsbericht vom 11. September 1979 die Ansicht, empfangene Unterhaltszahlungen i.S. des § 58 Nr. 5 AO sollten künftig als sonstige Einkünfte versteuert werden.[1090] Unter Hinweis auf den Stiftungsbericht[1091] führte der Gesetzgeber durch das Steuerbereinigungsgesetz 1986 die Vorschrift des § 22 Nr. 1 Satz 2 *Halbsatz 2 Buchstabe a* EStG ein.[1092] Diese Vorschrift wurde erstmals und letztmalig durch das Steuersenkungs-

---

1087 BFH, BStBl. II 1988, 344, 346 (unter 2. a) aa)).

1088 BFH, BStBl. II 1988, 344, 346 f.

1089 Herrmann/Heuer/Raupach/*Jansen* § 22 EStG Rn. 236.

1090 BT-Drucks. 8/3165, S. 11.

1091 BT-Drucks. 10/1636, S. 58 (zu Art. 8 Nr. 12 Buchstabe b).

1092 Siehe Art. 7 Nr. 8 Steuerbereinigungsgesetz 1986 vom 19. 12. 1985, BGBl. I 1985, 2436, 2447 = BStBl. I 1985, 735, 746. Wortlaut: „dem Empfänger sind dagegen zuzurechnen Bezüge, die von einer unbeschränkt steuerpflichtigen, von der Körperschaftsteuer befreiten Körperschaft, Personenvereinigung oder Vermögensmasse außerhalb der Erfüllung steuerbegünstigter Zwecke im Sinne der §§ 52 bis 54 der Abgabenordnung gewährt werden.“

gesetz vom 23. Oktober 2000[1093] geändert – allerdings ohne inhaltliche Auswirkung auf die Besteuerung von Unterhaltsleistungen i.S. des § 58 Nr. 5 AO. Nach der heutigen Fassung des § 22 Nr. 1 Satz 2 Halbsatz 2 Buchstabe a EStG sind dem Empfänger Bezüge dann zuzurechnen, wenn diese Bezüge von einem unbeschränkt steuerpflichtigen Körperschaftsteuersubjekt außerhalb der Erfüllung steuerbegünstigter Zwecke i.S. der §§ 52 bis 54 AO gewährt werden.

Demnach muss ein unbeschränkt einkommensteuerpflichtiger[1094] Stifter oder nächster Angehöriger empfangene Unterhaltsleistungen i.S. des § 58 Nr. 5 AO, soweit diese wiederkehrende Bezüge darstellen, nach § 2 Abs. 1 Satz 1 Nr. 7 EStG als sonstige Einkünfte versteuern. Die hälftige Steuerbefreiung gemäß § 3 Nr. 40 Satz 1 Buchstabe i EStG gilt nur dann, soweit für die Unterhaltszahlungen Einkommen einer partiell körperschaftsteuerpflichtigen Stiftung verwendet wird, welches wegen des Abzugsverbots gemäß § 8 Abs. 3 Satz 1 KStG[1095] bereits der Körperschaftsteuer unterlegen hat.

Ein steuerlich im Ausland ansässiger Stifter oder nächster Angehöriger, der nicht der erweiterten oder fiktiven unbeschränkten Einkommensteuerpflicht[1096] unterliegt, ist mit empfangenen Unterhaltsleistungen i.S. des § 58 Nr. 5 AO nicht gemäß § 1 Abs. 4 EStG beschränkt einkommensteuerpflichtig, weil diese keine inländischen Einkünfte i.S. des § 49 Abs. 1 (Nr. 8, 8a und 9) EStG sind. Allerdings kann ein steuerlich im Ausland ansässiger Unterhaltsempfänger unter den Voraussetzungen des § 2 Abs. 1 Satz 1 und 2 AStG mit empfangenen Unterhaltsleistungen i.S. des § 58 Nr. 5 AO erweitert beschränkt steuerpflichtig sein, weil diese nicht ausländische Einkünfte i.S. des § 34c Abs. 1 i.V.m. § 34d (Nr. 8) EStG sind.

1093 Gesetz zur Senkung der Steuersätze und zur Reform der Unternehmensbesteuerung (Steuersenkungsgesetz – StSenkG) vom 23. 10. 2000, BGBl. I 2000, 1433, 1436 = BStBl. I 2000, 1428, 1431 – unter Nr. 13.

1094 § 1 Abs. 1 Satz 1 EStG i.V.m. §§ 8 f. AO.

1095 Siehe oben S. 311 (unter Zweiter Teil, Sechster Abschnitt, A. I.).

1096 § 1 Abs. 2 und 3 EStG.

Werden die Grenzen des § 58 Nr. 5 AO überschritten oder ist eine Stiftung aus anderen Gründen nicht steuerlich gemeinnützig, so ist die Stiftung nicht gemäß § 5 Abs. 1 Nr. 9 Satz 1 KStG von der Körperschaftsteuerpflicht befreit. In diesen Fällen sind privatnützige Stiftungsleistungen, soweit man sie als sonstige Einkünfte qualifiziert, gemäß § 3 Nr. 40 Satz 1 Buchstabe i EStG zur Hälfte steuerbefreit. Auf die Diskussion, ob und unter welchen Voraussetzungen und mit welchen Folgen Leistungen einer *nicht* von der Körperschaftsteuer befreiten Stiftung Einkünfte aus Kapitalvermögen i.S. des § 20 Abs. 1 Nr. 9 i.V.m. § 3 Nr. 40 Satz 1 Buchstabe d EStG darstellen, sei verwiesen.[1097] Die Qualifikation von Stiftungsbezügen als Kapitaleinkünfte wirkt sich (lediglich) dahingehend aus, dass diese dem Abzugsverfahren vom Kapitalertrag[1098] unterliegen – mit der Möglichkeit zur Anrechnung auf die tarifliche Einkommensteuer[1099] – und bei einem im Ausland ansässigen Empfänger die beschränkte Einkommensteuerpflicht begründen.[1100]

2. Schenkungsteuer

Stiftungsleistungen sind, soweit sie auf Grundlage der Stiftungsverfassung vorgenommen werden, nach allgemeiner Auffassung keine freigebigen Zuwendungen i.S. des § 7 Abs. 1 Nr. 1 ErbStG und damit nicht gemäß § 1 Abs. 1 Nr. 2 ErbStG schenkungsteuerbar.[1101] Dies gilt unabhängig davon, ob die Vornahme von Stiftungsleistungen i.S. des § 58 Nr. 5 AO in der Stiftungsverfassung explizit gestattet wird oder nicht. Eine freigebige Zuwendung kann nur dann vorliegen, wenn die Vornahme einer Stiftungsleistung i.S. des § 58 Nr. 5 AO generell oder im konkreten Fall nicht dem

---

1097 *Kirchhain*, ZSt 2004, 22 ff. m.w.N.; *Schiffer*, DStR 2005, 508, 511 m.w.N.

1098 § 43 Abs. 1 Satz 1 Nr. 7a und Satz 3, § 43a Abs. 1 Nr. 4, § 44 Abs. 1 Satz 1 bis 3 und Satz 5 sowie Abs. 5 Satz 1, § 45a EStG. § 44a Abs. 7 EStG über die Abstandnahme vom Steuerabzug gilt nicht für Zuwendungen an natürliche Personen. Zum zeitlichen Anwendungsbereich siehe § 52 Abs. 53 Satz 2 i.V.m. Satz 1 EStG.

1099 § 36 Abs. 2 Nr. 2 Satz 1 EStG.

1100 § 1 Abs. 4 i.V.m. § 49 Abs. 1 Nr. 5 Buchstabe a EStG.

1101 RFH, JW 1922, 1066, 1067; *Meincke*, § 7 ErbStG Rn. 90; *Milatz/Kemcke/Schütz*, S. 107; *Schauhoff*, DB 1996, 1693, 1695; *Söffing/Thoma*, ErbStB 2005, 212, 213; *Troll*, Besteuerung, Anm. 4.2., S. 332 f.; Troll/Gebel/Jülicher/*Gebel* § 7 ErbStG Rn. 334; Troll/Wallenhorst/Halaczinsky/*Halaczinsky* Teil M Rn. 256.

Willen des Stifters entspricht und folglich keine rechtliche Grundlage in der Stiftungsverfassung findet.

B. Das erbschaftsteuerliche (schenkungsteuerliche) Rückabwicklungsverbot bei Vornahme von Stiftungsleistungen i.S. des § 58 Nr. 5 AO

I. Der Regelungsgehalt des § 29 Abs. 1 Nr. 4 Satz 2, 1. Var. ErbStG

Durch das Kultur- und Stiftungsförderungsgesetz vom 13. Dezember 1990[1102] führte der Gesetzgeber mit § 29 Abs. 1 Nr. 4 Satz 1 ErbStG eine Vorschrift ein, die ausweislich der Gesetzesbegründung bezweckt, Bürgern einen Anreiz zur Förderung steuerlich gemeinnütziger Stiftungen zu bieten.[1103] Danach erlischt die Erbschaftsteuer (Schenkungsteuer) für einen Erwerb von Todes wegen (unter Lebenden) – im Folgenden: Erstzuwendung – mit Wirkung für die Vergangenheit, soweit der Erwerber innerhalb von 24 Monaten nach dem Zeitpunkt der Entstehung der Steuer Vermögensgegenstände an eine inländische steuerlich gemeinnützige[1104] Stiftung weitergibt – im Folgenden: Zweitzuwendung.

Zur Rückabwicklung kommt es nach allgemeiner Ansicht sowohl bei lebzeitigen als auch bei letztwilligen Zweitzuwendungen.[1105] Die Frist von 24 Monaten umfasst bei letztwilliger Erstzuwendung zunächst eine etwaige

---

1102 Siehe Art. 5 Nr. 1 des Gesetzes zur steuerlichen Förderung von Kunst, Kultur und Stiftungen sowie zur Änderung steuerrechtlicher Vorschriften (Kultur- und Stiftungsförderungsgesetz) vom 13. 12. 1990, BGBl. I 1990, 2775, 2777 = BStBl. I 1991, 51, 53.

1103 BR-Drucks. 258/90, S. 17; BT-Drucks. 11/7584, S. 11.

1104 Durch Art. 6 Nr. 1 des Gesetzes zur weiteren steuerlichen Förderung von Stiftungen vom 14. 7. 2000, BGBl. I 2000, 1034, 1035 = BStBl. I 2000, 1192, 1193 f., wurde der ursprüngliche Kreis der zulässigen Empfänger einer Zweitzuwendung erheblich erweitert, unter anderem um Körperschaftsteuersubjekte mit mildtätigem oder kirchlichem Zweck. Ausgenommen sind nunmehr lediglich Körperschaftsteuersubjekte mit gemeinnützigen Zwecken i.S. des § 52 Abs. 2 Nr. 4 AO.

1105 Moench/Kien-Hümbert/Weinmann/*Moench* § 29 ErbStG Rn. 19; Troll/Gebel/Jülicher/*Jülicher* § 29 ErbStG Rn. 42.

Erbauseinandersetzung, darüber hinaus bei Errichtung einer rechtsfähigen Stiftung bürgerlichen Rechts den Zeitraum bis zur stiftungsbehördlichen Anerkennung von durchschnittlich etwa sechseinhalb Monaten.[1106] Sind sämtliche Voraussetzungen des § 29 Abs. 1 Nr. 4 Satz 1 ErbStG erfüllt, ist der ursprüngliche Steuerbescheid aufzuheben oder entsprechend der Erlöschenswirkung zu ändern.[1107] Im zuletzt genannten Fall zieht man vom Steuerwert der Erstzuwendung den Steuerwert der Zweitzuwendung ab und erhält so für die Erstzuwendung den korrigierten steuerpflichtigen Erwerb i.S. des § 10 Abs. 1 Satz 1 ErbStG. Der Unterschiedsbetrag zwischen der ursprünglich berechneten Steuer für die Erstzuwendung und der Steuer für den korrigierten steuerpflichtigen Erwerb ist zu erstatten. Bei Berechnung des Erstattungsbetrags sind die Wertverhältnisse zum Zeitpunkt der Erstzuwendung maßgeblich.[1108] Damit wird die Erstzuwendung infolge der Rückabwicklung erbschaftsteuerlich (schenkungsteuerlich) genau so behandelt, wie wenn der Erblasser (Schenker) *entweder* das Vermögen *unmittelbar* auf eine steuerlich gemeinnützige Stiftung übertragen hätte – in diesem Fall wäre der Erwerb steuerbefreit gewesen[1109] – *oder* wie wenn er einen *Dritten* begünstigt und mit der Weitergabe von Vermögen beschwert hätte – in diesem Fall hätte der Beschwerte die Zuwendung an die Stiftung zum Abzug bringen[1110] und so den steuerpflichtigen Erwerb mindern können.

Die Zweitzuwendung ist eine interessante Gestaltungsmöglichkeit zum Erhalt familientraditioneller und unternehmerischer Vermögenswerte. Beispielsweise bei unzureichender Liquidität zur Zahlung der Erbschaftsteuer (Schenkungsteuer) auf die Erstzuwendung kann die Zweitzuwendung die Veräußerung von soeben geerbtem (geschenktem) Vermögen entbehrlich machen.[1111]

1106 *Bund-Länder-Arbeitsgruppe Stiftungsrecht*, S. 17: durchschnittlich 192,7 Tage ab dem Zeitpunkt, in dem sich die zuständige Stiftungsbehörde mit dem konkreten Vorhaben erstmals befasst.

1107 Troll/Gebel/Jülicher/*Jülicher* § 29 ErbStG Rn. 26.

1108 Troll/Gebel/Jülicher/*Jülicher* § 29 ErbStG Rn. 26.

1109 § 13 Abs. 1 Nr. 16 Buchstabe b Satz 1 ErbStG.

1110 § 10 Abs. 5 Nr. 2 ErbStG.

1111 *Milatz/Kemcke/Schütz*, S. 96 f.; MünchAnwHbErbR/*Scherer* § 3 Rn. 53 a.E. und 54; *Söffing/Thoma*, ErbStB 2005, 212, 214.

Die Rückabwicklung der Steuer auf die Erstzuwendung ist gemäß § 29 Abs. 1 Nr. 4 *Satz 2, 1. Var.* ErbStG ausgeschlossen, wenn die Stiftung Leistungen i.S. des § 58 Nr. 5 AO an den Erwerber oder seine nächsten Angehörigen zu erbringen hat. Diese Vorschrift gilt ausweislich der Gesetzgebungsmaterialien[1112] unabhängig davon, ob die Zweitzuwendung an eine vom Erwerber neu errichtete oder an eine bestehende, vom Erwerber oder einem Dritten bereits früher errichtete Stiftung erfolgt.[1113] Die Vorschrift wird in der rechts- und steuerberatenden Praxis als ein wesentlicher Nachteil aufgefasst.[1114] Sie betrifft zunächst diejenigen Fälle, in denen der Erblasser (Schenker) von einer unmittelbaren Zuwendung an eine steuerlich gemeinnützige Stiftung absieht und den Bedachten nicht mit der Vermögensweitergabe beschwert. Bedeutung hat diese Vorschrift auch für den Fall, dass der Stifter eine Person, die nicht zu den nächsten Angehörigen i.S. des § 58 Nr. 5 AO gehört und dennoch nach dieser Vorschrift versorgt werden soll, mit Vermögen bedenkt (Erstzuwendung) und zur Vermögensdotation einer Stiftung (Zweitzuwendung) bewegt – diese Person mithin „zum Stifter werden lässt“.[1115]

Zur Vermeidung des Rückabwicklungsverbots empfehlen Praktiker die Gründung von zwei Stiftungen, von denen nur *die eine* Leistungen i.S. des § 58 Nr. 5 AO zu erbringen hat[1116] – mit der Folge, dass die Rückabwicklung zumindest bezüglich desjenigen Vermögens möglich ist, welches an *die andere* Stiftung weitergegeben wird. Eine andere Strategie zur Vermeidung des Rückabwicklungsverbots besteht in der Anordnung eines Zweckvermächtnisses i.S. des § 2156 Satz 1 BGB durch den Erblasser.[1117] In diesem Fall kann der Beschwerte den Steuerwert des Vermächtnisses gemäß § 10 Abs. 5 Nr. 2 ErbStG abziehen, ohne dass vorgesehene Leistungen i.S. des § 58 Nr. 5 AO dem entgegenstehen. Das Bestimmungs-

---

1112 BT-Drucks. 11/7584, S. 13 (Stellungnahme des Bundesrates) und S. 15 (positive Gegenäußerung der Bundesregierung).

1113 So ausdrücklich auch MünchAnwHbErbR/*Feick* § 44 Rn. 61; Troll/Gebel/Jülicher/*Jülicher* § 29 ErbStG Rn. 45.

1114 *Kirnberger/Werz*, ErbStB 2004, 145, 146.

1115 Seifart/von Campenhausen/*Pöllath* § 43 Rn. 57. Siehe dazu oben S. 173 (unter Zweiter Teil, Dritter Abschnitt, C. II. 3. a)).

1116 Moench/Kien-Hümbert/Weinmann/*Moench* § 29 ErbStG Rn. 20; Troll/Gebel/Jülicher/*Jülicher* § 29 ErbStG Rn. 47.

1117 *Söffing/Thoma*, ErbStB 2005, 212, 214.

recht i.S. des § 2156 Satz 1 BGB ist ein Gestaltungsrecht, das wie eine aufschiebende Bedingung wirkt.[1118] Aus diesem Grund fällt das Vermächtnis zugunsten einer Stiftung erst in dem Zeitpunkt an, in dem der Beschwerte oder der auserwählte Dritte das Bestimmungsrecht ausübt.

II. Die zum Rückabwicklungsverbot führenden Stiftungsleistungen

Die Rückabwicklung der Steuer ist gemäß § 29 Abs. 1 Nr. 4 Satz 2, 1. Var. ErbStG ausgeschlossen, wenn die Stiftung Leistungen i.S. des § 58 Nr. 5 AO an den Erwerber oder seine nächsten Angehörigen zu erbringen hat.

1. „Leistungen i.S. des § 58 Nr. 5 AO“

Im Schrifttum wird vereinzelt in Erwägung gezogen, dass die Rückabwicklung erst dann ausgeschlossen sei, wenn die Leistungen an den Erwerber oder seine nächsten Angehörigen (mindestens) eine Grenze des § 58 Nr. 5 AO verletzen – also gegen das Bedürftigkeits- oder das Angemessenheitserfordernis verstoßen oder die Ein-Drittel-Grenze überschreiten.[1119]

Gegen diese Auslegung sprechen folgende Überlegungen:

Erstens: Hat eine Stiftung aus ihren laufenden Erträgen eine privatnützige Versorgungsleistung zu erbringen, die auch nur eine einzige Grenze des § 58 Nr. 5 AO überschreitet, so ist sie nicht steuerlich gemeinnützig.[1120] Aus diesem Grund ist schon eine der Voraussetzungen des § 29 Abs. 1 Nr. 4 *Satz 1* ErbStG nicht erfüllt. Ist demnach eine Rückabwicklung schon dem Grundsatz nach nicht möglich, kommt es auf den Ausschlusstatbestand des *Satzes 2* erst gar nicht an.

1118 Troll/Gebel/Jülicher/*Gebel* § 3 ErbStG Rn. 185.

1119 *Troll*, DB 1991, 672, 674.

1120 Siehe oben S. 279 (unter Zweiter Teil, Dritter Abschnitt, G.).

Zweitens: In der Begründung zur Einführung des § 29 Abs. 1 Nr. 4 Satz 2, 1. Var. ErbStG merkte der Gesetzgeber an, „das Einkommen aus dem Vermögen der Stiftung" müsse „ungeschmälert den begünstigten Zwecken zugute kommen".[1121] Ausweislich der Gesetzesbegründung steht der Rückabwicklung also *jede* privatnützige Versorgungsleistung aus dem Einkommen „aus dem Vermögen der Stiftung" entgegen – also nicht nur solche Leistungen, die (mindestens) eine Grenze des § 58 Nr. 5 AO überschreiten.

Mit „Leistungen i.S. des § 58 Nr. 5 AO" sind daher sämtliche privatnützigen Versorgungsleistungen gemeint, die die Voraussetzungen des § 58 Nr. 5 AO erfüllen. Die Rückabwicklung der Steuer ist also auch dann ausgeschlossen, wenn sich die vorgesehenen Leistungen an den Erwerber oder seine nächsten Angehörigen im Rahmen des § 58 Nr. 5 AO halten sollen.[1122]

Allerdings bestehen gleichheitsrechtliche Bedenken insoweit, als das Rückabwicklungsverbot nach dem Wortlaut des § 29 Abs. 1 Nr. 4 Satz 2, 1. Var. ErbStG *generell* eingreift, wenn die bedachte Stiftung Leistungen i.S. des § 58 Nr. 5 AO an den Erwerber oder seine nächsten Angehörigen zu erbringen hat. Die genannte Vorschrift differenziert nach ihrem Wortlaut nicht danach, ob und in welcher Höhe die dazu verwendeten Erträge aus dem Gegenstand der Zweitzuwendung oder aus anderem Stiftungsvermögen stammen. In der Gesetzesbegründung heißt es, das Einkommen „aus dem Vermögen der Stiftung" solle ungeschmälert den steuerbegünstigten Zwecken zugute kommen. Bei nichtdifferenzierender Betrachtung wäre die Rückabwicklung der Steuer auf die Erstzuwendung auch dann ausgeschlossen, wenn der Erwerber neben dem Gegenstand der Erstzuwendung weiteres Vermögen auf die Stiftung überträgt und zugleich ausdrücklich bestimmt, dass Leistungen i.S. des § 58 Nr. 5 AO nur aus solchem Einkommen zu erbringen sind, welches aus dem übrigen Vermögen stammt. Ein gleichheitsrechtlich relevanter, sachlich einleuchtender Grund[1123] dafür, dass die Verwendung von Erträgen aus anderem

---

[1121] BR-Drucks. 258/90, S. 17; BT-Drucks. 11/7584, S. 11; BT-Drucks. 11/7833, S. 10.

[1122] Im Ergebnis auch Moench/Kien-Hümbert/Weinmann/*Moench* § 29 ErbStG Rn. 20; Troll/Gebel/Jülicher/*Jülicher* § 29 ErbStG Rn. 47. Nicht eindeutig *Troll*, DB 1991, 672, 674.

[1123] Allgemein BVerfG, BVerfGE 1, 14, 52.

Vermögen die Rückabwicklung der Steuer auf die Erstzuwendung ausschließen soll, ist nicht ersichtlich. Daher muss § 29 Abs. 1 Nr. 4 Satz 2, 1. Var. ErbStG im Wege verfassungskonformer, an Art. 3 Abs. 1 GG ausgerichteter Auslegung dahingehend reduziert werden, dass das Rückabwicklungsverbot nur dann gilt, wenn Leistungen i.S. des § 58 Nr. 5 AO aus solchem Einkommen zu erbringen sind, welches aus dem Gegenstand der *Zweitzuwendung* stammt.[1124]

Weiterhin gilt aus gleichheitsrechtlichen Gründen und mit Blick auf den Gesetzeszweck, dass Einkommen aus dem Gegenstand der Zweitzuwendung *überhaupt nicht* für Leistungen i.S. des § 58 Nr. 5 AO verwendet werden darf – weder an den Erwerber und seine nächsten Angehörigen noch an Dritte und deren nächste Angehörige. In dem Fall, dass der Erwerber den Gegenstand der Erstzuwendung auf eine bereits bestehende, von einem Dritten errichtete Stiftung überträgt, darf Einkommen aus diesem Gegenstand auch nicht für Leistungen an den Dritten (als Stifter) und dessen nächste Angehörige verwendet werden.

Nach den vorstehenden Ausführungen empfiehlt sich eine entsprechende Bestimmung in der Stiftungsverfassung – vorzugswürdig im direkten Anschluss an die bereits zu Ende des Fünften Abschnitts[1125] vorgeschlagene Formulierung:

> „Die Stiftung darf einen Teil, jedoch höchstens ein Drittel ihres Einkommens dazu verwenden, um in angemessener Weise den Stifter und seine nächsten Angehörigen zu unterhalten, ihre Gräber zu pflegen und ihr Andenken zu ehren, sofern durch diese Mittelverwendung die Anerkennung der Stiftung als gemeinnützig im Sinne der Vorschriften der Abgabenordnung über die steuerbegünstigten Zwecke nicht gefährdet wird.
>
> Leistungen im Sinne des § 58 Nr. 5 AO dürfen nicht aus solchem Einkommen erbracht werden, welches aus Vermögen stammt, für das der Stifter (Zustifter) die Rückabwicklung der Erbschaftsteuer (Schenkungsteuer) in Anspruch genommen hat.“

1124 Im Ergebnis ebenso, allerdings ohne Begründung *Meincke*, § 29 ErbStG Rn. 13.

1125 Siehe oben S. 308 (unter Zweiter Teil, Fünfter Abschnitt, B. I.).

2. Leistungen an den „Erwerber" oder seine nächsten Angehörigen

Vereinzelt wird die Auffassung vertreten, dass das Rückabwicklungsverbot dann nicht greife, wenn der Erwerber der Erstzuwendung weder Stifter noch nächster Angehöriger ist.[1126] Folgt man der hier vertretenen Ansicht, dass der bürgerlich-rechtliche Zustifter Stifter i.S. des § 58 Nr. 5 AO ist,[1127] so ist der Erwerber der Erstzuwendung bei Weitergabe des Vermögens an eine begünstigte Stiftung *stets* Stifter i.S. des § 58 Nr. 5 AO. Aus diesem Grund gilt das Rückabwicklungsverbot unabhängig davon, ob die Zweitzuwendung an eine vom Erwerber neu errichtete oder an eine bestehende, vom Erwerber oder einem Dritten bereits früher errichtete Stiftung erfolgt. Damit werden Stiftung und Zustiftung sowohl in § 29 Abs. 1 Nr. 4 *Satz 1*[1128] als auch in *Satz 2, 1. Var.* ErbStG gleichbehandelt.

3. Leistungen, die die Stiftung „zu erbringen hat"

Mit Blick auf die Formulierung „zu erbringen hat" vertritt *Pöllath* die Auffassung, der Ausnahmetatbestand sei nur dann erfüllt, wenn der Begünstigte einen Rechtsanspruch auf eine Leistung i.S. des § 58 Nr. 5 AO hat, nicht hingegen, wenn ihre Vornahme im „Ermessen" der Stiftung steht.[1129] Diese rein wortlautbezogene Interpretation ist nicht zwingend. Die Formulierung „zu erbringen hat" versteht sich allein aus der Perspektive der Stiftung. Einer Leistungsverpflichtung der Stiftung steht aber nicht zwingend ein korrespondierender Leistungsanspruch des Stifters oder eines nächsten Angehörigen gegenüber. Der Wortlaut des § 29 Abs. 1 Nr. 4 Satz 2, 1. Var. ErbStG spricht also vielmehr für eine Betrachtung, die sich von der Rechtsposition des Begünstigten löst. Im Übrigen ist eine Differenzierung anhand der Rechtsposition des Begünstigten insofern bedenklich, als Stifter in aller Regel gerade davon absehen, Destinatären Leistungsansprüche gegen die Stiftung einzuräumen.[1130] Würde man § 29

1126 Moench/Kien-Hümbert/Weinmann/*Moench* § 29 ErbStG Rn. 20.

1127 Siehe dazu oben S. 161 - 165 (unter Zweiter Teil, Dritter Abschnitt, C. I. 2.).

1128 Siehe oben S. 317 (unter Zweiter Teil, Sechster Abschnitt, B. I.).

1129 Seifart/von Campenhausen/*Pöllath* § 43 Rn. 57 in Fn. 205. Offengelassen von *Orth*, Vermögensausstattung, S. 344 f.

1130 Siehe oben S. 26 (unter Zweiter Teil, Erster Abschnitt, B. I.).

Abs. 1 Nr. 4 Satz 2, 1. Var. ErbStG allein auf solche Stiftungsleistungen beziehen, auf die der Begünstigte einen Rechtsanspruch hat, hätte diese Vorschrift einen noch geringeren Anwendungsbereich als ohnehin schon.[1131]

Wie bereits erwähnt, bezweckte der Gesetzgeber mit der Einführung des § 29 Abs. 1 Nr. 4 Satz 2, 1. Var. ErbStG sicherzustellen, dass „das Einkommen aus dem Vermögen der Stiftung" ungeschmälert den steuerbegünstigten Zwecken zugute kommt.[1132] Der Gesetzgeber knüpft die Rückabwicklung der Steuer also allein an die Einkommensverwendung als solche. Dann kann es aber auf die Rechtsgrundlage für eine Leistung i.S. des § 58 Nr. 5 AO *nicht* ankommen. Sinn und Zweck des Gesetzes bestätigen die Wortlautauslegung, dass das Rückabwicklungsverbot nicht auf die einer Versorgungsleistung zugrunde liegende Rechtsposition des Leistungsempfängers abstellt.

1131 Siehe Moench/Kien-Hümbert/Weinmann/*Moench* § 29 ErbStG Rn. 15: zwischen der Einführung des § 29 Abs. 1 Nr. 4 ErbStG im Jahr 1990 und einem bundesweiten Erfahrungsaustausch im Jahr 2001 lediglich acht Anwendungsfälle; *Schmidt/Schick*, ZSt 2004, 239, 240; *Troll*, DB 1991, 672, 672 und 675.

1132 BR-Drucks. 258/90, S. 17; BT-Drucks. 11/7584, S. 11; BT-Drucks. 11/7833, S. 10.

Dritter Teil

Zusammenfassung

– Zusammenfassung der wesentlichen Ergebnisse in fünfzehn Thesen

I. Die rechtsformspezifische Privilegierung der Stiftung in § 58 Nr. 5 AO ist mit dem allgemeinen Gleichheitssatz des Art. 3 Abs. 1 GG vereinbar. Die gleichheitsrechtliche Legitimation des § 58 Nr. 5 AO ergibt sich für rechtsfähige Stiftungen bürgerlichen Rechts wie für nichtrechtsfähige Stiftungen aus dem nichtverbandsmäßigen Substrat, welches die Dotation eines besonders hohen, weil nicht beliebig vermehrbaren Vermögens notwendig macht. Speziell für rechtsfähige Stiftungen bürgerlichen Rechts lässt sich § 58 Nr. 5 AO gleichheitsrechtlich auch unter dem Aspekt der Beständigkeit des Stiftungszwecks gegenüber dem Willen Dritter rechtfertigen. Die Autonomie einer rechtsfähigen Stiftung bürgerlichen Rechts gebietet eine dauerhafte, von etwaigen Versorgungsinteressen der Stifterfamilie losgelöste Bindung des Stiftungsvermögens an den (steuerbegünstigten) Stiftungszweck. Dies führt dazu, dass die Stifterfamilie einen unschädlichen Vermögensrückfall auch bei noch so großer Bedürftigkeit nicht herbeiführen kann und dass von daher eine finanzielle Absicherung notwendig ist.[1133]

II. § 58 Nr. 5 AO ist eine Ausnahmevorschrift. Mit § 58 Nr. 5 AO korrespondieren als Grundsatzvorschriften § 56 AO und § 55 Abs. 1 Nr. 1 Sätze 1 und 2, Nr. 3, 1. Var. und Nr. 5 Satz 1 AO. § 58 Nr. 5 AO begründet damit eine Ausnahme sowohl vom tätigkeitsbezogenen Grundsatz der Ausschließlichkeit als auch vom zielbezogenen Grundsatz der Selbstlosigkeit, soweit dieser Ausfluss des Ausschließlichkeitsgebots ist.[1134]

1133 Siehe dazu oben S. 67 - 74 (unter Zweiter Teil, Dritter Abschnitt, A. III.).

1134 Siehe dazu oben S. 56 - 65 (unter Zweiter Teil, Dritter Abschnitt, A. II. 1.).

III. Die Auslegung des § 58 Nr. 5 AO erfolgt vor dem Hintergrund des Zielkonflikts, dass diese Vorschrift *einerseits* potenziellen Stiftern einen möglichst erfolgversprechenden Anreiz zur Übertragung von Vermögen auf eine steuerlich gemeinnützige Stiftung bieten soll, dass *andererseits* von dem für die privatnützige Versorgung der Stifterfamilie gedanklich reservierten Einkommensdrittel ein möglichst hoher Teilbetrag für steuerbegünstigte Zwecke verwendet werden muss. Bei der Auflösung dieses Zielkonflikts ist an die gleichheitsrechtliche Legitimation des § 58 Nr. 5 AO anzuknüpfen. Leistungen i.S. des § 58 Nr. 5 AO sind Ausgleich für die erforderliche Dotation eines besonders hohen Vermögens und speziell bezogen auf rechtsfähige Stiftungen bürgerlichen Rechts dafür, dass das gestiftete Vermögen auf unvorhersehbare, von etwaigen Versorgungsbedürfnissen losgelöste Dauer nicht für eigene Versorgungszwecke zur Verfügung steht und auch nicht an folgende Generationen weitergegeben werden kann. Der Ausnahmecharakter, der Wortlaut „einen Teil, jedoch höchstens" und die Zusammenschau sämtlicher tatbestandsmäßiger Grenzen sind Ausdruck dessen, dass Leistungen i.S. des § 58 Nr. 5 AO auf den Prinzipien der Subsidiarität und der wirtschaftlichen Eigenverantwortung des Stifters und seiner nächsten Angehörigen beruhen.[1135]

IV. Die Belastung von Teilen des Stiftungsvermögens mit dinglichen und obligatorischen Nutzungsrechten zugunsten einzelner Mitglieder der Stifterfamilie ist mit den Grundsätzen der Ausschließlichkeit und der Selbstlosigkeit vereinbar, wenn die Belastung auf den Willen des Stifters bei der Vermögensübertragung auf die Stiftung zurückgeht. Darüber hinaus sind Leistungen zur Erfüllung gesetzlicher Vermögenspflichten – etwa aus dem Pflichtteils- und dem ehelichem Güterrecht –, weiterhin auflagen- und vermächtnisangeordnete Zuwendungen, wiederkehrende Bezüge auf Grundlage eines Erb- und Pflichtteilsverzichts sowie sonstige privatnützige Versorgungsleistungen unschädlich, wenn und soweit sie aus dem der Stiftung übertragenen Vermögen vorgenommen werden. Die privatnützige Belastung des Stiftungsvermögens unterliegt lediglich den Einschränkungen nach Stiftungszivilrecht, dass *erstens* die Erträge aus dem nichtbelasteten Vermögen zur Erfüllung der steuerbegünstigten Stiftungszwecke ausreichen und *zweitens* sichergestellt ist, dass das zunächst belastete Vermögen nach Erlöschen der Belastung dauerhaft für

1135 Siehe dazu oben S. 74 - 78 (unter Zweiter Teil, Dritter Abschnitt, A. IV.).

die steuerbegünstigten Stiftungszwecke verwendet wird. Hingegen sind privatnützige Versorgungsleistungen aus der freien Rücklage (§ 58 Nr. 7 Buchstabe a AO) nicht zulässig.

Die rein privatnützige Verwendung solcher laufender Erträge aus dem Stiftungsvermögen, die der Stiftung selbst originär steuerlich zuzurechnen sind, verstößt grundsätzlich gegen das Ausschließlichkeits- und das Selbstlosigkeitsgebot. Eine Ausnahme besteht lediglich bei Erfüllung *gesetzlich* angeordneter Vermögenspflichten, etwa aus dem Pflichtteils- und dem ehelichen Güterrecht. Im Übrigen lässt sich eine umfassende Nettobetrachtung auf Ertragsebene, die sich allein nach Maßgabe des Stifterwillens richtet, weder aus § 56 AO noch aus einer restriktiven Auslegung der Begriffe „begünstigen" (§ 55 Abs. 1 Nr. 3, 1. Var. AO) und „Mittel" (§ 55 Abs. 1 Nr. 1 Satz 1 und 2 sowie Nr. 5 Satz 1 AO) ableiten. Eine allein am Stifterwillen ausgerichtete Nettobetrachtung auf Ertragsebene ergibt sich auch nicht im Wege teleologischer Reduktion der mit § 58 Nr. 5 AO korrespondierenden Grundsatzvorschriften. Damit unterliegt jede vom Stifter angeordnete privatnützige Versorgungsleistung, die aus den der Stiftung selbst originär zuzurechnenden Stiftungserträgen finanziert wird, den Grenzen des § 58 Nr. 5 AO.[1136]

V. Stifter i.S. des § 58 Nr. 5 AO sind sowohl der bürgerlich-rechtliche Stifter als auch der bürgerlich-rechtliche Zustifter.

Nächste Angehörige i.S. des § 58 Nr. 5 AO sind in den Grenzen der Legaldefinition des § 15 Abs. 1 AO

- der nichtgeschiedene Ehegatte, wenn sein gesetzliches Erbrecht nicht nach § 1933 BGB ausgeschlossen ist;
- unter Vernachlässigung des erbrechtlichen Repräsentationsprinzips sämtliche Verwandten der zur gesetzlichen Erbfolge berufenen Ordnung;
- ordnungsübergreifend, *i.e.* unter Vernachlässigung des Parentelsystems, die Eltern und Großeltern;

1136 Siehe dazu oben S. 79 - 160 (unter Zweiter Teil, Dritter Abschnitt, B.).

- sämtliche Pflegeeltern und -kinder, auch wenn die häusliche Gemeinschaft nicht mehr besteht;
- die übrigen Angehörigen (lediglich) dann, wenn Angehörige aus den vorstehend aufgeführten Kategorien nicht vorhanden sind.

Auf den eingetragenen Lebenspartner des Stifters i.S. des § 1 Abs. 1 Satz 1 LPartG ist § 58 Nr. 5 AO analog anzuwenden.[1137]

VI. Einkommen i.S. des § 58 Nr. 5 AO ist die Summe der im jeweiligen Veranlagungszeitraum erwirtschafteten steuerbaren Einnahmen unter Abzug der betrieblich veranlassten Aufwendungen als Betriebsausgaben oder Werbungskosten. Aus der Einbeziehung von Zustiftern in den Kreis der potenziellen Leistungsempfänger ergibt sich streng genommen das Gebot, das Einkommen i.S. des § 58 Nr. 5 AO entsprechend dem Anteil der Erträge aus dem jeweils (zu-)gestifteten Vermögen auf die Familienstämme von Stifter(n) und Zustifter(n) gedanklich aufzuteilen. Jedoch kann der Stifter die komplizierte gedankliche Aufteilung des Einkommens vermeiden, indem er in Ausübung seiner Stifterfreiheit im Stiftungsgeschäft bestimmt, ob, unter welchen Voraussetzungen und in welchem Umfang Zustifter und deren nächste Angehörige in den Genuss von Versorgungsleistungen i.S. des § 58 Nr. 5 AO kommen sollen.[1138]

VII. § 58 Nr. 5 AO knüpft die Unschädlichkeit einer privatnützigen Unterhaltsleistung an das Vorliegen von Bedürftigkeit in Person des jeweiligen Leistungsempfängers. Die erforderliche Bedürftigkeit ergibt sich aus einer Gegenüberstellung des Unterhalts – verstanden als gesamter Lebensbedarf i.S. des § 1610 Abs. 2 BGB – einerseits und der gegenwärtigen tatsächlichen Leistungsfähigkeit – verstanden als negatives Element der Bedürftigkeit i.S. des § 1602 Abs. 1 BGB – andererseits. Während Unterhaltspflichten den Unterhalt nicht erhöhen, nimmt die Leistungsfähigkeit wegen des subsidiären Charakters des § 58 Nr. 5 AO um eigene Unterhaltsansprüche zu.[1139]

1137 Siehe dazu oben S. 161 - 196 (unter Zweiter Teil, Dritter Abschnitt, C.).

1138 Siehe dazu oben S. 197 - 217 (unter Zweiter Teil, Dritter Abschnitt, D.).

1139 Siehe dazu oben S. 217 - 227 (unter Zweiter Teil, Dritter Abschnitt, E.).

VIII. Das Tatbestandsmerkmal „in angemessener Weise“ bezieht sich nicht auf eine Stiftungsleistung als solche, sondern allein auf die Zwecke Unterhalt, Grabpflege und Ehrung des Andenkens. Die Angemessenheit des Unterhalts bestimmt sich in analoger Anwendung des § 1610 Abs. 1 BGB objektiv nach der Lebensstellung des jeweiligen Unterhaltsempfängers im Zeitpunkt der Vornahme einer Unterhaltsleistung. Auf die Vorstellungen des jeweiligen Unterhaltsempfängers, welcher Unterhalt für ihn angemessen sei, und auf den bislang geführten Lebensstil kommt es nicht an.

Die Lebensstellung beurteilt sich primär anhand der gegenwärtigen wirtschaftlichen Verhältnisse, ergänzend nach dem persönlichen, familiären und sozialen Lebenszuschnitt einschließlich der Umstände, die sittliches Verschulden i.S. des § 1611 Abs. 1 BGB begründen können. Für den Stifter, seinen Ehegatten und diejenigen seiner Kinder, die noch ohne eigene Lebensstellung sind und ihre Lebensstellung vom Stifter ableiten, beurteilen sich die wirtschaftlichen Verhältnisse in Abweichung zu § 1610 Abs. 1 BGB nicht allein nach der gegenwärtigen *tatsächlichen* Leistungsfähigkeit. Maßgeblich ist für sie vielmehr die gesamte wirtschaftliche Lebensleistung des Stifters unter besonderer Würdigung des Aufbaus und Erhalts des später auf die Stiftung übertragenen Vermögens. Der angemessene Unterhalt dieser Personen bestimmt sich auch und vor allem unter Berücksichtigung sämtlicher vom Stifter gestifteter und zugestifteter Vermögenswerte. Für die übrigen nächsten Angehörigen bestimmt sich die Lebensstellung nach ihrer jeweils eigenen gegenwärtigen tatsächlichen Leistungsfähigkeit.

Die Quantifizierung des angemessenen Unterhalts beruht auf einer großzügigen und einzelfallbezogenen Betrachtung, die die Zuhilfenahme pauschalierter Rechenwerke verbietet. Die Prüfungskompetenz der Finanzbehörden beschränkt sich darauf, im Wege der Sachverhaltsermittlung festzustellen, was in dem Bevölkerungskreis, dem der jeweilige Unterhaltsempfänger angehört, üblich ist.[1140]

[1140] Siehe dazu oben S. 227 - 278 (unter Zweiter Teil, Dritter Abschnitt, F.).

IX. Ist eine Stiftung infolge eines Verstoßes gegen § 58 Nr. 5 AO nicht steuerlich gemeinnützig, sollte stets geprüft werden, ob im Einzelfall zur Wahrung der Verhältnismäßigkeit Billigkeitsmaßnahmen in Betracht kommen. Bei Überschreitung der auf ein Drittel des Stiftungseinkommens bezogenen (relativen) Grenze ist ein vergleichsweise großzügiger Maßstab anzulegen, insbesondere dann, wenn eine Stiftungsleistung Sonderbedarf, also nicht vorhersehbaren Mehrbedarf, abdecken soll.[1141]

X. Zur Klarstellung dessen, dass auch der Zustifter vom Stifterbegriff des § 58 Nr. 5 AO erfasst ist, wird vorgeschlagen, den Singular-Artikel „den" durch den Plural-Artikel „die" zu ersetzen. Weiterhin sei empfohlen, den Begriff der Angehörigen in § 58 Nr. 5 AO zwecks Klarstellung mit einem Klammerverweis auf § 15 AO zu versehen. Begrüßt wird der Vorschlag, § 58 Nr. 5 AO dahingehend zu erweitern, dass eine steuerlich gemeinnützige Stiftung jede vom Stifter namentlich benannte natürliche Person versorgen darf. Aus Gründen sprachlicher Ästhetik sei angeregt, die tautologische Zielformulierung des § 58 Nr. 5 AO aufzuheben und entweder das Wort „dazu" oder – vorzugswürdig – das Wort „um" zu streichen. Insbesondere zur Abfederung einer finanziellen Notlage innerhalb der Stifterfamilie bei zeitgleich eintretender ungünstiger Entwicklung des Stiftungseinkommens wird angeregt, eine privatnützige Rücklagenbildung in geringem Umfang zu ermöglichen.

Zur Umsetzung der vorstehenden Überlegungen werden in Anlehnung an die Konzeption des Ausschließlichkeitsgebots im österreichischen und schweizerischen Steuerrecht folgende Vorschläge zur Änderung des § 58 Nr. 5 AO unterbreitet:

„Die Steuervergünstigung wird nicht dadurch ausgeschlossen,
[...]
5. a) dass eine Körperschaft einen Teil, jedoch höchstens zehn Prozent ihres Einkommens außerhalb der Erfüllung ihrer steuerbegünstigten Zwecke verwendet;

[1141] Siehe dazu oben S. 279 f. (unter Zweiter Teil, Dritter Abschnitt, G.).

b) dass darüber hinaus eine Stiftung einen Teil, jedoch höchstens ein Viertel ihres Einkommens dazu verwendet, in angemessener Weise die Stifter, ihre nächsten Angehörigen (§ 15 AO) und jede von den Stiftern namentlich benannte natürliche Person zu unterhalten, ihre Gräber zu pflegen und ihr Andenken zu ehren."

„Die Steuervergünstigung wird nicht ausgeschlossen,

[...]

5. a) soweit eine Körperschaft den wesentlichen Teil ihres Einkommens, der neunzig Prozent nicht unterschreiten darf, für ihre steuerbegünstigten Zwecke verwendet;

b) wenn eine Stiftung einen Teil, jedoch höchstens ein Drittel ihres Einkommens dazu verwendet, in angemessener Weise die Stifter, ihre nächsten Angehörigen (§ 15 AO) und jede von den Stiftern namentlich benannte natürliche Person zu unterhalten, ihre Gräber zu pflegen und ihr Andenken zu ehren."[1142]

XI. Stiftungsleistungen i.S. des § 58 Nr. 5 AO unterliegen nicht dem Gebot der formellen Satzungsmäßigkeit gemäß § 59 Halbsatz 1 AO und müssen folglich nicht in der Stiftungsverfassung festgeschrieben sein. Eine Regelung in der Stiftungsverfassung ist jedoch unschädlich und aus Gründen der Rechtssicherheit anzuraten. Dabei empfiehlt sich eine am Wortlaut des § 58 Nr. 5 AO ausgerichtete Formulierung, die im räumlichen Zusammenhang mit den Bestimmungen zu den übrigen steuerlich unschädlichen Betätigungen oder zur Ertragsverwendung steht. Die Bezeichnung von Stiftungsleistungen i.S. des § 58 Nr. 5 AO als „Zweck" ist unschädlich, wenn nach der Stiftungsverfassung keine begründbaren Zweifel darüber bestehen, dass die tatbestandsmäßigen Grenzen des § 58 Nr. 5 AO eingehalten werden. In diesem Fall ist die Bezeichnung als „Zweck" im Wege verständiger Auslegung als lediglich unrichtig

---

1142 Siehe dazu oben S. 281 - 292 (unter Zweiter Teil, Vierter Abschnitt).

formulierter Hinweis darauf zu werten, dass die Stiftung die gemäß § 58 Nr. 5 AO unschädlichen Versorgungsleistungen vornehmen darf.[1143]

XII. Es sei angeregt, § 59 AO und § 63 Abs. 1 AO um jeweils einen zweiten Satz zu erweitern, wonach die steuerlich unschädlichen Betätigungen i.S. des § 58 AO unberührt bleiben.[1144]

XIII. Stiftungsleistungen i.S. des § 58 Nr. 5 AO dürfen gemäß § 8 Abs. 3 Satz 1 KStG nicht bei der Ermittlung des Einkommens (einer partiell körperschaftsteuerpflichtigen Stiftung) abgezogen werden. Dem Abzugsverbot des § 10 Nr. 1 Satz 1 KStG kommt keine eigenständige Bedeutung zu.

Stiftungsleistungen i.S. des § 58 Nr. 5 AO sind von einem unbeschränkt oder erweitert beschränkt einkommensteuerpflichtigen Empfänger als sonstige Einkünfte i.S. des § 22 Nr. 1 Satz 1 i.V.m. Satz 2 Halbsatz 2 Buchstabe a EStG zu versteuern. Die hälftige Steuerbefreiung gemäß § 3 Nr. 40 Satz 1 Buchstabe i EStG gilt nur, soweit für die Leistungen Einkommen einer partiell körperschaftsteuerpflichtigen Stiftung verwendet wird, welches wegen des Abzugsverbots nach § 8 Abs. 3 Satz 1 KStG bereits der Körperschaftsteuer unterlegen hat.[1145]

XIV. Das Rückabwicklungsverbot des § 29 Abs. 1 Nr. 4 Satz 2, 1. Var. ErbStG gilt unabhängig davon, ob der Erwerber der Erstzuwendung oder seine nächsten Angehörigen einen Anspruch auf eine Stiftungsleistung i.S. des § 58 Nr. 5 AO haben. Das Rückabwicklungsverbot gilt auch dann, wenn sich die vorgesehenen Leistungen an den Erwerber oder seine nächsten Angehörigen im Rahmen des § 58 Nr. 5 AO bewegen.

1143 Siehe dazu oben S. 293 - 310 (unter Zweiter Teil, Fünfter Abschnitt).

1144 Siehe dazu oben S. 303 (unter Zweiter Teil, Fünfter Abschnitt, A. II. 2. c) cc)).

1145 Siehe dazu oben S. 311 - 316 (unter Zweiter Teil, Sechster Abschnitt, A.).

Im Wege verfassungskonformer, an Art. 3 Abs. 1 GG ausgerichteter Auslegung ist § 29 Abs. 1 Nr. 4 Satz 2, 1. Var. ErbStG dahingehend zu reduzieren, dass das Rückabwicklungsverbot nur dann gilt, wenn die Stiftung für Leistungen i.S. des § 58 Nr. 5 AO Einkommen verwenden darf, welches aus der Zweitzuwendung stammt. Weiterhin gilt aus gleichheitsrechtlichen Gründen und mit Blick auf den Gesetzeszweck, dass Einkommen, welches aus der Zweitzuwendung stammt, *überhaupt nicht* für Leistungen i.S. des § 58 Nr. 5 AO verwendet werden darf.[1146]

XV. Auf Grundlage der Ergebnisse zu X. und XIV. empfiehlt sich die Aufnahme folgender Bestimmung in die Stiftungsverfassung:

> „Die Stiftung darf einen Teil, jedoch höchstens ein Drittel ihres Einkommens dazu verwenden, um in angemessener Weise den Stifter und seine nächsten Angehörigen zu unterhalten, ihre Gräber zu pflegen und ihr Andenken zu ehren, sofern durch diese Mittelverwendung die Anerkennung der Stiftung als gemeinnützig im Sinne der Vorschriften der Abgabenordnung über die steuerbegünstigten Zwecke nicht gefährdet wird.
>
> Leistungen im Sinne des § 58 Nr. 5 AO dürfen nicht aus solchem Einkommen erbracht werden, welches aus Vermögen stammt, für das der Stifter (Zustifter) die Rückabwicklung der Erbschaftsteuer (Schenkungsteuer) in Anspruch genommen hat."

— — —

[1146] Siehe dazu oben S. 316 - 323 (unter Zweiter Teil, Sechster Abschnitt, B.).

www.ingramcontent.com/pod-product-compliance
Ingram Content Group UK Ltd.
Pitfield, Milton Keynes, MK11 3LW, UK
UKHW021919290926
8980IPUK00015B/1346

9 783631 558300